O Bhagavad-Gītā

Georg Feuerstein
COM BRENDA FEUERSTEIN

O Bhagavad-Gītā

UMA NOVA TRADUÇÃO

Tradução
MARCELO BRANDÃO CIPOLLA

Editora
Pensamento
SÃO PAULO

Título original: *The Bhagavad-Gītā – A New Translation.*

Copyright © 2011 Georg Feuerstein e Brenda Feuerstein.

Copyright da edição brasileira © 2015 Editora Pensamento-Cultrix Ltda.

Texto de acordo com as novas regras ortográficas da língua portuguesa.

1ª edição 2015.

A Editora Pensamento não se responsabiliza por eventuais mudanças ocorridas nos endereços convencionais ou eletrônicos citados neste livro.

Editor: Adilson Silva Ramachandra
Editora de texto: Denise de C. Rocha Delela
Coordenação editorial: Roseli de S. Ferraz
Preparação de originais: Marta Almeida de Sá
Produção editorial: Indiara Faria Kayo
Editoração Eletrônica: Ponto Inicial Estúdio Gráfico
Revisão: Claudete Agua de Melo

Dados Internacionais de Catalogação na Publicação (CIP)
(Câmara Brasileira do Livro, SP, Brasil)

Feuerstein, George
    Bhagavad-Gītā: uma nova tradução / George Feuerstein com Brenda Feuersteun; tradução de Marcelo Brandão Cipolla. – São Paulo: Pensamento, 2015.
    Título original: The Bhagavad-Gītā: a new translation.
    Bibliografia:
    ISBN 978-85-315-1911-6

    1. Bhagavad-Gītā 2. Filosofia hindu 3. Filosofia oriental I. Feuerstein, Brenda. II. Título.

15-02882   CDD: 294.5924

Índices para catálogo sistemático:
1. Bhagavad-Gītā: Livros sagrados: Hinduísmo
294.5924

Direitos de tradução para o Brasil adquiridos com exclusividade pela EDITORA PENSAMENTO-CULTRIX LTDA., que se reserva a propriedade literária desta tradução.
Rua Dr. Mário Vicente, 368 – 04270-000 – São Paulo – SP
Fone: (11) 2066-9000 – Fax: (11) 2066-9008
http://www.editorapensamento.com.br
E-mail: atendimento@editorapensamento.com.br
Foi feito o depósito legal.

Sumário

Para Brenda, com a minha mais cordial gratidão.
Foi ela quem teve a ideia de fazer esta versão
e a manteve viva até o fim do trabalho.
Sem o seu estímulo e a sua hábil assistência, este livro
jamais teria vindo à luz em sua forma atual. Entre outras
coisas, ela suportou o tédio de digitar o texto em sânscrito
no computador e, para piorar, ainda gostou da tarefa.

Prefácio

yato dharmas tataḥ kṛṣṇaḥ
Onde está o dharma, aí está Krishna.
– *MAHĀBHĀRATA* 6.41.55

E MBORA O *Bhagavad-Gītā* – um episódio do *Mahābhārata*, a maior epopeia da Índia – tenha sido composto há mais de dois mil anos, sua mensagem ativista ainda é pertinente hoje em dia, talvez mais do que nunca – e não somente para os hindus. Vivemos numa época de grandes convulsões sociais e ambientais, e sou de opinião que os ensinamentos de sabedoria de Krishna têm muito a nos oferecer. Krishna transmitiu esse Yoga ativista ao príncipe Arjuna, seu discípulo, quando este se encontrava a postos no campo de batalha diante da perspectiva imediata de vir a matar parentes e venerados mestres que, por diversos motivos, haviam se aliado ao inimigo. Naturalmente, Arjuna viu-se num grave dilema pessoal – uma luta entre o bem e o mal que simboliza todas as situações difíceis da vida. Hoje em dia, o campo de batalha é o mundo inteiro e o que está em jogo é a sobrevivência da nossa espécie e de todas as formas superiores de vida no planeta Terra. Também somos chamados a lutar pela dignidade e pela sustentabilidade do imenso segmento "desprivilegiado" da população humana, bem como pela sanidade mental e emocional dos que vivem em relativa abundância.

Além disso, depois das duas guerras mundiais do século XX, em que morreram mais de cem milhões de pessoas, e das numerosas guerras mais ou menos locais travadas desde então, o evangelho militarista de Krishna parece particularmente pertinente. Afirmo, contudo, que toda guerra é uma abominação e que, portanto, precisamos pôr adequadamente entre parênteses a orientação militarista do *Gītā*, compreendendo-a em termos alegóricos.

A guerra dos Bharatas foi provavelmente um acontecimento histórico ocorrido há muito tempo e rememorado por gerações e gerações de bardos até que Vyāsa Dvaipāyana (o "Compilador Nascido na Ilha") – quem quer que tenha sido (falarei mais sobre isso no Capítulo 6 da Parte Um) – cinzelou com grande habilidade uma epopeia magnífica da qual os indianos do campo, e em certa medida até os das cidades, ainda tiram inspiração. Propuseram-se várias datas para essa guerra – com destaque para 3102 a.C. (o início tradicional da Era das Trevas ou *kali-yuga*), 2000 a.C., 1500 a.C. e 900 a.C. –, mas todas são especulativas. Enquanto a primeira data parece muito remota, a última afigura-se recente demais. Embora seja provável que haja numerosos ecos de realidades históricas na epopeia de Vyāsa, parece impossível separar, nela, os fatos da ficção. De qualquer modo, a cronologia é menos importante que a mensagem do *Mahābhārata*.

A essência do ensinamento de Krishna é que, quando o bem-estar moral e espiritual de um povo está em jogo, a guerra é admissível. A epopeia e o próprio *Gītā*, um de seus episódios, giram em torno do valor da integridade moral – *dharma*, a "lei". Não é por acidente que o *Gītā* começa com a palavra *dharma*. Na primeira estrofe, encontramos a expressão *dharma-kshetra* ("campo da lei") justaposta a *kuru-kshetra* ("campo dos Kurus"), o campo de batalha onde tantos guerreiros perderam a vida. Isso pode ser entendido imediatamente no sentido simbólico de que a própria vida é um campo de batalha onde o bem e o mal, ou o certo e o errado, estão em jogo a todo momento.

Devemos, por outro lado, admitir que também é possível uma interpretação literal, em que *dharma-kshetra* designa a região cultural do território sagrado do povo védico, que aspirava a respeitar as leis civilizadas e conformes à ordem cósmica (*rita*) reveladas pelos grandes videntes e sábios de antigamente. Veja, por exemplo, o capítulo 2, versículo 19, do *Mānava-Dharma-Shāstra* (popularmente conhecido como As Leis de Manu), que se refere à planície dos Kurus como o país dos sábios bramânicos.

Quer optemos por uma interpretação metafórica, quer por uma interpretação literal da guerra dos Bharatas como um todo, podemos aprender com o *Gītā* – e traduzi-lo fielmente – mesmo nos sentindo obrigados a questionar sua moral militarista. Embora eu seja pacifista, sou capaz de aceitar e aplaudir boa parte da sabedoria do *Gītā*. Aproveitei sua ética guerreira como mais uma oportunidade para refletir sobre a atitude que prefiro adotar perante a vida e, em consequência, obtive mais clareza a respeito de meus sentimentos e minhas convicções.

Não temos de aceitar sem questionar os ensinamentos do *Gītā* nem qualquer outro texto sagrado tradicional. Na verdade, isso seria inútil e até prejudicial para nós. Em nossa relação com qualquer tipo de conhecimento, a única atitude adequada é a de manter a mente aberta, mas isso não significa de modo algum que a mente seja uma peneira pela qual qualquer coisa pode passar sem inspeção crítica. A luz da razão inspirada (*buddhi*), que o *Gītā* tem em tão alta estima, deve ser aplicada em todas as circunstâncias. Afirmo que Krishna não gostaria que abandonássemos a racionalidade. Embora eu tenha aceitado e apoiado a ação militar por parte de Arjuna, que era um arqueiro habilíssimo e altamente treinado, Krishna deixou a decisão final a cargo do príncipe, confiante em que o discípulo ponderaria cuidadosamente (ou seja, racionalmente) seus divinos conselhos.

Chego até a afirmar que o *Gītā* só pode ser construtivo para nós na medida em que assimilarmos esse texto sagrado tradicional com mente sensível e empática, mas ao mesmo tempo analítica. A ideia corrente de que devemos suspender o uso da razão e recorrer apenas à crença em assuntos de metafísica não tem fundamento. Muito pelo contrário, as preocupações últimas da metafísica têm uma importância tão crucial que devemos ponderá-las com a parte mais refinada da nossa mente, que é *buddhi*. Como indica a raiz gramatical *budh* ("estar desperto, ciente") desse termo sânscrito, *buddhi* é uma faculdade mental caracterizada pela perspicácia e pela lucidez – a saber, a sabedoria.

O épico *Mahābhārata*, do qual o *Gītā* pode ser considerado a essência ético--filosófica, é classificado tanto como um *itihāsa* (livro histórico) quanto como um *kāvya*, uma obra literária inspirada produzida por um sábio-poeta (*kavi*). Podemos encarar o *Gītā* da mesma maneira e apreciar tanto seu aspecto histórico quanto seu sabor simbólico-alegórico. Esta última perspectiva nos permite compreender o tema central da batalha de dezoito dias também em sentido figurativo, não somente em sentido literal. Em outras palavras, a ética militarista do *Gītā* não precisa ser circunscrita a um fato histórico, mas pode ser interpretada prontamente como um símbolo da grande luta da existência. Seja como for, sou de opinião que, seja a guerra do *Mahābhārata* compreendida em termos literais ou em termos alegóricos, a mensagem do *Gītā* não perdeu nem um pouco da sua vitalidade e da sua pertinência no decorrer dos séculos.

O texto sânscrito do *Gītā* apresentado na Parte Dois é o da famosa edição crítica de Shripad Krishna Belvalkar (2ª reimpressão, 1968). Incluí alguns versículos adicionais significativos sugeridos nos comentários críticos do texto do doutor Belvalkar, publicado pela primeira vez em 1945.

Em vista do grande número de traduções disponíveis do *Gītā*, tornou-se costumeiro pedir desculpas por apresentar ainda outra versão. Abstenho-me de fazer isso por duas razões. Acredito que minha tradução, ao lado dos comentários e das notas, tem mérito quando comparada com um sem-número de paráfrases populares que frequentemente levam os leitores dotados de discernimento a questionar, com razão, a exatidão da tradução que têm nas mãos. Para lhes dar a oportunidade de verificar a fidelidade da minha versão, forneci na Parte Três uma tradução palavra por palavra, pondo em relevo minhas próprias preferências interpretativas.

Esta tradução, com comentários em notas de rodapé, é uma versão cabalmente revista do livro *The Bhagavad-Gītā: Yoga of Contemplation and Action*, que publiquei numa edição indiana em 1980 e tirei de circulação logo após sua publicação. Os ensaios introdutórios da Parte Um foram tirados em parte do meu livro (esgotado) *An Introduction to the Bhagavad-Gītā* (1974, publicado novamente em 1995). Para os que quiserem fazer um estudo ainda mais profundo que o possibilitado por esta monografia, eu criei um curso de ensino a distância fornecido pela Traditional Yoga Studies (www.traditionalyogastudies.com), organização dirigida pela minha esposa Brenda Feuerstein e sediada no Canadá.

Para outros comentários sobre minha tradução, leia o Capítulo 9 da Parte Um, "Sobre a Tarefa de Traduzir o *Bhagavad-Gītā*". Depois deste prefácio, forneço informações sobre os sistemas de transliteração usados e a pronúncia da língua sânscrita.

Das numerosas obras em sânscrito sobre o Yoga, dois textos se tornaram favoritos dos estudiosos dessa disciplina: o *Yoga-Sūtra* atribuído a Patanjali e o *Bhagavad-Gītā* imputado a Vyāsa. Os dois textos podem ser considerados fundamentais. Enquanto o primeiro se dirige antes de tudo aos ascetas, o segundo traz boas-novas para o *grihastha-yogin*, o aspirante que dirige uma casa e tem uma vida familiar movimentada. Não surpreende que o *Gītā* tenha mais apelo para os praticantes contemporâneos do Yoga, conquanto o texto de Patanjali seja mais estudado nos cursos de formação de professores de yoga, talvez por ser (erroneamente) considerado mais acessível.

Inadvertidamente, o grande público do hemisfério ocidental rendeu-se ao fascínio desse clássico na forma do filme de sucesso *The Legend of Bagger Vance* (*Lendas da Vida*, 2000), produzido em Hollywood e dirigido por Robert Redford, que demonstrou que os ensinamentos espirituais de Krishna podem ser aplicados até ao "campo de batalha" do jogo de golfe. Resta saber se um público despreparado pode colher benefícios duradouros de tão efêmera exposição ao *dharma* no contexto de algo que se pretende simples entretenimento. Provavelmente não.

Existe, talvez, uma possibilidade um pouquinho maior de verificar-se um efeito duradouro entre os milhões de praticantes do chamado Yoga Postural no hemisfério ocidental, mas somente na medida em que eles se dediquem ao Yoga como uma *disciplina espiritual*. Espero que os poucos que já tenham vislumbrado a dimensão espiritual do Yoga explorem em profundidade a espiritualidade pura e verdadeira do *Gītā*. Que esta tradução os guie em seus estudos.

Georg Feuerstein, Ph.D.

Agradecimentos

D E TODOS OS MEUS LIVROS, este foi, de longe, o mais difícil de ser produzido. Tenho profunda dívida de gratidão para com Peter Turner e David O'Neal pelo fato de eles o terem adotado e terem decidido fazer dele a melhor obra possível sobre o assunto. Meu sincero agradecimento também à equipe editorial e de produção da Shambhala, que tornaram possível publicá-lo nesta versão elegante e agradável. Queria agradecer especialmente e de todo o coração a Ben Gleason pelo trabalho meticuloso que realizou em todo o livro; a Gopa & Ted2 pelo projeto gráfico e de composição; e a Kendra Crossen pela excepcional proficiência na revisão do texto. Com suprema diligência, Kendra passou um pente-fino pelo manuscrito e cuidadosamente eliminou uma multidão de erros, ambiguidades e idiossincrasias estilísticas. Felizmente, ela pôde realizar essa tarefa amparada por uma sólida bagagem de conhecimento não somente do *Gītā*, mas também de toda a mitologia hindu.

Transliteração e Pronúncia
do Sânscrito

Transliteração

AS TABELAS SEGUINTES mostram a transliteração detalhada do alfabeto sânscrito usada nas seções transliteradas nas páginas pares (da esquerda) da Parte Dois (o texto do *Bhagavad-Gītā*). O mesmo sistema é usado na tradução palavra por palavra da Parte Três. Um sistema menos detalhado de transliteração, usado em outras partes do livro, será descrito depois.

Transliteração Detalhada

Vogais

Vogais Simples

अ	आ	इ	ई	उ	ऊ	ऋ	ॠ	ऌ
a	ā	i	ī	u	ū	ṛ	ṝ	ḷ
breve	longo	breve	longo	breve	longo	semivogal	semivogal (longa)	semivogal

Ditongos

ए	ऐ	ओ	औ
e	ai	o	au

Consoantes

Guturais	ए	ख	ग	घ	ङ
	ka	kha	ga	gha	ṅa

Palatais	च	छ	ज	झ	ञ
	ca	cha	ja	jha	ña
Cerebrais	ट	ठ	ड	ढ	ण
	ṭa	ṭha	ḍa	ḍha	ṇa
Dentais	त	थ	द	ध	न
	ta	tha	da	dha	na
Labiais	प	फ	ब	भ	म
	pa	pha	ba	bha	ma
Semivogais	य	र	ल	व	
	ya	ra	la	va	
Sibilantes	श	ष	स		
	śa	ṣa	sa		
Aspiradas	ह				
	ha				
Visarga ("emissão")	:				
	ḥ				
Anusvāra ("pós-som")	ं				
	ṃ				

* Em sânscrito, quase todas as consoantes, a não ser as modificadas, têm um som embutido. As letras de combinação ज्ञ jña e क्ष kṣa são consideradas como unidades de som separadas no sistema de Tantra.

TRANSLITERAÇÃO SIMPLIFICADA

Um sistema simplificado de transliteração é usado nos ensaios da Parte Um, bem como na tradução e nas notas de rodapé das páginas da direita (páginas ímpares) da Parte Dois, de modo que os leitores pouco familiarizados com o sânscrito não tenham de enfrentar a possível distração provocada pelo esquema mais detalhado. Nesse sistema simplificado, os sons vocálicos longos são indicados pelo mácron (*ā, ī, ū*). Os outros diacríticos (como o ponto inferior, o til e o acento agudo) foram omitidos para todas as consoantes. O grupo *sh* representa tanto o *ś* quanto o *ṣ*. A letra *c* continua sendo usada para o som *tch*.

PRONÚNCIA

As vogais *a, i, u, ṛ* e *ḷ* são breves. Os sons vocálicos são abertos como no italiano [ou no português brasileiro]; a pronúncia de *ṛ* e *ḷ* é semelhante à das sílabas *ri* e *li*, respectivamente.* Muitas palavras sânscritas – como योग *yoga*, त्याग *tyāga* e राग *rāga* – terminam com um *a* curto, que é pronunciado. Portanto, ao contrário do que popularmente se acredita nos círculos yogues do Ocidente e até da Índia, essas palavras não são pronunciadas *yog*, *tyāg* e *rāg*, como na língua híndi.

As vogais *ā*, *ī*, *ū* e *ṝ*, bem como os quatro ditongos, são longas. O ditongo *e* é um *e* fechado, como na palavra *dedo*; os ditongos *ai*, *o* e *au* têm, em português brasileiro, exatamente a pronúncia indicada pelo modo como são escritos.

A letra *ṅ* tem o som do grupo *ng* na palavra inglesa *king*; *ca* é pronunciada *tcha*, ou seja, como o grupo *ch* na palavra inglesa *church*; *ja* é pronunciada *dja*, ou seja, como o *j* da palavra inglesa *join*. *Cha* é um *ca* aspirado e se distingue claramente do grupo *ch* em *church*.

As cerebrais *ṭa, ṭha, ḍa, ḍha* e *ṇa* são pronunciadas com a ponta da língua retroflexa, voltada para o céu da boca.

O som *va* é pronunciado a meio caminho entre o *u* e o *v* do português brasileiro.

A sibilante *śa* é um som intermediário entre o *sa* (como em *sapo*) e o *ṣa*. O *ṣa* é pronunciado como *ch* em *chato*, mas com a ponta da língua voltada para o céu da boca.**

O *visarga* (*ḥ*) é pronunciado como uma aspiração dura seguida por um breve eco da vogal precendente; assim, *yogaḥ^a*, *samādhiḥ^i*, *manuḥ^u*.

O *ṃ* nasal soa parecido com o *n* francês em *bon*.

Em todas as consoantes aspiradas – a saber, *kha, gha, cha, jha, ṭha, ḍha, tha, dha, bha* e *pha* – a aspiração é pronunciada distintamente: *k-ha* (como no inglês *ink-horn*); *t-ha* (como no inglês *hot-head*); *p-ha* (como no inglês *top-heavy*). O *th* jamais é pronunciado como o som desse grupo nas palavras inglesas *this* ou *thing*, tampouco o *ph* tem o som do *f* em português.

O som complexo *jñ* (como em *jñāna*) é pronunciado diferentemente nas diferentes regiões da Índia: no norte e no leste do país, *gya* (sem nasalização); no centro e no oeste, *dnya*; no sul, utiliza-se o *gna* nasalizado.

---

* Na pronúncia clássica, as vogais ṛ e ḷ são retroflexas, ou seja, pronunciadas com a ponta da língua voltada para o céu da boca (o ṛ, por exemplo, é semelhante ao r "caipira" do Sudeste do Brasil; e o ḷ é semelhante). (N.T.)

** Já em *śa*, a língua assume o formato adotado nas consoantes palatais. (N.T.)

Parte Um
ENSAIOS INTRODUTÓRIOS

yataḥ kṛṣṇas tato jayaḥ
Onde está Krishna, aí está a vitória.
– *Mahābhārata* (6.21.14)

O *Mahābhārata*

O *Bhagavad-Gītā* tal como hoje o conhecemos consiste de dezoito capítulos (23-40) do sexto livro do *Mahābhārata*, um dos dois magníficos épicos da Índia. O *Mahābhārata*, em dezoito livros, é sete vezes mais longo que os dois grandes épicos gregos – a *Ilíada* e a *Odisseia* – juntos, e quase três vezes mais longo que a *Bíblia*. Apresenta um relato detalhado dos acontecimentos que levaram à devastadora guerra de dezoito dias entre duas linhagens reais intimamente aparentadas – os Kauravas (ou Kurus) e os Pāndavas (ou Pāndus) – e seus muitos aliados, aos acontecimentos da própria guerra e às suas tristes consequências. O *Gītā* contém os profundos ensinamentos espirituais e éticos de Krishna que procuram revelar o sentido de uma guerra atroz.

O outro grande épico indiano, o *Rāmāyana* ("Vida de Rāma"), versa em 24 mil versículos sobre a lenda do divino herói Rāma, seu combate contra forças demoníacas e o resgate de sua esposa Sītā, que fora raptada por Rāvana, rei do mundo inferior de Lankā (o atual *Sri Lanka*). A incrível riqueza dos episódios e das histórias entretecidos nessa obra descomunal como os coloridos desenhos de um tapete continua a edificar e deleitar o povo da Índia até hoje. A história básica do *Rāmāyana* remonta a uma era anterior à da guerra dos Bharatas. Porém o texto do *Rāmāyana* foi composto na mesma época que o do *Mahābhārata*, provavelmente por um único poeta chamado Vālmīki ("Formiga").

Enquanto o *Mahābhārata* se afirma convictamente como pertencente à *smriti*, ou seja, à tradição literária convencional,* o *Rāmāyana* não pretende ser mais que uma poesia (*kāvya*). E, enquanto tal, ele serviu às gerações posteriores de poetas como célebre protótipo para as próprias criações deles. O sábio filósofo Sri Aurobindo, do século XX, que talvez conhecesse melhor a pulsação vital da espiritualidade hindu que qualquer erudito de formação acadêmica, escreve o seguinte sobre a obra de Vālmīki:

---

* A *smriti* ("memória") é o conjunto dos textos inspirados que, baseados nos textos sagrados diretamente revelados ou de primeira ordem (*shruti*, "audição"), compõem os escritos sagrados de segunda ordem na tradição hindu. (N.T.)

O *Rāmāyana* é uma obra de tipo essencial idêntico ao do *Mahābhārata*; difere deste somente pela maior simplicidade de seu esquema básico, pelo temperamento ideal mais delicado e por desprender um brilho mais refinado de cor e calor poéticos. Apesar dos muitos acréscimos, a maior parte do poema foi evidentemente composta por um único autor e ostenta uma unidade estrutural menos complexa e mais evidente. Nele encontra-se menos filosofia e mais de uma mentalidade puramente poética, menos do construtor e mais do artista. (Aurobindo 1959, pp. 323-24)

Se o *Rāmāyana* é comparável a um diamante primorosamente lapidado, o *Mahābhārata* pode ser considerado semelhante a uma imensa gema bruta cuja perfeição e beleza residem exatamente em sua aspereza e assimetria. O caráter do *Mahābhārata*, a "Grande [Epopeia da Guerra dos Descendentes] de Bharata", é imensamente complexo. Pois, como assevera Sri Aurobindo, ele

não é somente a história dos Bharatas, o épico de um acontecimento remoto que se tornou uma tradição nacional, mas sim, em imensa escala, a epopeia da alma, da mentalidade religiosa e ética, dos ideais sociais e políticos, da cultura e da vida da Índia. Diz-se popularmente acerca dele, sem fugir muito à verdade, que tudo o que há na Índia se encontra no Mahabharata. O Mahabharata não é a criação e a expressão de uma única mente individual, mas da mente de uma nação; é o poema que um povo inteiro escreveu sobre si mesmo. (Aurobindo 1959, p. 326)

Os comentários de Aurobindo sobre a enciclopédica epopeia dos Bharatas valem igualmente para o *Gītā*. Ele não é a construção de um pensador individual tendente ao ecletismo, mas sim a obra de um gênio que buscou, desde as partes mais profundas do seu ser, dar expressão às potencialidades de toda a alma da Índia.

Como se afirma no livro 1, capítulo 1 do próprio *Mahābhārata* (citado como 1.1), o sábio Vyāsa transmitiu o grande épico em duas versões, uma concisa e a outra mais elaborada. Além disso, o texto declara que a compilação original de Vyāsa compreendia 24 mil versículos e levava o título de *Bhārata*. Diz-se que ele escreveu um resumo de 150 versículos, que talvez seja aquilo que hoje serve de introdução à versão extensa. Depois, segundo a mesma passagem do capítulo 1, ele elaborou uma segunda versão composta ao todo de 6 milhões de versículos, dos quais 3 milhões são conhecidos somente pelos habitantes do mundo celestial (*deva-loka*), um milhão e meio pelos habitantes do mundo dos antepassados (*pitri--loka*), um milhão e quatrocentos mil pelos habitantes do mundo dos gênios (*gandharva*) e somente 100 mil no mundo humano. Este último número se justifica pela forma que o épico conserva hoje em dia.

O amplo conteúdo do *Mahābhārata* se distribui por dezoito livros (*parvan*). Embora o enredo do *Gītā* possa ser compreendido fazendo-se referência somente aos seus próprios capítulos, vale a pena lançar um breve olhar sobre os diferentes conteúdos dos livros do épico.

OS DEZOITO LIVROS DO ÉPICO

1. *Ādi-parvan* ("Livro do Início"). Além de sua função prática de servir como introdução ao épico como um todo, esse livro retrata a infância e o caráter dos irmãos Dhritarāshtra ("Governo Firme") e Pāndu ("Pálido"). Dhritarāshtra é um rei cego que tem uma filha e cem filhos – os príncipes dos Kurus, ou Kauravas, que se caracterizam pelos maus traços de caráter. Pāndu, por sua vez, tem cinco filhos – os Pāndavas (Yudhishthira, Bhīma, Arjuna, Nakula e Sahadeva) – que se destacam por suas excelências morais e outras. Com a morte prematura de Pāndu, seus cinco filhos ficam sob os cuidados de Dhritarāshtra. Então, mesquinhos ciúmes e intrigas se desenvolvem entre os filhos do próprio Dhritarāshtra e seus sobrinhos, situação que lança os fundamentos da grande guerra.

2. *Sabhā-parvan* ("Livro da Assembleia"). Aqui se faz uma animada descrição de um dos acontecimentos centrais da epopeia: a tumultuosa assembleia (*sabhā*) realizada em Hastināpura, capital do país dos Kurus, onde Yudhishthira ("Constante na Batalha"), o mais velho dos Pāndavas, perdeu todo o seu reino num jogo de dados em razão de um ato desprezível de trapaça dos Kauravas em conluio com Shakuni ("Pássaro"), seu tio materno. Não tendo mais nada a pôr em jogo, Yudhishthira aposta e perde seus próprios irmãos. Por fim, tudo o que resta a ser apostado é a rainha Draupadī (também conhecida como Krishnā ou Pāncālī), esposa comum dos cinco irmãos Pāndavas. O príncipe Duryodhana, triunfante, a chama à sala da assembleia para infligir a seus adversários essa humilhação suprema. Ao recusar-se, ela é arrastada para lá por seus longos cabelos. Dushshāsana, um dos irmãos Kauravas, tenta arrancar o sári de Draupadī para evidenciar sua servidão; mas o deus Dharma, atendendo à oração insistente que ela dirige a Krishna, substitui-o instantaneamente e impede que ela fique completamente nua. Com expressiva ira, ela defende sua honra. Os cinco Pāndavas, ao lado de sua esposa comum, são enviados para o exílio por um período total de treze anos. No 13º ano, teriam de viver incógnitos. Caso suas identidades fossem descobertas, teriam de permanecer no exílio por outros doze anos.

3. *Vana-parvan* ("Livro da Floresta"). Esse livro descreve a vida dos filhos de Pāndu exilados na floresta (*vana*). Contém, entre outras passagens extraordinárias, a história do rei Nala, que, como Yudhishthira, perdeu o reino no jogo.

(Essa história foi traduzida muitas vezes.) A lenda de Sāvitrī, uma esposa fiel e dedicada, também é relatada aí. A princesa Sāvitrī vagou pelo país à procura de um marido puro. Acabou encontrando-o na pessoa do filho de um lenhador, chamado Satyavant ("Veraz"). O nobre caráter da princesa inspirou Sri Aurobindo a criar sua imensa obra poética *Sāvitrī*.

4. *Virāta-parvan* ("Livro de Virāta"). Esse livro descreve o 13º ano de exílio que os cinco irmãos são obrigados a passar incógnitos a serviço do rei Virāta, soberano dos Matsyas. O viril Arjuna se disfarça de eunuco. No fim, Virāta oferece sua filha Uttarā ("Suprema") em casamento a Arjuna, que aceita a mão dela em nome de seu filho Abhimanyu ("Ira"). O casal gera um filho, o futuro imperador Parikshit ("O que reside ao redor"), antes de Abhimanyu ser morto no 13º dia da grande guerra.

5. *Udyoga-parvan* ("Livro do Empenho"). Esse livro relata os preparativos para a grande guerra civil. Os Pāndavas levantam sete exércitos e os Kauravas, onze. Yudhishthira nomeia Dhrishtadyumna ("Esplendor Audaz") como generalíssimo das tropas dos Pāndavas. Os capítulos 33-40 do livro contêm os ensinamentos morais de Vidura ("Inteligente"), sábio tio tanto dos Pāndavas quanto dos Kauravas.

6. *Bhīshma-parvan* ("Livro de Bhīshma"). Esse livro traz um relato meticulosamente detalhado dos primeiros embates no campo de batalha. Também contém o *Bhagavad-Gītā*, que resume a filosofia do *Mahābhārata*. O *Bhīshma-parvan* recebe seu título do principal defensor dos Kurus, Bhīshma ("Terrível"), que aconselha os Pāndavas a lutar contra ele atrás do guerreiro Shikhandin ("Topetudo"), contra quem não lutaria porque Shikhandin, embora criado como menino, havia nascido menina. Bhīshma foi mortalmente ferido no décimo dia de combate, mas adiou sua morte o quanto quis em virtude de uma dádiva que havia recebido dos deuses.

7. *Drona-parvan* ("Livro de Drona"). Drona ("Tina"), que tinha a reputação de ser invencível, sucedeu Bhīshma como comandante do exército dos Kauravas. Apesar de seu legendário poder de mestre das artes da guerra, ele é morto de imediato em razão de um embuste que o leva a depor suas armas.

8. *Karna-parvan* ("Livro de Karna"). Karna ("Orelha"), o novo líder militar dos Kurus, que se negava a lutar enquanto Bhīshma fosse o comandante kaurava, é morto por Arjuna depois de longo combate. Quando as rodas da carruagem de Karna encalham no chão, ele lembra Arjuna de respeitar a ética dos guerreiros e esperar até que a carruagem seja posta de novo em movimento. Porém Krishna – conselheiro de Arjuna – estimula Arjuna a atacar enquanto pode. Quando Karna é feito comandante (*senā-pati*), o exército dos Kauravas já conta somente cinco divisões.

9. *Shalya-parvan* ("Livro de Shalya"). A guerra continua. Entre os Kurus, o comandante-chefe Shalya ("Ferrão") e o príncipe Duryodhana tombam, acabando, na prática, com a guerra. Duryodhana ascende à esfera de Sūrya, deus do Sol. Shalya luta com meras três divisões contra a única divisão restante dos Pāndavas.

10. *Sauptika-parvan* ("Livro do Ataque Noturno"). Os três heróis sobreviventes dos Kurus – Kripa ("Piedade"), Kritavarman ("Protetor") e Ashvatthāman ("Forte como um Cavalo") –, absurdamente, atacam o acampamento dos Pāndavas à noite e massacram o exército inteiro durante o sono. Kripa não concorda com o ato, considerando-o contrário às leis tradicionais do combate, mas Ashvatthāman, cego de ódio, anula a objeção lembrando que os Pāndavas não mereciam tal consideração, visto que também haviam trapaceado durante as diversas batalhas. Somente os cinco irmãos Pāndavas escapam da ignóbil matança. Assim, os exércitos de ambos os lados encontram-se irremediavelmente destruídos. A fúria de Ashvatthāman leva-o até mesmo a fazer uso de armas mágicas para tornar estéreis todas as mulheres dos Pāndavas. Por meio da intervenção de Krishna, Parikshit é salvo ainda no útero de Uttarā, enquanto Ashvatthāman é condenado a vagar infeliz pela Terra durante 3 mil anos.

11. *Strī-parvan* ("Livro das Mulheres"). Esse livro é uma comovente descrição da reconciliação entre o cego Dhritarāshtra, rei dos Kauravas, e os príncipes Pāndavas. As cerimônias funerárias são presididas pelos sobreviventes. Gāndharī, esposa de Dhritarashtra, está furiosa com Krishna por ter permitido que a matança ocorresse. Amargurada, lança-lhe uma maldição: ele e sua tribo, os Vrishnis, virão a sofrer a mesma dor e o mesmo pesar.

12. *Shanti-parvan* ("Livro da Paz"). O príncipe Yudhishthira é coroado. Bhīshma (que, como vimos no *Bhīshma-parvan*, adiou a própria morte embora estivesse mortalmente ferido) faz uma longa descrição da via que leva à libertação (*moksha*) – quando o Eu se dá conta de sua eterna liberdade. Em virtude desse discurso, esse *parvan* é considerado um dos trechos filosóficos mais importantes do épico.

13. *Anushāsana-parvan* ("Livro da Instrução"). Continua o discurso didático de Bhīshma sobre a lei, a moral e o valor das práticas ascéticas. Por fim, com a permissão de Krishna, o grande guerreiro e mestre expira.

14. *Ashvamedha-parvan* ("Livro do Sacrifício do Cavalo"). O rei Yudhishthira organiza uma colossal cerimônia do sacrifício do cavalo (*ashva-medha*) para consolidar seu reino e abençoar todo o país dos Bharatas. Enquanto o cavalo a ser sacrificado vaga livremente, Arjuna segue-o e protege-o durante um ano inteiro. Durante esse processo, trava grandes batalhas.

15. *Āshramavasika-parvan* ("Livro da Vida no Eremitério"). Depois de habitar na corte de Yudhishthira em Hastināpura, o velho rei Dhritarāshtra e Gāndharī, sua

rainha, se retiram para um eremitério na floresta (*āshrama*). Três anos depois, ao lado de Kuntī (mãe dos príncipes Pāndavas), eles morrem num incêndio florestal.

16. *Mausala-parvan* ("Livro da Discórdia"). Esse livro relata a morte acidental de Krishna e sua gloriosa ascensão ao céu, bem como a briga entre bêbados (*mausala*, "[briga] travada com clavas") que aniquila sua dinastia e seu povo. Essa infelicidade, que acontece 36 anos depois da guerra, é fruto da maldição lançada pela rainha Gāndharī sobre Krishna e os Vrishnis. No funeral de Krishna, Vyāsa comunica aos Pāndavas que também chegou a hora de eles deixarem a Terra. Está claro que, aqui, Vyāsa está começando a fechar os fios da trama de sua epopeia.

17. *Mahāprasthānika-parvan* ("Livro da Grande Partida"). Profundamente chocados com a morte de Krishna, os cinco filhos de Pāndu renunciam ao reino e adotam vida simples e ascética na floresta. O rei Yudhishthira coroa seu sobrinho-neto Parikshit, filho de Abhimanyu e Uttarā e neto de Arjuna. Ao escalar o Monte Meru, o eixo do mundo, os cinco irmãos caem mortos um após o outro.

18. *Svargārohanika-parvan* ("Livro da Ascensão ao Céu"). Os cinco irmãos Pāndavas, que no fim se revelam como seres divinos, voltam para o céu. Aí, extinta toda inimizade, se confraternizam com os heróis do Kauravas.

A essas dezoito partes foi anexado entre os séculos III e IV d.C. o *Hari-Vamsha*, que narra detalhadamente o nascimento e a juventude de Krishna. Com mais de 16 mil versículos, esse apêndice serviu às gerações posteriores de devotos como protótipo para outras biografias de Krishna, mais elaboradas.

O Contexto Dramático
e Histórico do *Bhagavad-Gītā*

O Contexto Dramático

PARA COMPREENDER o *Bhagavad-Gītā* ("Cântico do Senhor")[1] – muitas vezes chamado simplesmente de *Gītā* – temos de conhecer algo sobre seu contexto dramático, que talvez seja baseado em fatos históricos, talvez não. O *Gītā* consiste essencialmente num diálogo entre o Deus-homem Krishna e seu discípulo, o príncipe Arjuna. O diálogo ocorre no campo de batalha, o "campo dos Kurus" (*kuru-kshetra*) ou país dos Kauravas. Tradicionalmente, diz-se que essa área se localiza numa planície não muito distante de Délhi, ao norte da cidade.

Segundo o próprio *Gītā* (18.75), o diálogo foi testemunhado por Samjaya, ministro de Dhritarāshtra, o rei cego dos Kauravas. O sábio Vyāsa havia conferido a Samjaya poderes paranormais especiais para que fosse capaz de relatar, golpe a golpe, a evolução da luta no distante campo de batalha. Com isso, sua mente também captou o maravilhoso (*adbhuta*) diálogo particular entre Krishna e Arjuna.

Esse diálogo ocorre quando os dois exércitos estão a ponto de começar a luta. Os príncipes Kauravas, que se diz terem sido em número de cem (o que provavelmente significa uma "multidão"), eram primos dos cinco príncipes Pāndavas. Os primeiros eram filhos do rei Dhritarāshtra, cuja capital era Hastināpura (a atual Délhi). Por costume, a cegueira do rei teria impedido que ele ascendesse ao trono. Infelizmente, porém, seu meio-irmão, o rei Pāndu ("Pálido"), havia morrido antes do tempo; e seu outro meio-irmão ainda vivo, o sábio Vidura, fora desqualificado porque sua mãe pertencia à classe mais baixa, a casta servil (*shūdra*). Caso o trono ficasse vago, a grande Dinastia Lunar de

---

1. *Bhagavad* ou *bhagavat* (o radical gramatical) significa "bendito" e se refere à pessoa divina – no presente contexto, especificamente a Krishna. A palavra é derivada de *bhaga* ("distribuidor", da raiz *bhaj*, que significa "partilhar, fazer participar"), que denota "boa fortuna, sorte, dignidade, amabilidade, amor" e também significa os órgãos genitais femininos, que distribuem ou conferem a boa fortuna na medida em que geram filhos para perpetuar a linhagem familiar. O sufixo *vat* significa "possuidor". Portanto *Bhagavat* é aquele que possui (ou distribui, concede) a boa fortuna. *Gītā* significa "aquilo que é cantado" e é o particípio passado feminino, usado como substantivo, da raiz verbal *gyai*, "cantar". [Vê-se desde logo que, em sânscrito, a expressão *Bhagavad-Gītā* é feminina. No entanto optamos por tratá-la como masculina na tradução por dois motivos: primeiro, por uso; segundo porque, se fosse traduzida, a expressão seria masculina em português: "O Cântico do Senhor Bendito". (N.T.)]

reis-guerreiros (*kshatriya*) chegaria ao fim. Por falta de outra opção, portanto, coube a Dhritarāshtra assumir o papel de rei até que Yudhishthira, o filho mais velho de Pāndu, tivesse idade suficiente para governar.

Quando esse momento chegou, Dhritarāshtra e seus filhos mudaram de ideia. Num jogo de dados viciados, fizeram com que os cinco príncipes Pāndavas não somente perdessem o reino que lhes cabia por direito como também fossem exilados por treze anos. No último ano, teriam de viver incógnitos, sob pena de passar outros doze anos no exílio. Nenhum dos Kauravas achou que fosse ver novamente os filhos de Pāndu. Entretanto, contrariando todas as expectativas e auxiliados pelo rei Drupada, amistoso governante do reino dos Pāncālas, bem como por outros líderes tribais vizinhos – entre os quais se destacava o Deus--homem Krishna, dos Yādavas –, os cinco príncipes Pāndavas voltaram do exílio e exigiram justiça.

Montou-se assim o palco para a colossal guerra dos Bharatas, na qual, segundo se conta, enfrentaram-se onze divisões (*akshauhinī*) do lado dos Kauravas e sete do lado dos Pāndavas. Afirma-se, além disso, que cada divisão compreendia 21.870 elefantes, 21.870 carros de batalha, 65.610 cavalos e 109.350 soldados de infantaria. As dezoito divisões teriam somado, ao todo, quase 2 milhões de combatentes. Esse número parece grande demais para ser crível, mas veicula a ideia essencial de que a guerra envolveu a maior parte dos reinos do norte da Índia. É possível, porém, que ela tenha realmente acontecido?

Supondo-se que sim, se situarmos especulativamente a guerra dos Bharatas por volta de 2000 a.C., a população da Índia seria, segundo se estima, de cerca de 4 milhões de habitantes. Isso não seria suficiente para que um exército de 2 milhões de homens capazes se mobilizasse para o combate, mas é concebível que um total de mais de 1 milhão de homens tenha participado da guerra dos Bharatas, o que se aproximaria do relato de Vyāsa. Também é claro, por outro lado, que a população do norte da Índia pode ter sido maior do que convencio-nalmente se supõe. Porém, isso ainda nos deixa às voltas com o número imenso de elefantes, cavalos e carruagens mencionados pelo bardo. De qualquer modo, essas especulações, por fascinantes que sejam, não contribuem para nosso enten-dimento do conteúdo do *Mahābhārata*.

Mais pertinente é o fato de que todos os números acima mencionados se ba-seiam no proeminente simbolismo do número 18 na epopeia – todos eles são múl-tiplos de 18! Curiosamente, há 18 livros no *Mahābhārata*; 18 capítulos no *Gītā*; a guerra dos Bharatas durou 18 dias; Krishna viveu por mais 18 anos depois da guerra – e assim por diante[2].

---

2. Para saber mais sobre o simbolismo do número 18, ver Georg Feuerstein, "108: A Symbol-Laden Number", em

Levando em conta vários contextos, o número 18 sugere a noção de autossacrifício – o tipo ideal de sacrifício, que lembra a arquetípica autoimolação do Homem Primordial (*purusha*) dos Vedas, que se dividiu em incontáveis formas para criar o universo. Por meio do autossacrifício voluntário dos nobres guerreiros no campo de batalha, pensava-se que a vida poderia prosseguir ordenadamente.

O antiquíssimo *Brihadāranyaka-Upanishad* (1.1) compara o mundo a um cavalo (*ashva*) sacrificial, e o processo de criação do mundo ao elaborado sacrifício do cavalo (*ashva-medha*) realizado para beneficiar um grande rei e seu reino. No *Chāndogya-Upanishad* (3.16.1), igualmente antigo, encontramos esta significativa afirmação: "O homem, em verdade, é sacrifício".

Na manhã do primeiro dia de batalha, o príncipe Arjuna se vê repentinamente desalentado: não quer mais recuperar o reino se para isso tiver de matar familiares, amigos e amados mestres. Foi nesse momento crítico que ele recebeu os ensinamentos ativistas de Krishna.

A narrativa épica tem muitas idas e vindas. No fim, em específico, os cinco príncipes Pāndavas se revelam como filhos de divindades e não do rei mortal Pāndu; e, como heróis que são, eles ascendem ao céu. Yudhishthira, o mais velho e mais nobre dos irmãos, tinha sido gerado pelo deus Dharma ("Lei"); o habilíssimo arqueiro Arjuna, por Indra (comandante do exército das divindades); Bhīma (também chamado Bhīmasena), extraordinariamente forte, pelo deus Vāyu ("Vento"); e os gêmeos Nakula e Sahadeva, pelos dois Ashvins (os médicos celestiais).

Num nível mais mundano, os cinco Pāndavas eram casados com a mesma mulher, a belíssima Pāncālī, também chamada Draupadī em razão do nome de seu pai Drupada, rei da tribo dos Pāncālas. Vyāsa explica da seguinte maneira essa poliandria pouco ortodoxa: Arjuna havia ganhado a mão de Draupadī em casamento quando, de todos os pretendentes, somente ele havia conseguido encordoar um poderoso arco e atirar cinco flechas seguidas num alvo longínquo, fazendo-as passar pelo meio de um disco giratório. A princesa de bom grado aceitou Arjuna como marido. Na época, os cinco irmãos Pāndavas estavam vivendo incógnitos depois de escapar a um ataque sangrento promovido pelos Kauravas. Quando Arjuna revelou sua verdadeira identidade, o rei Drupada ficou contentíssimo. Ao voltarem os irmãos para casa, sua amada mãe, Kuntī, ouviu os passos deles do lado de fora do casebre que habitavam e, pensando que os filhos haviam acabado de cumprir a rotina diária de pedir esmolas, mandou que eles partilhassem entre si o que quer que houvessem recebido. Ignorava o fato de o destino ter trazido a princesa Draupadī para a vida deles; mas, respeitando literalmente o inocente desejo da mãe, os cinco irmãos resolveram partilhar Draupadī, que concordou com o arranjo. Cerimônias formais foram realizadas para sancionar esse casamento incomum.

Além disso, Arjuna descobriu que estivera intimamente associado ao Deus-homem Krishna, o mais ilustre governante da Dinastia Lunar, ao longo de diversas vidas anteriores.

Vyāsa supostamente levou dois anos e meio para compor a epopeia inteira, a qual ditou para o deus Ganesha, de cabeça de elefante, o único escriba capaz de acompanhar o ditado do bardo. O que nos impressiona como um artifício singularmente engenhoso, digno de um Shakespeare, é o fato de Vyāsa, suposto autor tanto do *Mahābhārata* quanto do *Gītā*, ter se inserido indelevelmente na própria tessitura do drama épico como pai do rei cego Dhritarāshtra. Realmente seria difícil encontrar uma imagem mais exata das complexidades entremeadas do mundo finito da mudança, o *samsāra*, governado pela invisível e imparcial lei kármica de ação e reação, da qual somente a libertação espiritual (*moksha*) pode nos fazer escapar.

O *Bhagavad-Gītā* se apresenta ao mesmo tempo como um *dharma-shāstra* (um tratado sobre a lei e a moral) e um *moksha-shāstra* (tratado sobre a libertação). É uma reflexão criativa sobre a relação entre os dois grandes ideais da moral e da libertação. Por um lado, o *Gītā* demonstra de que modo a moral é essencial para a vida espiritual; por outro, afirma que, para alcançar a libertação espiritual, temos *em última análise* de abrir mão de todos os *dharmas*.

Que circunstâncias seriam melhores para explorar essas questões que a guerra dos Bharatas, a vacilação de Arjuna, as atitudes excessivamente humanas dos Kauravas, a coragem semidivina dos Pāndavas (que lhes garante um lugar no céu) e a influência divina de Krishna, que perpassa todo o drama?

O Contexto Histórico

O *Mahābhārata* é um edifício vasto, engenhoso e construído com grande audácia. Seu cerne épico, a inimizade entre os Pāndavas e os Kauravas, se esconde – como a menor das bonecas num conjunto de bonecas russas – no meio de uma imensa massa de narrativas secundárias, episódios subsidiários, discursos religiosos e reflexões filosóficas, teológicas e cosmogônicas. O núcleo propriamente dito da epopeia consiste talvez em pouco mais de 20 mil versículos – ou seja, cerca de um quinto do tamanho total da epopeia em sua versão atual –, enquanto o resto se parece com notas de rodapé ou apêndices.

No passado, os acadêmicos tendiam a avaliar o *Gītā* como uma nota de rodapé interessante, mas não especialmente indispensável. Nada justifica essa visão depreciativa. Qualquer um que considere altamente improvável que Krishna tenha iniciado Arjuna nos segredos do seu Yoga fazendo um longo discurso logo antes da batalha está deixando de reconhecer que a epopeia não é somente um relato circunstanciado do conflito entre dois pretendentes à liderança de uma dinastia, mas também uma "história" espiritual e moral.

Quando a examinamos de um ponto de vista exclusivamente histórico, não há quase nada na epopeia que seja tangível e convincente. Por outro lado, o leitor que põe de lado a questão da validade histórica e se interessa somente pelo conteúdo espiritual do *Mahābhārata* logo se convence de que Vyāsa não estava registrando uma história objetiva, mas sim realidades a-históricas revestidas quer de símbolos e mitos, quer da linguagem da filosofia. Ambas as posições são radicais e parciais. É certo que o *Gītā* não pode ser separado do tema principal da epopeia, que é a guerra dos Bharatas. Muito pelo contrário, ele contém, por assim dizer, a razão de ser espiritual e moral dessa guerra.

As circunstâncias *externas* que levaram à grande guerra – despojadas de todos os detalhes acessórios – são as seguintes: depois da morte prematura de Pāndu, rei dos Bharatas, seu irmão cego Dhritarāshtra assume temporariamente o trono até que os filhos de Pāndu cheguem à maioridade. Havia uma inimizade prévia entre os cem filhos de Dhritarāshtra e os cinco filhos órfãos de Pāndu, sobretudo porque Bhīmasena, sobrenaturalmente forte, gostava de provocar os primos. À medida que eles cresceram, o ciúme e as querelas se aprofundaram nos cem irmãos Kauravas, transmutando-se em ódio. Os filhos de Dhritarāshtra decidiram livrar-se dos primos de quem não gostavam. Sua trama assassina falhou; os cinco príncipes Pāndavas fugiram para a floresta e passaram a vagar pelo país disfarçados de *brāhmanas* (brâmanes).

Um dia, ouviram falar que Drupada, rei dos Pāncalas, queria dar sua filha em casamento e que todos os nobres do norte haviam sido convidados para as festividades. Decidiram comparecer. O rei Drupada anunciou que daria a filha ao pretendente que conseguisse acertar um alvo distante com uma flecha atirada por um arco gigante que ele mesmo havia feito; além disso, a flecha teria de passar no meio de um anel giratório montado a grande altura. De todos os competidores, somente Arjuna cumpriu a tarefa, e assim ganhou a mão da princesa. Também foi nesse concurso que os filhos de Pāndu conheceram Krishna, chefe da tribo Vrishni, que a partir de então se tornou seu amigo inseparável e conselheiro. A inesperada aliança com o reino dos Pāncalas e com a dinastia Yādava, de Krishna, deu aos Pāndavas o poderio militar de que precisavam para voltar à terra natal e reclamar sua parte do reino paterno.

Dhritarāshtra concordou em dividir o país dos Kurus. Os descendentes de Pāndu receberam o território ao longo do Rio Yamunā, ao passo que os filhos do rei cego dominaram a faixa de terra que acompanhava o alto Ganges. Os numerosos filhos de Dhritarāshtra ficaram descontentes e vislumbraram um destino um pouco diferente para si próprios e para seus primos Pāndavas.

No jogo de dados viciados, já descrito, Yudhishthira perdeu todo o seu reino e trouxe a ruína para a dinastia recém-fundada. Foi somente pela intervenção do velho rei Dhritarāshtra que os Pāndavas puderam escapar da escravidão literal. Foram, em vez disso, exilados por treze longos anos durante os quais viveram notáveis aventuras. Escoado o 13º ano, os Pāndavas exigiram que o reino lhes fosse devolvido. Duryodhana, contudo, cheio de ódio e sedento de poder, rejeitou sumariamente a exigência. Krishna, rei dos Vrishnis, tentou mediar a disputa, mas sua intercessão não teve fruto. Por fim, os Pāndavas concluíram que não tinham outra saída senão a guerra. Arjuna e Duryodhana, líderes das duas forças militares, abordaram Krishna independentemente e lhe pediram apoio. O próprio Krishna prometeu não lutar, mas ofereceu a ambos a escolha entre seu poderoso exército e seus conselhos pessoais. Duryodhana optou pelas numerosas tropas de Krishna, enquanto Arjuna apressou-se em assegurar a ajuda pessoal do Deus-homem.

É essa a situação que encontramos no início do *Gītā*, quando os dois clãs se defrontam no *kuru-kshetra*, o país ou "campo" dos Kurus. (O diagrama da página ao lado auxilia a visualização da cena.) O nome Kuru remonta a um membro da grande tribo dos Bharatas. Aplica-se igualmente aos cem filhos do rei Dhritarāshtra e aos cinco filhos de Pāndu, seu irmão falecido; mas, para facilitar a distinção, os cinco príncipes são mais conhecidos como Pāndavas.

A DATAÇÃO DO *GĪTĀ*

Em sua forma atual, a versão aceita do *Gītā* – já conhecida por Shri Shankara – pode ter sua origem situada em cerca de 400 e 300 a.C. Contudo seus ensinamentos apontam para um período ainda mais remoto, quando teria ocorrido a guerra dos Bharatas.

Talvez em razão do monoteísmo do *Gītā*, algumas autoridades defenderam, de modo pouco convincente, a tese de que a obra foi composta depois de Cristo; mas a origem pré-cristã da tradição Pāncarātra em que o *Gītā* grosso modo se insere não pode ser contestada.

Por outro lado, a tese dos tradicionalistas hindus, de que o *Gītā* seria um produto do terceiro ou quarto milênio a.C., não pode ser levada a sério. Em primeiro lugar, essa data conflitaria não só com as cronologias purânicas como também

Kauravas

11 divisões (akshauhinī) =

240.570 carruagens + 240.570 elefantes + 721.710 cavalos + 1.202.850 soldados de infantaria

Duryodhana

Comandante: Bhīshma
Comandantes subsequentes dos Kauravas
1. Drona   2. Karna   3. Shalya   4. Duryodhana

KURU-KSHETRA

Comandante: Bhīmasena

Arjuna e Krishna

7 divisões (akshauhinī) =
153.090 carruagens + 153.090 elefantes + 501.270 cavalos + 765.450 soldados de infantaria

Pāndavas

com uma data plausível para o *Rig-Veda* e para a cultura que o criou. Em segundo lugar, a data de 3102 a.C. como início do atual *kali-yuga* foi mencionada pela primeira vez nos Purānas. O problema é que temos razões conceituais e linguísticas para situar definitivamente a origem da epopeia numa data posterior à da vida do Buda (563-483 a.C.).

Além disso, o próprio *Gītā* (4.7-8) menciona que Krishna ensinou a Arjuna um Yoga antiquíssimo que fora perdido, e também que ele (Krishna) toma novo corpo de era em era (*yuge yuge*) sempre que a ordem sagrada (*dharma*) – a lei moral e espiritual – está em decadência. Assim, de qualquer modo seria mais exato entender o momento em que Krishna instruiu o Príncipe Arjuna como o começo de uma nova era (*yuga*) – ou seja, o atual *kali-yuga*, caracterizado pelo declínio moral e espiritual. Mas é claro que Krishna não nos fornece uma data específica para a nova era, e só podemos determinar essa data por meio de inferências, como, aliás, fizeram os autores dos Purānas quando estabeleceram o ano de 3102 a.C. como data de início do atual *kali-yuga*. A datação deles, no entanto, parece ser baseada em dados astronômicos questionáveis.

A VERDADE LINGUÍSTICA E ARQUEOLÓGICA

Em seu vocabulário, estilo e conteúdo, o *Gītā* se insere manifestamente nas mais antigas partes filosóficas do *Mahābhārata* e é um pouco posterior ao *Katha-Upanishad* e ao *Shvetāshvatara-Upanishad*, que apresentam doutrinas yogues semelhantes. O erudito indiano K. N. Upadhyaya (1971, p. 29) situou o *Gītā* no século V a.C., uma estimativa aproximada; mas a maioria das autoridades favorece uma data intermediária entre 400 e 300 a.C. É importante deixar claro que o texto atual do *Gītā* não deve ser confundido com seu tema – a guerra dos Bharatas, que teria acontecido em data muito mais remota.

Subhash Kak (2003) e outros pesquisadores, baseando-se numa datação revista das cronologias dinásticas encontradas nos Purānas, fixaram a data da guerra dos Bharatas em 1900 a.C. Curiosamente, essa data coincide com a suposta derrocada da civilização védica do Indo-Sarasvatī.

Os indólogos ocidentais mais empedernidos rejeitaram até mesmo essa data, considerando-a muito remota, e defenderam a ideia de que a guerra aconteceu em 900 a.C. – data derivada da chamada teoria da invasão ariana, formulada no século XIX. Já se provou que essa teoria está errada, o que significa que qualquer cronologia nela baseada deve ser considerada imediatamente suspeita. (Ver, p. ex., Colin Renfrew, *Archaeology & Language* 1987, e G. Feuerstein et al., *In Search of the Cradle of Civilization* 1995.)

Em 1998, descobriu-se no mar ao largo da atual Dwarka, no noroeste da Índia, uma cidade submersa que foi, a título de hipótese, identificada com Dvārakā, a capital onde Krishna reinava, e datada de 1450 a.C. Com isso, apresentou-se a perturbadora possibilidade de situar mais ou menos nessa época a guerra dos Bharatas. É pelo menos concebível que essa guerra, se aconteceu, tenha dado origem a canções de gesta que, com o tempo, acabaram se transformando no *Mahābhārata* e, logo, também no *Gītā* como o conhecemos. No fim do artigo do professor Kak, ele admite que a data de 1900 a.C. é tão conjectural quanto qualquer outra. Autorizados assim por ele, temos toda a liberdade de optar pela data de 1500 a.C., que pelo menos tem o apoio, ainda que frágil, da arqueologia. A cidade portuária de Dvārakā ("Portão") pode ainda vir a se revelar como um importante marco cronológico, um portal que proporciona certa estrutura ao curso de acontecimentos relacionados a Krishna e à grande guerra.

CRONOLOGIA

A cronologia seguinte se baseia em parte em pesquisas e reflexões recentes (especialmente por estudiosos indianos) e não nas ideias altamente conservadoras encontradas nos compêndios acadêmicos (derivadas em grande medida da erudição ocidental do século XIX). O *establishment* acadêmico só muito aos poucos está começando a aceitar que temos de reconsiderar completamente nossas noções acerca da história da Índia antiga.

Dois fatores históricos cruciais, que os pesquisadores mais recentes estabeleceram e que foram plenamente levados em conta na cronologia apresentada a seguir, são (a) a data de 1900 a.C. para o desaparecimento do grande Rio Sarasvatī, exaltado no *Rig-Veda* e (b) a data de 1450 a.C. para o afundamento da cidade murada de Dvārakā.

Linha do Tempo dos Textos, Acontecimentos
e das Pessoas mais Importantes

Data	Texto/Acontecimento/Pessoa
6500 a.C.	Primórdios da cidade de Mehrgarh (no atual Afeganistão). Sinais do culto à Deusa Mãe. Notável continuidade cultural com o hinduísmo posterior.
4000-2000 a.C.	Período indicado para a composição do *Rig-Veda* com base em dados astronômicos e raciocínios históricos de caráter geral.
3300 a.C.	Possível data do Manu Vaivasvata, o sétimo Manu e o primeiro governante após o Grande Dilúvio mencionado em vários textos sânscritos.
18 de fevereiro de 3102 a.C.	Data tradicional, mas improvável, do início do *kali-yuga*, supostamente contemporânea ao fim da guerra dos Bharatas.
3000 a.C.	Primórdios dos centros urbanos ao longo do Rio Indo que faziam parte da civilização do Indo-Sarasvatī.
2600-1900 a.C.	"Fase de Harappa" da civilização do Indo-Sarasvatī. É o período maduro dessa civilização, que toma o nome de Harappa, a primeira dessas cidades descoberta pelos arqueólogos. (Ver, p. ex., G. Possehl, org., 1982.)
2450 a.C.	Data aproximada do rei Bharata dos Pauravas (Purus), que deu nome à Índia.
2050 a.C.	Data aproximada do rei Dasharatha de Ayodhyā, pai de Rāma, herói do *Rāmāyana*, epopeia composta em data posterior.

1900 a.C.	Data aproximada da seca do poderoso Rio Sarasvatī, que seguia um curso sinuoso pelo Deserto de Thar rumo ao Oceano Índico.
1550 a.C.	Possível data de composição dos últimos hinos do *Rig-Veda*.
1500-1200 a.C.	Data conservadora para a invasão das tribos indo-arianas vindas das estepes russas. Data conjectural da composição do volumoso *Shatapatha-Brāhmana*.
1450 a.C.	Data do afundamento de Dvārakā, capital de Krishna (no atual Guzerate), determinada como posterior à guerra dos Bharatas pela arqueologia subaquática. Com base nessa datação, a guerra poderia ser datada de 1500 a.C.
1350 a.C.	Data aproximada de Kapila, legendário fundador da Escola Sāmkhya.
563-483 a.C.	Vida de Gautama, o Buda.
400-300 a.C.	Provável data de composição do *Bhagavad-Gītā* como o conhecemos hoje.
150 d.C.	Data provável de Patanjali, compilador do *Yoga-Sūtra*.
300 d.C.	Possível data do *Hari-Vamsha*, apêndice de 16 mil versos do *Mahābhārata*, que narra uma versão da legendária vida de Krishna.
300-400 d.C.	Composição dos mais antigos Purānas conhecidos. Redação final do *Mahābhārata*.

400-450 d.C.	Data aproximada da composição do *Sāmkhya-Kārikā*, texto-base do Sāmkhya como escola filosófica.
400-1200 d.C.	Período de composição das Pāncarātra-Samhitās, sendo o *Sātvata-Samhitā* o mais antigo texto desse gênero.
788-820 d.C.	Datas tradicionais de nascimento e morte de Shri Shankarācārya, que escreveu o mais antigo comentário existente sobre o *Gītā*. É provável, porém, que tenha vivido mais de um século antes disso.
900 d.C.	Possível data de composição do *Bhāgavata-Purāna*.
1017-1123 d.C.	Vida de Rāmānuja, que escreveu um comentário clássico sobre o *Gītā*.
1050 d.C.	Data aproximada de Abhinavagupta, grande guru da Caxemira e erudito da tradição shaiva, que escreveu um comentário sobre o *Gītā*.
1190-1276 d.C. ou 1199-1278 d.C.	Datas estimadas do nascimento e da morte de Madhva, fundador do ramo dualista do Vedānta, que também escreveu um comentário sobre o *Gītā*.
1275-1296 d.C.	Jnānadeva, o mais famoso adepto da região de Maharashtra e autor do famoso comentário *Jnāneshvarī*, sobre o *Gītā*.
1479-1531 d.C.	Vida de Vallabha, importante mestre de *bhakti-yoga*.
1485-1533 d.C.	Vida de Shri Caitanya, um dos maiores mestres vaishnavas da Bengala medieval.

1500 d.C.	Data aproximada da tradução do *Gītā* para a língua persa.
1785 d.C.	Publicação da tradução inglesa do *Gītā* por Charles Wilkins.
1820 d.C.	Tradução do *Gītā* para o latim por Otto Frank.
1863-1902 d.C.	Vida de Swami Vivekananda, principal discípulo de Sri Ramakrishna (1836-1886 d.C.) e um dos grandes responsáveis (embora não o único) por introduzir no Ocidente o Yoga espiritual. Autor de quatro influentes livros sobre os diversos Yogas, ele escreveu sobre o *karma-yoga* e o *bhakti-yoga*.
1869-1948 d.C.	Vida de Mohandas K. Gandhi, defensor do princípio da não violência (*ahimsā*) que tinha o *Gītā* na mais alta estima.
1883-1896 d.C.	Tradução do *Mahābhārata* em inglês por K. M. Ganguli (12 volumes).
1933-1959 d.C.	Publicação da edição crítica do *Mahābhārata* sob a direção editorial de V. S. Sukthankar (19 volumes).
1966 d.C.	Fundação da Sociedade Internacional para a Consciência de Krishna ("Hare Krishna") por A. C. Bhaktivedanta Swami, que traduziu, entre outros textos, o *Gītā* e o *Bhāgavata-Purāna* para o inglês.

Os Personagens do *Gītā*

KRISHNA

A FIGURA CENTRAL do *Gītā* e do *Mahābhārata* como um todo é o Deus-homem Krishna, considerado uma encarnação humana da Divindade na forma de Vishnu. Em vários aspectos, o grande épico tal como o conhecemos hoje foi criado pela tradição vaishnava* de devoção a Vishnu. É claro que outras tradições religioso-culturais, especialmente o shaivismo (ligado a Shiva), também contribuíram para a versão atual, mas o vaishnavismo parece estar inscrito na própria narrativa épica.

O nome Krishna tem dois significados possíveis. O primeiro é "Negro", referência à cor escura da sua pele. O outro é "Aquele que atrai", derivado da raiz verbal *krish* ("puxar"), e se refere ao efeito que Krishna tem sobre seus devotos.

Será que Krishna foi um personagem histórico ou mera figura mitológica? Quer acreditemos que a figura de Krishna só tenha sido inserida na epopeia numa época posterior (como supõem certos acadêmicos), quer não, não precisamos duvidar de sua historicidade. Há boas provas da existência de Krishna numa época antiga. O *Chāndogya-Upanishad* (3.17.6), anterior ao *Mahābhārata* que conhecemos, já menciona Krishna como filho de Devakī. A epopeia e outros textos nos dizem que Devakī era esposa de Vāsudeva, mencionado pela primeira vez como uma divindade no *Taittirīya-Āranyaka* (10.16), o qual é ainda anterior ao *Chāndogya-Upanishad*.

A mesma passagem do *Upanishad* menciona que Krishna foi aluno de Ghora Angirasa e chega até a se referir a um ensinamento específico segundo o qual os seguintes pensamentos devem ser meditados na hora da morte:

És indestrutível (*akshita*). És inabalável (*acyuta*).

És a essência da vida (*prāna*).

A instrução lembra o Yoga da hora da morte que Krishna ensina no *Bhagavad-Gītā* (8.11), em que é usado o termo "imperecível" (*akshara*), derivado da mesma raiz

---

* Como substantivo, essa palavra designa o adorador ou devoto de Vishnu; como adjetivo (caso dessa frase), refere-se à tradição de adoração ou devoção a Vishnu. A palavra correspondente referente a Shiva é "shaiva". (N.T.)

verbal do particípio passado *akshita*, acima traduzido como "indestrutível".

Pouco se sabe sobre o mestre de Krishna, embora Sarvepalli Radhakrishnan, ex-presidente da Índia e também um famoso erudito, afirme numa nota de rodapé à sua tradução do *Gītā* (1948, p. 28, n. 7) que Ghora Angirasa também é chamado Krishna Angirasa no *Kaushītaki-Brāhmana* (30.9), e que provavelmente compôs o hino 8.74 do *Rig-Veda*, que canta o elogio do fogo dos sacrifícios.

Na célebre obra *Ashtādhyāyī* (4.3.98), Pānini, o renomado gramático da língua sânscrita, menciona Vāsudeva (ou seja, Krishna) e Arjuna como objetos de devoção religiosa. Isso dá a entender que ambos devem ter vivido várias gerações antes da época de Pānini, visto que a divinização dos heróis quase nunca acontece da noite para o dia. Arjuna era um dos nomes do deus Indra, e pode ser que Pānini tenha se referido à divindade e não ao guerreiro deificado. Pānini é geralmente situado entre 400 e 300 a.C.

O *Mahābhārata* claramente identifica Krishna como o governante da tribo Vrishni e da altiva cidade de Dvārakā, que afundou no oceano – provavelmente em razão de um fortíssimo terremoto, fenômeno que não era incomum naquela região do noroeste da Índia. Esse acontecimento é efetivamente mencionado na grande epopeia, e as ruínas de uma cidade, identificada por um dos maiores arqueólogos da Índia como a antiga Dvārakā, foram encontradas ao largo da região tradicionalmente atribuída aos Vrishnis.

Dvārakā deve ser distinguida da atual cidade de Dwarka, na região de Saurashtra, Guzerate. A cidade portuária submersa foi identificada com as estruturas subaquáticas descobertas na ilha Bet Dwarka, também conhecida como Shankhoddhāra ou Shankodhara, onde os búzios (*shankha*) ainda são abundantemente encontrados. Localiza-se aproximadamente trinta quilômetros ao norte da atual Dwarka e também era conhecida como Kushasthalī. Na época de Krishna, a ilha ainda era uma península; depois, a ascensão do nível do mar cortou sua ligação com o continente. Sob o comando de Krishna, os cidadãos de Kushasthalī fortificaram a cidade e tornaram-na inexpugnável. Kushasthalī já existia antes de ser ocupada pela tribo de Krishna.

A superpopulação obrigou os Vrishnis a se estabelecerem também no local da atual cidade de Dwarka, num povoado chamado Dvārāvatī. Com o avanço das águas, ambos os locais foram abandonados e permaneceram desocupados durante um milênio.

No *Gītā* (10.37), Krishna declara: "Sou Vāsudeva entre os Vrishnis." Em outro trecho (*Gītā*, 7.19), afirma "Vāsudeva é tudo", frase que se explica como expressão da realização daqueles sábios que, depois de muitas existências, reconhecem que Krishna é o Senhor Divino.

Vrishni foi um importante rei da dinastia Yadu. Diz-se que era descendente de Vishnu, o que significa que pertencia à tradição vaishnava. Os soberanos dos Yadus (Yādavas) também eram chamados Sātvatas, o que significa que acreditavam em Vishnu/Vāsudeva como Senhor Divino (*bhāgavat*). Em outras palavras, sua religião era o bhagavatismo, delineado no *Bhāgavata-Purāna*.

O Deus-homem Krishna nasceu na dinastia Yadu e parece ter inspirado tanto respeito que foi considerado uma encarnação divina e adorado como tal. Ao mesmo tempo, seus ensinamentos estabeleciam uma relação entre a divindade e o Sol. No *Gītā* (4.1), Krishna afirma inequivocamente que, na qualidade de Divindade, proclamou esse "Yoga imutável" a Vivasvat (o Sol), que o comunicou a Manu, que por sua vez ensinou-o a Ikshvāku, fundador da Dinastia Solar da Índia (que, ao lado da Dinastia Lunar, era uma das grandes linhagens da Índia antiga).

Forte ligação com o Sol também se estabelece por meio de Ghora Angirasa, mestre de Krishna, que pertencia ao clã dos Bhārgavas. A linhagem dos Bhārgavas fora fundada pelo poderoso vidente Bhrigu, filho do deus criador Brahma.

Certa vez, os videntes se perguntaram quem seria a Divindade Suprema na trindade Brahma-Vishnu-Shiva. Bhrigu foi encarregado de descobrir a verdade. Ele foi até Brahma, que estava sentado em assembleia. Quando Bhrigu, desrespeitosamente, sentou-se numa cadeira, Brahma ficou enfurecido. O vidente saiu sem dizer palavra e dirigiu-se, em seguida, a Shiva. Quando Shiva quis recebê-lo com um abraço, Bhrigu deu um passo para trás e disse: "Não me toque!". Shiva estava a ponto de transpassar o sábio com seu tridente quando Pārvatī, sua divina esposa, intercedeu em favor de Bhrigu, salvando-lhe a vida.

Foi em seguida até Vishnu, que estava dormindo. Bhrigu deu um pontapé no peito da divindade. Vishnu acordou abruptamente, mas, quando viu Bhrigu diante de si, pediu-lhe perdão e tocou o pé do vidente. A pegada de Bhrigu ainda está impressa no peito de Vishnu. Ele e os outros grandes videntes dessa época antiga concluíram, a partir do comportamento de Vishnu, que ele era a Divindade Suprema entre as que formavam a grande tríade (*trimūrti*) e passaram a adorá-lo de forma mais intensa. Não surpreende, pois, que Krishna declare no *Gītā* (10.25) que "sou Bhrigu entre os grandes videntes".

O *Mahābhārata* e especificamente o *Gītā* (3.32, 9.11, 18.67) deixam claro que nem todos admitiam a divindade de Krishna. O épico e seu episódio também evidenciam, por outro lado, que sua condição de divindade encarnada não tinha nenhuma relação com os delírios de grandeza de um soberano louco ou arrogante. Krishna não era nenhum imperador romano, nenhum faraó egípcio. Pelo menos os textos sagrados hindus o tratam com o maior respeito.

Voltando à história de Vrishni: segundo o *Brahmānda-Purāna* (3.71.1), o rei Vrishni foi hostil em relação a Krishna porque pensou que Krishna havia roubado a divina joia Syamantaka, dada a Satrājit pelo próprio deus Sūrya ("Sol"). Krishna havia demonstrado interesse em comprar a joia a qualquer preço, o que bastou para despertar as suspeitas de Vrishni. Ouvindo os rumores, Krishna resgatou a joia de uma toca de leões e devolveu-a a Satrājit. Prasena, irmão de Satrājit, havia emprestado esse tesouro inestimável para usá-lo durante uma caçada e fora morto por um leão. O pai de Vrishni era o rei Madhu, um dos cinco filhos de um rei chamado Kārttavīrya Arjuna.

Muitas informações sobre Krishna são dadas pelo *Mahābhārata* e por seu apêndice, o *Hari-Vamsha*, bem como pela extensa literatura purânica, embora a maior parte delas seja necessariamente mais mitológica que histórica. O *Hari-Vamsha*, que parece ter sido acrescentado ao grande épico por volta de 300 d.C., relata nos mínimos detalhes a história da infância de Krishna e preenche essa flagrante lacuna da história contada pela epopeia.

Embora o épico não apresente quase nada sobre o começo da vida de Krishna, ele descreve seu passado de pastor e o fato de ter sido criado por pais adotivos. Talvez a ausência de detalhes no *Mahābhārata* tenha levado à criação dos 24 mil versos do *Hari-Vamsha*, que nesse sentido pode ser visto como o primeiro dos Purānas. Depois, a história da vida de Krishna foi desenvolvida, ou relatada, no *Bhāgavata-Purāna*, cuja composição é geralmente situada em 900 d.C.

Quando Vasudeva, pai de Krishna e filho do rei Shūrasena de Mathurā, renunciou ao trono e se tornou um humilde pastor de vacas, Ugrasena se tornou rei. Kamsa, filho de Ugrasena e encarnação do antideus ou titã (*asura*) Kālanemi, aprisionou o pai e apoderou-se do trono. Um adivinho profetizou que ele seria morto pelo oitavo filho de sua irmã Devakī, esposa de Vasudeva, que havia abandonado Mathurā para ser pastor de gado.

Para impedir que Kamsa matasse Devakī, Vasudeva teve de jurar que eles entregariam todos os seus filhos a Kamsa assim que eles nascessem. Kamsa matou seis filhos deles, esmagando-os no chão. O sétimo filho foi abortado.

O oitavo filho foi Krishna, cuja vida foi salva quando Vishnu transferiu-o magicamente para o útero de Yashodā e transferiu o filho de Yashodā para o ventre de Devakī. Quando Kamsa veio matar aquele que iria ser o recém-nascido de Devakī, a criança escapou-lhe por entre os dedos, elevou-se no ar e informou-lhe de que aquele que haveria de matá-lo já havia nascido em outro lugar. Em pânico e disposto a assassinar Krishna, Kamsa ordenou que ele fosse procurado pelo país inteiro, mas todos os seus demoníacos embaixadores da morte foram, ao contrário, mortos pelo próprio Krishna. No fim, Krishna destruiu o rei Kamsa.

Mais tarde, Krishna teve de fugir à vingança do rei Jarāsandha, pai das duas esposas de Kamsa, que estavam chorando a morte dele. Krishna, acompanhado de seu povo, abandonou Mathurā e fundou uma nova cidade – Dvārakā – no Golfo de Kutch. Enquanto os Pāndavas estavam no exílio, ocupou-se de viagens e múltiplos casamentos. Entre suas esposas contavam-se Rukminī, filha do rei Bhīshmaka de Vidarbha; Jāmbavatī, irmã de um nobre dos Yādavas; a asceta Kālindī, que lhe deu dez filhos; sua sobrinha Kaikeyī; Lakshmanā, filha do rei de Madra; três outras mulheres; e, por último, mas não menos importante, as 16 mil inocentes filhas de Naraka, um rei-demônio que depois ele destruiu. Perguntando-se como Krishna conseguia manter satisfeito um tamanho harém, o sábio Nārada (que talvez devesse se ocupar de assuntos mais piedosos) visitou a casa de cada uma das 16.008 esposas e encontrou Krishna morando em cada uma delas.

Quando os príncipes Kauravas se recusaram a devolver o reino a seus primos Pāndavas, Krishna interveio e se tornou um dos participantes mais ativos, de forma visível e invisível, nos preparativos para a guerra. Embora não tenha lutado em campo de batalha contra os Kauravas, Krishna foi um conselheiro, consolador e mago incansável. Criou escuridão para que Arjuna conseguisse matar seu inimigo Jayadratha; tomou conta dos cavalos no campo de batalha; aparou no próprio peito invencível um golpe destinado a Arjuna; impediu Arjuna de suicidar-se e aconselhou os heróis Pāndavas a enfrentar e matar líderes específicos do exército inimigo.

A rainha Gāndharī, esposa de Dhritarāshtra, perdeu todos os seus filhos na guerra e pôs a culpa em Krishna. Amaldiçoou-o, dizendo que em 36 anos também ele testemunharia a morte de seus parentes. E assim aconteceu. Certa vez, quando Krishna estava fazendo uma peregrinação, os Vrishnis, acompanhados por outros membros da dinastia Yadu, embriagaram-se e começaram a brigar entre si. Quando voltou, Krishna ficou tão furioso ao ver tamanho banho de sangue que aniquilou o que restara de seu malfadado clã.

O próprio Krishna foi inadvertidamente morto por uma flecha atirada por um *asura* chamado Jara ("Velhice"). Coube ao pesaroso Arjuna enterrar seu mestre, o qual, como podemos concluir a partir deste mito, morreu de velho. Depois de abandonar o corpo mortal, Krishna assumiu novamente a forma imortal de Vishnu/ Nārāyana.

O arqueólogo S. S. Rao, que explorou a cidade submersa de Dvārakā, disse que Krishna "é a encarnação da glória intelectual e espiritual. Nenhum outro indivíduo ou ideia influenciou tanto a evolução da religião, da filosofia, da arte e da literatura na Índia quanto a personalidade de Krishna" (1999, p. 13).

Segundo a teologia vaishnava, Vishnu não é somente uma Realidade transcendente, mas também uma Pessoa Suprema cheia de amor que tem profunda
consideração por sua criação. Sua consideração, ou graça (*prasāda*), é evidenciada
pelo fato de Vishnu projetar-se repetidamente no mundo para restaurar a ordem
cósmica e moral (*rita* ou *dharma*). Assim, Krishna foi a nona das dez encarnações
ou "descidas" (*avatāra*) divinas. (Sobre o conceito de *avatāra*, ver Capítulo 4, "As
Encarnações Divinas de Vishnu".)

Epítetos de Krishna Usados no Gītā

Um epíteto é uma palavra ou expressão descritiva usada em lugar do nome de uma
pessoa ou coisa. No *Gītā* encontram-se os seguintes 21 epítetos de Krishna:

Acyuta: Firme/Inabalável

Anantarūpa: [Aquele que Tem] Forma Infinita

Arisūdana: Matador de Inimigos

Bhagavat/Bhagavān: Bendito

Deva: Deus

Devesha: Senhor dos Deuses

Govinda: Protetor das Vacas

Hari: Eliminador [do Sofrimento]; ou Ladrão dos Corações

Hrishīkesha: [Aquele cujos] pelos [estão] arrepiados [de emoção]; ou Senhor
dos Sentidos

Janārdana: Aquele que Agita o Povo [Pecador]

Keshava: Cabeludo

Keshinisūdana: Matador do [Demônio] Keshin

Mādhava: Relacionado ao [Matador do Demônio] Madhu; ou Descendente de
Madhu (ver Parte Dois, nota 4 em 1.14)

Madhusūdana: Destruidor do [Demônio] Madhu (ver Parte Dois, nota 4
em 1.14)

Prabhu: Senhor

Purushottama: Pessoa Suprema ou Espírito Supremo

Vārshneya: Descendente dos Vrishnis

Vāsudeva: Filho de Vasudeva (ver Parte Dois, nota 58 em 10.37)

Vishnu: [Omni] Penetrante

Yādava: Descendente de Yadu (ver Parte Dois, nota 43 em 11.41)

Yogeshvara: Senhor do Yoga

Arjuna

Depois de Krishna, o príncipe Arjuna ("Branco") é o segundo indivíduo mais importante do *Gītā*. É o grande amigo e devoto de Krishna e, no *Mahābhārata*, também é muitas vezes chamado de Krishna.

Arjuna é listado como o terceiro filho do rei Pāndu e da rainha Draupadī (Kuntī), mas a situação, como seria de esperar, na realidade é muito mais complexa. Enquanto ainda morava no palácio do rei Kuntibhoja, Kuntī serviu o grande sábio Durvāsas por quatro meses, e o fez com tal excelência que ele quis agradecer-lhe por seus serviços. Deu-lhe então um mantra especial que ela poderia usar cinco vezes. Ensinou-lhe que, repetindo o mantra, ela geraria um filho daquela pessoa em quem pensasse durante a recitação mântrica. Também lhe garantiu que ela não teria de se preocupar, pois não perderia a virgindade. O rei Pāndu era vítima de um feitiço maligno que o impossibilitava de sequer tocar em suas duas esposas, sob pena de morrer instantaneamente. A dádiva do sábio Durvāsas permitiu que Kuntī garantisse a continuidade da linhagem real.

Querendo antes de tudo testar o mantra, Kuntī decidiu meditar no deus Sūrya ("Sol"), que prontamente apareceu diante dela. Logo ela deu à luz Karna ("Orelha"), que nasceu usando armadura e brincos. Enquanto os usasse, seria invencível; mas generosamente cedeu-os a Indra, mesmo sabendo que Indra, de algum modo, estava tramando contra ele.

Kuntī colocou Karna dentro de uma caixa e deixou-o à deriva no rio Ashvā ("Cavalo"). A caixa flutuou até a distante Campāpurī, capital do reino de Anga, que era famosa por seus cocheiros (*sūta*). Karna foi encontrado no rio e adotado pelo cocheiro Adhiratha. Embora os espiões de Kuntī lhe relatassem a vida de Karna na casa de Adhiratha, ela ocultou o nascimento dele a seus outros filhos; logo antes da guerra dos Bharatas, contudo, revelou a Karna que ela era sua mãe e os Pāndavas, seus irmãos. Os Pāndavas só conheceram a verdadeira identidade de Karna quando a guerra terminou e ele já estava morto. Karna prometeu que não mataria nenhum de seus irmãos na guerra vindoura, exceto Arjuna; mas estava destinado a falhar em sua tentativa de fratricídio.

Mais a sério dessa vez, Kuntī repetiu o mantra e gerou Dharmaputra (ou seja, Yudhishthira) do deus Dharma ("Lei"). O terceiro filho foi Arjuna, engendrado por Indra, belicoso comandante dos exércitos divinos; e o quarto foi Bhīmasena, engendrado pelo deus Vayu ("Vento").

O quinto desejo mântrico ela cedeu a Mādrī, coesposa de seu marido. Mādrī meditou nos Ashvins, os gêmeos celestiais, e prontamente deu à luz os gêmeos

Nakula e Sahadeva. Na cerimônia em que o jovem Yudhishthira foi investido com o tradicional cordão sagrado que assinalava os "nascidos duas vezes", o rei Pāndu morreu e Mādrī optou por imolar-se na pira funerária do marido (um antigo costume chamado *sāti*). Kuntī decidiu criar os cinco príncipes Pāndavas.

Embora Yudhishthira tenha sucedido a Pāndu, seu pai humano, seu reinado era mais ritual que concreto. A habilidade militar e a enorme força de Arjuna faziam dele o rei de fato. Sua aliança com Krishna permitiu que ele se opusesse militarmente aos Kauravas, vencesse a terrível guerra e assegurasse a soberania de Yudhishthira.

Arjuna e seus irmãos foram criados na corte de Hastināpura junto de seus primos Kauravas. Arjuna aprendeu a arte da guerra (*dhanur-veda*, "conhecimento do arco") primeiro com Shuka, depois com Kripa e por fim com Drona. Reparando na facilidade com que era capaz de levar a mão à boca mesmo no escuro, Arjuna aprendeu sozinho a usar o arco na mais completa escuridão.

Certa vez, quando estavam se banhando no Ganges, uma baleia abocanhou a perna de Drona e ele foi salvo da morte certa por uma flecha bem atirada pelo arco de Arjuna. Drona ficou profundamente agradecido e iniciou Arjuna no segredo do *brahma-shirāstra* ("míssil da cabeça de Brahma"), com a condição de que ele jamais usasse essa arma terrível (que tinha o poder de arrancar uma das cabeças do deus Brahma).

Durante uma competição organizada pelo rei cego Dhritarāshtra, Arjuna mostrou ser um arqueiro tão competente quanto Karna, seu mestre. Quando o rei mesmo assim quis dar a vitória a Karna, Arjuna irritou-se e insultou Karna, dizendo que sua estirpe era baixa demais para que ele participasse de um concurso real. Duryodhana, o filho mais velho de Dhritarāshtra, que sempre tivera inveja de Arjuna, interveio e decidiu a questão proclamando que Karna seria a partir de então o rei de Anga. Esse incidente serviu para atiçar o fogo da inimizade entre os Kauravas e os Pāndavas.

Quando chegou a hora de os Pāndavas concederem a Drona uma oferenda ritual para pagar sua paciente instrução em arquearia, Drona pediu que Drupada, rei de Pāncāla, lhe fosse trazido acorrentado. Os Pāndavas atenderam ao desejo de seu guru das armas, pondo fim ao ódio de Drona contra Drupada. O rei de Pāncāla ofereceu a Drona metade de seu grande reino. Nessa ocasião, Drona aconselhou Arjuna a não hesitar em lutar contra ele próprio caso algum dia os dois viessem a se opor. Os dois heróis efetivamente lutaram na guerra, mas foi Dhrishtadyumna, filho do rei Drupada e irmão de Pāncālī, que cortou a cabeça de Drona quando este entrou em meditação profunda durante uma das batalhas.

Quando os Pāndavas cresceram, o rei Drupada quis casar sua filha Krishnā e permitiu que ela escolhesse o próprio marido num torneio aberto de arquearia. O rei Drupada fez instalar um grande arco e montou, a grande distância, uma máquina com um anel giratório em frente ao alvo. Pretendentes de todo tipo compareceram à cerimônia, entre eles Karna e Duryodhana, mas nenhum pôde sequer levantar o grande arco. Somente Arjuna conseguiu tomá-lo nas mãos e acertar o alvo numa única flechada.

O rei Drupada, que secretamente desejava que fosse Arjuna a casar-se com sua filha, ficou extremamente satisfeito. Tinha recebido a falsa notícia de que os Pāndavas haviam perecido no incêndio de um palácio feito de laca (em razão de uma conspiração urdida contra eles), e o fato de ver Arjuna vivo e vitorioso lhe deu um contentamento especial.

Quando os cinco príncipes retornaram ao casebre em que moravam, na floresta, Kuntī, dentro de casa, mandou em voz alta que eles partilhassem entre si tudo o que tivessem recebido naquele dia. Enquanto se escondiam dos Kauravas, eles saíam para mendigar comida para si e para a mãe, e Kuntī não sabia que Arjuna havia ganhado a mão da filha de Drupada. Não podia, assim, antever que suas palavras teriam consequências tão importantes: obedecendo literalmente à ordem da mãe, os cinco Pāndavas tomaram Krishnā como sua esposa comum, e a jovem princesa concordou com o arranjo. Atendendo ao conselho do sábio Nārada, cada um deles podia passar um ano com ela sem ser perturbado pelos outros irmãos.

Além de se casar com Krishnā/Pāncālī/Draupadī, Arjuna também se casou com várias outras mulheres, entre elas Ulūpikā (filha do rei dos Nāgas, uma raça de serpentes), Citrāngadā (filha do rei de Manalur) e Subhadrā (irmã de Krishna).

Durante a guerra de dezoito dias, Arjuna foi o comandante supremo dos Pāndavas. Travou numerosos combates e destruiu o exército dos Kauravas. Matou Bhīshma e Karna, entre vários outros grandes guerreiros.

Depois da guerra, Arjuna e seus irmãos foram a Hastināpura do reino pāndava para assumir o governo de todo o país, sob a liderança formal de Yudhishthira. Depois de viver vários anos na vida cortesã, Arjuna foi morto por seu filho Babhruvāhana, que cumpriu assim uma maldição lançada contra Arjuna pelos oito Vasus (divindades dos elementos) e por Gangā, deusa do Rio Ganges. Ao ver dessas divindades, a morte de Arjuna redimiria o ato de injustiça que ele cometera ao matar o poderoso Bhīshma quando este estava lutando contra outra pessoa. Arjuna, instigado por Krishna, cometeu várias ofensas desse tipo durante a guerra e foi repreendido pelos outros guerreiros por causa disso.

Depois de ser morto pelo filho, Arjuna foi ressuscitado por sua esposa Ulūpikā, a princesa dos Nāgas. A velhice, porém, já estava levando a melhor sobre ele. Com a morte de Krishna, Arjuna sentiu imensa tristeza e se viu privado de toda a sua força. Os príncipes Pāndavas empreenderam então uma longa peregrinação coletiva ao Himalaia.

Pancalī foi a primeira a morrer no caminho. Os próximos foram Sahadeva e Nakula. Arjuna foi o quarto. Yudhishthira (Dharmaputra) se recusou a subir ao céu até ter garantias de que seus irmãos já estavam lá. Insistiu até em levar seu cão fiel consigo para o céu.

Epítetos de Arjuna Usados no Gītā

Arjuna, como Krishna, é chamado por vários epítetos no *Gītā* (e por muitos outros no *Mahābhārata* como um todo):

Anagha: Sem Pecado

Bharata: Descendente de Bharata (o rei Bharata, primeiro governante da tribo dos Bharatas e antepassado do famoso rei Kuru)

Bharatarshabha: Touro de Bharata

Bharatasattama: Primeiro dos Bharatas

Bharatashreshtra: Melhor dos Bharatas

Dhanamjaya: Conquistador de Riquezas [Espirituais]

Gudākesha: [Aquele cujo] cabelo [é amarrado na forma de uma] bola (ou coque); ou, esotericamente, Aquele que dominou o sono

Kaunteya: Filho de Kuntī

Kirītin: [Aquele que usa um] diadema

Kurunandana: Alegria dos Kurus

Kurupravīra: Herói dos Kurus

Kurusattama: Primeiro dos Kurus

Kurushreshtha: Melhor dos Kurus

Pāndava: Descendente de Pāndu ou Filho de Pāndu

Paramtapa: Flagelo dos Inimigos

Pārtha: Filho de Prithā

Purusharishabha: Touro entre os Homens

Purushavyāghra: Homem-Tigre

Savyasācin: Hábil com a [mão] esquerda

Yudhishthira

Yudhishthira ("Constante na Batalha"), também chamado Dharmaputra ("Filho de Dharma"), o mais velho dos cinco Pāndavas, é um dos personagens principais do grande épico. Representa a legalidade, a justiça, a veracidade e a integridade. Seu comportamento se assemelha mais ao de um *brāhmana* que ao de um guerreiro. Yudhishthira abominava a violência e fez tudo o que pôde para impedir a guerra. Porém, quando os Kauravas negaram-se terminantemente a devolver um palmo sequer de terra aos Pāndavas, ele aceitou o apoio marcial de sua família e de governantes aliados. Tampouco teve dificuldade para fazer uso da força bruta de seu irmão Bhīmasena e das sofisticadas técnicas de guerra de Arjuna. A estranha relação entre esses três foi habilmente estudada por Ruth Cecily Katz (1989).

Dharmaputra, filho do deus Dharma, era um homem de muitas virtudes, mas tinha um defeito grave: gostava de jogar. Assim, num jogo de dados viciados, perdeu o reino, a esposa e a família para os trapaceiros Kauravas. Aceitou até o fim as terríveis consequências de seu ato, mesmo quando ficou sabendo que os dados estavam viciados. Era tão correto que, ao morrer, recusou-se a entrar no céu até que seu cão também pudesse entrar. (No fim, revela-se que o cão sempre fora uma manifestação de Dharma, seu pai.)

Houve um incidente importante da guerra dos Bharatas em que, a conselho de Krishna, Yudhishthira abre uma exceção a sua retidão moral. Drona, um guerreiro formidável, tinha sido o principal mestre de armas tanto dos Pāndavas quanto dos Kauravas, mas em razão de complicações financeiras lutou do lado dos Kauravas. Adorava Ashvatthāman, seu filho único. Quando Drona e Ashvatthāman impuseram grandes perdas à infantaria da aliança dos Pāndavas, estes usaram um estratagema para distrair Drona, pelo menos temporariamente. Disseram-lhe que Ashvatthāman tinha sido morto. Um elefante chamado por esse nome de fato tinha morrido, mas é claro que Drona pensou que se tratasse do filho. Pediu que Yudhishthira confirmasse o fato. Yudhishthira o fez, murmurando "o elefante" em voz baixa. Assoberbado pela tristeza, Drona caiu no chão e entrou em meditação profunda a fim de morrer. Ignorando todas as regras da honra em batalha, Dhrishtadyumna, filho do rei de Pāncāla, avançou e cortou a cabeça de Drona. A meia verdade de Yudhishthira poupou, pelo menos por certo tempo, as vidas de muitos guerreiros pāndavas e fez com que a guerra terminasse mais rápido.

Ashvatthāman, furioso, vingou-se com a ajuda de Shiva. Invadiu o acampamento dos inimigos à noite e matou numerosos guerreiros experientes, entre eles Dhrishtadyumna.

Embora Yudhishthira não tenha nenhuma fala no *Gītā*, ele – como também Bhīmasena, Nakula, Sahadeva, Dhritarāshtra e Bhīshma – merece ser destacado, pois é uma figura importantíssima do drama do *Mahābhārata*.

BHĪMASENA

Bhīmasena, ou simplesmente Bhīma, era famoso por sua força extraordinária. Com dez dias de idade, caiu do colo da mãe sobre uma rocha dura. Não sofreu sequer um arranhão, mas a rocha foi esmigalhada. Mais tarde, quando fazia treinamento militar, dominou o uso da maça.

Na infância e na juventude, Bhīma regularmente derrotava e feria seus primos Kauravas durante os jogos e as brincadeiras. Os Kauravas, ressentidos, envenenaram-no e jogaram-no no Ganges. Enquanto afundava, um Nāga o picou, mas a picada por acaso continha o antídoto para o veneno dos Kauravas. Enquanto Bhīma descansava no reino subaquático dos Nāgas, Vāsuki, rei das serpentes, lhe deu uma poção mágica que lhe concedeu a força de 10 mil elefantes. Bhīma voltou ao mundo humano no nono dia, quando sua mãe e seus irmãos já estavam quase perdendo a esperança de que ele estivesse vivo.

Quando Pāncālī e os cinco príncipes Pāndavas tiveram de fugir para a floresta depois de seu palácio de laca ser consumido pelo fogo, Bhīmasena carregou-os a todos em seus largos ombros quando a força lhes faltou. Sujeito a rompantes de ira, ele gritou a plenos pulmões que Yudhishthira tinha de ter as mãos queimadas por perder no jogo seu reino e sua família e expor a esposa comum, Pāncālī, à indecência e à brutalidade dos Kauravas.

Bhīma era inveterado matador de demônios e chegou até a enfrentar o idoso Hanumān, rei dos macacos, mas não conseguiu subjugá-lo. Hanumān, devoto e dedicado auxiliar do rei Rāma, parabenizou Bhīma e forneceu-lhe bons conselhos.

A certa altura da grande guerra, Bhīma aniquilou toda a divisão de elefantes dos Kauravas e, sozinho, matou 25 mil soldados de infantaria. Em diversas batalhas, conseguiu matar a maior parte dos filhos de Dhritarāshtra. Quebrou a coxa de Duryodhana, como havia jurado que faria. Quando matou Dushshāsana – outro juramento que fizera –, o triunfante Bhīmasena bebeu o sangue que saía aos borbotões do peito do guerreiro morto. Dushshāsana é aquele que havia tentado desonrar Pāncālī arrancando-lhe a roupa.

Quando os irmãos louvaram Krishna por ter-lhes garantido a vitória na guerra, Bhīmasena afirmou, com arrogância, que o sucesso fora devido a suas proezas. Para ensinar-lhe uma lição, Krishna convidou Bhīmasena, amistosamente, a montar junto com ele o divino pássaro Garuda. Os dois voaram até um enorme lago perto de Lankā, onde Rāma outrora havia combatido Rāvana, rei dos demônios. Krishna pediu a Bhīma que, andando a pé, localizasse a nascente do lago, mas o guerreiro não conseguiu fazê-lo. Nesse processo, foi atacado por guerreiros locais e, para seu horror, viu-se desprovido de forças para defender-se. Assustado, correu de volta a Krishna para proteger-se.

O Deus-homem, fazendo o lago inteiro desaparecer com um gesto de mão, explicou ao orgulhoso Pāndava que os guerreiros que o tinham atacado eram *asuras* que protegiam o lago e que este era o crânio do demônio Kumbhakarna ("Orelha de Vaso"), morto por Rāma. Bhīmasena, abalado, humildemente pediu desculpas a Krishna.

Nakula

Nakula, um dos dois filhos gêmeos dos Ashvins, era considerado o mais belo dos Pāndavas. Estudou arquearia com Drona e lutou na guerra contra ele, mas não obteve a vitória contra seu mestre.

Ao ascender ao trono, Yudhishthira enviou seu irmão ao Ocidente, e os espólios que Nakula trouxe das regiões conquistadas chegaram a Hastināpura carregados em 10 mil camelos. Durante o exílio dos Pāndavas, Nakula foi morto por um demônio, mas ressuscitado pela fervorosa prece de Yudhishthira ao deus Dharma.

Depois da grande guerra, Nakula ganhou o palácio de Durmarshana, um dos filhos do rei Dhritarāshtra. Teve com Pāncālī um filho chamado Shatānīka e com Karenumatī, filha do rei de Cedi, um filho chamado Niramitra.

Sahadeva

Sahadeva ("Com Deus"), o mais novo dos Pāndavas, era quase tão belo quanto seu irmão gêmeo e casou-se com Pāncālī e Vijayā, filha do rei Dyutimān de Madra. Com a primeira, teve um filho chamado Shrutasena ("[Aquele que] depende do que foi ouvido"), morto por Ashvatthāman; com a segunda, teve um filho chamado Suhotra ("Boa Invocação").

Sahadeva gostava de servir aos outros e, durante o ano que os Pāndavas passaram disfarçados no exílio, ele assumiu o papel de supervisor do gado do rei e sustentava sua mãe e seus irmãos com leite e leitelho. Era um hábil guerreiro; durante a guerra, eliminou toda a cavalaria dos Kauravas. Cumprindo um juramento, matou também Shakuni, tio dos príncipes Kauravas, que enganara Yudhishthira durante o jogo de dados que ocasionou aos Pāndavas a perda do reino e desencadeou uma devastadora guerra familiar.

DHRITARĀSHTRA

O rei Dhritarāshtra ("Governo Firme"), irmão cego de Pāndu, era filho do sábio Vyāsa com Ambikā. Nasceu cego porque sua mãe manteve os olhos fechados quando foi amada por Vyāsa, que tinha aparência medonha. Criado ao lado de Pāndu e Vidura sob a direção benigna de Bhīshma, meio-irmão de todos eles e muito mais velho, Dhritarāshtra se transformou num jovem extremamente culto.

Teve cem filhos e uma única filha com Gāndharī, filha do rei de Gāndhāra. O mais velho era Duryodhana, que parecia sofrer de uma aversão inata por seus primos Pāndavas.

Infelizmente, o príncipe Duryodhana era o grande ponto fraco de seu pai Dhritarāshtra. O governante cego foi constantemente vencido pela astúcia e pelas manobras de seu filho maligno, até que se tornou impossível evitar a guerra.

No *Gītā*, Dhritarāshtra só tem voz no primeiro versículo, em que pede a seu fiel ministro Samjaya que lhe narre os acontecimentos da batalha, já que não podia vê-los. Muitas vezes, durante a narração, Dhritarāshtra sentiu grande desespero e chegou até a desmaiar.

No fim da guerra, Dhritarāshtra acolheu os Pāndavas e pediu que Yudhishthira dirigisse a cerimônia de oferendas pelos mortos. Depois, ao lado de Gāndharī e Kuntī (mãe dos Pāndavas), optou por se retirar para a floresta com o objetivo de fazer penitência. Os três morreram num incêndio florestal.

DURYODHANA

Duryodhana ("Luta Ruim"), primeiro e pior filho do rei Dhritarāshtra, é o arquivilão do *Mahābhārata*. Seu nascimento foi marcado por diversos maus augouros, mas Dhritarāshtra não conseguiu seguir o conselho de matar seu primogênito. Quando Kuntī, viúva de Pāndu, buscou refúgio no palácio de Hastināpura, o rei Dhritarāshtra de bom grado ofereceu sua proteção a toda a família.

Duryodhana, porém, conseguiu transformar simples brigas de crianças em cruéis atentados contra a vida de seus primos Pāndavas e acabou desencadeando a guerra monumental que destruiu sua própria família e milhões de outros combatentes.

Ainda depois de os Pāndavas enfrentarem seu difícil exílio de treze anos, Duryodhana recusou-se a lhes entregar até mesmo uma área de terra pequena o suficiente para conter um alfinete.

Quando Krishna ofereceu a ambos os generais a escolha entre um exército poderoso de um milhão de guerreiros e seus próprios conselhos, Duryodhana – desconsiderando o poder espiritual de Krishna – aceitou de bom grado o exército.

Embora Duryodhana tenha lutado corajosamente na guerra dos Bharatas, ele também fugiu do campo de batalha algumas vezes e, numa ocasião, mergulhou num lago de águas paradas para se esconder. Sua coxa foi esmagada por Bhīmasena, que ocupou o palácio de Duryodhana depois da morte deste.

Duryodhana, que toma a palavra nos versículos 3-11 do Capítulo 1 do *Gītā*, é personagem importantíssimo de toda a história dos Bharatas.

BHĪSHMA

Bhīshma ("Terrível"), filho do rei Shantanu e da rainha Gangā, assumiu um "terrível" voto perpétuo de celibato para possibilitar que seu pai se casasse com Satyavatī, filha de um pescador. Visto que o pai de Satyavatī só concordaria em ceder a filha se os filhos dela viessem a reinar um dia, Bhīshma decidiu ali mesmo renunciar ao seu direito de sucessão. Seu pai, felicíssimo, concedeu-lhe o poder de escolher a hora de sua morte. Fatalmente ferido na grande guerra, o herói usou seus poderes yogues para adiar a morte por 58 dias com o objetivo de esperar um momento auspicioso. Enquanto isso, comunicou muitos ensinamentos éticos e filosóficos a Yudhishthira.

Bhīshma foi o primeiro comandante dos Kauravas, conquanto tivesse profundo amor por Yudhishthira e pelos irmãos deste. Não obstante fosse forte o suficiente para destruir todo o exército inimigo, declarou que jamais mataria os príncipes Pāndavas, que para ele eram como filhos. Para garantir a vitória dos Pāndavas, Bhīshma disse a Yudhishthira o que fazer para combater com sucesso contra ele próprio. Disse que não lutaria contra Shikhandin, que havia nascido mulher, mas trocara de sexo com um espírito das árvores. Shikhandin odiara Bhīshma durante várias existências, pois ele a havia menosprezado.

Quando Shikhandin atacou Bhīshma, no oitavo dia da guerra, Arjuna avançou atrás de Shikhandin e flechou Bhīshma. Tratava-se de uma grave transgressão da etiqueta do combate; mas, como Bhīshma previra e desejara o sucesso dos Pāndavas, Arjuna foi menos censurado, talvez, do que deveria ter sido.

Embora Bhīshma não tenha nenhuma fala no *Gītā*, é mencionado várias vezes no Capítulo 1, uma vez no Capítulo 2 e duas vezes no Capítulo 11 do nosso texto, o que indica sua importância.

SAMJAYA

Samjaya ("Vitória Plena"), fiel ministro do rei Dhritarāshtra, não combateu na guerra, mas participou diretamente do *Gītā* como narrador. Quando a narrativa começa, o rei lhe pede que descreva os acontecimentos da guerra. O sábio Vyāsa havia concedido a Samjaya um poder de visão divina para que ele pudesse relatar a Dhritarāshtra em detalhes, golpe a golpe, tudo que acontecesse no distante campo de batalha. Embora a serviço do governante cego dos Kauravas, Samjaya mostra-se um observador excepcionalmente neutro. Perdeu o "olho divino" no momento em que Duryodhana tombou, marcando o fim da terrível guerra.

A certa altura, o herói Sātyaki (Yuyudhāna), dos Vrishnis, captura Samjaya, mas torna a libertá-lo a conselho de Vyāsa. Depois do fim da guerra, Samjaya uniu-se ao rei Dhritarāshtra e à rainha Gāndharī em suas penitências na floresta, prática que então era habitual na velhice.

4

As Encarnações Divinas de Vishnu

O CONCEITO DE *avatāra*, "descida" ou encarnação divina, se tornou corrente no Ocidente com a absorção do termo *avatar* pelas línguas ocidentais. Na mitologia indiana, via de regra, ele se refere especificamente às encarnações de Vishnu, a segunda divindade (ao lado de Brahma e Shiva) na trindade de Criação--Preservação-Destruição. No ensaio "Indian Mythology" no volume 2 de *The Cultural Heritage of India*, o influente indólogo R. N. Dandekar (2002) identifica "leves vestígios" do conceito de *avatāra* no antigo *Rig-Veda*, que descreve como Vishnu atravessou o mundo inteiro em "três passos" e saiu do cosmo. Um versículo diz que ele "plantou seus passos em três lugares". Essas imagens significam que Vishnu imprimiu sobre a criação seu selo benigno. Do mesmo modo, os *avatāras* também são selos por meio dos quais Vishnu garante que a criação se amolde a seu ideal divino e se desdobre de modo harmônico. Com efeito, Vishnu encarna sempre que o mundo, por algum motivo, se afasta da intenção original do Criador e cai vítima do caos ou da ilusão.

A teologia vaishnava reconhece dez *avatāras* principais:

> Matsya ("Peixe")
> Kūrma ("Tartaruga")
> Varāha ("Javali")
> Vāmana ("Anão")
> Nara-Simha ("Homem-Leão")
> Parashu-Rāma ("Rāma com o Machado")
> Rāmacandra ("Rāma Semelhante à Lua")
> Krishna ("Negro" ou "Atraente")
> Buddha ("Desperto")
> Kalkin ("[Aquele que] pulveriza [o mundo]")

A seguir, uma breve descrição de cada encarnação divina segundo os detalhes encontrados nos *Purānas*:

1. *Matsya*, a primeira encarnação, apareceu quando o mundo estava coberto de

água. Na forma de um peixe gigante, Vishnu salvou Manu, o primeiro ser humano desse ciclo, amarrando a arca dele ao "chifre" do Peixe. Com o tempo, o nível do mar baixou e faixas de terra firme se tornaram visíveis. Se quisermos fazer uma relação entre esse mito e a história, podemos entendê-lo como uma referência ao gigantesco dilúvio relatado por muitas culturas antigas.

2. Em outra era, sendo o mundo novamente ameaçado de extinção, Vishnu encarnou-se como *Kūrma*, a Tartaruga. Equilibrou o Monte Mandara – o eixo do mundo – sobre seu casco duro enquanto os deuses e os titãs agitavam o oceano cósmico como se fosse leite para fazer manteiga. Essa agitação primordial feita com a ajuda da serpente cósmica Vasuki, cujo corpo gigantesco serviu de corda, gerou quatorze substâncias preciosas: (1) a Lua; (2) Lakshmī, deusa da boa fortuna; (3) o vinho ou a deusa do vinho, Surā; (4) *kaustubha*, uma joia de inestimável valor; (5) o cavalo Uccaihshravas, de oito cabeças; (6) a árvore Parijātā, que atende a todos os desejos; (7) a vaca Surabhi, dona de toda abundância; (8) o divino médico Dhanvantara; (9) Iravat, o elefante de Indra; (10) o búzio da vitória; (11) o arco Dhanusha, que jamais erra o alvo; (12) ervas milagrosas; (13) a bela ninfa Rhambā; (14) o néctar da imortalidade (*amrita*), a mais preciosa de todas as substâncias.

3. A terceira encarnação de Vishnu foi *Varāha*, o Javali, também associado a um dilúvio. Segundo um relato, o demônio Hiranyāksha ("Olho de Ouro") havia arrastado a Terra até o fundo do oceano. Varāha matou o demônio e trouxe-a de volta à tona.

4. Em sua quarta encarnação, na forma do anão *Vamāna*, Vishnu veio especificamente para punir o arrogante rei Bali, cujos exercícios ascéticos haviam-lhe garantido o domínio sobre o mundo inteiro, inclusive sobre a esfera das divindades. Ele havia feito cessar a adoração ritual dos deuses e era, por isso, mau exemplo para toda a humanidade. Vamāna apareceu-lhe como um sacerdote anão e mendigou-lhe todo o espaço que conseguisse transpor em três passos com o objetivo de construir uma cabana. Bali atendeu ao desejo do *brāhmana* e Vamāna deu três passos para tomar posse de seu território. Seu primeiro passo cobriu todo o mundo material; o segundo, todo o mundo divino; e, com o terceiro passo, ele expulsou o rei Bali para o mundo inferior.

5. *Nara-Simha* era meio homem, meio animal. Vishnu assumiu essa estranha forma para matar o demônio Hiranyakashipu, que não poderia ser vencido nem por um deus, nem por um homem, nem por um animal. Somente uma criatura como Nara-Simha poderia destruir o demoníaco soberano da raça dos Daityas. Vishnu encarnou para vingar e salvar seu fiel devoto Prahlāda, filho de Hiranyakashipu.

6. No *tretā-yuga* (a terceira era do mundo), os membros da classe dos

governantes (*kshatriya*, a casta guerreira) haviam adquirido tamanho poder que começaram a oprimir todas as outras classes, especialmente os *brāhmanas* (os brâmanes ou casta sacerdotal). Vishnu encarnou-se como *Parashu-Rāma* para eliminar esses males. Sua fúria era tamanha que ele erradicou todos os homens da casta *kshatriya*. O *Mahābhārata* (3.118.9) declara que ele encheu os cinco lagos de Samanta com o sangue deles. Parashu-Rāma ganhou de Shiva seu machado invencível e foi o instrutor de Karna. O machado se quebrou numa luta com Ganesha (também chamado Ganapati), e, num acesso de ira, Parashu-Rāma quebrou uma das presas de Ganesha, por isso o deus-elefante é normalmente representado com uma única presa intacta.

7. Seu sucessor Rāmacandra – Rāma "semelhante à Lua" ou suave (*candra*) – nasceu com o propósito específico de livrar a Terra do demônio Rāvana. Suas façanhas, que também ocorreram no *tretā-yuga*, estão relatadas no épico *Rāmāyana*, que compreende 76 mil versículos. Rāma herdou o trono da cidade-estado de Ayodhyā. Boa parte do *Rāmāyana* trata da expedição que Rāma empreendeu para resgatar sua esposa Sitā, que era mantida prisioneira por Rāvana em Lankā. Quando Rāma finalmente se tornou rei de Ayodhyā, governou de maneira exemplar – promovendo a justiça, a felicidade e o bem-estar de todos.

8. *Krishna* foi discutido isoladamente antes e tornará a ser mencionado mais à frente.

9. A inclusão do Buda (*Buddha*) histórico (c. 563-483 a.C.) entre os *avatāras* de Vishnu pode parecer curiosa, considerando que o budismo, outrora predominante na Índia, acabou praticamente desaparecendo da terra onde nasceu, pelo menos em parte em razão da hostilidade dos hindus. Se for verdade que – como comentou o indólogo francês Alain Daniélou (1991, p. 180) – o "budismo deixou pouquíssimos vestígios na mitologia e na religião da Índia", está claro que a incorporação do Buda pelo vaishnavismo deve ser um vestígio dos mais significativos. Com efeito, em razão de sua imensa influência, os vaishnavas não podiam simplesmente ignorar o Buda, e por isso absorveram-no em seu sistema de crenças. Sustentavam que Vishnu se encarnou como Buda para espalhar falsas doutrinas que desviariam os ímpios da verdadeira fé, conduzindo-os ao inferno – uma visão um tanto sectária.* Pelo aspecto positivo, a vida simples do Buda e sua excepcional lucidez racional, registradas na literatura budista, convenceram muitos hindus a se converter ao dharma budista – com destaque, no século XX, para os "intocáveis", que, sob a liderança do doutor B. R. Ambedkar, tornaram-se budistas para se libertar do opressivo sistema de castas.

---

* Nem todos os vaishnavas, nem tampouco os hindus de maneira geral, veem o Buda dessa maneira. Muitos reconhecem nele um exemplo de compaixão por todos os seres e mencionam especificamente ter sido ele o responsável pela retomada da proibição de sacrifícios cruentos nos rituais védicos. (N.T.)

10. *Kalkin*, ou *Kalki*, é profetizado como a encarnação futura de Vishnu, que virá no final do *kali-yuga* – a atual era de decadência – montado num cavalo branco e brandindo uma espada de fogo. Às vezes imaginado simplesmente como um cavalo branco, Kalkin inaugurará uma nova era de ouro ou *krita-yuga* (ou ainda *satya-yuga*, "era da verdade").

Cinco das dez encarnações são humanas – Vamāna, Parashu-Rāma, Rāmacandra, Krishna e Buda – e cinco pertencem ao domínio da teologia e do mito. Além disso, a série de dez encarnações é mencionada pela primeira vez nos textos dos Purānas, posteriores ao *Mahābhārata*. Este ainda não a conhece, embora mencione vários dos *avatāras*.

A única encarnação completa ou perfeita (*pūrna*) de Vishnu seria Krishna, o divino mestre de Arjuna. Como tal, ele pode invocar autoridade divina para suas palavras. Os testemunhos que ele dá de si mesmo (ver 15.17-18 e outros versículos) deixam claro que ele *é* a Realidade suprema.

Sob o impacto da grandiosa teofania descrita de modo tão vívido no Capítulo 11 do *Gītā*, Arjuna é assoberbado pela realidade multidimensional de Krishna. Abalado até os ossos, ele pede perdão a Krishna por tê-lo visto no passado como mero ser humano e por ter se dirigido a ele, desrespeitosamente, como a um amigo e camarada (ver 11.41-42), ao passo que na verdade Krishna é o senhor absoluto do universo.

As encarnações divinas devem ser claramente distinguidas das numerosas "divindades" (*deva*, *sura*) que habitam os mundos celestes. Embora a palavra "deus" seja habitualmente usada para traduzir *deva*, estes se assemelham mais aos anjos das religiões judaica, cristã e islâmica, que estão muito abaixo de Deus. As divindades são, sem sombra de dúvida, "mais elevadas" e "mais sutis" que os seres humanos, mas não têm poderes supremos. Como todas as outras criaturas, pertencem ao domínio da existência condicionada (*samsāra*) e estão sujeitas à lei do *karma*. A Divindade suprema é chamada de princípio de todas as divindades (ver 10.2), Deus Primordial (11.38) e Deus dos deuses (11.13).

O Sincretismo e
a Orientação Holística do *Gītā*

Sincretismo: Reconciliação dos Opostos

A CARACTERÍSTICA MAIS marcante do *Bhagavad-Gītā* é sua orientação geral *sincretista*, que rege a complexa estrutura doutrinal dessa célebre obra em sânscrito em todos os seus domínios – em seus ensinamentos metafísicos, teológicos, psicológicos e éticos. Segundo o *The New Shorter Oxford English Dictionary*, a palavra *syncretism* (sincretismo) significa "tentativa de unir ou conciliar princípios ou práticas diversos ou opostos, especialmente em filosofia ou religião". Essa característica levou alguns autores a supor que o texto seja um amálgama cheio de interpolações, o que talvez seja verdade. Por outro lado, nenhuma tentativa de identificação dos supostos subtextos e interpolações foi muito convincente.

Hoje em dia, o termo *sincretismo* muitas vezes é usado em sentido pejorativo. Esse não é o caso aqui. O sincretismo parece ser uma tendência natural da mente humana sempre que esta se confronta com muitas ramificações culturais ou filosóficas. O *Gītā* representa uma tentativa de integração entre a ontologia e a ética do Sāmkhya e do Yoga, a metafísica do pāncarātra, o devocionismo da tradição de Krishna-Vāsudeva (bhagavatismo) e aquele tipo de panenteísmo não dualista encontrado pela primeira vez nos Upanishads. (Falaremos mais sobre essas diversas tradições no capítulo 8 da Parte Um, "O *Gītā* no Pensamento e na Cultura Hindus".) Repare que o panenteísmo ("Tudo está em Deus") não é o mesmo que o panteísmo "(Tudo é Deus"). Enquanto o último vê o mundo e a natureza como idênticos a Deus, o primeiro entende o mundo como somente uma parte da incompreensível vastidão da Divindade, da Realidade Suprema.

O *Gītā* não foi totalmente bem-sucedido em seu sincretismo. Ao longo dos anos, muitos pesquisadores apontaram aparentes discrepâncias. Algumas delas, porém, têm sua fonte numa compreensão errônea do texto; outras são discrepâncias propriamente ditas. Nas palavras do filósofo Eliot Deutsch (1968, pp. 159ss.), o *Gītā* não é "nem um tratado filosófico sistemático nem um mero 'poema'", mas representa uma tentativa de integrar valores e ideias religiosos e filosóficos diversos, "com resultados às vezes melhores, às vezes piores". Ele entendia isso como um "caminho do meio" entre a concepção de que os ensinamentos do *Gītā* são absolutamente uniformes e coerentes e a ideia de que o *Gītā* reúne as mais diversas opiniões sem sequer fazer uma tentativa de integrá-las.

Arvind Sharma (1986), da McGill University, fez um estudo das supostas contradições do *Gītā*. Distinguiu várias categorias: contradição teológica, ambiguidade soteriológica, antinomia metafísica, inconsistência litúrgica, ambivalência canônica, dilema ético, superabundância yogue e diferença interpretativa.

A *contradição teológica* se manifestaria em quatro perguntas que parecem receber diferentes respostas em diferentes partes do *Gītā:*

1. A Divindade é pessoal ou impessoal?
2. A Divindade é ativa ou passiva?
3. A Divindade é imanente ou transcendente?
4. A Divindade quer bem aos seres humanos ou os castiga, ou, ainda, é indiferente a eles?

A resposta à primeira pergunta é que a Divindade, como veremos adiante, é tanto pessoal quanto impessoal. Essa pergunta pressupõe uma discrepância entre as duas, discrepância essa que na realidade não existe. A situação é a mesma em relação às outras perguntas.

Segundo o *Gītā*, a divindade tem uma natureza inferior e uma natureza superior – uma composta das qualidades primárias (*guna*) e outra que vai além delas. Por isso, pode-se dizer que ela é *ao mesmo tempo* ativa e passiva, imanente e transcendente, indiferente (no nível mais elevado) e ligada à humanidade (sobretudo na forma das encarnações divinas ou *avatāras*). Resolvem-se assim as supostas discrepâncias implicadas nas perguntas de 2 a 4.

O termo *ambiguidade soteriológica* se refere às explicações aparentemente contraditórias do *Gītā* acerca de como se alcança a libertação. Segundo o professor Sharma, os versículos 8.5 e 8.13 pregam o ideal da libertação fora do corpo (*videha-mukti*), segundo o qual a libertação só pode ser alcançada após a morte; por outro lado, o versículo 5.9 afirma a libertação em vida (*jīvan-mukti*), aqui e agora. Uma leitura cuidadosa desses versículos mostra que eles *não são* contraditórios entre si, mas se referem a distintas *fases* do processo de libertação. *Jīvan-mukti* precede *videha-mukti*.

A noção de *antinomia metafísica* dá a entender que há mais de uma resposta à pergunta: o mundo é real ou irreal? O próprio Arvind Sharma não tem certeza de que o *Gītā* apresente respostas contraditórias. Segundo a minha leitura, essa contradição não existe.

O termo *inconsistência litúrgica* se refere a supostas contradições no que o *Gītā* diz sobre o ritualismo, que é ao mesmo tempo "vivamente criticado" (ver 2.42-43) e "fortemente favorecido" (ver 4.31). Um exame mais atento revela que o *Gītā* critica especificamente o ritualismo védico, e não o ritualismo em geral. Sabe-se que a tradição pāncarātra criticava a tradição védica, e é por isso que os sacerdotes védicos em geral rejeitam a doutrina do pāncarātra.

Essa relação convulsionada entre a doutrina védica e a doutrina do pāncarātra também explicaria as chamadas *ambivalências canônicas*.

O *dilema ético* do *Gītā* é a essência do dilema de Arjuna: será correto matar em quaisquer circunstâncias? Por um lado, o Deus-homem Krishna convence seu discípulo Arjuna a engajar-se na guerra dos Bharatas; por outro, prega a não violência. Um dos reflexos desse dilema ético foi que, enquanto Mohandas Gandhi resistia ao Raj Britânico de maneira *não violenta*, N. Godse, que o matou, apoiou-se no mesmo *Gītā* para justificar moralmente o assassinato de Gandhi. É na verdade uma questão crucial que deve ser confrontada por todos os estudiosos do *Gītā*.

A categoria da *superabundância yogue* consiste, segundo Arvind Sharma, no fato de o *Gītā* defender múltiplas abordagens em matéria de Yoga.[*] No nível mais fundamental, o texto distingue entre a orientação do Sāmkhya e a do Yoga. O próprio Arjuna viu-se extremamente confuso, o que torna compreensível a perplexidade dos intérpretes modernos.

A suposta *diferença interpretativa* refere-se ao fato de muitas autoridades antigas e modernas terem explicado de diferentes maneiras os ensinamentos do *Gītā*. Existem, pois, as interpretações de Shankara (não dualismo radical), Rāmānuja (não dualismo qualificado) e Mādhva (dualismo), entre outras. Todos esses intérpretes afirmam estar apresentando a interpretação mais autêntica do *Gītā*. Muitos eruditos pensam que Rāmānuja (1017-1137 d.C.) foi quem mais se aproximou da intenção original do texto. Para ele, o mundo não é mera ilusão, mas o "corpo" da Divindade.

HOLISMO: UMA VISÃO DE MUNDO INTEGRADORA

O holismo do *Gītā* é estreitamente ligado ao seu sincretismo. O holismo é uma orientação intelectual que examina cada coisa como um todo e não como algo composto de partes. O termo filosófico *holismo* é derivado da palavra grega *holon*

---

[*] Esse fato se explica tradicionalmente da seguinte maneira: por ser o Gītā uma revelação universal, destinada a um imenso número de pessoas, ele preconiza diferentes técnicas de Yoga para atender às aptidões diversas dos diferentes tipos de seres humanos. (N.T.)

("todo"). Embora o *Gītā* veja o mundo de maneira ampla e integradora, ele não pretende propor um sistema filosófico cabalmente desenvolvido cujos componentes estejam todos definidos e distinguidos uns dos outros. A inserção desse texto em sânscrito num épico dá a entender que ele foi feito para ser usado pelo povo, não para edificar acadêmicos e eruditos. Em razão da abordagem relativamente sincretista do *Gītā*, alguns estudiosos – especialmente Franklin Edgerton (1944) – propuseram a tese de que ele apresenta uma filosofia de meio-termo. Isso, porém, não é verdade. É mais provável que o *Gītā* explane uma verdadeira síntese criativa elaborada em época muito antiga. Sua visão de mundo (*darshana*) é intrinsecamente coerente e significativa. Seus ensinamentos representam a filosofia em seu sentido mais amplo, o de amor pela sabedoria.

O *Gītā* é uma daquelas realizações notáveis que acrescentam cores vivas à história multíplice da filosofia, recusando-se a aceitar uma interpretação unidimensional da realidade e, ao contrário, mergulhando cada vez mais fundo nos mistérios da vida. Ele toma a peito as questões grandes e importantes das quais o pensamento moderno, científico, tende a se esquivar – pensamento esse que vive preso num confuso labirinto de dados empíricos e fixado no ideal de objetividade. O *Gītā* trata das questões vitais da existência, tais como o sentido da vida e da morte, o significado da ignorância, do conhecimento, da sabedoria, da dúvida, da fé, da imortalidade, da virtude e, não menos, o potencial inimaginável da mente humana – questões que são tão pertinentes hoje quanto eram na Antiguidade.

Considerando a interligação orgânica entre todas as ideias do *Gītā*, parece pouco proveitoso dividir e compartimentar seus ensinamentos para estudá-los. As aparentes incoerências ou irregularidades do texto, que de certo ponto de vista seriam sinais de sua natureza composta, podem ser perfeitamente entendidas como produtos de uma abordagem sincrética que leva em conta múltiplos níveis da realidade. Conquanto o *Gītā* não possa ser classificado como uma exposição filosófica rigorosamente sistemática, seus conteúdos estão organizados de maneira lógica.

Nesse sentido, é perfeitamente possível apresentar os princípios filosóficos do *Gītā* de modo sistemático e empregando categorias filosóficas conhecidas no Ocidente, como as de ontologia, epistemologia, teologia, cosmologia, antropologia, escatologia, ética e mística. Trata-se aí de uma esquematização conveniente e nada mais que isso; enquanto mantivermos a consciência da natureza provisória e instrumental de todas as divisões desse tipo, não causaremos dano à unidade básica dos ensinamentos de Krishna.

O *Gītā* demonstra uma abordagem holística partilhada por muitas outras doutrinas gnósticas[1] de origem indiana ou não indiana. Uma das expressões dessa

---

1. Uso o adjetivo gnóstico, de origem grega, para me referir às doutrinas que dão ênfase ao conhecimento ou à

orientação holística é a metodologia, por ele pregada, de introspecção sistemática em vista de uma intuição transcendental (ou seja, consciência mística). Poderíamos até dizer que é essa metodologia em particular que unifica o sincretismo doutrinal e terminológico do *Gītā*.

Vale lembrar que o *Gītā* é ao mesmo tempo uma entidade textual e a voz de uma tradição espiritual. Pode ser encarado como um poema, como um tratado popular de filosofia, ética e religião e, não menos, como um manual para os estudiosos do Yoga.

Esse caráter multifacetado faz desse texto uma verdadeira pedra de toque do conhecimento da língua sânscrita. Ele é composto quase todo de versos sânscritos simples e melodiosos; o verdadeiro obstáculo para o tradutor/exegeta é a densidade dos conceitos de Krishna, que não são plenamente explicados. Parece, além disso, que o mundo conceitual do *Gītā* só pode ser efetivamente decifrado quando adotamos aquele tipo de abordagem holística que tanto o caracteriza. Em outras palavras e em específico, só conseguiremos penetrar nos ensinamentos de Krishna na medida em que conseguirmos sentir profundamente o quanto todas as coisas são interligadas. Essa é uma noção fundamental do pensamento índico e, portanto, também do *Gītā*, e tem sido redescoberta em nossa época por meio de disciplinas como a ecologia e a teoria quântica.

---

sabedoria como meio principal de libertação espiritual.

6

Vyāsa – Bardo e Sábio

Quem Foi Vyāsa?

A TRADIÇÃO ATRIBUI ao legendário Vyāsa Dvaipāyana ("Doutrinador Nascido na Ilha") a compilação dos atuais setecentos versículos do *Gītā*. É importante saber que a palavra sânscrita *vyāsa* não é um nome próprio, mas o nome de uma profissão. Significa literalmente "separador" e designa um "organizador", "cotejador", "compilador" ou "editor" (de *vi* + *as*, "lançar, atirar"). Como o nome indica, um *vyāsa* era alguém que "distinguia" ou classificava várias tradições e organizava o conhecimento existente num todo coeso.

Sem dúvida, houve muitos desses *vyāsas* que contribuíram para a formação do texto mais longo do mundo antigo, e um determinado Vyāsa Dvaipāyana foi, ao que tudo indica, o mais importante ou o mais lembrado desses indivíduos. Por conveniência, porém, vou ignorar às vezes a precisão histórica e me referir ao *vyāsa* chamado Dvaipāyana ("Nascido na Ilha") como "autor" do *Gītā*.

A tradição popular do hinduísmo fez um desserviço à história quando sintetizou num único indivíduo todos os *vyāsas* que já existiram na Índia. A esse único indivíduo atribui-se a compilação não só dos Vedas como também do *Mahābhārata* e do *Gītā*, além dos Purānas e de outras obras em sânscrito. Esse Vyāsa teria de ter vivido por centenas de anos!

Vyāsa Dvaipāyana, que quando nasceu foi chamado Krishna (e não deve ser confundido com o Deus-homem Krishna), era filho do eremita Parāshara com a pescadora Kālī. A história de como um eremita e uma pescadora acabaram se tornando pais de Vyāsa é relatada no próprio *Mahābhārata* (1.60-63)

Um belo dia, o rei Uparicaravasu ("Vasu, o Viajante do Alto"), da tribo Cedi, estava caçando na floresta. Ao ver animais selvagens tendo relações sexuais, ficou tão excitado que teve uma emissão espontânea de esperma. Mandou que levassem seu sêmen à sua esposa, mas aconteceu que o sêmen caiu no Rio Kālindī e foi engolido por um peixe. Ora, o peixe era na verdade uma ninfa celestial chamada Adrikā, que, vítima de uma maldição, teve de viver uma de suas existências na forma de peixe. Depois de algum tempo, o peixe foi capturado por um pescador, que o abriu e encontrou dentro da barriga dele um menino e uma menina. O menino foi entregue ao próprio rei, ao passo que o pescador reteve e criou a menina, a quem deu o nome de Kālī. Pelo fato de sua pele cheirar a peixe, ela passou a ser chamada Matsyagandhī, "A Que Tem Cheiro de Peixe".

O pescador também era o barqueiro local. Certo dia, o sábio Parāshara ("Destruidor", da raiz verbal *shrī*) pediu para ser transportado até o outro lado do rio. O barqueiro, que estava almoçando, mandou que a filha adotiva levasse o sábio à outra margem. Parāshara enamorou-se da bela jovem que remava o barco. Educadamente, ela resistiu às investidas dele e implorou-lhe que não a violasse. A paixão dele, porém, só aumentou; usando seus poderes, ele criou densa neblina ao redor do barco e transformou o cheiro de peixe de Kālī na fragrância de almíscar. Em seguida, fez aparecer no meio do rio uma ilha onde – sem que ninguém os visse – eles tiveram relações sexuais. Kālī ficou grávida, mas Parāshara lhe assegurou que ela continuaria virgem mesmo depois de dar à luz. Profetizou que seu filho seria uma emanação parcial do deus Vishnu e alcançaria grande fama por sua erudição e sabedoria.

Kālī sentiu a barriga crescer-lhe instantaneamente e ali mesmo deu à luz um menino radiante, que imediatamente cresceu e transformou-se num jovem chamado Krishna (o futuro Vyāsa). Ele implorou à mãe que não se preocupasse com ele e prometeu-lhe que apareceria sempre que ela quisesse vê-lo. Depois de se despedir da mãe, Krishna partiu para a floresta a fim de adotar o antiquíssimo modo de vida dos ascetas que ali moravam isolados.

Kālī voltou a viver com seu pai, o barqueiro. Então, um belo dia, o rei Shamtanu ("Corpo Pacífico") estava caçando na floresta perto da casa deles e foi atraído pelo perfume de almíscar da jovem. Quando viu o quanto ela era bonita e graciosa, apaixonou-se de imediato. Embora já tivesse uma esposa, pediu a mão de Kālī em casamento e foi atendido pelo pai dela.

Kālī, agora chamada Satyavatī ("Veraz"), deu à luz dois príncipes que morreram na juventude. Infeliz, Satyavatī lembrou-se então de seu filho escondido, Vyāsa, que prontamente se manifestou diante dela. Ela pediu que ele gerasse filhos nas duas esposas de Vicitravīrya ("Heroísmo Fulgurante"), um dos dois príncipes que haviam morrido sem deixar descendência. Vyāsa consentiu. A primeira esposa, Ambālikā (nome que talvez signifique "Abelha Mãe"), deu à luz Pāndu ("Pálido"); a outra, chamada Ambikā ("Mãezinha"), deu à luz o cego Dhritarāshtra ("Governo firme"). A guerra dos Bharatas foi travada entre os filhos desses dois meios-irmãos – os Pāndavas e os Kauravas.

Enquanto estava no palácio de Shamtanu, Vyāsa apaixonou-se por uma serviçal e teve ainda outro filho, o sapientíssimo Vidura ("inteligente"), cujos ensinamentos estão registrados no *Mahābhārata* (1.199ss.). Vidura ficou famoso em todo o país por sua inteligência e servia como conselheiro do rei cego Dhritarāshtra. Entretanto, por ser dedicado à justiça, era fortemente favorável aos filhos de Pāndu. O nascimento de Duryodhana ("Luta Ruim"), primogênito de Dhritarāshtra, foi cercado por muitos augúrios funestos. Interpretando os sinais, Vidura sugeriu ao rei que abandonasse o filho, mas Dhritarāshtra ignorou a sugestão. Vidura também teve papel crucial ao salvar a vida dos Pāndavas quando Duryodhana conspirou para queimá-los vivos numa casa especial feita de laca, um material altamente inflamável. Os Pāndavas incendiaram eles mesmos a mansão, esperando que Duryodhana concluísse que todos haviam morrido no incêndio. Na realidade, eles conseguiram escapar por uma passagem secreta subterrânea que Vidura, em segredo, mandara construir.

O rei Dhritarāshtra teve alguma dor de consciência diante da ideia de exilar os filhos de Pāndu, seu falecido irmão. O mais importante, porém, é que tinha medo da reação do povo, pois os Pāndavas eram muito queridos. Vidura aconselhou-o a deserdar os próprios filhos e devolver o reino aos Pāndavas. Bhīshma e Drona, mestres de armas, favoreciam uma solução de meio-termo: dar metade do reino aos Pāndavas e a outra metade aos Kauravas. A reação de Dhritarāshtra foi a de despedir Vidura, que seguiu os Pāndavas no exílio. Pouco tempo depois, o rei mudou de ideia e chamou Vidura de volta ao palácio. Chegou mesmo a pedir-lhe respeitosas desculpas.

Vidura fez tudo o que pôde para impedir a guerra, e seu fracasso causou-lhe grande sofrimento. Enquanto se faziam os preparativos para o confronto, Vidura saiu em peregrinação. No devido tempo, Maitreya, um discípulo de Parāshara, contou-lhe que a guerra havia terminado, que os Kauravas haviam sido exterminados e que Yudhishthira, o mais velho dos cinco Pāndavas, havia sido proclamado legítimo rei. Vidura voltou então à capital.

Depois de aconselhar Yudhishthira por algum tempo, Vidura retirou-se para a floresta com o cego Dhritarāshtra e Gāndharī, esposa deste, com Kuntī (esposa do falecido rei Pāndu e mãe de Arjuna) e com outros.

Também a sofrida Satyavatī decidiu retirar-se para a floresta a fim de fazer penitência. O *Mahābhārata* (1.119.13) registra que ela teve sucesso em seus exercícios ascéticos e, depois de muitos anos, foi para o céu.

Enquanto isso, a vida de Vyāsa caminhou na direção oposta. Ele abandonava frequentemente a solidão de sua ermida na floresta e de tempos em tempos ia morar na corte real, na capital Hastināpura. Tais deslocamentos eram facilitados pelo fato de ele ter o poder de viajar longas distâncias num instante. Ele foi conselheiro dos Pāndavas, deu a unção real a Yudhishthira depois da guerra, concedeu a Samjaya a visão divina que lhe permitiu testemunhar o diálogo entre Krishna e Arjuna e instruiu Yudhishthira a executar o elaborado sacrifício do cavalo para estabilizar ritualmente o reino.

No fim de sua vida terrena, Vyāsa retirou-se para o Himalaia. Em suas contemplações, assistiu ao desenrolar de todos os acontecimentos de sua vida, incluindo as complexas circunstâncias que culminaram na guerra dos Bharatas. Como queria escrever os detalhes dessa história, pediu a Brahma, o deus criador, que lhe desse um escriba competente. O escolhido foi Ganesha, o deus de cabeça de elefante, o único capaz de acompanhar o ditado ininterrupto do sábio, que prosseguiu ao longo de dois anos e meio ou, segundo outra versão da narrativa, três anos.

Foram os grandes discípulos de Vyāsa, especialmente Vaishampānya e Jaimini, que recitaram o *Mahābhārata* pela Índia afora. O único filho de Vyāsa, chamado Shuka ("Papagaio"), recitou a epopeia para multidões de seres semidivinos, como os *gandharvas*, os *yakshas* e os *rākshasas*. Shuka, também chamado Shukadeva, estava destinado a se tornar um adepto realizado (*siddha*) que, como uma estrela radiante, subiu ao céu a partir do pico do sagrado Monte Kailāsha, morada de Shiva.

VINTE E OITO VYĀSAS

Segundo o próprio *Mahābhārata* (1.1), Vyāsa compôs uma versão detalhada e uma versão resumida de seu poema épico. Como vimos, primeiro ele criou uma versão de 24 mil versículos, chamada *Bhārata*. O próprio Vyāsa resumiu sua composição original em meros 150 versículos. Depois disso, produziu uma versão ampliada de 6 milhões de versículos.

Desses, somente 100 mil versículos são conhecidos no mundo humano, enquanto o restante do *Mahābhārata* foi ouvido por seres sutis de diversos tipos. A versão que chegou a nós tem pouco mais de 100 mil versículos se incluirmos nela o apêndice chamado *Hari-Vamsha*. Deve-se mencionar, ainda, que somente cerca de 20 mil versículos tratam da guerra propriamente dita e dos acontecimentos a ela ligados. Boa parte do material restante tem relação com a educação de Yudhishthira, que representa o rei ideal. Muitas outras seções não têm relação nenhuma com a guerra e se assemelham a fascinantes "enchimentos" que contam as histórias de sábios, divindades e demônios e proporcionam ensinamentos sobre moral, ascese, renúncia e assim por diante.

Essas referências no grande épico dão a entender que o texto sofreu várias transformações. É isso também que os modernos estudos eruditos constataram, embora os diferentes níveis de acréscimos (interpolações) ainda não tenham sido determinados de modo convincente. Talvez isso jamais seja possível.

Na primeira seção do primeiro capítulo do *Mahābhārata*, ficamos sabendo que, quando as divindades puseram a epopeia de Vyāsa num dos pratos de uma balança e os quatro Vedas no outro, a primeira mostrou-se mais pesada que os segundos. Um versículo (1.56.15) declara sem meias palavras: "Esta [obra] é insuperável, pura e igual aos Vedas. Este Purāna, louvado pelos videntes, é insuperável [entre as coisas que] são ouvidas."

Em específico, a epopeia de Vyāsa era conhecida como "Veda de Krishna" (*kārshna-veda*), tendo recebido essa denominação em razão do nome que Vyāsa recebeu quando nasceu. Logo, passou-se a pensar (1.119.1) que "aquele que conhece o teor do *Mahābhārata* é salvo de todos os pecados". A onisciência atribuída a Vyāsa o situa além da esfera humana e ao mesmo tempo dá margem à crença popular de que sua epopeia tinha a mesma origem divina que se alegava tradicionalmente em favor da revelação védica (*shrūti*). (Para mais informações sobre a tradição revelada, ver o Capítulo 8 da Parte Um. "O *Gītā* no Pensamento e na Cultura Hindus".)

O *Vishnu-Purāna* (3.3), um dos textos mais antigos do gênero, proporciona uma lista de 28 nomes, começando com o do próprio Brahma. Os outros Vyāsas são ou divindades menores ou grandes sábios, que têm o *status* de divindade e portanto são, como Vyāsa Dvaipāyana, dotados de onisciência.

Cada Era de Manu (*manvantara*) – a duração da vida de um *manu* ou Primeiro Homem – tem o seu próprio Veda-Vyāsa, ou seja, um ser que de certo modo se torna o longevo reservatório da ciência sagrada para a humanidade daquela época. Talvez isso seja uma maneira de dizer que a espécie humana é protegida e sempre tem acesso à dimensão espiritual da existência.

O Conceito Hindu de Tempo Cíclico

TEMOS DE DIZER algumas palavras sobre a noção hindu dos ciclos cronológicos, visto que o *Gītā* (4.8 e 8.17) menciona o conceito de *yuga* ("era"). Segundo certas tradições, um *yuga* consiste em mil anos "divinos"; em outros contextos, também pode significar um lapso de cinco anos desses. Um conjunto de quatro *yugas* soma 12 mil anos "divinos", que equivalem a 4.320.000 (ou 12.000 x 360) anos humanos. Mil *yugas* constituem um *kalpa*, ou éon, que por sua vez representa um único dia do deus criador Brahma! O tempo de vida de Brahma é de 100 anos "de Brahma", ou seja, 3.110,4 bilhões de anos humanos. No fim desse período inimaginável, Brahma morre e o universo é destruído. Depois, um novo Brahma surge e dá origem a um novo universo. (A Realidade transcendente e atemporal, *brahman*, não é afetada de modo algum por esse processo de tempo.)

Um Dia de Brahma, ou seja, um *kalpa*, compreende quatorze Eras de Manu ou *manvantaras* (de *manu* "aquele que pensa" + *antara* "período"), isto é, quatorze mundos sucessivos habitados por seres humanos. Cada um desses mundos dura tanto quanto o tempo de vida do primeiro homem de cada *manvantara*, homem esse que é chamado Manu. No fim de um Dia de Brahma, quando Brahma dorme, o mundo humano é destruído – acontecimento chamado *pralaya*, "dissolução" – até a divindade tornar a acordar e recriar o mundo. No fim da vida de Brahma, é o universo inteiro que desaparece até Brahma renascer. O desaparecimento do universo não significa que ele deixa de existir. Assim como ao fim de cada Dia de Brahma, também a dissolução cósmica final com a morte de Brahma (*mahā-pralaya*) é meramente uma transição para a pura potencialidade dentro da infinitude do Ser Supremo.

Cada Dia e Noite de Brahma também compreendem um único conjunto de quatro *yugas*, chamado *catur-yuga* ou *mahā-yuga* ("grande era").

A palavra *yuga* pode ser encontrada já no arcaico *Rig-Veda*, onde é usada 33 vezes em dois sentidos significativamente distintos: um é um período de cinco anos e outro é um período bastante longo, mas não especificado (ver Kane 1994, pp. 486ss.). Ambos os usos ocorrem no *Mahābhārata*, e o *Gītā* (8.17) chega a fazer questão de mencionar que um *kalpa* é igual a mil anos (divinos). O que nos interessa aqui é o *yuga* como um prolongado lapso de tempo.

Do ponto de vista da humanidade, os *yugas* são considerados especialmente significativos porque incorporam uma decadência cíclica que afeta não somente a espiritualidade e a moral, mas também os aspectos socioculturais e até anatômicos da existência humana. Assim, no primeiro *yuga* de um conjunto de quatro *yugas* – chamado *krita-yuga* ("era das coisas [bem] feitas") ou *satya-yuga* ("era da verdade") – a humanidade é abençoada com um estado de excelência física, emocional e mental, além de harmonia sociocultural e ambiental. No *yuga* seguinte – chamado *tretā-yuga*, "era dos três" –, as condições de vida são menos excelentes. O terceiro *yuga* – denominado *dvāpara-yuga* ou "era das duas [marcas]" – confronta a humanidade com uma deterioração interior e exterior ainda mais acentuada. Porém a pior era é o *kali-yuga*. O termo *kali* não se refere à deusa Kālī, mas ao pior resultado que pode ser obtido num lance de dados. Na verdade, os nomes dos quatro *yugas* são derivados do jogo de dados. Em geral se diz que, no *kali-yuga*, o *dharma* decaiu de tal modo que mal se manifesta.

Os quatro *yugas* são normalmente organizados da seguinte maneira:

1. *Krita-yuga*: madrugada, 400 anos divinos + período principal, 4.000 anos divinos + crepúsculo, 400 anos divinos = total, 4.800 anos divinos; o *dharma* encontra-se intacto.

2. *Tretā-yuga*: madrugada, 300 anos divinos + período principal, 3.000 anos divinos + crepúsculo, 300 anos divinos = total, 3.600 anos divinos; o *dharma* guarda três quartos da sua força.

3. *Dvāpara-yuga*: madrugada, 200 anos divinos + período principal, 2.000 anos divinos + crepúsculo, 200 anos divinos = total, 2.400 anos divinos; o *dharma* guarda metade da sua força.

4. *Kali-yuga*: madrugada, 100 anos divinos + período principal, 1.000 anos divinos + crepúsculo, 100 anos divinos = total, 1.200 anos divinos; o *dharma* guarda somente um quarto da sua força.

O total geral é de 12 mil anos divinos ou 4.320.000 anos humanos.

Cada *yuga* tem uma orientação espiritual distinta. São elas as seguintes:

1. *Krita-yuga*: *tapas* ou ascetismo

2. *Tretā-yuga*: *jnāna* ou conhecimento metafísico

3. *Dvāpara-yuga*: *yajna* ou sacrifício ritual

4. *Kali-yuga*: *dāna* ou caridade

É fácil ver no esquema acima a progressão histórica entre a ascese dos Vedas, a gnose dos Upanishads, o sacrificialismo da escola Mīmāmsā e nossa abordagem contemporânea, que de fato seria muito melhor se déssemos mais destaque à prática da caridade para beneficiar os milhões de semelhantes nossos a quem falta comida, água e abrigo.

Diz-se que, no *kali-yuga*, os seres humanos já não são capazes de seguir adequadamente os caminhos da ascese, do conhecimento metafísico e do sacrifício ritual. Parece ser isso o que acontece hoje, como qualquer mestre espiritual verdadeiro pode verificar. Também parece que temos dificuldade até para praticar da maneira correta a caridade, a abordagem prescrita para o *kali-yuga*.

O *kali-yuga*, a atual era de trevas, supostamente começou no dia 18 de fevereiro de 3102 a.C., quando teve início a guerra dos Bharatas; ou, segundo outra explicação, quando Krishna entregou sua forma humana (36 anos após o início da guerra). Existem outras explicações tradicionais acerca do início do *kali-yuga*. O principal é saber que estamos nessa era ruim, que compreende um total de 1.200 x 360 = 432.000 anos humanos. Ou seja, ao contrário do que diz a crença ocidental da Nova Era, ainda estamos muito distantes da próxima era de ouro.

Nem todos os pensadores hindus concordam com o modelo dos *yugas* esboçado acima, que deixa muitas perguntas sem resposta em matéria de cosmologia. Uma das mais conhecidas autoridades modernas foi Sri Yukteswar, guru do famosíssimo Paramahansa Yogananda. Sri Yukteswar (1984) relaciona os *yugas* ao ciclo da precessão dos equinócios, que é normalmente calculado em 25.800 anos, mas que, no sistema de Yukteswar, é reduzido para 24 mil anos. Além disso, ele supõe que o *kali-yuga* não é seguido imediatamente por outra era de ouro, mas, sim, em ordem reversa ascendente, por outra série composta de *kali-yuga*, *dvāpara-yuga*, *tretā-yuga* e *satya-yuga*. Por isso, segundo ele, encontramo-nos agora no meio de um *dvāpara-yuga*, que, de acordo com os cálculos de David Frawley (1991), começou em 1699 d.C. e vai durar até 4.099 d.C.

O que muitos autores hindus e ocidentais não percebem é que, desde a época dos Purānas, o modelo dos *yugas* é considerado algo que se aplica especificamente à Índia e, portanto, não tem relação com o resto do mundo. Seja como for, também podemos seguir a opinião daqueles hindus que, à semelhança do sábio legislador

Manu em seu *Manu-Smriti* (10.301), não consideram que o tempo das quatro eras é perpetuamente fixado. Manu pensava que, pela conduta correta, um soberano poderia produzir as condições benignas do *krita-yuga*. Em outras palavras, quaisquer que sejam as condições predominantes, a ação coletiva pode sempre mudá-las para melhor.

O *Gītā* no Pensamento e na Cultura Hindus

REVELADO OU LEMBRADO?

A LITERATURA SAGRADA HINDU tradicional se divide nas obras reveladas (*shrūti*) e nas obras "lembradas" (*smriti*). A *shrūti* compreende os quatro Vedas (*Rig-, Yajur-, Sāma-* e *Atharva-Veda*) e seus respectivos Brāhmanas (textos rituais), Āranyakas (textos rituais para os ascetas que moravam nas florestas) e Upanishads (textos sagrados gnósticos voltados para o *jnāna-yoga*). A palavra sânscrita *shrūti* é um substantivo feminino derivado do particípio passado *shrūta*, que significa "ouvido". A literatura sânscrita dos primeiros tempos era transmitida oralmente e fielmente memorizada pela audição. É o caso de todos os textos sagrados da *shrūti*, que se diz terem sido "vistos" por adeptos altamente realizados que os transmitiram a seus discípulos num contexto iniciatório. Essas obras constituem o próprio núcleo do bramanismo, a tradição da casta sacerdotal (*brāhmana*), embora os primeiros e mais veneráveis Upanishads também sejam associados à casta guerreira e nobre (*kshatriya*). Deve-se notar que as várias comunidades religiosas, como os vaishnavas, os shaivas e os shāktas, têm sua própria literatura revelada na forma das Samhitās, dos Āgamas e dos Tantras, respectivamente.

Embora o *Gītā* oficialmente não faça parte da literatura védica, há muito tempo ele é honrado como um texto revelado. Como parte do *Mahābhārata*, o *Gītā* pertence formalmente à categoria da literatura "lembrada" (*smriti*) ou tradicional. Não obstante, de acordo com seus colofões (versos que constam no final dos capítulos e declaram formalmente o encerramento de cada parte do livro), ele reivindica para si a autoridade independente de uma doutrina secreta (*upanishad*)[1]. Está claro que esses colofões são acréscimos posteriores e integram uma tentativa de situar firmemente o *Gītā* na corrente principal da ortodoxia hindu – ou seja, no bramanismo. A associação do *Gītā* com o vaishnavismo e, mais especificamente,

---

1. É duvidoso que os colofões sejam partes originais do *Gītā*. Além disso, a palavra *upanishad* ("doutrina secreta" ou "segredo") é usada no locativo plural, qualificando o termo *gītā* nas palavras que abrem cada um dos colofões: *iti shrīmad-bhagavad-gītāsu upanishatsu*, literalmente: "assim, nos segredos cantados do Senhor Bendito...". Para dar um exemplo, o colofão do primeiro capítulo é o seguinte: "Assim, nos segredos cantados do Senhor Bendito, na Ciência do Absoluto, na Escritura do Yoga, no diálogo entre Shrī Krishna e Arjuna, [este] é o primeiro capítulo, denominado O Yoga do Desalento de Arjuna."

com o krishnaísmo (bhagavatismo), entretanto, decretou a futilidade dessa tentativa. Isso porque a tradição vaishnava-pāncarātra-bhāgavata desenvolveu-se essencialmente em círculos que estavam à margem do bramanismo, do núcleo védico ortodoxo da civilização hindu, e que davam mostras de querer promover não a revelação védica, mas sua própria revelação.

O Bramanismo

Para entender o que significa dizer que a tradição vaishnava é heterodoxa, precisamos saber que o bramanismo vê os quatro Vedas como canônicos. Eles são entendidos como a "Palavra" eterna da própria Divindade; não pode haver outra revelação. Já o vaishnavismo, como o shaivismo, é uma tradição religiosa e cultural que tem sua própria revelação. Ambas as tradições preconizam o culto monoteísta de Deus (respectivamente nas formas de Vishnu e Shiva). Isso vai contra o bramanismo ortodoxo, que não é monoteísta, embora possa ser chamado monista ou não dualista: *brahman* (o Absoluto) está além de todas as formas, além de todas as divindades, e é impessoal.

Ao contrário de outros textos sagrados, os Vedas são considerados como de origem "não humana" (*apaurusheya*) ou "transumana". Cada palavra dos Vedas, que não têm autor humano, é sagrada. Aliás, é por isso que durante muito tempo os *brāhmanas* mantiveram os Vedas ocultos aos olhos e ouvidos dos que não eram *brāhmanas* e que estes consideravam espiritualmente indignos. Muito embora os hindus comuns – com exceção dos *sem casta* – tenham permissão para assistir às cerimônias religiosas em que os Vedas são recitados por sacerdotes qualificados, o difícil sânscrito arcaico em que os Vedas foram compostos torna praticamente impossível o entendimento deles pelos não iniciados, do mesmo modo que o latim antigo era um livro selado para a plebe inculta da Europa medieval. O teólogo e místico alemão Meister Eckhart foi o primeiro a pregar em língua vernácula, ou seja, em alemão em vez de latim, abrindo assim o acesso dos analfabetos e dos não escolados à doutrina cristã.

O exclusivismo e o elitismo dos sacerdotes hindus foram muitas vezes atribuídos ao seu desejo de poder. Pode até ser que o poder social tenha sido um dos fatores que os motivaram, como aconteceu com as castas sacerdotais de outras sociedades. Mas os *brāhmanas* também sempre sentiram que o conhecimento espiritual contido nos Vedas tinha de ser protegido contra a corrupção. Temiam, com razão, que a divulgação de ensinamentos essencialmente espirituais a quaisquer pessoas levaria inevitavelmente a erros de interpretação (por parte de pessoas que não tinham a formação adequada), à confusão e aos abusos, como hoje se verifica com a ampla disponibilidade dos Vedas em versões em brochura.

O *Gītā* nos mostra que até Krishna buscou proteger seu patrimônio espiritual. Diz-se que suas instruções ao príncipe Arjuna são "mais secretas que [qualquer outro] segredo" (18.63). Nós, aqui, diríamos que elas são "altamente confidenciais" (*top secret*). Ele aconselhou o discípulo a não divulgar seus ensinamentos a qualquer pessoa que não praticasse ascese, não tivesse devoção a ele (Krishna), não fosse obediente ou que falasse mal dele (18.67).

O Cânone Védico (*Shrūti*)

A literatura canônica védica é maior que qualquer outro cânone religioso na face da Terra. Segundo uma cronologia recentemente revisada, os Vedas foram coligidos pelos *brāhmanas* (brâmanes) há cerca de 5 mil anos. Uma vez que se considerava que esses textos tinham sido revelados para as mentes sutilíssimas de grandes "videntes" (*rishi*), eles precisavam ser interpretados para serem entendidos pelo comum dos mortais. Assim, os Vedas (ou Samhitās, "Coletâneas" de hinos védicos) deram origem a uma imensa literatura exegética (explicativa).

Esse corpo exegético compreende os diversos Brāhmanas (textos rituais) e Āranyakas (textos rituais para os ascetas que moravam nas florestas), além de mais de duzentos textos sagrados gnósticos chamados Upanishads. Todas essas obras secundárias são consideradas igualmente reveladas e sagradas, como os Vedas.

Compreendendo o Gītā num Contexto mais Amplo

O *Bhagavad-Gītā* – muitas vezes simplesmente chamado *Gītā* – é o texto religioso-espiritual mais popular do hinduísmo. Isso nem sempre foi assim. Embora o *Gītā* tenha sido composto num sânscrito relativamente simples, ele era um livro selado para as massas analfabetas da Índia. Por isso, pode-se dizer que somente na era moderna ele se tornou popular, embora os eruditos sempre o tenham encarado como um texto dotado de autoridade apesar de não pertencer ao conjunto dos textos englobados na "revelação védica" ou *shrūti*. Sua popularização coincidiu com o surgimento do neo-hinduísmo[2] no final do século XIX e com a publicação

2. O termo "neo-hinduísmo" se refere a movimentos reformistas político-religiosos como o Brahmo Samaj (fundado por Raja Ram Mohan Roy em 1828), o Arya Samaj (fundado por Dayananda Sarasvati em 1875) e o movimento mais

de traduções populares em línguas vernáculas como o híndi, o bengali e o inglês.

Quanto ao lugar que ocupa no conjunto da literatura hindu, o *Gītā* foi comparado ao Novo Testamento dentro do cristianismo. Isso não parece muito adequado. Se compararmos os antigos Vedas – o *Rig-*, o *Yajur-*, o *Sāma-* e o *Atharva-Veda* – ao Antigo Testamento, o Novo Testamento será semelhante aos Upanishads. Esses textos gnósticos, em número de mais de duzentos (e produzidos em diversas épocas), são contínuos com a revelação védica, mas ao mesmo tempo introduzem elementos novos. Tradicionalmente, diz-se que o *Gītā* condensa a "essência" (*rasa*) da doutrina dos Upanishads.

Do mesmo modo, muitas vezes se disse que o Sermão da Montanha contém a essência dos ensinamentos de Cristo, que são claramente baseados no Antigo Testamento, mas também vão além do velho código religioso e moral de Moisés. Muitos estudiosos do Novo Testamento consideram que o Sermão da Montanha agrega alguns dos melhores ensinamentos de Cristo, que teriam sido dados em várias ocasiões e em diferentes lugares. Nesse sentido, seria muito mais adequado correlacionar o *Bhagavad-Gītā* com o Sermão da Montanha, o qual, como bem se sabe, começa com um discurso sobre as bem-aventuranças (ver Lucas 6,20-23 e, numa forma mais generalizada, Mateus 5,3-12).

Vishnu e o Vaishnavismo

Dentro do contexto indiano, o *Gītā* é um dos textos-chave da antiga tradição vaishnava, o complexo religioso e cultural que se desenvolveu em torno do culto de Vishnu ("Penetrante")[3]. Segundo a maioria dos indólogos, Vishnu era uma divindade "menor" do panteão védico, visto que, no estimado *Rig-Veda* dos *brāhmanas*, somente cinco de mais de mil hinos são dedicados a ele. Indra, em contraposição, tem mais de 250 hinos; Agni tem uns duzentos; e Soma, mais de cem. Por outro lado, a escassez de hinos rig-védicos dirigidos a Vishnu pode não ser um indício confiável da importância dessa divindade nos primeiros tempos da religião védica. É muito possível que Vishnu tenha constituído o centro de um culto religioso que prosperou às margens da ortodoxia bramânica responsável pela criação do *Rig-Veda*, ortodoxia essa que não tinha motivos para dedicar muito espaço a esse deus.

---

militarista criado por Bal Gangadhar Tilak em Maharashtra. Também tem relação com certos esforços missionários, especialmente a vigorosa introdução do hinduísmo no Ocidente por Swami Vivekananda a partir de 1893. Outro dos criadores desse "renascimento hindu" foi Aurobindo Ghose, fundador do Yoga Integral, que, entre muitos outros escritos, também publicou interpretações do *Bhagavad-Gītā*. Cumprindo um ano de prisão em 1907-08 por ter supostamente perpetrado um ato terrorista, Sri Aurobindo teve uma visão de Krishna depositando-lhe nas mãos um exemplar do *Gītā*. Foi assim que esse reformador político se transformou num sábio filosófico.

3. Confira uma perspectiva histórica em Jan Gonda 1970, 1993. Ver também Siddhantashastree 1985 e Jaiswal 1981.

É tão pouco o que sabemos acerca dos primeiros tempos da cultura védica que o melhor é não arriscar nenhuma conjectura ousada. O que efetivamente sabemos acerca de Vishnu é que já na era védica ele era considerado uma divindade especialmente benigna. Diz-se que cruzou o universo inteiro em três passos (indício de seu caráter solar), o último dos quais, excelso e invisível, conduziu-o ao mundo celeste. Diz-se também que os três passos foram dados para o benefício da humanidade. Esse motivo mitológico ou simbólico é reiterado nos Brāhmanas e na literatura indiana subsequente, inclusive nos épicos *Rāmāyana* e *Mahābhārata*.

Na realidade, o *Mahābhārata* que chegou a nós é um documento vaishnava de primeira ordem e evidencia sem sombra de dúvida a predominância do culto de Vishnu entre os vários filamentos religiosos que floresceram naquela época. Embora Shiva seja mencionado no grande épico com mais frequência que Vishnu, este último – por intermédio do papel essencial de Krishna – tem mais importância.

Por outro lado, também é certo que Shiva não é um personagem incidental do *Mahābhārata*. A epopeia é uma obra altamente sincretista e tanto Vishnu quanto Shiva desempenham nela papeis cruciais, apesar de que o relacionamento entre as duas divindades não é uniforme de modo algum. Às vezes eles são retratados como manifestações alternativas da Divindade; em outras ocasiões são tratados de maneira sectária, como entidades que se excluem mutuamente. As diferenças entre eles se ressaltam sobretudo em suas representações iconográficas.

Embora o nome Shiva signifique "Benéfico", esse deus é representado na maioria das vezes como um austero asceta, ao contrário de Vishnu, retratado como uma divindade excepcionalmente benigna. A epopeia reclama para ambos a condição de Divindade Suprema. Assim, o *Mahābhārata* promulga um tipo extraordinário de monoteísmo em que as duas divindades têm caráter supremo. Podemos ver nesse fato os sinais de um conflito contínuo entre o ponto de vista sincretista do épico, por um lado, e o sectarismo, por outro.

A Tradição Pāncarātra

O notável é que Vishnu reteve seu benigno caráter solar no decorrer de toda a sua longa história. Quando a tradição pāncarātra entrou em foco, no começo da era pós-budista, seus devotos provavelmente podiam basear-se num desenvolvimento histórico rico e prolongado, cujos primórdios, porém, estão envoltos em mistério. A partir do momento em que emergiu de modo claro, a tradição pāncarātra centrou-se em Vishnu, especialmente na forma do deus Nārāyana.

Alguns estudiosos concebem a tradição pāncarātra como um fruto relativamente tardio da tradição bhāgavata (discutida abaixo). Essa ideia, entretanto, não leva em conta a noção de que o autossacrifício arquetípico do Homem Primordial (*purusha*), anunciado pela primeira vez no *Rig-Veda* (10.90), é fundamental para a teologia construída em torno de Nārāyana, que é o objeto central de adoração dos seguidores do Pāncarātra.

O termo *pāncarātra* ("cinco noites") e o nome Nārāyana aparecem lado a lado pela primeira vez no *Shatapatha-Brāhmana* (13.6.1), um Brāhmana tardio que pode ser datado, talvez, de 1500 a.C. É aí que encontramos o relato de que o sábio Nārāyana alcançou a condição divina por meio de um ritual sacrificial (*sattra*) de cinco dias. Em outras palavras, afirma-se claramente que um ser humano se divinizou.

Segue-se então uma longa pausa nos registros históricos disponíveis. Nārāyana e a tradição pāncarātra só são mencionados novamente na seção *Nārayanīya* do *Mahābhārata* (12.31-39). Pelo menos é esse o consenso dos estudiosos sobre o assunto, ignorando a existência do *Mahānārāyana-Upanishad*, que, em razão de seu sincretismo evidente, é geralmente situado em torno de 300 a.C., mas pode muito bem incluir conteúdos mais antigos. Nesse texto, que pertence ao *Krishna-Yajur-Veda* e também é tradicionalmente chamado de *Yājnikī-Upanishad* ("Doutrina Secreta do [Ato] Sacrificial"), encontramos a seguinte prece (1.29):

Que conheçamos Nārāyana. Para tanto, que contemplemos Vāsudeva. Que Vishnu nos impulsione nessa contemplação (*dhyana*).

Essa oração estabelece íntima associação entre Nārayana, Vāsudeva e Vishnu. As três divindades aqui mencionadas não são entidades separadas, mas aspectos do mesmo grande Ser – ou mesmo três nomes distintos da Singularidade (*eka*) suprema.

Deve-se mencionar neste contexto o *Vishnu-Purāna*, uma das obras mais antigas do gênero purânico. Esse livro é normalmente situado em c. 300-400 d.C. e caracterizado como um texto do Pāncarātra, mas anterior à literatura das Samhitās pancaratristas (ver abaixo). Parece pertencer à mesma era que produziu a supracitada seção *Nārayanīya* do *Mahābhārata*.

A tradição pāncarātra é veementemente monoteísta e, por isso, seus seguidores são comumente qualificados como *ekāntins*. Diz-se que são capazes de entrar diretamente no Supremo – Vāsudeva – sem ter de "realizar" previamente as várias manifestações da Divindade chamadas *vyūhas* ou "emanações". Às vezes esse dado é entendido como uma característica distintiva que separa a tradição pāncarātra do bhagavatismo e de outras escolas vaishnavas que praticam uma adoração de tipo "misto". Podemos afirmar, portanto, que o Pāncarātra esposa o monoteísmo radical.

A filosofia do Pāncarātra engloba importantes conceitos cosmológicos da escola Sāmkhya, que, ao lado do modelo teológico dos *vyūhas*, são usados para explicar o processo de criação do mundo. Embora o Supremo não tenha forma alguma, ele se torna acessível por meio de suas diversas emanações e manifestações. A atividade, especialmente a dinâmica do crescimento espiritual, é possibilitada pelo Poder (*shakti*) de Vishnu, a Divindade. Assim, o sistema do Pāncarātra engloba a Shakti como um de seus elementos mais importantes.

As quatro "formas" (*mūrti*) de Deus são Vāsudeva, Sankarshana (ou Baladeva, ou Balarāma), Pradyumna e Aniruddha, que, por sua vez, têm muitas "emanações secundárias" (*vibhāva*). O primeiro é o aspecto mais elevado, que por sua vez dá origem a Sankarshana (às vezes identificado como Shiva); Sankarshana gera Pradyumna, que é responsável por separar o princípio da consciência (*purusha*) do princípio da materialidade (*prakriti*). Por fim surge Aniruddha, que protege a criação e orienta a humanidade pelo caminho da iluminação por meio da sabedoria.

Além disso, a Divindade executa várias "descidas" (*avatāra*) em forma humana, com destaque para Rāma e Krishna.

Na dimensão ritual, a tradição pāncarātra se distingue do bramanismo védico por proibir os sacrifícios de animais e favorecer o culto das imagens da Divindade por meio de oferendas não violentas de flores e água. A influência do sistema do Pāncarātra pode ser verificada no predomínio de *pūjā* (adoração ritual de uma divindade escolhida) sobre o *yajna* (sacrifício ritual) védico no hinduísmo como um todo.

A *Ahirbudhnya-Samhitā*, por exemplo, deixa claro que o método de Yoga do sistema do Pāncarātra consiste essencialmente na entrega total do devoto à Divindade, ensinado pela primeira vez no *Bhagavad-Gītā*. No vaishnavismo posterior, essa prática devocional é chamada *prapatti* ("resignação" ou "submissão").

É extraordinariamente paradoxal que, apesar da insistência do *Gitā* em *ahimsā* (não violência), ele pregue uma ética marcial. Logo mais adiante examinaremos em detalhes essa peculiar doutrina.

Pāncarātra-Samhitās. No período que se estende talvez de 400 a 1200 d.C., os seguidores do Pāncarātra criaram, segundo se diz, 108 Samhitās ("Coletâneas") — na realidade, elas são mais de duzentas. As mais antigas, mais apreciadas e mais importantes são a *Sātvata-Samhitā*, a *Paushkara-Samhitā* e a *Jayākhya-Samhitā*, chamadas "Três Joias" (*ratna-traya*). Eram inicialmente escritas em casca de bétula, o que nos indica que podem ter surgido no Himalaia, mais especificamente na Caxemira, onde era comum escrever-se em casca de bétula.

Entre os textos do Pāncarātra que apareceram pouco tempo depois desses, a *Ahirbudhnya-Samhitā* (talvez c. 800 d.C.) ocupa um lugar especial em razão de suas explicações detalhadas da teologia e da filosofia dessa escola. Partes dela foram traduzidas para o inglês, primeiro por Otto Schrader (1916) e depois também pelo erudito japonês Mitsunori Matsubara (1994), professor de indologia na Universidade de Koyasan.

A Tradição Sātvata

O *Mahābhārata* (6.66) refere-se a um *sātvata-vidhi* ou método sātvata. Sātvata também é um dos nomes de Krishna que faz referência a sua linhagem real. Sabemos que os Sātvatas eram um importante ramo da dinastia Yadu, que se dizia descendente de Vishnu. Parece que os Sātvatas eram especialmente associados aos dois ramos principais do vaishnavismo, o Pāncarātra e o Bhāgavata.

Em seu livro pioneiro *Introduction to the Pāncarātra and the Ahirbudhnya-Samhitā* (1916), o erudito alemão F. Otto Schrader, diretor da famosa Biblioteca de Adyar (perto de Chennai, na Índia) na época da publicação, afirmou sua opinião de que o *sātvata-vidhi* devia se referir a uma das Pāncarātra-Samhitās que surgiram no norte da Índia. Existe, com efeito, um respeitadíssimo texto sagrado pāncarātra chamado *Sātvata-Samhitā*, que de fato pertence ao grupo mais antigo de textos desse gênero. Foi datado de c. 400 d.C., ou seja, de um ou dois séculos depois da seção *Nārayanīya* do *Mahābhārata*, geralmente datada de 200-300 d.C. A data de 400 d.C., contudo, é puramente conjectural. É concebível que essa Samhitā contenha um material muito mais antigo.

Vishnu aparece com destaque em muitas partes do *Mahābhārata* e também no épico *Rāmāyana*, da mesma época, o que indica a crescente popularidade desse deus. Muitos mitos envolvendo Vishnu se moldaram nesse período, embora versões de pelo menos alguns deles possam ter estado em voga muito antes.

O Bhagavatismo

A heterodoxa tradição pāncarātra, que se manifesta, sobretudo, na seção *Nārayanīya* do *Mahābhārata*, não é a única corrente religioso-cultural que gira em torno do culto de Vishnu/Nārāyana.

Além da tradição pāncarātra, encontrada tanto no norte quanto no sul da Índia, o culto e o conhecimento de Vishnu também penetram a tradição bhāgavata, com a qual o *Bhagavad-Gītā* está estreitamente associado. Os bhāgavatas enfocavam particularmente a adoração de Vishnu em sua manifestação ou descida na forma de Krishna. É possível que o bhagavatismo tenha se originado com a adoração ritual de um mestre iluminado chamado Krishna, mencionado como filho de Devakī no antigo *Chāndogya-Upanishad*, mas que algumas autoridades consideram outra pessoa que não o Deus-homem Krishna, também filho de Devakī, cuja história é contada no *Bhāgavata-Purāna*.

O vínculo histórico entre os bhāgavatas e os pāncaratras não está totalmente claro, mas parece que as duas tradições religiosas se influenciaram mutuamente de múltiplas maneiras desde a época pré-budista (ou seja, desde antes de 500 a.C.) e que, de algum modo, a dinastia Sātvata/Yadu à qual Krishna pertencia desempenhou um papel importante no desenvolvimento delas.

Os ensinamentos de Krishna no *Mahābhārata* em geral e especificamente no *Gītā* deixam claro que esse mestre tinha uma relação mais ou menos conturbada com a comunidade bramânica ortodoxa. A essência de sua doutrina, na verdade, é mais favorável à casta dos guerreiros e governantes (*kshatriya*) que à casta sacerdotal. No *Bhagavad-Gītā* (2.42), por exemplo, Krishna menciona criticamente aquelas "[pessoas] sem discernimento [que], deliciando-se no conhecimento dos Vedas (*veda-vāda-rati*), proferem palavras floreadas" que lhes valem somente a reencarnação, jamais a libertação.

Nos versículos 9.20-21, Krishna aponta os conhecedores dos três Vedas (*Rig-Veda*, *Yajur-Veda* e *Sāma-Veda*) que, bebendo a poção *soma* que tanto amam, são limpos do pecado, mas só conseguem alcançar a aprazível esfera celestial de Indra – não alcançam, portanto, a libertação e são obrigados a voltar reiteradamente ao mundo dos mortais.

No versículo 9.11, Krishna indica uma controvérsia que o envolveu ainda durante o tempo de sua presença na Terra. Refere-se aos que o desprezam em sua forma humana porque ignoram sua natureza transcendental. Para dissipar as dúvidas do príncipe Arjuna, Krishna lhe concede – no Capítulo 11 – uma desconcertante visão mística de sua natureza divina ou macrocósmica ("consciência cósmica"). Em seguida, deixa claro (11.48) que o estudo dos Vedas não pode de maneira alguma conduzir a tão suprema visão. Somente o amor ou a absoluta devoção (*bhakti*) a ele como Ser ou Realidade suprema pode levar o aspirante a tão sublime revelação.

Assim é o testemunho de um mestre realizado em Deus, tradicionalmente visto como a própria Divindade em forma humana. Krishna não apresentou seus ensinamentos como uma inovação, mas como a revivificação de uma tradição muito antiga originada com ele próprio (4.1ss), que a comunicara a Vivasvat, o Sol. Afirmando que proclamara esses ensinamentos desde os tempos mais antigos, Krishna se identifica com Vishnu, fazendo-o até mesmo de modo explícito em outra parte do texto (10.21): "Entre os Ādityas [divindades solares descendentes de Aditi ou "Ilimitada", mãe de todas as divindades], sou Vishnu."

Para os bhāgavatas, Krishna já havia encarnado como o grande adepto Nārāyana e Arjuna teria sido Nāra ("Ser Humano"), discípulo de Nārāyana. Isso significa que existe um longo vínculo kármico entre Krishna e Arjuna, o qual é indicado no *Bhagavad-Gītā* (4.5) quando Krishna afirma que, enquanto tem ciência de todas as suas encarnações, Arjuna não a tem das dele.

Bhāgavata-Purāna. Mais ou menos por volta de 900 d.C., os bhāgavatas produziram o influentíssimo *Bhāgavata-Purāna*, também chamado *Shrīmad-Bhāgavata*, repleto de dados teológicos, mitológicos e rituais relacionados a Krishna. Num total de 335 capítulos distribuídos em doze livros, ele desenvolve a biografia de Krishna como pastor de vacas. Destaca-se por sua sofisticação filosófica e pelo sânscrito refinado. Esse texto foi divulgado no Ocidente pelos devotos Hare Krishna da Sociedade Internacional para a Consciência de Krishna (ISKCON) sob a direção espiritual de A. C. Bhaktivedanta Swami (também conhecido pelo título honorífico Śrila Prabhupāda). A importância dessa obra pode ser aquilatada pelo enorme número de comentários em sânscrito que ela inspirou. Uma das mais belas seções do *Bhāgavata-Purāna* (11.7--29) é o *Uddhava-Gītā*, que consiste num diálogo de instrução entre Krishna e o sábio Uddhava.

A Trimūrti

Na Índia medieval, Vishnu passou a ser representado como um dos três aspectos do construto teológico bramânico chamado *trimūrti* ("tríplice forma" ou simplesmente "trindade", de *tri* + *mūrti*). Ao benigno Vishnu atribui-se o papel de Preservador do universo, enquanto Brahma é o Criador e Shiva, o Destruidor. Trata-se de um tema central do hinduísmo clássico (purânico). Embora a trindade Brahma-Vishnu-Shiva seja muitas vezes representada iconograficamente – quer com três cabeças num único pescoço, quer com três faces numa única cabeça –, ela nunca alcançou papel de destaque na adoração ritual propriamente dita.

Esse construto artificial deve ter tido certo apelo em períodos específicos, pois Kālidāsa, o grande poeta da língua sânscrita na Índia, que foi comparado ao inglês Shakespeare, compôs um hino em homenagem à tríade.

A primeira alusão ao conceito de *trimūrti* verifica-se no *Maitrāyanīya-Upanishad* (4.5-6 e 5.2), obra tardia composta talvez em c. 300 a.C. Sua presença na grande epopeia é tida como uma interpolação posterior. Em geral, o *Mahābhārata* retrata um relacionamento mais ou menos fluido entre as divindades Brahma, Vishnu e Shiva, o que dá a entender que o caráter mitológico dessas três divindades principais umas diante das outras ainda estava em processo de definição.

A *trimūrti* pode ser entendida como forma final de um longo e tortuoso processo de síntese entre o vaishnavismo, o shaivismo e o bramanismo. Não surpreende que os primeiros estudiosos ocidentais do hinduísmo, que tendiam a encarar a Índia por um viés cristão, tenham sido tocados pelo vago paralelismo entre a tríade das divindades hindus e a Trindade cristã.

O Hari-Vamsha

Embora Vishnu na forma de Krishna seja o personagem principal do *Mahābhārata*, a epopeia só relata a complexa biografia de Krishna num apêndice de 16 mil versículos chamado *Hari-Vamsha* ("Linhagem de Hari [Krishna]"), composto talvez por volta de 300 d.C. e equiparado aos Purānas em matéria de sacralidade. O *Hari-Vamsha* estimulou a subsequente criação dos muitos volumes do *Bhāgavata-Purāna*, totalmente dedicado a Krishna.

Os Ārvārs

Entre os séculos VII e VIII d.C., o vaishnavismo lançou raízes no sul da Índia, onde era representado pelos Ārvārs ou Ālvārs – poetas da língua tâmil que propunham o grandioso ideal da amorosa devoção espiritual (*bhakti*) à Singularidade divina na forma de Vishnu. Na definição do erudito Surendranath Dasgupta (1952, p. 68): "A palavra Ārvār significa alguém que tem um profundo conhecimento intuitivo de Deus e está imerso na contemplação d'Ele. As obras dos Ārvārs estão repletas de intenso e dedicado amor a Vishnu." Os primeiros desses veneráveis santos foram Saroyogin (tâmil: Poygaiy), Pūtayogin (tâmil: Bhūtatt'), Mahadyogin (tâmil: Pēy) e Bhaktisāra (tâmil: Tirumarisai Pirān). Os mais conhecidos são Nāmm, Periy e a santa Āndāl.

A Tradição Shrī-Vaishnava

No século XI d.C., o vaishnavismo recebeu forte impulso com a atividade do longevo mestre Rāmānuja (1017-1037 d.C.), fundador da tradição shrī-vaishnava. Rāmānuja foi vigoroso defensor da doutrina e dos ritos do pāncarātra. Onde quer que fosse – e ele viajou muito –, esse mestre buscava substituir a liturgia ortodoxa Vaikhānasa pelas formas de adoração heterodoxas do Pāncarātra, consideradas odiosas pelos sacerdotes védicos ortodoxos. O termo *vaikhānasa* se refere aos ascetas que moravam nas florestas e ao estilo de vida deles, segundo as estipulações da ortodoxia védica.

A RECENSÃO CAXEMIRIANA DO *GĪTĀ*

Há duas principais recensões do *Gītā*: a versão aceita e a versão caxemiriana. A versão aceita, adotada e transmitida pelo famoso filósofo Shankarācārya ou simplesmente Shankara (autor do mais antigo comentário ainda existente sobre o *Gītā*), consiste em 700 versículos ou estrofes (*shloka*). Há também uma recensão corrente na Caxemira que foi objeto dos comentários, por exemplo, do mestre e erudito shaiva Abhinavagupta (nascido em meados do século XI d.C.), versão essa que contém quinze versículos adicionais que não constam da versão aceita; foi traduzida para o inglês por Boris Marjanovic (2006). O fato de o *Gītā*, uma obra vaishnava, ter alcançado grande popularidade por volta de 1050 d.C. é evidenciado pelo comentário de Abhinavagupta, escrito não a partir da perspectiva vaishnava, mas sim do ponto de vista do shaivismo da Caxemira.

Ao contrário dos preceptores do Advaita Vedānta (Não Dualismo Absoluto), Abhinavagupta afirmava que o universo não é ilusório, mas sim real; e por esse aspecto reflete o *Gītā* com mais fidelidade que os outros intérpretes.

Além disso, da perspectiva do Advaita Vedānta, a ação (*kriyā*) faz parte do universo ilusório e está completamente ausente da Realidade última. O shaivismo da Caxemira, por outro lado, afirma que a ação não é uma imperfeição, mas um aspecto intrínseco da Realidade última. Nesse sentido, não é contrária à iluminação.

Abhinavagupta só comentou alguns versículos, dando especial atenção àqueles que podiam render intuições profundas ou instruções esotéricas práticas.

As "Imitações" Tradicionais e as Traduções do *Gītā*

A grande popularidade do *Gītā* no hinduísmo pré-moderno pode ser medida pelo número de suas "imitações", entre as quais se incluem o *Anu-Gītā* (*Mahābhārata* 6.13-40, apresentado como recapitulação dos ensinamentos transmitidos por Krishna no campo de batalha), o *Uddhāva-Gītā* (*Bhāgavata-Purāna* 11.6-29), o *Shiva-Gītā* (*Padma-Purāna* 5, compreendendo dezesseis capítulos e um total de 806 versículos), o *Ganesha-Gītā* (*Ganesha-Purāna* 1.138-148) e o *Brahma-Gītā* (*Yoga-Vāsishtha* 6.53-58).

Já em época muito remota, o *Gītā* foi traduzido, com todo o restante do *Mahābhārata*, para línguas populares indianas derivadas do sânscrito. A partir daí os ensinamentos do *Gītā* foram introduzidos em outras línguas e culturas.

Há uns quinhentos anos, o *Mahābhārata*, incluindo o *Gītā*, foi traduzido para o persa, e há uns cem anos o *Gītā* foi traduzido para o árabe. Em meados do século XX, Makhan Lal Roy Choudhury, professor de história e cultura islâmica na Universidade de Calcutá, preparou uma nova tradução em árabe[4].

A partir do século XVII a sabedoria hindu começou a cair nas mãos dos ocidentais. A primeiríssima tradução do *Gītā* para uma língua europeia (o inglês) foi feita por Sir Charles Wilkins e publicada já em 1785. Wilkins começou sua carreira como "escritor" na administração britânica em Bengala e foi o primeiro a fundir tipos para a impressão dos alfabetos bengalês e persa. É considerado o primeiro europeu a realmente entender o sânscrito. Sua tradução influenciou a classe cada vez mais numerosa dos indianos que falavam inglês.

Uma tradução para o grego foi feita em 1802 (mas publicada somente em 1849) por Demetrios Galanos, estudioso que viveu na Índia por muitos anos.

Uma tradução latina de trechos selecionados do *Gītā* foi realizada pelo linguista alemão Otto Frank em 1820. Três anos depois, o renomado filósofo e poeta August Wilhelm von Schlegel publicou sua tradução completa do *Gītā* para o latim. Segundo ele, a obra indiana era "uma sublime mistura dos gênios poético e filosófico". Em 1834, C. R. S. Peiper traduziu o *Gītā* para o alemão, e Christian Lassen traduziu-o para o francês em 1846. A esses esforços seguiram-se muitos outros.

O ponto que devemos fixar é que esse texto, escrito numa língua atualmente obscura, foi lido e apreciado por pessoas do mundo inteiro. Talvez o auge de sua disseminação fora da Índia tenha ocorrido quando exemplares da tradução

---

4. M. L. R. Choudhury, Al-Kitab (Calcutá: Thacker Spink, 1951).

inglesa de Śrila Prabhupāda, fundador do movimento ISKCON, começaram a ser distribuídos por monges Hare Krishna em aeroportos e outros espaços públicos ocidentais. O movimento ISKCON, embora tido como uma das chamadas Novas Religiões, é na realidade um desdobramento da escola vedântica teísta de Shri Caitanya, santo extático hindu do século XV.

A Influência do *Gītā* sobre o Budismo

Embora os devotos hindus de Krishna reclamem o *Gītā* como texto sagrado pertencente à sua própria tradição, a influência dessa obra relativamente pequena – meros 700 versículos – ultrapassou bastante as fronteiras do vaishnavismo e chegou a deixar sua marca em algumas escolas do budismo mahāyāna. Segundo Sarvepalli Radhakrishnan (1948, p. 11n), o *Gītā* influenciou tanto o *Saddharma-Pundarīka* ("Lótus da Verdadeira Lei")[5], que faz parte da literatura Prajnā-Pāramitā ("Perfeição da Sabedoria") e pode ter sido composto em c. 100 a.C., quanto o *Mahāyāna-Shraddhā-Utpatti* (*Mahāyānashraddhotpatti*, "O Despertar da Fé no Grande Veículo"), atribuído a Ashvaghosha, que estava vivo por volta de 100 d.C.[6]

Há também um curioso paralelismo entre o *Gītā* e o *Dhamma-Pada*, popular texto budista em língua páli (sânscrito: *Dharma-Pāda*) pertencente ao mais antigo conjunto de textos budistas e datado de c. 400 a.C. Algumas autoridades alegam que o budismo inspirou parte da doutrina do *Gītā*[7]. Referem-se geralmente ao fato de o *Gītā* empregar a palavra *nirvāna*, que, segundo alguns, pertenceria exclusivamente ao vocabulário e à linguagem do budismo. Porém isso não é verdade. É igualmente provável que o termo *nirvāna* fosse corrente nos círculos filosóficos hindus na época do Buda e que o Buda o tenha simplesmente usado e imbuído de seu sabor caracteristicamente budista. Como explico na minha tradução do *Gītā*, o conceito de *brahma-nirvāna* encontrado em quatro partes do texto (2.72; 5.24-26) tem sentido especificamente não budista (ligado ao Sāmkhya-Yoga). Talvez o melhor seja encarar tanto o *Gītā* quanto o *Dhamma-Pada* como frutos do mesmo

---

5. Uma das primeiras traduções para o inglês: Kern 1963.

6. A atribuição desse influente texto a Ashvaghosha foi questionada por diversos estudiosos, especialmente japoneses. A inexistência do texto em sânscrito torna difícil decidir a questão, e é concebível que o original tenha sido escrito em chinês. Ver Aśvaghoṣa 1908 (trad. Richard); ver também Aśvaghosha 1967 (trad. Hakeda).

7. Há pouco tempo, John Clifford Holt defendeu a ideia de que o diálogo ético entre Krishna e Arjuna "é, sem dúvida, inspirado pelo budismo". *The Buddhist Viṣṇu: Religious Transformation, Politics, and Culture* (Nova York: Columbia University Press, 2004), p. 11. Como Holt reconheceu (p. 19), essa tese foi lançada há muito tempo por Swami Vivekananda, o grande "missionário" do hinduísmo no Ocidente, cuja apresentação da religião hindu no Parlamento das Religiões, reunido em 1893 em Chicago, fez um tremendo sucesso.

solo intelectual fértil, nascidos para melhor formular respectivamente o legado vaishnava e o legado budista.

É verdade que a tradição do Sāmkhya-Yoga, capturada no *Gītā*, foi a certa altura a mais formidável adversária do budismo, mas podemos supor com razoável certeza que precedeu o surgimento deste último. Podemos detectar os primórdios do Sāmkhya-Yoga já em certos hinos do *Rig-Veda* (especialmente o 10.90 e o 10.129), que datam do terceiro milênio a.C. A tradição pāncarātra, que continha ideias básicas do Sāmkhya-Yoga, provavelmente era muito disseminada na época do Buda, um de cujos principais mestres, Ārāda Kālāpa (Ālāro Kālāmo em páli), teria pertencido à tradição do (Sāmkhya-)Yoga tal como é apresentada sobretudo no Capítulo 2 do *Gītā*.

9

Sobre a Tarefa
de Traduzir o *Bhagavad-Gītā*

O *Bhagavad-Gītā* é um texto relativamente curto composto em sânscrito pré-clássico entre 400 e 300 a.C. Muitas de suas setecentas melodiosas estrofes são simples e diretas, mas boa parte delas não é nem linguisticamente simples nem fácil de compreender filosoficamente. Foram, sem dúvida, os versos simples e o contexto dramático geral da obra que permitiram que esse texto alcançasse popularidade cada vez maior no decorrer dos séculos. É certo, por outro lado, que alguns versículos são altamente problemáticos para qualquer tradutor e pedem um estudo mais aprofundado. As traduções populares tendem a passar por alto sobre essas dificuldades e acabam transmitindo uma ideia errônea do original em sânscrito.

Esta tradução do *Bhagavad-Gītā* é baseada na edição crítica do *Mahābhārata* de Shripad Krishna Belvalkar (1947) e inclui interessantes variantes encontradas em alguns manuscritos sânscritos compulsados por Belvalkar e sua equipe de estudiosos.

Esta tradução difere das outras em pelo menos um aspecto importante: é bem mais literal que as anteriores, com o objetivo de preservar tanto quanto possível as idiossincrasias e os significados intencionados pelo original. Alguns tradutores são de opinião que a literalidade não elucida o sentido do texto sânscrito, mas o obscurece, e que, portanto, uma tradução livre é melhor para preservar o sentido. No entanto essa objeção parece ter servido, sobretudo, como pretexto para desobrigar os tradutores de examinar criticamente tanto o texto quanto o contexto.

Estudando a vasta bibliografia disponível sobre o *Bhagavad-Gītā*, podemos distinguir algumas abordagens principais à tarefa de traduzir, e ao mesmo tempo interpretar, esse antigo texto sagrado.

1. A primeira tentativa de tornar o *Bhagavad-Gītā* acessível ao público que conhece o inglês foi a tradução de 1785 por Charles Wilkins (que por sua vez foi traduzida para o francês pelo Abade M. Parraud em 1787). A tradução de Wilkins tem todas as limitações de uma primeira versão. Ele deixou muitos termos sânscritos

sem traduzir, ou os traduziu mal (p. ex., "moonee" para *muni*), e também escolheu um estilo de sabor bíblico, repleto de palavras de origem latina com que o moderno leitor do inglês dificilmente estará familiarizado. De certo modo, essa tradução deu origem a três abordagens distintas, mas que não raro se sobrepõem na mesma versão: (1) a abordagem filológico-antiquária, (2) a abordagem espiritual-exortativa e (3) a abordagem poética.

2. As traduções da primeira categoria se preocupam, sobretudo, com a correção gramatical e certas minúcias eruditas. São exemplos típicos as traduções de August Wilhelm von Schlegel (1823), Christian Lassen (1846), Kashinath Trimbak Telang (1882, incluída como volume 8 na famosa série *Sacred Books of the East*, organizada por Max Müller), Richard Garbe (1905) e Franklin Edgerton (1925). Incluem-se aí também certas traduções da segunda metade do século XX, como as de Sarvepalli Radhakrishnan (1948), R. C. Zaehner (1966), J. A. B. van Buitenen (1973-1975), Kees Bolle (1979) e Richard Gotshalk (1985).

3. Traduções como as de Swami Prabhavananda e Christopher Isherwood (1944) e de Bhaktivedanta Swami (1983) são representativas do segundo grupo. A essa categoria pertencem também muitas traduções que conservam um ponto de vista mais tradicionalista e são menos sensíveis às complexidades textuais e semânticas do *Gītā*. Um trabalho excepcional nesse grupo é o estudo de Krishna Prem (1938). A maior fraqueza da abordagem espiritual-exortativa é seu marcante desinteresse pelas questões filológicas e históricas.

4. Sobretudo como reação à abordagem filológico-antiquária, que se sentia não fazer jus à beleza estética do *Gītā*, alguns estudiosos embarcaram num tratamento poético do texto. As deficiências linguísticas e filosóficas encontradas nessas obras são devidas à sujeição impiedosa dos critérios de sentido e precisão aos princípios de métrica, rima e ritmo. A paráfrase poética mais conhecida é a de Edwin Arnold (1939). Tentativas mais recentes foram feitas por Geoffrey Parrinder (1974) e Juan Mascaró (1962).

5. Ainda mais distante do sentido original do *Bhagavad-Gītā* está a literatura popular, cada vez mais numerosa, à qual falta poder interpretativo, precisão e beleza. Não fosse por seus defeitos, essa linha poderia ser pensada como uma quarta abordagem.

Para demonstrar a fragilidade das traduções marcadamente poéticas, vou tomar como exemplo a de Juan Mascaró (1962). Veja, por exemplo, sua tradução do versículo 2.47:

Dedica o coração ao trabalho, não à recompensa a ganhar. Não trabalha pela recompensa; mas nunca deixes de trabalhar.

Não se reflete aí o espírito profundo do original. O texto em sânscrito diz literalmente:

Na ação somente reside o teu legítimo-interesse, nunca em [seus] frutos. Não seja o fruto da ação a tua motivação, nem te apegues à inação.

Mascaró acerta a primeira metade, desde que não nos perguntemos qual é o sentido exato de "recompensa". Porém, no segundo hemistíquio, perde o fio da meada. A frase "nunca deixes de trabalhar" deveria ser traduzida como "nem te apegues à inação" – um sentido bem diferente. Isso porque o *Bhagavad-Gītā* se interessa antes de tudo por nossa *atitude* diante das ações que temos de executar. Trata do nosso apego ou desapego pelas coisas. A inação pode ser adequada em certas circunstâncias, do mesmo modo que a ação pode acabar se revelando como a conduta correta (o que frequentemente acontece). Esse aspecto não é transmitido pela versão de Mascaró.

Outro exemplo é o versículo 7.30, que Mascaró, numa interpretação errônea, traduz assim:

Eles me conhecem na terra, no céu e no fogo do sacrifício. Suas almas são puras, harmônicas, e mesmo quando chega a hora de ir embora eles me veem.

Na realidade não foi isso que Krishna disse, mas sim o seguinte:

Os [*yogins*] de mente jungida que Me conhecem [como] a base-dos-entes, a base divina e também a base sacrificial, e Me [conhecem] também na hora da partida [ou seja, na hora da morte] – [estes] conhecem [verdadeiramente].

Os importantes – e dificílimos – termos sânscritos *adhibhūta*, *adhidaiva* e *adhiyajna* não podem ser simplesmente equiparados a "terra", "céu" e "fogo do sacrifício" respectivamente. Não é possível oferecer, em inglês, traduções tão simples, e por isso estou usando composições reconhecidamente canhestras como "base-dos-entes", "base-divina" e "base-sacrificial". Além disso, não se encontra nem sombra da oração "suas almas são puras" no original sânscrito. Esses exemplos de interpretação textual errônea poderiam ser multiplicados indefinidamente, pinçados também de outras versões.

Em meio a centenas de traduções do *Gītā* para o inglês e para outras línguas (muitas publicadas, outras não), seria tolice pensar que qualquer uma delas possa ser definitiva. Por isso, tudo o que posso afirmar em favor da minha tradução é que ela foi baseada num esforço sincero para capturar tanto quanto possível o espírito desse texto clássico e também para fazer jus o melhor possível à sua linguagem.

Por outro lado, devo reconhecer que minha abordagem de fidelidade textual e contextual não pode, ao mesmo tempo, refletir a qualidade melodiosa do *Gītā*.

EXPEDIENTES USADOS NA TRADUÇÃO

Na tentativa de fazer jus à mensagem do *Gītā*, lancei mão de vários expedientes que darão aos leitores a oportunidade de julgar por si próprios onde tracei a linha divisória entre tradução e interpretação.

Assim, usei extensamente o hífen, os parênteses e os colchetes.

Sempre que uma palavra sânscrita tem sentidos implícitos que achei melhor explicitar, usei expressões ligadas com o hífen, como "lei-própria" para *svadharma*, "ser-próprio" para *svabhāva*, "base-do-eu" (*adhyātman*), "base-elemental" (*adhibhūta*), "base-divina" (*adhidaiva*), "base-sacrificial" (*adhiyajna*), "qualidade-primária" (*guna*), "fundamento-universal" (*brahman*), "filho-de-Pāndu" (*pāndava*), "descendente-de-Bharata" (*bhārata*), "tudo-o-que-nasce" (*jāta*), "demasiado-humano" (*mānushya*) e por aí afora. O texto transliterado e explicado que compõe a Parte Três permite que os leitores sigam o raciocínio que empreguei para chegar a essas construções e para fazer a tradução de modo geral.

Os termos sânscritos acrescentados para esclarecer a tradução aparecem entre parênteses.

As palavras entre colchetes são principalmente interpolações: palavras que não estão no original em sânscrito, mas que são necessárias na tradução para transmitir o sentido das frases sânscritas, habitualmente concisas. Esse método proporciona ao leitor um critério confiável com que avaliar as outras traduções. Num caso ou noutro, as palavras entre colchetes são puramente explicativas.

Os leitores podem, por conveniência, simplesmente ignorar os colchetes nesta tradução. Eles servem, sobretudo, para dar aos leitores interessados pela língua sânscrita uma noção de quais palavras – sem contar aquelas exigidas pela gramática, como "é", "ou" ou "de" – não estão concretamente presentes no texto original. Se você ignorar os colchetes, mas não as palavras dentro deles, as frases assim lidas serão gramaticalmente corretas e terão significado.

Grafei palavras como *Si Mesmo* ou *Realidade* com inicial maiúscula para indicar aqueles casos em que elas se referem a algo transcendente. Faço a mesma coisa nos pronomes *Eu*, *Mim*, *Me* e *Meu* quando o Deus-homem Krishna se refere a si próprio.

AS ESCOLHAS DE PALAVRAS

O sânscrito tem um vocabulário vastíssimo em que abundam especialmente os termos psicológicos. Assim, embora eu tenha tentado usar sempre o mesmo equivalente em inglês para cada termo sânscrito, isso nem sempre foi possível – nem desejável. O termo *kāraṅa*, por exemplo, foi traduzido como "causa", "instrumento" ou "meio" para fazer sentido no contexto. Além disso, usei "mente" para traduzir os seguintes termos: *manas*, *cetas*, *citta* e *mānasa*. Outro caso é o da palavra *prakriti*, que na maior parte do tempo tem o sentido de "Cosmo", mas em alguns versículos (p. ex., 3.33) reflete o sentido mais geral de "natureza".

Algumas palavras de menor carga semântica foram traduzidas todas pelo mesmo termo em inglês para evitar estranhezas. Assim, por exemplo, *apajāyate* (2.65), *bhavati* (versículo adicional após 3.37) e *prabhavati* (8.19) foram todos traduzidos por "surge" quando isso pareceu melhor.

A importante palavra *dharma* foi sistematicamente traduzida por "lei", cabendo ao contexto dar o tom de cada caso particular do seu uso. Às vezes, deixei o termo sânscrito no original, sem traduzir.

Com relação aos frequentes termos *ātman* e *purusha*, por conveniência, usei "Si Mesmo" para o primeiro e "Espírito" para o segundo, a menos que *purusha* signifique claramente "pessoa", "homem" ou "Homem Primordial". O termo *ātman* envolve uma dificuldade adicional: pode referir-se quer ao "Si Mesmo" transcendente, quer ao "si mesmo" empírico, bem como funcionar como os pronomes reflexivos "se" e "si", como o prefixo "auto" etc[*]. Além disso, conservei ao máximo os usos do plural e do singular que caracterizam o original em sânscrito, mesmo que com isso a tradução às vezes pareça canhestra. Palavras como *eva* talvez sejam usadas sobretudo para atender às exigências da métrica, mas de vez em quando servem para acrescentar ênfase; nem sempre, porém, essa finalidade é clara. *Eva* foi traduzido como "em verdade" ou "com efeito". Do mesmo modo, traduzi o *tu* indeclinável não só como "com efeito", mas também como "mas". Às vezes, essas palavras foram omitidas da tradução, mas isso está indicado na tradução palavra por palavra da Parte Três.

---

[*] No texto em português, *self* foi traduzido preferencialmente por "Si Mesmo", com iniciais maiúsculas ou minúsculas segundo o determinado pelo autor; ocasionalmente, porém, a bem da clareza, usamos os termos "Eu" e "eu"; a referência à Parte Três, Tradução Palavra por Palavra, esclarecerá os casos em que isso ocorreu. (N.T.)

Parte Dois
Bhagavad-Gītā

TRADUÇÃO, TEXTO EM SÂNSCRITO
E TRANSLITERAÇÃO

satyaṃ vada dharmaṃ cara
Fala a verdade; cultiva a virtude.
— *Taittirīya-Upaniṣad* 1.2.1

धृतराष्ट्र उवाच

धर्मक्षेत्रे कुरुक्षेत्रे समवेता युयुत्सवः ।
मामकाः पाण्डवाश्चैव किमकुर्वत संजय ॥ १—१ ॥

संजय उवाच

दृष्ट्वा तु पाण्डवानीकं व्यूढं दुर्योधनस्तदा ।
आचार्यमुपसंगम्य राजा वचनमब्रवीत् ॥ १—२ ॥

पश्यैतां पाण्डुपुत्राणामाचार्य महतीं चमूम् ।
व्यूढां द्रुपदपुत्रेण तव शिष्येण धीमता ॥ १—३ ॥

अत्र शूरा महेष्वासा भीमार्जुनसमा युधि ।
युयुधानो विराटश्च द्रुपदश्च महारथः ॥ १—४ ॥

धृष्टकेतुश्चेकितानः काशिराजश्च वीर्यवान् ।
पुरुजित्कुन्तिभोजश्च शैब्यश्च नरपुङ्गवः ॥ १—५ ॥

युधामन्युश्च विक्रान्त उत्तमौजाश्च वीर्यवान् ।
सौभद्रो द्रौपदेयाश्च सर्व एव महारथाः ॥ १—६ ॥

अस्माकं तु विशिष्टा ये तान्निबोध द्विजोत्तम ।
नायका मम सैन्यस्य संज्ञार्थं तान्ब्रवीमि ते ॥ १—७ ॥

dhṛtarāṣṭra uvāca
1. dharmakṣetre kurukṣetre samavetā yuyutsavaḥ
   māmakāḥ pāṇḍavāś caiva kim akurvata saṃjaya

   saṃjaya uvāca
2. dṛṣṭvā tu pāṇḍavānīkaṃ vyūḍhaṃ duryodhanas tadā
   ācāryam upasaṃgamya rājā vacanam abravīt

3. paśyaitāṃ pāṇḍuputrāṇām ācārya mahatīṃ camūm
   vyūḍhāṃ drupadaputreṇa tava śis.yeṇa dhīmatā

4. atra śūrā maheṣvāsā bhīmārjunasamā yudhi
   yuyudhāno virāṭaś ca drupadaś ca mahārathaḥ

5. dhṛṣṭaketuś cekitānaḥ kāśirājaś ca vīryavān
   purujit kuntibhojaś ca śaibyaś ca narapuṃgavaḥ

6. yudhāmanyuś ca vikrānta uttamaujāś ca vīryavān
   saubhadro draupadeyāś ca sarva eva mahārathāḥ

7. asmākaṃ tu viśiṣṭā ye tān nibodha dvijottama
   nāyakā mama sainyasya saṃjñārthaṃ tān bravīmi te

CAPÍTULO 1

O YOGA DO DESALENTO DE ARJUNA

[O rei cego] Dhritarāshtra disse:

1.1 No campo do *dharma*, o campo dos Kurus, meus [homens] e os [cinco] filhos-de-Pāndu estavam reunidos, ansiosos para lutar. Que fizeram eles, Samjaya?

Samjaya [ministro do rei cego] disse:

1.2 Vendo as tropas dos filhos-de-Pāndu alinhadas, o príncipe Duryodhana [dos Kauravas] abordou seu preceptor [Drona] e falou estas palavras:

1.3 Preceptor, contempla este vasto exército dos filhos-de-Pāndu, posto em formação pelo filho de Drupada [Drishtadyumna], teu sábio discípulo.

1.4 Aqui se encontram heróis, grandes arqueiros, iguais em batalha (*yudha*) a Bhīma e Arjuna – Yuyudhāna, Virāta e Drupada, o grande guerreiro-de-carruagens;

1.5 Dhrishtaketu, Cekitāna e o valente rei dos Kāshis, Purujit, Kuntibhoja e Shaibya, um touro entre os homens;

1.6 o corajoso Yudhāmanyu e o valente Uttamaujas, o filho-de-Subhadrā [chamado Abhimanyu] e os [cinco] filhos-de-Draupadī, todos eles grandes guerreiros-de-carruagens[1].

1.7 Fica ciente também, ó melhor dos nascidos duas vezes[2], daqueles que são [os mais] excelentes entre nós, os líderes do meu exército. Designo-os para ti por [seus] nomes próprios.

---

1. Aqui, a expressão *mahā-rathāh* (lit. "grandes carruagens") não se refere à carruagem em si, mas ao hábil senhor da carruagem (*ratha-īsha*), que não é o cocheiro (*rathin*). Arjuna, por exemplo, era o senhor da carruagem, e Krishna, que não lutou propriamente na guerra dos Bharatas, serviu como seu cocheiro. Os guerreiros – todos eles heróis – mencionados nos versículos seguintes têm suas próprias histórias e são discutidos no curso a distância sobre o *Bhagavad-Gītā* ministrado pela Traditional Yoga Studies, www.traditionalyogastudies.com.

2. A expressão "nascidos duas vezes" (*dvija*) – de *dvi* ("duas vezes") e *ja* ("nascido") – refere-se às castas superiores da hierarquia tradicional de classes da Índia: os *brāhmanas* (elite sacerdotal), os *kshatriyas* (classe militar) e os *vaishyas* (comerciantes, artesãos e camponeses). Considera-se que todos os membros dessas castas "nascem" uma segunda vez por meio do processo formal de investidura com o cordão sagrado. A casta dos *shūdras* (servos) não tem esse privilégio.

भवान्भीष्मश्च कर्णश्च कृपश्च समितिंजयः ।
अश्वत्थामा विकर्णश्च सौमदत्तिस्तथैव च ॥ १—८ ॥
अन्ये च बहवः शूरा मदर्थे त्यक्तजीविताः ।
नानाशस्त्रप्रहरणाः सर्वे युद्धविशारदाः ॥ १—९ ॥
अपर्याप्तं तदस्माकं बलं भीष्माभिरक्षितम् ।
पर्याप्तं त्विदमेतेषां बलं भीमाभिरक्षितम् ॥ १—१० ॥
अयनेषु च सर्वेषु यथाभागमवस्थिताः ।
भीष्ममेवाभिरक्षन्तु भवन्तः सर्व एव हि ॥ १—११ ॥
तस्य संजनयन्हर्षं कुरुवृद्धः पितामहः ।
सिंहनादं विनद्योच्चैः शङ्खं दध्मौ प्रतापवान् ॥ १—१२ ॥
ततः शङ्खाश्च भेर्यश्च पणवानकगोमुखाः ।
सहसैवाभ्यहन्यन्त स शब्दस्तुमुलोऽभवत् ॥ १—१३ ॥
ततः श्वेतैर्हयैर्युक्ते महति स्यन्दने स्थितौ ।
माधवः पाण्डवश्चैव दिव्यौ शङ्खौ प्रदध्मतुः ॥ १—१४ ॥

8. bhavān bhīṣmaś ca karṇaś ca kṛpaś ca samitiṃjayaḥ
   aśvatthāmā vikarṇaś ca saumadattis tathaiva ca

9. anye ca bahavaḥ śūrā madarthe tyaktajīvitāḥ
   nānāśastrapraharaṇāḥ sarve yuddhaviśāradāḥ

10. aparyāptaṃ tad asmākaṃ balaṃ bhīṣmābhirakṣitam
    paryāptaṃ tv idam eteṣāṃ balaṃ bhīmābhirakṣitam

11. ayaneṣu ca sarveṣu yathābhāgam avasthitāḥ
    bhīṣmam evābhirakṣantu bhavantaḥ sarva eva hi

12. tasya saṃjanayan harṣaṃ kuruvṛddhaḥ pitāmahaḥ
    siṃhanādaṃ vinadyocchaiḥ śaṅkhaṃ dadhmau pratāpavān

13. tataḥ śaṅkhāś ca bheryaś ca paṇavānakagomukhāḥ
    sahasaivābhyahanyanta sa śabdas tumulo'bhavat

14. tataḥ śvetair hayair yukte mahati syandane sthitau
    mādhavaḥ pāṇḍavaś caiva divyau śaṅkhau pradadhmatuḥ

1.8   Tu mesmo, Bhīshma, Karna e Kripa, vitorioso no combate,
       Ashvatthāman, Vikarna e também o filho-de-Somadatta,

1.9   e muitos outros heróis [dispostos a] entregar a vida por mim.
       Várias são suas armas de ataque e todos são hábeis em batalha.

1.10   Ilimitadas são estas nossas forças comandadas por Bhīshma,
       mas aquelas forças deles, comandadas por Bhīma, [parecem]
       limitadas[3].

1.11   [Dirigindo-se a todos os guerreiros, o príncipe Duryodhana continuou:]
       Posicionados em todas as manobras como [lhes foi] assinalado,
       que em verdade cada um de vós guarde Bhīshma!

1.12   [Samjaya disse:] Para lhe [a Duryodhana] dar alegria, o idoso patriarca
       dos Kurus [Bhīshma] soprou vigorosamente em seu búzio, levando ao
       alto [um som semelhante a] um rugido de leão.

1.13   Então, de repente, soaram búzios, tímpanos, pratos, trombetas e
       tambores; o alvoroço foi tumultuoso.

1.14   Em seguida, em pé em sua grande carruagem atrelada a corcéis
       brancos, Mādhava[4] [Krishna] e o filho-de-Pāndu [Arjuna] também
       sopraram seus divinos búzios.

---

3. A versão aceita desse versículo é problemática, pois dá a entender que o imenso exército dos Kauravas, comandado por Bhīshma, é menor (mais "limitado") que o dos Pāndavas, comandado por Bhīma. De acordo com outros trechos do épico, isso não é verdade. Optei, portanto, por uma versão alternativa disponível, já conhecida por Bhāskara, comentador posterior a Shankara (século IX): *aparyāpta tad asmākam balam bhīma-abhirakshitam / paryāptam tv idam eteshām balam bhīshma-abhirakshitam*. Esta interpretação também foi aceita por Abhinavagupta, grande erudito e mestre da Caxemira.

4. O nome Mādhava pode ser entendido quer como "descendente de Madhu", quer como "relativo ao [matador do demônio] Madhu". Madhu foi um rei da dinastia lunar à qual Krishna pertencia. No que se refere ao segundo sentido, compare o epíteto Madhusūdana (ver, p. ex., 1.35), pelo qual Krishna também é conhecido e que significa literalmente "matador do [demônio] Madhu".

पाञ्चजन्यं हृषीकेशो देवदत्तं धनंजयः ।
पौण्ड्रं दध्मौ महाशङ्खं भीमकर्मा वृकोदरः ॥ १—१५ ॥
अनन्तविजयं राजा कुन्तीपुत्रो युधिष्ठिरः ।
नकुलः सहदेवश्च सुघोषमणिपुष्पकौ ॥ १—१६ ॥
काश्यश्च परमेष्वासः शिखण्डी च महारथः ।
धृष्टद्युम्नो विराटश्च सात्यकिश्चापराजितः ॥ १—१७ ॥
द्रुपदो द्रौपदेयाश्च सर्वशः पृथिवीपते ।
सौभद्रश्च महाबाहुः शङ्खान्दध्मुः पृथक्पृथक् ॥ १—१८ ॥

15. pāñcajanyaṃ hṛṣīkeśo devadattaṃ dhanaṃjayaḥ
    pauṇḍraṃ dadhmau mahāśaṅkhaṃ bhīmakarmā vṛkodaraḥ

16. anantavijayaṃ rājā kuntīputro yudhiṣṭhiraḥ
    nakulaḥ sahadevaś ca sughoṣamaṇipuṣpakau

17. kāśyaś ca parameṣvāsaḥ śikhaṇḍī ca mahārathaḥ
    dhṛṣṭadyumno virāṭaś ca sātyakiś cāparājitaḥ

18. drupado draupadeyāś ca sarvaśaḥ pṛthivīpate
    saubhadraś ca mahābāhuḥ śaṅkhān dadhmuḥ pṛthak-pṛthak

1.15 Hrishīkesha[5] [Krishna] soprou Pāncajanya[6], Dhanamjaya[7] [Arjuna] [soprou] Devadatta[8]; o autor-de-feitos-formidáveis [Bhīma], de barriga de lobo[9], soprou o grande búzio Paundra[10].

1.16 [O búzio] Anantavijaya[11] [foi soprado pelo] filho-de-Kuntī, Yudhishthira, o rei [de direito]; Nakula e Sahadeva [sopraram] Sughosha[12] e Manipushpaka[13].

1.17 E o rei-dos-Kāshis, supremo arqueiro, e Shikhandin[14], o grande guerreiro-de-carruagens, e Dhrishtadyumna, Virāta e Sātyaki, os inconquistados,

1.18 Drupada e os filhos-de-Draupadī, ó Senhor da Terra, bem como o filho--de-Subhadrā, de poderosos braços – todos eles, juntos, sopraram cada qual [o seu] búzio.

---

5. Alguns comentadores antigos derivam o nome Hrishīkesha de *hrishīka-īsha* ou "senhor dos sentidos", mas essa etimologia é mais esotérica que literal. O sentido literal é "[aquele cujos] pelos (*kesha*) estão arrepiados [de excitação ou êxtase]", ou seja, "pelos arrepiados".

6. A importância dos búzios se verifica pelo fato de eles receberem nomes individuais. *Pāncajanya* significa literalmente "relativo a Pancajana". Depois de matar o demônio Pancajana, que morava dentro de um búzio, Krishna tomou o búzio para si.

7. Esse epíteto de Arjuna significa literalmente "conquistador de riquezas" (*dhanam-jaya*) e se refere aos bens materiais ou espirituais conquistados.

8. O búzio chamado Devadatta ("Dado por um deus") foi um presente de Indra ao príncipe Arjuna.

9. A expressão "de barriga de lobo" refere-se ao apetite gigantesco do musculoso Bhīma.

10. Paundra, o búzio de Bhīma, deriva seu nome daquele de uma tribo que lutou ao lado dos Pāndavas.

11. *Ananta-vijaya* significa "vitória infinita". Pode-se ver aí uma referência oculta ao *dharma*, o qual é sempre vitorioso e é a própria essência de Yudhishthira, que, como já foi dito, foi gerado pelo deus Dharma. (Ver Parte Um, Capítulo 3, "Os Personagens do *Gītā*".)

12. *Sughosha* é derivado das palavras que significam "bom" (*su*) e "som" e pode ser traduzido como "de bom som" ou, de modo mais poético, "melodioso".

13. *Mani-pushpaka* significa "florido de pedras preciosas".

14. Shikhandin realizou a façanha de matar o invencível Bhīshma, pois este se recusava a lutar contra uma mulher. Em sua vida imediatamente anterior, Shikhandin tinha sido Ambā, uma filha do senhor de Kāshi (a atual Varanasi). Naquela existência, ela deveria ter se casado com Bhīshma, mas este recusou-a, pois havia jurado nunca se casar. O homem por quem ela se apaixonou também a rejeitou. Ela se retirou para a floresta e começou a praticar severíssima ascese. Todo esse tempo, guardava um ressentimento irracional em relação a Bhīshma e tinha a firme intenção de destruí-lo. Quando, em razão de suas práticas ascéticas, Shiva se manifestou diante dela e profetizou que ela renasceria como homem e mataria Bhīshma, ela se matou no ato. No décimo dia da guerra, Ambā, renascida como Shikhandin, conseguiu furar o peito de Bhīshma com dez flechas. Bhīshma considerou Shikhandin como mulher até o fim e provocava-o por causa disso. Com seus poderes yogues, ele adiou em dez dias sua morte inevitável, decorrente dos ferimentos, para garantir que deixaria a Terra num momento auspicioso.

स घोषो धार्तराष्ट्राणां हृदयानि व्यदारयत् ।
नभश्च पृथिवीं चैव तुमुलो व्यनुनादयन् ॥ १—१९ ॥

अथ व्यवस्थितान्दृष्ट्वा धार्तराष्ट्रान्कपिध्वजः ।
प्रवृत्ते शस्त्रसंपाते धनुरुद्यम्य पाण्डवः ॥ १—२० ॥

हृषीकेशं तदा वाक्यमिदमाह महीपते ।
सेनयोरुभयोर्मध्ये रथं स्थापय मेऽच्युत ॥ १—२१ ॥

यावदेतान्निरीक्षेऽहं योद्धुकामानवस्थितान् ।
कैर्मया सह योद्धव्यमस्मिन् रणसमुद्यमे ॥ १—२२ ॥

योत्स्यमानानवेक्षेऽहं य एतेऽत्र समागताः ।
धार्तराष्ट्रस्य दुर्बुद्धेर्युद्धे प्रियचिकीर्षवः ॥ १—२३ ॥

एवमुक्तो हृषीकेशो गुडाकेशेन भारत ।
सेनयोरुभयर्मध्ये स्थापयित्वा रथोत्तमम् ॥ १—२४ ॥

भीष्मद्रोणप्रमुखतः सर्वेषां च महीक्षिताम् ।
उवाच पार्थ पश्यैतान्समवेतान्कुरूनिति ॥ १—२५ ॥

तत्रापश्यत्स्थितान्पार्थः पितॄनथ पितामहान् ।
आचार्यान्मातुलान्भ्रातॄन्पुत्रान्पौत्रान्सखींस्तथा ॥ १—२६ ॥

19. sa ghoṣo dhārtarāṣṭrāṇāṃ hṛdayāni vyadārayat
    nabhaś ca pṛthivīṃ caiva tumulo vyanunādayan

20. atha vyavasthitān dṛṣṭvā dhārtarāṣṭrān kapidhvajaḥ
    pravṛtte śastrasaṃpāte dhanur udyamya pāṇḍavaḥ

21. hṛṣīkeśaṃ tadā vākyam idam āha mahīpate
    senayor ubhayor madhye rathaṃ sthāpaya me'cyuta

22. yāvad etān nirīkṣe'haṃ yoddhukāmān avasthitān
    kair mayā saha yoddhavyam asmin raṇasamudyame

23. yotsyamānān avekṣe'haṃ ya ete'tra samāgatāḥ
    dhārtarāṣṭrasya durbuddher yuddhe priyacikīrṣavaḥ

    [saṃjaya uvāca]
24. evam ukto hṛṣīkeśo guḍākeśena bhārata
    senayor ubhayor madhye sthāpayitvā rathottamam

25. bhīṣmadroṇapramukhataḥ sarveṣāṃ ca mahīkṣitām
    uvāca pārtha paśyaitān samavetān kurūn iti

26. tatrāpaśyat sthitān pārthaḥ pitṝn atha pitāmahān
    ācāryān mātulān bhrātṝn putrān pautrān sakhīṃs tathā

1.19 Esse alvoroço penetrou os corações dos filhos-de-Dhritarāshtra, fazendo com que o céu e a terra ressoassem em balbúrdia.

1.20 Então, vendo os filhos-de-Dhritarāshtra formados-para-a-batalha, o filho-de-Pāndu [Arjuna], [tendo o] macaco como estandarte[15], tomou seu arco no embate das armas.

1.21 Em seguida, ó Senhor da Terra, dirigiu-se a Hrishīkesha [Krishna] com estas palavras:

> Detém minha carruagem no meio, entre os dois exércitos, ó Acyuta[16],

1.22 para que eu possa vistoriar os que estão reunidos, ansiosos para a batalha, [e ver] com quem devo lutar neste empreendimento de combate (*rāna*).

1.23 Contemplo-os aqui reunidos, prontos para lutar e desejosos de agradar na batalha (*yuddha*) aos filhos-de-Dhritarāshtra, de mente maligna.

[Samjaya disse:]

1.24 Assim interpelado por Gudākesha[17] [Arjuna], Hrishīkesha deteve a excelente carruagem entre os dois exércitos, ó descendente-de-Bharata.

1.25 Diante de Bhīshma, Drona e todos os [outros] soberanos da terra, ele disse:

> Ó filho-de-Prithā[18], contempla estes Kurus [aqui] reunidos.

1.26 O filho-de-Prithā viu em pé, ali, pais, avôs, preceptores, tios, irmãos, filhos, netos, bem como camaradas,

---

15. O estandarte de Arjuna ostentava a figura de um macaco (*kapi*), em específico de Hanumat (nominativo: Hanumān), rei dos macacos. Hanumat é filho do Deus do Vento. Assim, representa simbolicamente a respiração, que Krishna manda Arjuna dominar com o objetivo de controlar a mente (ver, p. ex., 5.28).

16. Acyuta, outro epíteto de Krishna, significa "não caído", ou seja, inabalável e imperecível.

17. Gudākesha significa "[aquele cujo] cabelo [é amarrado na forma de uma] bola", ou seja, "aquele que usa um coque". O sentido esotérico é "[aquele que] dominou o sono".

18. No epíteto Pārtha ou "filho-de-Prithā", referente a Arjuna, Prithā é um nome alternativo de Kuntī, mãe dos cinco Pāndavas. Ver também a nota 19 em 1.27.

श्वशुरान्सुहृदश्चैव सेनयोरुभयोरपि ।
तान्समीक्ष्य स कौन्तेयः सर्वान्बन्धूनवस्थितान् ॥ १—२७ ॥

कृपया परयाविष्टो विषीदन्निदमब्रवीत् ।
दृष्ट्वेमान्स्वजनान्कृष्ण युयुत्सून्समवस्थितान् ॥ १—२८ ॥

सीदन्ति मम गात्राणि मुखं च परिशुष्यति ।
वेपथुश्च शरीरे मे रोमहर्षश्च जायते ॥ १—२९ ॥

गाण्डीवं स्रंसते हस्तात्त्वक्चैव परिदह्यते ।
न च शक्नोम्यवस्थातुं भ्रमतीव च मे मनः ॥ १—३० ॥

निमित्तानि च पश्यामि विपरीतानि केशव ।
न च श्रेयोऽनुपश्यामि हत्वा स्वजनमाहवे ॥ १—३१ ॥

न काङ्क्षे विजयं कृष्ण न च राज्यं सुखानि च ।
किं नो राज्येन गोविन्द किं भोगैर्जीवितेन वा ॥ १—३२ ॥

येषामर्थे काङ्क्षितं नो राज्यं भोगाः सुखानि च ।
त इमेऽवस्थिता युद्धे प्राणांस्त्यक्त्वा धनानि च ॥ १—३३ ॥

आचार्याः पितरः पुत्रास्तथैव च पितामहाः ।
मातुलाः श्वशुराः पौत्राः श्यालाः संबन्धिनस्तथा ॥ १—३४ ॥

27. śvaśurān suhṛdaś caiva senayor ubhayor api
    tān samīkṣya sa kaunteyaḥ sarvān bandhūn avasthitān

28. kṛpayā parayāviṣṭo viṣīdann idam abravīt
    dṛṣṭvemān svajanān kṛṣṇa yuyutsūn samavasthitān

29. sīdanti mama gātrāṇi mukhaṃ ca pariśuṣyati
    vepathuś ca śarīre me romaharṣaś ca jāyate

30. gāṇḍīvaṃ sraṃsate hastāt tvak caiva paridahyate
    na ca śaknomy avasthātuṃ bhramatīva ca me manaḥ

31. nimittāni ca paśyāmi viparītāni keśava
    na ca śreyo'nupaśyāmi hatvā svajanam āhave

32. na kāṅkṣe vijayaṃ kṛṣṇa na ca rājyaṃ sukhāni ca
    kiṃ no rājyena govinda kiṃ bhogair jīvitena vā

33. yeṣām arthe kāṅkṣitaṃ no rājyaṃ bhogāḥ sukhāni ca
    ta ime'vasthitā yuddhe prāṇāṃs tyaktvā dhanāni ca

34. ācāryāḥ pitaraḥ putrās tathaiva ca pitāmahāḥ
    mātulāḥ śvaśurāḥ pautrāḥ śyālāḥ sambandhinas tathā

1.27 sogros, [amigos] de bom coração, em ambos os exércitos, e vendo-os
– todos os seus parentes – em pé [formados para a batalha], o filho-de-
-Kuntī[19] [Arjuna]

1.28 encheu-se de profunda pena. Desalentado, assim falou:

Ó Krishna, vendo estes, meu próprio povo, em pé [diante de mim]
ansiosos para lutar,

1.29 meus membros desfalecem, minha boca resseca, o tremor [toma
conta de] meu corpo e [meus] pelos se eriçam [de pesar].

1.30 [O arco] Gāndīva[20]cai da [minha] mão e [tenho a] pele
completamente em chamas; tampouco sou capaz de permanecer
em pé, e minha mente parece girar.

1.31 Além disso, vislumbro augúrios funestos, ó Keshava[21]; nem
tampouco sou capaz de divisar [que] bem (*shreya*) [pode haver]
em matar [meu] próprio povo em combate.

1.32 Não almejo a vitória, ó Krishna, nem ainda o reino [que perdi],
nem os prazeres. De que nos [serviria] o reino, ó Govinda[22]? De
que [adiantam] as alegrias, ou [mesmo] a vida?

1.33 Aqueles em nome de quem buscamos o reino, as alegrias e os
prazeres estão [aqui prontos] para o combate, abrindo mão de
[suas] vidas e riquezas –

1.34 preceptores, pais, filhos, assim como avôs, tios [maternos], sogros,
netos, cunhados, bem como [outros] parentes.

---

19. "Filho-de-Kuntī" (Kaunteya) é outro epíteto frequente de Arjuna. Kuntī, chamada inicialmente Prithā, era irmã de Vasudeva, pai de Krishna. O pai dela, o rei Shūrasena, havia prometido dar a primeira filha que tivesse a seu sobrinho Kuntibhoja, que não tinha filhos. Assim, Prithā tornou-se filha adotiva de seu primo Kuntibhoja e passou desde então a ser conhecida como Kuntī.

20. Os indianos, como outros povos, costumavam dar nome às armas dos heróis. A palavra *gāndīva* (que também se escreve *gāndiva*) é o nome do arco de Arjuna, que lhe foi dado por Agni, deus do fogo.

21. *Keshava* significa "cabeludo", referência aos longos cabelos de Krishna.

22. *Govinda* significa literalmente "pastor de vacas". É um antigo epíteto de Indra no *Rig-Veda* e aqui é aplicado a Krishna. A palavra *go* pode denotar quer o masculino "touro", quer a feminina "vaca". Esotericamente, refere-se aos tesouros espirituais. A mesma palavra também pode significar os sentidos e a terra.

एतान्न हन्तुमिच्छामि घ्नतोऽपि मधुसूदन ।
अपि त्रैलोक्यराज्यस्य हेतोः किं नु महीकृते ॥ १—३५ ॥
निहत्य धार्तराष्ट्रान्नः का प्रीतिः स्याज्जनार्दन ।
पापमेवाश्रयेदस्मान्हत्वैतानाततायिनः ॥ १—३६ ॥
तस्मान्नार्हा वयं हन्तुं धार्तराष्ट्रान्स्वबान्धवान् ।
स्वजनं हि कथं हत्वा सुखिनः स्याम माधव ॥ १—३७ ॥
यद्यप्येते न पश्यन्ति लोभोपहतचेतसः ।
कुलक्षयकृतं दोषं मित्रद्रोहे च पातकम् ॥ १—३८ ॥
कथं न ज्ञेयमस्माभिः पापादस्मान्निवर्तितुम् ।
कुलक्षयकृतं दोषं प्रपश्यद्भिर्जनार्दन ॥ १—३९ ॥
कुलक्षये प्रणश्यन्ति कुलधर्माः सनातनाः ।
धर्मे नष्टे कुलं कृत्स्नमधर्मोऽभिभवत्युत ॥ १—४० ॥
अधर्माभिभवात्कृष्ण प्रदुष्यन्ति कुलस्त्रियः ।
स्त्रीषु दुष्टासु वार्ष्णेय जायते वर्णसंकरः ॥ १—४१ ॥
संकरो नरकायैव कुलघ्नानां कुलस्य च ।
पतन्ति पितरो ह्येषां लुप्तपिण्डोदककक्रियाः ॥ १—४२ ॥

35. etān na hantum icchāmi ghnato'pi madhusūdana
    api trailokyarājyasya hetoḥ kiṃ nu mahīkṛte

36. nihatya dhārtarāṣṭrān naḥ kā prītiḥ syāj janārdana
    pāpam evāśrayed asmān hatvaitān ātatāyinaḥ

37. tasmān nārhā vayaṃ hantuṃ dhārtarāṣṭrān svabāndhavān
    svajanaṃ hi kathaṃ hatvā sukhinaḥ syāma mādhava

38. yady apy ete na paśyanti lobhopahatacetasaḥ
    kulakṣayakṛtaṃ doṣaṃ mitradrohe ca pātakam

39. kathaṃ na jneyam asmābhiḥ pāpād asmān nivartitum
    kulakṣayakṛtaṃ doṣaṃ prapaśyadbhir janārdana

40. kulakṣaye praṇaśyanti kuladharmāḥ sanātanāḥ
    dharme naṣṭe kulaṃ kṛtsnam adharmo 'bhibhavaty uta

41. adharmābhibhavāt kṛṣṇa praduṣyanti kulastriyaḥ
    strīṣu duṣṭāsu vārṣṇeya jāyate varṇasaṃkaraḥ

42. saṃkaro narakāyaiva kulaghnānāṃ kulasya ca
    patanti pitaro hy eṣāṃ luptapiṇḍodakakriyāḥ

1.35	Não desejo matá-los, ó Madhusūdana[23][23], mesmo que venham a dar cabo [de mim]; [não o desejo] nem mesmo para obter domínio sobre o tríplice mundo[24], que [dirá] sobre a terra?
1.36	Se matarmos os filhos-de-Dhritarāshtra, que deleite seria o nosso, ó Janārdana[25]? Somente o pecado aderiria a nós caso matássemos esses [transgressores]-cujos-arcos-estão-retesados.
1.37	Portanto não nos é permitido matar os filhos-de-Dhritarāshtra [que são, afinal de contas,] nossos parentes. Pois como poderemos ser felizes, ó Mādhava[26], se chacinarmos nosso próprio povo?
1.38	Mesmo que eles, [com a] mente corrompida pela cobiça, não sejam capazes de ver que destruir a família é uma mácula e que trair um amigo é uma transgressão,
1.39	como não teríamos a sabedoria de dar as costas a esse pecado, [nós que] vislumbramos a mácula de destruir a família[27], ó Janārdana?
1.40	Com a destruição da família, as perenes leis familiares caem por terra. Uma vez extinta a lei, a anomia (*adharma*) se abate sobre toda a família.
1.41	Pela prevalência da anomia, ó Krishna, as mulheres da família se corrompem; uma vez maculadas as mulheres, ó descendente-de-Vrishni[28], ocorre a mistura das classes[29].
1.42	[Essa] mistura [leva] ao inferno a família e os que a destroem. Além disso, seus antepassados caem[30] [quando] as oferendas-rituais (*kriyā*) de bolos de arroz e água deixam de ser apresentadas.

---

23. Sobre o epíteto Madhusūdana, ver a nota 4 em 1.14.

24. A palavra composta *trailokya* ("tríplice mundo") refere-se à terra, à atmosfera e ao céu. Este último é a morada das divindades.

25. O epíteto Janārdana, referente a Krishna, significa "[aquele que] agita (*ardana*) o povo", referindo-se aos pecadores.

26. Sobre Mādhava, ver a nota 4 em 1.14.

27. A palavra *kula*, aqui traduzida como "família", também pode significar a "comunidade" ou a "sociedade". Da perspectiva tradicional, a sociedade é uma única grande família que segue uma única lei espiritual. Ela prospera quando essa lei é observada e decai quando a lei é transgredida.

28. *Vārshneya* significa literalmente "descendente-de-Vrishni". Vrishni, que sucedeu Madhu, foi um grande rei da dinastia Yadu, à qual Krishna pertencia.

29. O termo *varna* costuma ser traduzido como "casta", mas significa literalmente "cor" e denota "classe social" [não no sentido econômico, de riqueza e pobreza, mas no sentido da função cumprida pela pessoa na sociedade – N.T.]. A sociedade indiana distingue quatro castas ou classes sociais – a dos *brāhmanas* (sacerdotes), a dos *kshatriyas* (governantes e guerreiros), a dos *vaishyas* (comerciantes, artesão e camponeses) e a dos *shūdras* (servos). Muitos entenderam que a noção de "cor" tem, nesse contexto, um sentido racial, mas isso pode não ser verdade. Uma interpretação psicológica ou espiritual é igualmente possível. O indivíduo "escuro" seria escuro do ponto de vista espiritual ou moral.

30. Pensa-se que o estado póstumo dos antepassados (*pitri*) depende das oferendas diárias de alimento. O descaso para com essa obrigação os condena a "cair" em estratos inferiores e menos prazerosos da existência póstuma.

दोषैरेतैः कुलघ्नानां वर्णसंकरकारकैः ।
उत्साद्यन्ते जातिधर्माः कुलधर्माश्च शाश्वताः ॥ १–४३ ॥
उत्सन्नकुलधर्माणां मनुष्याणां जनार्दन ।
नरके नियतं वासो भवातीत्यनुशुश्रुम ॥ १–४४ ॥
अहो बत महत्पापं कर्तुं व्यवसिता वयम् ।
यद्राज्यसुखलोभेन हन्तुं स्वजनमुद्यताः ॥ १–४५ ॥
यदि मामप्रतीकारमशस्त्रं शस्त्रपाणयः ।
धार्तराष्ट्रा रणे हन्युस्तन्मे क्षेमतरं भवेत् ॥ १–४६ ॥
एवमुक्त्वार्जुनः संख्ये रथोपस्थ उपाविशत् ।
विसृज्य सशरं चापं शोकसंविग्नमानसः ॥ १–४७ ॥

43. doṣair etaiḥ kulaghnānāṁ varṇasaṁkarakārakaiḥ
    utsādyante jātidharmāḥ kuladharmāś ca śāśvatāḥ

44. utsannakuladharmāṇāṁ manuṣyāṇāṁ janārdana
    narake niyataṁ vāso bhavatīty anuśuśruma

45. aho bata mahat pāpaṁ kartuṁ vyavasitā vayam
    yad rājyasukhalobhena hantuṁ svajanam udyatāḥ

46. yadi mām apratīkāram aśastraṁ śastrapāṇayaḥ
    dhārtarāṣṭrā raṇe hanyus tan me kṣemataraṁ bhavet

47. evam uktvārjunaḥ saṁkhye rathopastha upāviśat
    visṛjya saśaraṁ cāpaṁ śokasaṁvignamānasaḥ

1.43   Por essas falhas dos que destroem a família, por [obra dos] que misturam as classes, as leis da casta e a perene lei familiar são destruídas.

1.44   Para os homens que destruíram a lei familiar, ó Janārdana, há uma morada garantida no inferno; assim ouvimos.

1.45   Ah! Ai! [Estamos de fato determinados a] cometer um grande pecado, pois estamos dispostos a matar nosso próprio povo por cobiçar os prazeres da realeza.

1.46   Se no combate [iminente] os filhos-de-Dhritarāshtra, de armas nas mãos, viessem a matar a mim, desarmado e sem oferecer resistência, isso me seria mais agradável.

1.47 Tendo assim falado no [meio do] conflito (*samkhya*), Arjuna desabou no banco da carruagem, lançando fora o arco e as flechas, a mente agitada pela tristeza[31].

---

31. A presença tanto da pena (*kripā*) – ver 1.28 – quanto da tristeza (*shoka*) na mente de Arjuna indica que seu desalento não era do tipo convencional – não tinha, de modo algum, sido desencadeado nem pelo apego nem pela covardia. Era sinal de uma genuína crise moral e espiritual.

संजय उवाच

तं तथा कृपयाविष्टमश्रुपूर्णाकुलेक्षणम् ।
विषीदन्तमिदं वाक्यमुवाच मधुसूदनः ॥ २—१ ॥

श्रीभगवानुवाच

कुतस्त्वा कश्मलमिदं विषमे समुपस्थितम् ।
अनार्यजुष्टमस्वर्ग्यमकीर्तिकरमर्जुन ॥ २—२ ॥

कैब्यं मा स्म गमः पार्थ नैतत्त्वय्युपपद्यते ।
क्षुद्रं हृदयदौर्बल्यं त्यक्त्वोत्तिष्ठ परंतप ॥ २—३ ॥

अर्जुन उवाच

कथं भीष्ममहं संख्ये द्रोणं च मधुसूदन ।
इषुभिः प्रतियोत्स्यामि पूजार्हावरिसूदन ॥ २—४ ॥

गुरूनहत्वा हि महानुभावा
ञ्छ्रेयो भोक्तुं भैक्ष्यमपीह लोके ।
हत्वार्थकामांस्तु गुरूनिहैव
भुञ्जीय भोगान् रुधिरप्रदिग्धान् ॥ २—५ ॥

saṃjaya uvāca

1. taṃ tathā kṛpayā viṣṭam aśrupūrṇākulekṣaṇam
   viṣīdantam idaṃ vākyam uvāca madhusūdanaḥ

   śrībhagavān uvāca

2. kutas tvā kaśmalam idaṃ viṣame samupasthitam
   anāryajuṣṭam asvargyam akīrtikaram arjuna

3. klaibyaṃ mā sma gamaḥ pārtha naitat tvayy upapadyate
   kṣudraṃ hṛdayadaurbalyaṃ tyaktvottiṣṭha paraṃtapa

   arjuna uvāca

4. kathaṃ bhīṣmam ahaṃ saṃkhye droṇaṃ ca madhusūdana
   iṣubhiḥ pratiyotsyāmi pūjārhāv arisūdana

5. gurūn ahatvā hi mahānubhāvān
   śreyo bhoktuṃ bhaikṣyam apīha loke
   hatvārthakāmāṃs tu gurūn ihaiva
   bhunjīya bhogān rudhirapradigdhān

CAPÍTULO 2
O YOGA DO CONHECIMENTO

Samjaya disse:

2.1 A ele, assim tomado de pena [e] desesperançado, os olhos baixos cheios de lágrimas, Madhusūdana[1] [Krishna] disse esta palavra:

[Disse o Senhor Bendito:]

2.2 De onde te vem esta fraqueza em [tal] dificuldade? [Esta atitude] digna de um não-*ārya*[2] não-conduz-ao-céu e atrai a desonra, ó Arjuna.

2.3 Não te faças efeminado[3], ó filho-de-Prithā[4], pois isso não te cai bem. Lança fora esse vil desânimo! Levanta-te, ó Paramtapa![5]

Arjuna disse:

2.4 Como [posso] atacar Bhīshma e Drona em combate com flechas, ó Madhusūdana? [Eles são] dignos de veneração, ó Arisūdana[6].

2.5 Pois [seria] melhor aqui [neste] mundo comer alimentos-recebidos-como-esmola que matar mestres tão dignos. Embora estejam em busca de riquezas, eles são meus mestres [e], caso eu os matasse, não gozaria aqui [na terra] senão de prazeres manchados de sangue[7].

---

1. Sobre o epíteto Madhusūdana, atribuído a Krishna, ver a nota 4 em 1.14.

2. O povo védico se diferenciava dos outros povos por sua conduta "nobre" (*ārya*), contraposta à conduta bárbara. O fato de designarem-se como arianos foi muitas vezes interpretado em termos raciais, mas essa noção caiu em descrédito depois das alegações dos ideólogos e dos apologistas da guerra do Terceiro Reich. A antiga ideia de que os arianos invadiram o norte da Índia por volta de 1500 a.C., expulsando ou subjugando a população nativa, tem sido seriamente questionada, de tal modo que o próprio entendimento racial da palavra *ārya* passou a ser posto em dúvida.

3. A palavra *klaibya* ("efeminação") é derivada do adjetivo *klība* = "emasculado", "pouco viril", "covarde".

4. Sobre o epíteto "filho-de-Prithā" (Pārtha), aplicado a Arjuna, ver a nota 18 em 1.25.

5. O epíteto Paramtapa, aplicado a Arjuna, significa "Flagelo de Outrem" [ou seja, dos inimigos].

6. Arisūdana significa "matador do inimigo" (*ari*).

7. Esse versículo, como os três seguintes, foi composto na cadência *trishtubh*, que geralmente tem 44 sílabas (4 versos de 11 sílabas), em lugar da cadência *shloka*, de 16 sílabas, em que a maior parte do *Gītā* é composta. Aqui, entretanto, os dois primeiros versos da estrofe 6 têm ambos uma sílaba a mais (o que é permitido nessa cadência).

न चैतद्विद्मः कतरन्नो गरीयो
यद्वा जयेम यदि वा नो जयेयुः ।
यानेव हत्वा न जिजीविषाम
स्तेऽवस्थिताः प्रमुखे धार्तराष्ट्राः ॥ २—६ ॥
कार्पण्यदोषोपहतस्वभावः
पृच्छामि त्वां धर्मसंमूढचेताः ।
यच्छ्रेयः स्यान्निश्चितं ब्रूहि तन्मे
शिष्यस्तेऽहं शाधि मां त्वां प्रपन्नम् ॥ २—७ ॥
न हि प्रपश्यामि ममापनुद्या
द्यच्छोकमुच्छोषणमिन्द्रियाणाम् ।
अवाप्य भूमावसपत्नमृद्धं
राज्यं सुराणामपि चाधिपत्यम् ॥ २—८ ॥
संजय उवाच
एवमुक्त्वा हृषीकेशं गुडाकेशः परंतप ।
न योत्स्य इति गोविन्दमुक्त्वा तूष्णीं बभूव ह ॥ २—९ ॥
तमुवाच हृषीकेशः प्रहसन्निव भारत ।
सेनयोरुभयोर्मध्ये विषीदन्तमिदं वचः ॥ २—१० ॥

6. na caitad vidmaḥ kataran no garīyo
   yad vā jayema yadi vā no jayeyuḥ
   yān eva hatvā na jijīviṣāma
   ste'vasthitāḥ pramukhe dhārtarāṣṭrāḥ

7. kārpaṇyadoṣopahatasvabhāvaḥ
   pṛcchāmi tvāṃ dharmasaṃmūḍhacetāḥ
   yac chreyaḥ syān niścitaṃ brūhi tan me
   śiṣyas te 'haṃ śadhi māṃ tvāṃ prapannam

8. na hi prapaśyāmi mamāpanudyā
   dyac chokam ucchoṣaṇam indriyāṇām
   avāpya bhūmāv asapatnaṃ ṛddhaṃ
   rājyaṃ surāṇām api cādhipatyam

   saṃjaya uvāca

9. evam uktvā hṛṣīkeśam guḍākeśaḥ paraṃtapaḥ
   na yotsya iti govindam uktvā tūṣṇīṃ babhūva ha

10. tam uvāca hṛṣīkeśaḥ prahasann iva bhārata,
    senayor ubhayor madhye viṣīdantam idaṃ vacaḥ

2.6 Tampouco sabemos o que seria [mais] importante para nós: que sejamos vitoriosos ou que eles nos vençam. Tendo chacinado os filhos-de-Dhritarāshtra formados em batalha à [nossa] frente, não desejaríamos [mais] viver.

2.7 Meu ser-próprio[8] está corrompido pela mácula da pena [mal direcionada][9]. Com a mente (*cetas*) confusa (*sammūdha*) no que se refere à lei, pergunto-te qual é o melhor [curso de ação]. Diz-me com certeza. Aproximo-me de ti como um discípulo. Instrui[-me].

2.8 Pois não consigo ver o que poderia dissipar o sofrimento [que] resseca [meus] sentidos, [mesmo que eu viesse] a adquirir domínio próspero e inigualado sobre a terra ou até soberania sobre as divindades.

Samjaya disse:

2.9 Assim falou Gudākesha[10], Flagelo dos Inimigos, a Hrishīkesha[11]. [E], tendo declarado a Govinda[12] "Não lutarei", silenciou.

2.10 [Enquanto estavam parados] entre os dois exércitos, ó descendente-de-Bharata, Hrishīkesha, como quem ri, disse esta palavra a ele, o desalentado [Arjuna]:

---

8. *Svabhāva*, aqui traduzido por "ser-próprio", é um dos conceitos mais importantes do *Mahābhārata* e do *Gītā*. Vai além da "natureza íntima" ou da "psique". Também representa o senso de dever que nasce da posição que a pessoa ocupa na sociedade em razão de seu nascimento. Assim, um guerreiro como o príncipe Arjuna – se não estiver perplexo ou corrompido – ver-se-ia vinculado ao dever inquestionável de proteger o povo e a lei moral e espiritual do país. Em outras palavras, o *svabhāva* de Arjuna está intimamente ligado ao seu destino de guerreiro.

9. O termo *kārpanya*, aqui traduzido por "pena", é derivado da mesma raiz verbal do termo *kripā*. Parece sugerir um sentimento um pouco menos sereno que a compaixão (*karunā*).

10. Sobre o epíteto Gudākesha, aplicado a Arjuna, ver a nota 17 em 1.24.

11. Sobre o epíteto Hrishīkesha, aplicado a Krishna, ver a nota 5 em 1.15.

12. Sobre o epíteto Govinda, aplicado a Krishna, ver a nota 22 em 1.32.

श्रीभगवानुवाच

अशोच्यानन्वशोचस्त्वं प्रज्ञावादांश्च भाषसे ।
गतासूनगतासूंश्च नानुशोचन्ति पण्डिताः ॥ २—११ ॥

« त्वं मानुष्येणोपहतान्तरात्मा
विषादमोहाभिभवाद्विसंज्ञः ।
कृपागृहीतः समवेक्ष्य बन्धू
नभिप्रपन्नान्मुखमन्तकस्य ॥»

न त्वेवाहं जातु नासं न त्वं नेमे जनाधिपाः ।
न चैव न भविष्यामः सर्वे वयमतः परम् ॥ २—१२ ॥
देहिनोऽस्मिन्यथा देहे कौमारं यौवनं जरा ।
तथा देहान्तरप्राप्तिर्धीरस्तत्र न मुह्यति ॥ २—१३ ॥
मात्रास्पर्शास्तु कौन्तेय शीतोष्णसुखदुःखदाः ।
आगमापायिनोऽनित्यास्तांस्तितिक्षस्व भारत ॥ २—१४ ॥
यं हि न व्यथयन्त्येते पुरुषर्षभ ।
समदुःखसुखं धीरं सोऽमृतत्वाय कल्पते ॥ २—१५ ॥

śrībhagavān uvāca

11. aśocyān anvaśocas tvam prajnāvādāṃś ca bhāṣase
    gatāsūn agatāsūṃś ca nānuśocanti paṇḍitāḥ

    « tvaṃ mānuṣyeṇopahatāntarātmā viṣādamohābhibhavād
    visaṃjnaḥkṛpāgṛhītaḥ samavekṣya bandhūn abhiprapannān mukham
    antakasya »

12. na tv evāhaṃ jātu nāsaṃ na tvaṃ neme janādhipāḥ
    na caiva na bhaviṣyāmaḥ sarve vayam ataḥ param

13. dehino'smin yathā dehe kaumāraṃ yauvanaṃ jarā
    tathā dehāntaraprāptir dhīras tatra na muhyati

14. mātrāsparśās tu kaunteya śītoṣṇasukhaduḥkhadāḥ
    āgamāpāyino'nityās tāṃs titikṣasva bhārata

15. yaṃ hi na vyathayanty ete puruṣaṃ puruṣarṣabha
    samaduḥkhasukhaṃ dhīraṃ so'mṛtatvāya kalpate

Disse o Senhor Bendito:

2.11 Lamentas[13] [aqueles por quem] não se deve lamentar, e [no entanto] declaras palavras de sabedoria. Os eruditos (*pandita*) não sofrem nem pelos mortos nem pelos vivos[14].

«Dominado pelo desalento e pela ilusão, teu eu interior, assediado por aquilo-que-é-demasiado-humano (*mānushya*), é falto de entendimento. [Foste] tomado pela pena ao veres [teus] parentes caírem nas mandíbulas da morte. »[15]

2.12 Em verdade, nunca [houve um tempo em que] eu não fui, [nem em que] tu não foste, [nem em que] estes chefes não foram, nem tampouco nenhum de nós deixará de ser doravante.

2.13 Assim como neste corpo a essência-incorporada[16] [vive] a infância, a juventude e a velhice, assim também ela obtém outro corpo [após a morte]. O [homem] sensato não se deixa confundir por isso.

2.14 Os contatos materiais[17] [ou seja, as sensações], ó filho-de-Kuntī[18], de fato dão origem ao calor e ao frio, ao prazer e à dor; vêm e vão [e portanto são] impermanentes. Suporta-os [pacientemente], ó descendente-de-Bharata!

2.15 Pois o homem a quem estes [pares-de-opostos[19]] não afligem, o sábio (*dhīra*) [para quem] a dor e o prazer são iguais[20], ó Purusharshabha[21] – ele é talhado para a imortalidade[22].

---

13. O texto em sânscrito diz "lamentaste" (*anvashocas tvam*).

14. O texto em sânscrito diz *gata-asūn-agata-asūn*, "sopros vitais idos, sopros vitais não idos". A palavra *asu*, aqui usada no plural, é um sinônimo de *prāna* e significa "força vital" ou "respiração".

15. Essa estrofe adicional foi composta na cadência *trishtubh*.

16. A essência-incorporada (*dehin*), ou simplesmente o "incorporado", é o Si Mesmo em seu aspecto imanente de espírito ou princípio vital (*jīva*) do ser vivente. Em outras partes do *Gītā*, também é chamado *dehabhrit* ("aquele que usa o corpo como uma veste") e *shārīrin* ("incorporado").

17. Em seu comentário sobre esse versículo, Shri Shankara interpreta *mātrā* ("medida/matriz"; aqui, "materiais") no sentido específico de *tanmātra* (de *tad* "aquilo" + *mātrā*) ou "elemento sutil", a saber, os princípios sutis do som, da textura, da forma, do gosto e do cheiro.

18. Sobre o epíteto "filho-de-Kuntī" (Kaunteya), aplicado a Arjuna, ver a nota 19 em 1.27.

19. Os pares-de-opostos (*dvandva*) são qualidades contrárias como o calor e o frio, a umidade e a secura, que tendem a causar sofrimento.

20. *Sama* é um termo importante na filosofia de Krishna. Em 2.48, o próprio Yoga é definido como *samatva*, "igualdade" ou "equanimidade"; e a experiência que coroa todo o Yoga é a "visão da igualdade" (*sama-darshana*), em que todos os seres e todas as coisas – grandes ou pequenos – são vistos como Um único ser sempre igual a Si Mesmo e, portanto, aparecem todos como dotados do mesmo valor. A visão da igualdade depende de uma equanimidade e de um contentamento profundos, que permitem ao praticante de Yoga reagir sem agitação nem fortes predisposições kármicas às experiências agradáveis e desagradáveis.

21. O epíteto Purusharshabha (de *purusha* + *rishabha*), aplicado a Arjuna, significa literalmente "Touro [entre os] Homens".

22. A imortalidade, aqui, significa a libertação espiritual derradeira (*moksha*). Como observa Sarvepalli Radhakrishnan (1948) em seu excelente comentário sobre esse versículo: "A vida eterna é diferente da sobrevivência à morte. Esta se dá com todos os seres que tomaram um corpo; aquela é a transcendência da vida e da morte."

नासतो विद्यते भावो नाभावो विद्यते सतः ।
उभयोरपि दृष्टोऽन्तस्त्वनयोस्तत्त्वदर्शिभिः ॥ २—१६ ॥

अविनाशि तु तद्विद्धि येन सर्वमिदं ततम् ।
विनाशमव्ययस्यास्य न कश्चित्कर्तुमर्हति ॥ २—१७ ॥

अन्तवन्त इमे देहा नित्यस्योक्ताः शरीरिणः ।
अनाशिनोऽप्रमेयस्य तस्माद्युध्यस्व भारत ॥ २—१८ ॥

य एनं वेत्ति हन्तारं यश्चैनं मन्यते हतम् ।
उभौ तौ न विजानीतो नायं हन्ति न हन्यते ॥ २—१९ ॥

न जायते म्रियते वा कदाचि
न्नायं भूत्वा भविता वा न भूयः ।
अजो नित्यः शाश्वतोऽयं पुराणो
न हन्यते हन्यमाने शरीरे ॥ २—२० ॥

वेदाविनाशिनं नित्यं य एनमजमव्ययम् ।
कथं स पुरुषः पार्थ कं घातयति हन्ति कम् ॥ २—२१ ॥

वासांसि जीर्णानि यथा विहाय
नवानि गृह्णाति नरोऽपराणि ।
तथा शरीराणि विहाय जीर्णा
न्यन्यानि संयाति नवानि देही ॥ २—२२ ॥

16. nāsato vidyate bhāvo nābhāvo vidyate sataḥ
    ubhayor api dṛṣṭo'ntas tv anayos tattvadarśibhiḥ
17. avināśi tu tad viddhi yena sarvam idaṃ tatam
    vināśam avyayasyāsya na kaścit kartum arhati
18. antavanta ime dehā nityasyo'ktāḥ śarīriṇaḥ
    anāśino'prameyasya tasmād yudhyasva bhārata
19. ya enaṃ vetti hantāraṃ yaś cainaṃ manyate hatam
    ubhau tau na vijānīto nāyaṃ hanti na hanyate
20. na jāyate mriyate vā kadāci
    nnāyaṃ bhūtvā bhavitā vā na bhūyaḥ
    ajo nityaḥ śāśvato'yaṃ purāṇo na hanyate hanyamāne śarīre
21. vedāvināśinaṃ nityaṃ ya enam ajam avyayam
    kathaṃ sa puruṣaḥ pārtha kaṃ ghātayati hanti kam
22. vāsāṃsi jīrṇāni yathā vihāya
    navāni gṛhnāti naro'parāṇi
    tathā śarīrāṇi vihāya jīrṇā nyanyāni saṃyāti navāni dehī

2.16 Não há vir-a-ser daquilo que não é (*asat*) nem há desaparecimento daquilo que é (*sat*). Além disso, o "fim"[23] de ambos é visto pelos que veem a Realidade[24].

2.17 No entanto conhece como indestrutível aquilo pelo qual todo este [mundo] foi distribuído[25]. Ninguém é capaz de efetuar a destruição dessa imutável (*avyaya*) [Realidade].

2.18 Estes corpos do eterno [Si Mesmo (*ātman*)] incorporado, o Indestrutível, o Incomensurável, são ditos finitos. Luta, pois, ó descendente-de-Bharata!

2.19 Quem concebe este [Si Mesmo] como o que mata e quem [O] concebe como o que é morto – nenhum dos dois tem conhecimento. Este [Si Mesmo] não mata nem é morto.

2.20 Este [Si Mesmo] não nasceu nem jamais morrerá; não tendo-vindo-a-ser, tampouco deixará-de-ser novamente. Este [Si Mesmo] não nascido, eterno, perene, primordial, não morre quando morre o corpo[26].

2.21 O homem (*purusha*) que conhece este [Si Mesmo] Indestrutível, Eterno, Não Nascido, Imutável – como e quem pode ele matar [ou] fazer matar, ó filho-de-Prithā?

2.22 Assim como um homem, lançando fora as vestes usadas, toma outras novas, assim também o [Si Mesmo] incorporado, lançando fora os corpos usados, entra em outros [corpos] novos[27].

---

23. O sentido de *anta* ("fim"), nesse contexto, precisa ser esclarecido. Nem Shankara nem Abhinavagupta comentam especificamente essa palavra. Radjakrishnan (1948) usa "conclusão"; Sargeant (1984), "certeza"; Hill (1928/1966) e van Buitenen (1981), "limite". O fim de ambas as proposições – ou seja, sua justificativa final – é a realização propriamente dita da liberdade absoluta. Os libertos são os verdadeiros conhecedores. "Veem" sem nenhuma intermediação que aquilo que é sempre é. Para as outras pessoas, as duas proposições – a de que aquilo que não é não pode vir a ser e aquilo que é não pode deixar de ser – são pouco mais que opiniões.

24. A palavra *tattva* significa literalmente "ipseidade" (o que Immanuel Kant chamou de *Ding an sich* ou "coisa em si") e refere-se à natureza de uma coisa como ela realmente é. O *tattva-darshin*, "aquele que vê a Realidade", é a pessoa cujo conhecimento é "portador da verdade" (*ritambhara*), como diz Patanjali em seu *Yoga-Sūtra* (1.48). A "coisa" de que aqui se trata é a "coisa" suprema e derradeira, que não é "nada em particular" – a Realidade permanente da qual, antes da iluminação, só podemos apreender lampejos.

25. Sobre "distribuído", ver a nota 33 em 4.32.

26. Essa estrofe está na cadência *trishtubh*.

27. Essa estrofe também está na cadência *trishtubh*.

नैनं छिन्दन्ति शस्त्राणि नैनं दहति पावकः ।
न चैनं क्लेदयन्त्यापो न शोषयति मारुतः ॥ २—२३ ॥
अच्छेद्योऽयमदाह्योऽयमक्लेद्योऽशोष्य एव च ।
नित्यः सर्वगतः स्थाणुरचलोऽयं सनातनः ॥ २—२४ ॥
अव्यक्तोऽयमचिन्त्योऽयमविकार्योऽयमुच्यते ।
तस्मादेवं विदित्वैनं नानुशोचितुमर्हसि ॥ २—२५ ॥
अथ चैनं नित्यजातं नित्यं वा मन्यसे मृतम् ।
तथापि त्वं महाबाहो नैनं शोचितुमर्हसि ॥ २—२६ ॥
जातस्या हि ध्रुवो मृत्युर्ध्रुवं जन्म मृतस्य च ।
तस्मादपरिहार्येऽर्थे न त्वं शोचितुमर्हसि ॥ २—२७ ॥
अव्यक्तादिनि भूतानि व्यक्तमध्यानि भारत ।
अव्यक्तनिधनान्येव तत्र का परिदेवना ॥ २—२८ ॥
आश्चर्यवत्पश्यति कश्चदेन
माश्चर्यवद्वदति तथैव चान्यः ।
आश्चर्यवच्चैनमन्यः शृणोति
श्रुत्वाप्येनं वेद न चैव कश्चित् ॥ २—२९ ॥

23. nainaṃ chindanti śastrāṇi nainaṃ dahati pāvakaḥ
    na cainaṃ kledayanty āpo na śoṣayati mārutaḥ

24. acchedyo'yam adāhyo'yam akledyo'śoṣya eva ca
    nityaḥ sarvagataḥ sthāṇur acalo'yaṃ sanātanaḥ

25. avyakto'yam acintyo'yam avikāryo'yam ucyate
    tasmād evaṃ viditvainaṃ nānuśocitum arhasi

26. atha cainaṃ nityajātaṃ nityaṃ vā manyase mṛtam
    tathāpi tvaṃ mahābāho nainaṃ śocitum arhasi

27. jātasya hi dhruvo mṛtyur dhruvaṃ janma mṛtasya ca
    tasmād aparihārye'rthe na tvaṃ śocitum arhasi

28. avyaktādini bhūtāni vyaktamadhyāni bhārata
    avyaktanidhanāny eva tatra kā paridevanā

29. āścaryavat paśyati kaścid ena
    māścaryavad vadati tathaiva cānyaḥ
    āścaryavac cainam anyaḥ śṛṇoti
    śrutvāpy enaṃ veda na caiva kaścit

2.23 As armas não fendem este [Si Mesmo]. O fogo não aquece este [Si Mesmo]. A água não umedece este [Si Mesmo]. O vento não [O] seca[28].

2.24 Este [Si Mesmo] é incortável; é inaquecível, inumedecível, insecável. Esta [Realidade] perene é eterna, onipresente, estável, imóvel.

2.25 Este [Si Mesmo] é chamado não manifesto (*avyakta*), impensável, imutável. Logo, conhecendo este [Si Mesmo] como tal, não deves lamentar!

2.26 Além disso, [mesmo que] consideres que este [Si Mesmo] eternamente nasce e eternamente morre [com o corpo], não deves lamentar por ele, ó [Arjuna] dos braços fortes.

2.27 Pois certa é a morte de tudo-quanto-nasce e certo é o nascimento de tudo-quanto-morre. Portanto, no [que se refere a este] assunto inevitável, não deves lamentar.

2.28 Ó descendente-de-Bharata, os seres são não manifestos em [seu] princípio, manifestos (*vyakta*) em [seus] estados intermediários e, com efeito, não manifestos em seu final. Que [razão existe] para lamentar esse fato?

2.29 Uma pessoa vê este [Si Mesmo como] maravilhoso[29]; outra, do mesmo modo, fala deste [Si Mesmo como] maravilhoso; outra [ainda] ouve que este [Si Mesmo é] maravilhoso. No entanto, [ainda] depois de ouvir, [falar dele ou vê-lo como tal], ninguém em verdade conhece este [Si Mesmo][30].

---

28. Essa estrofe está na cadência *trishtubh*. Ver a nota 7 em 2.5.

29. Abhinavagupta (em cujo comentário esse versículo tem o número 2.30) pergunta: "Se esse Si Mesmo é, portanto, indestrutível, por que [essa verdade] não é apreendida por todos?". Responde à própria pergunta declarando que somente algumas pessoas chegam a *realizar* o Eu, sendo essa Realização necessária para que sua natureza maravilhosa seja percebida.

30. Essa estrofe também está na cadência *trishtubh*, mas tem uma sílaba a mais no segundo verso.

देही नित्यमवध्योऽयं देहे सर्वस्य भारत ।
तस्मात्सर्वाणि भूतानि न त्वं शोचितुमर्हसि ॥ २—३० ॥

स्वधर्ममपि चावेक्ष्य न विकम्पितुमर्हसि ।
धर्म्याद्धि युद्धाच्छ्रेयोऽन्यत्क्षत्रियस्य न विद्यते ॥ २—३१ ॥

यदृच्छया चोपपन्नं स्वर्गद्वारमपावृतम् ।
सुखिनः क्षत्रियाः पार्थ लभन्ते युद्धमीदृशम् ॥ २—३२ ॥

अथ चेत्त्वमिमं धर्म्यं संग्रामं न करिष्यसि ।
ततः स्वधर्म कीर्तिं च हित्वा पापमवाप्स्यसि ॥ २—३३ ॥

अकीर्तिं चापि भूतानि कथयिष्यन्ति तेऽव्ययाम् ।
संभावितस्य चाकीर्तिर्मरणादतिरिच्यते ॥ २—३४ ॥

भयाद्रणादुपरतं मंस्यन्ते त्वां महारथाः ।
येषां च त्वं बहुमतो भूत्वा यास्यसि लाघवम् ॥ २—३५ ॥

30. dehī nityam avadhyo'yaṃ dehe sarvasya bhārata
    tasmāt sarvāṇi bhūtāni na tvaṃ śocitum arhasi

31. svadharmam api cāvekṣya na vikampitum arhasi
    dharmyādd hi yuddhāc chreyo'nyat kṣatriyasya na vidyate

32. yadṛcchayā copapannaṃ svargadvāram apāvṛtam
    sukhinaḥ kṣatriyāḥ pārtha labhante yuddham īdṛśam

33. atha cet tvam imaṃ dharmyaṃ saṃgrāmaṃ na kariṣyasi
    tataḥ svadharmaṃ kīrtiṃ ca hitvā pāpam avāpsyasi

34. akīrtiṃ cāpi bhūtāni kathayiṣyanti te 'vyayām
    saṃbhāvitasya cākīrtir maraṇād atiricyate

35. bhayād raṇād uparataṃ maṃsyante tvāṃ mahārathāḥ
    yeṣāṃ ca tvaṃ bahumato bhūtvā yāsyasi lāghavam

2.30 Esta essência-incorporada (*dehin*) é eternamente inviolável, [conquanto resida] no corpo de todos [os seres], ó descendente-de-Bharata. Portanto, não te deves lamentar por ser nenhum[31].

2.31 Além disso, em vista da tua lei-própria[32], não deves hesitar. Pois para um guerreiro não há nada melhor que uma guerra conforme-à-lei[33].

2.32 [Ademais,] felizes são os guerreiros, ó filho-de-Prithā, [que] se deparam com uma tal batalha (*yuddha*), [a qual] ocorre por acaso[34] e abre as portas do céu [para os que combatem corajosamente].

2.33 Ora, se não empreenderes este combate (*samgrāma*) conforme-à-lei, fugindo [tanto à] lei-própria [quanto à] honra, incorrerás em pecado.

2.34 Além disso, [todos] os seres relatarão tua desonra para sempre. E, para o [homem] honrado, a desonra é pior do que a morte[35].

2.35 Eles, os grandes guerreiros-de-carruagens, ver-te-ão [como aquele que] se retirou do combate (*rāna*) por medo. Tornar-te-ás [objeto de] desdém para aqueles que [por ora] têm [a ti na] mais alta estima.

---

31. Literalmente: "Portanto, não te deves lamentar por todos os seres" (*sarvāni bhūtāni*).

32. Como o conceito de *svabhāva* ("ser-próprio"), o conceito correlato *svadharma* ("lei-própria") é noção crucial na ética do *Mahābhārata*. Trata-se, em resumo, da conduta normativa que nasce do *svabhāva*. No caso de Arjuna, o fato de ter nascido na casta guerreira facultava-lhe inúmeros privilégios mas também impunha-lhe muitas obrigações, especialmente as de proteger o povo e preservar a lei de sua sociedade, lei essa que tinha um fundamento espiritual.

33. A expressão *dharmya-yuddha* tem sido frequentemente traduzida por "guerra justa". O termo *dharmya*, no entanto, implica muito mais que isso, pois o conceito de *dharma* vai além da mera "justiça". O *dharma* está ligado à própria ordem cósmica (*rita*), responsável pela sucessão regular das estações e pelo movimento ritmado dos astros. *Dharma* realiza no nível humano o que *rita* realiza no nível ambiental mais amplo.

34. O termo *yadricchā* ("acaso") é usado aqui em sentido meio vago, pois, num universo regido pela mão de ferro da lei do *karma*, o acaso não existe. Alguns tradutores verteram o termo por "boa fortuna" ou "sorte". Podemos indagar que sorte poder haver em ser morto e ir para o céu, visto que o céu, tradicionalmente, é considerado muito inferior à libertação espiritual. O sentido literal de *yadricchā* (de *yad*, "o que", + *ricchā*) é "aquilo que é infligido" ou, num nível mais coloquial, "o que acontece".

35. Literalmente, "ultrapassa a morte" (*maranād atiricyate*).

अवाच्यवादांश्च बहून्वदिष्यन्ति तवाहिताः ।
निन्दन्तस्तव सामर्थ्य ततो दुःखतरं तु किम् ॥ २—३६ ॥
हतो वा प्राप्स्यसि स्वर्ग जित्वा वा भोक्ष्यसे महीम् ।
तस्मादुत्तिष्ठ कौन्तेय युद्धाय कृतनिश्चयः ॥ २—३७ ॥
सुखदुःखे समे कृत्वा लाभालाभौ जयाजयौ ।
ततो युद्धाय युज्यस्व नैवं पापमवाप्स्यसि ॥ २—३८ ॥
एषा तेऽभिहिता सांख्ये बुद्धिर्योगे त्विमां शृणु ।
बुद्ध्या युक्तो यया पार्थ कर्मबन्धं प्रहास्यसि ॥ २—३९ ॥
नेहाभिक्रमनाशोऽस्ति प्रत्यवायो न विद्यते ।
स्वल्पमप्यस्य धर्मस्य त्रायते महतो भयात् ॥ २—४० ॥
व्यवसायात्मिका बुद्धिरेकेह कुरुनन्दन ।
बहुशाखा ह्यनन्ताश्च बुद्धयोऽव्यवसायिनाम् ॥ २—४१ ॥

36. avācyavādāṃś ca bahūn vadiṣyanti tavāhitāḥ
    nindantas tava sāmarthyaṃ tato duḥkhataraṃ tu kim

37. hato vā prāpsyasi svargaṃ jitvā vā bhokṣyase mahīm
    tasmād uttiṣṭha kaunteya yuddhāya kṛtaniścayaḥ

38. sukhaduḥkhe same kṛtvā lābhālābhau jayājayau
    tato yuddhāya yujyasva naivaṃ pāpam avāpsyasi

39. eṣā te'bhihitā sāṃkhye buddhir yoge tv imāṃ śṛṇu
    buddhyā yukto yayā pārtha karmabandhaṃ prahāsyasi

40. nehābhikramanāśo'sti pratyavāyo na vidyate
    svalpam apy asya dharmasya trāyate mahato bhayāt

41. vyavasāyātmikā buddhir ekeha kurunandana
    bahuśākhā hy anantāś ca buddhayo'vyavasāyinām

2.36 E muitas palavras injuriosas dirão os que te desejam mal, ridicularizando tuas proezas. O que [poderia ser] mais doloroso (*duhkha*) que isso?

2.37 [Caso sejas] morto, alcançarás o céu. [Caso sejas] vitorioso, gozarás [de domínio sobre] a terra. Portanto, ó filho-de-Kuntī, levanta-te resoluto para a batalha![36]

2.38 Tendo como iguais o prazer e a dor, o lucro e a perda, a vitória e a derrota, cinge-te para a batalha! Assim não incorrerás em pecado.

2.39 Esta é a sabedoria[37] revelada a ti de acordo com o Sāmkhya[38]. Ouve [agora] sobre isto no Yoga. Jungido pela faculdade-da-sabedoria, transcenderás a prisão [dos efeitos] da ação, ó filho-de-Prithā.

2.40 Aqui, nenhum esforço é perdido; não há retrocesso. Mesmo um pouquinho desta lei salva [a pessoa] de grande temor.

2.41 A faculdade-da-sabedoria [que tem] por essência a determinação[39] é única, ó Kurunandana[40]. Entretanto as faculdades-da-sabedoria dos destituídos de determinação têm muitos ramos e são infinitas.

---

36. Poderíamos ter a impressão de que, nesse trecho, Krishna está tentando fazer seu discípulo se sentir culpado. É fato que o divino mestre usa argumentos convencionais para motivar o discípulo. Mas temos de recordar a importante qualificação do versículo 2.10, segundo a qual Hrishīkesha comunicou seus ensinamentos "como quem ri" (*praha-sann iva*). É fácil entender daí que ele estava, com divina benignidade, provocando Arjuna pela zombaria. Para produzir no discípulo uma mente clara (*sattva*), o mestre precisa antes de tudo dinamizar a mente letárgica, introduzindo nela a qualidade *rajas*. A progressão, portanto, é *tamas* → *rajas* → *sattva*. É claro que, no fim, as três qualidades-primárias (*guna*) têm de ser transcendidas para que ocorra a libertação espiritual. Do ponto de vista mais elevado, até *sattva*, o princípio de lucidez, representa uma limitação. (Sobre os *gunas*, ver a nota 44 em 2.45.)

37. *Buddhi* é um termo crucial do Yoga e do Sāmkhya. Tem ampla gama de significados, entre os quais os de "mente", "cognição", "entendimento", "sabedoria" e "faculdade-da-sabedoria" (ou mente superior). Nas tradições do Yoga e do Sāmkhya, significa um aspecto particular da mente, a saber, a faculdade responsável pelo discernimento entre o real e o irreal – o tipo de sabedoria sem o qual o crescimento espiritual não é possível. Embora a noção de "facul-dades mentais" já não seja muito aceita pelos psicólogos, esse conceito parece adequado no contexto da ontologia e da psicologia do Yoga e do Sāmkhya. Nesse sentido, *buddhi* será traduzido aqui quer por "sabedoria", quer por "faculdade-da-sabedoria".

38. A tradição do Sāmkhya, intimamente ligada ao Yoga, trata da enumeração (donde *samkhya*, "número") das cate-gorias básicas (*tattva*) da existência, tais como o Espírito (*purusha*) e a Matéria (*prakriti*, literalmente "procriadora"). O primeiro não tem divisões, mas da segunda procedem as outras categorias que constituem o universo tal como o conhecemos. São elas: a mente superior ou faculdade-da-sabedoria (*buddhi*), o princípio de individuação ou sentido--do-ego (*ahamkāra*), a mente inferior (*manas*), as dez faculdades (*indriya*) de cognição e ação, os cinco princípios elementais (*tanmātra*) e os cinco elementos corporais (*bhūta*).

39. *Vyavasāya*, traduzido aqui por "determinação", também já foi vertido como "resolução" e "vontade".

40. O epíteto Kurunandana, aplicado a Arjuna, significa "alegria ou deleite (*nandana*) dos Kurus". Aqui, a palavra *Kuru* é usada em sentido amplo e não se refere somente aos descendentes do rei Dhritarāshtra, mas a todos os des-cendentes do antigo rei Kuru, entre os quais se incluem não só os cem filhos-de-Dhritarāshtra, mas também os cinco filhos do rei Pāndu e todos os seus predecessores; a dinastia dos Kurus originou-se no deus Brahma e teve muitos reis, entre os quais Yayāti (ver a linhagem da dinastia Yadu, à qual pertencia Krishna, na nota 43 em 11.41). Deste, porém, passou a Puru, depois a treze outros reis, a Bharata, a dez outros reis, e por fim a Kuru.

यामिमां पुष्पितां वाचं प्रवदन्त्यविपश्चितः ।
वेदवादरताः पार्थ नान्यदस्तीति वादिनः ॥ २—४२ ॥

कामात्मानः स्वर्गपरा जन्मकर्मफलप्रदाम् ।
क्रियाविशेषबहुलां भोगैश्वर्यगतिं प्रति ॥ २—४३ ॥

भोगैश्वर्यप्रसक्तानां तयापहृतचेतसाम् ।
व्यवसायात्मिका बुद्धिः समाधौ न विधीयते ॥ २—४४ ॥

त्रैगुण्यविषया वेदा निस्त्रैगुण्यो भवार्जु ।
निर्द्वन्द्वो नित्यसत्त्वस्थो निर्योगक्षेम आत्मवान् ॥ २—४५ ॥

यावानर्थ उदपाने सर्वतः संप्लुतोदके ।
तावान्सर्वेषु वेदेषु ब्राह्मणस्य विजानतः ॥ २—४६ ॥

कर्मण्येवाधिकारस्ते मा फलेषु कदाचन ।
मा कर्मफलहेतुर्भूर्मा ते सङ्गोऽस्त्वकर्मणि ॥ २—४७ ॥

42. yām imāṃ puṣpitāṃ vācaṃ pravadanty avipaścitaḥ
    vedavādaratāḥ pārtha nānyad astīti vādinaḥ

43. kāmātmānaḥ svargaparā janmakarmaphalapradām
    kriyāviśeṣabahulāṃ bhogaiśvaryagatiṃ prati

44. bhogaiśvaryaprasaktānāṃ tayāpahṛtacetasām
    vyavasāyātmikā buddhiḥ samādhau na vidhīyate

45. traiguṇyaviṣayā vedā nistraiguṇyo bhavārjuna
    nirdvandvo nityasattvastho niryogakṣema ātmavān

46. yāvān artha udapāne sarvataḥ samplutodake
    tāvān sarveṣu vedeṣu brāhmaṇasya vijānataḥ

47. karmaṇy evādhikāras te mā phaleṣu kadācana
    mā karmaphalahetur bhūr mā te saṅgo'stv akarmaṇi

2.42 [As pessoas] sem discernimento, deliciando-se com o conhecimento do Veda[41], ó filho-de-Prithā, proferem palavras floreadas, dizendo que nada mais existe[42].

2.43 Tendo o desejo por essência (*ātman*), intencionando o céu, [alegam elas] que o fruto da ação [ritual] será [um bom] renascimento; [e têm] muitos ritos especiais para a consecução da fruição e do domínio.

2.44 [Os que são] apegados à fruição e ao domínio [e cujas] mentes [são] "levadas embora" – sua faculdade-da-sabedoria, [que tem] por essência a determinação, não se encontra estabelecida no êxtase[43].

2.45 A tríade das qualidades-primárias[44] [do universo manifestado] é o tema dos Vedas. Sê livre da triplicidade das qualidades-primárias, ó Arjuna, [sê] livre dos pares-de-opostos[45] e repousa sempre em *sattva*[46], sem [esforçar-te para] adquirir ou manter [coisa alguma]. [Sê] senhor de Ti![47]

2.46 Para o brâmane conhecedor, os Vedas em sua totalidade valem tanto quanto um reservatório de água [num terreno] completamente inundado[48].

2.47 Na ação somente reside o teu legítimo-interesse (*adhikāra*), nunca em [seus] frutos[49]. Não seja o fruto da ação a tua motivação, nem te apegues à inação (*akarman*).

---

41. *Veda* significa aqui a revelação védica consubstanciada nas quatro coletâneas – *Rig-Veda*, *Yajur-Veda*, *Sāma-Veda* e *Atharva-Veda* – e nos textos sagrados explicativos a elas associados desde tempos muito antigos.

42. Nesse caso, os comentários de Krishna não precisam ser entendidos como uma condenação da própria tradição védica revelada, mas sim daqueles que têm para com ela uma atitude fundamentalista. Ver também 2.46.

43. A mente extática é uma mente plenamente concentrada. Nesse sentido, o termo *samādhi* poderia ser traduzido aqui por "concentração".

44. *Traigunya*, a "tríade das qualidades-primárias", refere-se às três qualidades fundamentais (*guna*) da existência cósmica (*prakriti*): o princípio de lucidez e paz (*sattva*), o princípio de dinamismo (*rajas*) e o princípio de inércia (*tamas*). Por meio de infinitas combinações, essas três qualidades – *guna* significa "filamento" – entretecem as miríades de fenômenos do universo manifestado.

45. Sobre o termo *dvandva* ("pares-de-opostos"), ver a nota 19 em 2.15.

46. O composto *nitya-sattva-stha* pode significar quer "repousando no eterno *sattva*", quer "repousando eternamente em *sattva*". Essa segunda alternativa parece mais provável. Nesse contexto particular, a palavra *sattva* pode ser traduzida por "verdade" ou "realidade", visto não poder referir-se ao *sattva-guna*, uma vez que Arjuna já recebeu a instrução de ir além das três qualidades primárias. A exortação de repousar sempre em *sattva* significa cultivar a equanimidade, que é a manifestação de um estado mental sátvico. Quando a mente se encontra embebida em *sattva*, é capaz de dar o salto para a realização do Si Mesmo ou libertação espiritual. O termo *sattva* é um dos sinônimos de *buddhi*.

47. Note a inicial maiúscula em "senhor de Ti" (*ātmavat*). A pessoa mundana é senhora de si, acha que manda na própria vida e vive centrada no ego. Mas o aspirante espiritual procura se identificar com o Si Mesmo transcendente, ou, antes, procura deixar que a consciência de sua permanente identidade com o Si Mesmo transcendente se afirme com mais força que sua identificação provisória com a mente e a individualidade.

48. Essa estrofe foi interpretada por alguns como um aviltamento dos Vedas, mas uma leitura cuidadosa mostra que isso não é verdade. O que Krishna está dizendo é que, para a pessoa que realizou o Si Mesma, todo o conhecimento do mundo, incluindo a grande sabedoria encontrada na revelação védica, perde a utilidade, pois o grande objetivo a que se refere essa sabedoria, ou seja, a libertação, já foi alcançado.

49. O termo técnico *phala*, "fruto", implica mais que "resultado". Designa as consequências kármicas.

योगस्थः कुरु कर्माणि सङ्गं त्यक्त्वा धनंजय ।
सिद्ध्यसिद्ध्योः समो भूत्वा समत्वं योग उच्यते ॥ २—४८ ॥

दूरेण ह्यवरं कर्म बुद्धियोगाद्धनंजय ।
बुद्धौ शरणमन्विच्छ कृपणाः फलहेतवः ॥ २—४९ ॥

बुद्धियुक्तो जहातिह उभे सुकृतदुष्कृते ।
तस्माद्योगाय युज्यस्व योगः कर्मसु कौशलम् ॥ २—५० ॥

कर्मजं बुद्धियुक्ता हि फलं त्यक्त्वा मनीषिणः ।
जन्मबन्धविनिर्मुक्ताः पदं गच्छन्त्यनामयम ॥ २—५१ ॥

यदा ते मोहकलिलं बुद्धिर्व्यतितरिष्यति ।
तदा गन्तासि निर्वेदं श्रोतव्यस्य श्रुतस्य च ॥ २—५२ ॥

श्रुतिविप्रतिपन्ना ते यदा स्थास्यति निश्चला ।
समाधावचला बुद्धिस्तदा योगमवाप्स्यसि ॥ २—५३ ॥

48. yogasthaḥ kuru karmāṇi saṅgaṁ tyaktvā dhanaṁjaya
    siddhyasiddhyoḥ samo bhūtvā samatvaṁ yoga ucyate
49. dūreṇa hy avaraṁ karma buddhiyogād dhanaṁjaya
    buddhau śaraṇam anviccha kṛpaṇāḥ phalahetavaḥ
50. buddhiyukto jahātiha ubhe sukṛtaduṣkṛte
    tasmād yogāya yujyasva yogaḥ karmasu kauśalam
51. karmajaṁ buddhiyuktā hi phalaṁ tyaktvā manīṣiṇaḥ
    janmabandhavinirmuktāḥ padaṁ gacchanty anāmayam
52. yadā te mohakalilaṁ buddhir vyatitariṣyati
    tadā gantāsi nirvedaṁ śrotavyasya śrutasya ca
53. śrutivipratipannā te yadā sthāsyati niścalā
    samādhāv acalā buddhis tadā yogam avāpsyasi

2.48 Constante no Yoga, executa [tuas] ações abandonando o apego, ó Dhanamjaya[50], permanecendo [sempre] o mesmo no sucesso e no fracasso. O Yoga é chamado equanimidade.

2.49 Com efeito, a [mera] ação é muitíssimo inferior ao *buddhi-yoga*, ó Dhanamjaya. Busca refúgio na faculdade-da-sabedoria! Dignos de pena são aqueles [cuja] motivação [é] o fruto [da ação].

2.50 [Aquele que está] jungido em *buddhi* deixa para trás, aqui, tanto as [ações] benfeitas quanto as malfeitas. Junge-te, portanto, ao Yoga. O Yoga é habilidade na ação.

2.51 Os sábios jungidos em *buddhi*, tendo renunciado ao fruto que nasce da ação, libertos da escravidão do nascimento [e da morte], vão para a região livre do mal.

2.52 Quando tua faculdade-da-sabedoria tiver atravessado a selva da ilusão, adquirirás o desinteresse pelo que [ainda] será ouvido e pelo que [já] foi ouvido [ou seja, pelo conhecimento mundano].

2.53 Quando a tua faculdade-da-sabedoria, distraída[51] pela tradição-revelada (*shrūti*), se puser invariável e serena no êxtase, alcançarás o [sublime estado do] Yoga.

---

50. Sobre o epíteto Dhanamjaya, aplicado a Arjuna, ver a nota 7 em 1.15.

51. A palavra *vipratipannā*, traduzida aqui por "distraída", indica uma mente agitada. É derivada da raiz *pad* ("cair") + *vi* ("dis") + *prati* ("na direção de/em relação a"). Foi traduzida para o inglês por *disregarding* ("desatenta" – Sargeant 1984), *averse* ("avessa" – Edgerton 1944) e *not disturbed* ("não perturbada" – Bhaktivedanta Swami 1983).

अर्जुन उवाच

स्थितप्रज्ञस्य का भाषा समाधिस्थस्य केशव ।
स्थितधीः किं प्रभाषेत किमासीत व्रजेत किम् ॥ २—५४ ॥

श्रीभगवानुवाच

प्रजहाति यदा कामान्सर्वान्पार्थ मनोगतान् ।
आत्मन्येवात्मना तुष्टः स्थितप्रज्ञस्तदोच्यते ॥ २—५५ ॥

दुःखेष्वनुद्विग्नमनाः सुखेषु विगतस्पृहः ।
वीतरागभयक्रोधः स्थितधीर्मुनिरुच्यते ॥ २—५६ ॥

यः सर्वत्रानभिस्नेहस्तत्तत्प्राप्य शुभाशुभम् ।
नाभिनन्दति न द्वेष्टि तस्य प्रज्ञा प्रतिष्ठिता ॥ २—५७ ॥

arjuna uvāca

54. sthitaprajnasya kā bhāṣā samādhisthasya keśava
sthitadhīḥ kiṃ prabhāṣeta kim āsīta vrajeta kim

śrībhagavān uvāca

55. prajahāti yadā kāmān sarvān pārtha manogatān
ātmany evātmanā tuṣṭaḥ sthitaprajnas tado'cyate

56. duḥkheṣv anudvignamanāḥ sukheṣu vigataspṛhaḥ
vītarāgabhayakrodhaḥ sthitadhīr munir ucyate

57. yaḥ sarvatrānabhisnehas tattat prāpya śubhāśubham
nābhinandati na dveṣṭi tasya prajnā pratiṣṭhitā

Arjuna disse:

2.54 Qual é, ó Keshava[52], a definição do [*yogin*] firmado na gnose[53], em repouso no êxtase? Como fala [aquele que está] firmado na visão?[54] Como se senta? Como se move?

Disse o Senhor Bendito:

2.55 Quando [um homem] abandona todos os desejos [que] entram na mente, ó filho-de-Prithā, e se contenta com o Si Mesmo em Si Mesmo, ele é considerado firmado na gnose.

2.56 [O homem cuja] mente não se agita no sofrimento (*duhkha*), [que] não tem desejos em [face do] prazer (*sukha*), [que é] livre da paixão (*rāga*), do medo (*bhaya*) e da ira (*krodha*), é considerado um sábio[55] firmado na visão.

2.57 Aquele que é desapegado em tudo [e que] nem se alegra nem se repugna diante desta [ou] daquela [experiência] auspiciosa [ou] funesta – sua gnose encontra-se bem estabelecida.

---

52. Sobre o epíteto Keshava, aplicado a Krishna, ver a nota 21 em 1.31.

53. O termo sânscrito *prajñā* corresponde ao grego *gnosis*, que significa uma espécie superior ("mística") de conhecimento. O uso do equivalente grego me pareceu mais adequado que repetir o termo "sabedoria", que combina bem com *buddhi*.

54. A palavra *dhī* é um antigo termo védico que designa a visão inspirada de um vidente (*rishi*). Nesse sentido, *sthita-dhī* denota "[aquele cuja] visão está firme/estável". É um sinônimo do termo composto *sthita-prajñā* ("firmado na gnose"), encontrado na mesma estrofe.

55. *Muni* é uma palavra muito usada para designar o "sábio". Refere-se especificamente a uma prática ascética comum entre os sábios, qual seja, o cultivo voluntário do silêncio (*mauna*). [Refere-se igualmente ao fato de o conhecimento supremo dos sábios não poder ser comunicado senão pelo silêncio, o qual reflete, no domínio dos sons e da audição, a Realidade absoluta e incondicionada, que não pode ser reduzida a nenhuma forma. (N.T.)]

यदा संहरते चायं कूर्मोऽङ्गानीव सर्वशः ।
इन्द्रियाणीन्द्रियार्थेभ्यस्तस्य प्रज्ञा प्रतिष्ठिता ॥ २—५८ ॥
विषया विनिवर्त्तन्ते निराहारस्य देहिनः ।
रसवर्जं रसोऽप्यस्य परं दृष्ट्वा निवर्तते ॥ २—५९ ॥
यततो ह्यपि कौन्तेय पुरुषस्य विपश्चितः ।
इन्द्रियाणि प्रमाथीनि हरन्ति प्रसभं मनः ॥ ॥ २—६० ॥
तानि सर्वाणि संयम्य युक्त आसीत मत्परः ।
वशे हि यस्येन्द्रियाणि तस्य प्रज्ञा प्रतिष्ठिता ॥ २—६१ ॥
ध्यायतो विषयान्पुंसः सङ्गस्तेषूपजायते ।
सङ्गात्संजायते कामः कामात्क्रोधोऽभिजायते ॥ २—६२ ॥
क्रोधाद्भवति संमोहः संमोहात्स्मृतिविभ्रमः ।
स्मृतिभ्रंशाद्बुद्धिनाशो बुद्धिनाशात्प्रणश्यति ॥ २—६३ ॥
रागद्वेषवियुक्तैस्तु विषयानिन्द्रियैश्चरन् ।
आत्मवश्यैर्विधेयात्मा प्रसादमधिगच्छति ॥ २—६४ ॥

58. yadā saṃharate cāyaṃ kūrmo'ṅgānīva sarvaśaḥ
indriyāṇīndriyārthebhyas tasya prajñā pratiṣṭhitā

59. viṣayā vinivartante nirāhārasya dehinaḥ
rasavarjaṃ raso'pyasya paraṃ dṛṣṭvā nivartate

60. yatato hy api kaunteya puruṣasya vipaścitaḥ
indriyāṇi pramāthīni haranti prasabhaṃ manaḥ

61. tāni sarvāṇi saṃyamya yukta āsīta matparaḥ
vaśe hi yasyendriyāṇi tasya prajñā pratiṣṭhitā

62. dhyāyato viṣayān puṃsaḥ saṅgas teṣūpajāyate
saṅgāt saṃjāyate kāmaḥ kāmāt krodho'bhijāyate

63. krodhād bhavati saṃmohaḥ sammohāt smṛtivibhramaḥ
smṛtibhraṃśād buddhināśo buddhināśāt praṇaśyati

64. rāgadveṣaviyuktais tu viṣayān indriyaiś caran
ātmavaśyair vidheyātmā prasādam adhigacchati

2.58 E quando recolhe completamente seus sentidos em relação aos objetos dos sentidos, como a tartaruga [recolhe seus] membros, sua gnose encontra-se bem estabelecida.

2.59 Para a essência-incorporada (*dehin*) que-se-abstém-de-alimento[56] desaparecem os objetos, mas não o sabor. [Com] a visão do Supremo, o sabor também desaparece para ela.

2.60 Entretanto os sentidos agitados arrastam à força até a mente do homem de empenho e discernimento, ó filho-de-Kuntī.

2.61 Controlando todos esses [sentidos], jungido [e] atento a Mim, que ele se sente [numa postura confortável]. Pois encontra-se bem estabelecida a gnose daquele cujos sentidos estão sob controle.

2.62 [Quando] um homem contempla os objetos, nasce o contato-direto com eles. Do contato-direto brota o desejo; do desejo produz-se a ira.

2.63 Da ira vem a confusão; da confusão, a perturbação da memória[57]; da perturbação da memória, a destruição da faculdade-da-sabedoria. Com a destruição da faculdade-da-sabedoria, [o homem] se perde.

2.64 [Embora] se mova com os sentidos entre os objetos, o eu bem governado, separado da paixão e da aversão mediante [a aplicação dos] autocontroles[58], aproxima-se da graça-serenidade[59].

---

56. O adjetivo *nirāhāra* ("que se abstém de alimento" ou "que jejua") refere-se à atitude de ausência de cobiça do aspirante, atitude essa que culmina na não percepção dos objetos. [Refere-se também ao estado do sábio que já não busca satisfação nos objetos dos sentidos, mas sabe que a felicidade é uma característica intrínseca de sua verdadeira natureza, na qual ele repousa permanentemente. (N.T.)]

57. A palavra *smriti*, "memória", é usada aqui num sentido específico: o de "mente presente" ou mesmo de "consciência atenta". Por isso, a *smriti-vibhrama*, ou "perturbação da memória", pode ser equiparada a um distúrbio da cognição. O composto *buddhi-nāsha*, "destruição de *buddhi*", por outro lado, pode ser interpretado no limite como um "colapso nervoso", como sugere R. C. Zaehner (1966), muito embora tenha conotações mais profundas. Isso porque a perda de *buddhi* implica uma desorganização profunda da personalidade humana, tornando a mente incapaz de efetuar o discernimento essencial para o crescimento interior e a consecução da libertação espiritual.

58. O original sânscrito usa o caso instrumental no plural ("por meio de controles", *vashyaih*).

59. A palavra *prasāda* refere-se à total quietude interior por meio da qual a pessoa se torna apta a receber a graça (*prasāda*) de Deus. Não há dúvida de que o autor do *Bhagavad-Gītā* tinha ciência dessa dupla conotação.

प्रसादे सर्वदुःखानां हानिरस्योऽपजायते ।
प्रसन्नचेतसो ह्याशु बुद्धिः पर्यवतिष्ठते ॥ २—६५ ॥
नास्ति बुद्धिरयुक्तस्य न चायुक्तस्य भावना ।
न चाभावयतः शान्तिरशान्तस्य कुतः सुखम् ॥ २—६६ ॥
इन्द्रियाणां हि चरतां यन्मनोऽनुविधीयते ।
तदस्य हरति प्रज्ञां वायुर्नावमिवाम्भसि ॥ २—६७ ॥
तस्माद्यस्य महाबाहो निगृहीतानि सर्वशः ।
इन्द्रियाणीन्द्रियार्थेभ्यस्तस्य प्रज्ञा प्रतिष्ठिता ॥ २—६८ ॥

65. prasāde sarvaduḥkhānāṃ hānir asyo'pajāyate
    prasannacetaso hy āśu buddhiḥ paryavatiṣṭhate

66. nāsti buddhir ayuktasya na cāyuktasya bhāvanā
    na cābhāvayataḥ śāntir aśāntasya kutaḥ sukham

67. indriyāṇāṃ hi caratāṃ yan mano'nuvidhīyate
    tad asya harati prajnāṃ vāyur nāvam ivāmbhasi

68. tasmād yasya mahābāho nigṛhītāni sarvaśaḥ
    indriyāṇīndriyārthebhyas tasya prajnā pratiṣṭhitā

2.65 [Ao alcançar] a graça-serenidade, surge para ele a cessação de todo sofrimento. Para o [homem] de mente clara, a faculdade-da-sabedoria se estabelece firmemente de imediato.

2.66 Não há faculdade-da-sabedoria para o não jungido[60]. E para o não jungido tampouco há totalização[61]. Para quem não se totaliza não há paz[62]. De onde [poderia vir] a felicidade para quem não tem paz?

2.67 Quando a mente é regida pelos sentidos divagantes, ela leva embora a gnose como o vento [leva embora] um navio no mar.

2.68 Portanto, ó [Arjuna] dos braços fortes, encontra-se bem estabelecida a gnose daquele cujos sentidos estão completamente recolhidos em relação aos objetos dos sentidos.

---

60. A pessoa que não controla seus sentidos não tem acesso ao *buddhi* único mencionado em 2.41.

61. *Bhāvanā* é um termo complicado de traduzir para o inglês [e para o português]. As traduções usuais, como "desenvolvimento" ou "meditação", parecem inadequadas ou insuficientes. A palavra é formada a partir do radical *bhū* ("tornar-se", "vir-a-ser").

62. Se a gnose (*prajñā*) é o aspecto cognitivo da experiência extática (*samādhi*), a paz é seu aspecto emotivo. A paz verdadeira, que não acaba, só vem com a libertação suprema.

या निशा सर्वभूतानां तस्यां जागर्ति संयमी ।
यस्यां जाग्रति भूतानि सा निशा पश्यतो मुनेः ॥ २—६९ ॥
आपूर्यमाणमचलप्रतिष्ठं समुद्रमापः प्रविशन्ति यद्वत् ।
तद्वत्कामा यं प्रविशन्ति सर्वे स शान्तिमाप्नोति न कामकामी ॥ २—७० ॥
विहाय कामान्यः सर्वान्पुमांश्चरति निःस्पृहः ।
निर्ममो निरहंकारः स शान्तिमधिगच्छति ॥ २—७१ ॥
एषा ब्राह्मी स्थितिः पार्थ नैनां प्राप्य विमुह्यति ।
स्थित्वास्यमन्तकालेऽपि ब्रह्मनिर्वाणमृच्छति ॥ २—७२ ॥

69. yā niśā sarvabhūtānāṃ tasyāṃ jāgarti saṃyamī
    yasyāṃ jāgrati bhūtāni sā niśā paśyato muneḥ

70. āpūryamāṇam acalapratiṣṭham samudram āpaḥ praviśanti yadvat
    tadvat kāmā yam praviśanti sarve sa śāntim āpnoti na kāmakāmī

71. vihāya kāmān yaḥ sarvān pumāṃś carati niḥspṛhaḥ
    nirmamo nirahaṃkāraḥ sa śāntim adhigacchati

72. eṣā brāhmī sthitiḥ pārtha naināṃ prāpya vimuhyati
    sthitvāsyām antakāle'pi brahmanirvāṇam ṛcchati

2.69 Naquilo que é noite para todos os seres encontra-se desperto o [homem] controlado. Aquilo em que os seres estão despertos é a noite para o sábio dotado de visão[63].

2.70 Assim como as águas entram no oceano, que não se agita [embora esteja sempre] cheio, assim também todos os desejos entram nele; é ele, e não o desejador dos desejos, quem alcança a paz[64].

2.71 Esse homem (*pumãm*) que, deixando para trás todos os desejos, se movimenta sem nada ansiar, sem [a ideia de] "meu", sem o sentido-do--ego – ele se aproxima da paz[65].

2.72 Esse é o estado de Brahma, ó filho-de-Prithã. Alcançando-o, [o homem] não é [mais] iludido. Nele repousando também na última hora, [ou seja, na hora da morte,] ele alcança a extinção no fundamento-universal (*brahma-nirvāna*)[66].

---

63. Esse versículo pode ser interpretado segundo a psicanálise: a "noite" simboliza o inconsciente, que o *yogin* transmuta em supraconsciência. Por outro lado, quando ele se encontra no estado de êxtase (*samãdhi*), a consciência empírica do espaço-tempo se torna "noite" para ele, pois encontra-se abaixo do limite inferior da sua consciência. [Exceto no estado de realização espontânea ou realização natural (*sahaja-samãdhi*) do *jīvanmukta*, o ser "liberto em vida", cuja superconsciência implica e engloba todas as modalidades de consciência, incluindo a consciência comum espaço-temporal do estado de vigília. (N.T.)]

64. O desapego não é a repressão, mas antes a "superlimação" (não mera sublimação) de todos os desejos, que se fundem numa única volição dinâmica direcionada para a autotranscendência. Ver *Brihadãranyaka-Upanishad* 4.3.21. Formulei a distinção entre sublimação e superlimação em G. Feuerstein, *Sacred Sexuality: The Erotic Spirit in the World's Great Religions* (Rochester, Vt.: Inner Traditions, 2003), p. 197.

65. A realização da paz (*shãnti*) pressupõe uma reorganização completa da estrutura psíquica, em decorrência da qual a pessoa não renasce, mas se funde ao fundamento-universal (o *brahma-nirvãna* do versículo 2.72). Entretanto esse estado de libertação não envolve o desejado despertar superior no corpo eterno de Deus, também ensinado por Krishna.

66. Esse versículo indica os dois tipos ou estágios ou, ainda, modalidades de libertação espiritual. O primeiro é *jīvanmukti* ("libertação em vida"), a emancipação ainda no corpo físico. O segundo é *videhamukti* ("libertação fora do corpo"), que ocorre com a completa desintegração das estruturas psicossomáticas do indivíduo. *Videhamukti*, na minha opinião, é a fusão com o fundamento-universal, ou seja, com a forma cósmica de *brahman*, também chamado *prakriti-pradhãna* ou "alicerce do cosmo". [Por outro lado, na opinião de todos os comentadores tradicionais, o termo *brahman* tem, nesse versículo e em todo o livro, o mesmo sentido que tem nos Upanishads, designando portanto o Espírito Universal Incondicionado, princípio, fim e essência de toda realidade, do qual todas as coisas em todos os mundos são manifestações parciais e transitórias. Nessa interpretação, a tradução do final do versículo seria "ele alcança a extinção no Absoluto". (N.T.)]

अर्जुन उवाच

उयायसी चेत्कर्मणस्ते मता बुद्धिर्जनार्दन ।
तत्किं कर्मणि घोरे मां नियोजयसि केशव ॥ ३—१ ॥

व्यामिश्रेणैव वाक्येन बुद्धिं मोहयसीव मे ।
तदेकं वद निश्चित्य येन श्रेयोऽहमाप्नुयाम् ॥ ३—२ ॥

श्रीभगवानुवाच

लोकेऽस्मिन्द्विविधा निष्ठा पुरा प्रोक्ता मयानघ ।
ज्ञानयोगेन सांख्यानां कर्मयोगेन योगिनाम् ॥ ३—३ ॥

न कर्मणामनारम्भान्नैष्कर्म्यं परुषोऽश्नुते ।
न च संन्यसनादेव सिद्धिं समाधिगच्छति ॥ ३—४ ॥

arjuna uvāca

1. jyāyasī cet karmaṇas te matā buddhir janārdana
   tat kiṃ karmaṇi ghore māṃ niyojayasi keśava

2. vyāmiśreṇaiva vākyena buddhiṃ mohayasīva me
   tad ekaṃ vada niścitya yena śreyo'ham āpnuyām

śrībhagavān uvāca

3. loke'smin dvividhā niṣṭhā purā proktā mayānāgha
   jnānayogena sāṃkhyānāṃ karmayogena yoginām

4. na karmaṇām anārambhān naiṣkarmyaṃ puruṣo'śnute
   na ca saṃnyasanād eva siddhiṃ samādhigacchati

CAPÍTULO 3
O Yoga da Ação

Arjuna disse:

3.1 Ó Janārdana[1], se [tens] a convicção de que a sabedoria é superior à ação, por que então, ó Keshava[2], tu me instigas a [cometer este] ato terrível?

3.2 Pareces estar confundindo minha faculdade-da-sabedoria com palavras ambíguas[3]. Declara-me com certeza o único [meio] pelo qual devo [ser capaz de] atingir o [sumo] bem.

Disse o Senhor Bendito:

3.3 Há muito tempo, ó Anagha[4], proclamei um duplo modo-de-vida (*nishthā*) neste mundo – o Jnāna-Yoga[5] para os sāmkhyas[6] e o Karma--Yoga[7] para os *yogins*.

3.4 Não [é] por não iniciar[8] ações [que] o homem desfruta a transcendência-da-ação[9], nem pela renúncia somente [que] se aproxima da perfeição[10].

---

1. Sobre o epíteto Janārdana, atribuído a Krishna, ver a nota 25 em 1.36.

2. Sobre o epíteto Keshava, ver a nota 21 em 1.31.

3. Aqui, Arjuna tem a audácia de dizer a seu guru que este o está confundindo com afirmações contraditórias. Pelo menos ele tem a decência de abrandar sua crítica usando a palavra "aparentemente" (*iva*).

4. O epíteto Anagha significa "sem culpa" ou "sem pecado". Arjuna não tem pecado na medida em que é uma manifestação parcial do deus Indra.

5. O Jnāna-Yoga é a via da autotranscendência por meio da sabedoria discriminativa.

6. Aqui, a palavra *sāmkhya* (usada no plural) não se refere à tradição do Sāmkhya, mas a seus adeptos.

7. O Karma-Yoga é o caminho da ação autotranscendente proposto por Krishna.

8. O termo *anārambha*, traduzido aqui por "não iniciar", significa literalmente "não início". É geralmente traduzido como "abstenção".

9. *Naishkarmya*, "transcendência-da-ação", é uma palavra difícil de capturar nas línguas ocidentais. As expressões "ausência de ação" ou "liberdade em relação à ação", frequentemente usados, não veiculam o sentido do original. Talvez "liberdade na ação" fosse um modo melhor de transmitir o significado implícito de *naishkarmya*, que não envolve nenhuma atividade do ego. [O termo *naishkarmya* também pode ser correlacionado com o conceito de *wu--wei* ou "não ação" dos taoístas; seu equivalente na mística cristã e islâmica seria a "ausência de vontade própria" ou a "submissão à vontade de Deus". (N.T.)]

10. "Perfeição" (*siddhi*) refere-se aqui à consumação do caminho espiritual, ou seja, à libertação.

न हि कश्चित्क्षणमपि जातु तिष्ठत्यकर्मकृत् ।
कार्यते ह्यवशः कर्म सर्वः प्रकृतिजैर्गुणैः ॥ ३—५ ॥
कर्मेन्द्रियाणि संयम्य य आस्ते मनसा स्मरन् ।
कर्मेन्द्रियैः कर्मयोगमसक्तः स विशिष्यते ॥ ३—६ ॥
इन्द्रियार्थान्विमूढात्मा मिथ्याचारः स उच्यते ।
यस्त्विन्द्रियाणि मनसा नियम्यारभतेऽर्जुन ॥ ३—७ ॥
नियतं कुरु कर्म त्वं कर्म ज्यायो ह्यकर्मणः ।
शरीरयात्रापि च ते न प्रसिध्येदकर्मणः ॥ ३—८ ॥
यज्ञार्थात्कर्मणोऽन्यत्र लोकोऽयं कर्मबन्धनः ।
तदर्थं कर्म कौन्तेय मुक्तसङ्गः समाचर ॥ ३—९ ॥
सहयज्ञाः प्रजाः सृष्ट्वा पुरोऽवाच प्रजापतिः ।
अनेन प्रसविष्यध्वमेष वोऽस्त्विष्टकामधुक् ॥ ३—१० ॥

5. na hi kaścit kṣaṇam api jātu tiṣṭhaty akarmakṛt
   kāryate hy avaśaḥ karma sarvaḥ prakṛtijair guṇaiḥ

6. karmendriyāṇi saṃyamya ya āste manasā smaran
   indriyārthān vimūḍhātmā mithyācāraḥ sa ucyate

7. yas tv indriyāṇi manasā niyamyārabhate'rjuna
   karmendriyaiḥ karmayogam asaktaḥ sa viśiṣyate

8. niyataṃ kuru karma tvaṃ karma jyāyo hy akarmaṇaḥ
   śarīrayātrāpi ca te na prasidhyed akarmaṇaḥ

9. yajnārthāt karmaṇo'nyatra loko'yaṃ karmabandhanaḥ
   tadarthaṃ karma kaunteya muktasaṅgaḥ samācara

10. sahayajnāḥ prajāḥ sṛṣṭvā puro'vāca prajāpatiḥ
    anena prasaviṣyadhvam eṣa vo'stv iṣṭakāmadhuk

3.5   Pois nem mesmo por um instante [pode] alguém permanecer sem executar ações. Todo [ser], com efeito, é inadvertidamente (*avasha*) levado a executar ações pelas qualidades-primárias[11] nascidas da matriz do cosmo[12].

3.6   O ente confuso que, [embora] restrinja as faculdades de ação[13], senta--se e com a mente se recorda dos objetos dos sentidos é chamado de hipócrita[14].

3.7   Mas excelente é aquele que, ó Arjuna, controlando com a mente as faculdades [de cognição][15], dedica-se desapegado ao Karma-Yoga com as faculdades de ação.

3.8   Deves cumprir a ação necessária[16], pois a ação é superior à inação; nem mesmo teus processos corporais[17] podem cumprir-se pela inação.

3.9   Este mundo é agrilhoado pela ação, exceto quando tal ação tem o sacrifício[18] como objetivo. Com essa finalidade, ó filho-de-Kuntī[19], livre de apego, dedica-te à ação.

3.10   Emanando as criaturas juntamente com o sacrifício, Prajāpati[20], antigamente, disse: "Por meio disto procriareis; que este [sacrifício] seja a vaca que atende a [todos os] vossos desejos[21]."

---

11. As três qualidades-primárias (*guna*) são *sattva*, *rajas* e *tamas*.

12. O termo *prakriti* geralmente é traduzido por "natureza", mas pode ser usado em referência ao conjunto da existência cósmica na medida em que esta se contrapõe ao Espírito transcendente (*purusha*). No composto *prakriti-ja* ("nascido de *prakriti*"), usado nesse versículo, *prakriti* refere-se por sua vez à matriz do cosmo, o fundamento substancial da existência condicionada, que na tradição do Sāmkhya é chamado *prakriti-pradhāna* ("alicerce do cosmo"). [Ou seja, *prakriti* também pode ser correlacionada à *hylé* de Aristóteles e ao conceito de "matéria-prima universal" da alquimia. Nesse sentido, *prakriti* é a base não manifesta de onde o Espírito, em sua perene atividade formativa, extrai a substância dos entes que se manifestam na integralidade dos três mundos, ou seja, no cosmo propriamente dito. (N.T.)]

13. As cinco faculdades ou órgãos de ação (*karma-indriya*, que se escreve *karmendriya*) são a voz (aparelho fonador), as mãos, os pés, o ânus e os órgãos genitais.

14. O composto *mythyā-ācāra*, "[aquele cuja] conduta é falsa", foi traduzido aqui por "hipócrita".

15. As cinco faculdades ou órgãos de cognição (*jñāna-indriya*, que se escreve *jñānendriya*) são os olhos, os ouvidos, o nariz, a língua e a pele. Juntamente com as cinco faculdades de ação e a mente inferior (*manas*), que reúne todos os dados sensoriais e comanda os movimentos do corpo, elas constituem as onze faculdades ou "onze sentidos" do ser humano.

16. Shankara, com toda razão, explica *niyata* do ponto de vista psicológico como as obras para as quais cada pessoa é apta (*adhikrita*). Isso não se refere antes de tudo aos deveres morais prescritos nas normas sagradas, como sustentaram Franklin Edgerton (1944, p. 59) e outros. Por isso, a tradução de *niyata* por "obrigatórias" é limitada demais e facilmente dá margem à noção errônea de que o termo implica uma espécie de compulsão imposta ao indivíduo pelos costumes tradicionais. "Necessárias", na tradução que proponho, dá a entender que a ação se torna necessária num determinado contexto.

17. *Yātrā* (no plural) significa "idas", donde essa tradução por "processos".

18. O sacrifício (*yajna*) tem papel importantíssimo no hinduísmo. Simbolicamente, implica a entrega do inferior ao superior, do eu egoico ao Eu transcendente.

19. Ver a nota 19 em 1.27.

20. Prajāpati – literalmente "senhor (*pati*) das criaturas" – é um sinônimo de Brahma, o Criador.

21. Essa vaca mitológica, chamada *kāma-dhuk*, atende a todos os desejos das pessoas. Ver também 10.28.

देवान्भावयतानेन ते देवा भावयन्तु वः ।
परस्परं भावयन्तः श्रेयः परमवाप्स्यथ ॥ ३—११ ॥

इष्टान्भोगान्हि वो देवा दास्यन्ते यज्ञभाविताः ।
तैर्दत्तानप्रदायैभ्यो यो भुङ्क्ते स्तेन एव सः ॥ ३—१२ ॥

यज्ञशिष्टाशिनः सन्तो मुच्यन्ते सर्वकिल्बिषैः ।
भुञ्जते ते त्वघं पापा ये पचन्त्यात्मकारणात् ॥ ३—१३ ॥

अन्नाद्भवन्ति भूतानि पर्जन्यादन्नसंभवः ।
यज्ञाद्भवति पर्जन्यो यज्ञः कर्मसमुद्भवः ॥ ३—१४ ॥

कर्म ब्रह्मोद्भवं विद्धि ब्रह्माक्षरसमुद्भवम् ।
तस्मात्सर्वगतं ब्रह्म नित्यं यज्ञे प्रतिष्ठितम् ॥ ३—१५ ॥

एवं प्रवर्तितं चक्रं नानुवर्तयतीह यः ।
अघायुरिन्द्रियारामो मोघं पार्थ स जीवति ॥ ३—१६ ॥

11. devān bhāvayatānena te devā bhāvayantu vaḥ
    parasparam bhāvayantaḥ śreyaḥ param avāpsyatha

12. iṣṭān bhogān hi vo devā dāsyante yajnabhāvitaḥ
    tair dattān apradāyaibhyo yo bhuṅkte stena eva saḥ

13. yajnaśiṣṭāśinaḥ santo mucyante sarvakilbiṣaiḥ
    bhunjate te tv aghaṃ pāpā ye pacanty ātmakāraṇāt

14. annād bhavanti bhūtāni parjanyād annasambhavaḥ
    yajnād bhavati parjanyo yajnaḥ karmasamudbhavaḥ

15. karma brahmodbhavaṃ viddhi brahmākṣarasamudbhavam
    tasmāt sarvagataṃ brahma nityaṃ yajne pratiṣṭhitam

16. evaṃ pravartitaṃ cakraṃ nānuvartayatīha yaḥ
    aghāyur indriyārāmo moghaṃ pārtha sa jīvati

3.11 Que vós, com isto, sustenteis as divindades[22] para que as divindades vos sustentem. Sustentando uns aos outros, obtereis o sumo bem (*shreya*).

3.12 Pois as divindades, sustentadas pelo sacrifício, vos darão o "alimento"[23] desejado. Aquele que frui das dádivas delas sem dar [algo em troca] não passa de um ladrão.

3.13 Os [homens] bons, consumindo as sobras dos sacrifícios, são libertados de toda culpa, mas os que cozinham [somente] para si[24] são maus e "comem" [o fruto kármico da] perversidade.

3.14 Os seres provêm do alimento. O alimento é produzido pela chuva. A chuva provém do sacrifício. O sacrifício nasce da ação [ritual][25].

3.15 Estejas ciente de que [toda] ação [ritual] origina-se do fundamento universal*. O fundamento-universal nasce do Imperecível[26].
Portanto o onipresente fundamento-universal encontra-se eternamente estabelecido no sacrifício.

3.16 Logo, aquele que não faz girar a roda[27] [da ação sacrificial] vive uma vida perversa, vã [e ligada aos] deleites sensuais, ó filho-de-Prithā [Arjuna][28].

---

22. A palavra *deva* significa literalmente "brilhante, luminoso". Os deuses e as deusas do hinduísmo são semelhantes aos anjos das tradições judaica, cristã e islâmica. A noção tradicional é a de que essas divindades são sustentadas pela essência sutil das oferendas sacrificiais. Por extensão, esse termo também é usado às vezes como epíteto do próprio Ser Supremo, também chamado "Deus dos deuses" (*deva-deva*) no versículo 10.15.

23. A palavra *bhoga* significa tanto "fruição" e "gozo" quanto "alimentação". Esse versículo expressa claramente a reciprocidade que se postula existir entre os deuses e os homens e que faz parte da própria ordem cósmica (*rita*).

24. Os que cozinham para si sem apresentar oferendas sacrificiais às divindades são considerados extremamente egoístas, e sua atitude pecaminosa os faz colher somente recompensas kármicas negativas. Segundo Krishna Prem (1938/1969, p. 24), os deuses simbolizam a consciência que nutre a forma manifesta. Essa interpretação psicológica é possível, mas não exclui outras interpretações.

25. Mais uma vez, o texto descreve o vínculo recíproco entre os homens e os deuses, relação essa em que figura com destaque a execução de sacrifícios. Esse versículo obscuro lembra uma doutrina "ecológica" arcaica formulada pela primeira no *Taittirīya-Upanishad* 2.2 e 3.10.

* Segundo a maioria dos comentários tradicionais, "Brahma" significa aqui os Vedas, os textos revelados que prescrevem os sacrifícios e seu modo de realização. Explica-se assim o fato de ser considerado derivado de Brahman, o Imperecível, como descreve o autor na nota seguinte. (N.T.)

26. Aqui, "Imperecível" se refere ao *akshara-purusha* ou *Brahman*, a Realidade suprema.

27. A imagem de "girar a roda" sugere a ideia de participação consciente na vida por meio da ação autotranscendente (que implica o sacrifício de si).

28. Ver a nota 18 em 1.25.

यस्त्वात्मरतिरेव स्यादात्मतृप्तश्च मानवः ।
आत्मन्येव च संतुष्टस्तस्य कार्यं न विद्यते ॥ ३—१७ ॥

नैव तस्य कृतेनार्थो नाकृतेनेह कश्चन ।
न चास्य सर्वभूतेषु कश्चिदर्थव्यपाश्रयः ॥ ३—१८ ॥

तस्मादसक्तः सततं कार्यं कर्म समाचर ।
असक्तो ह्याचरन्कर्म परमाप्नोति पूरुषः ॥ ३—१९ ॥

कर्मणैव हि संसिद्धिमास्थिता जनकादयः ।
लोकसंग्रहमेवापि संपश्यन्कर्तुमर्हसि ॥ ३—२० ॥

यद्यदाचरति श्रेष्ठस्तत्तदेवेतरो जनः ।
स यत्प्रमाणं कुरुते लोकस्तदनुवर्तते ॥ ३—२१ ॥

न मे पार्थास्ति कर्तव्यं त्रिषु लोकेषु किंचन ।
नानवाप्तमवाप्तव्यं वर्त एव च कर्मणि ॥ ३—२२ ॥

यदि ह्यहं न वर्तेयं जातु कर्मण्यतन्द्रितः ।
मम वर्त्मानुवर्तन्ते मनुष्याः पार्थ सर्वशः ॥ ३—२३ ॥

17. yas tv ātmaratir eva syād ātmatṛptaś ca mānavaḥ
     ātmany eva ca saṃtuṣṭas tasya kāryaṃ na vidyate

18. naiva tasya kṛtenārtho nākṛteneha kaścana
     na cāsya sarvabhūteṣu kaścid arthavyapāśrayaḥ

19. tasmād asaktaḥ satataṃ kāryaṃ karma samācara
     asakto hy ācaran karma param āpnoti pūruṣaḥ

20. karmaṇaiva hi saṃsiddhim āsthitā janakādayaḥ
     lokasaṃgraham evāpi saṃpaśyan kartum arhasi

21. yad-yad ācarati śreṣṭhas tat-tad evetaro janaḥ
     sa yat pramāṇaṃ kurute lokas tad anuvartate

22. na me pārthāsti kartavyaṃ triṣu lokeṣu kiṃcana
     nānavāptam avāptavyaṃ varta eva ca karmaṇi

23. yadi hy ahaṃ na varteyaṃ jātu karmaṇy atandritaḥ
     mama vartmānuvartante manuṣyāḥ pārtha sarvaśaḥ

3.17 Porém, para o ser humano que goze somente de Si Mesmo, [que] esteja satisfeito somente Consigo Mesmo e [esteja] contente em Si Mesmo, nada [mais] resta a fazer[29].

3.18 Para ele, com efeito, nenhuma [ação] cumprida ou não cumprida aqui [na terra] tem qualquer finalidade. E ele não depende de ser nenhum para finalidade alguma.

3.19 Portanto executa sempre sem apego o ato a ser cumprido[30], pois o homem (*purusha*) que executa as ações sem apego alcança o Supremo.

3.20 Pela ação, com efeito, [o rei] Janaka e outros alcançaram a consumação [espiritual]. Mesmo considerando somente o bem do mundo[31], deves agir.

3.21 Com efeito, o que quer que faça o melhor, isso mesmo as outras pessoas em verdade [farão]. Qual[quer que seja] o padrão que ele estabeleça, o mundo o seguirá[32].

3.22 Para Mim, ó filho-de-Prithā, não [há ação alguma] a ser cumprida nos três mundos[33], nem nada não obtido a ser obtido – e, no entanto, dedico-Me à ação.

3.23 Pois, se em absoluto Eu não Me dedicasse incansavelmente à ação, os seres humanos em toda parte seguiriam Meus rastros[34], ó filho-de-Prithā.

---

29. O adepto realizado pode agir ou não. Sendo todas as suas ações executadas a partir da "espontaneidade" (*sahaja*) que nasce da sabedoria, não existe para ele o sentido de "dever" (*dharma*). É também por isso que Krishna pode afirmar: "Abandonando todos os *dharmas*, busca abrigo unicamente em Mim" (18.66).

30. A palavra *kārya* ("a ser cumprido") é o particípio passivo futuro de *kri*, "fazer". Trata-se do "dever" ético.

31. O composto *loka-samgraha*, aqui traduzido por "bem do mundo", aparece no *Gītā* somente nesse versículo e em 3.25. A tradução de Swami Tripurari (2001) "[considerando] as pessoas em geral" é muito fraca, ao passo que a de Radhakrishnan (1948), "preservação do mundo", é um pouco vaga demais. A de Van Buitenen (1981), "[em vista do] que mantém o mundo unido", é literal, mas também é vaga. Edgerton (1944) interpreta o termo erroneamente como "controle do mundo". No livro *The Ethics of the Gītā* (1971), G. W. Kaveeshwar explica o termo como "orientação das massas"; mas podemos perguntar: orientação em que sentido? Rāmānuja, Shankara e Abinavagupta, em seus comentários, deixam a palavra *loka-samgraha* inexplicada, como se fosse absolutamente clara. Nataraja Guru (1973) propõe "integração do mundo" e, inteligentemente, observa: "A palavra *lokasamgraham* (manter o mundo unido) não implica nenhum serviço social nem qualquer trabalho de promoção de grupos ou comunidades isolados. Refere-se ao interesse ou ao bem da humanidade num sentido globalmente abrangente" (p. 193). Ao que parece, o antigo rei Janaka era plenamente realizado, mas ainda assim se dedicava aos assuntos de Estado para beneficiar o povo.

32. Curiosamente, essa declaração de Krishna parece não se aplicar ao *kali-yuga*, que, segundo a tradição, começou depois da guerra dos Bharatas. Em definitivo não se aplica à nossa era, em que as pessoas parecem imitar antes os piores exemplos que os melhores e na qual os tolos tendem a seguir os cegos.

33. Sobre os três mundos (*loka*) ou esferas, ver a nota 24 em 1.35.

34. A palavra sânscrita traduzida por "rastros" é *vartman* no sentido de "exemplo".

उत्सीदेयुरिमे लोका न कुर्यां कर्म चेदहम् ।
संकरस्य च कर्ता स्यामुपहन्यामिमाः प्रजाः ॥ ३—२४ ॥
सक्ताः कर्मण्यविद्वांसो यथा कुर्वन्ति भारत ।
कुर्याद्विद्वांस्तथासक्तश्चिकीर्षुर् लोकसंग्रहम् ॥ ३—२५ ॥
न बुद्धिभेदं जनयेदज्ञानां कर्मसङ्गिनाम् ।
जोषयेत्सर्वकर्माणि विद्वान्युक्तः समाचरन् ॥ ३—२६ ॥
प्रकृतेः क्रियमाणानि गुणैः कर्माणि सर्वशः ।
अहंकारविमूढात्मा कर्ताहमिति मन्यते ॥ ३—२७ ॥
तत्त्ववित्तु महाबाहो गुणकर्मविभागयोः ।
गुणा गुणेषु वर्तन्त इति मत्वा न सज्जते ॥ ३—२८ ॥
प्रकृतेर्गुणसंमूढाः सज्जन्ते गुणकर्मसु ।
तानकृत्स्नविदो मन्दान्कृत्स्नविन्नविचालयेत् ॥ ३—२९ ॥

24. utsīdeyur ime lokā na kuryāṃ karma ced aham
    saṃkarasya ca kartā syām upahanyām imāḥ prajāḥ

25. saktāḥ karmaṇy avidvāṃso yathā kurvanti bhārata
    kuryād vidvāṃs tathāsaktaś cikīrṣur lokasaṃgraham

26. na buddhibhedaṃ janayed ajñānāṃ karmasaṅginām
    joṣayet sarvakarmāṇi vidvān yuktaḥ samācaran

27. prakṛteḥ kriyamāṇāni guṇaiḥ karmāṇi sarvaśaḥ
    ahaṃkāravimūḍhātmā kartāham iti manyate

28. tattvavit tu mahābāho guṇakarmavibhāgayoḥ
    guṇā guṇeṣu vartanta iti matvā na sajjate

29. prakṛter guṇasaṃmūḍhāḥ sajjante guṇakarmasu
    tān akṛtsnavido mandān kṛtsnavin na vicālayet

3.24 Se Eu não agisse, estes mundos pereceriam[35]; Eu seria o autor do caos[36] e destruiria [todas] estas criaturas.

3.25 Assim como os insensatos executam [seus atos] apegados à ação, ó descendente-de-Bharata, assim os sábios devem agir sem apego, desejando efetuar o bem do mundo.

3.26 Que [o sábio] não gere uma cisão de *buddhi*[37] nos ignorantes apegados à ação. Que o sábio, jungido [e] atuante, leve [os outros] a regozijar-se em todas as ações.

3.27 Em toda parte, as ações são executadas pelas qualidades-primárias (*guna*) da matriz do cosmo (*prakriti*). [No entanto o homem] iludido em si mesmo pelo sentido-do-ego[38] pensa: "Eu sou o agente."

3.28 Mas o conhecedor da Realidade, ó [Arjuna] dos braços fortes, [que compreende] a distribuição-proporcional[39] das qualidades-primárias e [das] ações, percebendo que as qualidades-primárias agem sobre as qualidades-primárias, não se apega.

3.29 Os-que-se-deixam-enganar pelas qualidades-primárias da matriz do cosmo se apegam às ações das qualidades-primárias. O conhecedor do Todo não deve perturbar os obtusos conhecedores do não Todo[40].

---

35. O original sânscrito traz o optativo *utsīdeyuh*, derivado do prefixo *ud-* ("para cima/ para fora") e da raiz verbal *sad* ("sentar"), que significa "devem ir embora".

36. O termo *samkara* denota o oposto da "lei" ou "ordem" implicadas no termo *dharma*.

37. O termo sânscrito *buddhi-bheda*, aqui traduzido por "cisão de *buddhi*", significa uma ruptura da capacidade de cognição organizada, levando à confusão conceitual. Também contém um elemento emocional, sugerindo um estado psíquico semelhante ao de um colapso nervoso.

38. O termo *ahamkāra* significa literalmente "aquele que faz o eu".

39. A expressão *guna-karma-vibhāga* ou "distribuição-proporcional das qualidades-primárias e das ações" provavelmente encontra sua explicação no versículo 4.13, em que Krishna fala das quatro castas, cujos membros se distinguem por suas diferentes qualidades emocionais e mentais de acordo com a predominância e a operação dos *gunas* em suas naturezas. A palavra *vibhāgayoh* ("da distribuição-proporcional") está no genitivo dual. Van Buitenen (1981) e Hill (1928/1966) trazem "distribuição", ao passo que Edgerton (1944) propõe "separação".

40. A maioria dos tradutores entende os termos *kritsna-vid* e *akritsna-vid* no sentido de "conhecedor completo" e "conhecedor incompleto" respectivamente, mas sinto haver a possibilidade de estar implícito, aí, algo mais profundo. Por isso, decidi entender *kritsna* como uma referência ao Todo, à Realidade Suprema, e não como uma qualificação do conhecedor. Em outras palavras, o indivíduo ignorante não enxerga o quadro completo, mas somente uma perspectiva parcial, ao passo que o sábio vê o Todo (*pūrna*) tal como ele é.

मयि सर्वाणि कर्माणि संन्यस्याध्यात्मचेतसा ।
निराशिर्निर्ममो भूत्वा युध्यस्व विगतज्वरः ॥ ३—३० ॥
ये मे मतमिदं नित्यमनुतिष्ठन्ति मानवाः ।
श्रद्धावन्तोऽनसूयन्तो मुच्यन्ते तेऽपि कर्मभिः ॥ ३—३१ ॥
ये त्वेतदभ्यसूयन्तो नानुतिष्ठन्ति मे मतम् ।
सर्वज्ञानविमूढांस्तान्विद्धि नष्टानचेतसः ॥ ३—३२ ॥
सदृशं चेष्टते स्वस्याः प्रकृतेर्ज्ञानवानपि ।
प्रकृतिं यन्ति भूतानि निग्रहः किं करिष्यति ॥ ३—३३ ॥
इन्द्रियस्येन्द्रियस्यार्थे रागद्वेषौ व्यवस्थितौ ।
तयोर्न वशमागच्छेत्तौ ह्यस्य परिपन्थिनौ ॥ ३—३४ ॥
श्रेयान्स्वधर्मो विगुणः परधर्मात्स्वनुष्ठितात् ।
स्वधर्मे निधनं श्रेयः परधर्मो भयावहः ॥ ३—३५ ॥

अर्जुन उवाच

अथ केन प्रयुक्तोऽयं पापं चरति पूरुषः ।
अनिच्छन्नपि वार्ष्णेय बलादिव नियोजितः ॥ ३—३६ ॥

30. mayi sarvāṇi karmāṇi saṃnyasyādhyātmacetasā
    nirāśīr nirmamo bhūtvā yudhyasva vigatajvaraḥ

31. ye me matam idaṃ nityam anutiṣṭhanti mānavāḥ
    śraddhāvanto'nasūyanto mucyante te'pi karmabhiḥ

32. ye tv etad abhyasūyanto nānutiṣṭhanti me matam
    sarvajnānavimūḍhāṃs tān viddhi naṣṭān acetasaḥ

33. sadṛśaṃ ceṣṭate svasyāḥ prakṛter jñānavān api
    prakṛtiṃ yanti bhūtāni nigrahaḥ kiṃ kariṣyati

34. indriyasyendriyasyārthe rāgadveṣau vyavāsthitau
    tayor na vaśam āgacchet tau hy asya paripanthinau

35. śreyān svadharmo viguṇaḥ paradharmāt svanuṣṭhitāt
    svadharme nidhanaṃ śreyaḥ paradharmo bhayāvahaḥ

    arjuna uvāca

36. atha kena prayukto'yaṃ pāpaṃ carati pūruṣaḥ
    anicchann api vārṣṇeya balād iva niyojitaḥ

3.30 Renunciando a todas as ações em Mim, com a mente [voltada para] a base-do-eu[41], tendo perdido [toda] esperança[42] e sem [nenhuma ideia de] "meu", extinta a febre-da-ansiedade – luta!

3.31 Sempre que os seres humanos praticarem este Meu ensinamento, firmes-na-fé e sem lamuriar-se, também eles serão libertados [da escravidão] das ações.

3.32 Mas aqueles que, lamuriando-se, não seguem este Meu ensinamento – estejas ciente de que são enganados por todo o conhecimento, perdidos [e] imprudentes.

3.33 Até o [homem] de conhecimento se comporta de acordo com sua natureza inata (*prakriti*). [Todos] os seres seguem [sua própria] natureza. Que utilidade terá a repressão?

3.34 A paixão e o ódio são dirigidos aos objetos dos [seus] respectivos sentidos. Que ninguém caia sob o poder deles, pois ambos são salteadores [no caminho].

3.35 É melhor [cumprir] imperfeitamente a lei-própria que cumprir perfeitamente a lei alheia. [É] melhor [encontrar] a morte no [cumprimento da] lei-própria, pois a lei alheia infunde o medo[43].

Arjuna disse:

3.36 Mas pelo que este homem [terreno] é impelido a cometer pecado, mesmo inadvertidamente [e] como que coagido pela força, ó descendente-de-Vrishni?[44]

---

41. *Adhyātman*, "base-do-eu", é difícil de traduzir. Pode referir-se tanto ao Eu supremo quanto ao eu íntimo. No presente contexto, a expressão *adhyātma-cetasā* ("com a mente [dirigida para] *adhyātman*") provavelmente significa algo como "com a mente voltada para o eu íntimo". Isso é corroborado pelo versículo 8.3, em que o termo é definido como "ser-próprio" ou "natureza própria" (*svabhāva*).

42. A teologia cristã sempre teve muito a dizer sobre a função positiva da esperança – a esperança de que, no fim, tudo será curado. O Yoga, por sua vez, sublinha o lado negativo da esperança (*āshis*), qualificando-a como um estado mental que simplesmente mantém a pessoa apegada ao mundo sensorial e, assim, implicada no nexo kármico.

43. Este é um dos versículos mais importantes do *Gītā*, pois tem um profundo sentido psicológico e ético. Psicológico porque seguir os princípios morais de outrem pode fazer violência à consciência da pessoa (considere, por exemplo, a obediência *cega* de um soldado às ordens de um superior) e, portanto, ao seu sentido de integridade psicológica. Ético porque o sentido moral alheio pode não corresponder ao nosso, fazendo-nos engendrar um karma alheio à nossa natureza e, portanto, desfavorável. De qualquer modo, sempre nos sentiremos pouco à vontade ao adotar o curso de ação de outra pessoa. Ver também 18.47.

44. Sobre o epíteto Vārshneya ("descendente-de-Vrishni"), ver a nota 28 em 1.41.

श्रीभगवानुवाच

काम एष क्रोध एष रजोगुणसमुद्भवः ।

महाशनो महापाप्मा विद्ध्येनमिह वैरिणम् ॥ ३—३७ ॥

«अर्जुन उवाच

भवत्येष कथं कृष्ण कथं चैव विवर्धते ।

किमात्मकः किमाचारस्तन्मामाचक्ष्य पृच्छतः ॥

श्रीभगवानुवाच

एष सूक्ष्मः परः शत्रुर्देहिनामिन्द्रियैः सह ।

सुखतन्त्र इवासिनो मोहयन्पार्थ तिष्ठति ॥

कामक्रोधमयो घोरः स्तम्भहर्षसमुद्भवः ।

अहंकारोऽभिमानात्म दुस्तरः पापकर्मभिः ॥

हर्षमस्य निवर्त्यैष शोकमस्य ददाति च ।

भयं चास्य करोत्येष मोहयंस्तु मुहुर्मुहुः ॥

स एष कलुषः क्षुद्रश्छिद्रप्रेक्षी धनंजय ।

रजःप्रवृत्तो मोहात्मा मनुष्याणामुपद्रवः»

śrībhagavān uvāca

37. kāma eṣa krodha eṣa rajoguṇasamudbhavaḥ
mahāśano mahāpāpmā viddhy enam iha vairiṇam

«arjuna uvāca
bhavatyeṣa kathaṃ kṛṣṇa kathaṃ caiva vivardhate
kimātmakaḥ kimācārastanmamācakṣya pṛcchataḥ

śrībhagavān uvāca
eṣa sūkṣmaḥ paraḥ śatrurdehinām indriyaiḥ saha
sukhatantra ivāsino mohayan pārtha tiṣṭhati
kāmakrodhamayo ghoraḥ stambhaharṣasamudbhavaḥ
ahaṃkāro'bhimānātmā dustaraḥ pāpakarmabhiḥ
harṣamasya nivartyaiṣa śokamasya dadāti ca
bhayaṃ cāsya karotyeṣa mohayaṃstu muhurmuhuḥ
sa eṣa kaluṣaḥ kṣudraśchidraprekṣī dhanaṃjaya
rajaḥ pravṛtto mohātmā manuṣyāṇām upadravaḥ.»

Disse o Senhor Bendito:

3.37 Este desejo, esta ira*, nascido de *rajo-guna*[45], todo-devorador, imensamente mau – conhece-o [como] o inimigo aqui [na terra]!

«Arjuna disse:

Como surge ele, ó Krishna, e como aumenta? Qual é [sua] essência, qual [é sua] forma-de-expressão? Di-lo a mim, [que te] pergunto.

Disse o Senhor Bendito:

Este [desejo] é o inimigo sutil [e] supremo de [todas] as essências-incorporadas (*dehin*), juntamente com os sentidos [delas]. Permanece como que (*iva*) sentado numa teia de prazeres, iludindo [a todos], ó filho-de-Prithā. Feito de desejo [e] ira, [este inimigo é] terrível; causando uma euforia paralisante, [é ele] o sentido-do-ego, cuja essência (*ātman*) é orgulho; em razão das ações pecaminosas, [é] difícil-de-transcender. [Rapidamente] priva [o homem] da euforia e lhe dá sofrimento. E, entorpecendo[-lhe] repetidamente, causa-lhe [por fim] o medo. É imundo [e leva a pessoa a] espiar pelos buracos das fechaduras, ó Dhanamjaya[46]; impulsionado por *rajas*, tem por essência (*ātman*) a ilusão [e é] a aflição dos seres humanos.»

---

* Nessa passagem, o desejo é descrito como o grande inimigo. No entanto, o texto começa justapondo o desejo e a ira. Os comentários tradicionais explicam essa justaposição afirmando que o desejo insatisfeito gera a ira ou se transforma em ira, sendo esse o binômio da agitação mental e da infelicidade humana. *Kāma*, o desejo, é o apego e a vontade de possuir todo e qualquer objeto entendido como externo ao sujeito; *krodha*, a ira, decorre do fato de não possuirmos os objetos desejados ou de possuirmos os objetos indesejados. (N.T.)

45. *Rajo-guna* é *rajas*, a qualidade-primária (*guna*) da atividade. Ver a nota 44 em 2.45.

46. Sobre o epíteto Dhanamjaya, ver a nota 7 em 1.15.

धूमेनाव्रियते वह्निर्यथादर्शो मलेन च ।
यथोल्बेनावृतो गर्भस्तथा तेनेदमावृतम् ॥ ३—३८ ॥

आवृतं ज्ञानमेतेन ज्ञानिनो नित्यवैरिणा ।
कामरूपेण कौन्तेय दुष्पूरेणानलेन च ॥ ३—३९ ॥

इन्द्रियाणि मनो बुद्धिरस्याधिष्ठानमुच्यते ।
एतैर्विमोहयत्येष ज्ञानमावृत्य देहिनम् ॥ ३—४० ॥

तस्मात्त्वमिन्द्रियाण्यादौ नियम्य भरतर्षभ ।
पाप्मानं प्रजहि ह्येनं ज्ञानविज्ञाननाशनम् ॥ ३—४१ ॥

इन्द्रियाणि पराण्याहुरिन्द्रियेभ्यः परं मनः ।
मनसस्तु परा बुद्धिर्यो बुद्धेः परतस्तु सः ॥ ३—४२ ॥

एवं बुद्धेः परं बुद्ध्वा संस्तभ्यात्मानमात्मना ।
जहि शत्रुं महाबाहो कामरूप दुरासदम् ॥ ३—४३ ॥

38. dhūmenāvriyate vahnir yathādarśo malena ca
    yatholbenāvṛto garbhas tathā tenedam āvṛtam

39. āvṛtaṃ jñānam etena jñānino nityavairiṇā
    kāmarūpeṇa kaunteya duṣpūreṇānalena ca

40. indriyāṇi mano buddhir asyādhiṣṭhānam ucyate
    etair vimohayaty eṣa jñānam āvṛtya dehinam

41. tasmāt tvam indriyāṇy ādau niyamya bharatarṣabha
    pāpmānaṃ prajahi hy enaṃ jñānavijñānanāśanam

42. indriyāṇi parāṇy āhur indriyebhyaḥ paraṃ manaḥ
    manasas tu parā buddhir yo buddheḥ paratas tu saḥ

43. evaṃ buddheḥ paraṃ buddhvā saṃstabhyātmānam ātmanā
    jahi śatruṃ mahābāho kāmarūpaṃ durāsadam

3.38 Assim como o fogo é envolvido pela fumaça e um espelho [é obscurecido] pela poeira, assim como o embrião é coberto por uma membrana, assim também este [mundo] é recoberto por esse [desejo].

3.39 O conhecimento é ocultado por esse perpétuo inimigo do conhecedor, esse fogo insaciável na forma do desejo, ó filho-de-Kuntī[47].

3.40 Os sentidos, a mente e a faculdade-da-sabedoria são chamados os esconderijos desse [inimigo da sabedoria]. Por meio deles engana ele a essência-incorporada (*dehin*), ocultando o conhecimento.

3.41 Portanto, ó Baratharshabha[48], controla primeiro os sentidos, abate esse mal [que] destrói [tanto] o conhecimento-unitivo (*jnānā*) [quanto] o conhecimento-distintivo (*vijnāna*)[49].

3.42 Dizem [os sábios] que os sentidos são superiores [ao corpo]; a mente é superior aos sentidos; a faculdade-da-sabedoria é superior à mente; e Ele[50], em verdade, é superior à faculdade-da-sabedoria.

3.43 Tendo assim despertado[51] para [Aquele que é] superior à faculdade-da-sabedoria, estabilizando o eu por meio do Eu[52], ó [Arjuna] dos braços fortes, mata na forma do desejo esse inimigo difícil-de-subjugar.

---

47. Sobre o epíteto "filho-de-Kuntī" (Kaunteya), ver a nota 19 em 1.27.

48. O epíteto Bharatarshabha significa "Touro dos Bharatas".

49. A palavra *vijnāna* geralmente se refere ao conhecimento que estabelece diferença entre o conhecedor e o conheci-do e distingue entre si os próprios objetos conhecidos, sendo aquele conhecimento que, em sua modalidade inferior, permite que tomemos ciência da existência do mundo. Esse sentido está contido no prefixo *vi-*, que em latim seria *dis-*. Já *jnāna* significa aqui a gnose, o conhecimento da Realidade. [Em regra, o termo *jnāna* foi traduzido somente por "conhecimento"; usamos a locução "conhecimento-unitivo" (com hífen, conforme os princípios adotados pelo autor) unicamente naqueles casos em que *jnāna* se justapõe a *vijnāna*, para facilitar em nossa língua a distinção entre esses dois tipos de conhecimento. (N.T.)]

50. Rāmānuja insiste em afirmar que o pronome masculino *sah* ("ele") se refere ao "desejo" (*kāma*, um substanti-vo masculino), mas essa explicação não convence. É muito mais provável que denote o Si Mesmo transcendente (*ātman*). Cf. *Katha-Upanishad* 3.10 e 6.7.

51. No original, figura o gerúndio sânscrito *buddhvā*, derivado da mesma raiz da palavra *buddhi*: *budh*, "estar ciente/desperto".

52. Uma vez que não existem letras maiúsculas no sânscrito, a expressão *samstabhyātmānam ātmanā* também pode ser traduzida simplesmente por "estabilizando-te por ti mesmo". O contexto, entretanto, dá a entender que é a realiza-ção do Eu superior que efetua a estabilização do eu inferior, o ego com sua mente. [A tradução adotada em regra para *ātman* no português foi "Si Mesmo"; nesse versículo, porém, usamos "Eu" para evitar a estranheza do uso da terceira pessoa numa frase imperativa de segunda pessoa. (N.T.)]

श्रीभगवानुवाच

इमं विवस्वते योगं प्रोक्तवानहमव्ययम् ।
विवस्वान्मनवे प्राह मनुरिक्ष्वाकवेऽब्रवीत् ॥ ४—१ ॥

एवं परंपराप्राप्तमिमं राजर्षयो विदुः ।
स कालेनेह महता योगो नष्टः परंतप ॥ ४—२ ॥

स एवायं मया तेऽद्य योगः प्रोक्तः पुरातनः ।
भक्तोऽसि मे सखा चेति रहस्यं ह्येतदुत्तमम् ॥ ४—३ ॥

अर्जुन उवाच

अपरं भवतो जन्म परं जन्म विवस्वतः ।
कथमेतद्विजानीयां त्वमादौ प्रोक्तवानिति ॥ ४—४ ॥

श्रीभगवानुवाच

बहूनि मे व्यतीतानि जन्मानि तव चार्जुन ।
तान्यहं वेद सर्वाणि न त्वं वेत्थ परंतप ॥ ४—५ ॥

śrībhagavān uvāca

1. imaṃ vivasvate yogaṃ proktavān aham avyayam
   vivasvān manave prāha manur ikṣvākave'bravīt

2. evaṃ paramparāprāptam imaṃ rājarṣayo viduḥ
   sa kāleneha mahatā yogo naṣṭaḥ paraṃtapa

3. sa evāyaṃ mayā te'dya yogaḥ proktaḥ purātanaḥ
   bhakto'si me sakhā ceti rahasyaṃ hy etad uttamam

arjuna uvāca

4. aparaṃ bhavato janma paraṃ janma vivasvataḥ
   katham etad vijānīyāṃ tvam ādau proktavān iti

śrībhagavān uvāca

5. bahūni me vyatītāni janmāni tava cārjuna
   tāny ahaṃ veda sarvāṇi na tvaṃ vettha paraṃtapa

CAPÍTULO 4
O YOGA DA SABEDORIA

Disse o Senhor Bendito:

4.1 Este Yoga imutável, proclamei-o a Vivasvat[1]. Vivasvat anunciou-o a Manu[2] e Manu declarou-o a Ikshvāku[3].

4.2 Assim recebido de uns pelos outros, ele foi aprendido pelos videntes reais. [No entanto], no longo decorrer-do-tempo, este Yoga foi perdido aqui [na Terra], ó Paramtapa[4].

4.3 Este antigo Yoga, em verdade proclamo-o hoje a ti, [pois] és Meu devoto[5] e amigo. Decerto, este é o segredo inigualável[6].

Arjuna disse:

4.4O Teu[7] nascimento é posterior, o de Vivasvat é anterior; como devo entender esta [Tua afirmação] de que proclamaste [este Yoga] no princípio?

Disse o Senhor Bendito:

4.5 Muitos são os Meus nascimentos passados e [muitos] são também os teus, ó Arjuna. Eu os conheço a todos, [mas] tu não conheces [os teus], ó Paramtapa.

---

1. Vivasvat (nominativo: Vivasvān) é o nome do Sol como principal divindade solar.

2. Manu é o progenitor mitológico da raça humana, o "Adão" da Índia. Cada *manvantara* (um conjunto de quatro *yugas* ou eras) tem seu próprio Manu.

3. Ikshvāku foi o fundador da Dinastia Solar na Índia.

4. Sobre o epíteto Paramtapa, ver a nota 5 em 2.3.

5. O *bhakta* é a pessoa dotada de *bhakti*, "devoção/amor".

6. A palavra *rahasya* ("segredo") pode conter uma referência oculta ao fato de que, em seus colofões, o *Gītā* é descrito como um Upanishad, ou seja, um ensinamento secreto. As pessoas saíam dos povoados para comunicar, em voz baixa, esses segredos.

7. A palavra *bhavatah* ("Teu") é o equivalente formal do corriqueiro *tava* ("teu"). A diferença é indicada pelo uso da inicial maiúscula.

अजोऽपि सन्नव्ययात्मा भूतानामीश्वरोऽपि सन् ।
प्रकृतिं स्वामधिष्ठाय संभवाम्यात्ममायया ॥ ४—६ ॥

यदा यदा हि धर्मस्य ग्लानिर्भवति भारत ।
अभ्युत्थानमधर्मस्य तदात्मानं सृजाम्यहम् ॥ ४—७ ॥

परित्राणाय साधूनां विनाशाय च दुष्कृताम् ।
धर्मसंस्थापनार्थाय संभवामि युगे युगे ॥ ४—८ ॥

जन्म कर्म च मे दिव्यमेवं यो वेत्ति तत्त्वतः ।
त्यक्त्वा देहं पुनर्जन्म नैति मामेति सोऽर्जुन ॥ ४—९ ॥

वीतरागभयक्रोधा मन्मया मामुपाश्रिताः ।
बहवो ज्ञानतपसा पूता मद्भावमागताः ॥ ४—१० ॥

ये यथा मां प्रपद्यन्ते तांस्तथैव भजाम्यहम् ।
मम वर्त्मानुवर्तन्ते मनुष्याः पार्थ सर्वशः ॥ ४—११ ॥

6. ajo'pi sann avyayātmā bhūtānām īśvaro'pi san
    prakṛtim svām adhiṣṭhāya sambhavamy ātmamāyayā

7. yadā yadā hi dharmasya glānir bhavati bhārata
    abhyutthānam adharmasya tadātmānam sṛjāmy aham

8. paritrāṇāya sādhūnām vināśāya ca duṣkṛtām
    dharmasaṃsthāpanārthāya sambhavāmi yuge yuge

9. janma karma ca me divyam evaṃ yo vetti tattvataḥ
    tyaktvā deham punarjanma naiti mām eti so'rjuna

10. vītarāgabhayakrodhā manmayā mām upāśritāḥ
    bahavo jñānatapasā pūtā madbhāvam āgatāḥ

11. ye yathā māṃ prapadyante tāṃs tathaiva bhajāmy aham
    mama vartmānuvartante manuṣyāḥ pārtha sarvaśaḥ

4.6 Embora [Eu], o Si Mesmo imutável, não [seja] nascido, [e] conquanto seja o Senhor de [todos os] seres – [não obstante], governando Minha própria natureza (*prakriti*), venho-a-ser por meio da Minha Própria potência-criativa (*māyā*)[8].

4.7 Pois sempre que há uma exaustão da lei e uma ascensão da anomia, ó descendente-de-Bharata, crio a Mim mesmo [numa forma manifesta][9].

4.8 Para proteger os bons, para destruir os malfeitores, para estabelecer a lei, venho-a-ser de era em era[10].

4.9 Aquele que, dessa maneira, realmente conhece Meu divino nascimento e Minha ação, ao abandonar o corpo, nunca [mais] sofre o renascimento; ele vem a Mim, ó Arjuna.

4.10 Muitos [homens] livres da paixão, do medo [e] da ira, impregnados de Mim, recorrendo a Mim, purificados pela ascese[11] do conhecimento – [todos eles] vêm ao Meu estado-de-existência (*bhāva*).

4.11 Assim como esses [*yogins*] recorrem a Mim, assim também Eu os amo. Em toda parte, ó filho-de-Prithā, os seres humanos seguem Meus rastros[12].

---

8. A palavra *māyā* não é empregada aqui no sentido de "ilusão", mas pretende denotar a força dinâmica que constitui a "natureza inferior" de Deus, pela qual a vontade deste se manifesta no universo criado. Ver 7.4-7.5 sobre a noção de uma natureza "inferior" e uma natureza "superior" em Deus.

9. Esse é o primeiro aparecimento, no *Gītā*, da doutrina das encarnações divinas (*avatāra*). Essa noção pertence particularmente ao vaishnavismo.

10. Era = *yuga*. Ver Parte Um, Capítulo 7, "O Conceito Hindu de Tempo Cíclico".

11. Aqui, o conhecimento enquanto sabedoria é entendido como ascese (*tapas*).

12. O termo *vartman* ("rastro") também pode ser traduzido por "caminho".

काङ्क्षन्तः कर्मणां सिद्धिं यजन्त इह देवताः ।
क्षिप्रं हि मानुषे लोके सिद्धिर्भवति कर्मजा ॥ ४—१२ ॥

चातुर्वर्ण्यं मया सृष्टं गुणकर्मविभागशः ।
तस्य कर्तारमपि मां विद्ध्यकर्तारमव्ययम् ॥ ४—१३ ॥

न मां कर्माणि लिम्पन्ति न मे कर्मफले स्पृहा ।
इति मां योऽभिजानाति कर्मभिर्न स बध्यते ॥ ४—१४ ॥

एवं ज्ञात्वा कृतं कर्म पूर्वैरपि मुमुक्षुभिः ।
कुरु कर्मैव तस्मात्त्वं पूर्वैः पूर्वतरं कृतम् ॥ ४—१५ ॥

किं कर्म किमकर्मेति कवयोऽप्यत्र मोहिताः ।
तत्ते कर्म प्रवक्ष्यामि यज्ज्ञात्वा मोक्ष्यसेऽशुभात् ॥ ४—१६ ॥

कर्मणो ह्यपि बोद्धव्यं बोद्धव्यं च विकर्मणः ।
अकर्मणश्च बोद्धव्यं गहना कर्मणो गतिः ॥ ४—१७ ॥

कर्मण्यकर्म यः पश्येदकर्मणि च कर्म यः ।
स बुद्धिमान्मनुष्येषु स युक्तः कृत्स्नकर्मकृत् ॥ ४—१८ ॥

12. kāṅkṣantaḥ karmaṇāṃ siddhiṃ yajanta iha devatāḥ
    kṣipraṃ hi mānuṣe loke siddhir bhavati karmajā

13. cāturvarṇyaṃ mayā sṛṣṭaṃ guṇakarmavibhāgaśaḥ
    tasya kartāram api māṃ viddhy akartāram avyayam

14. na māṃ karmāṇi limpanti na me karmaphale spṛhā
    iti māṃ yo'bhijānāti karmabhir na sa badhyate

15. evaṃ jñātvā kṛtaṃ karma pūrvair api mumukṣubhiḥ
    kuru karmaiva tasmāt tvaṃ pūrvaiḥ pūrvataraṃ kṛtam

16. kiṃ karma kim akarmeti kavayo'py atra mohitāḥ
    tat te karma pravakṣyāmi yaj jñātvā mokṣyase'śubhāt

17. karmaṇo hy api boddhavyaṃ boddhavyaṃ ca vikarmaṇ
    akarmaṇaś ca boddhavyaṃ gahanā karmaṇo gatiḥ

18. karmaṇy akarma yaḥ paśyed akarmaṇi ca karma yaḥ
    sa buddhimān manuṣyeṣu sa yuktaḥ kṛtsnakarmakṛt

4.12 Desejosos de sucesso em suas ações [rituais], eles oferecem aqui [na Terra] sacrifícios às divindades; pois vem célere, no mundo humano, o sucesso que nasce da ação [ritual].

4.13 As quatro castas[13] foram criadas por Mim [com a adequada] distribuição-proporcional[14] das qualidades-primárias e das ações. Embora Eu seja o autor desta [criação], conhece-Me [como] o não agente imutável[15].

4.14 As ações não Me maculam. Não [há], para Mim, anseio pelo fruto da ação. Assim, aquele que Me reconhece [como o não agente] não é agrilhoado pelas ações.

4.15 Cientes disso, os antigos, desejosos da libertação, também executavam ações. Portanto, em verdade tu [deves igualmente] executar ações [como] há muito tempo fizeram os antigos.

4.16 "O que é a ação? O que é a inação?" Sobre isso, até os bardos[16] se confundem. Declarar-te-ei aquela ação cujo conhecimento libertar-te-á do mal.

4.17 Com efeito, deve-se compreender [a natureza] da ação; deve-se compreender a ação má (*vikarman*) e deve-se compreender a inação (*akarman*). Impenetrável[17] é o curso da ação.

4.18 Aquele que vê a inação na ação e a ação na inação é dotado-de--sabedoria entre os humanos; [é] jungido, executando ações íntegras[18].

---

13. Sobre as quatro castas ou estados sociais, ver a nota 29 em 1.41.

14. Sobre o termo *vibhāga*, ver a nota 39 em 3.28.

15. Versículos como esse dão força à filosofia não dualista radical de Shri Shankara, mas a intenção real dessa estrofe é bem contrária a um ponto de vista tão extremado. Não há nada de ilusório (*māyikā*) no fato de Krishna ser o criador do mundo. Ele é ao mesmo tempo transcendente e imanente, e portanto seu ser incomensurável desafia todas as categorias lógicas. A lógica exclui os contrários e não leva em conta a inclusividade da experiência mística.

16. O termo *kavi* ("bardo") é frequentemente usado como sinônimo de *muni* ("sábio").

17. O termo *gahanā* ("impenetrável") parece ser relacionado com a raiz verbal *guh* (embora não seja diretamente derivado dela), que significa "cobrir/ocultar/manter em segredo".

18. A expressão *kritsna-karma-krit* ("executando ações íntegras") brinca com a ideia de totalidade, já discutida na nota 40 em 3.29. As ações "íntegras" ou "completas" (*kritsna*) são aquelas que preservam e confirmam o Todo – aquelas que são espontâneas, na medida em que é a própria estrutura do Todo que se afirma no agir da pessoa. Esses atos são naturalmente bons, pois refletem a ordem universal (*rita*).

यस्य सर्वे समारम्भाः कामसंकल्पवर्जिताः ।
ज्ञानाग्निदग्धकर्माणं तमाहुः पण्डितं बुधाः ॥ ४–१९ ॥

त्यक्त्वा कर्मफलासङ्गं नित्यतृप्तो निराश्रयः ।
कर्मण्यभिप्रवृत्तोऽपि नैव किंचित्करोति सः ॥ ४–२० ॥

निराशीर्यतचित्तात्मा त्यक्तसर्वपरिग्रहः ।
शारीरं केवलं कर्म कुर्वन्नाप्नोति किल्बिषम् ॥ ४–२१ ॥

यदृच्छालाभसंतुष्टो द्वन्द्वातीतो विमत्सरः ।
समः सिद्धावसिद्धौ च कृत्वापि न निबध्यते ॥ ४–२२ ॥

गतसङ्गस्य मुक्तस्य ज्ञानावस्थितचेतसः ।
यज्ञायाचरतः कर्म समग्रं प्रविलीयते ॥ ४–२३ ॥

ब्रह्मार्पणं ब्रह्म हविर्ब्रह्माग्नौ ब्रह्मणा हुतम् ।
ब्रह्मैव तेन गन्तव्यं ब्रह्मकर्मसमाधिना ॥ ४–२४ ॥

19. yasya sarve samārambhāḥ kāmasaṃkalpavarjitāḥ
    jñānāgnidagdhakarmāṇam tam āhuḥ paṇḍitam budhāḥ

20. tyaktvā karmaphalāsaṅgam nityatṛpto nirāśrayaḥ
    karmaṇy abhipravṛtto'pi naiva kiṃcit karoti saḥ

21. nirāśīr yatacittātmā tyaktasarvaparigrahaḥ
    śārīram kevalam karma kurvan nāpnoti kilbiṣam

22. yadṛcchālābhasaṃtuṣṭo dvandvātīto vimatsaraḥ
    samaḥ siddhāv asiddhau ca kṛtvāpi na nibadhyate

23. gatasaṅgasya muktasya jñānāvasthitacetasaḥ
    yajñāyācarataḥ karma samagram pravilīyate

24. brahmārpaṇam brahma havir brahmāgnau brahmaṇā hutam
    brahmaiva tena gantavyam brahmakarmasamādhinā

4.19 [O homem] cujos empreendimentos são todos livres de desejo e motivação[19], [cuja] ação é consumida no fogo do conhecimento – a ele os sábios chamam [verdadeiramente] "erudito" (*pandita*).

4.20 Tendo abandonado [todo] apego ao fruto da ação, sempre contente e independente, embora dedicado à ação [correta] – ele não age em absoluto[20].

4.21 Sem-nada-esperar[21], controlando a si [e a seus] pensamentos, abandonando todos os bens e executando ações tão somente [com] o corpo[22] – ele não incorre em culpa.

4.22 Contente com o que se obtém por acaso[23], transcendendo os pares-de--opostos[24], sem inveja, igual no sucesso e no fracasso – embora aja, ele não é agrilhoado.

4.23 [Para aquele cujo] apego se foi, [que está] liberto, [cuja] mente se encontra estabelecida no conhecimento [enquanto] executa ações para o sacrifício, [as consequências do karma estão] completamente dissolvidas.

4.24 O fundamento-universal[25] é a oferta. O fundamento-universal é a oblação oferecida pelo fundamento-universal no fogo do fundamento--universal. Em verdade, o fundamento-universal deve ser alcançado por ele por meio da concentração[26] [na] ação, [que tem a natureza do próprio] fundamento-universal.

---

19. A palavra *samkalpa*, que geralmente significa "intenção/volição/resolução/propósito", é empregada aqui no sentido de "motivo" ou "motivação". O "bem do mundo" (*loka-samgraha*) de que fala o versículo 3.20 não pode ser considerado uma motivação no sentido comum da palavra, pois é essencialmente uma expressão da ordem cósmica (*rita*) dentro da mente do *yogin* que está em harmonia com o Todo. Ver também 6.2.

20. Considera-se que os atos verdadeiramente não egoístas (ou autotranscendentes) têm a natureza do sacrifício ou da transcendência-da-ação (*naishkarmya*). Sobre isso, ver a nota 9 em 3.4.

21. Sobre a visão iogue da esperança (*āshis*), ver a nota 42 em 3.30.

22. A expressão *sharīram kevalam karma kurvan* ("executando ações tão somente [com] o corpo") também pode significar "executando ações tão somente [para manter ou conservar] o corpo". Ver também 3.8.

23. Sobre o termo *yadricchā* ("acaso"), ver a nota 34 em 2.32.

24. Sobre o termo *dvandva* ("pares-de-opostos"), ver a nota 19 em 2.15.

25. Em minha opinião, o termo *brahman* significa aqui o fundamento do mundo, a natureza inferior de Deus, e não a Realidade Suprema, que é o seu significado nos Upanishads, por exemplo. Ver a nota 66 em 2.72. [Por outro lado, na opinião de todos os comentadores tradicionais, sem exceção, o termo *brahman* tem, nesse versículo e em todo o livro, o mesmo sentido que tem nos Upanishads, designando portanto o Espírito Universal Incondicionado, princípio, fim e essência de toda realidade, do qual todas as coisas em todos os mundos são manifestações parciais e transitórias. Desse ponto de vista, o termo poderia ser traduzido convencionalmente por "Absoluto" ou mesmo, preferencialmente, ser mantido em sua forma original. Esse versículo ficaria assim: "Brahman é a oferta. Brahman é a oblação oferecida por Brahman no fogo de Brahman. Em verdade, Brahman deve ser alcançado por ele por meio da concentração [na] ação, [que tem a natureza do próprio] Brahman." (N.T.)]

26. Sobre o termo *samādhi*, traduzido aqui por "concentração", ver a nota 43 em 2.44.

दैवमेवापरे यज्ञं योगिनः पर्युपासते ।
ब्रह्माग्नावपरे यज्ञं यज्ञेनैवोपजुह्वति ॥ ४—२५ ॥
श्रोत्रादीनीन्द्रियाण्यन्ये संयमाग्निषु जुह्वति ।
शब्दादीन्विषयानन्य इन्द्रियाग्निषु जुह्वति ॥ ४—२६ ॥
सर्वाणीन्द्रियकर्माणि प्राणकर्माणि चापरे ।
आत्मसंयमयोगाग्नौ जुह्वति ज्ञानदीपिते ॥ ४—२७ ॥
द्रव्ययज्ञास्तपोयज्ञा योगयज्ञास्तथापरे ।
स्वाध्यायज्ञानयज्ञाश्च यतयः संशितव्रताः ॥ ४—२८ ॥
अपाने जुह्वति प्राणं प्राणेऽपानं तथापरे ।
प्राणापानगती रुद्ध्वा प्राणायामपरायणाः ॥ ४—२९ ॥
अपरे नियताहाराः प्राणान्प्राणेषु जुह्वति ।
सर्वेऽप्येते यज्ञविदो यज्ञक्षपितकल्मषाः ॥ ४—३० ॥
यज्ञशिष्टामृतभुजो यान्ति ब्रह्म सनातनम् ।
नायं लोकोऽस्त्ययज्ञस्य कुतोऽन्यः कुरुसत्तम ॥ ४—३१ ॥

25. daivam evāpare yajñaṃ yoginaḥ paryupāsate
    brahmāgnāv apare yajñaṃ yajñenaivopajuhvati

26. śrotrādīnīndriyāṇy anye saṃyamāgniṣu juhvati
    śabdādīn viṣayān anya indriyāgniṣu juhvati

27. sarvāṇīndriyakarmāṇi prāṇakarmāṇi cāpare
    ātmasaṃyamayogāgnau juhvati jñānadīpite

28. dravyayajñās tapoyajñā yogayajñās tathāpare
    svādhyāyajñānayajñāś ca yatayaḥ saṃśitavratāḥ

29. apāne juhvati prāṇaṃ prāṇe'pānaṃ tathāpare
    prāṇāpānagatī ruddhvā prāṇāyāmaparāyaṇāḥ

30. apare niyatāhārāḥ prāṇān prāṇeṣu juhvati
    sarve'py ete yajñavido yajñakṣapitakalmaṣāḥ

31. yajñaśiṣṭāmṛtabhujo yānti brahma sanātanam
    nāyaṃ loko'sty ayajñasya kuto'nyaḥ kurusattama

4.25 Em verdade, alguns *yogins* executam um sacrifício às divindades (*daiva*); outros, por meio do sacrifício, lançam suas oferendas [diretamente] no fogo do fundamento-universal*.

4.26 Outros oferecem a audição e as demais faculdades no fogo da contenção, [enquanto] outros oferecem o som e os outros objetos [dos sentidos] no fogo das faculdades.

4.27 Outros ainda oferecem todas as ações das faculdades e as ações da força vital[27] no fogo do Yoga da autocontenção, aceso pelo conhecimento[28].

4.28 Alguns – ascetas que fizeram severos votos – [oferecem] os objetos-materiais como sacrifício, a ascese (*tapas*) como sacrifício, o Yoga como sacrifício e o conhecimento [obtido por meio do] estudo[29] como sacrifício.

4.29 Ainda outros, dedicados ao controle da respiração[30], lançam como oferendas a inspiração na expiração [e] a expiração na inspiração, controlando o fluxo da inspiração e da expiração[31].

4.30 Outros, restringindo a dieta, lançam o sopro vital como oferenda no sopro vital. Todos esses, com efeito, são conhecedores do [verdadeiro] sacrifício, [cujas] máculas são removidas pelo sacrifício.

4.31 Desfrutando o néctar (*amrita*) das sobras dos sacrifícios, eles entram no eterno fundamento-universal. Este mundo não é para os que não se sacrificam – quanto [mais] o outro [mundo], ó Kurusattama?[32]

---

* Também aqui vale o que foi dito na N. do T. anterior. O versículo poderia ser traduzido da seguinte maneira: "Em verdade, alguns *yogins* sacrificam às divindades; outros, por meio do sacrifício, lançam suas oferendas [diretamente] no fogo de Brahman." (N.T.)

27. A força vital (*prāna*) é o alento que sustenta todos os processos corporais. Ver *Chāndogya-Upanishad* 7.15.1: "Ou, assim como os raios são fixados no cubo da roda, assim também todas as coisas são fixadas nessa força vital. A vida se move pela força vital; a força vital dá vida, dá [vida] a um [ser] vivente" (*yathā vā arā nābhau samarpitāḥ evam asmin prāṇe sarvaṃ samarpitam prāṇaḥ prāṇena yāti prāṇaḥ prāṇaṃ dadāti praṇāya dadāti*).

28. Este Yoga é a realidade simbolizada pelo famoso sacrifício do fogo (*agni-hotra*) descrito no *Chāndogya-Upanishad* 5.19-24.

29. O composto *svādhyāya-jnāna*, traduzido aqui como "conhecimento [obtido por meio do] estudo", poderia talvez ser traduzido por "conhecimento livresco"; mas essa expressão também tem o significado de "conhecimento e estudo".

30. A prática do *prānāyāma* (*prāna* + *āyāma*, literalmente "extensão da respiração"), termo traduzido aqui por "controle da respiração", é uma das técnicas mais antigas do Yoga. Consiste no controle da força vital [e, consequentemente, das agitações mentais – N.T.] por meio da regulação da respiração.

31. A palavra *prāna* ("respiração", "sopro", "alento", "vida") é usada tanto como termo genérico (no sentido de "força vital") quanto como designação de um tipo particular de energia vital. A tradição dos Upanishads distingue cinco tipos de *prāna*: (1) *prāna* ou "inspiração", (2) *apāna* ou "expiração", (3) *vyāna* ou "respiração difusa", (4) *udāna* ou "respiração ascendente" e (5) *samāna* ou "respiração central". Ver, p. ex., *Brihadāranyaka-Upanishad* 1.5.3. Nesta estrofe (4.29), *prāna* tem o sentido de "inspiração".

32. O epíteto Kurusattama significa "Primeiro entre os Kurus".

एवं बहुविधा यज्ञा वितता ब्रह्मणो मुखे ।
कर्मजान्विद्धि तान्सर्वानेवं ज्ञात्वा विमोक्ष्यसे ॥ ४—३२ ॥

श्रेयान्द्रव्यमयाद्यज्ञाज्ज्ञानयज्ञः परंतप ।
सर्वं कर्माखिलं पार्थ ज्ञाने परिसमाप्यते ॥ ४—३३ ॥

तद्विद्धि प्रणिपातेन परिप्रश्नेन सेवया ।
उपदेक्ष्यन्ति ते ज्ञानं ज्ञानिनस्तत्त्वदर्शिनः ॥ ४—३४ ॥

यज्ज्ञात्वा न पुनर्मोहमेवं यास्यसि पाण्डव ।
येन भूतान्यशेषेण द्रक्ष्यस्यात्मन्यथो मयि ॥ ४—३५ ॥

अपि चेदसि पापेभ्यः सर्वेभ्यः पापकृत्तमः ।
सर्वं ज्ञानप्लवेनैव वृजिनं संतरिष्यसि ॥ ४—३६ ॥

यथैधांसि समिद्धोऽग्निर्भस्मसात्कुरुतेऽर्जुन ।
ज्ञानाग्निः सर्वकर्माणि भस्मसात्कुरुत तथा ॥ ४—३७ ॥

न हि ज्ञानेन सदृशं पवित्रमिह विद्यते ।
तत्स्वयं योगसंसिद्धः कालेनात्मनि विन्दति ॥ ४—३८ ॥

श्रद्धावाँल्लभते ज्ञानं तत्परः संयतेन्द्रियः ।
ज्ञानं लब्ध्वा परां शान्तिमचिरेणाधिगच्छति ॥ ४—३९ ॥

32. evaṃ bahuvidhā yajñā vitatā brahmaṇo mukhe
    karmajān viddhi tān sarvān evaṃ jñātvā vimokṣyase

33. śreyān dravyamayād yajñāj jñānayajñaḥ paraṃtapa
    sarvaṃ karmākhilaṃ pārtha jñāne parisamāpyate

34. tad viddhi praṇipātena paripraśnena sevayā
    upadekṣyanti te jñānaṃ jñāninas tattvadarśinaḥ

35. yaj jñātvā na punar moham evaṃ yāsyasi pāṇḍava
    yena bhūtāny aśeṣeṇa drakṣyasy ātmany atho mayi

36. api ced asi pāpebhyaḥ sarvebhyaḥ pāpakṛttamaḥ
    sarvaṃ jñānaplavenaiva vṛjinaṃ saṃtariṣyasi

37. yathaidhāṃsi samiddho'gnir bhasmasāt kurute'rjuna
    jñānāgniḥ sarvakarmāṇi bhasmasāt kurute tathā

38. na hi jñānena sadṛśaṃ pavitram iha vidyate
    tat svayaṃ yogasaṃsiddhaḥ kālenātmani vindati

39. śraddhāvāṃl labhate jñānaṃ tatparaḥ saṃyatendriya
    jñānaṃ labdhvā parāṃ śāntim acireṇādhigacchati

4.32 Múltiplos são, portanto, os sacrifícios distribuídos[33] na presença do fundamento-universal[34]. Estejas ciente de que todos eles nascem da ação [ritual]. Conhecendo isso, serás libertado.

4.33 Melhor que o sacrifício material é o sacrifício do conhecimento, ó Paramtapa. Toda ação, ó filho-de-Prithã, se consuma completamente no conhecimento.

4.34 Toma ciência disso pela reverência, pela investigação e pelo serviço. Os conhecedores [que] contemplam a Realidade[35] ensinar-te-ão um conhecimento —

4.35 que, quando dele estiveres ciente, não mais sucumbirás à confusão, ó filho-de-Pãndu, [e] pelo qual contemplarás todos os seres no Si Mesmo e depois em Mim[36].

4.36 Mesmo que sejas o mais pecador dos pecadores, em verdade atravessarás todo [o oceano da] maldade sobre a jangada do conhecimento.

4.37 Assim como um fogo aceso reduz seu combustível a cinzas, ó Arjuna, assim também o fogo do conhecimento reduz a cinzas todas as ações.

4.38 Pois aqui [na Terra] não há nada que purifique como o conhecimento; e, com o tempo, o [homem] perfeito no Yoga o constatará em si mesmo por si mesmo.

4.39 O [*yogin*] cheio de fé[37] [e] atento Àquilo, [com] os sentidos contidos, alcança o conhecimento. Tendo alcançado o conhecimento, logo alcançará a suprema paz.

---

33. A palavra *vitata* ("espalhados", traduzida aqui por "distribuídos"), derivada da raiz verbal *tan* ("expandir"), refere--se à prática sacrificial de dispor as oferendas sobre o altar do fogo antes de lançá-las às chamas.

34. O fundamento-universal (*brahman*) é onipresente [na medida em que é a essência e a realidade última de todas as coisas – N.T.]; portanto sua presença (*mukha*, literalmente "boca" ou "face") também se manifesta onde quer que os sacrifícios sejam realizados. De outro ponto de vista, a "boca" do Absoluto é o fogo sacrificial. Zaehner (1966) traduz: "dispostas de um lado a outro da boca de *brahman*". Trata-se de mais uma referência à íntima relação que une *brahman* e *yajna*. Ver 3.15.

35. A palavra *tattva* significa literalmente "ipseidade" (*thatness*) [e pode ser traduzida também por "identidade" – N. do T.].

36. Este versículo é uma antecipação de 6.29-32.

37. Sobre essa fé, Krishna Prem (1938/1969, p. 36) comenta que ela "não é a crença cega dos sectários, mas a firme aspiração da alma que busca dar a si mesma uma aspiração que seja ela própria um reflexo da Sabedoria que ela prefigura".

अज्ञश्चाश्रद्दधानश्च संशयात्मा विनश्यति ।
नायं लोकोऽस्ति न परो न सुखं संशयात्मनः ॥ ४—४० ॥
योगसंन्यस्तकर्माणं ज्ञानसंछिन्नसंशयम् ।
आत्मवन्तं न कर्माणि निबध्नन्ति धनंजय ॥ ४—४१ ॥
तस्मादज्ञानसंभूतं हृत्स्थं ज्ञानासिनात्मनः ।
छित्त्वैनं संशयं योगमातिष्ठोत्तिष्ठ भारत ॥ ४—४२ ॥

40. ajñaś cāśraddadhānaś ca saṃśayātmā vinaśyati
    nāyaṃ loko'sti na paro na sukhaṃ saṃśayātmanaḥ

41. yogasaṃnyastakarmāṇaṃ jñānasaṃchinnasaṃśayam
    ātmavantaṃ na karmāṇi nibadhnanti dhanaṃjaya

42. tasmād ajñānasaṃbhūtaṃ hṛtsthaṃ jñānāsinātmanaḥ
    chittvainaṃ saṃśayaṃ yogam ātiṣṭhottiṣṭha bhārata

4.40 [A pessoa] ignorante, sem fé e de alma cheia de dúvidas perecerá. Para a alma cheia de dúvidas, não há felicidade nem neste mundo nem no outro.

4.41 [Aquele que] renunciou à ação por meio do Yoga, [cujas] dúvidas são dissipadas pelo conhecimento, [que é] senhor de si – as ações não [o] agrilhoam, ó Dhanamjaya[38].

4.42 Portanto, decepando com a espada do conhecimento essa dúvida nascida da ignorância [e] sediada em teu coração, recorre ao Yoga, ó descendente-de-Bharata! Levanta-te![39]

---

38. Sobre o epíteto Dhanamjaya, ver a nota 7 em 1.15. O adjetivo "senhor de si" (*ātmavanta*) não significa "egocêntrico", mas "autocontrolado".

39. Nataraja Guru (1973) faz o interessante comentário: "A espada da sabedoria se encontra no Eu verdadeiro, no Si Mesmo, e a dúvida está sediada no coração. Isso significa que essas duas coisas se localizam em dois polos dentro da constituição psicológica da pessoa. A conversão do coração se efetua por meio de uma dose de sabedoria, por assim dizer, e vice-versa." Nesse versículo, Krishna ainda não ordena diretamente a Arjuna que lute, como fará quando vir que o discípulo já se decidiu a entrar na batalha. Seu argumento é mais sutil, evidenciando o aspecto espiritual de seus ensinamentos. Recorrendo ao Yoga, à espiritualidade, Arjuna fatalmente fará o que deve fazer.

अर्जुन उवाच

संन्यासं कर्मणां कृष्ण पुनर्योगं च शंससि ।
यच्छ्रेय एतयोरेकं तन्मे ब्रूहि सुनिश्चितम् ॥ ५—१ ॥

श्रीभगवानुवाच

संन्यासः कर्मयोगश्च निःश्रेयसकरावुभौ ।
तयोस्तु कर्मसंन्यासात्कर्मयोगो विशिष्यते ॥ ५—२ ॥

ज्ञेयः स नित्यसंन्यासी यो न द्वेष्टि न काङ्क्षति ।
निर्द्वन्द्वो हि महाबाहो सुखं बन्धात्प्रमुच्यते ॥ ५—३ ॥

सांख्ययोगौ पृथग्बालाः प्रवदन्ति न पण्डिताः ।
एकमप्यास्थितः सम्यगुभयोर्विन्दते फलम् ॥ ५—४ ॥

यत्सांख्यैः प्राप्यते स्थानं तद्योगैरपि गम्यते ।
एकं सांख्यं च योगं च यः पश्यति स पश्यति ॥ ५—५ ॥

संन्यासस्तु महाबाहो दुःखमाप्तुमयोगतः ।
योगयुक्तो मुनिर्ब्रह्म नचिरेणाधिगच्छति ॥ ५—६ ॥

योगयुक्तो विशुद्धात्मा विजितात्मा जितेन्द्रियः ।
सर्वभूतात्मभूतात्मा कुर्वन्नपि न लिप्यते ॥ ५—७ ॥

arjuna uvāca

1. saṃnyāsaṃ karmaṇāṃ kṛṣṇa punar yogaṃ ca śaṃsasi
   yac chreya etayor ekaṃ tan me brūhi suniścitam

   śrībhagavān uvāca

2. saṃnyāsaḥ karmayogaś ca niḥśreyasakarāv ubhau
   tayos tu karmasaṃnyāsāt karmayogo viśiṣyate

3. jñeyaḥ sa nityasaṃnyāsī yo na dveṣṭi na kāṅkṣati
   nirdvandvo hi mahābāho sukhaṃ bandhāt pramucyate

4. sāṃkhyayogau pṛthag bālāḥ pravadanti na paṇḍitāḥ
   ekam apy āsthitaḥ samyag ubhayor vindate phalam

5. yat sāṃkhyaiḥ prāpyate sthānaṃ tad yogair api gamyate
   ekaṃ sāṃkhyaṃ ca yogaṃ ca yaḥ paśyati sa paśyati

6. saṃnyāsas tu mahābāho duḥkham āptum ayogataḥ
   yogayukto munir brahma nacireṇādhigacchati

7. yogayukto viśuddhātmā vijitātmā jitendriyaḥ
   sarvabhūtātmabhūtātmā kurvann api na lipyate

CAPÍTULO 5

O YOGA DA RENÚNCIA À AÇÃO

Arjuna disse:

5.1 Louvas a renúncia (*samnyāsa*) às ações, ó Krishna, e depois [louvas] o Yoga. Qual dos dois é o melhor? Diga-me com certeza.

Disse o Senhor Bendito:

5.2 A renúncia e o Karma-Yoga – ambos conduzem à suprema-boa-fortuna[1]. Mas, dos dois, o Karma-Yoga é melhor que a renúncia à ação.

5.3 Aquele que não odeia nem deseja [nada] deve ser conhecido como um renunciador perpétuo. Pois, sem [a influência dos] pares-de-opostos, ele facilmente se liberta da escravidão, ó [Arjuna] dos braços fortes.

5.4 "O Sāmkhya[2] e o Yoga são diferentes", declaram os simples, mas não os eruditos. Recorrendo adequadamente a um [método] apenas, [o praticante] encontra o fruto de ambos.

5.5 O estado atingido pelo[s seguidores do] Sāmkhya também é atingido pelo[s seguidores do] Yoga. Aquele que vê o Sāmkhya e o Yoga como uma só coisa vê [corretamente].

5.6 Mas a renúncia, ó [Arjuna] dos braços fortes, é difícil de atingir sem o Yoga. O sábio jungido no Yoga se aproxima em pouco tempo do fundamento-universal (*brahman*).

5.7 [Aquele que está] jungido no Yoga, [que] purificou a si mesmo, [que] sujeitou a si mesmo, [que] subjugou os sentidos [e cujo] si mesmo se tornou o Si Mesmo de todos os seres – embora aja, não é maculado.

---

1. A suprema boa fortuna é a libertação, o sumo bem da existência.

2. Aqui, o Sāmkhya não significa o famoso sistema clássico formalizado por Īshvara Krishna (*c.* 400-450 d.C.), mas simplesmente a vida de renúncia e contemplação na medida em que aparentemente se opõe ao Yoga, que significa nesse contexto a vida ativamente dedicada à ação desinteressada.

नैव किंचित्करोमीति युक्तो मन्येत तत्त्ववित् ।
पश्यञ्शृण्वन्स्पृशञ्जिघ्रन्नश्नन्गच्छन्स्वपञ्श्वसन् ॥ ५—८ ॥

प्रलपन्विसृजन्गृह्णन्नुन्मिषन्निमिषन्नपि ।
इन्द्रियाणीन्द्रियार्थेषु वर्तन्त इति धारयन् ॥ ५—९ ॥

ब्रह्मण्याधाय कर्माणि सङ्गं त्यक्त्वा करोति यः ।
लिप्यते न स पापेन पद्मपत्रमिवाम्भसा ॥ ५—१० ॥

कायेन मनसा बुद्ध्या केवलैरिन्द्रियैरपि ।
योगिनः कर्म कुर्वन्ति सङ्गं त्यक्त्वात्मशुद्धये ॥ ५—११ ॥

युक्तः कर्मफलं त्यक्त्वा शान्तिमाप्नोति नैष्ठिकीम् ।
अयुक्तः कामकारेण फले सक्तो निबध्यते ॥ ५—१२ ॥

सर्वकर्माणि मनसा संन्यस्यास्ते सुखं वशी ।
नवद्वारे पुरे देही नैव कुर्वन्न कारयन् ॥ ५—१३ ॥

न कर्तृत्वं न कर्माणि लोकस्य सृजति प्रभुः ।
न कर्मफलसंयोगं स्वभावस्तु प्रवर्तते ॥ ५—१४ ॥

नादत्ते कस्यचित्पापं न चैव सुकृतं विभुः ।
अज्ञानेनावृतं ज्ञानं तेन मुह्यन्ति जन्तवः ॥ ५—१५ ॥

8. naiva kiṃcit karomīti yukto manyate tattvavit
   paśyañ śṛṇvan spṛśañ jighrann aśnan gacchan svapañ śvasan

9. pralapan visṛjan gṛhṇann unmiṣan nimiṣann api
   indriyāṇīndriyārtheṣu vartanta iti dhārayan

10. brahmaṇy ādhāya karmāṇi saṅgaṃ tyaktvā karoti yaḥ
    lipyate na sa pāpena padmapattram ivāmbhasā

11. kāyena manasā buddhyā kevalair indriyair api
    yoginaḥ karma kurvanti saṅgaṃ tyaktvātmaśuddhaye

12. yuktaḥ karmaphalaṃ tyaktvā śāntim āpnoti naiṣṭhikīm
    ayuktaḥ kāmakāreṇa phale sakto nibadhyate

13. sarvakarmāṇi manasā saṃnyasyāste sukhaṃ vaśī
    navadvāre pure dehī naiva kurvan na kārayan

14. na kartṛtvaṃ na karmāṇi lokasya sṛjati prabhuḥ
    na karmaphalasaṃyogaṃ svabhāvas tu pravartate

15. nādatte kasyacit pāpaṃ na caiva sukṛtaṃ vibhuḥ
    ajñānenāvṛtaṃ jñānaṃ tena muhyanti jantavaḥ

5.8 "Nada faço" – assim reflete o jungido, o conhecedor da Realidade, [enquanto] vê, ouve, toca, cheira, come, anda, dorme, respira,

5.9 fala, excreta, agarra [objetos com as mãos], abre e fecha [os olhos] e sustenta: "Os sentidos repousam nos objetos dos sentidos."

5.10 Aquele que age atribuindo [todas] as ações ao fundamento-universal, e tendo abandonado o apego, não é maculado pelo pecado, como uma folha de lótus [não é maculada] pela água [sobre a qual repousa].

5.11 Tendo abandonado [todo] apego, os *yogins* executam ações de autopurificação com o corpo, a mente, a faculdade-da-sabedoria e mesmo somente com as faculdades [de cognição e ação].

5.12 O jungido, tendo abandonado o fruto da ação, alcança a paz derradeira. O não jungido, agindo pelo desejo e apegado ao fruto [da ação], é agrilhoado [pelo *karma*].

5.13 Renunciando a todas as ações com a mente, sentada feliz [e] soberana dentro da cidade de nove portões [ou seja, o corpo] – a essência-incorporada (*dehin*) em verdade nem age nem faz agir.

5.14 O senhor [do corpo] não cria nem a atividade nem as ações do mundo, nem [tampouco] a união [entre] a ação e [seu] fruto. É o ser-próprio [do fundamento-universal que] estimula-à-ação.

5.15 O onipenetrante [senhor do corpo] não toma sobre si os [atos] bons ou pecaminosos de ninguém. O conhecimento é recoberto pela ignorância, [e] assim as criaturas são iludidas.

ज्ञानेन तु तदज्ञानं येषां नाशितमात्मनः ।
तेषामादित्यवज्ज्ञानं प्रकाशयति तत्परम् ॥ ५—१६ ॥
तद्बुद्धयस्तदात्मानस्तन्निष्ठास्तत्परायणाः ।
गच्छन्त्यपुनरावृत्तिं ज्ञाननिर्धूतकल्मषाः ॥ ५—१७ ॥

«स्मरन्तोऽपि मुहुस्त्वेतत्स्पृशन्तोऽपि स्वकर्मणि ।
सक्ता अपि न सज्जन्ति पङ्के रविकरा इव ॥»

विद्याविनयसंपन्ने ब्राह्मणे गवि हस्तिनि ।
शुनि चैव श्वपाके च पण्डिताः समदर्शिनः ॥ ५—१८ ॥
इहैव तैर्जितः सर्गो येषां साम्ये स्थितं मनः ।
निर्दोषं हि समं ब्रह्म तस्माद्ब्रह्मणि ते स्थितः ॥ ५—१९ ॥
न प्रहृष्येत्प्रियं प्राप्य नोद्विजेत्प्राप्य चाप्रियम् ।
स्थिरबुद्धिरसंमूढो ब्रह्मविद्ब्रह्मणि स्थितः ॥ ५—२० ॥
बाह्यस्पर्शेष्वसक्तात्मा विन्दत्यात्मनि यत्सुखम् ।
स ब्रह्मयोगयुक्तात्मा सुखमक्षयमश्नुते ॥ ५—२१ ॥
ये हि संस्पर्शजा भोगा दुःखयोनय एव ते ।
आद्यन्तवन्तः कौन्तेय न तेषु रमते बुधः ॥ ५—२२ ॥

16. jñānena tu tad ajñānaṃ yeṣāṃ nāśitam ātmanaḥ
    teṣām ādityavaj jñānaṃ prakāśayati tat param
17. tadbuddhayas tadātmānas tanniṣṭhās tatparāyaṇāḥ
    gacchanty apunarāvṛttiṃ jñānanirdhūtakalmaṣāḥ

    «smaranto'pi muhus tv etat spṛśanto'pi svakarmaṇi
    saktā api na sajjanti paṅke ravikarā iva »

18. vidyāvinayasaṃpanne brāhmaṇe gavi hastini
    śuni caiva śvapāke ca paṇḍitāḥ samadarśinaḥ
19. ihaiva tair jitaḥ sargo yeṣāṃ sāmye sthitaṃ manaḥ
    nirdoṣaṃ hi samaṃ brahma tasmād brahmaṇi te sthitāḥ
20. na prahṛṣyet priyaṃ prāpya nodvijet prāpya cāpriyam
    sthirabuddhir asaṃmūḍho brahmavid brahmaṇi sthitaḥ
21. bāhyasparśeṣv asaktātmā vindaty ātmani yat sukham
    sa brahmayogayuktātmā sukham akṣayam aśnute
22. ye hi saṃsparśajā bhogā duḥkhayonaya eva te
    ādyantavantaḥ kaunteya na teṣu ramate budhaḥ

5.16 Mas para aqueles cuja ignorância de Si [foi] destruída pelo conhecimento, seu conhecimento, como o Sol, ilumina esse Supremo.

5.17 [Aqueles que têm suas] faculdades de sabedoria [centradas] n'Isso, [seu] si mesmo [imerso] n'Isso, [que têm] Isso por base, Isso por objetivo supremo – eles vão e nunca mais [sofrem o] renascimento, [pois todas as suas] máculas são lançadas fora pelo conhecimento.

«Embora recordando-se disso reiteradamente e entrando-em-contato com [o fruto de suas] próprias ações, embora apegados, eles [na realidade] não aderem, como os raios de Sol numa poça d'água.»

5.18 Os eruditos veem o mesmo[3] num brâmane dotado de compreensão e boas maneiras, numa vaca, num elefante, até num cão ou num "cozedor de cães"[4].

5.19 Mesmo aqui [na Terra], aqueles cuja mente está estabelecida na igualdade venceram a criação, pois o fundamento-universal é isento de defeitos [e sempre] igual. Por isso, estão estabelecidos no fundamento-universal.

5.20 [O *yogin*] não deve regozijar-se ao obter [algo] querido nem deve agitar-se ao obter [algo] não querido [ou seja, algo desagradável]. Com a faculdade-da-sabedoria estabilizada, o conhecedor de *Brahman*, livre de [toda] confusão, [encontra-se] estabelecido no fundamento-universal.

5.21 [Aquele cujo] si mesmo não se apega aos contatos externos encontra a alegria em Si Mesmo; e [aquele cujo] si mesmo é jungido no Yoga ao fundamento-universal[5] alcança a alegria imutável.

5.22 Pois as fruições nascidas do contato são, em verdade, úteros de dor, tendo um princípio e um fim. O sábio não se deleita nelas, ó filho-de-Kuntī[6].

---

3. Ver a nota 20 em 2.15.

4. O *shva-pāka* ("cozedor de cães") é um dos tipos mais baixos de pária descritos no *Mānava-Dharma-Shāstra* (10.51-56), tratado jurídico atribuído ao legislador Manu.

5. A expressão *brahma-yoga-yukta-ātma* também pode ser traduzida assim: "o si mesmo jungido no Yoga de Brahman".

6. Sobre o epíteto "filho-de-Kuntī" (Kaunteya), ver a nota 19 em 1.27.

शक्नोतीहैव यः सोढुं प्राक्शरीरविमोक्षणात् ।
कामक्रोधोद्भवं वेगं स युक्तः स सुखी नरः ॥ ५—२३ ॥
योऽन्तःसुखोऽन्तरारामस्तथान्तर्ज्योतिरेव यः ।
स योगी ब्रह्मनिर्वाणं ब्रह्मभूतोऽधिगच्छति ॥ ५—२४ ॥
लभन्ते ब्रह्मनिर्वाणमृषयः क्षीणकल्मषाः ।
च्छिन्नद्वैधा यतात्मानः सर्वभूतहिते रताः ॥ ५—२५ ॥
कामक्रोधवियुक्तानां यतीनां यतचेतसाम् ।
अभितो ब्रह्मनिर्वाणं वर्तते विदितात्मनाम् ॥ ५—२६ ॥
स्पर्शान्कृत्वा बहिर्बाह्यांश्चक्षुश्चैवान्तरे भ्रुवोः ।
प्राणापानौ समौ कृत्वा नासाभ्यन्तरचारिणौ ॥ ५—२७ ॥
यतेन्द्रियमनोबुद्धिर्मुनिर्मोक्षपरायणः ।
विगतेच्छाभयक्रोधो यः सदा मुक्त एव सः ॥ ५—२८ ॥
भोक्तारं यज्ञतपसां सर्वलोकमहेश्वरम् ।
सुहृदं सर्वभूतानां ज्ञात्वा मां शान्तिमृच्छति ॥ ५—२९ ॥

23. śaknotīhaiva yaḥ soḍhuṃ prāk śarīravimokṣaṇāt
    kāmakrodhodbhavaṃ vegaṃ sa yuktaḥ sa sukhī naraḥ

24. yo'ntaḥsukho'ntarārāmas tathāntarjyotir eva yaḥ
    sa yogī brahmanirvāṇaṃ brahmabhūto'dhigacchati

25. labhante brahmanirvāṇam ṛṣayaḥ kṣīṇakalmaṣāḥ
    chinnadvaidhā yatātmānaḥ sarvabhūtahite ratāḥ

26. kāmakrodhaviyuktānāṃ yatīnāṃ yatacetasām
    abhito brahmanirvāṇaṃ vartate viditātmanām

27. sparśān kṛtvā bahir bāhyāṃś cakṣuś caivāntare bhruvoḥ
    prāṇāpānau samau kṛtvā nāsābhyantaracāriṇau

28. yatendriyamanobuddhir munir mokṣaparāyaṇaḥ
    vigatecchābhayakrodho yaḥ sadā mukta eva saḥ

29. bhoktāraṃ yajñatapasāṃ sarvalokamaheśvaram
    suhṛdaṃ sarvabhūtānāṃ jñātvā māṃ śāntim ṛcchati

5.23 Em verdade, o [homem] capaz de suportar os embates nascidos do desejo e da ira aqui [na Terra], antes de se libertar do corpo – é ele um jungido, um homem feliz.

5.24 É de fato um *yogin* aquele que tem alegria interior, regozijo interior e, logo, luz interior. Tendo se tornado o fundamento-universal[7], ele se aproxima da extinção no fundamento-universal (*brahma-nirvāna*).

5.25 Os videntes [cujas] máculas esgotaram-se, [cujas] dualidades foram destruídas, [que são] controlados em si mesmos [e] se deliciam com o bem de todos os seres – alcançam eles a extinção no fundamento-universal.

5.26 Para os ascetas que conhecem a Si Mesmos, livres do desejo e da ira, [com a] mente controlada, a extinção no fundamento-universal está próxima.

5.27 Fechando-se a [todos os] contatos externos [e fixando] o olhar entre as sobrancelhas, fazendo a inspiração e a expiração fluírem homogeneamente no nariz,

5.28 o sábio [de] sentidos, mente e faculdade-da-sabedoria controlados, [que tem] a libertação como objetivo supremo e [encontra-se] permanentemente isento de anseio, medo [e] ira – é ele verdadeiramente liberto.

5.29 Conhecendo a Mim como aquele que se alimenta da ascese sacrificial, o grande Senhor de todos os mundos, o bondoso [amigo] de todos os seres, ele alcança a paz.

---

7. Zaehner (1966/1969, pp. 214-15) especula, erroneamente, que o termo *brahma-bhūta*, traduzido aqui como "tendo se tornado o fundamento-universal", tem o mesmo sentido que na literatura budista. O conceito budista de "extinção" (*nirvāna*) deve ser entendido no contexto das doutrinas exclusivamente budistas da originação dependente (*pratītya--samutpada*) e da vacuidade (*shūnyatā*).

श्रीभगवानुवाच

अनाश्रितः कर्मफलं कार्यं कर्म करोति यः ।
स संन्यासी च योगी च न निरग्निर्न चाक्रियः ॥ ६—१ ॥

यं संन्यासमिति प्राहुर्योगं तं विद्धि पाण्डव ।
न ह्यसंन्यस्तसंकल्पो योगी भवति कश्चन ॥ ६—२ ॥

आरुरुक्षोर्मुनेर्योगं कर्म कारणमुच्यते ।
योगारूढस्य तस्यैव शमः कारणमुच्यते ॥ ६—३ ॥

यदा हि नेन्द्रियार्थेषु न कर्मस्वनुषज्जते ।
सर्वसंकल्पसंन्यासी योगारूढस्तदोच्यते ॥ ६—४ ॥

उद्धरेदात्मनात्मानं नात्मानमवसादयेत् ।
आत्मैव ह्यात्मनो बन्धुरात्मैव रिपुरात्मनः ॥ ६—५ ॥

बन्धुरात्मात्मनस्तस्य येनात्मैवात्मना जितः ।
अनात्मनस्तु शत्रुत्वे वर्तेतात्मैव शत्रुवत् ॥ ६—६ ॥

जितात्मनः प्रशान्तस्य परमात्मा समाहितः ।
शीतोष्णसुखदुःखेषु तथा मानापमानयोः ॥ ६—७ ॥

śrībhagavān uvāca

1   anāśritaḥ karmaphalaṃ kāryaṃ karma karoti yaḥ
    sa saṃnyāsī ca yogī ca na niragnir na cākriyaḥ

2. yaṃ saṃnyāsam iti prāhur yogaṃ taṃ viddhi pāṇḍava
    na hy asaṃnyastasaṃkalpo yogī bhavati kaścana

3.   ārurukṣor muner yogaṃ karma kāraṇam ucyate
    yogārūḍhasya tasyaiva śamaḥ kāraṇam ucyate

4. yadā hi nendriyārtheṣu na karmasv anuṣajjate
    sarvasaṃkalpasaṃnyāsī yogārūḍhas tadocyate

5. uddhared ātmanātmānaṃ nātmānam avasādayet
    ātmaiva hy ātmano bandhur ātmaiva ripur ātmanaḥ

6. bandhur ātmātmanas tasya yenātmaivātmanā jitaḥ
    anātmanas tu śatrutve vartetātmaiva śatruvat

7. jitātmanaḥ praśāntasya paramātmā samāhitaḥ
    śītoṣṇasukhaduḥkheṣu tathā mānāpamānayoḥ

CAPÍTULO 6
O YOGA DA MEDITAÇÃO

Disse o Senhor Bendito:

6.1 Aquele que executa a ação a ser cumprida[1] sem atentar[2] para o fruto da ação é um renunciador e um *yogin*; não [o é, porém, aquele que está] sem o fogo [dos sacrifícios] e é inativo[3].

6.2 Estejas ciente, ó filho-de-Pāndu, de que o que eles chamam de "renúncia" é o Yoga. Pois, sem a renúncia às motivações [egoístas][4], ninguém se torna *yogin*.

6.3 Diz-se que a ação é o meio para o sábio que deseja-ascender ao Yoga. Para aquele que [já] ascendeu ao [cume do] Yoga, diz-se que o meio é a quietude (*shama*)[5].

6.4 Quando, com efeito, [o sábio] não se agarra nem aos objetos dos sentidos nem às ações, renunciando a toda motivação – diz-se então, com efeito, ter [ele] ascendido ao Yoga (*yoga-ārūdha*).

6.5 Deve ele elevar a si mesmo por Si Mesmo; não deve deixar-se afundar; pois, [assim como] ele mesmo é em verdade seu próprio amigo, [assim também] ele mesmo é seu próprio inimigo[6].

6.6 É amigo de Si próprio o eu daquele que subjugou a si mesmo por Si Mesmo; mas, para [aquele que] não dominou a si mesmo, seu eu é como um inimigo em [plena] inimizade.

6.7 O supremo Si Mesmo do [*yogin*] tranquilo que dominou a si mesmo [permanece] concentrado [enquanto experimenta o] calor [e o] frio, [o] prazer [e a] dor, bem como a honra e a desonra.

---

1. O fato de as ações serem adequadas ("a ser cumpridas") é um aspecto importantíssimo da ação correta segundo o *Karma-Yoga*. Não basta que o praticante seja simplesmente indiferente aos resultados.

2. A palavra *anāshrita*, traduzida aqui por "sem atentar", significa "independente" – no caso concreto, "independentemente do fruto da ação".

3. Essa estrofe resume de novo o ideal da renúncia interior ou simbólica, ou seja, não a renúncia à ação, mas a renúncia *na* ação.

4. Ver também 4.19.

5. Estabelece-se aqui uma contraposição entre o adepto plenamente realizado, que sempre repousa na quietude, e o praticante ainda ativo. O sábio que "chegou" já não tem tarefa nenhuma a cumprir. Seu *Karma-Yoga* é o estado constante de tranquilidade inabalável.

6. Ver meus comentários sobre a dificuldade de traduzir o termo *ātman* por "si mesmo" ou "Si Mesmo" na nota 52 em 3.43. [Segundo os comentaristas tradicionais, as estrofes 6.5 e 6.6 significam que a mente é amiga do ser que a dominou, refundindo-a no Si Mesmo, ou seja, em seu próprio Eu profundo, na cavidade do coração onde habita o Espírito Universal; ao passo que a mente não dominada é a maior inimiga do ser. (N.T.)]

ज्ञानविज्ञानतृप्तात्मा कूटस्थो विजितेन्द्रियः ।
युक्त इत्युच्यते योगी समलोष्टाश्मकाञ्चनः ॥ ६—८ ॥
सुहृन्मित्रार्युदासीनमध्यस्थद्वेष्यबन्धुषु ।
साधुष्वपि च पापेषु समबुद्धिर्विशिष्यते ॥ ६—९ ॥
योगी युञ्जीत सततमात्मानं रहसि स्थितः ।
एकाकी यतचित्तात्मा निराशीरपरिग्रहः ॥ ६—१० ॥
शुचौ देशे प्रतिष्ठाप्य स्थिरमासनमात्मनः ।
नात्युच्छ्रितं नातिनीचं चैलाजिनकुशोत्तरम् ॥ ६—११ ॥
तत्रैकाग्रं मनः कृत्वा यतचित्तेन्द्रियक्रियः ।
उपविश्यासने युञ्ज्याद्योगमात्मविशुद्धये ॥ ६—१२ ॥
समं कायशिरोग्रीवं धारयन्नचलं स्थिरः ।
संप्रेक्ष्य नासिकाग्रं स्वं दिशश्चानवलोकयन् ॥ ६—१३ ॥
प्रशान्तात्मा विगतभीर्ब्रह्मचारिव्रते स्थितः ।
मनः संयम्य मच्चित्तो युक्त आसीत मत्परः ॥ ६—१४ ॥
युञ्जन्नेवं सदात्मानं योगी नियतमानसः ।
शान्तिं निर्वाणपरमां मत्संस्थामधिगच्छति ॥ ६—१५ ॥

8. jñānavijñānatṛptātmā kūṭastho vijitendriyaḥ
   yukta ity ucyate yogī samaloṣṭāśmakāñcanaḥ

9. suhṛnmitrāryudāsīnamadhyasthadveṣyabandhuṣu
   sādhuṣv api ca pāpeṣu samabuddhir viśiṣyate

10. yogī yuñjīta satatam ātmānaṃ rahasi sthitaḥ
    ekākī yatacittātmā nirāśīr aparigrahaḥ

11. śucau deśe pratiṣṭhāpya sthiram āsanam ātmanaḥ
    nātyucchritaṃ nātinīcaṃ cailājinakuśottaram

12. tatraikāgraṃ manaḥ kṛtvā yatacittendriyakriyaḥ
    upaviśyāsane yuñjyād yogam ātmaviśuddhaye

13. samaṃ kāyaśirogrīvaṃ dhārayann acalaṃ sthiraḥ
    samprekṣya nāsikāgraṃ svaṃ diśaś cānavalokayan

14. praśāntātmā vigatabhīr brahmacārivrate sthitaḥ
    manaḥ saṃyamya maccitto yukta āsīta matparaḥ

15. yuñjann evaṃ sadātmānaṃ yogī niyatamānasaḥ
    śāntiṃ nirvāṇaparamāṃ matsaṃsthām adhigacchati

6.8 Diz-se jungido (*yukta*) o *yogin* satisfeito [em] si mesmo com o conhecimento-unitivo e o conhecimento-distintivo*, [que] reside nos cimos[7] [e tem os] sentidos dominados: [para ele], um torrão de terra, uma pedra e [uma peça de] ouro são iguais.

6.9 Distingue-se [o *yogin* cuja] faculdade-da-sabedoria é a mesma para com[8] os companheiros, os amigos de bom coração, os inimigos, os indiferentes, os imparciais, os odiosos e também para com os bons e os pecadores.

6.10 O *yogin* deve jungir continuamente a si mesmo, estabelecido no isolamento, solitário, [com] a mente e o si mesmo controlados, livre da esperança[9] e da cobiça.

6.11 Estabelecendo para si um assento estável num local puro, nem muito alto nem muito baixo, forrado de tecido, da pele de um veado ou da [gramínea chamada] *kusha*[10],

6.12 tornando a mente unipontual, controlada a atividade do pensamento e dos sentidos, deve ele, sobre o assento, jungir[-se no] Yoga para a autopurificação.

6.13 Mantendo o tronco, a cabeça e o pescoço alinhados, imóveis e estáveis, olhando [relaxado] para a ponta do nariz e sem relancear os olhos ao redor,

6.14 tranquilo [em] si mesmo, despojado de [todo o] medo, firme no voto de castidade, controlando a mente [com] a atenção [voltada] para Mim, jungido – deve ele sentar-se, atento a Mim.

6.15 Assim, jungindo-se sempre, o *yogin* de mente controlada se aproxima da paz: a suprema extinção (*nirvāna*)[11], [que tem a sua] subsistência em Mim.

---

* Sobre "conhecimento-unitivo e conhecimento-distintivo", ver a N. do T. ao versículo 3.41. (N.T.)

7. Shankara e Rāmānuja entendem o termo *kuta-stha* (literalmente, "residente no cume") como equivalente à "cessação [da ação]", mas não me parece ser esse o sentido. Embora se diga que o "método" do adepto plenamente realizado no Eu é a quietude (*shama*), enquanto estiver no corpo ele ainda terá de agir. Esse é o ponto central do ensinamento de Krishna. S. Radhakrishnan (1948) traduz *kuta-stha*, sem meias palavras, por "imutável". Zaehner (1966), no mesmo sentido, traduz *kuta-stha* por "sublime, indiferente", que se refere a um dos aspectos do estado em questão. Mas Bhaktivedanta Swami (1983) oferece a solução "situado na transcendência", mais correta, a qual é uma boa descrição da condição do sábio.

8. Aqui, o caso locativo é usado para dar o sentido de "para com" ou "em relação a".

9. Sobre a esperança, ver a nota 42 em 3.30.

10. A palavra *shuci*, geralmente traduzida como "limpo", decerto implica não somente a limpeza física como também a pureza ritual. *Kusha* é o nome de uma gramínea considerada especialmente sagrada pelos hindus.

11. A "extinção no fundamento-universal" (*brahma-nirvāna*) é, segundo meu entendimento, a forma inferior de realização espiritual. É superada pela realização do Deus pessoal.

नात्यश्नतस्तु योगोऽस्ति न चैकान्तमनश्नतः ।
न चातिस्वप्नशीलस्य जाग्रतो नैव चार्जुन ॥ ६—१६ ॥
युक्ताहारविहारस्य युक्तचेष्टस्य कर्मसु ।
युक्तस्वप्नावबोधस्य योगो भवति दुःखहा ॥ ६—१७ ॥
यदा विनियतं चित्तमात्मन्येवावतिष्ठते ।
निःस्पृहः सर्वकामेभ्यो युक्त इत्युच्यते तदा ॥ ६—१८ ॥
यथा दीपो निवातस्थो नेङ्गते सोपमा स्मृता ।
योगिनो यतचित्तस्य युञ्जतो योगमात्मनः ॥ ६—१९ ॥
यत्रोपरमते चित्तं निरुद्धं योगसेवया ।
यत्र चैवात्मनात्मानं पश्यन्नात्मनि तुष्यति ॥ ६—२० ॥
सुखमात्यन्तिकं यत्तद्बुद्धिग्राह्यमतीन्द्रियम् ।
वेत्ति यत्र न चैवायं स्थितश्चलति तत्त्वतः ॥ ६—२१ ॥
यं लब्ध्वा चापरं लाभं मन्यते नाधिकं ततः ।
यस्मिन्स्थितो न दुःखेन गुरुणापि विचाल्यते ॥ ६—२२ ॥
तं विद्याद्दुःखसंयोगवियोगं योगसंज्ञितम् ।
स निश्चयेन योक्तव्यो योगोऽनिर्विण्णचेतसा ॥ ६—२३ ॥

16. nātyaśnatas tu yogo'sti na caikāntam anaśnataḥ
    na cātisvapnaśīlasya jāgrato naiva cārjuna

17. yuktāhāravihārasya yuktaceṣṭasya karmasu
    yuktasvapnāvabodhasya yogo bhavati duḥkhahā

18. yadā viniyataṃ cittam ātmany evāvatiṣṭhate
    niḥspṛhaḥ sarvakāmebhyo yukta ity ucyate tadā

19. yathā dīpo nivātastho neṅgate sopamā smṛtā
    yogino yatacittasya yuñjato yogam ātmanaḥ

20. yatroparamate cittam niruddhaṃ yogasevayā
    yatra caivātmanātmānaṃ paśyann ātmani tuṣyati

21. sukham ātyantikaṃ yat tad buddhigrāhyam atīndriyam
    vetti yatra na caivāyaṃ sthitaś calati tattvataḥ

22. yaṃ labdhvā cāparaṃ lābhaṃ manyate nādhikaṃ tataḥ
    yasmin sthito na duḥkhena guruṇāpi vicālyate

23. taṃ vidyād duḥkhasaṃyogaviyogaṃ yogasaṃjñitam
    sa niścayena yoktavyo yogo'nirviṇṇacetasā

6.16 Mas [este] Yoga não é para o glutão nem para o [que] não come em absoluto, nem tampouco para [o que tem] o hábito de dormir demais, nem ainda para o [que se encontra constantemente] desperto, ó Arjuna.

6.17 [Antes, este] Yoga dissipa o sofrimento daquele [que é] jungido em [relação ao] alimento e [à] recreação, jungido na execução dos atos, jungido em [relação ao] dormir e [ao] despertar.

6.18 Quando a mente é controlada [e] repousa no Si Mesmo somente, despojada-de-anseio por todo [objeto de] desejo – então [o *yogin*] é chamado "jungido" (*yukta*).

6.19 "Como uma lâmpada posta [em local] sem vento não bruxuleia" – essa comparação é lembrada [quando] um *yogin* de mente jungida pratica o Yoga do Si Mesmo.

6.20 Quando a mente é refreada, controlada pelo serviço do Yoga, e quando o Si Mesmo é contemplado por si mesmo em Si Mesmo – [ele] se satisfaz.

6.21 É essa a máxima alegria, a qual é extrassensorial (*atīndriya*) [e] captada pela faculdade-da-sabedoria [somente]. Quando ele conhece isso, [assim] estabelecido, ele não se desvia da Realidade[12];

6.22 depois de tê-la obtido, ele pensa não haver outro ganho maior; e, repousando nela, não é abalado nem pelo mais atroz sofrimento.

6.23 Isto deve ele conhecer como [aquilo que é] denominado "Yoga": a desunião da união com o sofrimento. Esse Yoga deve ser praticado com determinação e sem espírito de desalento.

_____

12. Está bem claro que a palavra *tattvatas* é usada aqui no sentido de "da Realidade".

संकल्पप्रभवान्कामांस्त्यक्ता सर्वानशेषतः ।
मनसैवेन्द्रियग्रामं विनियम्य समन्ततः ॥ ६—२४ ॥

शनैः शनैरुपरमेद्बुद्ध्या धृतिगृहीतया ।
आत्मसंस्थं मनः कृत्वा न किंचिदपि चिन्तयेत् ॥ ६—२५ ॥

यतो यतो निश्चरति मानश्चञ्चलमस्थिरम् ।
ततस्ततो नियम्यैतदात्मन्येव वशं नयेत् ॥ ६—२६ ॥

प्रशान्तमनसं ह्येनं योगिनं सुखमुत्तमम् ।
उपैति शान्तरजसं ब्रह्मभूतमकल्मषम् ॥ ६—२७ ॥

युञ्जन्नेवं सदात्मानं योगी विगतकल्मषः ।
सुखेन ब्रह्मसंस्पर्शमत्यन्तं सुखमश्नुते ॥ ६—२८ ॥

सर्वभूतस्थमात्मानं सर्वभूतानि चात्मनि ।
ईक्षते योगयुक्तात्मा सर्वत्र समदर्शनः ॥ ६—२९ ॥

यो मां पश्यति सर्वत्र सर्वं च मयि पश्यति ।
तस्याहं न प्रणश्यामि स च मे न प्रणश्यति ॥ ६—३० ॥

सर्वभूतस्थितं यो मां भजत्येकत्वमास्थितः ।
सर्वथा वर्तमानोऽपि स योगी मयि वर्तते ॥ ६—३१ ॥

24. saṃkalpaprabhavān kāmāṃs tyaktvā sarvān aśeṣataḥ
    manasaivendriyagrāmaṃ viniyamya samantataḥ

25. śanaiḥ śanair uparamed buddhyā dhṛtigṛhītayā
    ātmasaṃsthaṃ manaḥ kṛtvā na kiṃcid api cintayet

26. yato yato niścarati manaś cañcalam asthiram
    tatastato niyamyaitad ātmany eva vaśaṃ nayet

27. praśāntamanasaṃ hy enaṃ yoginaṃ sukham uttamam
    upaiti śāntarajasaṃ brahmabhūtam akalmaṣam

28. yuñjann evaṃ sadātmānaṃ yogī vigatakalmaṣaḥ
    sukhena brahmasaṃsparśam atyantaṃ sukham aśnute

29. sarvabhūtastham ātmānaṃ sarvabhūtāni cātmani
    īkṣate yogayuktātmā sarvatra samadarśanaḥ

30. yo māṃ paśyati sarvatra sarvaṃ ca mayi paśyati
    tasyāhaṃ na praṇaśyāmi sa ca me na praṇaśyati

31. sarvabhūtasthitaṃ yo māṃ bhajaty ekatvam āsthitaḥ
    sarvathā vartamāno'pi sa yogī mayi vartate

6.24 Abandonando por inteiro todos os desejos nascidos da motivação [e], em verdade, controlando completamente, por meio da mente, o exército dos sentidos,

6.25 deve ele pouco a pouco aquietar-se. Conservando firme a faculdade-da--sabedoria para estabelecer a mente no Si Mesmo, não deve pensar em nada.

6.26 Para onde quer que divague a mente instável e inconstante, de lá deve ele, refreando-a, trazê-la de volta ao controle do Si Mesmo.

6.27 Pois a suprema alegria sobrevém àquele *Yogin* de mente tranquila, de paixões pacificadas, [que] se tornou o fundamento-universal [e] é livre de [toda] mácula.

6.28 Jungindo sempre a si mesmo dessa maneira, o *yogin* [cujas] máculas se foram alcança com facilidade a infinita alegria [no] contato[13] com o fundamento-universal.

6.29 Aquele [cujo] eu é jungido por meio do Yoga [e que] vê o mesmo (*sama-darshana*) em toda parte contempla a Si Mesmo em todos os seres e a todos os seres em Si Mesmo.

6.30 Para aquele que vê a Mim em toda parte e todas as coisas em Mim, não estou perdido para ele, nem ele para Mim.

6.31 Aquele que se encontra estabelecido na unidade [e] adora a Mim [como Àquele que] repousa em todos os seres – esse *yogin* habita em Mim, qualquer que seja a sua condição-de-existência.

---

13. Aqui, "contato" é usado em sentido metafórico. Trata-se de algo muito diferente do "tato" (*sparsha*) meramente sensorial. Esse "contato" é suprassensorial e mediado pela faculdade-da-sabedoria (*buddhi*) que se encontra imersa no fundamento-universal.

आत्मौपम्येन सर्वत्र समं पश्यति योऽर्जुन ।
सुखं वा यदि वा दुःखं स योगी परमो मतः ॥ ६—३२ ॥
अर्जुन उवाच
योऽयं योगस्त्वया प्रोक्तः साम्येन मधुसूदन ।
एतस्याहं न पश्यामि चञ्चलत्वात्स्थितिं स्थिराम् ॥ ६—३३ ॥
चञ्चलं हि मनः कृष्ण प्रमाथि बलवद्दृढम् ।
तस्याहं निग्रहं मन्ये वायोरिव सुदुष्करम् ॥ ६—३४ ॥
श्रीभगवानुवाच
असंशयं महाबाहो मनो दुर्निग्रहं चलम् ।
अभ्यासेन तु कौन्तेय वैराग्येण च गृह्यते ॥ ६—३५ ॥
असंयतात्मना योगो दुष्प्राप इति मे मतिः ।
वश्यात्मना तु यतता शक्योऽवाप्तुमुपायतः ॥ ६—३६ ॥
अर्जुन उवाच
अयतिः श्रद्धयोपेतो योगाच्चलितमानसः ।
अप्राप्य योगसंसिद्धिं कां गतिं कृष्ण गच्छति ॥ ६—३७ ॥

32. ātmaupamyena sarvatra samaṃ paśyati yo'rjuna
    sukhaṃ vā yadi vā duḥkhaṃ sa yogī paramo mataḥ

    arjuna uvāca
33. yo'yaṃ yogas tvayā proktaḥ sāmyena madhusūdana
    etasyāhaṃ na paśyāmi cañcalatvāt sthitiṃ sthirām
34. cañcalaṃ hi manaḥ kṛṣṇa pramāthi balavad dṛḍham
    tasyāhaṃ nigrahaṃ manye vāyor iva suduṣkaram

    śrībhagavān uvāca
35. asaṃśayaṃ mahābāho mano durnigrahaṃ calam
    abhyāsena tu kaunteya vairāgyeṇa ca gṛhyate
36. asaṃyatātmanā yogo duṣprāpa iti me matiḥ
    vaśyātmanā tu yatatā śakyo'vāptum upāyataḥ

    arjuna uvāca
37. ayatiḥ śraddhayopeto yogāc calitamānasaḥ
    aprāpya yogasaṃsiddhiṃ kāṃ gatiṃ kṛṣṇa gacchati

6.32 Aquele que, por Sua Própria identidade, vê o mesmo em toda parte[14], ó Arjuna, quer [se trate de] alegria, quer [de] sofrimento, é considerado um *yogin* supremo.

Arjuna disse:

6.33 Este Yoga proclamado por Ti, [a ser alcançado] por meio da igualdade, ó Madhusūdana[15] – não vislumbro um estado firme [pelo qual possa ser realizado], em razão da inconstância [da mente].

6.34 Inconstante, com efeito, é a mente, ó Krishna; é impetuosa, forte e obstinada[15]. Penso que controlá-la é dificílimo, [tão difícil] quanto [controlar] o vento.

Disse o Senhor Bendito:

6.35 Sem dúvida, ó [Arjuna] dos braços fortes, a mente é inconstante [e] difícil de refrear. Mas pode ser agarrada pela prática e pela impassibilidade[17], ó filho-de-Kuntī.

6.36 O Yoga é difícil de obter para o eu insubmisso; esta é Minha convicção. Mas, para o eu sob controle, é possível, com empenho, obtê[-lo] pelos meios[18] [adequados].

Arjuna disse:

6.37 O indisciplinado [cuja] mente se desviou do [processo do] Yoga [e que, consequentemente,] não alcança a consumação do Yoga, [mas que é] dotado de fé – que caminho trilha ele, ó Krishna?

---

14. Zaehner (1966) traduz esse termo como "por analogia consigo mesmo" e Radhakrishnan (1948) sugere "igualdade entre si mesmo e os outros", mas não resta dúvida de que o sentido, aqui, é a realização mística da onipresença do Si Mesmo (*ātman*) em todas as coisas.

15. Sobre o epíteto Madhusūdana, ver a nota 4 em 1.14.

16. Zaehner (1966) prefere traduzir *balavad-dridha* como "excessivamente forte".

17. *Abhyāsa* ("prática") e *vairāgya* ("impassibilidade") são os dois polos complementares de todos os tipos de vias espirituais. [A palavra *vairāgya* significa concretamente o desapego de tudo que procede dos sentidos, da mente e do ego e poderia ser traduzida também como "indiferença" ou "desgosto pelas coisas do mundo". (N.T.)]

18. O texto usa a palavra *upāya* ("meios"), que é termo importantíssimo no budismo, em cujo contexto é frequentemente traduzida como "meios hábeis".

«लिप्समानः सतां मार्गं प्रमूढो ब्रह्मणः पथि ।
अनेकाचित्तो विभ्रान्तो मोहस्यैव वशं गतः ॥»

कच्चिन्नोभयविभ्रष्टश्छिन्नाभ्रमिव नश्यति ।
अप्रतिष्ठो महाबाहो विमूढो ब्रह्मणः पथि ॥ ६—३८ ॥
एतन्मे संशयं कृष्ण छेत्तुमर्हस्यशेषतः ।
त्वदन्यः संशयस्यास्य छेत्ता न ह्युपपद्यते ॥ ६—३९ ॥
श्रीभगवानुवाच
पार्थ नैवेह नामुत्र विनाशस्तस्य विद्यते ।
न हि कल्याणकृत्कश्चिद्दुर्गतिं तात गच्छति ॥ ६—४० ॥
प्राप्य पुण्यकृतांल्लोकानुषित्वा शाश्वतीः समाः ।
शुचीनां श्रीमतां गेहे योगभ्रष्टोऽभिजायते ॥ ६—४१ ॥
अथवा योगिनामेव कुले भवति धीमताम् ।
एतद्धि दुर्लभतरं लोके जन्म यदीदृशम् ॥ ६—४२ ॥
तत्र तं बुद्धिसंयोगं लभते पौर्वदेहिकम् ।
यतते च ततो भूयः संसिद्धौ कुरुनन्दन ॥ ६—४३ ॥

«lipsamānaḥ satāṃ mārgaṃ pramūḍho brahmaṇaḥ pathi,
anekacitto vibhrānto mohasya eva vaśaṃ gataḥ »

38. kaccin nobhayavibhraṣṭaś chinnābhram iva naśyati
    apratiṣṭho mahābāho vimūḍho brahmaṇaḥ pathi

39. etan me saṃśayaṃ kṛṣṇa chettum arhasy aśeṣataḥ
    tvadanyaḥ saṃśayasyāsya chettā na hy upapadyate

śrībhagavān uvāca

40. pārtha naiveha nāmutra vināśas tasya vidyate
    na hi kalyāṇakṛt kaścid durgatiṃ tāta gacchati

41. prāpya puṇyakṛtāṃl lokān uṣitvā śāśvatīḥ samāḥ
    śucīnāṃ śrīmatāṃ gehe yogabhraṣṭo'bhijāyate

42. athavā yoginām eva kule bhavati dhīmatām
    etaddhi durlabhataraṃ loke janma yad īdṛśam

43. tatra taṃ buddhisaṃyogaṃ labhate paurvadehikam
    yatate ca tato bhūyaḥ saṃsiddhau kurunandana

«[O *yogin*] desejoso da via dos virtuosos, [mas que,] confundindo-se no caminho de Brahman, [tem] a mente desunida (*an-eka*), se distrai [e] cai sob o poder da ilusão. »

6.38 Acaso o que não obtém sucesso em ambas – [a prática e a impassibilidade] – não perece como uma nuvem fendida, sem alicerce, desvirtuado no caminho do fundamento-universal, ó [Krishna] dos braços fortes?

6.39 Podes sanar completamente esta dúvida minha, ó Krishna. Ninguém senão Tu se apresenta para sanar esta dúvida.

Disse o Senhor Bendito:

6.40 Ó filho-de-Prithā, nem aqui [na Terra] nem no [mundo] acima [ou seja, depois da morte] sofrerá ele a destruição, pois ninguém que faz o bem segue um caminho ruim, ó filho.

6.41 Chegando aos mundos dos que praticam a virtude e [ali] residindo por infindáveis[19] anos, [o que] falhou no Yoga[20] nasce [novamente] numa família de [pessoas] puras e auspiciosas.

6.42 Ou, senão, nasce numa família de *yogins* sábios, muito embora um tal nascimento seja muito difícil de ocorrer [neste] mundo.

6.43 Ali, alcança ele a união com a faculdade-da-sabedoria [amadurecida em sua] existência anterior; e mais uma vez se empenha pela consumação [no Yoga], ó Kurunandana[21].

---

19. "Infindáveis" (*shāshvatī*) tem sentido figurativo nesse contexto, pois até os mais sublimes mundos ou esferas de existência são finitos. A duração da vida nos domínios celestes pode se estender por muitas eras, talvez por todo um *kalpa* ou até mais. É o caso de Brahma, cuja vida tem a duração de cem *kalpas* (mais de 15 bilhões de anos solares)

20. O "praticante que falhou no Yoga" (*yoga-brashta*) é, essencialmente, aquele que não chegou a atingir a libertação. Essa palavra composta costuma ser entendida como "aquele que caiu do Yoga", mas essa tradução implica que o *yogin* de algum modo se desviou do caminho, o que não necessariamente é verdade.

21. Sobre o epíteto Kurunandana, ver a nota 40 em 2.41.

पूर्वाभ्यासेन तेनैव ह्रियते ह्यवशोऽपि सः ।
जिज्ञासुरपि योगस्य शब्दब्रह्मातिवर्तते ॥ ६—४४ ॥
प्रयत्नाद्यतमानस्तु योगी संशुद्धकिल्बिषः ।
अनेकजन्मसंसिद्धस्ततो याति परां गतिम् ॥ ६—४५ ॥
तपस्विभ्योऽधिको योगी ज्ञानिभ्योऽपि मतोऽधिकः ।
कर्मिभ्यश्चाधिको योगी तस्माद्योगी भवार्जुन ॥ ६—४६ ॥
योगिनामपि सर्वेषां मद्गतेनान्तरात्मना ।
श्रद्धावान्भजते यो मां स मे युक्ततमो मतः ॥ ६—४७ ॥

44. pūrvābhyāsena tenaiva hriyate hy avaśo'pi saḥ
    jijñāsur api yogasya śabdabrahmātivartate
45. prayatnād yatamānas tu yogī saṁśuddhakilbiṣaḥ
    anekajanmasaṁsiddhas tato yāti parāṁ gatim
46. tapasvibhyo'dhiko yogī jñānibhyo'pi mato'dhikaḥ
    karmibhyaś cādhiko yogī tasmād yogī bhavārjuna
47. yoginām api sarveṣāṁ madgatenāntarātmanā
    śraddhāvān bhajate yo māṁ sa me yuktatamo mataḥ

6.44   Em virtude de sua prática [na vida] anterior, ele é levado [adiante] mesmo contra a vontade. [Se tiver] o mero desejo de conhecer o Yoga, transcenderá o fundamento-universal sonoro (*shabda-brahman*)[22].

6.45   Mas o *yogin*, empenhando-se com esforço, purificado da culpa, aperfeiçoado no decorrer de muitos nascimentos, segue então o caminho supremo[23] [até o final].

6.46   O *yogin* é maior que os ascetas. É considerado maior até que os gnósticos (*jnānin*), e é maior que os-que-executam-ações-rituais. Sê, portanto, um *yogin*, ó Arjuna!

6.47   Dentre todos os *yogins*, além disso, aquele que Me adora com fé [e cujo] eu íntimo[24] encontra-se absorto em Mim é tido como o mais jungido a Mim.

---

22. *Shabda-brahman* ("fundamento-universal sonoro") é a matriz transcendental que se manifesta para o *yogin* clarividente como o sagrado monossílabo OM, que simboliza o Absoluto (Brahman)

23. O "caminho supremo" (*parām gatim*) é a libertação definitiva na natureza superior de Deus, que é a Pessoa Suprema (*purushottama*) – ou seja, Krishna. Ver também a nota 15 em 7.18.

24. O "eu íntimo" (*antarātman*) significa o aspecto mais profundo (ou mais excelso) da mente humana, ou seja, *buddhi*. Quando a faculdade-da-sabedoria se habitua a imergir-se em Deus, o *yogin* enceta um relacionamento especial com a Divindade, com cuja graça pode contar durante todo o restante da jornada de autotranscendência.

श्रीभगवानुवाच

मय्यासक्तमनाः पार्थ योगं युञ्जन्मदाश्रयः ।
असंशयं समग्रं मां यथा ज्ञास्यसि तच्छृणु ॥ ७—१ ॥

ज्ञानं तेऽहं सविज्ञानमिदं वक्ष्याम्यशेषतः ।
यज्ज्ञात्वा नेह भूयोऽन्यज्ज्ञातव्यमवशिष्यते ॥ ७—२ ॥

मनुष्याणां सहस्रेषु कश्चिद्यतति सिद्धये ।
यततामपि सिद्धानां कश्चिन्मां वेत्ति तत्त्वतः ॥ ७—३ ॥

भूमिरापोऽनलो वायुः खं मनो बुद्धिरेव च ।
अहंकार इतीयं मे भिन्ना प्रकृतिरष्टधा ॥ ७—४ ॥

अपरेयमितस्त्वन्यां प्रकृतिं विद्धि मे पराम् ।
जीवभूतां महाबाहो ययेदं धार्यते जगत् ॥ ७—५ ॥

śrībhagavān uvāca

1. mayy āsaktamanāḥ pārtha yogaṃ yuñjan madāśrayaḥ
   asaṃśayaṃ samagraṃ māṃ yathā jñāsyasi tac chṛṇu

2. jñānaṃ te'haṃ savijñānam idaṃ vakṣyāmy aśeṣataḥ
   yaj jñātvā neha bhūyo'nyaj jñātavyam avaśiṣyate

3. manuṣyāṇāṃ sahasreṣu kaścid yatati siddhaye
   yatatām api siddhānāṃ kaścin māṃ vetti tattvataḥ

4. bhūmir āpo'nalo vāyuḥ khaṃ mano buddhir eva ca
   ahaṃkāra itīyaṃ me bhinnā prakṛtir aṣṭadhā

5. apareyam itas tv anyāṃ prakṛtiṃ viddhi me parām
   jīvabhūtāṃ mahābāho yayedaṃ dhāryate jagat

CAPÍTULO 7

O YOGA DA SABEDORIA E DO CONHECIMENTO

Disse o Senhor Bendito:

7.1 Ouve [agora], ó filho-de-Prithā, de que modo, [com] a mente ligada a Mim, jungido no Yoga, [tendo-]Me como refúgio, virás a conhecer-Me plenamente sem [resquício de] dúvida[1].

7.2 Declarar-te-ei sem reservas este conhecimento unitivo e distintivo*, conhecendo-se o qual nada mais resta a ser conhecido aqui [na Terra].

7.3 Entre milhares de seres humanos, [quase] nenhum se empenha pela perfeição. Mesmo entre os adeptos que se empenham, [quase] nenhum Me conhece verdadeiramente.

7.4 A terra, a água, o fogo, o ar, o éter, a mente, a faculdade-da-sabedoria e o sentido-do-ego[2] – é essa a óctupla divisão da Minha natureza (*prakriti*) [inferior].

7.5 Tal é a [Minha natureza] inferior. Estejas ciente, porém, de que Minha natureza superior é outra: o elemento vital (*jīva-bhūta*)[3] pelo qual este universo é sustentado[4], ó [Arjuna] dos braços fortes.

---

1. O pleno conhecimento de Deus significa a realização extática da Pessoa Suprema (*purushottama*), de Deus como Suprapessoa, que se encontra além do fundamento-universal (*brahman*) e também do conglomerado de sujeitos transcendentais (*purusha*) chamado de "elemento vital" (*jīva-bhūta*) no versículo 7.5. O apego (*āsakta*) à Divindade não é um apego kármico. Segundo o *Gītā*, é na verdade o único meio de transcender o cosmo em todos os seus níveis e alcançar a unidade transcendental com a Pessoa Suprema.

* Sobre "conhecimento-unitivo e conhecimento-distintivo", ver a N. do T. ao versículo 3.41. (N.T.)

2. O termo *ahamkāra* ("criador do eu") pertence ao vocabulário formal das tradições do Yoga e do Sāmkhya – e aqui talvez seja entendido macrocosmicamente como uma categoria do ser, e não como a sensação microcósmica de individualidade.

3. O termo *jīva-bhūta* se refere, no meu entendimento, à coletividade de "mônadas" transcendentais feitas de pura Consciência, a "natureza superior" de Deus.

4. Podemos nos perguntar em que sentido se diz que o "elemento vital" (*jīva-bhūta*) "sustenta" (*dhāryate*) o universo. Em seu comentário sobre esse versículo, Swami Tripurari (2001) explica que o "princípio vital", que ele circunscreve no conceito de *jīva-shakti* (potência de vida), é "a potência intermediária de Deus". E continua: "Em sua natureza, é semelhante a Deus e dissemelhante da matéria. Ao mesmo tempo, é dissemelhante de Deus na medida em que é passível de ser iludido pela influência da natureza material." Mas será possível que uma realidade transcendental como a de *jīva-bhūta*, superior até ao "criador do eu" e a todas as demais faculdades psicomentais, esteja sujeita à ilusão? Somente os entes individuais (*jīva*), as personalidades, podem ser iludidos pela matéria. No entanto pode-se dizer que a coletividade transcendente dos Eus Superiores "sustenta" o universo na medida em que a vida (*jīva*) é o fundamento das miríades de seres ou formas vivas que compõem o cosmo.

एतद्योनीनि भूतानि सर्वाणीत्युपधारय ।
अहं कृत्स्नस्य जगतः प्रभवः प्रलयस्तथा ॥ ७—६ ॥

मत्तः परतरं नान्यत्किंचिदस्ति धनंजय ।
मयि सर्वमिदं प्रोतं सूत्रे मणिगणा इव ॥ ७—७ ॥

रसोऽहमप्सु कौन्तेय प्रभास्मि शशिसूर्ययोः ।
प्रणवः सर्ववेदेषु शब्दः खे पौरुषं नृषु ॥ ७—८ ॥

पुण्यो गन्धः पृथिव्यां च तेजश्चास्मि विभावसौ ।
जीवनं सर्वभूतेषु तपश्चास्मि तपस्विषु ॥ ७—९ ॥

बीजं मां सर्वभूतानां विद्धि पार्थ सनातनम् ।
बुद्धिर्बुद्धिमतामस्मि तेजस्तेजस्विनामहम् ॥ ७—१० ॥

बलं बलवतां चाहं कामरागविवर्जितम् ।
धर्माविरुद्धो भूतेषु कामोऽस्मि भरतर्षभ ॥ ७—११ ॥

ये चैव सात्त्विका भावा राजसास्तामसाश्च ये ।
मत्त एवेति तान्विद्धि न त्वहं तेषु ते मयि ॥ ७—१२ ॥

त्रिभिर्गुणमयैर्भावैरेभिः सर्वमिदं जगत् ।
मोहितं नाभिजानाति मामेभ्यः परमव्ययम् ॥ ७—१३ ॥

6. etadyonīni bhūtāni sarvāṇīty upadhāraya
   ahaṃ kṛtsnasya jagataḥ prabhavaḥ pralayas tathā

7. mattaḥ parataraṃ nānyat kiṃcid asti dhanaṃjaya
   mayi sarvam idaṃ protaṃ sūtre maṇigaṇā iva

8. raso'ham apsu kaunteya prabhāsmi śaśisūryayoḥ
   praṇavaḥ sarvavedeṣu śabdaḥ khe pauruṣaṃ nṛṣu

9. puṇyo gandhaḥ pṛthivyāṃ ca tejaś cāsmi vibhāvasau
   jīvanaṃ sarvabhūteṣu tapaś cāsmi tapasviṣu

10. bījaṃ māṃ sarvabhūtānāṃ viddhi pārtha sanātanam
    buddhir buddhimatām asmi tejas tejasvinām aham

11. balaṃ balavatāṃ cāhaṃ kāmarāgavivarjitam
    dharmāviruddho bhūteṣu kāmo'smi bharatarṣabha

12. ye caiva sāttvikā bhāvā rājasās tāmasāś ca ye
    matta eveti tān viddhi na tv ahaṃ teṣu te mayi

13. tribhir guṇamayair bhāvair ebhiḥ sarvam idaṃ jagat
    mohitaṃ nābhijānāti mām ebhyaḥ param avyayam

7.6 Compreende que esta [Minha natureza superior] é o útero de todos os seres. Sou a origem e a dissolução de todo[5] este mundo.

7.7 Não há absolutamente nada de superior a Mim, ó Dhanamjaya[6]. Em mim todo este [universo] está enfiado como pérolas num fio.

7.8 Eu sou o sabor da água, ó filho-de-Kuntī[7]. Sou o esplendor do Sol e da Lua, o *pranava*[8] de todos os Vedas, o som do espaço no espaço, a virilidade dos homens[9].

7.9 Sou a pura fragrância da terra, o brilho do fogo, a vida de todos os seres e a ascese dos ascetas.

7.10 Conhece-Me [como] a semente eterna de todos os seres, ó filho-de-Prithā[10]. Sou a faculdade-da-sabedoria dos dotados de sabedoria, sou o fulgor dos radiantes.

7.11 E sou o poder dos poderosos, despido de desejo e paixão. Nos seres, sou o desejo que não se opõe à lei (*dharma*), ó Bharatarshabha[11].

7.12 Além disso, estejas ciente de que [todos] os estados puros-e-luminosos (*sāttvika*), dinâmicos (*rājasa*) e obscuros (*tāmasa*) [existentes no mundo] verdadeiramente [procedem] de Mim. No entanto não estou neles; são eles que estão em Mim[12].

7.13 Este universo inteiro é iludido por esses três estados-de-existência formados pelas qualidades-primárias (*guna*), [e por isso] não Me reconhece [como] o imutável [que reside] para além deles.

---

5. Sobre a palavra *kritsna*, ver a nota 40 em 3.29.

6. Sobre o epíteto Dhanamjaya, ver a nota 7 em 1.15.

7. Sobre o epíteto filho-de-Kuntī (Kaunteya), ver a nota 19 em 1.27.

8. O "zumbido" (*pranava*) é o sagrado monossílabo OM.

9. Para facilitar o entendimento, tratei todos os locativos como genitivos.

10. Sobre o epíteto filho-de-Prithā (Pārtha), ver a nota 18 em 1.25.

11. Sobre o epíteto Bharatarshabha, ver a nota 48 em 3.41.

12. Segundo a ontologia do Yoga e do Sāmkhya, tudo no universo é composto das três qualidades-primárias (*guna*): *sattva*, *rajas* e *tamas*. O que está além do cosmos é *nirguna* ("não qualificado") ou *gunātīta* ("além das três qualidades-primárias").

दैवी ह्येषा गुणमयी मम माया दुरत्यया ।
मामेव ये प्रपद्यन्ते मायामेतां तरन्ति ते ॥ ७—१४ ॥

न मां दुष्कृतिनो मूढाः प्रपद्यन्ते नराधमाः ।
मायया्पहृतज्ञाना आसुरं भावमाश्रिताः ॥ ७—१५ ॥

चतुर्विधा भजन्ते मां जनाः सुकृतिनोऽर्जुन ।
आर्तो जिज्ञासुरर्थार्थी ज्ञानी च भरतर्षभ ॥ ७—१६ ॥

तेषां ज्ञानी नित्ययुक्त एकभक्तिर्विशिष्यते ।
प्रियो हि ज्ञानिनोऽत्यर्थमहं स च मम प्रियः ॥ ७—१७ ॥

उदाराः सर्व एवैते ज्ञानी त्वात्मैव मे मतम् ।
आस्थितः स हि युक्तात्मा मामेवानुत्तमां गतिम् ॥ ७—१८ ॥

बहूनां जन्मनामन्ते ज्ञानवान्मां प्रपद्यते ।
वासुदेवः सर्वमिति स महात्मा सुदुर्लभः ॥ ७—१९ ॥

कामैस्तैस्तैर्हृतज्ञानाः प्रपद्यन्तेऽन्यदेवताः ।
तं तं नियममास्थाय प्रकृत्या नियताः स्वया ॥ ७—२० ॥

यो यो यां यां तनुं भक्तः श्रद्धयार्चितुमिच्छति ।
तस्य तस्याचलां श्रद्धां तामेव विदधाम्यहम् ॥ ७—२१ ॥

14. daivī hy eṣā guṇamayī mama māyā duratyayā
    mām eva ye prapadyante māyām etāṃ taranti te

15. na māṃ duṣkṛtino mūḍhāḥ prapadyante narādhamāḥ
    māyayāpahṛtajñānā āsuraṃ bhāvam āśritāḥ

16. caturvidhā bhajante māṃ janāḥ sukṛtino'rjuna
    ārto jijñāsur arthārthī jñānī ca bhāratarṣabha

17. teṣaṃ jñānī nityayukta ekabhaktir viśiṣyate
    priyo hi jñānino'tyartham ahaṃ sa ca mama priyaḥ

18. udārāḥ sarva evaite jñānī tv ātmaiva me matam
    āsthitaḥ sa hi yuktātmā mām evānuttamāṃ gatim

19. bahūnāṃ janmanām ante jñānavān māṃ prapadyate
    vāsudevaḥ sarvam iti sa mahātmā sudurlabhaḥ

20. kāmais tais tair hṛtajñānāḥ prapadyante'nyadevatāḥ
    taṃ taṃ niyamam āsthāya prakṛtyā niyatāḥ svayā

21. yo yo yāṃ yāṃ tanuṃ bhaktaḥ śraddhayārcitum icchati
    tasya tasyācalāṃ śraddhāṃ tām eva vidadhāmy aham

7.14 Pois este [universo inteiro outra coisa não] é [senão] a Minha divina potência-criativa (*māyā*)[13], composta das qualidades-primárias, difícil de transcender[14]. Os que recorrem unicamente a Mim transcendem essa [Minha] potência-criativa.

7.15 Os malfeitores, os extraviados, os mais vis entre os homens não recorrem a Mim; destituídos de conhecimento pela [Minha] potência--criativa, sujeitam-se à condição dos demônios (*āsura*).

7.16 Quatro tipos de pessoas que fazem o bem me adoram, ó Arjuna: os aflitos, os que desejam o conhecimento, os que visam ao bem [do mundo] e os gnósticos, ó Bharatarshabha.

7.17 Desses [quatro], o gnóstico sempre jungido [e dotado] de devoção unificada é o mais excelente, pois sou extremamente caro ao gnóstico e ele é caro a Mim.

7.18 Todos estes, em verdade, são exaltados, mas considero o gnóstico como a Mim Mesmo, pois, [com] o eu jungido, ele se encontra estabelecido somente em Mim, o caminho supremo[15].

7.19 Ao cabo de muitos nascimentos, o homem de conhecimento recorre a Mim. "Vāsudeva é tudo" – assim [conclui] essa grande alma*, dificílima de encontrar.

7.20 [Os] destituídos de conhecimento por tais ou quais[16]desejos recorrem a outras divindades, seguindo esta ou aquela regra, obrigados por sua própria natureza[17].

7.21 Qualquer que seja a forma[18] [divina] que um determinado devoto deseje adorar com fé, essa mesma[19] fé firme Eu lhe concedo.

---

13. Sobre o termo *māyā*, ver a nota 8 em 4.6.

14. A palavra feminina *duratyayā* (de *ati* "além" + *i* "ir") é usada aqui como qualificativo de *māyā*.

15. O versículo 6.45 nos diz que o "caminho supremo" não é outro senão o próprio Krishna. A palavra *gati* pode significar "estado" ou "caminho", "curso". Preferi essa segunda opção, pois ela dá a entender que o processo de libertação em Deus não é estático, mas dinâmico.

* Traduzimos o termo *mahātma* por "grande alma" quando se refere aos sábios ou devotos, mas por "Grande Ser" quando se refere diretamente a Sri Krishna. (N.T.)

16. A expressão *tais-tair* ("estes [ou] aqueles"), que qualifica o substantivo "desejos", foi traduzida aqui por "tais ou quais".

17. A expressão *prakrityā niyatāh svayā*, traduzida aqui por "obrigados por sua própria natureza", implica uma referência à ideia fundamental de *svabhāva*

18. O comentador Madhva, da escola dvaita ou dualista, considera altamente significativa, nesse contexto, a escolha da palavra *tanu*, frequentemente usada para denotar o "corpo". Correlaciona-a à ideia de que as várias divindades constituem, por assim dizer, o corpo (ou seja, a modalidade inferior) do Ser eterno de Deus.

19. A expressão duplicada *tasya tasya* ("de ele") é exigida, na gramática, pelo *yo yah* que a precede.

स तया श्रद्धया युक्तस्तस्याराधनमीहते ।
लभते च ततः कामान्मयैव विहितान्हि तान् ॥ ७—२२ ॥

अन्तवत्तु फलं तेषां तद्भवत्यल्पमेधसाम् ।
देवान्देवयजो यान्ति मद्भक्ता यान्ति मामपि ॥ ७—२३ ॥

अव्यक्तं व्यक्तिमापन्नं मन्यन्ते मामबुद्धयः ।
परं भावमजानन्तो ममाव्ययमनुत्तमम् ॥ ७—२४ ॥

नाहं प्रकाशः सर्वस्य योगमायासमावृतः ।
मूढोऽयं नाभिजानाति लोको मामजमव्ययम् । ७—२५ ॥

वेदाहं समतीतानि वर्तमानानि चार्जुन ।
भविष्याणि च भूतानि मां तु वेद न कश्चन ॥ ७—२६ ॥

इच्छाद्वेषसमुत्थेन द्वन्द्वमोहेन भारत ।
सर्वभूतानि संमोहं सर्गे यान्ति परंतप ॥ ७—२७ ॥

येषां त्वन्तगतं पापं जनानां पुण्यकर्मणाम् ।
ते द्वन्द्वमोहनिर्मुक्ता भजन्ते मां दृढव्रताः ॥ ७—२८ ॥

जरामरणमोक्षाय मामाश्रित्य यतन्ति ये ।
ते ब्रह्म तद्विदुः कृत्स्नमध्यात्मं कर्म चाखिलम् ॥ ७—२९ ॥

22. sa tayā śraddhayā yuktas tasyārādhanam īhate
    labhate ca tataḥ kāmān mayaiva vihitān hi tān

23. antavat tu phalaṃ teṣāṃ tad bhavaty alpamedhasām
    devān devayajo yānti madbhaktā yānti mām api

24. avyaktaṃ vyaktim āpannaṃ manyante māṃ abuddhayaḥ
    paraṃ bhāvam ajānanto mamāvyayam anuttamam

25. nāhaṃ prakāśaḥ sarvasya yogamāyāsamāvṛtaḥ
    mūḍho'yaṃ nābhijānāti loko mām ajam avyayam

26. vedāhaṃ samatītāni vartamānāni cārjuna
    bhaviṣyāṇi ca bhūtāni māṃ tu veda na kaścana

27. icchādveṣasamutthena dvandvamohena bhārata
    sarvabhūtāni sammohaṃ sarge yānti paraṃtapa

28. yeṣāṃ tv antagataṃ pāpaṃ janānāṃ puṇyakarmaṇām
    te dvandvamohanirmuktā bhajante māṃ dṛḍhavratāḥ

29. jarāmaraṇamokṣāya mām āśritya yatanti ye
    te brahma tad viduḥ kṛtsnam adhyātmaṃ karma cākhilam

7.22 Jungido por essa fé, procura ele venerar aquela [divindade que adotou] e logo realiza seus desejos, [os quais,] na realidade, [são] atendidos por Mim somente.

7.23 Finito, porém, é o fruto dos parvos de inteligência. Os adoradores das divindades vão para [suas respectivas] divindades. Meus devotos, contudo, vêm a Mim.

7.24 Os insensatos concebem-Me como o não manifesto (*avyakta*) caído na manifestação. Ignoram Meu estado-de-existência (*bhāva*) superior, imutável e insuperável.

7.25 Velado pela potência-criativa [do Meu] Yoga, não sou luz visível para todos; este universo iludido não conhece a Mim, o Não Nascido, o Imutável.

7.26 Conheço [todos] os seres, os do passado, os do presente e os que ainda serão; mas ninguém, ó Arjuna, conhece [verdadeiramente] a Mim.

7.27 Enfeitiçados pelos pares-de-opostos[20] que nascem do anseio[21] e da aversão, ó descendente-de-Bharata, todos os seres sucumbem à ilusão da criação, ó Paramtapa[22].

7.28 Porém os homens [que realizam] ações meritórias (*punya*), para quem acabou-se o mal – eles, libertos da ilusão dos pares-de-opostos e firmes em seus votos, adoram a Mim.

7.29 Os que se empenham por libertar-se da velhice e da morte refugiando--se em Mim [vêm a] conhecer completamente (*kritsna*) aquele fundamento-universal, a base-do-eu[23] e todo [o mistério da] ação.

---

20. Sobre o termo *dvandva* ("pares-de-opostos"), ver a nota 19 em 2.15.

21. Aqui, "anseio" (*icchā*) significa "apego" (*rāga*).

22. Sobre o epíteto Paramtapa, aplicado a Arjuna, ver a nota 5 em 2.3.

23. Sobre o termo *adhyātman*, ver a nota 41 em 3.30.

साधिभूताधिदैवं मां साधियज्ञं च ये विदुः ।
प्रयाणकालेऽपि च मां ते विदुर्युक्तचेतसः ॥ ७—३० ॥

30. sādhibhūtādhidaivaṃ māṃ sādhiyajñaṃ ca ye viduḥ
    prayāṇakāle'pi ca māṃ te vidur yuktacetasaḥ

7.30 Os [*yogins*] de mente jungida que Me conhecem [como] a base-dos-entes [terrestres], a base-divina e também a base-sacrificial, e Me [conhecem] também na hora da partida[24] – [estes] conhecem [verdadeiramente].

---

24. O substantivo composto sânscrito *prayāna-kāla*, derivado do prefixo *pra* e da raiz verbal *i* ("ir") significa literalmente "ida adiante", é usado para denotar a ideia de "partida" e se refere à "hora da morte". O processo da morte é considerado muito importante no Yoga, como será explicado logo mais à frente, no Capítulo 8.

अर्जुन उवाच

किं तद्ब्रह्मकिमध्यात्मं किं कर्म पुरुषोत्तम ।
अधिभूतं च किं प्रोक्तमधिदैवं किमुच्यते ॥ ८—१ ॥

अधियज्ञः कथं कोऽत्र देहेऽस्मिन्मधुसूदन ।
प्रयाणकाले च कथं ज्ञेयोऽसि नियतात्मभिः ॥ ८—२ ॥

श्रीभगवानुवाच

अक्षरं ब्रह्म परमं स्वभावोऽध्यात्ममुच्यते ।
भूतभावोद्भवकरो विसर्गः कर्मसंज्ञितः ॥ ८—३ ॥

अधिभूतं क्षरो भावः पुरुषश्चाधिदैवतम् ।
अधियज्ञोऽहमेवात्र देहे देहभृतां वर ॥ ८—४ ॥

अन्तकाले च मामेव स्मरन्मुक्त्वा कलेवरम् ।
यः प्रयाति स मद्भावं याति नास्त्यत्र संशयः ॥ ८—५ ॥

arjuna uvāca

1. kiṃ tad brahma kim adhyātmaṃ kiṃ karma puruṣottoma
   adhibhūtaṃ ca kiṃ proktam adhidaivaṃ kim ucyate

2. adhiyajñaḥ kathaṃ ko'tra dehe'smin madhusūdana
   prayāṇakāle ca kathaṃ jñeyo'si niyatātmabhiḥ

   śrībhagavān uvāca

3. akṣaraṃ brahma paramaṃ svabhāvo'dhyātmam ucyate
   bhūtabhāvodbhavakaro visargaḥ karmasaṃjñitaḥ

4. adhibhūtaṃ kṣaro bhāvaḥ puruṣaś cādhidaivatam
   adhiyajño'ham evātra dehe dehabhṛtāṃ vara

5. antakāle ca mām eva smaran muktvā kalevaram
   yaḥ prayāti sa madbhāvaṃ yāti nāsty atra saṃśayaḥ

CAPÍTULO 8

O YOGA DO ABSOLUTO IMPERECÍVEL

Arjuna disse:

8.1 O que é esse fundamento-universal (*brahman*)? O que é a base-do-eu? O que é a ação, ó Purushottama?[1] E o que se proclama [ser] a base-elemental? O que se diz [ser] a base-divina?

8.2 Quem está aqui neste corpo [como] a base-sacrificial, e de que modo, ó Madhusūdana?[2] E como serás conhecido, na hora da partida, pelos que controlaram a si mesmos?[3]

Disse o Senhor Bendito:

8.3 O Imperecível é o supremo Brahman. O ser-próprio (*svabhāva*) é chamado de base-do-eu. A criatividade[4] que dá origem ao estado-de-existência dos seres é designada como ação.

8.4 A base-elemental é o estado-de-existência perecível, e a base-divina é o Espírito[5]. Eu sou a base-sacrificial aqui no corpo, ó mais excelente entre os que trajam um corpo.

8.5 E aquele que parte na última hora, tendo-se livrado do corpo[6] recordando-se de Mim somente – dirige-se ele ao Meu estado-de-existência; quanto a isto não há dúvida.

---

1. O epíteto Purushottama, aplicado a Krishna, é composto de *purusha* ("pessoa") e *uttama* ("supremo, inigualável"). É comumente traduzido como Pessoa Suprema ou Espírito Supremo.

2. Sobre o epíteto Madhusūdana, ver a nota 4 em 1.14.

3. Parece que, em seu comentário sobre essa estrofe, Abhinavagupta não contou corretamente o número das perguntas de Arjuna: disse que são nove, quando na verdade são oito. Trata-se de um erro inadvertido.

4. O termo *visarga*, que significa algo como "emissão", é usado aqui num sentido mais filosófico. Traduzi-o por "criatividade". Rāmānuja, um asceta inveterado, entende *visarga* como uma referência à procriação humana. Os comentários de Shankara sobre esse versículo são mais ou menos obscuros, mas Abhinavagupta apresenta a seguinte explicação: "A criatividade (*visarga*) é a gradual (*kramena*) [criação] dos seres." Para ele, o Absoluto é intrinsecamente dotado de um poder ou uma potência (*shakti*) que dá origem à criação.

5. O Espírito (*purusha*) é o Eu transcendente que testemunha todas as coisas. Esses eus são em número incontável e compõem a "coletividade" transcendental que, no versículo 7.5, é chamada de "elemento vital" (*jīva-bhūta*).

6. A palavra *kalevara* ("corpo"; literalmente, "a melhor das formas") denota o cadáver. Esse termo raro é empregado novamente no versículo seguinte.

यं यं वापि स्मरन्भावं त्यजत्यन्ते कलेवरम् ।
तं तमेवैति कौन्तेय सदा तद्भावभावितः ॥ ८—६ ॥
तस्मात्सर्वेषु कालेषु मामनुस्मर युध्य च ।
मय्यर्पितमनोबुद्धिर्मामेवैष्यस्यसंशयः ॥ ८—७ ॥
अभ्यासयोगयुक्तेन चेतसा नान्यगामिना ।
परमं पुरुषं दिव्यं याति पार्थानुचिन्तयन् ॥ ८—८ ॥
कविं पुराणमनुशासितार
मणोरणीयांसमनुस्मरेद्यः ।
सर्वस्य धातारमचिन्त्यरूप
मादित्यवर्णं तमसः परस्तात् ॥ ८—९ ॥
प्रयाणकाले मनसाचलेन
भक्त्या युक्तो योगबलेन चैव ।
भ्रुवोर्मध्ये प्राणमावेश्य साम्य
क्स तं परं पुरुषमुपैति दिव्यम् ॥ ८—१० ॥

6. yaṃ yaṃ vāpi smaran bhāvaṃ tyajaty ante kalevaram
   taṃ tam evaiti kaunteya sadā tadbhāvabhāvitaḥ

7. tasmāt sarveṣu kāleṣu mām anusmara yudhya ca
   mayy arpitamanobuddhir mām evaiṣyasy asaṃśayaḥ

8. abhyāsayogayuktena cetasā nānyagāminā
   paramaṃ puruṣaṃ divyaṃ yāti pārthānucintayan

9. kaviṃ purāṇam anuśāsitāra
   manor aṇīyāṃsam anusmared yaḥ
   sarvasya dhātāram acintyarūpa
   mādityavarṇaṃ tamasaḥ parastāt

10. prayāṇakāle manasācalena
    bhaktyā yukto yogabalena caiva
    bhruvor madhye prāṇam āveśya samya
    ksa taṃ paraṃ puruṣam upaiti divyam

8.6 Além disso, qualquer que seja o estado-de-existência recordado no final, [quando] ele abandona o corpo, a esse mesmo [estado] ele se dirige, ó filho-de-Kuntī[7], sempre obrigado a se tornar esse estado-de-existência[8].

8.7 Portanto recorda-te de Mim a todo momento e luta! [Com] a mente e a faculdade-da-sabedoria fixadas em Mim, sem dúvida virás a Mim.

8.8 [Com] a mente jungida pelo Yoga da prática, sem transviar-se, [o *yogin*] se dirige ao supremo Espírito (*purusha*)[9] divino, contemplando[-O], ó filho-de-Prithā[10].

8.9 Aquele que se recorda do antigo Bardo, Governador [de todas as coisas], menor que um átomo, Esteio de todas as coisas, inconcebível em sua forma, da cor do Sol, além da escuridão –

8.10 esse [*yogin*], na hora da partida, com a mente imóvel, jungido pela devoção e pelo poder do Yoga, dirigindo adequadamente a força vital para o ponto entre as sobrancelhas, dirige-se a esse supremo Espírito divino[11].

---

7. Sobre o epíteto filho-de-Kuntī (Kaunteya), ver a nota 19 em 1.27.

8. Muitos têm entendido erroneamente esse versículo. Ele não afirma que o último pensamento no leito de morte determina a condição subsequente na vida futura, a qual, por sua vez, determina o próximo nascimento. Antes, é a totalidade do ser da pessoa que é responsável pelo estado subsequente. O último pensamento é apenas uma particularização da natureza essencial do ente.

9. A "suprema Pessoa divina" (*paramam purusham divyam*) não é outra senão Purushottama, ou seja, a Divindade conhecida como Krishna/Vishnu/Nārāyana/Vāsudeva.

10. Sobre o epíteto filho-de-Prithā (Pārtha), ver a nota 18 em 1.25.

11. Os versículos 9 a 11 estão na cadência *trishtubh*. O último verso da estrofe 10 tem uma sílaba a mais..

यदक्षरं वेदविदो वदन्ति
विशन्ति यद्यतयो वीतरागाः ।
यदिच्छन्तो ब्रह्मचर्यं चरन्ति
तत्ते पदं संग्रहेण प्रवक्ष्ये ॥ ८—११ ॥

सर्वद्वाराणि संयम्य मनो हृदि निरुध्य च ।
मूर्ध्न्याधायात्मनः प्राणमास्थितो योगधारणाम् ॥ ८—१२ ॥

ओमित्येकाक्षरं ब्रह्म व्याहरन्मामनुस्मरन् ।
यः प्रयाति त्यजन्देहं स याति परमां गतिम् ॥ ८—१३ ॥

अनन्यचेताः सततं यो मां स्मरति नित्यशः ।
तस्याहं सुलभः पार्थ नित्ययुक्तस्य योगिनः ॥ ८—१४ ॥

मामुपेत्य पुनर्जन्म दुःखालयमशाश्वतम् ।
नाप्नुवन्ति महात्मानः संसिद्धिं परमां गताः ॥ ८—१५ ॥

आ ब्रह्मभुवनाल्लोकाः पुनरावर्तिनोऽर्जुन ।
मामुपेत्य तु कौन्तेय पुनर्जन्म न विद्यते ॥ ८—१६ ॥

सहस्रयुगपर्यन्तमहर्यद्ब्रह्मणो विदुः ।
रात्रिं युगसहस्रान्तां तेऽहोरात्रविदो जनाः ॥ ८—१७ ॥

11. yad akṣaraṃ vedavido vadanti
    viśanti yad yatayo vītarāgāḥ
    yad icchanto brahmacaryaṃ caranti
    tat te padaṃ saṃgraheṇa pravakṣye

12. sarvadvārāṇi saṃyamya mano hṛdi nirudhya ca
    mūrdhny ādhāyātmanaḥ prāṇam āsthito yogadhāraṇām

13. om ity ekākṣaraṃ brahma vyāharan māṃ anusmaran
    yaḥ prayāti tyajan dehaṃ sa yāti paramāṃ gatim

14. ananyacetāḥ satataṃ yo māṃ smarati nityaśaḥ
    tasyāhaṃ sulabhaḥ pārtha nityayuktasya yoginaḥ

15. mām upetya punarjanma duḥkhālayam aśāśvatam
    nāpnuvanti mahātmānaḥ saṃsiddhiṃ paramāṃ gatāḥ

16. ā brahmabhuvanāl lokāḥ punarāvartino'rjuna
    mām upetya tu kaunteya punarjanma na vidyate

17. sahasrayugaparyantam ahar yad brahmaṇo viduḥ
    rātriṃ yugasahasrāntāṃ te'horātravido janāḥ

8.11 Aquele que os conhecedores do Veda mencionam com o Imperecível (*akshara*), no qual os ascetas penetram livres de paixão e, por desejá-lo, praticam a castidade – esse estado[12] vou declarar-te resumidamente.

8.12 Controlando todos os portões[13] [do corpo], contendo a mente no coração, situando a própria força vital dentro da cabeça e estabelecendo-se na concentração (*dhāranā*) do Yoga,

8.13 recitando OM, o monossílabo[14] [que significa] Brahman, recordando-se de Mim – aquele que parte [nesse estado], abandonando o corpo, trilha o caminho supremo[15].

8.14 Por aquele [cuja] mente jamais se desvia, [por] quem quer que se recorde de Mim constantemente, pelo *yogin* continuamente jungido – [por esses] sou facilmente alcançado, ó filho-de-Prithā.

8.15 Vindo a mim, [essas] grandes almas, tendo-se dirigido à consumação suprema, não sofrem o renascimento [nesta] impermanente morada de sofrimento.

8.16 [Todos] os mundos, até o reino de Brahma[16], desdobram-se repetidamente [a partir do fundamento-universal], ó Arjuna. [Para os que] vieram a Mim, porém, não há renascimento, ó filho-de-Kuntī.

8.17 Os que sabem que um Dia de Brahma dura mil eras (*yuga*)[17] [divinas] e uma Noite termina ao cabo de mil eras – esses são os conhecedores [do sentido cósmico] do dia e da noite.

---

12. A palavra *pada* significa literalmente "passo" e, logo, também pode ser traduzida por "caminho".

13. Os "portões" (*dvāra*) do corpo são normalmente contados em número de nove: olhos, ouvidos, narinas, boca, órgão genital e ânus.

14. A palavra sânscrita *eka-akshara*, traduzida aqui como "monossílabo" (ou seja, OM), também pode significar "o único Imperecível".

15. Sobre o "caminho supremo", ver a nota 23 em 6.45.

16. Brahma, também chamado Prajāpati ("Senhor das Criaturas"), é o primogênito da criação.

17. Sobre os yugas e outros períodos de tempo, ver a Parte Um, Capítulo 7, "O Conceito Hindu de Tempo Cíclico".

अव्यक्ताद्व्यक्तयः सर्वाः प्रभवन्त्यहरागमे ।
रात्र्यागमे प्रलीयन्ते तत्रैवाव्यक्तसंज्ञके ॥ ८—१८ ॥

भूतग्रामः स एवायं भूत्वा भूत्वा प्रलीयते ।
रात्र्यागमेऽवशः पार्थ प्रभवत्यहरागमे ॥ ८—१९ ॥

परस्तस्मात्तु भावोऽन्योऽव्यक्तोऽव्यक्तात्सनातनः ।
यः स सर्वेषु भूतेषु नश्यत्सु न विनश्यति ॥ ८—२० ॥

अव्यक्तोऽक्षर इत्युक्तस्तमाहुः परमां गतिम् ।
यं प्राप्य न निवर्तन्ते तद्धाम परमं मम ॥ ८—२१ ॥

पुरुषः स परः पार्थ भक्त्या लभ्यस्त्वनन्यया ।
यस्यान्तःस्थानि भूतानि येन सर्वमिदं ततम् ॥ ८—२२ ॥

यत्र काले त्वनावृत्तिमावृत्तिं चैव योगिनः ।
प्रयाता यान्ति तं कालं वक्ष्यामि भरतर्षभ ॥ ८—२३ ॥

अग्निर्ज्योतिरहः शुक्लः षण्मासा उत्तरायणम् ।
तत्र प्रयाता गच्छन्ति ब्रह्म ब्रह्मविदो जनाः ॥ ८—२४ ॥

18. avyaktād vyaktayaḥ sarvāḥ prabhavanty aharāgame
    rātryāgame pralīyante tatraivāvyaktasaṃjñake

19. bhūtagrāmaḥ sa evāyaṃ bhūtvā bhūtvā pralīyate
    rātryāgame'vaśaḥ pārtha prabhavaty aharāgame

20. paras tasmāt tu bhāvo'nyo'vyakto'vyaktāt sanātanaḥ
    yaḥ sa sarveṣu bhūteṣu naśyatsu na vinaśyati

21. avyakto'kṣara ity uktas tam āhuḥ paramāṃ gatim
    yaṃ prāpya na nivartante tad dhāma paramaṃ mama

22. puruṣaḥ sa paraḥ pārtha bhaktyā labhyas tv ananyayā
    yasyāntaḥsthāni bhūtāni yena sarvam idaṃ tatam

23. yatra kāle tv anāvṛttim āvṛttiṃ caiva yoginaḥ
    prayātā yānti taṃ kālaṃ vakṣyāmi bhāratarṣabha

24. agnir jyotir ahaḥ śuklaḥ ṣaṇmāsā uttarāyaṇam
    tatra prayātā gacchanti brahma brahmavido janāḥ

8.18 Do [fundamento-universal] não manifesto, todas as [coisas] manifestas originam-se com o nascer de um Dia [cósmico]; com o cair de uma Noite [cósmica] elas se dissolvem, com efeito, naquele [estado] que se designa como não manifesto.

8.19 Essa mesma agregação de seres, reiteradamente vindo-a-ser, dissolve-se involuntariamente com o cair da Noite [cósmica], ó filho-de-Prithā. Com o nascer do Dia [cósmico], ela se origina [de novo].

8.20 Porém, para além disso, [há] outro estado de ser; [além do] não manifesto [há outro] Não Manifesto, a eterna [Pessoa Suprema], que não é destruída quando da destruição de todos os seres.

8.21 O Não Manifesto é chamado de Imperecível (*akshara*). Eles O chamam de o caminho supremo, do qual, uma vez [tendo-o] alcançado, não retornam [ao mundo perecível] – essa é a Minha morada suprema.

8.22 Esse Espírito Supremo, ó filho-de-Prithā, é alcançado pela devoção a nenhum outro [senão a Mim], em quem todos os seres repousam [e] por quem este [universo] inteiro é estendido [como uma teia de aranha].

8.23 Os tempos em que os *yogins* [que] partiram[18] dirigem-se [respectivamente] ao [caminho] do qual não há retorno e ao do qual há retorno – esses tempos vou declarar[-te agora], ó Bharatarshabha[19].

8.24 O fogo, a luminosidade, o dia, a [quinzena] clara, os seis meses do trajeto setentrional [do Sol] – partindo nesses [tempos], os viventes [que] conhecem a Brahman dirigem-se a Brahman[20].

---

18. Os "que partiram" ou "partidos" (*prayāta*) significa os "que deixaram ou corpo", ou seja, os que morreram.

19. Sobre o epíteto Bharatarshabha, ver a nota 48 em 3.41.

20. Nos Upanishads, este "caminho luminoso" também é chamado de "caminho dos deuses" (*deva-yāna*), pois conduz aos domínios celestiais onde residem as divindades.

धूमो रात्रिस्तथा कृष्णः षण्मासा दक्षिणायनम् ।
तत्र चान्द्रमसं ज्योतिर्योगी प्राप्य निवर्तते ॥ ८—२५ ॥
शुक्लकृष्णे गती ह्येते जगतः शाश्वते मते ।
एकया यात्यनावृत्तिमन्ययावर्तते पुनः ॥ ८—२६ ॥
नैते सृती पार्थ जानन्योगी मुह्यति कश्चन ।
तस्मात्सर्वेषु कालेषु योगयुक्तो भवार्जुन ॥ ८—२७ ॥
वेदेषु यज्ञेषु तपःसु चैव
दानेषु यत्पुण्यफलं प्रदिष्टम् ।
अत्येति तत्सर्वमिदं विदित्वा
योगी परं स्थानमुपैति चाद्यम् ॥ ८—२८ ॥

25. dhūmo rātris tathā kṛṣṇaḥ ṣaṇmāsā dakṣiṇāyanam
    tatra cāndramasaṃ jyotir yogī prāpya nivartate
26. śuklakṛṣṇe gatī hy ete jagataḥ śāśvate mate
    ekayā yāty anāvṛttim anyayāvartate punaḥ
27. naite sṛtī pārtha jānan yogī muhyati kaścana
    tasmāt sarveṣu kāleṣu yogayukto bhavārjuna
28. vedeṣu yajñeṣu tapaḥsu caiva
    dāneṣu yat puṇyaphalaṃ pradiṣṭam
    atyeti tat sarvam idaṃ viditvā
    yogī paraṃ sthānam upaiti cādyam

8.25 A fumaça, a noite, a [quinzena] escura, os seis meses do trajeto meridional [do Sol] – nestes [tempos] o *yogin* alcança a luminosidade lunar [e em seguida] retorna [ao mundo dos fenômenos][21].

8.26 Em verdade, esses dois caminhos, o claro e o escuro, são considerados eternos no universo. Por meio de um ele se dirige ao [estado de onde] não [há]retorno; por meio do outro, retorna novamente.

8.27 Conhecendo esses [dois] caminhos, ó filho-de-Prithā, *yogin* algum será iludido. Portanto sê jungido no Yoga a todo momento, ó Arjuna!

8.28 Seja qual for o fruto meritório atribuído ao [estudo dos] *Vedas*, aos sacrifícios, às asceses ou às dádivas – o *yogin*, ciente dessa [doutrina], transcende tudo isso e alcança o estado supremo e primordial[22].

---

21. Esse "caminho obscuro" é o "caminho dos antepassados" (*pitri-yāna*) e conduz ao renascimento.
22. Esse versículo está na cadência *trishtubh*.

श्रीभगवानुवाच

इदं तु ते गुह्यतमं प्रवक्ष्याम्यनसूयवे ।
ज्ञानं विज्ञानसहितं यज्ज्ञात्वा मोक्ष्यसेऽशुभात् ॥ ९—१ ॥

राजविद्या राजगुह्यं पवित्रमिदमुत्तमम् ।
प्रत्यक्षावगमं धर्म्यं सुसुखं कर्तुमव्ययम् ॥ ९—२ ॥

अश्रद्दधानाः पुरुषा धर्मस्यास्य परंतप ।
अप्राप्य मां निवर्तन्ते मृत्युसंसारवर्त्मनि ॥ ९—३ ॥

मया ततमिदं सर्वं जगदव्यक्तमूर्तिना ।
मत्स्थानि सर्वभूतानि न चाहं तेष्ववस्थितः ॥ ९—४ ॥

न च मत्स्थानि भूतानि पश्य मे योगमैश्वरम् ।
भूतभृन्न च भूतस्थो ममात्मा भूतभावनः ॥ ९—५ ॥

śrībhagavān uvāca

1. idaṃ tu te guhyatamaṃ pravakṣyāmy anasūyave
   jñānaṃ vijñānasahitaṃ yaj jñātvā mokṣyase'śubhāt

2. rājavidyā rājaguhyaṃ pavitram idam uttamam
   pratyakṣāvagamaṃ dharmyaṃ susukhaṃ kartum avyayam

3. aśraddadhānāḥ puruṣā dharmasyāsya paraṃtapa
   aprāpya māṃ nivartante mṛtyusaṃsāravartmani

4. mayā tatam idaṃ sarvaṃ jagad avyaktamūrtinā
   matsthāni sarvabhūtāni na cāhaṃ teṣv avasthitaḥ

5. na ca matsthāni bhūtāni paśya me yogam aiśvaram
   bhūtabhṛn na ca bhūtastho mamātmā bhūtabhāvanaḥ

CAPÍTULO 9

O Yoga da Sabedoria Real e do Segredo Real

Disse o Senhor Bendito:

9.1 A ti, que não murmuras[1], declararei [agora] este conhecimento secretíssimo, unitivo e distintivo (*vijnāna*)*, o qual, uma vez conhecido, libertar-te-á de [todo o *karma*] nefasto.

9.2 Esta é a ciência real[2], o segredo real, um purificador supremo, de entendimento evidente[3], lícito (*dharmya*), facílimo de aplicar [e] imutável.

9.3 Os homens (*purusha*) que não têm fé nesta lei, ó Paramtapa[4], retornam ao caminho do ciclo da morte[5] sem chegar a Mim.

9.4 Por Mim, não manifesto na forma, este universo inteiro foi desdobrado. Todos os seres habitam em Mim, mas Eu não subsisto neles[6].

9.5 E,[no entanto,] os seres não habitam em Mim[7]. Contempla o meu Yoga senhorial (*aishvara*): Eu Mesmo sustento [todos] os seres e, embora não habite nos seres, faço com que os seres sejam[8].

---

1. O adjetivo *anasūya*, traduzido aqui como "que não murmuras", implica a qualidade de não se queixar nem guardar rancor. Em sua época, Krishna deve ter deparado com certa resistência, pois sua doutrina era heterodoxa do ponto de vista da ortodoxia bramânica (ver 9.11).

* Sobre "conhecimento-unitivo e conhecimento-distintivo", ver a N.T. ao versículo 3.41. (N.T.)

2. O termo "real" (*rāja*) pode sugerir uma qualidade especial, mas também pode fazer referência ao fato de o ensinamento de Krishna ter sido transmitido nas cortes reais. O próprio Krishna era um rei (*rāja*) da Dinastia Lunar dentro da tribo dos Vrishnis.

3. A expressão *pratyakshāvagamanam* é composta de *prati + aksha* ("diante dos olhos") e *avagamana* ("entendimento"). Esse versículo indica que a ciência real do Yoga de Krishna é evidente por si.

4. Sobre o epíteto Paramtapa, ver a nota 5 em 2.3.

5. O composto *mrityu-samsāra*, traduzido aqui por "ciclo da morte", refere-se ao mundo empírico. Este é de natureza cíclica, visto que o *karma* conduz todos os seres numa espiral perpétua de nascimento, morte e renascimento.

6. Ver 7.7.

7. A expressão "habitam em Mim" é *mat-sthāni* ("Meus lugares") no original e qualifica o plural *bhūtani* ("seres").

8. A palavra bhāvana significa literalmente "fazendo com que sejam", "causando o ser".

«सर्वगः सर्वश्चाद्यः सर्वकृत्सर्वदर्शनः ।
सर्वज्ञः सर्वदर्शी च सर्वात्मा सर्वतोमुखः»

यथाकाशस्थितो नित्यं वायुः सर्वत्रगो महान् ।
तथा सर्वाणि भूतानि मत्स्थानीत्युपधारय ॥ ९—६ ॥

«एवं हि सर्वभूतेषु चराम्यनभिलक्षितः ।
भूतप्रकृतिमात्स्थाय सहैव च विनैव च»

सर्वभूतानि कौन्तेय प्रकृतिं यान्ति मामिकाम् ।
कल्पक्षये पुनस्तानि कल्पादौ विसृजाम्यहम् ॥ ९—७ ॥
प्रकृतिं स्वामवष्टभ्य विसृजामि पुनः पुनः ।
भूतग्राममिमं कृत्स्नमवशं प्रकृतेर्वशात् ॥ ९—८ ॥
न च मां तानि कर्माणि निबध्नन्ति धनंजय ।
उदासीनवदासीनमसक्तं तेषु कर्मसु ॥ ९—९ ॥
मयाध्यक्षेण प्रकृतिः सूयते सचराचरम् ।
हेतुनानेन कौन्तेय जगद्विपरिवर्तते ॥ ९—१० ॥
अवजानन्ति मां मूढा मानुषीं तनुमाश्रितम् ।
परं भावमजानन्तो मम भूतमहेश्वरम् ॥ ९—११ ॥

«sarvagaḥ sarvaś cādyaḥ sarvakṛtsarvadarśanaḥ
sarvajñaḥ sarvadarśī ca sarvātmā sarvatomukhaḥ »

6. yathākāśasthito nityaṃ vāyuḥ sarvatrago mahān
   tathā sarvāṇi bhūtāni matsthānīty upadhāraya

   «evaṃ hi sarvabhūteṣu carāmyanabhilakṣitaḥ
   bhūtaprakṛtimāt sthāya sahaiva ca vinaiva ca »

7. sarvabhūtāni kaunteya prakṛtiṃ yānti māmikām
   kalpakṣaye punas tāni kalpādau visṛjāmy aham

8. prakṛtiṃ svām avaṣṭabhya visṛjāmi punaḥ punaḥ
   bhūtagrāmam imaṃ kṛtsnam avaśaṃ prakṛter vaśāt

9. na ca māṃ tāni karmāṇi nibadhnanti dhanaṃjaya
   udāsīnavad āsīnam asaktaṃ teṣu karmasu

10. mayādhyakṣeṇa prakṛtiḥ sūyate sacārācaram
    hetunānena kaunteya jagad viparivartate

11. avajānanti māṃ mūḍhā mānuṣīṃ tanum āśritam
    paraṃ bhāvam ajānanto mama bhūtamaheśvaram

«Onipresente, total, primordial, criador de todas as coisas, onividente, onisciente [é] Aquele que Vê todas as coisas, o Si Mesmo de todas as coisas, cuja face está voltada para toda parte.»

9.6 Assim como o poderoso vento, sempre e em toda parte, habita no espaço[9], assim também deves compreender [que] todos os seres habitam em Mim.

«Assim, em verdade, movo-me incógnito em todos os seres, adotando a natureza (*prakriti*) dos seres; [encontro-Me, por assim dizer,] com [eles] e sem [eles].»

9.7 Todos os seres, ó filho-de-Kuntī[10], vêm para a Minha natureza ao fim (*kshaya*) de um éon[11]; depois, emito-os novamente no início de um [novo] éon.

9.8 Sustentado por [Minha] própria natureza [inferior][12], emito e torno a emitir toda (*kritsna*) esta agregação impotente de seres pelo poder (*vasha*) da [Minha] natureza.

9.9 E estas ações [Minhas] não Me agrilhoam, ó Dhanamjaya[13]. Desapegado, comporto-me[14] nessas ações como [alguém que esteja completamente] desinteressado.

9.10 Sob a Minha supervisão, [Minha] natureza [inferior] produz [coisas] móveis e imóveis. Por essa razão o universo gira, ó filho-de-Kuntī.

9.11 Os tolos zombam[15] de Mim no corpo humano [que] assumi, ignorantes do Meu estado superior de existência: o Grande Senhor[16] de [todos os] seres.

---

9. O termo técnico *ākāsha* denota o quinto elemento, o éter, traduzido aqui como "espaço". No presente contexto, também poderia ser traduzido como "espaço do éter".

10. Sobre o epíteto "filho-de-Kuntī" (Kaunteya), ver a nota 19 em 1.27.

11. Sobre *kalpa* ("éon"), ver a Parte Um, Capítulo 7, "O Conceito Hindu de Tempo Cíclico". A palavra *kshaya*, traduzida aqui por "fim", significa literalmente "destruição".

12. A "natureza inferior" (*apara-prakriti*) de Deus refere-se à manifestação. Ver 7.4-5.

13. Sobre o epíteto Dhanamjaya, ver a nota 7 em 1.15.

14. O original sânscrito traz "estou sentado" (*āsīnam*).

15. Ver a nota 1 em 9.1.

16. Aqui, o composto *maheshvara*, derivado de *mahā* ("grande") e *īshvara* ("senhor"), significa Purushottama, Deus como a Pessoa Suprema.

मोघाशा मोघकर्माणो मोघज्ञाना विचेतसः ।
राक्षसीमासुरीं चैव प्रकृतिं मोहिनीं श्रिताः ॥ ९—१२ ॥

महात्मानस्तु मां पार्थ दैवीं प्रकृतिमाश्रिताः ।
भजन्त्यनन्यमनसो ज्ञात्वा भूतादिमव्ययम् ॥ ९—१३ ॥

सततं कीर्तयन्तो मां यतन्तश्च दृढव्रताः ।
नमस्यन्तश्च मां भक्त्या नित्ययुक्ता उपासते ॥ ९—१४ ॥

ज्ञानयज्ञेन चाप्यन्ये यजन्तो मामुपासते ।
एकत्वेन पृथक्त्वेन बहुधा विश्वतोमुखम् ॥ ९—१५ ॥

अहं क्रतुरहं यज्ञः स्वधाहमहमौषधम् ।
मन्त्रोऽहमहमेवाज्यमहमग्निरहं हुतम् ॥ ९—१६ ॥

पिताहमस्य जगतो माता धाता पितामहः ।
वेद्यं पवित्रमोंकार ऋक्साम यजुरेव च ॥ ९—१७ ॥

गतिर्भर्ता प्रभुः साक्षी निवासः शरणं सुहृत् ।
प्रभवः प्रलयः स्थानं निधानं बीजमव्ययम् ॥ ९—१८ ॥

तपाम्यहमहं वर्ष निगृह्णाम्युत्सृजामि च ।
अमृतं चैव मृत्युश्च सदसच्चाहमर्जुन ॥ ९—१९ ॥

12. moghāśā moghakarmāṇo moghajñānā vicetasaḥ
    rākṣasīm āsurīṃ caiva prakṛtiṃ mohinīṃ śritāḥ

13. mahātmānas tu māṃ pārtha daivīṃ prakṛtim āśritāḥ
    bhajanty ananyamanaso jñātvā bhūtādim avyayam

14. satataṃ kīrtayanto māṃ yatantaś ca dṛḍhavratāḥ
    namasyantaś ca māṃ bhaktyā nityayuktā upāsate

15. jñānayajñena cāpy anye yajanto mām upāsate
    ekatvena pṛthaktvena bahudhā viśvatomukham

16. ahaṃ kratur ahaṃ yajñaḥ svadhāham aham auṣadham
    mantro'ham aham evājyam aham agnir aham hutam

17. pitāham asya jagato mātā dhātā pitāmahaḥ
    vedyaṃ pavitram oṃkāra ṛk sāma yajur eva ca

18. gatir bhartā prabhuḥ sākṣī nivāsaḥ śaraṇaṃ suhṛt
    prabhavaḥ pralayaḥ sthānaṃ nidhānaṃ bījam avyayam

19. tapāmy aham aham varṣaṃ nigṛhṇāmy utsṛjāmi ca
    amṛtaṃ caiva mṛtyuś ca sad asac cāham arjuna

9.12 Vãs são as esperanças, vãos os atos, vão o "conhecimento"[17] [dos] desprovidos de discernimento. Assumem [eles] uma natureza (*prakriti*) enganadora, monstruosa e demoníaca[18].

9.13 Mas as grandes almas, ó filho-de-Prithã[19], refugiando-se em [Minha] natureza divina, adoram-Me com a mente não desviada, conhecendo [-Me] como o princípio imutável de [todos os] seres.

9.14 Glorificando-Me sempre, empenhadas, firmes [em seus] votos, prostrando-se perpetuamente jungidas, elas Me adoram com devoção.

9.15 E outras Me adoram oferecendo[-Me] o sacrifício do conhecimento [e vendo-Me como a] unidade [na] diversidade, múltiplo, com a face voltada para todo lugar.

9.16 Eu sou o rito. Sou o sacrifício. Sou a oblação. Sou a erva. Sou o mantra. Sou a manteiga clarificada. Sou o fogo. Sou a oferenda.

9.17 Sou o pai deste universo, a mãe, o esteio, o avô paterno, [tudo o que pode] ser-conhecido, o purificador, a sílaba OM e [os *Vedas*] Rig, *Sāma* e *Yajur*[20].

9.18 [Sou] o caminho, o sustentador, o Senhor, a testemunha (*sākshin*), o lar e o refúgio, o amigo, a origem, a dissolução e o estado intermediário, o receptáculo, a semente imutável [em todos os seres].

9.19 Queimo [como o Sol]. Retenho e derramo a chuva. Sou a imortalidade e a morte, o existente e o não existente, ó Arjuna.

---

17. Grafei "conhecimento" (*jñāna*) entre aspas porque os "desprovidos de discernimento" (*vicetas*) não podem ter nenhum conhecimento real.

18. Sargeant (1984) assinala, com razão, que o termo *prakriti* não é usado nesse versículo para denotar a natureza inferior de Deus (como ocorre no versículo seguinte), mas sim num sentido mais geral.

19. Sobre o epíteto "filho-de-Prithã" (Pārtha), ver a nota 18 em 1.25.

20. O *Atharva-Veda* é omitido aqui, provavelmente para manter a métrica do verso. Muitas vezes, somente as três principais coletâneas (*samhitā*) védicas são mencionadas. Ver, p. ex., 9.20.

त्रैविद्या मां सोमपाः पूतपापा
यज्ञैरिष्ट्वा स्वर्गतिं प्रार्थयन्ते ।
ते पुण्यमासाद्य सुरेन्द्रलोक
मश्नन्ति दिव्यान्दिवि देवभोगान् ॥ ९—२० ॥

ते तं भुक्त्वा स्वर्गलोकं विशालं
क्षीणे पुण्ये मर्त्यलोकं विशन्ति ।
एवं त्रयीधर्ममनुप्रपन्ना
गतागतं कामकामा लभन्ते ॥ ९—२१ ॥

अनन्याश्चिन्तयन्तो मां ये जनाः पर्युपासते ।
तेषां नित्याभियुक्तानां योगक्षेमं वहाम्यहम् ॥ ९—२२ ॥

येऽप्यन्यदेवता भक्ता यजन्ते श्रद्धयान्विताः ।
तेऽपि मामेव कौन्तेय यजन्त्यविधिपूर्वकम् ॥ ९—२३ ॥

अहं हि सर्वयज्ञानां भोक्ता च प्रभुरेव च ।
न तु मामभिजानन्ति तत्त्वेनातश्च्यवन्ति ते ॥ ९—२४ ॥

यान्ति देवव्रता देवान्पितॄन्यान्ति पितृव्रताः ।
भूतानि यान्ति भूतेज्या यान्ति मद्याजिनोऽपि माम् ॥ ९—२५ ॥

20. traividyā māṃ somapāḥ pūtapāpā
    yajñair iṣṭvā svargatiṃ prārthayante
    te puṇyam āsādya surendraloka
    maśnanti divyān divi devabhogān

21. te taṃ bhuktvā svargalokaṃ viśālaṃ
    kṣīṇe puṇye martyalokaṃ viśanti
    evaṃ trayīdharmam anuprapannā
    gatāgataṃ kāmakāmā labhante

22. ananyāś cintayanto māṃ ye janāḥ paryupāsate
    teṣāṃ nityābhiyuktānāṃ yogakṣemaṃ vahāmy aham

23. ye'py anyadevatābhaktā yajante śraddhayānvitāḥ
    te'pi mām eva kaunteya yajanty avidhipūrvakam

24. ahaṃ hi sarvayajñānāṃ bhoktā ca prabhur eva ca
    na tu mām abhijānanti tattvenātaś cyavanti te

25. yānti devavratā devān pitṝn yānti pitr̄vratāḥ
    bhūtāni yānti bhūtejyā yānti madyājino'pi mām

9.20 Os bebedores de *soma* [que conhecem] a tripla ciência[21], purgados do pecado e tendo-Me adorado com sacrifícios, desejam o caminho do céu (*svar*); atingindo o mundo meritório do senhor-dos-deuses[22], provam dos divinos prazeres dos deuses no paraíso (*div*)[23].

9.21 Tendo fruído desse vasto mundo celestial[24] e esgotado seu mérito, eles entram [de novo] no mundo dos mortais. Assim, [os que] seguem a tríplice lei[25], desejando [os objetos do] desejo, [nada] ganham [a não ser o mundo do] ir-e-vir[26].

9.22 Para os homens que, pensando em Mim sem desviar-se (*ananya*), adoram[-Me] perpetuamente jungidos, proporciono a segurança no Yoga[27].

9.23 Mesmo os devotos de outras divindades que [as] adoram com fé – eles, em verdade, adoram a Mim, ó filho-de-Kuntī, [embora] não [o façam] de acordo com os estatutos [estabelecidos].

9.24 Pois sou Eu que fruo de todos os sacrifícios. [Sou,] com efeito, o Senhor [supremo]. Mas eles não Me conhecem verdadeiramente. Por isso, caem [de novo nos estados condicionados da existência].

9.25 Os devotados aos deuses dirigem-se aos deuses; os devotados aos antepassados dirigem-se aos antepassados; dirigem-se aos seres--inferiores[28] [os que] adoram os seres-inferiores, mas dirigem-se a Mim [todos] os que sacrificam a Mim[29].

---

21. A expressão *traividyā* ("tripla ciência") denota os três Vedas mencionados em 9.17.

22. O composto *surendra* ("senhor dos deuses") refere-se a Indra, comandante do exército celestial.

23. Esse versículo está na cadência *trishtubh*.

24. O "mundo celestial" (*svarga-loka*) é o domínio invisível habitado pelas divindades.

25. Todos os comentadores clássicos e tradutores modernos entendem o composto "tríplice lei" (*trayī-dharma*) como uma referência aos três principais Vedas.

26. Esse versículo está na cadência *trishtubh*.

27. A expressão *yoga-kshema* ("segurança no Yoga") não se refere a uma comodidade comum, mais ao socorro espiritual.

28. Aqui, a palavra *bhūta* denota os espíritos elementais.

29. Mais uma vez, os modos de adoração dependem do caráter kármico inato (*svabhāva*, "ser-próprio") dos adoradores. Ver 17.4.

पत्रं पुष्पं फलं तोयं यो मे भक्त्या प्रयच्छति ।
तदहं भक्त्युपहृतमश्रामि प्रयतात्मनः ॥ ९—२६ ॥

यत्करोषि यदश्रासि यज्जुहोषि ददासि यत् ।
यत्तपस्यसि कौन्तेय तत्कुरुष्व मदर्पणम् ॥ ९—२७ ॥

शुभाशुभफलैरेवं मोक्ष्यसे कर्मबन्धनैः ।
संन्यासयोगयुक्तात्मा विमुक्तो मामुपैष्यसि ॥ ९—२८ ॥

समोऽहं सर्वभूतेषु न मे द्वेष्योऽस्ति न प्रियः ।
ये भजन्ति तु मां भक्त्या मयि ते तेषु चाप्यहम् ॥ ९—२९ ॥

अपि चेत्सुदुराचारो भजते मामनन्यभाक् ।
साधुरेव स मन्तव्यः सम्यग्व्यवसितो हि सः ॥ ९—३० ॥

क्षिप्रं भवति धर्मात्मा शश्वच्छान्तिं निगच्छति ।
कौन्तेय प्रतिजानीहि न मे भक्तः प्रणश्यति ॥ ९—३१ ॥

मां हि पार्थ व्यपाश्रित्य येऽपि स्युः पापयोनयः ।
स्त्रियो वैश्यास्तथा शूद्रास्तेऽपि यान्ति परां गतिम् ॥ ९—३२ ॥

किं पुनर्ब्राह्मणाः पुण्या भक्ता राजर्षयस्तथा ।
अनित्यमसुखं लोकमिमं प्राप्य भजस्व माम् ॥ ९—३३ ॥

26. pattraṃ puṣpaṃ phalaṃ toyaṃ yo me bhaktyā prayacchati
    tad ahaṃ bhaktyupahṛtam aśnāmi prayatātmanaḥ

27. yat karoṣi yad aśnāsi yaj juhoṣi dadāsi yat
    yat tapasyasi kaunteya tat kuruṣva madarpaṇam

28. śubhāśubhaphalair evaṃ mokṣyase karmabandhanaiḥ
    saṃnyāsayogayuktātmā vimukto mām upaiṣyasi

29. samo'haṃ sarvabhūteṣu na me dveṣyo'sti na priyaḥ
    ye bhajanti tu māṃ bhaktyā mayi te teṣu cāpy aham

30. api cet sudurācāro bhajate māṃ ananyabhāk
    sādhur eva sa mantavyaḥ samyag vyavasito hi saḥ

31. kṣipraṃ bhavati dharmātmā śaśvacchāntiṃ nigacchati
    kaunteya pratijānīhi na me bhaktaḥ praṇaśyati

32. māṃ hi pārtha vyapāśritya ye'pi syuḥ pāpayonayaḥ
    striyo vaiśyās tathā śūdrās te'pi yānti parāṃ gatim

33. kiṃ punar brāhmaṇāḥ puṇyā bhaktā rājarṣayas tathā
    anityam asukhaṃ lokam imaṃ prāpya bhajasva mām

9.26 Quem quer que Me ofereça uma oferenda por devoção, empenhando seu ser[30] – [seja ela] uma folha, uma flor, um fruto [ou mesmo] água – Eu [a] como[31].

9.27 O que quer que faças, o que quer que comas, o que quer que sacrifiques, o que quer que dês, quaisquer que sejam as tuas asceses – faz [tudo] isso, ó filho-de-Kuntī, [como] uma oferenda a Mim.

9.28 Assim serás liberto dos grilhões da ação, [cujos] frutos são auspiciosos ou nefastos. Liberto, [com] o eu jungido pelo Yoga da renúncia, virás a Mim.

9.29 Sou o mesmo[32] em todos os seres. Não há ninguém que Me seja odioso ou querido. Mas aqueles que Me adoram com devoção, eles estão em Mim e Eu estou neles.

9.30 Mesmo [uma pessoa de] péssima conduta que Me adore, sem desviar sua devoção, deve em verdade ser considerada boa, pois sua resolução é correta[33].

9.31 Rapidamente seu si mesmo se torna [estabelecido na] lei (*dharma*) [e] alcança a paz perene, ó filho-de-Kuntī. Compreende [que] nenhum devoto Meu se perderá!

9.32 Pois os que se refugiam em Mim, mesmo aqueles [nascidos] de úteros pecaminosos, [bem como] as mulheres, os comerciantes e até os servos – [todos] eles percorrem o caminho supremo, ó filho-de-Prithā[34].

9.33 Quanto [mais], então, os brâmanes meritórios e os devotos videntes reais? [Visto que] alcançaste [o nascimento] neste mundo transitório e sem alegria, adora-Me!

---

30. O composto *prayatātmanah* ("por meio de um eu empenhado"), no caso ablativo, traduzido aqui por "empenhando seu ser", refere-se ao *yogin* profundamente dedicado ao processo de autotransformação espiritual.

31. Aqui, Krishna reitera a antiquíssima crença de que as divindades – e também o Deus dos deuses – "comem" as oferendas sacrificiais, ou seja, consomem o aspecto sutil das oblações. Também se poderia dizer que ele aceita a oferenda feita com devoção.

32. O termo "mesmo" (*sama*) refere-se à ideia de igualdade (*samatva*): ver a nota 18 em 2.15.

33. A resolução ou determinação (*vyavasāya*) é um aspecto intrínseco da faculdade-da-sabedoria (*buddhi*).

34. Sobre o "caminho supremo", ver a nota 23 em 6.45.

मन्मना भव मद्भक्तो मद्याजी मां नमस्कुरु ।
मामेवैष्यसि युक्त्वैवमात्मानं मत्परायणः ॥ ९—३४ ॥

34. manmanā bhava madbhakto madyājī māṃ namaskuru
    mām evaiṣyasi yuktvaivam ātmānaṃ matparāyaṇaḥ

9.34 Tem a Mim em tua mente, ó devoto Meu. Sacrifica a Mim! A Mim presta reverência! Assim, atento a Mim, tendo jungido a ti mesmo, em verdade virás a Mim.

श्रीभगवानुवाच

भूय एव महाबाहो शृणु मे परमं वचः ।
यत्तेऽहं प्रीयमाणाय वक्ष्यामि हितकाम्यया ॥ १०—१ ॥

न मे विदुः सुरगणाः प्रभवं न महर्षयः ।
अहमादिर्हि देवानां महर्षीणां च सर्वशः ॥ १०—२ ॥

यो मामजमनादिं च वेत्ति लोकमहेश्वरम् ।
असंमूढः स मर्त्येषु सर्वपापैः प्रमुच्यते ॥ १०—३ ॥

बुद्धिर्ज्ञानमसंमोहः क्षमा सत्यं दमः शमः ।
सुखं दुःखं भवोऽभावो भयं चाभयमेव च ॥ १०—४ ॥

अहिंसा समता तुष्टिस्तपो दानं यशोऽयशः ।
भवन्ति भावा भूतानां मत्त एव पृथग्विधाः ॥ १०—५ ॥

महर्षयः सप्त पूर्वे चत्वारो मनवस्तथा ।
मद्भावा मानसा जाता येषां लोक इमाः प्रजाः ॥ १०—६ ॥

एतां विभूतिं योगं च मम यो वेत्ति तत्त्वतः ।
सोऽविकम्पेन योगेन युज्यते नात्र संशयः ॥ १०—७ ॥

śrībhagavān uvāca

1. bhūya eva mahābāho śṛṇu me paramaṃ vacaḥ
   yat te'haṃ prīyamāṇāya vakṣyāmi hitakāmyayā

2. na me viduḥ suragaṇāḥ prabhavaṃ na maharṣayaḥ
   aham ādir hi devānāṃ maharṣīṇāṃ ca sarvaśaḥ

3. yo mām ajam anādiṃ ca vetti lokamaheśvaram
   asammūḍhaḥ sa martyeṣu sarvapāpaiḥ pramucyate

4. buddhir jñānam asammohaḥ kṣamā satyaṃ damaḥ śamaḥ
   sukhaṃ duḥkhaṃ bhavo'bhāvo bhayaṃ cābhayam eva ca

5. ahiṃsā samatā tuṣṭis tapo dānaṃ yaśo'yaśaḥ
   bhavanti bhāvā bhūtānāṃ matta eva pṛthagvidhāḥ

6. maharṣayaḥ sapta pūrve catvāro manavas tathā
   madbhāvā mānasā jātā yeṣāṃ loka imāḥ prajāḥ

7. etāṃ vibhūtiṃ yogaṃ ca mama yo vetti tattvataḥ
   so'vikampena yogena yujyate nātra saṃśayaḥ

CAPÍTULO 10

O Yoga da Manifestação [Divina]

Disse o Senhor Bendito:

10.1 Além disso, ó [Arjuna] dos braços fortes, ouve Minha palavra suprema. Vou declará-la a ti [que és Meu] bem-amado, pois desejo [o teu] bem.

10.2 Nem os exércitos dos deuses nem os grandes videntes conhecem a Minha origem, pois sou o princípio dos deuses e dos grandes videntes [e de todas as outras entidades] em toda parte.

10.3 Quem conhece a Mim, o Grande Senhor do mundo, como não nascido e sem princípio, não [vive] perplexo entre os mortais, [mas] é libertado de todos os pecados.

10.4 Sabedoria, conhecimento, ausência-de-perplexidade, paciência, veracidade, comedimento, tranquilidade, prazer, dor, vir-a-ser [ou nascimento], não vir a ser [ou morte], medo e também destemor;

10.5 não violência (*ahimsā*), equanimidade, contentamento, ascese, caridade, boa e má reputação – [tais são] os estados-de-existência (*bhāva*) dos seres [que], com efeito, surgem de Mim [em toda a sua] diversidade.

10.6 Os sete grande videntes de outrora[1], como também os quatro Manus[2] [que partilham do] Meu estado-de-existência nasceram da Minha mente; deles [surgiu] o mundo [com todas] estas criaturas.

10.7 Quem verdadeiramente conhece este Meu poder-de-manifestação[3] e Yoga é jungido por um Yoga inabalável. Quanto a isso não há dúvida.

---

1. Os sete grandes videntes são geralmente identificados como Kashyapa, Atri, Vasishtha, Vishvāmitra, Gautama, Jamadagni e Bharadvāja.

2. Os quatro Manus (ver a nota 2 em 4.1) fazem parte de uma sequência de quatorze. Os sete primeiros foram Svāyambhuva (o Manu original), Svārocisha, Auttama, Tāmasa, Raivata, Cākshusha e, em sétimo lugar, o Manu Vaivasvata (progenitor da raça humana atual e regente do *manvantara*, ou Era de Manu, em que vivemos), cujo reinado terminará daqui a uns 2 milhões de anos. Depois dele haverá sete outros Manus, e então o universo desaparecerá completamente com a morte de Brahma, o atual criador. (Svāyambhuva é o legislador mencionado na nota 4 em 5.18.)

3. Zaehner (1966) traduz *vibhūti* como "poder extenso"; Nataraja Guru (1973), como "valor único"; Radhakrishnan (1948), como "glória"; e Edgerton (1944) propõe "manifestação superna". Hill (1928/1966) comenta com razão que essa palavra "contém uma ideia de 'poder' ou 'senhorio' e também uma ideia de 'penetração' ou 'imanência'".

अहं सर्वस्य प्रभवो मत्तः सर्वं प्रवर्तते ।
इति मत्वा भजन्ते मां बुधा भावसमन्विताः ॥ १०—८ ॥

मच्चित्ता मद्गतप्राणा बोधयन्तः परस्परम् ।
कथयन्तश्च मां नित्यं तुष्यन्ति च रमन्ति च ॥ १०—९ ॥

तेषां सततयुक्तानां भजतां प्रीतिपूर्वकम् ।
ददामि बुद्धियोगं तं येन मामुपयान्ति ते ॥ १०—१० ॥

तेषामेवानुकम्पार्थमहमज्ञानजं तमः ।
नाशयाम्यात्मभावस्थो ज्ञानदीपेन भास्वता ॥ १०—११ ॥

अर्जुन उवाच

परं ब्रह्म परं धाम पवित्रं परमं भवान् ।
पुरुषं शाश्वतं दिव्यमादिदेवमजं विभुम् ॥ १०—१२ ॥

आहुस्त्वामृषयः सर्वे देवर्षिर्नारदस्तथा ।
असितो देवलो व्यासः स्वयं चैव ब्रवीषि मे ॥ १०—१३ ॥

8. ahaṃ sarvasya prabhavo mattaḥ sarvaṃ pravartate
   iti matvā bhajante māṃ budhā bhāvasamanvitāḥ

9. maccittā madgataprāṇā bodhayantaḥ parasparam
   kathayantaś ca māṃ nityaṃ tuṣyanti ca ramanti ca

10. teṣāṃ satatayuktānāṃ bhajatāṃ prītipūrvakam
    dadāmi buddhiyogaṃ taṃ yena mām upayānti te

11. teṣām evānukampārtham aham ajñānajaṃ tamaḥ
    nāśayāmy ātmabhāvastho jñānadīpena bhāsvatā

    arjuna uvāca

12. paraṃ brahma paraṃ dhāma pavitraṃ paramaṃ bhavān
    puruṣaṃ śāśvataṃ divyam ādidevam ajaṃ vibhum

13. āhus tvām ṛṣayaḥ sarve devarṣir nāradas tathā
    asito devalo vyāsaḥ svayaṃ caiva bravīṣi me

10.8 Eu sou a origem de tudo. De Mim tudo surge. Diante disso, os sábios dotados do estado-de-existência[4] [apropriado] Me adoram.

10.9 Com a mente voltada para Mim, a força vital dissolvida[5] em Mim, esclarecendo uns aos outros e falando constantemente de Mim – eles estão contentes e regozijam-se.

10.10 A esses [sábios] sempre jungidos [que Me] adoram com afeição, concedo aquele *buddhi-yoga*[6] pelo qual se aproximam de Mim.

10.11 Por compaixão (*anukampā*) por esses [sábios], dissipo pela lâmpada brilhante do conhecimento a escuridão nascida da ignorância, permanecendo [sempre] em Meu Próprio estado-de-existência.

Arjuna disse:

10.12 És o supremo Brahman, a morada suprema, o purificador supremo, o eterno Espírito divino, o Deus primordial, não nascido, onipresente.

10.13 [Assim] falam de Ti todos os videntes e também o divino vidente Nārada[7], Asita Devala[8] e Vyāsa[9]; e Tu Mesmo me dizes isso.

---

4. Zaehner (1966) traduz o termo *bhāva* ("estado-de-existência"), nesse caso, por "caloroso afeto", enquanto Bhaktivedanta Swami (1983) o traduz por "de todo o coração". Shankara o explica como *bhāvanā paramārthatattvābhiniveśah*, ou seja, "cultivo: direcionamento da atenção para a Realidade transcendente". Entendido como "estado-de-existência", o termo *bhāva* denota o estado psicológico de abertura à realidade última, estado esse que é fundamental para o Yoga.

5. A palavra *gata* ("ida", particípio passado [feminino] do verbo "ir"), traduzida aqui como "dissolvida", também pode significar "absorvida" ou "absorta [em Mim]". Uma tradução mais devocional da oração inteira seria "a força vital [ou: a vida deles] entregue a Mim".

6. O composto *buddhi-yoga*, não traduzido nesse caso, tem muitas conotações. Refere-se à capacidade yogue de sabedoria ou à capacidade de exercitar, pela graça de Krishna, a faculdade inata da sabedoria.

7. Nārada, um dos mais famosos sábios mencionados nos Purānas, teve, segundo o épico, sete nascimentos eminentes. Como filho do rei Drumila e da rainha Kalāvatī, recebeu os ensinamentos do bhagavatismo diretamente de Vishnu.

8. Asita Devala é o nome de um sábio mencionado em outros trechos do *Mahābhārata* como um dos discípulos de Vyāsa. Ele foi responsável por disseminar o épico entre o público em geral. Edgerton (1944) conclui, erroneamente, que Asita e Devala foram dois sábios diferentes.

9. Aqui, Vyāsa, criador de todo o *Mahābhārata*, inteligentemente menciona a si mesmo dentro da sua própria criação.

सर्वमेतदृतं मन्ये यन्मां वदसि केशव ।
न हि ते भगवन्व्यक्तिं विदुर्देवा न दानवाः ॥ १०—१४ ॥
स्वयमेवात्मनात्मानं वेत्थ त्वं पुरुषोत्तम ।
भूतभावन भूतेश देवदेव जगत्पते ॥ १०—१५ ॥
वक्तुमर्हस्यशेषेण दिव्या ह्यात्मविभूतयः ।
याभिर्विभूतिभिर्लोकानिमांस्त्वं व्याप्य तिष्ठसि ॥ १०—१६ ॥
कथं विद्यामहं योगिंस्त्वां सदा परिचिन्तयन् ।
केषु केषु च भावेषु चिन्त्योऽसि भगवन्मया ॥ १०—१७ ॥
विस्तरेणात्मनो योगं विभूतिं च जनार्दन ।
भूयः कथय तृप्तिर्हि शृण्वतो नास्ति मेऽमृतम् ॥ १०—१८ ॥
श्रीभगवानुवाच
हन्त ते कथयिष्यामि दिव्या ह्यात्मविभूतयः ।
प्राधान्यतः कुरुश्रेष्ठ नास्त्यन्तो विस्तरस्य मे ॥ १०—१९ ॥

14. sarvam etad ṛtaṃ manye yan māṃ vadasi keśava
    na hi te bhagavan vyaktiṃ vidur devā na dānavāḥ

15. svayam evātmanātmanaṃ vettha tvaṃ puruṣottama
    bhūtabhāvana bhūteśa devadeva jagatpate

16. vaktum arhasy aśeṣeṇa divyā hy ātmavibhūtayaḥ
    yābhir vibhūtibhir lokān imāṃs tvaṃ vyāpya tiṣṭhasi

17. kathaṃ vidyām ahaṃ yogiṃs tvāṃ sadā paricintayan
    keṣu keṣu ca bhāveṣu cintyo'si bhagavan mayā

18. vistareṇātmano yogaṃ vibhūtiṃ ca janārdana
    bhūyaḥ kathaya tṛptir hi śṛṇvato nāsti me'mṛtam

    śrībhagavān uvāca
19. hanta te kathayiṣyāmi divyā hy ātmavibhūtayaḥ
    prādhānyataḥ kuruśreṣṭha nāsty anto vistarasya me

10.14 Considero verdadeiro (*rita*) tudo isso que Me dizes, ó Keshava[10]. Com efeito, ó Bendito, nem os deuses nem os demônios conhecem [esta] Tua [forma] manifesta.

10.15 Tu Mesmo conheces a Ti Mesmo por Ti Mesmo, ó Espírito Supremo, gerador dos seres, Senhor dos seres, Deus dos deuses, ordenador do universo.

10.16 Deves informar[-me], sem nada esconder, [sobre os] poderes-de-manifestação (*vibhūti*) do [Teu] divino Si Mesmo, poderes por meio dos quais habitas nestes mundos, penetrando[-os].

10.17 [Embora] reflita sempre em Ti, de que modo devo conhecer[-Te], ó *Yogin*?[*] E em quais dos muitos estados-de-existência devo pensar em Ti, ó Bendito?[**]

10.18 Fala-me de novo extensamente, ó Janārdana[11], sobre o Yoga e o poder-de-manifestação de Ti Mesmo, pois não me saciei de ouvir o néctar [das Tuas palavras].

Disse o Senhor Bendito:

10.19 Eis que vou declarar-te os principais poderes-de-manifestação do [Meu] divino Si Mesmo, ó Kurushreshtha[12], [pois] Minha extensão não tem fim.

---

10. Sobre o epíteto Keshava, ver a nota 21 em 1.31.

* Aqui, Arjuna refere-se a Sri Krishna como o supremo *yogin*, aquele que realizou e personifica o objetivo máximo do Yoga. (N.T.)

** Uma tradução alternativa dessa frase, baseada nas interpretações clássicas: "Em que forma de manifestação [ou: em quais aspectos] devo pensar em Ti, ó Bendito?". Em seguida, Sri Krishna arrola para Arjuna as diversas formas gloriosas em que se manifesta em todo o universo, formas essas que podem servir de objeto de meditação para o *yogin* que volta sua atenção para o Senhor Bendito. (N.T.)

11. Sobre o epíteto Janārdana, ver a nota 25 em 1.36.

12. Kurushreshtha é um epíteto de Arjuna e significa "O Melhor dos Kurus".

अहमात्मा गुडाकेश सर्वभूताशयस्थितः ।
अहमादिश्च मध्यं च भूतानामन्त एव च ॥ १०—२० ॥
अदित्यानामहं विष्णुज्ज्योतिषां रविरंशुमान् ।
मरीचिर्मरुतामस्मि नक्षत्राणामहं शशी ॥ १०—२१ ॥
वेदानां सामवेदोऽस्मि देवानामस्मि वासवः ।
इन्द्रियाणां मनश्चास्मि भूतानामस्मि चेतना ॥ १०—२२ ॥

20. aham ātmā guḍākeśa sarvabhūtāśayasthitaḥ
    aham ādiś ca madhyaṃ ca bhūtānām anta eva ca
21. ādityānām ahaṃ viṣṇur jyotiṣāṃ ravir aṃśumān
    marīcir marutām asmi nakṣatrāṇām ahaṃ śaśī
22. vedānāṃ sāmavedo'smi devānām asmi vāsavaḥ
    indriyāṇāṃ manaś cāsmi bhūtānām asmi cetanā

10.20 Eu sou o Si Mesmo (*ātman*), Gudākesha[13], que subsiste no lugar-de-repouso[14] de todos os seres. Sou o princípio, o meio e o fim de [todos os] seres.

10.21 Entre os Ādityas[15], sou Vishnu; entre os luminares, o Sol radiante. Entre os Maruts[16], sou Marīci[17]; entre as mansões lunares[18], a Lua.

10.22 Sou o *Sāma-Veda* entre os *Vedas*. Sou Vāsava[19] entre os deuses, a mente entre os sentidos[20]. Sou a senciência (*cetanā*) entre os seres.

---

13. Sobre o epíteto Gudākesha, aplicado a Arjuna, ver a nota 17 em 1.24.

14. A palavra *āshaya*, traduzida aqui como "lugar de repouso", é derivada da raiz verbal *shī* ("reclinar"). Esotericamente, refere-se ao coração.

15. De certo ponto de vista, Vishnu é uma grande divindade solar, o líder dos Ādityas. Os Ādityas, filhos de Aditi (que representa o espaço ilimitado), são as divindades solares védicas Varuna, Mitra, Aryamat, Bhaga, Daksha e Amsha. Às vezes, enumeram-se doze Ādityas.

16. Os Maruts, os 21 filhos guerreiros do deus védico Rudra ("Uivador"), são associados ao vento. No *Hari-Vamsha* ("Linhagem de Hari [Krishna]"), volumoso apêndice tradicional ao *Mahābhārata*, 24 Maruts são mencionados pelo nome, e outros textos mencionam um número ainda maior.

17. Marīci, líder dos Maruts, é ligado às tempestades de raios.

18. O termo *nakshatra*, geralmente traduzido por "constelações", refere-se aqui às 27 (posteriormente, 28) mansões lunares (divisões do caminho da Lua na astrologia védica), que correspondem a outras tantas constelações estelares.

19. Vāsava é um dos nomes de Indra.

20. A mente (*manas*) é geralmente chamada de 11º sentido (indriya), pois é ela que processa todos os dados sensoriais.

रुद्राणां शंकरश्चास्मि वित्तेशो यक्षरक्षसाम् ।
वसूनां पावकश्चास्मि मेरुः शिखरिणामहम् ॥ १०—२३ ॥
पुरोधसां च मुख्यं मां विद्धि पार्थ बृहस्पतिम् ।
सेनानीनामहं स्कन्दः सरसामस्मि सागरः ॥ १०—२४ ॥
महर्षीणां भृगुरहं गिरामस्म्येकमक्षरम् ।
यज्ञानां जपयज्ञोऽस्मि स्थावराणां हिमालयः ॥ १०—२५ ॥

23. rudrāṇāṃ śaṃkaraś cāsmi vitteśo yakṣarakṣasām
    vasūnāṃ pāvakaś cāsmi meruḥ śikhariṇām aham
24. purodhasāṃ ca mukhyaṃ māṃ viddhi pārtha bṛhaspatim
    senānīnām ahaṃ skandaḥ sarasām asmi sāgaraḥ
25. maharṣīṇāṃ bhṛgur ahaṃ girām asmy ekam akṣaram
    yajñānāṃ japayajño'smi sthāvarāṇāṃ himālayaḥ

10.23 E sou Shamkara[21] entre os Rudras, o Senhor das Riquezas entre os Yakshas[22] e Rākshasas[23] e o fogo entre os Vasus[24]. Sou Meru[25] entre as montanhas.

10.24 Conhece-me como Brihaspati[26], o principal entre os sacerdotes domésticos, ó filho-de-Prithā[27]. Sou Skanda[28] entre os comandantes e o oceano entre os corpos d'água.

10.25 Sou Bhrigu[29] entre os grandes videntes. Entre as elocuções, sou o monossílabo[30]. Entre os sacrifícios, sou o sacrifício da recitação, e o Himalaia entre as [coisas] imóveis.

21. Shamkara ("Pacificador") é o primeiro dos Rudras, que geralmente são contados como onze, embora o *Mahābhārata* (13.984) diga que são 1.100. São, às vezes, identificados com os Maruts. Shamkara também é um dos nomes de Shiva. Ver também a nota 7 em 11.6.

22. Os Yakshas são espíritos da natureza, geralmente representados como anões barrigudos. O senhor das riquezas (*vittesha*) é mais conhecido como Kubera.

23. Os Rākshasas são ogros destruidores que gostam especialmente de interromper os sacrifícios e outras atividades sagradas.

24. Os oito Vasus ("Habitantes") são divindades associadas ao espaço e aos elementos. Segundo o *Mahābhārata*, são Dharā (a terra), Dhruva (a Estrela Polar, que representa as mansões lunares ou constelações), Soma (a Lua), Aha (as águas), Anila (o vento), Anala (o fogo), Pratyūsha (o Sol) e Prabhāsa (o céu).

25. De acordo com a mitologia hindu, o Monte Meru é a montanha sagrada situada no centro de Jambudvīpa (a ilha habitada, ou seja, a Terra). É o *axis mundi* (eixo do mundo), feito inteiramente de ouro. Jambudvīpa é um dos sete "continentes" que compõem o universo conhecido. No simbolismo yogue, Meru representa a coluna vertebral, ao longo da qual o "poder serpentino" (*kundalinī-shakti*) deve subir para que o praticante alcance a iluminação.

26. Brihaspati ("Grande Pai/Senhor") é o sumo sacerdote das divindades e é associado ao planeta Júpiter.

27. Sobre o epíteto "filho-de-Prithā" (Pārtha), ver a nota 18 em 1.25.

28. Skanda é um dos filhos de Shiva. Divindade guerreira, Skanda é associado ao planeta Marte.

29. Bhrigu é um dos sábios mais famosos dos tempos antigos. De acordo com a mitologia, esse sábio poderoso ousou dar um pontapé em Vishnu para acordá-lo. Vishnu não se irritou, mas abraçou, amoroso, o pé que o chutara; Bhrigu converteu-se então em fervoroso devoto de Vishnu.

30. Sobre o monossílabo OM, ou AUM, ver a nota 14 em 8.13.

अश्वत्थः सर्ववृक्षाणां देवर्षीणां च नारदः ।
गन्धर्वाणां चित्ररथः सिद्धानां कपिलो मुनिः ॥ १०—२६ ॥
उच्चैःश्रवसमश्वानां विद्धि माममृतोद्भवम् ।
ऐरावतं गजेन्द्राणां नराणां च नराधिपम् ॥ १०—२७ ॥
आयुधानामहं वज्रं धेनूनामस्मि कामधुक् ।
प्रजनश्चास्मि कन्दर्पः सर्पाणामस्मि वासुकिः ॥ १०—२८ ॥
अनन्तश्चास्मि नागानां वरुणो यादसामहम् ।
पितृणामर्यमा चास्मि यमः संयमतामहम् ॥ १०—२९ ॥

26. aśvatthaḥ sarvavṛkṣāṇāṃ devarṣīṇāṃ ca nāradaḥ
    gandharvāṇāṃ citrarathaḥ siddhānāṃ kapilo muniḥ
27. uccaiḥśravasam aśvānāṃ viddhi mām amṛtodbhavam
    airāvataṃ gajendrāṇāṃ narāṇāṃ ca narādhipam
28. āyudhānām ahaṃ vajraṃ dhenūnām asmi kāmadhuk
    prajanaś cāsmi kandarpaḥ sarpāṇām asmi vāsukiḥ
29. anantaś cāsmi nāgānāṃ varuṇo yādasām aham
    pitṝṇām aryamā cāsmi yamaḥ saṃyamatām aham

10.26 [Sou] *ashvattha*[31] entre todas as árvores e Nārada entre os divinos videntes. [Sou] Citraratha[32] entre os Gandharvas[33] e o sábio Kapila[34] entre os perfeitos.

10.27 Entre os cavalos, estejas ciente de que sou Uccaihshravas[35], nascido do néctar; [sou] Airavata[36] entre os elefantes senhoriais e o soberano entre os homens.

10.28 Sou o raio (*vajra*)[37] entre as armas. Entre as vacas, sou aquela que atende a todos os desejos[38], e procrio Kandarpa[39]. Sou Vāsuki[40] entre as serpentes.

10.29 Entre os Nāgas[41], sou Ananta[42]. Sou Varuna[43] entre os habitantes das águas e Aryaman[44] entre os antepassados. Entre os subjugadores, sou Yama[45].

---

31. A árvore *ashvattha* é a *Ficus religiosa*, também conhecida como pipal ou figueira-dos-pagodes. Ver a extensa nota de Hill (1928/1966, p. 185s.) sobre a estrofe 15.1 (citada em parte, abaixo, na nota 1 em 15.1). A *ashvatta* simboliza o mundo da mudança (*samsāra*).

32. Citraratha é o chefe dos Gandharvas.

33. Os Gandharvas ("Fragrâncias") são espíritos celestiais masculinos e são associados ao deus do Sol, que muitas vezes é contado como um deles. São viris e, de acordo com a mitologia purânica, benevolentes. São os "anjos guardiães" da música, do canto e da dança.

34. Kapila é tradicionalmente celebrado como o fundador da tradição do Sāmkhya.

35. Uccaihshravas é o cavalo de Indra.

36. Airavata é o elefante de Indra. Como Uccaihshravas, surgiu quando o oceano cósmico foi agitado pelos deuses e antideuses (titãs).

37. O raio (*vajra*) é tido como a arma de Indra desde os tempos védicos.

38. A mitológica vaca que atende a todos os desejos é chamada de *kāma-dhuk*.

39. Kandarpa, nascido da mente de Brahma, é um dos muitos nomes do deus Kāma ("Desejo/Luxúria"). Segundo a lenda, imediatamente depois de nascer, ele perguntou a Brahma "A quem devo orgulhar?" (*kam darpayāmi*), e Brahma transformou a pergunta no nome de seu filho recém-nascido. A oração *prajanashcāsmi kandarpah* talvez esteja corrompida. Pelo menos um manuscrito traz *prajaneshvapi kandarpah*, "das [ou: entre as] criaturas, sou Kandarpa".

40. Vāsuki, a grande serpente, foi usada como corda durante o processo de agitar o oceano primordial. Os deuses seguraram um lado da corda e os antideuses (titãs), o outro.

41. Os Nāgas são as serpentes com cabeça humana que, segundo se relata, habitam no subterrâneo ou no fundo das águas e guardam os tesouros da Terra, ou o que resta deles.

42. Ananta ("Infinito"), também chamado Shesha ("Resto"), é o rei dos Nāgas, de mil cabeças. Serve de leito para o repouso de Vishnu.

43. Varuna, grande divindade do início da era védica, era adorado na era purânica como senhor das águas.

44. Aryaman ("camarada") é um dos Ādityas (ver a nota 15 em 10.21) e também o chefe dos antepassados (*pitri*).

45. Yama ("Ordenador") é o Deus da Morte.

प्रह्लादश्चास्मि दैत्यानां कालः कलयतामहम् ।
मृगाणां च मृगेन्द्रोऽहं वैनतेयश्च पक्षिणाम् ॥ १०—३० ॥

पवनः पवतामस्मि रामः शस्त्रभृतामहम् ।
झषाणां मकरश्चास्मि स्रोतसामस्मि जाह्नवी ॥ १०—३१ ॥

सर्गाणामादिरन्तश्च मध्यं चैवाहमर्जुन ।
अध्यात्मविद्या विद्यानां वादः प्रवदतामहम् ॥ १०—३२ ॥

अक्षराणामकारोऽस्मि द्वन्द्वः सामासिकस्य च ।
अहमेवाक्षयः कालो धाताहं विश्वतोमुखः ॥ १०—३३ ॥

मृत्युः सर्वहरश्चाहमुद्भवश्च भविष्यताम् ।
कीर्तिः श्रीर्वाक्च नारीणां स्मृतिर्मेधा धृतिः क्षमा ॥ १०—३४ ॥

बृहत्साम तथा साम्नां गायत्री छन्दसामहम् ।
मासानां मार्गशीर्षोऽहमृतूनां कुसुमाकरः ॥ १०—३५ ॥

30. prahlādaś cāsmi daityānām kālaḥ kalayatām aham
    mṛgāṇām ca mṛgendro'ham vainateyaś ca pakṣiṇām

31. pavanaḥ pavatām asmi rāmaḥ śastrabhṛtām aham
    jhaṣāṇām makaraś cāsmi srotasām asmi jāhnavī

32. sargāṇām ādir antaś ca madhyam caivāham arjuna
    adhyātmavidyā vidyānām vādaḥ pravadatām aham

33. akṣarāṇām akāro'smi dvandvaḥ sāmāsikasya ca
    aham evākṣayaḥ kālo dhātāham viśvatomukhaḥ

34. mṛtyuḥ sarvaharaś cāham udbhavaś ca bhaviṣyatām
    kīrtiḥ śrīr vāk ca nārīṇām smṛtir medhā dhṛtiḥ kṣamā

35. bṛhatsāma tathā sāmnām gāyatrī chandasām aham
    māsānām mārgaśīrṣo'ham ṛtūnām kusumākaraḥ

10.30 E sou Prahlāda[46] entre os Daityas[47]. Sou o Tempo entre os que [o] computam, o senhor dos animais [ou seja, o leão] entre os quadrúpedes e Vainateya[48] entre as aves.

10.31 Sou o vento entre os purificadores. Sou Rāma[49] entre os que portam armas e o crocodilo entre os monstros aquáticos. Sou Jānhavī[50] entre os cursos d'água.

10.32 Além disso, ó Arjuna, sou o princípio, o fim e o meio de [todas as] criações. Entre as ciências, [sou] a ciência da base-do-eu. Entre os falantes, sou a fala.

10.33 Sou a letra *A* entre as letras* e *dvandva*[51] no sistema de compostos [gramaticais]. Em verdade, sou o tempo imperecível. Sou o sustentador, com as faces voltadas para todos os lados.

10.34 Sou também a morte que tudo devora e a origem dos acontecimentos futuros. Entre as [palavras] femininas, sou *fama, fortuna, palavra, memória, inteligência, perseverança* e *paciência*.

10.35 Além disso, entre os cantos, sou o grande canto[52]; entre as cadências, a *gāyatrī*[53]; entre os meses, sou *mārgashīrsha*[54]; entre as estações, a "mina de flores"[55].

---

46. Prahlāda, filho do rei-demônio Hiranyakashipu, ficou famoso por sua devoção a Vishnu, o maior inimigo de seu pai.

47. Os Daityas são os descendentes de Diti, filha de Daksha Prajāpati (o Criador) e uma das esposas do sábio Kashyapa. Todos os filhos dela são antideuses ou titãs (*asura*), concebidos por mera luxúria e em horários desfavoráveis, ao passo que todos os filhos de sua irmã Aditi são deuses (*sura*). A palavra *diti* sugere a ideia de restrição ou limitação.

48. Vainateya, famoso filho de Vinatā (uma das esposas de Kashyapa), é mais conhecido como Garuda, meio homem e meio águia. É a montaria de Vishu.

49. Rāma, aqui, é Rāmacandra, uma das encarnações divinas de Vishnu e herói do épico *Rāmāyana*.

50. Jānhavī ("descendente de Jahnu") é o rio Gangā (Ganges).

* O *a* breve está presente como vogal final em todas as consoantes do alfabeto sânscrito. (N.T.)

51. Sobre o termo *dvandva* ("pares-de-opostos"), ver a nota 19 em 2.15.

52. O "grande canto" (*brihat-sāma*) consiste em versículos do *Sāma-Veda* compostos na cadência *brihat*, que tem 36 sílabas (4 versos = 8 + 8 + 12 + 8 sílabas).

53. A cadência *gāyatrī* (3 versos x 8 sílabas = 24 sílabas) é a empregada no versículo mais famoso do *Rig-Veda* (3.62.10) – famoso por ser diariamente recitado até hoje pelos brâmanes piedosos.

54. A estação de *mārgashīrsha* (novembro-dezembro) deriva seu nome daquele da constelação *mriga-shiras* ("cabeça do veado").

55. A expressão poética *kusuma-ākara* significa literalmente "mina de flores", ou seja, abundância de flores, e refere-se à primavera.

द्यूतं छलयतामस्मि तेजस्तेजस्विनामहम् ।
जयोऽस्मि व्यवसायोऽस्मि सत्त्वं सत्त्ववतामहम् ॥ १०—३६ ॥
वृष्णीनां वासुदेवोऽस्मि पाण्डवानां धनंजयः ।
मुनीनामप्यहं व्यासः कवीनामुशना कविः ॥ १०—३७ ॥
दण्डो दमयतामस्मि नीतिरस्मि जिगीषताम् ।
मौनं चैवास्मि गुह्यानां ज्ञानं ज्ञानवतामहम् ॥ १०—३८ ॥
«ओषधीनां यवश्चास्मि धातूनामस्मि काञ्चनम् ।
सौरभेयो गवामस्मि स्नेहानां सर्पिरप्यहम् ।
सर्वासां तृणजतीनां दर्भोऽहं पाण्डुनन्दन ॥»

36. dyūtaṃ chalayatām asmi tejas tejasvinām aham
    jayo'smi vyavasāyo'smi sattvaṃ sattvavatām aham
37. vṛṣṇīnāṃ vāsudevo'smi pāṇḍavānāṃ dhanaṃjayaḥ
    munīnām apy ahaṃ vyāsaḥ kavīnām uśanā kaviḥ
38. daṇḍo damayatām asmi nītir asmi jigīṣatām
    maunaṃ caivāsmi guhyānāṃ jñānaṃ jñānavatām aham

    « oṣadhīnāṃ yavaś cāsmi dhātūnām asmi kāñcanam,
    saurabheyo gavām asmi snehānāṃ sarpir apy aham,
    sarvāsāṃ tṛṇajatīnāṃ darbho'haṃ pāṇḍunandana »

10.36 Sou a jogatina dos trapaceiros. Sou o esplendor dos esplendorosos, a vitória, a determinação[56]. Sou o *sattva*[57] dos dotados de *sattva*.

10.37 Sou Vāsudeva[58] entre os Vrishnis[59], Dhanamjaya[60] entre os filhos-de--Pāndu[61]. Além disso, sou Vyāsa entre os sábios e o bardo Ushanas[62] entre os bardos.

10.38 Sou a vara dos verdugos, a arte de governar dos sedentos-de-conquistas. Sou, ainda, o silêncio dos segredos, o conhecimento dos dotados de conhecimento.

«Entre os cereais, sou a cevada. Sou o ouro entre os metais. Entre as vacas, sou a descendente de Surabhī[63]. Sou a manteiga entre as gorduras. Entre todas as gramíneas, sou *darbha*, ó deleite de Pāndu[64].»

---

56. O termo *vyavasāya*, traduzido aqui por "determinação", também pode ser vertido como "resolução" (como em 9.30) ou "vontade".

57. Sobre *sattva*, ver a nota 36 em 2.37.

58. *Vāsudeva* significa "filho de Vasudeva". Já *Vasudeva* significa "Deus [de Todas as] Coisas", nome do pai de Krishna.

59. Os Vrishnis são uma tribo da dinastia solar à qual Krishna pertencia. Vrishni era o nome de um famoso governante dessa dinastia, que se originou do próprio Vishnu.

60. Sobre o epíteto Dhanamjaya, ver a nota 7 em 1.15. Aqui, Krishna afirma ser o próprio Arjuna.

61. Os Pāndavas são os cinco filhos – Arjuna e seus irmãos – do rei Pāndu, que era seu pai humano "oficial", casado com a rainha Kuntī. Na verdade, os pais dos Pāndavas foram cinco divindades.

62. Ushanas, filho do sábio Bhrigu (ver 10.25), já é mencionado no *Rig-Veda* (8.23.17).

63. Surabhī é a vaca que atende a todos os desejos (ver acima, 10.28), mãe da bezerra Saubhadrā, que aqui talvez tenha sido confundida com a irmã de Krishna, que tinha o mesmo nome.

64. Pāndunandana ("deleite de Pāndu") é um epíteto parecido com Kurunandana, usado em 2.41 (ver a nota 40). Esse versículo extra diferencia-se dos demais por ter três versos de 16 sílabas.

यच्चापि सर्वभूतानां बीजं तदहमर्जुन ।
न तदस्ति विना यत्स्यान्मया भूतं चराचरम् ॥ १०—३९ ॥
नान्तोऽस्ति मम दिव्यानां विभूतीनां परंतप ।
एष तूद्देशतः प्रोक्तो विभूतेर्विस्तरो मया ॥ १०—४० ॥
यद्यद्विभूतिमत्सत्त्वं श्रीमदूर्जितमेव वा ।
तत्तदेवावगच्छ त्वं मम तेजोंऽशसंभवम् ॥ १०—४१ ॥
अथ वा बहुनैतेन किं ज्ञातेन तवार्जुन ।
विष्टभ्याहमिदं कृत्स्नमेकांशेन स्थितो जगत् ॥ १०—४२ ॥

39. yac cāpi sarvabhūtānāṃ bījaṃ tad aham arjuna
    na tad asti vinā yat syān mayā bhūtaṃ carācaram

40. nānto'sti mama divyānāṃ vibhūtīnāṃ paraṃtapa
    eṣa tūddeśataḥ prokto vibhūter vistaro mayā

41. yad yad vibhūtimat sattvaṃ śrīmad ūrjitam eva vā
    tat tad evāvagaccha tvaṃ mama tejo'ṃśasaṃbhavam

42. atha vā bahunaitena kiṃ jñātena tavārjuna
    viṣṭabhyāham idaṃ kṛtsnam ekāṃśena sthito jagat

10.39 E sou também aquela que é a semente [da perfeição] em todos os seres, ó Arjuna. Não há ser, móvel ou imóvel, que possa existir separado de Mim.

10.40 Meus divinos poderes-de-manifestação não têm fim, ó Paramtapa[65]. [O que] proclamei acerca da extensão dos [Meus] poderes-de-manifestação foi somente a título de exemplo.

10.41 Quaisquer entidades (*sattva*) poderosas (*vibhūtimat*), prósperas ou vigorosas [devem ser] reconhecidas por ti [como] um nascimento fragmentário do Meu [divino] esplendor.

10.42 Mas de que [adianta] para ti conhecer tantos [detalhes], ó Arjuna? Tendo estabelecido todo este universo com um único fragmento [de Mim Mesmo], permaneço [eternamente imóvel].

---

65. Sobre o epíteto Paramtapa, ver a nota 5 em 2.3.

अर्जुन उवाच

मदनुग्रहाय परमं गुह्यमध्यात्मसंज्ञितम् ।
यत्त्वयोक्तं वचस्तेन मोहोऽयं विगतो मम ॥ ११—१ ॥

भवाप्ययौ हि भूतानां श्रुतौ विस्तरशो मया ।
त्वत्तः कमलपत्राक्ष माहात्म्यमपि चाव्ययम् ॥ ११—२ ॥

एवमेतद्यथात्थ त्वमात्मानं परमेश्वर ।
द्रष्टुमिच्छामि ते रूपमैश्वरं पुरुषोत्तम ॥ ११—३ ॥

मन्यसे यदि तच्छक्यं मया द्रष्टुमिति प्रभो ।
योगेश्वर ततो मे त्वं दर्शयात्मानमव्ययम् ॥ ११—४ ॥

श्रीभगवानुवाच

पश्य मे पार्थ रूपाणि शतशोऽथ सहस्रशः ।
नानाविधानि दिव्यानि नानावर्णाकृतीनि च ॥ ११—५ ॥

पश्यादित्यान्वसून्रुद्रानश्विनौ मरुतस्तथा ।
बहून्यदृष्टपूर्वाणि पश्याश्चर्याणि भारत ॥ ११—६ ॥

arjuna uvāca

1. madanugrahāya paramaṃ guhyam adhyātmasaṃjñitam
   yat tvayoktaṃ vacas tena moho'yaṃ vigato mama

2. bhavāpyayau hi bhūtānāṃ śrutau vistaraśo mayā
   tvattaḥ kamalapattrākṣa māhātmyam api cāvyayam

3. evam etad yathāttha tvam ātmānaṃ parameśvara
   draṣṭum icchāmi te rūpam aiśvaraṃ puruṣottama

4. manyase yadi tac chakyaṃ mayā draṣṭum iti prabho
   yogeśvara tato me tvaṃ darśayātmānam avyayam

   śrībhagavān uvāca

5. paśya me pārtha rūpāṇi śataśo'tha sahasraśaḥ
   nānāvidhāni divyāni nānāvarṇākṛtīni ca

6. paśyādityān vasūn rudrān aśvinau marutas tathā
   bahūny adṛṣṭapūrvāṇi paśyāścaryāṇi bhārata

CAPÍTULO 11

O Yoga da Visão da Omniforma [do Senhor]

Arjuna disse:

11.1 Como um favor a mim, pronunciaste esse discurso [sobre] o supremo mistério chamado "base-do-eu"[1], por meio do qual esta minha confusão se dissipou[2].

11.2 Pois ouvi detalhadamente de Ti sobre o surgimento e a dissolução dos seres, ó [Krishna] dos olhos de lótus, bem como sobre a [Tua] glória imutável.

11.3 Assim como descreveste a Ti Mesmo, Senhor Supremo, assim também desejo ver Tua forma senhorial, ó Supremo Espírito[3].

11.4 Se consideras possível, Senhor, que eu veja essa [forma Tua], revela-me [Teu] Si Mesmo imutável, ó Senhor do Yoga.

Disse o Senhor Bendito:

11.5 Ó filho-de-Prithā[4], contempla Minhas formas cêntuplas, milíplices, de variados tipos, divinas, multicoloridas e multiformes.

11.6 Contempla os Ādityas[5], os Vasus[6], os Rudras[7] e os Ashvins[8], como também os Maruts[9]. Contempla, ó descendente-de-Bharata, muitas maravilhas nunca antes vistas.

---

1. Sobre o termo *adhyātman*, ver a nota 41 em 3.30.

2. O primeiro verso dessa estrofe tem uma sílaba a mais. É fácil retificá-lo, substituindo *paramam* por *param*.

3. O epíteto Purushottama, aplicado a Krishna, é composto de *purusha* ("pessoa") e *uttama* ("suprema, inigualada"). É comumente traduzido por Suprema Pessoa ou, nesse caso, Supremo Espírito.

4. Sobre o epíteto filho-de-Prithā (Pārtha), ver a nota 18 em 1.25.

5. Sobre os Ādityas, ver a nota 15 em 10.21.

6. Sobre os Vasus, ver a nota 24 em 10.23.

7. Os onze Rudras ("Uivadores"), como os Maruts, habitam o espaço intermediário (*antariksha*), que é externamente a atmosfera e internamente o espaço mental. Simbolizam a força vital (*prāna*). Ver também a nota 21 em 10.23.

8. Os Ashvins são dois gêmeos divinos de cabeça de cavalo, os deuses padroeiros da cura e da agricultura na religião védica. São os precursores da aurora e costumam ser representados sentados numa carruagem dourada puxada por aves ou cavalos.

9. Sobre os Maruts, ver a nota 16 em 10.21.

इहैकस्थं जगत्कृत्स्नं पश्याद्य सचराचरम् ।
मम देहे गुडाकेश यच्चान्यद्द्रष्टुमिच्छसि ॥ ११—७ ॥
न तु मां शक्ष्यसे द्रष्टुमनेनैव स्वचक्षुषा ।
दिव्यं ददामि ते चक्षुः पश्य मे योगमैश्वरम् ॥ ११—८ ॥
संजय उवाच
एवमुक्त्वा ततो राजन्महायोगेश्वरो हरिः ।
दर्शयामास पार्थाय परमं रूपमैश्वरम् ॥ ११—९ ॥
अनेकवक्त्रनयनमनेकाद्भुतदर्शनम् ।
अनेकदिव्याभरधरं दिव्यानेकोद्यतायुधम् ॥ ११—१० ॥
दिव्यमाल्याम्बरधरं दिव्यगन्धानुलेपनम् ।
सर्वाश्चर्यमयं देवमनन्तं विश्वतोमुखम् ॥ ११—११ ॥
दिवि सूर्यसहस्रस्य भवेद्युगपदुत्थिता ।
यदि भाः सदृशी सा स्याद्भासस्तस्य महात्मनः ॥ ११—१२ ॥
तत्रैकस्थं जगत्कृत्स्नं प्रविभक्तमनेकधा ।
अपश्यद्देवदेवस्य शरीरे पाण्डवस्तदा ॥ ११—१३ ॥

7. ihaikastham jagat kṛtsnam paśyādya sacarācaram
    mama dehe guḍākeśa yac cānyad draṣṭum icchasi

8. na tu māṃ śakṣyase draṣṭum anenaiva svacakṣuṣā
    divyam dadāmi te cakṣuḥ paśya me yogam aiśvaram

    saṃjaya uvāca
9. evam uktvā tato rājan mahāyogeśvaro hariḥ
    darśayām āsa pārthāya paramaṃ rūpam aiśvaram

10. anekavaktranayanam anekādbhūtadarśanam
    anekadivyābharaṇam divyānekodyatāyudham

11. divyamālyāmbaradharam divyagandhānulepanam
    sarvāścaryamayaṃ devam anantaṃ viśvatomukham

12. divi sūryasahasrasya bhaved yugapad utthitā
    yadi bhāḥ sadṛśī sā syād bhāsas tasya mahātmanaḥ

13. tatraikasthaṃ jagat kṛtsnam pravibhaktam anekadhā
    apaśyad devadevasya śarīre pāṇḍavas tadā

11.7 Contempla agora, ó Gudākesha[10], o universo inteiro, [com todas as coisas] móveis e imóveis, repousando como uma unidade no Meu corpo; e [contempla] tudo o mais que desejares ver.

11.8 Não obstante, não poderás ver-Me com este teu olho [físico]. Dar-te-ei o olho divino. Contempla meu Yoga senhorial.

Samjaya disse [ao rei Dhritarāshtra]:

11.9 Tendo dito isso, ó rei, Hari, o grande Senhor do Yoga, revelou [Sua] suprema forma senhorial ao filho-de-Prithā.

11.10 [Sua forma tem] muitas bocas e muitos olhos, muitas aparências (*darshana*) maravilhosas, muitos adornos divinos, muitas divinas armas levantadas,

11.11 traja divinas roupas e guirlandas, é ungida de divinas fragrâncias, todo-maravilhosa. [Contempla] Deus, infinito [e] onipresente.

11.12 Se o esplendor de mil sóis surgisse de uma só vez no céu (*div*), seria semelhante ao esplendor daquele Grande Ser[11].

11.13 Então, o filho-de-Pāndu viu todo o multíplice universo repousando na Unidade, no corpo do Deus dos deuses.

---

10. Sobre o epíteto Gudākesha, ver a nota 17 em 1.24.

11. Esse versículo e o versículo 11.32 ganharam fama no Ocidente graças ao físico norte-americano J. Robert Oppenheimer, o "pai da bomba atômica", que estudou o *Gītā* em sânscrito quando jovem. Ele relatou que, ao ver a nuvem em forma de cogumelo quando do primeiro teste de uma arma nuclear, em 16 de julho de 1945, lembrou-se do verso "se o clarão de mil sóis explodisse de uma só vez no céu, seria semelhante ao esplendor do Poderoso" (11.10 na tradução de Swami Nikhilananda, 1944). Lembrou-se também do versículo 11.32, que naquela tradução dizia: "Agora me tornei a Morte, destruidora dos mundos."

ततः स विस्मयाविष्टो हृष्टरोमा धनंजयः ।
प्रणम्य प्राणम्या शिरसा कृताञ्जलिरबषत ॥ ११—१४ ॥

अर्जुन उवाच

पश्यामि देवांस्तव देव देहे
सर्वास्तथा भूतविशेषसंघान् ।
ब्रह्माणमीशं कमलासनस्थ‌
मृषींश्च सर्वानुरगांश्च दिव्यान् ॥ ११—१५ ॥

अनेकबाहूदरवक्त्रनेत्रं
पश्यामि त्वा सर्वतोऽनन्तरूपम् ।
नान्त न मध्यं न पुनस्तवादिं
पश्यामि विश्वेश्वर विश्वरूप ॥ ११—१६ ॥

किरीटिनं गदिनं चक्रिणं च
तेजोराशिं सर्वतो दीप्तिमन्तम् ।
पश्यामि त्वां दुर्निरीक्ष्यं समन्ता
द्दीप्तानलार्कद्युतिमप्रमेयम् ॥ ११—१७ ॥

त्वमक्षरं परमं वेदितव्यं
त्वमस्य विश्वस्य परं निधानम् ।
त्वमव्ययः शाश्वतधर्मगोप्ता
सनातनस्त्वं पुरुषो मतो मे ॥ ११—१८ ॥

14. tataḥ sa vismayāviṣṭo hṛṣṭaromā dhanaṃjayaḥ
    praṇamya śirasā devaṃ kṛtāñjalir abhāṣata

    arjuna uvāca

15. paśyāmi devāṃs tava deva dehe sarvāṃs tathā bhūtaviśeṣasaṃghān
    brahmāṇam īśaṃ kamalāsanastha mṛṣīṃś ca sarvān uragāṃś ca
    divyān

16. anekabāhūdaravaktranetraṃ paśyāmi tvāṃ sarvato'nantarūpam
    nāntaṃ na madhyaṃ na punas tavādiṃ paśyāmi viśveśvara viśvarūpa

17. kirīṭinaṃ gadinaṃ cakriṇaṃ ca tejorāśiṃ sarvato dīptimantam
    paśyāmi tvāṃ durnirīkṣyaṃ samantād dīptānalārkadyutim
    aprameyam

18. tvam akṣaraṃ paramaṃ veditavyaṃ tvam asya viśvasya paraṃ
    nidhānam
    tvam avyayaḥ śāśvatadharmagoptā sanātanas tvaṃ puruṣo mato me

11.14 Foi quando Dhanamjaya[12], cheio de espanto, de cabelos em pé, curvando a cabeça diante de Deus e saudando-o com o *anjali*[13], disse:

Arjuna disse:

11.15 Ó Deus, em Teu corpo contemplo as divindades e todas as espécies de seres, o Senhor Brahma sentado no trono de lótus[14] e todos os videntes e as divinas serpentes[15].

11.16 Em toda parte contemplo a Ti, de forma infinita, [com] muitos braços, ventres, bocas [e] olhos. Não vejo em Ti nenhum fim, nenhum meio, nem tampouco nenhum início, ó Senhor Universal, Omniforma![16]

11.17 Contemplo-Te [com] o diadema, a maça e o disco – uma massa luminosa rodeada de chamas. [Não obstante, és] difícil de ver completamente, [pois és] uma imensurável irradiação resplandecente de fogo solar.

11.18 Deves ser conhecido como o supremo Imperecível. És o supremo receptáculo de tudo isso. És o Imutável, o Guardião da lei eterna. És o Espírito perene. [Essa] é a minha convicção.

---

12. Sobre o epíteto Dhanamjaya, ver a nota 7 em 1.15.

13. *Anjali* é o gesto em que as palmas das mãos se unem e as duas mãos tocam a testa. Implica uma saudação respeitosa.

14. Segundo Shankara, o trono de lótus (*kamala-āsana*) de Brahma é o Monte Meru, o eixo do universo.

15. Esse e todos os versículos até o versículo 11.50 inclusive estão na cadência *trishtubh*.

16. A expressão "Omniforma" (*vishva-rupā*) refere-se ao aspecto cósmico ou universal de Krishna.

अनादिमध्यान्तमनन्तवीर्य
मनन्तबाहुं शशिसूर्यनेत्रम् ।
पश्यामि त्वा दीप्तहुताशवक्त्रं
स्वतेजसा विश्वमिदं तपन्तम् ॥ ११—१९ ॥
द्यावापृथिव्योरिदमन्तरं हि
व्याप्तं त्वयैकेन दिशश्च सर्वाः ।
दृष्ट्वाद्भुतं रूपमिदं तवोग्रं
लोकत्रयं प्रव्यथितं महात्मन् ॥ ११—२० ॥
अमी हि त्वा सुरसंघा विशन्ति
केचिद्भीताः प्राञ्जलयो गृणन्ति ।
स्वस्तीत्युक्त्वा महर्षिसिद्धसंघाः
स्तुवन्ति त्वा स्तुतिभिः पुष्कलाभिः ॥ ११—२१ ॥
रुद्रादित्या वसवो ये च साध्या
विश्वेऽश्विनौ मरुतश्चोष्मपाश्च ।
गन्धर्वयक्षासुरसिद्धसंघा
वीक्षन्ते त्वा विस्मिताश्चैव सर्वे ॥ ११—२२ ॥

19. anādimadhyāntam anantavīrya manantabāhuṃ śaśisūryanetram
    paśyāmi tvāṃ dīptahutāśavaktraṃ svatejasā viśvam idaṃ tapantam

20. dyāvāpṛthivyor idam antaraṃ hi vyāptaṃ tvayaikena diśaś ca sarvāḥ
    dṛṣṭvādbhutaṃ rūpam idaṃ tavograṃ lokatrayaṃ pravyathitaṃ
    mahātman

21. amī hi tvā surasaṃghā viśanti kecid bhītāḥ prāñjalayo gṛṇanti
    svastīty uktvā maharṣisiddhasaṃghāḥ stuvanti tvāṃ stutibhiḥ
    puṣkalābhiḥ

22. rudrādityā vasavo ye ca sādhyā viśve'śvinau marutaś coṣmapāś ca
    gandharvayakṣāsurasiddhasaṃghā vīkṣante tvā vismitāś caiva sarve

11.19 Sem princípio, [sem] meio, [sem] fim, de vitalidade infinita, [com] infinitos braços [e tendo] por olhos a Lua e o Sol: contemplo-Te – [Tuas] boca[s] flamejante[s] devoram [todas as coisas como se fossem] oblações, consumindo tudo isso com Teu próprio fulgor.

11.20 Por Ti somente este [espaço][17] entre o céu e a terra é penetrado, e [também] todas as quatro direções. Vendo esta Tua forma prodigiosa[18], terrível, o tríplice mundo estremece, ó Grande Ser.

11.21 Lá longe, estes exércitos de divindades entram em Ti. Algumas, aterrorizadas, saúdam[-Te] com o *anjali*. Bradando "Salve!", a multidão dos grandes videntes e dos perfeitos enaltece a Ti com abundantes hinos de louvor.

11.22 Rudras, Ādityas, Vasus e Sādhyas[19], os Vishve[-devas][20], os [dois] Ashvins, os Maruts e os bebedores de vapor[21], bem como os exércitos dos Gandharvas[22], dos Yakshas[23], dos Asuras[24] e dos perfeitos – todos [eles], estarrecidos, Te contemplam.

---

17. O espaço entre o céu (dos deuses) e a terra é chamado *antarīksha* ("[aquilo que é] visto no meio"), a "região intermediária".

18. A forma cósmica de Krishna parece prodigiosa a Arjuna porque dentro dela todas as coisas são vistas simultaneamente (*coincidentia oppositorum*). Ao mesmo tempo, essa visão cósmica é terrível, sem dúvida porque a Divindade também inclui em seu âmbito tudo o que amedronta os comuns mortais, especialmente a realidade do sofrimento e da morte [visto que todos os seres manifestos serão, cedo ou tarde, reabsorvidos na Realidade principial não manifesta – N.T.]. O encontro de Arjuna com Deus se expressa, assim, como um *mysterium tremendum et fascinosum* (expressão em latim cunhada pelo teólogo Rudolf Otto, que qualifica a experiência do sagrado como um "mistério assustador e fascinante").

19. Os Sādhyas, habitantes dos céus, são divindades ligadas ao Sol. Como sua designação sugere, são meios de realização para os que aspiram a alcançar o espírito solar.

20. Os dez ou treze Vishvedevas ("Deuses do Todo") são divindades associadas a princípios primariamente psicológicos, como a verdade (*satya*), a vontade (*kratu*), a agradabilidade (*rocaka*), a paciência (*dhriti*) e por aí afora.

21. Os "bebedores de vapor" (*ushma-pa*) são os espíritos dos antepassados (*pitri*), que se alimentariam do vapor que sobe das oferendas de alimentos. Fazer oferendas diárias a esses espíritos dos mortos é uma obrigação importante para os hindus piedosos.

22. Sobre os Gandharvas, ver a nota 33 em 10.26.

23. Sobre os Yakshas, ver a nota 22 em 10.23.

24. Os Asuras são os antideuses ou titãs. Ver a nota 47 em 10.30.

रूपं महत्ते बहुवक्त्रनेत्रं
महाबाहो बहुबाहूरुपादम् ।
बहूदरं बहुदंष्ट्राकरालं
दृष्ट्वा लोकाः प्रव्यथितास्तथाहम् ॥ ११—२३ ॥

नभःस्पृशं दीप्तमनेकवर्ण
व्यात्ताननं दीप्तविशालनेत्रम् ।
दृष्ट्वा हि त्वां प्रव्यथितान्तरात्मा
धृतिं न विन्दामि शमं च विष्णो ॥ ११—२४ ॥

दंष्ट्राकरालानि च ते मुखानि
दृष्ट्वैव कालानलसंनिभानि ।
दिशो न जाने न लभे च शर्म
प्रसीद देवेश जगन्निवास ॥ ११—२५ ॥

अमी च त्वां धृतराष्ट्रस्य पुत्राः
सर्वे सहैवावनिपालसंघैः ।
भीष्मो द्रोणः सूतपुत्रस्तथासौ
सहास्मदीयैरपि योधमुख्यैः ॥ ११—२६ ॥

23. rūpam mahat te bahuvaktranetram
    mahābāho bahubāhūrupādam
    bahūdaram bahudaṃṣṭrākarālam
    dṛṣṭvā lokāḥ pravyathitās tathāham

24. nabhaḥspṛśam dīptam anekavarṇam
    vyāttānanam dīptaviśālanetram
    dṛṣṭvā hi tvām pravyathitāntarātmā
    dhṛtim na vindāmi śamam ca viṣṇo

25. daṃṣṭrākarālāni ca te mukhāni
    dṛṣṭvaiva kālānalasaṃnibhāni
    diśo na jāne na labhe ca śarma
    prasīda deveśa jagannivāsa

26. amī ca tvām dhṛtarāṣṭrasya putrāḥ
    sarve sahaivāvanipālasaṃghaiḥ
    bhīṣmo droṇaḥ sūtaputras tathāsau
    sahāsmadīyair api yodhamukhyaiḥ

11.23 Contemplando [essa] grande forma Tua, [com suas] muitas bocas e muitos olhos, ó [Krishna] dos braços fortes, [seus] muitos braços, suas coxas, seus pés, [seus] muitos abdomes, [suas] muitas presas formidáveis – estremecem os mundos e também eu estremeço.

11.24 Tocando o firmamento-do-mundo[25], chamejando em muitas cores, [com] bocas abertas e imensos olhos flamejantes – contemplando-Te [assim, meu] eu mais íntimo[26] trepida e não encontro nem fortaleza nem tranquilidade, ó Vishnu.

11.25 E vendo Tuas [muitas] bocas [crivadas de] formidáveis presas semelhantes ao fogo [do fim] dos tempos, não sei para onde me voltar[27] e não encontro abrigo. Concede[-me] Tua graça, ó Senhor dos deuses, ó Morada do universo!

11.26 E todos estes filhos-de-Dhritarāshtra, juntamente com os exércitos dos protetores da Terra – Bhīshma, Drona, bem como o filho do cocheiro [ou seja, Karna] e nossos principais guerreiros –,

---

25. Rāmānuja dá uma explicação detalhada do termo *nabhas*, traduzido aqui por "firmamento-do-mundo": equipara--o ao "espaço" transcendental do Ser Supremo, além do fundamento-universal. Isso é duvidoso, porém, pois a visão cósmica de Arjuna é necessariamente relacionada ao Cosmo. A Realidade transcendente não tem forma e está "além das três qualidades-primárias" (*trigunātīta*), sendo, portanto, totalmente despida de quaisquer atributos (*nirguna*). [Por outro lado, o texto não diz que a forma divina de Krishna "é" *nabhas*, mas sim que "toca" ou "tangencia" essa realidade, o que é aceitável. (N.T.)]

26. O termo *antarātman*, traduzido aqui por "eu mais íntimo", refere-se ao aspecto mais profundo da personalidade humana. Não é equivalente ao Si Mesmo transcendente, como quer Zaehner (1966). Para Shankara e Rāmānuja, está claro que significa a mente. Provavelmente é um sinônimo de *buddhi* (ver nota 24 em 6.47).

27. O texto sânscrito diz *disho na jāne*, literalmente "não conheço as quatro direções [do espaço]".

वक्त्राणि ते त्वरमाणा विशन्ति
दंष्ट्राकरालानि भयानकानि ।
केचिद्विलग्ना दशनान्तरेषु
संदृश्यन्ते चूर्णितैरुत्तमाङ्गैः ॥ ११—२७ ॥

« नानारूपैः पुरुषैर्वध्यमना
विशन्ति ते वक्त्रमचिन्त्यरूपम् ।
यौधिष्ठिरा धार्तराष्ट्राश्च योधाः
शास्त्रैः कृत्ता विविधैः सर्वैव ।
त्वत्तेजसा निहता नूनमेते
तथा हीमे त्वच्छरीरं प्रविष्टाः ॥»

यथा नदीनां बहवोऽम्बुवेगाः
समुद्रमेवाभिमुखा द्रवन्ति ।
तथा तवामी नरलोकवीरा
विशन्ति वक्त्राण्यभिविज्वलन्ति ॥ ११—२८ ॥
यथा प्रदीप्तं ज्वलनं पतङ्गा
विशन्ति नाशाय समृद्धवेगाः ।
तथैव नाशाय विशन्ति लोका
स्तवापि वक्त्राणि समृद्धवेगाः ॥ ११—२९ ॥

27. vaktrāṇi te tvaramāṇā viśanti daṃṣṭrākarālāni bhayānakāni
kecid vilagnā daśanāntareṣu saṃdṛśyante cūrṇitair uttamāṅgaiḥ

nānārūpaiḥ puruṣairvadhyamānā viśanti te vaktram acintyarūpam
yaudhiṣṭhirā dhārtarāṣṭrāś ca yodhāḥ śāstraiḥ kṛttā vividhaiḥ sarvaiva
tvat tejasā nighatā nūnam ete tathā hīme tvacchārīraṃ praviṣṭaḥ »

28. yathā nadīnāṃ bahavo'mbuvegāḥ samudram evābhimukhā dravanti
tathā tavāmī naralokavīrā viśanti vaktrāṇy abhivijvalanti

29. yathā pradīptaṃ jvalanaṃ pataṅgā viśanti nāśāya samṛddhavegāḥ
tathaiva nāśāya viśanti lokā stavāpi vakrāṇi samṛddhavegāḥ

11.27 entram velozmente em Tuas bocas dotadas de presas formidáveis,
que instilam o medo. Alguns são vistos com as cabeças pulverizadas
aparecendo em meio aos [Teus] dentes.

«Mortos por várias espécies de homens, eles entram em Tua[s] boca[s]
de inconcebível forma – todos os guerreiros seguidores de Yudhishthira
e os seguidores de Dhritarāshtra são abatidos por diversas armas e
inapelavelmente aniquilados por Teu esplendor: assim, estes [homens]
entram agora no Teu corpo.»[28]

11.28 Assim como muitos rios e torrentes de água despejam-se diretamente
no oceano, assim também esses heróis do mundo dos homens entram
em Tuas bocas flamejantes.

11.29 Assim como as mariposas, em encorpadas fileiras, caem numa chama
de fogo e são destruídas, assim também os mundos, em encorpadas
fileiras, entram em Tuas bocas e são destruídos.

---

28. Esse versículo adicional não se encontra na cadência *trishtubh* como todo o restante dessa passagem, o que indica tratar-se de uma interpolação.

लेलिह्यसे ग्रसमानः समन्ता
ल्लोकान्समग्रान्वदनैर्ज्वलद्भिः ।
तेजोभिरापूर्य जगत्समग्रं
भासस्तवोग्राः प्रतपन्ति विष्णो ॥ ११—३० ॥

अख्याहि मे को भवानुग्ररूपो
नमोऽस्तु ते देववर प्रसीद ।
विज्ञातुमिच्छामि भवन्तमाद्यं
न हि प्रजानामि तव प्रवृत्तिम् ॥ ११—३१ ॥

श्रीभगवानुवाच
कालोऽस्मि लोकक्षयकृत्प्रवृद्धो
लोकान्समाहर्तुमिह प्रवृत्तः ।
ऋतेऽपि त्वा न भविष्यन्ति सर्वे
येऽवस्थिताः प्रत्यनीकेषु योधाः ॥ ११—३२ ॥

तस्मात्त्वमुत्तिष्ठ यशो लभस्व
जित्वा शत्रून्भुङ्क्ष्व राज्यं समृद्धम् ।
मयैवैते निहताः पूर्वमेव
निमित्तमात्रं भव सव्यसाचिन् ॥ ११—३३ ॥

30. lelihyase grasamānaḥ samantāl lokān samagrān vadanair jvaladbhiḥ
    tejobhir āpūrya jagat samagraṃ bhāsas tavogrāḥ pratapanti viṣṇo

31. ākhyāhi me ko bhavān ugrarūpo namo'stu te devavara prasīda
    vijñātum icchāmi bhavantam ādyaṃ na hi prajānāmi tava pravṛttim

    śrībhagavān uvāca

32. kālo'smi lokakṣayakṛt pravṛddho lokān samāhartum iha pravṛttaḥ
    ṛte'pi tvā na bhaviṣyanti sarve ye'vasthitāḥ pratyanīkeṣu yodhāḥ

33. tasmāt tvām uttiṣṭha yaśo labhasva jitvā śatrūn bhuṅkṣva rājyaṃ samṛddham
    mayaivaite nihatāḥ pūrvam eva nimittamātraṃ bhava savyasācin

11.30 Com bocas flamejantes, consomes e devoras por inteiro todos os mundos. Preenchendo o universo todo com [Teu] clarão, Teus raios terríveis [a tudo] abrasam, ó Vishnu.

11.31 Diz-me quem és, ó Tu de forma terrível. Saudações a Ti! Ó Melhor dos deuses, tem piedade! Quero conhecer-Te [como eras] no princípio, pois não compreendo Tua [divina] criatividade.

Disse o Senhor Bendito:

11.32 Sou o tempo, poderoso autor da destruição do mundo, dedicado aqui a aniquilar os mundos. De todos estes guerreiros enfileirados nos exércitos antagônicos, Tu somente estarás [vivo após esta batalha].

11.33 Portanto levanta-te [e] conquista a glória! Subjugando os inimigos, goza de um próspero reinado! Em verdade, [todos] eles já foram mortos por Mim. Sê [Meu] mero instrumento, ó Savyasācin![29]

---

29. O epíteto Savyasācin ("hábil com a esquerda") refere-se à excepcional habilidade com que Arjuna, ambidestro, manejava o arco.

द्रोणं च भीष्मं च जयद्रथं च
कर्णं तथान्यानपि योधवीरान् ।
मया हतांस्त्वं जहि मा व्यथिष्ठा
युध्यस्व जेतासि रणे सपत्नान् ॥ ११—३४ ॥
संजय उवाच
एतच्छुत्वा वचनं केशवस्य
कृताञ्जलिर्वेपमानः किरीटी ।
नमस्कृत्वा भूय एवाह कृष्णं
सगद्गदं भीतभीतः प्रणम्य ॥ ११—३५ ॥
अर्जुन उवाच
स्थाने हृषीकेश तव प्रकीर्त्या
जगत्प्रहृष्यत्यनुरज्यते च ।
रक्षांसि भीतानि दिशो द्रवन्ति
सर्वे नमस्यन्ति च सिद्धसंघाः ॥ ११—३६ ॥

34. droṇaṃ ca bhīṣmaṃ ca jayadrathaṃ ca karṇaṃ tathānyān api
    yodhavīrān
    mayā hatāṃs tvaṃ jahi mā vyathiṣṭhā yudhyasva jetāsi raṇe sapatnān

       saṃjaya uvāca
35. etac chrutvā vacanaṃ keśavasya kṛtāñjalir vepamānaḥ kirīṭī
    namaskṛtvā bhūya evāha kṛṣṇaṃ sagadgadaṃ bhītabhītaḥ praṇamya

       arjuna uvāca
36. sthāne hṛṣīkeśa tava prakīrtyā jagat prahṛṣyaty anurajyate ca
    rakṣāṃsi bhītāni diśo dravanti sarve namasyanti ca siddhasaṃghāḥ

11.34 Drona[30], Bhīshma[31], Jayadratha[32] e Karna[33], bem como [todos] os demais guerreiros heróis, [já] estão mortos por Mim. Deves abatê[-los]! Não hesites. Luta! Vencerás [teus] rivais na batalha.

Samjaya disse:

11.35 Ouvindo essas palavras de Keshava[34], Kirītin[35], saudando-o com o *anjali*, trepidando, saudando-o novamente e curvando-se, assustado ao extremo, disse a Krishna com [voz] vacilante:

Arjuna disse:

11.36 Com razão, ó Hrishīkesha[36], o universo se regozija e é arrebatado pelo Teu louvor. Os Rākshasas[37] fogem aterrorizados em [todas as] direções e todos os exércitos dos perfeitos [Te] saúdam.

---

30. Drona ("Tina"), mencionado nos primeiros capítulos do *Gītā*, tinha sido instrutor militar tanto dos Kauravas quanto dos Pāndavas, mas optou por lutar ao lado dos primeiros.

31. Sobre Bhīshma, ver a Parte Um, capítulo 3, "Os Personagens do *Gītā*", e a nota 14 em 1.17.

32. Jayadratha, rei de Sindhu, lutou ao lado dos Kauravas. Havia se comportado de maneira ignominiosa para com Draupadī, a esposa comum dos cinco irmãos Pāndavas.

33. Karna ("Orelha"), formidável guerreiro dos Kauravas, era meio-irmão de Arjuna.

34. Sobre o epíteto Keshava, ver a nota 21 em 1.31.

35. O epíteto Kirītin significa "[Aquele que Usa um] Diadema", ou seja, aquele que foi coroado como príncipe dos Pāndavas.

36. Sobre o epíteto Hrishīkesha, ver a nota 5 em 1.15.

37. Sobre os Rākshasas, ver a nota 23 em 10.23.

कस्माच्च ते न नमेरन्महात्म
न्गरीयसे ब्रह्मणोऽप्यादिकर्त्रे ।
अनन्त देवेश जगन्निवास
त्वमक्षरं सदसत्तत्परं यत् ॥ ११—३७ ॥

त्वमादिदेवः पुरुषः पुराण
स्त्वमस्य विश्वस्य परं निधानम् ।
वेत्तासि वेद्यं च परं च धाम
त्वया ततं विश्वमनन्तरूप ॥ ११—३८ ॥

वायुर्यमोऽग्निर्वरुणः शशाङ्कः
प्रजापतिस्त्वं प्रपितामहश्च ।
नमो नमस्तेऽस्तु सहस्रकृत्वः
पुनश्च भूयोऽपि नमो नमस्ते ॥ ११—३९ ॥

नमः पुरस्तादथ पृष्ठतस्ते
नमोऽस्तु ते सर्वत एव सर्व ।
अनन्तवीर्यामितविक्रमस्त्वं
सर्वं समाप्नोषि ततोऽसि सर्वः ॥ ११—४० ॥

37. kasmāc ca te na nameran mahātman garīyase brahmaṇo'py ādikartre
ananta deveśa jagannivāsa tvam akṣaraṃ sad asat tatparaṃ yat

38. tvam ādidevaḥ puruṣaḥ purāṇas tvam asya viśvasya paraṃ nidhānam
vettāsi vedyaṃ ca paraṃ ca dhāma tvayā tataṃ viśvam anantarūpa

39. vāyur yamo'gnir varuṇaḥ śaśāṅkaḥ prajāpatis tvaṃ prapitāmahaś ca
namo namas te'stu sahasrakṛtvaḥ punaś ca bhūyo'pi namo namas te

40. namaḥ purastād atha pṛṣṭhatas te namo'stu te sarvata eva sarva
anantavīryāmitavikramas tvaṃ sarvaṃ samāpnoṣi tato'si sarvaḥ

11.37 E por que não [Te] saudariam, ó Grande Ser, [pois que és] ainda maior que Brahma, o criador primordial? Ó Infinito Senhor dos deuses, ó Morada do universo, és o Imperecível, o ser e o não ser e o que está além disso.

11.38 És o Deus Primordial, o Espírito (*purusha*) antigo. És o supremo receptáculo de tudo isto. És o conhecedor, o conhecido e a morada suprema. Por Ti tudo isto é distribuído, ó forma infinita!

11.39 És Vāyu[38], Yama[39], Agni[40], Varuna[41], a Lua e Prajāpati[42], o bisavô paterno. Saudações, mil vezes saudações a Ti; e mais uma vez, e mais uma, saudações, saudações a Ti!

11.40 Saudações a Ti pela frente e por trás! Saudações a Ti de todos os lados, ó Tudo! Tens vitalidade infinita [e] poder imensurável. Completas tudo, logo és tudo.

---

38. Vāyu é o Deus do Vento.
39. Yama é o Deus da Morte.
40. Agni é o Deus do Fogo, a principal divindade da era védica.
41. Varuna é o Deus das Águas. Ver a nota 43 em 10.29.
42. Prajāpati, o "Senhor das Criaturas", é o primeiríssimo criador, superior até ao deus criador Brahma.

सखेति मत्वा प्रसभं यदुक्तं
हे कृष्ण हे यादव हे सखेति ।
अजानता महिमानं तवेदं
मया प्रमादात्प्रणयेन वापि ॥ ११—४१ ॥

यच्चावहासार्थमसत्कृतोऽसि
विहारशय्यासनभोजनेषु ।
एकोऽथ वाप्यच्युत तत्समक्षं
तत्क्षामये त्वामहमप्रमेयम् ॥ ११—४२ ॥

पितासि लोकस्य चराचरस्य
त्वमस्य पूज्यश्च गुरुर्गरीयान् ।
न त्वत्समोऽस्त्यभ्यधिकः कुतोऽन्यो
लोकत्रयेऽप्यप्रतिमप्रभाव ॥ ११—४३ ॥

तस्मात्प्रणम्य प्रणिधाय कायं
प्रसादये त्वामहमीशमीड्यम् ।
पितेव पुत्रस्य सखेव सख्युः
प्रियः प्रियायार्हसि देव सोढुम् ॥ ११—४४ ॥

41. sakheti matvā prasabhaṃ yad uktaṃ he kṛṣṇa he yādava he sakheti
ajānatā mahimānaṃ tavedaṃ mayā pramādāt praṇayena vāpi

42. yac cāvahāsārtham asatkṛto'si vihāraśayyāsanabhojaneṣu
eko'tha vāpy acyuta tatsamakṣaṃ tat kṣāmaye tvām aham aprameyam

43. pitāsi lokasya carācarasya tvam asya pūjyaś ca gurur garīyān
na tvatsamo'sty abhyadhikaḥ kuto'nyo lokatraye'py apratimaprabhāva

44. tasmāt praṇamya praṇidhāya kāyaṃ prasādaye tvām aham īśam īḍyam
piteva putrasya sakheva sakhyuḥ priyaḥ priyāyārhasi deva soḍhum

11.41 Se [eu], ignorante da Tua majestade, por inadvertência ou talvez por afeto, pensando temerariamente [que és meu] amigo, disse [sem a devida reverência] "Olá, Krishna! Olá, Yādava![43] Olá, amigo!"[44],

11.42 e se, zombando, [demonstrei] desrespeito para Contigo [quando estávamos] divertindo[-nos], repousando, sentados ou comendo, [quer] sozinhos, quer na presença [de outrem] – [por tudo] isso Te peço perdão, ó Acyuta[45], [Tu que és] insondável!

11.43 És o pai do mundo, [com todas as coisas] móveis e imóveis. És o digno de adoração e o venerabilíssimo mestre. Ninguém é igual a Ti – como [poderia haver] algo maior no tríplice mundo, ó poder inigualável?

11.44 Portanto, curvando e inclinando-humildemente o corpo, peço Tua indulgência, ó Senhor digno de louvor. Deves suportar[-me], ó Deus, como o pai ao filho, o amigo ao amigo e o amante ao amado.

---

43. O epíteto Yādava significa "Descendente de Yadu". Yadu foi um grande rei da dinastia solar a que Krishna pertencia. No nível humano, Krishna era um rei da dinastia Yadu. Sua linhagem vinha do deus Brahma e passava por Atri, Candra, Budha, Purūravas, Āyus, Nahusha, Yayāti e Kuru.

44. As estrofes 11.41-44 estão na cadência *trishtubh*.

45. Sobre o epíteto Acyuta, ver a nota 16 em 1.21.

«दिव्यानि कर्माणि तवाद्भुतानि
पूर्वाणि पूर्वेऽप्यृषयः स्मरन्ति ।
नान्योऽस्ति कर्ता जगतस्त्वमेको
धाता विधाता च विभुर्भवश्च ॥
तवाद्भुतं किं नु भवेदसह्यं
किं वाशक्यं परतः कीर्तयिष्ये ।
कर्तासि सर्वस्य यतः स्वयं वै
विभो ततः सर्वमिदं त्वमेव ॥
अत्यद्भुतं कर्म न दुष्करं ते
कर्मोपमानं न हि विद्यते ते ।
न ते गुणानां परिमाणमस्ति
न तेजसो नापि बलस्य नर्द्धेः ॥»

अदृष्टपूर्व हृषितोऽस्मि दृष्ट्वा
भयेन च प्रव्यथितं मनो मे ।
तदेव मे दर्शय देव रूपं
प्रसीद देवेश जगन्निवास ॥ ११—४५ ॥
किरीटिनं गदिनं चक्रहस्त
मिच्छामि त्वां द्रष्टुमहं तथैव ।
तेनैव रूपेण चतुर्भुजेन
सहस्रबाहो भव विश्वमूर्ते ॥ ११—४६ ॥

«divyāni karmāṇi tavādbhūtāni pūrvāṇi pūrve'py ṛṣayaḥ smaranti
nānyo'sti kartā jagatas tvam eko dhātā vidhātā ca vibhur bhavaś ca
tavādbhūtaṃ kiṃ nu bhaved asahyaṃ kiṃ vāśakyaṃ parataḥ
kīrtayiṣye
kartāsi sarvasya yataḥ svayaṃ vai vibho tataḥ sarvam idaṃ tvameva
atyadbhutaṃ karma na duṣkaraṃ te karmopamānaṃ na hi vidyate te
na te guṇānāṃ parimāṇam asti na tejaso nāpi balasya narddheḥ »

45. adṛṣṭapūrvaṃ hṛṣito'smi dṛṣṭvā bhayena ca pravyathitaṃ mano me
    tad eva me darśaya deva rūpaṃ prasīda deveśa jagannivāsa
46. kirīṭinaṃ gadinaṃ cakrahastam icchāmi tvāṃ draṣṭum ahaṃ tathaiva
    tenaiva rūpeṇa caturbhujena sahasrabāho bhava viśvamūrte

«Os videntes de outrora recordam Teus antigos atos divinos e prodigiosos. Não há outro criador do universo. És o único originador providente, onipotente e vindo-a-ser [ou seja, o universo em seu desdobramento].

Com efeito, que prodígio seria impossível para Ti? Ou que outro [prodígio] poderia eu enaltecer [que] fosse impossível [para Ti]? Visto que Tu Mesmo és o criador de tudo, ó Onipotente, és em verdade tudo isso.

Nenhum ato, [por] prodigioso [que seja], é difícil para Ti; Teus feitos não têm igual. Tuas qualidades não têm medida, nem tampouco [Teu] fulgor, [Tua] força, [Tua] prosperidade.»[46]

11.45 Emociono-me por ter visto [o que] jamais fora visto antes, mas minha mente está afligida pelo medo. [Portanto,] ó Deus, mostra-me de novo aquela [Tua] forma [humana]. Concede[-me] Tua graça, ó Senhor dos deuses, ó Morada do universo![47]

11.46 Quero ver-Te como [eras antes], [com Tua] coroa, [portando] nas mãos a maça e o disco. Assume [de novo] aquela forma de quatro braços, ó Omniforma de mil braços!

---

46. Esse trecho extra é encontrado em alguns manuscritos usados por Belvalkar e só é apresentado aqui para que o leitor tenha uma noção do tipo de elaboração possível para qualquer texto sânscrito tradicional.

47. Essa estrofe e a seguinte estão na cadência *trishtubh*.

श्रीभगवानुवाच

मया प्रसन्नेन तवार्जुनेदं
रूपं परं दर्शितमात्मयोगात् ।
तेजोमयं विश्वमनन्तमाद्यं
यन्मे त्वदन्येन न दृष्टपूर्वम् ॥ ११—४७ ॥

न वेदयज्ञाध्ययनैर्न दानै-
र्न च क्रियाभिर्न तपोभिरुग्रैः ।
एवंरूपः शक्य अहं नृलोके
द्रष्टुं त्वदन्येन कुरुप्रवीर ॥ ११—४८ ॥

मा ते व्यथा मा च विमूढभावो
दृष्ट्वा रूपं घोरमीदृङ्ममेदम् ।
व्यपेतभीः प्रीतमनाः पुनस्त्वं
तदेव मे रूपमिदं प्रपश्य ॥ ११—४९ ॥

संजय उवाच

इत्यर्जुनं वासुदेवस्तथोक्त्वा
स्वकं रूपं दर्शयामास भूयः ।
आश्वासयामास च भीतमेनं
भूत्वा पुनः सौम्यवपुर्महात्मा ॥ ११—५० ॥

śrībhagavān uvāca

47. mayā prasannena tavārjunedaṃ rūpaṃ paraṃ darśitam ātmayogāt
tejomayaṃ viśvam anantam ādyaṃ yan me tvadanyena na
dṛṣṭapūrvam

48. na vedayajñādhyayanair na dānair na ca kriyābhir na tapobhir ugraiḥ
evaṃrūpaḥ śakya ahaṃ nṛloke draṣṭuṃ tvadanyena kurupravīra

49. mā te vyathā mā ca vimūḍhabhāvo dṛṣṭvā rūpaṃ ghoram īdṛṅ
mamedam
vyapetabhīḥ prītamanāḥ punas tvaṃ tad eva me rūpam idaṃ
prapaśya

saṃjaya uvāca

50. ity arjunaṃ vāsudevas tathoktvā svakaṃ rūpaṃ darśayām āsa bhūyaḥ
āśvāsayām āsa ca bhītam enaṃ bhūtvā punaḥ saumya vapur mahātmā

Disse o Senhor Bendito:

11.47 Por Minha bondade para contigo, ó Arjuna, revelei[-te] esta forma suprema mediante [Meu] próprio Yoga – esta [forma] Minha fulgurante, total, infinita e primordial, que antes não fora vista por ninguém [a não ser] tu[48].

11.48 Nem pelos Vedas, nem pelos sacrifícios, nem pelo estudo, nem pela caridade, nem pelos ritos, nem por rigorosas asceses posso ser visto nesta forma no mundo dos homens por ninguém [a não ser] tu, ó Kurupravīra![49]

11.49 Tu não [deves] tremer. Não [sucumbas] à perplexidade ao ver esta horripilante forma Minha. Liberto de [todo] o medo, com a mente em júbilo, contempla de novo esta Minha forma [física familiar], a mesma [que conheces tão bem].

Samjaya disse:

11.50 Tendo assim falado a Arjuna, Vāsudeva[50] revelou novamente [Sua] própria forma [humana]; e, assumindo de novo [Seu] agradável corpo [humano], o Grande Ser confortou o aterrorizado [Arjuna].

---

48. As estrofes 11.47-50 estão na cadência *trishtubh*.
49. O epíteto Kurupravīra significa "Herói dos Kurus".
50. Sobre o epíteto Vāsudeva, ver a nota 58 em 10.37.

अर्जुन उवाच

दृष्ट्वेदं मानुषं रूपं तव सौम्यं जनार्दन ।

इदानीमस्मि संवृत्तः सचेताः प्रकृतिं गतः ॥ ११—५१ ॥

श्रीभगवान उवाच

सुदुर्दर्शमिदं रूपं दृष्टवानसि यन्मम ।

देवाप्यस्य रूपस्य नित्यं दर्शनकाङ्क्षिणः ॥ ११—५२ ॥

नाहं वेदैर्न तपसा न दानेन न चेज्यया ।

शक्य एवंविधो द्रष्टुं दृष्टवानसि मां यथा ॥ ११—५३ ॥

भक्त्या त्वनन्यया शक्याहमेवंविधोऽर्जुन ।

ज्ञातुं द्रष्टुं च तत्त्वेन प्रवेष्टुं च परंतप ॥ ११—५४ ॥

मत्कर्मकृन्मत्परमो मद्भक्तः सङ्गवर्जितः ।

निर्वैरः सर्वभूतेषु यः स मामेति पाण्डव ॥ ११—५५ ॥

arjuna uvāca
51. dṛṣṭvedaṃ mānuṣaṃ rūpaṃ tava saumyaṃ janārdana
    idānīm asmi saṃvṛttaḥ sacetāḥ prakṛtiṃ gataḥ

śrībhagavān uvāca
52. sudurdarśam idaṃ rūpaṃ dṛṣṭavān asi yan mama
    devā apy asya rūpasya nityaṃ darśanakāṅkṣiṇaḥ

53. nāhaṃ vedair na tapasā na dānena na cejyayā
    śakya evaṃvidho draṣṭuṃ dṛṣṭavān asi māṃ yathā

54. bhaktyā tv ananyayā śakya aham evaṃvidho'rjuna
    jñātuṃ draṣṭuṃ ca tattvena praveṣṭuṃ ca paraṃtapa

55. matkarmakṛn matparamo madbhaktaḥ saṅgavarjitaḥ
    nirvairaḥ sarvabhūteṣu yaḥ sa mām eti pāṇḍava

Arjuna disse:

11.51 Contemplando [de novo] essa Tua agradável forma humana, ó Janārdana[51], recupero agora [um estado em que minha] consciência volta [à sua] natureza [normal][52].

Disse o Senhor Bendito:

11.52 Essa forma Minha, que viste, é muito difícil de ver. As próprias divindades sempre anseiam por um vislumbre dessa forma.

11.53 No aspecto em que Me viste, não posso ser visto nem por [meio dos] Vedas, nem pela ascese, nem pela caridade, nem pelos sacrifícios.

11.54 Mas pela devoção [dirigida] a nenhum outro, ó Arjuna, posso ser conhecido nesse aspecto; [posso] ser visto e, em verdade, penetrado, ó Paramtapa[53].

11.55 Aquele que cumpre Minha obra, [tendo-]Me [como intenção] suprema; [aquele que é] Meu devoto, abandonou [todo] o apego [e é] livre da inimizade para com todos os seres – ele vem a Mim, ó filho-de-Pāndu.

---

51. Sobre o epíteto Janārdana, ver a nota 25 em 1.36.
52. Nessa estrofe retoma-se a cadência *shloka*.
53. Sobre o epíteto Paramtapa, ver a nota 5 em 2.3.

अर्जुन उवाच

एवं सततयुक्ता ये भक्तास्त्वां पर्युपासते ।
ये चाप्यक्षरमव्यक्तं तेषां के योगवित्तमाः ॥ १२—१ ॥

श्रीभगवानुवाच

मय्यावेश्य मनो ये मां नित्ययुक्ता उपासते ।
श्रद्धया परयोपेतास्ते मे युक्ततमा मताः ॥ १२—२ ॥

ये त्वक्षरमनिर्देश्यमव्यक्तं पर्युपासते ।
सर्वत्रगमचिन्त्यं च कूटस्थमचलं ध्रुवम् ॥ १२—३ ॥

संनियम्येन्द्रियग्रामं सर्वत्र समबुद्धयः ।
ते प्राप्नुवन्ति मामेव सर्वभूतहिते रताः ॥ १२—४ ॥

क्लेशोऽधिकतरस्तेषामव्यक्तासक्तचेतसाम् ।
अव्यक्ता हि गतिर्दुःखं देहवद्भिरवाप्यते ॥ १२—५ ॥

ये तु सर्वाणि कर्माणि मयि संन्यस्य मत्पराः ।
अनन्येनैव योगेन मां ध्यायन्ता उपासते ॥ १२—६ ॥

arjuna uvāca

1. evaṃ satatayuktā ye bhaktās tvāṃ paryupāsate
   ye cāpy akṣaram avyaktaṃ teṣāṃ ke yogavittamāḥ
   śrībhagavān uvāca

2. mayy āveśya mano ye māṃ nityayuktā upāsate
   śraddhayā parayopetās te me yuktatamā matāḥ

3. ye tv akṣaram anirdeśyam avyaktaṃ paryupāsate
   sarvatragam acintyaṃ ca kūṭastham acalaṃ dhruvam

4. saṃniyamyendriyagrāmaṃ sarvatra samabuddhayaḥ
   te prāpnuvanti mām eva sarvabhūtahite ratāḥ

5. kleśo'dhikataras teṣām avyaktāsaktacetasām
   avyaktā hi gatir duḥkhaṃ dehavadbhir avāpyate

6. ye tu sarvāṇi karmāṇi mayi saṃnyasya matparāḥ
   ananyenaiva yogena māṃ dhyāyanta upāsate

CAPÍTULO 12
O Yoga da Devoção

Arjuna disse:

12.1 Os devotos que, desse modo, encontram-se sempre jungidos [e] Te adoram, ou [os] que adoram o Não Manifesto Imperecível – quais deles são os melhores conhecedores do Yoga?

Disse o Senhor Bendito:

12.2 Considero mais jungidos aqueles que, fixando a mente em Mim, adoram-Me sempre jungidos e dotados de suprema fé.

12.3 Mas [os] que adoram o Não Manifesto imperecível, indefinível, onipresente, inconcebível, situado nos cimos[1], imóvel [e] firme,

12.4 [e que,] contendo os exércitos dos sentidos, [mantêm] sua faculdade--da-sabedoria [sempre] igual em todas as coisas [e] se regozijam no bem de todos os seres – eles, em verdade, chegam a Mim.

12.5 [Muito] maior é a luta[2] daqueles [cuja] mente está ligada ao Não Manifesto. Pois o Não Manifesto [só] é alcançado pelos [seres] incorporados [ao cabo de] uma via atribulada[3].

12.6 Mas aqueles que renunciam a todas as ações em Mim, atentos a Mim – [estes Me] adoram contemplando-Me através do Yoga, [e por] nenhum outro [meio][4].

---

1. A expressão *kūtastha* (de *kūta*, "pico, cume, cimo", e *stha* "situado, firmado") significa literalmente "residente no cume" e é frequentemente traduzida por "imutável", embora Hill (1928/1966) prefira "Inabalavelmente Exaltado".

2. O texto em sânscrito diz *klesha*, que significa "aflição". Aqui optamos por "luta".

3. A expressão *avyaktā hi gatir duhkham* também pode ser traduzida como "pois o Não manifesto [é um] objetivo difícil".

4. Sargeant (1984) traduz *ananyenaiva yogena* como "por meio de um Yoga sem distrações", enquanto Hill (1928/1966) sugere "com indiviso controle".

तेषामहं समुद्धर्ता मृत्युसंसारसागरात् ।
भवामि नचिरात्पार्थ मय्यावेशितचेतसाम् ॥ १२—७ ॥

मय्येव मन आधत्स्व मयि बुद्धिं निवेशय ।
निवसिष्यसि मय्येव अत ऊर्ध्वं न संशयः ॥ १२—८ ॥

अथ चित्तं समाधातुं न शक्नोषि मयि स्थिरम् ।
अभ्यासयोगेन ततो मामिच्छाप्तुं धनंजय ॥ १२—९ ॥

अभ्यासेऽप्यसमर्थोऽसि मत्कर्मपरमो भव ।
मदर्थमपि कर्माणि कुर्वन्सिद्धिमवाप्स्यसि ॥ १२—१० ॥

अथैतदप्यशक्तोऽसि कर्तुं मद्योगमाश्रितः ।
सर्वकर्मफलत्यागं ततः कुरु यतात्मवान् ॥ १२—११ ॥

श्रेयो हि ज्ञानमभ्यासाज्ज्ञानाद्ध्यानं विशिष्यते ।
ध्यानात्कर्मफलत्यागस्त्यागाच्छान्तिरनन्तरम् ॥ १२—१२ ॥

अद्वेष्टा सर्वभूतानां मैत्रः करुण एव च ।
निर्ममो निरहंकारः समदुःखसुखः क्षमी ॥ १२—१३ ॥

7. teṣām ahaṃ samuddhartā mṛtyusaṃsārasāgarāt
   bhavāmi nacirāt pārtha mayy āveśitacetasām

8. mayy eva mana ādhatsva mayi buddhiṃ niveśaya
   nivasiṣyasi mayy eva ata ūrdhvaṃ na saṃśayaḥ

9. atha cittaṃ samādhātuṃ na śaknoṣi mayi sthiram
   abhyāsayogena tato mām icchāptuṃ dhanaṃjaya

10. abhyāse'py asamartho'si matkarmaparamo bhava
    madartham api karmāṇi kurvan siddhim avāpsyasi

11. athaitad apy aśakto'si kartuṃ madyogam āśritaḥ
    sarvakarmaphalatyāgaṃ tataḥ kuru yatātmavān

12. śreyo hi jñānam abhyāsāj jñānād dhyānaṃ viśiṣyate
    dhyānāt karmaphalatyāgas tyāgāc chāntir anantaram

13. adveṣṭā sarvabhūtānāṃ maitraḥ karuṇa eva ca
    nirmamo nirahaṃkāraḥ samaduḥkhasukhaḥ kṣamī

12.7 Para aqueles [cuja] mente está fixa em Mim, ó filho-de-Prithã[5], em pouco tempo Me torno Aquele que os levanta do oceano do ciclo da morte[6].

12.8 Situa a mente em Mim somente. Estabelece a faculdade-da-sabedoria (*buddhi*) em Mim. Doravante[7] habitarás em Mim somente. [Quanto a isso] não [há] dúvida.

12.9 Mas, [se] fores incapaz de concentrar a mente com firmeza em Mim, busca alcançar-Me pela prática do Yoga[8], ó Dhanamjaya[9].

12.10 E se fores incapaz de [aplicar-te à] prática [do Yoga], sê[10] Minha obra suprema. Pois, até executando ações em Meu nome, alcançarás a perfeição.

12.11 Mas, [se] fores incapaz até de fazer isso, recorre ao Meu Yoga [por meio da devoção], abandona o fruto de todas as ações [e] executa[-as] controlando-te a ti mesmo[11].

12.12 Pois o conhecimento é melhor que a prática [ritual]. A meditação é superior ao conhecimento. Da meditação [vem] o abandono do fruto das ações. Do abandono [resulta] a paz imediata[12].

12.13 [Aquele que] não [sente] ódio por nenhum ser [é] amistoso e compassivo, despido [da ideia] de "meu", despojado do sentido-do-ego, o mesmo no prazer e na dor, paciente.

---

5. Sobre o epíteto filho-de-Prithã (Pārtha), ver a nota 18 em 1.25.

6. A expressão *mrityu-samsāra-sāgara* ("oceano do ciclo da morte") se refere à existência condicionada, com seus repetidos nascimentos e mortes.

7. Alguns tradutores relacionam logicamente "doravante" (*ata ūrdhvam*) com "não [há] dúvida".

8. O texto em sânscrito traz *abhyāsayogena*, traduzido aqui como "pela prática do Yoga".

9. Sobre o epíteto Dhanamjaya, ver a nota 7 em 1.15.

10. O imperativo "sê" é uma tradução literal de *bhava*. A justificativa e a explicação dessa opção se encontram em 11.33, em que Krishna pede que Arjuna seja seu "instrumento" ou sua "ferramenta" (*nimitta*). A tradução de Zaehner (1966) para *mat-karma-paramo bhava* é "trabalha-e-age para Mim"; a de Radhakrishnan (1948), "sê como aqueles cujo objetivo supremo é servir a Mim"; e a de Hill (1928/1966), "tem por objetivo trabalhar por Mim".

11. Na tradução desse versículo, sigo o comentador Rāmānuja, que diz que o "Meu Yoga" não é outro senão o Bhakti-Yoga. Alguns manuscritos substituem *madyogam* ("Meu Yoga") por *udyogam* ("esforço").

12. Em geral, esse versículo é entendido de maneira diferente: "Pois a sabedoria é melhor que o [mero] esforço e a meditação é melhor que a sabedoria; e [melhor] que a meditação é renunciar aos frutos das obras: a renúncia conduz diretamente à paz" (Zaehner 1966). O próprio Zaehner reconhece que, traduzido dessa maneira, o versículo "não parece completar naturalmente o que vinha sendo dito". Mas essa dificuldade pode ser resolvida se entendermos a palavra *dhyānāt*, da oração *dhyānāt karma-phala-tyāgah*, como um ablativo, que não indica comparação, mas direção ou precedência causal. O mais importante é continuar lendo e apreciar o evangelho de devoção de Krishna. Como observa Hill (1928/1966), os comentadores tradicionais "lutaram em vão" contra a mensagem desse versículo, enquanto muitos comentadores modernos "conservam-se discretamente em silêncio". Também Hill resolve o aparente paradoxo ressaltando a proeminência do Bhakti-Yoga de Krishna.

संतुष्टः सततं योगी यतात्मा दृढनिश्चयः ।
मय्यर्पितमनोबुद्धिर्यो मद्भक्तः स मे प्रियः ॥ १२—१४ ॥
यस्मान्नोद्विजते लोको लोकान्नोद्विजते च यः ।
हर्षामर्षभयोद्वेगैर्मुक्तो यः स च मे प्रियः ॥ १२—१५ ॥
अनपेक्षः शुचिर्दक्ष उदासीनो गतव्यथः ।
सर्वारम्भपरित्यागी यो मद्भक्तः स मे प्रियः ॥ १२—१६ ॥
यो न हृष्यति न द्वेष्टि न शोचति न काङ्क्षति ।
शुभाशुभपरित्यागी भक्तिमान्यः स मे प्रियः ॥ १२—१७ ॥
समः शत्रौ च मित्रे च तथा मानावमानयोः ।
शीतोष्णसुखदुःखेषु समः सङ्गविवर्जितः ॥ १२—१८ ॥
तुल्यनिन्दास्तुतिर्मौनी संतुष्टो येन केनचित् ।
अनिकेतः स्थिरमतिर्भक्तिमान्मे प्रियो नरः ॥ १२—१९ ॥
ये तु धर्म्यामृतमिदं यथोक्तं पर्युपासते ।
श्रद्दधाना मत्परमा भक्तास्तेऽतीव मे प्रियाः ॥ १२—२० ॥

14. saṃtuṣṭaḥ satataṃ yogī yatātmā dṛḍhaniścayaḥ
    mayy arpitamanobuddhir yo madbhaktaḥ sa me priyaḥ

15. yasmān nodvijate loko lokān nodvijate ca yaḥ
    harṣāmarṣabhayodvegair mukto yaḥ sa ca me priyaḥ

16. anapekṣaḥ śucir dakṣa udāsīno gatavyathaḥ
    sarvārambhaparityāgī yo madbhaktaḥ sa me priyaḥ

17. yo na hṛṣyati na dveṣṭi na śocati na kāṅkṣati
    śubhāśubhaparityāgī bhaktimān yaḥ sa me priyaḥ

18. samaḥ śatrau ca mitre ca tathā mānāvamānayoḥ
    śītoṣṇasukhaduḥkheṣu samaḥ saṅgavivarjitaḥ

19. tulyanindāstutir maunī saṃtuṣṭo yena kenacit
    aniketaḥ sthiramatir bhaktimān me priyo naraḥ

20. ye tu dharmyāmṛtam idaṃ yathoktaṃ paryupāsate
    śraddadhānā matparamā bhaktās te'tīva me priyāḥ

12.14 [Esse] *yogin* sempre contente, autocontrolado, de firme determinação, [com] a mente e a faculdade-da-sabedoria oferecidas a Mim, devotado a Mim – ele Me é [verdadeiramente] querido.

12.15 [Aquele] de quem o mundo não se afasta e que não se afasta do mundo, que é livre da excitação, da ira, do medo e da agitação[13] – ele Me é querido.

12.16 [Aquele] que é imparcial, puro, hábil, indiferente, [cuja] inquietação se foi, [que] abandonou todos os empreendimentos [egoístas e é] devotado a Mim – ele Me é querido.

12.17 [Aquele] que nem se regozija nem odeia, nem se lamenta, nem deseja-ardentemente [coisa alguma, que] abandonou [por completo as coisas] agradáveis e desagradáveis, que é repleto de devoção – ele Me é querido.

12.18 [Aquele que é] o mesmo diante de amigos e inimigos, bem como diante da honra e da desonra, [que é] o mesmo no frio e no calor, no prazer e no sofrimento (*duhkha*), [que é] destituído de apego,

12.19 [que tem na] mesma [conta] o elogio e a censura[14], [que é] silencioso, contente com o que quer que [surja em seu caminho, que] não tem lar, [que tem] a mente estável e repleta de devoção – [esse] homem Me é querido.

12.20 Mas aqueles [que] adoram esse lícito (*dharmya*) néctar-da-imortalidade[15] declarado [por Mim], [que] têm fé, [que fazem de] Mim o [objetivo] supremo [e] são devotados a [Mim] – estes Me são extraordinariamente queridos.

---

13. A palavra *udvega*, traduzida aqui por "agitação", tem muitos sentidos possíveis. Alguns tradutores preferem "aflição"; outros, "ansiedade".

14. Ver também 6.7. Alguns manuscritos e edições trazem a variante *mānāpmānayoh*.

15. A expressão *dharmyāmritam*, traduzida aqui como "lícito néctar da imortalidade", também foi traduzida por "néctar da sabedoria" (Sargeant 1984), "lei sagrada da imortalidade" (Hill 1928/1966), "caminho imperecível do serviço devocional" (Bhaktivedanta Swami 1983) e "justo valor imortal" (Nataraja Guru 1973). Minha tradução se baseia na tese de que o autor do *Gītā* talvez estivesse levando em conta que existem outras doutrinas (como a alquimia, por exemplo) que prometem um tipo de ambrosia (*amrita*) inferior ao néctar prometido aos que seguem os ensinamentos de Krishna. Como em muitos outros casos, Nataraja Guru, comentador e *yogin*, talvez seja o que mais se aproxima do sentido intencionado. Sobre o significado de *dharmya* ("lícito"), ver a nota 33 em 2.31.

अर्जुन उवाच

प्रकृतिं पुरुषं चैव क्षेत्रं क्षेत्रज्ञमेव च ।
एतद्वेदितुमिच्छामि ज्ञानं ज्ञेयं च केशव ॥ १३—० ॥

श्रीभगवानुवाच

इदं शरीरं कौन्तेय क्षेत्रमित्यभिधीयते ।
एतद्यो वेत्ति तं प्राहुः क्षेत्रज्ञ इति तद्विदः ॥ १३—१ ॥

क्षेत्रज्ञं चापि मां विद्धि सर्वक्षेत्रेषु भारत ।
क्षेत्रक्षेत्रज्ञयोर्ज्ञानं यत्तज्ज्ञानं मतं मम ॥ १३—२ ॥

तत्क्षेत्रं यच्च यादृक्च यद्विकारि यतश्च यत् ।
स च यो यत्प्रभावश्च तत्समासेन मे शृणु ॥ १३—३ ॥

ऋषिभिर्बहुधा गीतं छन्दोभिर्विविधैः पृथक् ।
ब्रह्मसूत्रपदैश्चैव हेतुमद्भिर्विनिश्चितैः ॥ १३—४ ॥

arjuna uvāca

0. prakṛtiṃ puruṣaṃ caiva kṣetraṃ kṣetrajñam eva ca
   etad veditum icchāmi jñānaṃ jñeyaṃ ca keśava
   śrībhagavān uvāca

1. idaṃ śarīraṃ kaunteya kṣetram ity abhidhīyate
   etad yo vetti taṃ prāhuḥ kṣetrajña iti tadvidaḥ

2. kṣetrajñaṃ cāpi māṃ viddhi sarvakṣetreṣu bhārata
   kṣetrakṣetrajñayor jñānaṃ yat taj jñānaṃ matam mama

3. tat kṣetraṃ yac ca yādṛk ca yadvikāri yataś ca yat
   sa ca yo yatprabhāvaś ca tat samāsena me śṛṇu

4. ṛṣibhir bahudhā gītaṃ chandobhir vividhaiḥ pṛthak
   brahmasūtrapadaiś caiva hetumadbhir viniścitaiḥ

CAPÍTULO 13

O YOGA DA DISTINÇÃO ENTRE O CAMPO E O CONHECEDOR DO CAMPO

Arjuna disse:

13.0   O Cosmo (*prakriti*) e o Espírito (*purusha*), o "campo" e o "conhecedor do campo", o conhecimento e aquilo-que-deve-ser-conhecido (*jneya*): disso, ó Keshava[1], desejo ter ciência[2].

Disse o Senhor Bendito:

13.1   Este corpo [e esta mente], ó filho-de-Kuntī[3], é chamado de "campo"; aquele que conhece este [corpo e mente] é chamado "conhecedor do campo" por [aqueles que] o conhecem[4].

13.2   E [deves] conhecer-Me também como "conhecedor do campo" em todos os "campos", ó descendente-de-Bharata. O conhecimento do "campo" e do "conhecedor do campo" – este Eu tenho na conta de [verdadeiro] conhecimento.

13.3   O que é esse "campo", como [ele] é, quais são [as suas] modificações e de onde [ele vem], bem como quem ele [ou seja, o "conhecedor do campo"] é e qual é o [seu] poder – ouve [agora], de Mim, [tudo] isso em breves palavras.

13.4   [Essas coisas foram] cantadas pelos videntes de diversas e distintas maneiras em vários hinos, bem como em expressões aforísticas sobre o fundamento-universal (*brahman*)[5], conclusivas e sustentadas por raciocínios válidos.

---

1. Sobre o epíteto Keshava, ver a nota 21 em 1.31.

2. Esse versículo não consta em alguns manuscritos (por isso está numerado como 13.0). "Aquilo que deve ser conhecido" (*jneya*) significa a multidão dos objetos de conhecimento.

3. Sobre o epíteto filho-de-Kuntī (Kaunteya), ver a nota 19 em 1.27.

4. Essa estrofe fornece o sentido esotérico de *kshetra*, que também lança nova luz sobre o primeiro versículo de todo o *Gītā*. Deus é o conhecedor do campo de todas as individualidades *simultaneamente*. Cada mônada individual é a conhecedora do campo do organismo psicossomático com o qual é associada. Por implicação, Deus também "conhece" os vários Eus que compõem o *jīva-bhūta* do seu Ser total.

5. Os comentadores tradicionais entendem essa passagem como uma referência ao *Brahma-Sūtra* atribuído a Bādarāyaṇa. A maioria dos estudiosos contemporâneos acha isso pouquíssimo provável e especula que os aforismos sobre *brahman* aqui mencionados são outra obra, mais antiga que aquela.

महाभूतान्यहंकारो बुद्धिरव्यक्तमेव च ।
इन्द्रियाणि दशैकं च पञ्च चेन्द्रियगोचराः ॥ १३—५ ॥

इच्छा द्वेषः सुखं दुःखं संघातश्चेतना धृतिः ।
एतत्क्षेत्रं समासेन सविकारमुदाहृतम् ॥ १३—६ ॥

अमानित्वमदम्भित्वमहिंसा क्षान्तिरार्जवम् ।
आचार्योपासनं शौचं स्थैर्यमात्मविनिग्रहः ॥ १३—७ ॥

इन्द्रियार्थेषु वैराग्यमनहंकार एव च ।
जन्ममृत्युजराव्याधिदुःखदोषानुदर्शनम् ॥ १३—८ ॥

असक्तिरनभिष्वङ्गः पुत्रदारगृहादिषु ।
नित्यं च समचित्तत्वमिष्टानिष्टोपपत्तिषु ॥ १३—९ ॥

5. mahābhūtāny ahaṃkāro buddhir avyaktam eva ca
   indriyāṇi daśaikaṃ ca pañca cendriyagocarāḥ

6. icchā dveṣaḥ sukhaṃ duḥkhaṃ saṃghātaś cetanā dhṛtiḥ
   etat kṣetraṃ samāsena savikāram udāhṛtam

7. amānitvam adambhitvam ahiṃsā kṣāntir ārjavam
   ācāryopāsanaṃ śaucaṃ sthairyam ātmavinigrahaḥ

8. indriyārtheṣu vairāgyam anahaṃkāra eva ca
   janmamṛtyujarāvyādhiduḥkhadoṣānudarśanam

9. asaktir anabhiṣvaṅgaḥ putradāragṛhādiṣu
   nityaṃ ca samacittatvam iṣṭāniṣṭopapattiṣu

13.5 Os grandes elementos[6], o sentido-do-ego, a faculdade-da-sabedoria e o não manifesto[7], os onze sentidos[8] [incluindo a mente inferior] e as cinco "pastagens de vacas"[9] dos sentidos,

13.6 o desejo (*icchā*), a aversão, o prazer, a dor, a confusão[10], a consciência e a "retenção"[11] – tudo isso, em suma, é descrito como o "campo" com [suas] modificações.

13.7 A ausência-de-orgulho, a ausência-de-pretensão, a não violência, a paciência, a retidão, a reverência pelo preceptor, a pureza, a estabilidade, o autodomínio,

13.8 a indiferença pelos objetos dos sentidos e, com efeito, a ausência-de--sentido-do-ego (*anahamkāra*), a intuição[12] dos defeitos do nascimento, da morte, da velhice, da doença e do sofrimento,

13.9 o desapego, a ausência-de-emaranhamento com o filho, a esposa, o lar e outras coisas semelhantes, uma equanimidade constante[13] nos acontecimentos desejáveis [e] indesejáveis,

---

6. Os "grandes elementos" (*mahābhūta*) são a terra, a água, o fogo, o ar e o éter ou espaço. Eles compõem todas as coisas materiais, incluindo o corpo.

7. O "não manifesto" (*avyakta*) é a dimensão indiferenciada da existência, que é puramente potencial.

8. Sobre os onze sentidos ou faculdades, ver a nota 13 em 3.6 e a nota 15 em 3.7.

9. As "pastagens de vacas" (*gokara*) compreendem toda a extensão dos objetos sensoriais que se apresentam aos sentidos, ou seja, as faculdades (*indriya*) ou órgãos de cognição e ação.

10. No texto em sânscrito usa-se o termo *samghāta*, que tem, em geral, o sentido de "agregação", "compressão", "densidade". Sargeant (1984) propõe a curiosa tradução "todo orgânico" (referindo-se ao corpo físico), que praticamente não faz sentido nesse contexto, uma vez que o corpo já foi mencionado mediante referência aos "grandes elementos". Hill (1928/1966) observa com razão que "o aparecimento desta palavra – *saṃghāta* – entre as modificações da mente não é fácil de explicar". Rejeitando as traduções anteriores, ele opta por traduzi-la por "associação", mas admite que mesmo essa solução é obscura. Baseando-me na conotação "densidade", creio que "confusão" seja um sentido igualmente provável.

11. O termo *dhriti* nesse catálogo das modificações mentais foi traduzido de vários modos – "constância" (Hill 1928/1966), "convicção" (Bhaktivedanta Swami 1983), "firmeza" (Nataraja Guru 1973) e "perseverança" (Edgerton 1944; Radhakrishnan 1948; Sargeant 1984). Pelo fato de a memória ser uma faculdade mental importantíssima, meu palpite, baseado em meus conhecimentos, é que a palavra *dhriti* é usada aqui no sentido de "retenção".

12. O termo *darshana* significa "visão/olhar" e já foi traduzido por "percepção" e "ter em vista", mas, nesse contexto, "intuição" (*insight*) me parece a tradução preferível.

13. O texto em sânscrito traz *sama-cittatva*. Sobre a noção de *sama*, ver a nota 20 em 2.15.

मयि चानन्ययोगेन भक्तिरव्यभिचारिणी ।
विविक्तदेशसेवित्वमरतिर्जनसंसदि ॥ १३—१० ॥

अध्यात्मज्ञाननित्यत्वं तत्त्वज्ञानार्थदर्शनम् ।
एतज्ज्ञानमिति प्रोक्तमज्ञानं यदतोऽन्यथा ॥ १३—११ ॥

ज्ञेयं यत्तत्प्रवक्ष्यामि यज्ज्ञात्वामृतमश्नुते ।
अनादिमत्परं ब्रह्म न सत्तन्नासदुच्यते ॥ १३—१२ ॥

सर्वतःपाणिपादं तत्सर्वतोऽक्षिशिरोमुखम् ।
सर्वतःश्रुतिमल्लोके सर्वमावृत्य तिष्ठति ॥ १३—१३ ॥

सर्वेन्द्रियगुणाभासं सर्वेन्द्रियविवर्जितम् ।
असक्तं सर्वभृच्चैव निर्गुणं गुणभोक्तृ च ॥ १३—१४ ॥

बहिरन्तश्च भूतानामचरं चरमेव च ।
सूक्ष्मत्वात्तदविज्ञेयं दूरस्थं चान्तिके च तत् ॥ १३—१५ ॥

अविभक्तं च भूतेषु विभक्तमिव च स्थितम् ।
भूतभर्तृ च तज्ज्ञेयं ग्रसिष्णु प्रभविष्णु च ॥ १३—१६ ॥

10. mayi cānanyayogena bhaktir avyabhicāriṇī
    viviktadeśasevitvam aratir janasaṁsadi

11. adhyātmajñānanityatvaṁ tattvajñānārthadarśanam
    etaj jñānam iti proktam ajñānaṁ yad ato'nyathā

12. jñeyaṁ yat tat pravakṣyāmi yaj jñātvāmṛtam aśnute
    anādimat paraṁ brahma na sat tan nāsad ucyate

13. sarvataḥpāṇipādaṁ tat sarvato'kṣiśiromukham
    sarvataḥśrutimal loke sarvam āvṛtya tiṣṭhati

14. sarvendriyaguṇābhāsaṁ sarvendriyavivarjitam
    asaktaṁ sarvabhṛc caiva nirguṇaṁ guṇabhoktṛ ca

15. bahir antaś ca bhūtānām acaraṁ caram eva ca
    sūkṣmatvāt tad avijñeyaṁ dūrasthaṁ cāntike ca tat

16. avibhaktaṁ ca bhūteṣu vibhaktam iva ca sthitam
    bhūtabhartṛ ca taj jñeyaṁ grasiṣṇu prabhaviṣṇu ca

13.10 e a inabalável devoção a Mim por nenhum outro [meio senão o] Yoga[14], o estabelecimento em local solitário e o desgosto pela companhia das pessoas,

13.11 a constância no conhecimento da base-do-eu[15] e a intuição[16] do objetivo do conhecimento da Realidade – [tudo] isso se proclama [ser o verdadeiro] conhecimento. A ignorância é o contrário disso.

13.12 Declararei [agora] aquilo-que-deve-ser-conhecido, conhecendo o qual [o *yogin*] alcança a imortalidade. O fundamento-universal[17], supremo e sem princípio, não é chamado nem de ser nem de não ser.

13.13 Esse [fundamento-universal] está presente (*tishtati*) no mundo, [com] mãos e pés em toda parte, olhos, cabeças e bocas em toda parte, ouvidos em toda parte, envolvendo todas as coisas.

13.14 [Embora] pareça [possuir] todas as qualidades sensoriais, [ele] é despido de todos os sentidos[18]. Não se apega [a nada], mas a tudo sustenta. [Está] além das qualidades-primárias[19] e [no entanto] é aquele que frui das qualidades-primárias.

13.15 [Esse fundamento-universal] está fora e dentro de [todos os] seres, imóvel mas móvel[20]. Em razão de sua sutileza, não pode ser conhecido. Situa-se ao longe e [no entanto está] perto.

13.16 E, indiviso, habita aparentemente dividido nos seres. Este [*brahman*] deve ser conhecido como o sustentador dos seres, [seu] devorador e [seu] gerador (*prabhavishnu*).

---

14. Sobre a palavra *ananya* no contexto do Yoga, ver também a nota 4 em 12.6.

15. Sobre *adhyātman* ("base-do-eu"), ver a nota 41 em 3.30.

16. Ver a nota 12 em 13.8.

17. Sobre *brahman*, traduzido aqui como "fundamento-universal", ver a nota 66 em 2.72.

18. Compare com 11.37, onde se afirma que Krishna é tanto *sat* ("ser") quanto *asat* ("não ser") e, no entanto, permanece além de ambos. (Em outros contextos, como p. ex. em 13.21, *sat* e *asat* são traduzidos por "bom" e "mau".) Ver também o *Shvetāshvatara-Upanishad* 4.18 e o *Rig-Veda* 10.129.

19. Sobre as qualidades-primárias (*guna*), ver a nota 44 em 2.45.

20. Normalmente, a palavra *carācara* não tem esse sentido metafísico, mas refere-se às coisas móveis e imóveis. Compare com o que se diz em 13.26, onde as palavras *sthāvara* ("imóvel") e *jangama* ("móvel") são usadas para denotar a mesma coisa.

ज्योतिषामपि तज्ज्योतिस्तमसः परमुच्यते ।
ज्ञानं ज्ञेयं ज्ञानगम्यं हृदि सर्वस्य विष्ठितम् ॥ १३—१७ ॥

इति क्षेत्रं तथा ज्ञानं ज्ञेयं चोक्तं समासतः ।
मद्भक्त एतद्विज्ञाय मद्भावायोपपद्यते ॥ १३—१८ ॥

प्रकृतिं पुरुषं चैव विद्ध्यनादी उभावपि ।
विकारांश्च गुणांश्चैव विद्धि प्रकृतिसंभवान् ॥ १३—१९ ॥

कार्यकारणकर्तृत्वे हेतुः प्रकृतिरुच्यते ।
पुरुषः सुखदुःखानां भोक्तृत्वे हेतुरुच्यते ॥ १३—२० ॥

पुरुषः प्रकृतिस्थो हि भुङ्क्ते प्रकृतिजान्गुणान् ।
कारणं गुणसङ्गोऽस्य सदसद्योनिजन्मसु ॥ १३—२१ ॥

उपद्रष्टानुमन्ता च भर्ता भोक्ता महेश्वरः ।
परमात्मेति चाप्युक्तो देहेऽस्मिन्पुरुषः परः ॥ १३—२२ ॥

य एवं वेत्ति पुरुषं प्रकृतिं च गुणैः सह ।
सर्वथा वर्तमानोऽपि न स भूयोऽभिजायते ॥ १३—२३ ॥

ध्यानेनात्मनि पश्यन्ति केचिदात्मानमात्मना ।
अन्ये सांख्येन योगेन कर्मयोगेन चापरे ॥ १३—२४ ॥

17. jyotiṣām api taj jyotis tamasaḥ param ucyate
    jñānaṃ jñeyaṃ jñānagamyaṃ hṛdi sarvasya viṣṭhitam

18. iti kṣetraṃ tathā jñānaṃ jñeyaṃ coktaṃ samāsataḥ
    madbhakta etad vijñāya madbhāvāyopapadyate

19. prakṛtiṃ puruṣaṃ caiva viddhy anādī ubhāv api
    vikārāṃś ca guṇāṃś caiva viddhi prakṛtisambhavān

20. kāryakāraṇakartṛtve hetuḥ prakṛtir ucyate
    puruṣaḥ sukhaduḥkhānāṃ bhoktṛtve hetur ucyate

21. puruṣaḥ prakṛtistho hi bhuṅkte prakṛtijān guṇān
    kāraṇaṃ guṇasaṅgo'sya sadasadyonijanmasu

22. upadraṣṭānumantā ca bhartā bhoktā maheśvaraḥ
    paramātmeti cāpy ukto dehe'smin puruṣaḥ paraḥ

23. ya evaṃ vetti puruṣaṃ prakṛtiṃ ca guṇaiḥ saha
    sarvathā vartamāno'pi na sa bhūyo'bhijāyate

24. dhyānenātmani paśyanti kecid ātmānam ātmanā
    anye sāṃkhyena yogena karmayogena cāpare

13.17 Esse [fundamento-universal] também é chamado de Luz das luzes, além da escuridão. [É] o conhecimento [e] aquilo-que-deve-ser-conhecido[21]; [é] acessível ao conhecimento, sediado no coração de todos [os seres].

13.18 Assim se explicam em breves palavras [não só] o "campo" [como] também o conhecimento [e] aquilo-que-deve-ser-conhecido. Sabendo disso, Meu devoto se aproxima do Meu estado-de-ser.

13.19 Estejas ciente de que tanto o Cosmo (*prakriti*) quanto o Espírito (*purusha*) [são] sem-princípio, e estejas ciente também de que as modificações e as qualidades-primárias nascem do Cosmo*.

13.20 O Cosmo é chamado de causa (*hetu*) em [relação à] atividade [dos] instrumentos [e] efeitos [cósmicos]. O Espírito é chamado de causa em [relação à] qualidade de fruir do prazer e da dor.

13.21 O Espírito, repousando no Cosmo, frui das qualidades-primárias (*guna*) nascidas do Cosmo. O apego às qualidades-primárias é a causa de seu nascimento em úteros bons (*sat*) e maus (*asat*).

13.22 O Espírito supremo neste corpo é chamado de supervisor e permitidor, sustentador, fruidor, grande senhor e também supremo Si Mesmo.

13.23 Quem assim conhece o Espírito e o Cosmo juntamente com as qualidades-primárias – ele não nascerá de novo, seja qual for o seu modo de existência.

13.24 Alguns por Si Mesmos percebem o Si Mesmo em Si Mesmos por meio da meditação; outros, por meio do Sāmkhya Yoga; e outros [ainda] por meio do Yoga da ação (*karma-yoga*).

---

21. O termo *jneya* ("aquilo que deve ser conhecido") se refere aos objetos de cognição.

* Essa palavra, aqui, não se refere ao Cosmo manifesto, mas à Matriz do Cosmo, o fundamento substancial não manifesto de toda a existência, de onde o Espírito, em sua perene atividade formativa, extrai a substância dos seres manifestados, os quais se distinguem por suas qualidades. (N.T.)

अन्ये त्वेवमजानन्तः श्रुत्वान्येभ्य उपासते ।
तेऽपि चातितरन्त्येव मृत्युं श्रुतिपरायणाः ॥ १३—२५ ॥

यावत्संजायते किंचित्सत्त्वं स्थावरजङ्गमम् ।
क्षेत्रक्षेत्रज्ञसंयोगात्तद्विद्धि भरतर्षभ ॥ १३—२६ ॥

समं सर्वेषु भूतेषु तिष्ठन्तं परमेश्वरम् ।
विनश्यत्स्वविनश्यन्तं यः पश्यति स पश्यति ॥ १३—२७ ॥

समं पश्यन्हि सर्वत्र समवस्थितमीश्वरम् ।
न हिनस्त्यात्मनात्मानं ततो याति परां गतिम् ॥ १३—२८ ॥

प्रकृत्यैव च कर्माणि क्रियमाणानि सर्वशः ।
यः पश्यति तथात्मानमकर्तारं स पश्यति ॥ १३—२९ ॥

यदा भूतपृथग्भावमेकस्थमनुपश्यति ।
तत एव च विस्तारं ब्रह्म संपद्यते तदा ॥ १३—३० ॥

अनादित्वान्निर्गुणत्वात्परमात्मायमव्ययः ।
शरीरस्थोऽपि कौन्तेय न करोति न लिप्यते ॥ १३—३१ ॥

25. anye tv evam ajānantaḥ śrutvānyebhya upāsate
    te'pi cātitaranty eva mṛtyuṃ śrutiparāyaṇāḥ

26. yāvat saṃjāyate kiṃcit sattvaṃ sthāvarajaṅgamam
    kṣetrakṣetrajñasaṃyogāt tad viddhi bharatarṣabha

27. samaṃ sarveṣu bhūteṣu tiṣṭhantaṃ parameśvaram
    vinaśyatsv avinaśyantaṃ yaḥ paśyati sa paśyati

28. samaṃ paśyan hi sarvatra samavasthitam īśvaram
    na hinasty ātmanātmānaṃ tato yāti parāṃ gatim

29. prakṛtyaiva ca karmāṇi kriyamāṇāni sarvaśaḥ
    yaḥ paśyati tathātmānam akartāraṃ sa paśyati

30. yadā bhūtapṛthagbhāvam ekastham anupaśyati
    tata eva ca vistāraṃ brahma saṃpadyate tadā

31. anāditvān nirguṇatvāt paramātmāyam avyayaḥ
    śarīrastho'pi kaunteya na karoti na lipyate

13.25 Mas outros, que o ignoram, ouvindo [falar] disso, [o] adoram. Também eles transcendem a morte, [por terem sido] dedicados ao que ouviram.

13.26 Qualquer entidade (*sattva*) nascida, móvel ou imóvel – estejas ciente de que ela [nasceu] da união do "campo" com o "conhecedor do campo", ó Bharatarshabha[22].

13.27 Aquele que vê o Senhor Supremo igualmente presente em todos os seres [e sabe que ele] não perece quando [eles] perecem – este [realmente] vê; ele vê [verdadeiramente].

13.28 Pois, vendo o Senhor repousando igualmente em toda parte, ele não pode ferir a si mesmo por si mesmo e, logo, trilha o caminho mais excelso.

13.29 E aquele que vê que as ações são executadas unicamente pelo Cosmo [e que] o Si Mesmo é, portanto, não agente – ele vê [verdadeiramente].

13.30 Quando percebe [que] os diversos estados-de-existência de [todos os] seres repousam no Um [e quando compreende que sua] distribuição procede disso – ele alcança o fundamento-universal.

13.31 Pelo fato de esse imutável Si Mesmo supremo ser sem princípio e [estar] além das qualidades-primárias, embora habite no corpo [e na mente, ele] nem age nem se macula, ó filho-de-Kuntī.

---

22. Sobre o epíteto Bharatarshabha, ver a nota 48 em 3.41.

यथा सर्वगतं सौक्ष्म्यादाकाशं नोपलिप्यते ।
सर्वत्रावस्थितो देहे तथात्मा नोपलिप्यते ॥ १३—३२ ॥
यथा प्रकाशयत्येकः कृत्स्नं लोकमिमं रविः ।
क्षेत्रं क्षेत्री तथा कृत्स्नं प्रकाशयति भारत ॥ १३—३३ ॥
क्षेत्रक्षेत्रज्ञयोरेवमन्तरं ज्ञानचक्षुषा ।
भूतप्रकृतिमोक्षं च ये विदुर्यान्ति ते परम् ॥ १३—३४ ॥

32. yathā sarvagataṃ saukṣmyād ākāśaṃ nopalipyate
    sarvatrāvasthito dehe tathātmā nopalipyate

33. yathā prakāśayaty ekaḥ kṛtsnaṃ lokam imaṃ raviḥ
    kṣetraṃ kṣetrī tathā kṛtsnaṃ prakāśayati bhārata

34. kṣetrakṣetrajñayor evam antaraṃ jñānacakṣuṣā
    bhūtaprakṛtimokṣaṃ ca ye vidur yānti te param

13.32 Assim com o onipresente éter, em razão de [sua] sutileza, não se polui, assim também o Si Mesmo, [embora] habite em toda parte nos corpos, não é maculado.

13.33 Assim como o Sol ilumina sozinho todo este mundo, assim também o "possuidor do campo" (*kshetrin*) ilumina o "campo", ó descendente-de-Bharata.

13.34 Aqueles que, com o olho do conhecimento, conhecem desse modo a diferença [entre] o "campo" e o "conhecedor do campo" e [também o caminho da] libertação [em relação ao] Cosmos dos elementos (*bhūta*)[23] – estes dirigem-se ao Supremo.

---

23. Edgerton (1944) entende a expressão *bhūtaprakritimokshan* como "libertação em relação à natureza material dos seres". Por "Cosmos dos elementos", refiro-me à existência cósmica composta dos cinco elementos materiais (*bhūta*).

श्रीभगवानुवाच

परं भूयः प्रवक्ष्यामि ज्ञानानां ज्ञानमुत्तमम् ।
यज्ज्ञात्वा मुनयः सर्वे परां सिद्धिमितो गताः ॥ १४—१ ॥

इदं ज्ञानमुपाश्रित्य मम साधर्म्यमागताः ।
सर्गेऽपि नोपजायन्ते प्रलये न व्यथन्ति च ॥ १४—२ ॥

मम योनिर्महद्ब्रह्म तस्मिन्गर्भं दधाम्यहम् ।
संभवः सर्वभूतानां ततो भवति भारत ॥ १४—३ ॥

सर्वयोनिषु कौन्तेय मूर्तयः संभवन्ति याः ।
तासां ब्रह्म महद्योनिरहं बीजप्रदः पिता ॥ १४—४ ॥

सत्त्वं रजस्तम इति गुणाः प्रकृतिसंभवाः ।
निबध्नन्ति महाबाहो देहे देहिनमव्ययम् ॥ १४—५ ॥

तत्र सत्त्वं निर्मलत्वात्प्रकाशकमनामयम् ।
सुखसङ्गेन बध्नाति ज्ञानसङ्गेन चानघ ॥ १४—६ ॥

रजो रागात्मकं विद्धि तृष्णासङ्गसमुद्भवम् ।
तन्निबध्नाति कौन्तेय कर्मसङ्गेन देहिनम् ॥ १४—७ ॥

śrībhagavān uvāca

1. param bhūyaḥ pravakṣyāmi jñānānāṃ jñānam uttamam
   yaj jñātvā munayaḥ sarve parāṃ siddhim ito gatāḥ

2. idaṃ jñānam upāśritya mama sādharmyam āgatāḥ
   sarge'pi nopajāyante pralaye na vyathanti ca

3. mama yonir mahad brahma tasmin garbhaṃ dadhāmy aham
   sambhavaḥ sarvabhūtānāṃ tato bhavati bhārata

4. sarvayoniṣu kaunteya mūrtayaḥ sambhavanti yāḥ
   tāsāṃ brahma mahad yonir ahaṃ bījapradaḥ pitā

5. sattvaṃ rajas tama iti guṇāḥ prakṛtisambhavāḥ
   nibadhnanti mahābāho dehe dehinam avyayam

6. tatra sattvaṃ nirmalatvāt prakāśakam anāmayam
   sukhasaṅgena badhnāti jñānasaṅgena cānagha

7. rajo rāgātmakaṃ viddhi tṛṣṇāsaṅgasamudbhavam
   tan nibadhnāti kaunteya karmasaṅgena dehinam

CAPÍTULO 14

O Yoga da Distinção entre as Três Qualidades

Disse o Senhor Bendito:

14.1 Proclamarei mais uma vez o conhecimento sem par, o melhor dos conhecimentos, por meio do qual todos os sábios alcançaram a mais excelsa perfeição.

14.2 Tendo recorrido a esse conhecimento e alcançado a identidade[1] Comigo, eles não nascem [de novo] nem sequer no [momento de uma nova] criação, nem tampouco temem a dissolução [do Cosmo].

14.3 O grande fundamento-universal[2] é meu útero. Nele Eu planto o feto; deste vem o nascimento de todos os seres, ó descendente-de-Bharata.

14.4 Quaisquer que sejam as formas que nascem em qualquer útero, ó filho--de-Kuntī[3], o grande fundamento-universal é o útero dessas formas e eu sou o pai [que] fornece a semente.

14.5 *Sattva*, *rajas* e *tamas*[4] – as [três] qualidades-primárias nascidas do Cosmo agrilhoam ao corpo a imutável essência-incorporada (*dehin*), ó [Arjuna] dos braços fortes.

14.6 Dentre elas, *sattva*, por ser imaculada, é luminosa [e] sem mal. Agrilhoa, [porém,] pelo apego [sutil] à alegria e pelo apego ao conhecimento, ó Anagha[5].

14.7 Estejas ciente de que *rajas* tem a natureza da paixão, [sendo] produzida pela sede[6] e pelo apego. Agrilhoa a essência-incorporada, ó filho-de--Kuntī, pelo apego à ação.

---

1. O termo *sādharmya*, traduzido aqui como "identidade", significa literalmente "aquilo que tem a [mesma] lei".

2. Sobre o uso do termo *brahman* para designar o fundamento-universal, ver a nota 66 em 2.72.

3. Sobre o epíteto filho-de-Kuntī (Kaunteya), ver a nota 19 em 1.27.

4. Sobre as qualidades-primárias (*guna*), ver a nota 44 em 2.45.

5. Sobre o epíteto Anagha, aplicado a Arjuna, ver a nota 4 em 3.3.

6. "Sede" (*trishnā*) é um outro termo que significa o desejo de prazeres sensoriais (*kāma*).

तमस्त्वज्ञानजं विद्धि मोहनं सर्वदेहिनाम् ।
प्रमादालस्यनिद्राभिस्तन्निबध्नाति भारत ॥ १४—८ ॥
सत्त्वं सुखे सञ्जयति रजः कर्मणि भारत ।
ज्ञानमावृत्य तु तमः प्रमादे सञ्जयत्युत ॥ १४—९ ॥
रजस्तमश्चाभिभूय सत्त्वं भवति भारत ।
रजः सत्त्वं तमश्चैव तमः सत्त्वं रजस्तथा ॥ १४—१० ॥
सर्वद्वारेषु देहेऽस्मिन्प्रकाश उपजायते ।
ज्ञानं यदा तदा विद्याद्विवृद्धं सत्त्वमित्युत ॥ १४—११ ॥
लोभः प्रवृत्तिरारम्भः कर्मणामशमः स्पृहा ।
रजस्येतानि जायन्ते विवृद्धे भरतर्षभ ॥ १४—१२ ॥
अप्रकाशोऽप्रवृत्तिश्च प्रमादो मोह एव च ।
तमस्येतानि जायन्ते विवृद्धे कुरुनन्दन ॥ १४—१३ ॥
यदा सत्त्वे प्रवृद्धे तु प्रलयं याति देहभृत् ।
तदोत्तमविदां लोकानमलान्प्रतिपद्यते ॥ १४—१४ ॥

8. tamas tv ajñānajaṃ viddhi mohanaṃ sarvadehinām
   pramādālasyanidrābhis tan nibadhnāti bhārata

9. sattvaṃ sukhe sañjayati rajaḥ karmaṇi bhārata
   jñānam āvṛtya tu tamaḥ pramāde sañjayaty uta

10. rajas tamaś cābhibhūya sattvaṃ bhavati bhārata
    rajaḥ sattvaṃ tamaś caiva tamaḥ sattvaṃ rajas tathā

11. sarvadvāreṣu dehe'smin prakāśa upajāyate
    jñānaṃ yadā tadā vidyād vivṛddhaṃ sattvam ity uta

12. lobhaḥ pravṛttir ārambhaḥ karmaṇām aśamaḥ spṛhā
    rajasy etāni jāyante vivṛddhe bharatarṣabha

13. aprakāśo'pravṛttiś ca pramādo moha eva ca
    tamasy etāni jāyante vivṛddhe kurunandana

14. yadā sattve pravṛddhe tu pralayaṃ yāti dehabhṛt
    tadottamavidāṃ lokān amalān pratipadyate

14.8 Mas estejas ciente de que *tamas* nasce da ignorância [espiritual], enganando todas as essências-incorporadas. Ela agrilhoa, ó descendente-de-Bharata, pela desatenção, pela indolência e pelo sono.

14.9 *Sattva* prende [a pessoa] à alegria; *rajas*, à ação; mas *tamas*, velando o conhecimento, [a] prende à desatenção, ó descendente-de-Bharata.

14.10 [Quando] *rajas* e *tamas* são sobrepujadas, *sattva* se torna [forte], ó descendente-de-Bharata. Assim também [ocorre com] *rajas* [quando] *sattva* e *tamas* [são sobrepujadas], bem como [com] *tamas* [quando] *sattva* e *rajas* [são sobrepujadas].

14.11 [Quando] a luminosidade, [que é] conhecimento[7], surge em todos os portões deste corpo, [o *yogin*] deve saber que *sattva* aumentou.

14.12 A cobiça, a atividade, o empreendimento de ações [egoístas], a inquietude e o desejo – estes nascem de *rajas* [quando ela] aumenta, ó Bharatarshabha[8].

14.13 A ausência-de-luminosidade e a inatividade, [bem como] a desatenção e também o engano – estas nascem de *tamas* [quando ela] aumenta, ó Kurunandana[9].

14.14 Mas se aquele que traja o corpo [como uma veste] vai para a dissolução [da sua pessoa, ou seja, morre] quando *sattva* tiver aumentado, entra nos mundos imaculados dos conhecedores do Supremo.

---

7. Muitos tradutores interpretam a expressão *prakāsha upajāyate jnānam yadā* como "quando a luz do conhecimento...". Edgerton (1944) prefere "uma iluminação ... que é conhecimento". Hill (1928/1966) sugere "Quando ... o conhecimento é como a luz..."

8. Sobre o epíteto Bharatarshabha, ver a nota 48 em 3.41.

9. Sobre o epíteto Kurunandana, ver a nota 40 em 2.41.

रजसि प्रलयं गत्वा कर्मसङ्गिषु जायते ।
तथा प्रलीनस्तमसि मूढयोनिषु जायते ॥ १४—१५ ॥
कर्मणः सुकृतस्याहुः सात्त्विकं निर्मलं फलम् ।
रजसस्तु फलं दुःखमज्ञानं तमसः फलम् ॥ १४—१६ ॥
सत्त्वात्संजायते ज्ञानं रजसो लोभ एव च ।
प्रमादमोहौ तमसो भवतोऽज्ञानमेव च ॥ १४—१७ ॥
ऊर्ध्वं गच्छन्ति सत्त्वस्था मध्ये तिष्ठन्ति राजसाः ।
जघन्यगुणवृत्तिस्था अधो गच्छन्ति तामसाः ॥ १४—१८ ॥
नान्यं गुणेभ्यः कर्तारं यदा द्रष्टानुपश्यति ।
गुणेभ्यश्च परं वेत्ति मद्भावं सोऽधिगच्छति ॥१४—१९ ॥
गुणानेतानतीत्य त्रीन्देही देहसमुद्भवान् ।
जन्ममृत्युजरादुःखैर्विमुक्तोऽमृतमश्नुते ॥ १४—२० ॥
अर्जुन उवाच
कैर्लिङ्गैस्त्रीन्गुणानेतानतीतो भवति प्रभो ।
किमाचारः कथं चैतांस्त्रीन्गुणानतिवर्तते ॥ १४—२१

15. rajasi pralayaṃ gatvā karmasaṅgiṣu jāyate
    tathā pralīnas tamasi mūḍhayoniṣu jāyate
16. karmaṇaḥ sukṛtasyāhuḥ sāttvikaṃ nirmalaṃ phalam
    rajasas tu phalaṃ duḥkham ajñānaṃ tamasaḥ phalam
17. sattvāt saṃjāyate jñānaṃ rajaso lobha eva ca
    pramādamohau tamaso bhavato'jñānam eva ca
18. rdhvaṃ gacchanti sattvasthā madhye tiṣṭhanti rājasāḥ.
    jaghanyaguṇavṛttisthā adho gacchanti tāmasāḥ
19. nānyaṃ guṇebhyaḥ kartāraṃ yadā draṣṭānupaśyati
    guṇebhyaś ca paraṃ vetti madbhāvaṃ so'dhigacchati
20. guṇān etān atītya trīn dehī dehasamudbhavān
    janmamṛtyujarāduḥkhair vimukto'mṛtam aśnute

    arjuna uvāca
21. kair liṅgais trīn guṇān etān atīto bhavati prabho
    kimācāraḥ kathaṃ caitāṃs trīn guṇān ativartate

14.15 [Se aquele que traja o corpo] encontra a dissolução [ou seja, a morte] quando *rajas* [predomina, ele] nasce entre os apegados à ação. Do mesmo modo, [se aquele que traja o corpo] se dissolve [ou seja, morre] quando *tamas* [prevalece, ele] nasce em úteros iludidos.

14.16 O fruto da ação bem feita, segundo dizem, é imaculado [e tem a] natureza de *sattva*. Mas o fruto de *rajas* é o sofrimento e o fruto de *tamas* é a ignorância.

14.17 De *sattva* nasce o conhecimento e de *rajas*, a cobiça, [ao passo que] a desatenção, o engano e também a ignorância nascem de *tamas*.

14.18 [Os que] repousam em *sattva* ascendem. Os rajásicos permanecem no meio e os tamásicos, estabelecidos no modo mais baixo das qualidades-primárias, caem.

14.19 Quando o vidente [ou seja, o aspecto da mente que é a testemunha de todas as coisas] vê [que não há] nenhum outro agente senão as qualidades-primárias, e [quando] toma ciência [daquilo que está] além das qualidades-primárias – ele alcança o Meu estado-de-ser.

14.20 Transcendendo essas três qualidades-primárias [que] produzem o corpo, a essência-incorporada (*dehin*) – livre do nascimento, da morte, da velhice e do sofrimento – adquire a imortalidade[10].

Arjuna disse:

14.21 Mediante quais sinais deve ser [reconhecido] aquele que transcende essas qualidades-primárias, ó Senhor? Qual [é sua] conduta? Como ele passa além dessas três qualidades-primárias?

---

10. A essência-incorporada (*dehin*), ou o Si Mesmo, já é imortal. Por isso, essa estrofe é considerada por muitos como uma das declarações autocontraditórias do *Gītā*. Na verdade, porém, o que temos aqui é uma simples aplicação da linguagem popular.

श्रीभगवानुवाच

प्रकाशं च प्रवृत्तिं च मोहमेव च पाण्डव ।

न द्वेष्टि संप्रवृत्तानि न निवृत्तानि काङ्क्षति ॥ १४—२२ ॥

उदासीनवदासीनो गुणैर्यो न विचाल्यते ।

गुणा वर्तन्त इत्येव योऽवतिष्ठति नेङ्गते ॥ १४—२३ ॥

समदुःखसुखः स्वस्थः समलोष्टाश्मकाञ्चनः ।

तुल्यप्रियाप्रियो धीरस्तुल्यनिन्दात्मसंस्तुतिः ॥ १४—२४ ॥

मानावमानयोस्तुल्यस्तुल्यो मित्रारिपक्षयोः ।

सर्वारम्भपरित्यागी गुणातीतः स उच्यते ॥ १४—२५ ॥

मां च योऽव्यभिचारेण भक्तियोगेन सेवते ।

स गुणान्समतीत्यैतान्ब्रह्मभूयाय कल्पते ॥ १४—२६ ॥

ब्रह्मणो हि प्रतिष्ठाहममृतस्याव्ययस्य च ।

शाश्वतस्य च धर्मस्य सुखस्यैकान्तिकस्य च ॥ १४—२७ ॥

śrībhagavān uvāca

22. prakāśaṃ ca pravṛttiṃ ca moham eva ca pāṇḍava
    na dveṣṭi saṃpravṛttāni na nivṛttāni kāṅkṣati

23. udāsīnavad āsīno guṇair yo na vicālyate
    guṇā vartanta ity eva yo'vatiṣṭhati neṅgate

24. samaduḥkhasukhaḥ svasthaḥ samaloṣṭāśmakāñcanaḥ
    tulyapriyāpriyo dhīras tulyanindātmasaṃstutiḥ

25. mānāvamānayos tulyas tulyo mitrāripakṣayoḥ
    sarvārambhaparityāgī guṇātītaḥ sa ucyate

26. māṃ ca yo'vyabhicāreṇa bhaktiyogena sevate
    sa guṇān samatītyaitān brahmabhūyāya kalpate

27. brahmaṇo hi pratiṣṭhāham amṛtasyāvyayasya ca
    śāśvatasya ca dharmasya sukhasyaikāntikasya ca

Disse o Senhor Bendito:

14.22 A iluminação, a atividade e a ilusão – [quando elas] surgem, ele não [as] odeia; [quando] cessam, ele não [as] deseja, ó filho-de-Pāndu[11].

14.23 Aquele que se senta como [uma pessoa] indiferente[12] não é perturbado pelas qualidades-primárias. "As qualidades-primárias giram [por impulso próprio]" – assim [pensa] aquele que se mantém à parte e não se move.

14.24 [É] o mesmo no prazer [e na] dor, autossuficiente, o mesmo em [relação a] um torrão de terra, uma pedra ou [um objeto de] ouro, igual diante das [coisas] queridas e desagradáveis, firme, igual diante do louvor e da censura a ele [dirigidos].

14.25 Igual na honra e na desonra, igual diante dos amigos ou inimigos, renunciando a todos os empreendimentos – de um tal [homem] se diz que transcendeu as qualidades-primárias (gunātīta).

14.26 E aquele que serve a Mim com o infalível Yoga da devoção, tendo transcendido essas qualidades-primárias, está apto a se tornar o fundamento-universal.

14.27 Pois Eu [próprio] sou o alicerce do fundamento-universal, do imortal e do imutável, da lei eterna e da alegria singular[13].

---

11. Sobre o epíteto filho-de-Pāndu (Pāndava), ver a nota 61 em 10.37.

12. Trata-se de uma atitude de indiferença espiritual, não de quem pouco se importa. Ver também 9.9.

13. Aqui, Krishna reitera sua anterior afirmação de que está acima do fundamento-universal (brahman). Ver também a nota 66 em 2.72.

श्रीभगवानुवाच

ऊर्ध्वमूलमधःशाखमश्वत्थं प्राहुरव्ययम् ।
छन्दांसि यस्य पर्णानि यस्तं वेद स वेदवित् ॥ १५—१ ॥

अधश्चोर्ध्वं प्रसृतस्तस्य शाखा
गुणप्रवृद्धा विषयप्रवालाः ।
अधश्च मूलान्यनुसंततानि
कर्मानुबन्धीनि मनुष्यलोके ॥ १५—२ ॥

न रूपमस्येह तथोपलभ्यते ।
नान्तो न चादिर्न च संप्रतिष्ठा
अश्वत्थमेनं सुविरूढमूल
मसङ्गशस्त्रेण दृढेन छित्त्वा ॥ १५—३ ॥

ततः पदं तत्परिमार्गितव्यं
यस्मिन्गता न निवर्तन्ति भूयः ।
तमेव चाद्यं पुरुषं प्रपद्ये
यतः प्रवृत्तिः प्रसृता पुराणी ॥ १५—४ ॥

śrībhagavān uvāca

1. ūrdhvamūlam adhaḥśākham aśvatthaṃ prāhur avyayam
   chandāṃsi yasya parṇāni yas taṃ veda sa vedavit

2. adhaś cordhvaṃ prasṛtas tasya śākhā
   guṇapravṛddhā viṣayapravālāḥ
   adhaś ca mūlāny anusaṃtatāni
   karmānubandhīni manuṣyaloke

3. na rūpam asyeha tathopalabhyate
   nānto na cādir na ca saṃpratiṣṭhā
   aśvattham enaṃ suvirūḍhamūla-
   masaṅgaśastreṇa dṛḍhena chittvā

4. tataḥ padaṃ tat parimārgitavyaṃ
   yasmin gatā na nivartanti bhūyaḥ
   tam eva cādyaṃ puruṣaṃ prapadye
   yataḥ pravṛttiḥ prasṛtā purāṇī

CAPÍTULO 15

O YOGA DA SUPREMA PESSOA

Disse o Senhor Bendito:

15.1 Dizem eles que a imutável [árvore] *ashvattha*[1] [tem] as raízes em cima e os ramos embaixo, e que suas folhas são os hinos [védicos] – aquele que sabe disso é um conhecedor dos Vedas.

15.2 Seus ramos, espraiando-se embaixo e em cima, são nutridos pelas qualidades-primárias; os objetos [são] os galhos menores; e embaixo, no mundo humano, proliferam as raízes, ligadas à ação[2].

15.3 Sua forma não é percebida dessa maneira aqui [no mundo], nem [tampouco seu] fim, nem [seu] princípio, nem [seu] alicerce. Tendo-se derrubado essa [árvore] *ashvattha*, de raízes bem-desenvolvidas, com a firme arma do desapego[3],

15.4 deve-se ir no encalço daquele estado do qual [os que o] alcançaram não retornam. E, em verdade, refugio-Me naquele Espírito primordial de onde promanou a antiga criatividade.

---

1. A árvore *ashvattha*, já mencionada em 10.26 (ver a nota 31 nesse versículo), é um antigo símbolo do *samsāra*, do mundo das coisas mutáveis. Ver *Rig-Veda* 1.2.4.7 e *Katha-Upanishad* 6.1. Cf. *Chāndogya-Upanishad* 6.11. Hill (1928/1966) faz interessantes comentários sobre essa árvore: "Ao contrário do baniano, seu primo, ela não lança pequenas raízes aéreas para arraigar-se de novo na terra. Se assim é, por que se diz que ela tem as raízes em cima e os ramos embaixo? [Ver *Gītā* 15.1.] A formação da árvore é peculiar, pois suas raízes (que frequentemente se encontram, em parte, acima do chão) não convergem todas, como em outras árvores, para um único tronco central, mas em grande medida conservam sua forma separada e sobem num aglomerado, soltando cada uma seus ramos. Existe continuidade, portanto, entre cada raiz e seu próprio ramo; sendo inseparáveis as raízes e os ramos, é possível afirmar que o ramo desce à terra e que a raiz sobe ao alto."

2. A expressão "ligadas à ação" (*karma-anubandhīni*) refere-se ao fato que a raiz do *samsāra* são as interconexões kármicas. As estrofes 15.2-5 estão na cadência *trishtubh*.

3. O primeiro verso dessa estrofe tem uma sílaba a mais.

निर्मानमोह जितासङ्गदोषा

अध्यात्मनित्या विनिवृत्तकामाः ।

द्वन्द्वैर्विमुक्ताः सुखदुःखसंज्ञै

र्गच्छन्त्यमूढाः पदमव्ययं तत् ॥ १५—५ ॥

न तद्भासयते सूर्यो न शशाङ्को न पावकः ।

यद्गत्वा न निवर्तन्ते तद्धाम परमं मम ॥ १५—६ ॥

ममैवांशो जीवलोके जीवभूतः सनातनः ।

मनःषष्ठानीन्द्रियाणि प्रकृतिस्थानि कर्षति ॥ १५—७ ॥

शरीरं यदवाप्नोति यच्चाप्युत्क्रामतीश्वरः ।

गृहीत्वैतानि संयाति वायुर्गन्धानिवाशयात् ॥ १५—८ ॥

श्रोत्रं चक्षुः स्पर्शनं च रसनं घ्राणमेव च ।

अधिष्ठाय मनश्चायं विषयानुपसेवते ॥ १५—९ ॥

उत्क्रामन्तं स्थितं वापि भुञ्जानं वा गुणान्वितम् ।

विमूढा नानुपश्यन्ति पश्यन्ति ज्ञानचक्षुषः ॥ १५—१० ॥

यतन्तो योगिनश्चैनं पश्यन्त्यात्मन्यवस्थितम् ।

यतन्तोऽप्यकृतात्मानो नैनं पश्यन्त्यचेतसः ॥ १५—११ ॥

5. nirmānamohā jitasaṅgadoṣā
   adhyātmanityā vinivṛttakāmāḥ
   dvandvair vimuktāḥ sukhaduḥkhasaṃjñai-
   rgacchanty amūḍhāḥ padam avyayaṃ tat

6. na tad bhāsayate sūryo na śaśāṅko na pāvakaḥ
   yad gatvā na nivartante tad dhāma paramaṃ mama

7. mamaivāṃśo jīvaloke jīvabhūtaḥ sanātanaḥ
   manaḥṣaṣṭhānīndriyāṇi prakṛtisthāni karṣati

8. śarīraṃ yad avāpnoti yac cāpy utkrāmatīśvaraḥ
   gṛhītvaitāni saṃyāti vāyur gandhān ivāśayāt

9. śrotraṃ cakṣuḥ sparśanaṃ ca rasanaṃ ghrāṇam eva ca
   adhiṣṭhāya manaś cāyaṃ viṣayān upasevate

10. utkrāmantaṃ sthitaṃ vāpi bhuñjānaṃ vā guṇānvitam
    vimūḍhā nānupaśyanti paśyanti jñānacakṣuṣaḥ

11. yatanto yoginaś cainaṃ paśyanty ātmany avasthitam
    yatanto'py akṛtātmāno nainaṃ paśyanty acetasaḥ

15.5 Sem orgulho e [sem] ilusão, [tendo] vencido [toda] mácula de apego, sempre [fixados na] base-do-eu, [tendo] serenado [todos os] desejos [e encontrando-se] livres dos pares-de-opostos conhecidos como prazer e dor – eles vão, iniludíveis, àquele estado imutável.

15.6 O Sol não ilumina esse [estado], nem [tampouco] a Lua[4], nem o fogo. Ele é a Minha morada suprema, da qual, uma vez tendo-a alcançado, eles não retornam.

15.7 Somente um fragmento de Mim Mesmo, o perene elemento vital[5] no mundo dos viventes, atrai [para si um conjunto particular de] sentidos, [dos quais] a mente [é] o sexto[6], habitando no Cosmo (*prakriti*).

15.8 Qualquer corpo que o senhor[7] tome para si, e qualquer [corpo] do qual ascenda [novamente] – tendo-se apoderado desses [sentidos em conjunto com a mente], ele se move [com eles] da mesma maneira que o vento [leva] odores do [seu] local-de-origem [para outras partes].

15.9 Empregando a audição, a visão, o tato, o paladar e o olfato, bem como a mente, este [Eu incorporado] frui dos objetos [dos sentidos].

15.10 Associado às qualidades-primárias (*guna*), [o Eu incorporado] ascende [do corpo] ou [nele] permanece, ou frui [dos objetos] – os iludidos não veem [isso, mas] os dotados do olho do conhecimento[8] [o] veem.

15.11 E os *yogins* empenhados contemplam-no [o senhor do corpo] estabelecido em Si Mesmos, mas os néscios imperfeitos em si próprios, embora se empenhem, não o veem.

---

4. O termo com que a Lua é designada aqui é "a que tem a marca do coelho" (*shashānka*). Onde os ocidentais veem "São Jorge e o Dragão", os indianos (e outros povos asiáticos) veem um coelho.

5. A expressão *jīva-bhūta*, traduzida aqui por "elemento vital", designa o Eu imanente no mundo manifesto. Trata-se de um aspecto divino mais elevado que o fundamento-universal (Brahman). Ver nota 3 em 7.5.

6. Às vezes, a mente inferior (*manas*) é contada não como o sexto, mas como o 11º sentido ou faculdade. Isso depende de as cinco faculdades de ação (*karmendriya*) serem ou não incluídas na enumeração. Ver nota 13 em 3.6.

7. Aqui, o termo "senhor" (*īshvara*) parece referir-se ao Eu incorporado, não à Pessoa Suprema (*purushottama*), ou Deus.

8. A expressão *jnāna-cakshushah* ("dotados do olho do conhecimento") caracteriza os possuidores da sabedoria do Yoga. A expressão tem o mesmo sentido de *divya-cakshus* (o "olho divino" de 11.8).

यदादित्यगतं तेजो जगद्भासयतेऽखिलम् ।
यच्चन्द्रमसि यच्चाग्नौ तत्तेजो विद्धि मामकम् ॥ १५—१२ ॥

गामाविश्य च भूतानि धारयाम्यहमोजसा ।
पुष्णामि चौषधीः सर्वाः सोमो भूत्वा रसात्मकः ॥ १५—१३ ॥

अहं वैश्वानरो भूत्वा प्राणिनां देहमाश्रितः ।
प्राणापानसमायुक्तः पचाम्यन्नं चतुर्विधम् ॥ १५—१४ ॥

सर्वस्य चाहं हृदि सन्निविष्टो
मत्तः स्मृतिर्ज्ञानमपोहनं च ।
वेदैश्च सर्वैरहमेव वेद्यो
वेदान्तकृद्वेदविदेव चाहम् ॥ १५—१५ ॥

द्वाविमौ पुरुषौ लोके क्षरश्चाक्षर एव च ।
क्षरः सर्वाणि भूतानि कूटस्थोऽक्षर उच्यते ॥ १५—१६ ॥

उत्तमः पुरुषस्त्वन्यः परमात्मेत्युदाहृतः ।
यो लोकत्रयमाविश्य बिभर्त्यव्यय ईश्वरः ॥ १५—१७ ॥

यस्मात्क्षरमतीतोऽहमक्षरादपि चोत्तमः ।
अतोऽस्मि लोके वेदे च प्रथितः पुरुषोत्तमः ॥ १५—१८ ॥

12. yad ādityagataṃ tejo jagad bhāsayate'khilam
    yac candramasi yac cāgnau tat tejo viddhi māmakam

13. gām āviśya ca bhūtāni dhārayāmy aham ojasā
    puṣṇāmi causadhīḥ sarvāḥ somo bhūtvā rasātmakaḥ

14. ahaṃ vaiśvānaro bhūtvā prāṇināṃ deham āśritaḥ
    prāṇāpānasamāyuktaḥ pacāmy annaṃ caturvidham

15. sarvasya cāhaṃ hṛdi saṃniviṣṭo
    mattaḥ smṛtir jñānam apohanaṃ ca
    vedaiś ca sarvair aham eva vedyo
    vedāntakṛd vedavid eva cāham

16. dvāv imau puruṣau loke kṣaraś cākṣara eva ca
    kṣaraḥ sarvāṇi bhūtāni kūṭastho'kṣara ucyate

17. uttamaḥ puruṣas tv anyaḥ paramātmety udāhṛtaḥ
    yo lokatrayam āviśya bibharty avyaya īśvaraḥ

18. yasmāt kṣaram atīto'ham akṣarād api cottamaḥ
    ato'smi loke vede ca prathitaḥ puruṣottamaḥ

15.12 O brilho que entrou no Sol e ilumina todo o universo, que está na Lua e que está no fogo – estejas ciente de que esse brilho é Meu.

15.13 E, penetrando a terra[9], sustento [todos] os seres por meio de [Minha] vitalidade; tornando-Me o *soma*[10], cuja natureza é chuva-de-ambrosia, nutro todas as ervas.

15.14 Tornando-Me o [fogo] *vaishvānara*[11] situado no corpo dos viventes, conjugado com a inspiração (*prāna*) e a expiração (*apāna*), cozinho[12] os quatro alimentos[13].

15.15 E estou alojado no coração de todos. De Mim [procedem] a memória, o conhecimento e a razão, e sou aquilo [que se dá] a conhecer por [meio de] todos os Vedas. Sou [também] o autor do fim-dos-Vedas[14] e o conhecedor do Veda[15].

15.16 Dois Espíritos (*purusha*) há neste mundo, o perecível e o imperecível. O perecível é todos os seres; o imperecível é dito "aquele que reside nos cimos"[16].

15.17 Mas outro [diferente desses dois] é o Espírito inigualável chamado de Supremo Si Mesmo, que, penetrando os três mundos, sustenta[-os] como Senhor imutável.

15.18 Visto que transcendo o perecível e sou ainda mais excelso que o imperecível, sou portanto exaltado no mundo e nos *Vedas* como Purushottama[17].

---

9. Aqui o texto usa o termo raro *gā* para se referir à Terra. Shankara equipara-o a *prithivī*.

10. Seguindo Shankara, entendo que a palavra *soma* não se refere à planta de mesmo nome, que desempenhava papel crucial nos rituais védicos, mas sim à Lua, tradicionalmente correlacionada à chuva e à fertilidade. Assim, a "essência" (*rasa*) da Lua seria a chuva. Shankara diz que a Lua tem "a forma de todas as essências" (*sarvarasānām ākārah*).

11. O *vaishvanāra* é o "fogo" digestivo do estômago.

12. Aqui, a expressão "cozinho" tem o sentido de "digiro".

13. Segundo Hill (1928/1966), os "quatro alimentos" são o mastigado, o engolido ou bebido, o chupado e o lambido.

14. Hill (1928/1966) observa que o termo *vedānta*, traduzido aqui como "fim-dos-Vedas", provavelmente se refere aos Upanishads. Alguns estudiosos pensam que esse versículo é uma interpolação. De qualquer modo, o termo certamente não designa o sistema completo do Vedānta, tal como foi formulado por Shankara e outros.

15. Essa estrofe encontra-se na cadência *trishtubh*.

16. Sobre o termo *kutastha* ("que reside nos cimos"), ver a nota 7 em 6.8.

17. Sobre Purushottama, ver a nota 3 em 11.3.

यो मामेवमसंमूढो जानाति पुरुषोत्तमम् ।
स सर्वविद्भजति मां सर्वभावेन भारत ॥ १५–१९ ॥
इति गुह्यतमं शास्त्रमिदमुक्तं मयानघ ।
एतद्बुद्ध्वा बुद्धिमान्स्यात्कृतकृत्यश्च भारत ॥ १५–२० ॥

19. yo mām evam asaṃmūḍho jānāti puruṣottamam
    sa sarvavid bhajati māṃ sarvabhāvena bhārata

20. iti guhyatamaṃ śāstram idam uktaṃ mayānagha
    etad buddhvā buddhimān syāt kṛtakṛtyaś ca bhārata

15.19 Quem, iniludível, assim Me conhece como Purushottama – onisciente, ele Me adora com todo o [seu] ser (*bhāva*), ó descendente-de-Bharata.

15.20 Assim esse ensinamento secretíssimo foi declarado por Mim, ó Anagha[18]. Conhecendo-o, [a pessoa] se tornará sábia e [terá] cumprido o [seu] trabalho[19], ó descendente-de-Bharata.

---

18. Sobre o epíteto Anagha, aplicado a Arjuna, ver a nota 4 em 3.3.

19. A expressão *krita-kritya* ("cumprido o trabalho") refere-se à pessoa que desincumbiu-se de todas as suas obrigações. Isso significa que o verdadeiro *yogin* transcende a esfera dos deveres positivos e negativos e realiza espontaneamente todas as suas ações. Ver 3.22.

श्रीभगवानुवाच

अभयं सत्त्वसंशुद्धिर्ज्ञानयोगव्यवस्थितिः ।
दानं दमश्च यज्ञश्च स्वाध्यायस्तप आर्जवम् ॥ १६—१ ॥

अहिंसा सत्यमक्रोधस्त्यागः शान्तिरपैशुनं ।
दया भूतेष्वलोलुप्त्वं मार्दवं ह्रीरचापलम् ॥ १६—२ ॥

तेजः क्षमा धृतिः शौचमद्रोहो नातिमानिता ।
भवन्ति संपदं दैवीमभिजातस्य भारत ॥ १६—३ ॥

दम्भो दर्पोऽतिमानश्च क्रोधः पारुष्यमेव च ।
अज्ञानं चाभिजातस्य पार्थ संपदमासुरीम् ॥ १६—४ ॥

दैवी संपद्विमोक्षाय निबन्धायासुरी मता ।
मा शुचः संपदं दैवीमभिजातोऽसि पाण्डव ॥ १६—५ ॥

द्वौ भूतसर्गौ लोकेऽस्मिन्दैव आसुर एव च ।
दैवो विस्तरशः प्रोक्त आसुरं पार्थ मे शृणु ॥ १६—६ ॥

प्रवृत्तिं च निवृत्तिं च जना न विदुरासुराः ।
न शौचं नापि चाचारो न सत्यं तेषु विद्यते ॥ १६—७ ॥

śrībhagavān uvāca

1. abhayaṃ sattvasaṃśuddhir jñānayogavyavasthitiḥ
   dānaṃ damaś ca yajñaś ca svādhyāyas tapa ārjavam

2. ahiṃsā satyam akrodhas tyāgaḥ śāntir apaiśunam
   dayā bhūteṣv aloluptvaṃ mārdavaṃ hrīr acāpalam

3. tejaḥ kṣamā dhṛtiḥ śaucam adroho nātimānitā
   bhavanti saṃpadaṃ daivīm abhijātasya bhārata

4. dambho darpo'timānaś ca krodhaḥ pāruṣyam eva ca
   ajñānaṃ cābhijātasya pārtha saṃpadam āsurīm

5. daivī saṃpad vimokṣāya nibandhāyāsurī matā
   mā śucaḥ saṃpadaṃ daivīm abhijāto'si pāṇḍava

6. dvau bhūtasargau loke'smin daiva āsura eva ca
   daivo vistaraśaḥ prokta āsuraṃ pārtha me śṛṇu

7. pravṛttiṃ ca nivṛttiṃ ca janā na vidur āsurāḥ
   na śaucaṃ nāpi cācāro na satyaṃ teṣu vidyate

CAPÍTULO 16

O YOGA DA DISTINÇÃO ENTRE OS DESTINOS DIVINO E DEMONÍACO

Disse o Senhor Bendito:

16.1 Destemor, pureza do *sattva*, perseverança no Yoga do conhecimento, caridade, autocontrole e sacrifício, estudo (*svādhyāya*), ascese, retidão,

16.2 não violência, veracidade, ausência-de-ira, abandono [de tudo o que é mundano], paz, não caluniar, bondade para com [todos] os seres, não cobiçar, mansidão, modéstia, ausência-de-pressa,

16.3 vigor (*tejas*), paciência, fortaleza, pureza, ausência-de-malícia, não [ter] orgulho em excesso – [estes] são [os dotes] daquele que nasceu para um destino divino, ó descendente-de-Bharata.

16.4 Ostentação, arrogância e presunção-excessiva, ira, bem como rispidez e ignorância – [estes são] os dotes daquele que nasceu para um destino demoníaco, ó filho-de-Prithā[1].

16.5 Considera-se que o destino divino [conduz] à libertação e o demoníaco, à escravidão. Não te aflijas! Nasceste para um destino divino, ó filho-de-Pāndu[2].

16.6 Dois [tipos de] seres foram criados neste mundo – os divinos e os demoníacos. [Sobre] os divinos, [já] falei longamente. Ouve-Me [falar agora] sobre os demoníacos, ó filho-de-Prithā.

16.7 As pessoas demoníacas não conhecem [os caminhos da] atividade e [da] cessação[3]. Nelas não se encontra tampouco a pureza, nem a boa conduta, nem a veracidade.

---

1. Sobre o epíteto filho-de-Prithā (Pārtha), ver a nota 18 em 1.25.

2. Sobre o epíteto filho-de-Pāndu (Pāndava), ver a nota 61 em 10.37.

3. Os termos *pravritti* ("atividade") e *nivritti* ("cessação"), juntos, em geral, se referem respectivamente às atividades mundanas e à renúncia a elas. (Ver também 18.30) Mas também podem ter sentidos cosmológicos, a saber, os de "criação" e "dissolução".

असत्यमप्रतिष्ठं ते जगदाहुरनीश्वरम् ।
अपरस्परसंभूतं किमन्यत्कामहैतुकम् ॥ १६—८ ॥

एतां दृष्टिमवष्टभ्य नष्टात्मानोऽल्पबुद्धयः ।
प्रभवन्त्युग्रकर्माणः क्षयाय जगतोऽहिताः ॥ १६—९ ॥

काममाश्रित्य दुष्पूरं दम्भमानमदान्विताः ।
मोहाद्गृहीत्वाऽसद्ग्राहान्प्रवर्तन्तेऽशुचिव्रताः ॥ १६—१० ॥

चिन्तामपरिमेयां च प्रलयान्तामुपाश्रिताः ।
कामोपभोगपरमा एतावदिति निश्चिताः ॥ १६—११ ॥

आशापाशशतैर्बद्धाः कामक्रोधपरायणाः ।
ईहन्ते कामभोगार्थमन्यायेनार्थसंचयान् ॥ १६—१२ ॥

इदमद्य मया लब्धमिमं प्राप्स्ये मनोरथम् ।
इदमस्तीदमपि मे भविष्यति पुनर्धनम् ॥ १६—१३ ॥

असौ मया हतः शत्रुर्हनिष्ये चापरानपि ।
ईश्वरोऽहमहं भोगी सिद्धोऽहं बलवान्सुखी ॥ १६—१४ ॥

आढ्योऽभिजनवानस्मि कोऽन्योऽस्ति सदृशो मया ।
यक्ष्ये दास्यामि मोदिष्य इत्यज्ञानविमोहिताः ॥ १६—१५ ॥

8. asatyam apratiṣṭhaṃ te jagad āhur anīśvaram
   aparasparasaṃbhūtaṃ kim anyat kāmahaitukam

9. etāṃ dṛṣṭim avaṣṭabhya naṣṭātmāno'lpabuddhayaḥ
   prabhavanty ugrakarmāṇaḥ kṣayāya jagato'hitāḥ

10. kāmam āśritya duṣpūraṃ dambhamānamadānvitāḥ
    mohād gṛhītvā'sadgrāhān pravartante'śucivratāḥ

11. cintām aparimeyāṃ ca pralayāntām upāśritāḥ
    kāmopabhogaparamā etāvad iti niścitāḥ

12. āśāpāśaśatair baddhāḥ kāmakrodhaparāyaṇāḥ
    īhante kāmabhogārtham anyāyenārthasaṃcayān

13. idam adya mayā labdham imaṃ prāpsye manoratham
    idam astīdam api me bhaviṣyati punar dhanam

14. asau mayā hataḥ śatrur haniṣye cāparān api
    īśvaro'ham ahaṃ bhogī siddho'ham balavān sukhī

15. āḍhyo'bhijanavān asmi ko'nyo'sti sadṛśo mayā
    yakṣye dāsyāmi modiṣya ity ajñānavimohitāḥ

16.8 Elas dizem: "O universo não tem verdade, não tem fundamento, não tem um senhor, não é produzido em sequência; o que mais [pode] causá-lo [senão] o desejo?"

16.9 Sustentando essa opinião, [esses] seres perdidos, de exígua sabedoria (*buddhi*) e atos cruéis, surgem como inimigos para destruir o universo.

16.10 Mergulhados num desejo insaciável, possuídos pela ostentação, [pelo] orgulho e [pela] embriaguez, sustentando concepções inverídicas pela ilusão, eles põem em prática votos impuros.

16.11 E, obcecados por inúmeras preocupações que [só] terminam com a dissolução [da morte], [tendo] a satisfação dos desejos como [objetivo] supremo – [eles estão] convictos de que isso [é tudo].

16.12 Agrilhoados por centenas de correntes de esperança, entregues ao desejo [e] à ira, eles buscam acumular riquezas por meios injustos, com o [único] objetivo de satisfazer a [seus] desejos.

16.13 "Isto foi adquirido por mim hoje" – "Realizarei esta 'carruagem da mente' "[4] – "Isto é meu e aquelas riquezas também serão [minhas]" –

16.14 "Aquele inimigo foi morto por mim e matarei ainda [muitos] outros" – "eu sou o senhor" – "sou o fruidor" – "sou perfeito, poderoso e feliz" –

16.15 "Sou rico, bem nascido" – "Quem mais é como eu?" – "Oferecerei sacrifícios, farei caridade e regozijar-me-ei!" – Assim [falam aqueles que são] iludidos pela ignorância.

---

4. A palavra *manoratha* ("carruagem da mente") significa "capricho" ou "fantasia".

अनेकचित्तविभ्रान्ता मोहजालसमावृताः ।
प्रसक्ताः कामभोगेषु पतन्ति नरकेऽशुचौ ॥ १६—१६ ॥

आत्मसंभाविताः स्तब्धा धनमानमदान्विताः ।
यजन्ते नामयज्ञैस्ते दम्भेनाविधिपूर्वकम् ॥ १६—१७ ॥

अहंकारं बलं दर्पं कामं क्रोधं च संश्रिताः ।
मामात्मपरदेहेषु प्रद्विषन्तोऽभ्यसूयकाः ॥ १६—१८ ॥

तानहं द्विषतः क्रूरान्संसारेषु नराधमान् ।
क्षिपाम्यजस्रमशुभानासुरीष्वेव योनिषु ॥ १६—१९ ॥

आसुरीं योनिमापन्ना मूढा जन्मनि जन्मनि ।
मामप्राप्यैव कौन्तेय ततो यान्त्यधमां गतिम् ॥ १६—२० ॥

त्रिविधं नरकस्येदं द्वारं नाशनमात्मनः ।
कामः क्रोधस्तथा लोभस्तस्मादेतत्त्रयं त्यजेत् ॥ १६—२१ ॥

एतैर्विमुक्तः कौन्तेय तमोद्वारैस्त्रिभिर्नरः ।
आचरत्यात्मनः श्रेयस्ततो याति परां गतिम् ॥ १६—२२ ॥

यः शास्त्रविधिमुत्सृज्य वर्तते कामकारतः ।
न स सिद्धिमवाप्नोति न सुखं न परां गतिम् ॥ १६—२३ ॥

16. anekacittavibhrāntā mohajālasamāvṛtāḥ
    prasaktāḥ kāmabhogeṣu patanti narake'śucau

17. ātmasaṃbhāvitāḥ stabdhā dhanamānamadānvitāḥ
    yajante nāmayajñais te dambhenāvidhipūrvakam

18. ahaṃkāraṃ balaṃ darpaṃ kāmaṃ krodhaṃ ca saṃśritāḥ
    mām ātmaparadeheṣu pradviṣanto'bhyasūyakāḥ

19. tān ahaṃ dviṣataḥ krūrān saṃsāreṣu narādhamān
    kṣipāmy ajasram aśubhān āsurīṣv eva yoniṣu

20. āsurīṃ yonim āpannā mūḍhā janmani janmani
    mām aprāpyaiva kaunteya tato yānty adhamāṃ gatim

21. trividhaṃ narakasyedaṃ dvāraṃ nāśanam ātmanaḥ
    kāmaḥ krodhas tathā lobhas tasmād etat trayaṃ tyajet

22. etair vimuktaḥ kaunteya tamodvārais tribhir naraḥ
    ācaraty ātmanaḥ śreyas tato yāti parāṃ gatim

23. yaḥ śāstravidhim utsṛjya vartate kāmakārataḥ
    na sa siddhim avāpnoti na sukhaṃ na parāṃ gatim

16.16 Desencaminhados por muitos pensamentos, emaranhados numa rede de ilusão, afeitos à satisfação dos desejos – eles caem num inferno impuro.

16.17 Presunçosos, obstinados, cheios de embriaguez [e] orgulho das riquezas – eles oferecem sacrifícios [puramente] nominais (*nāma*), com hipocrisia [e] sem seguir as regras [prescritas].

16.18 Aferrados ao sentido-do-ego, à força, à arrogância, ao desejo e à ira – [esses] detratores odeiam a Mim, [que habito] em seus próprios (*ātman*) corpos [e] em outros.

16.19 Esses [seres] rancorosos e cruéis, nefastos, os mais vis dos homens – incessantemente [torno a] lançá-los no ciclo [dos nascimentos e das mortes e obrigo-os a nascer de novo] em úteros demoníacos.

16.20 Caídos em úteros demoníacos, iludidos de nascimento em nascimento sem, em verdade, alcançar a Mim – [esses seres infelizes] trilham portanto o mais baixo dos caminhos[5], ó filho-de-Kuntī[6].

16.21 É tríplice este portão do inferno [que conduz à] autodestruição: o desejo, a ira e também a cobiça. Deve-se, portanto, abandonar essa tríade.

16.22 O homem liberto desses três portões da escuridão busca o melhor para si e, assim, trilha o caminho supremo [rumo à libertação], ó filho-de-Kuntī.

16.23 Aquele que segue os estímulos dos desejos, descartando os estatutos das escrituras[7], não alcança a perfeição, nem a alegria, nem o caminho supremo.

---

5. O mais baixo dos caminhos é o inferno, que se opõe à emancipação.

6. Sobre o epíteto filho-de-Kuntī (Kaunteya), ver a nota 19 em 1.27.

7. Esse termo provavelmente se refere tanto aos Vedas quanto à literatura dos Dharma-Shāstras (textos que reúnem as prescrições morais e legais).

तस्माच्छास्त्रं प्रमाणं ते कार्याकार्यव्यवस्थितौ ।
ज्ञात्वा शास्त्रविधानोक्तं कर्म कर्तुमिहार्हसि ॥ १६—२४ ॥

24. tasmāc chāstram pramāṇam te kāryākāryavyavasthitau
    jñātvā śāstravidhānoktam karma kartum ihārhasi

16.24 Assim sendo, [é] o critério das escrituras [que] te [deve orientar] na determinação do que se deve[8] [e] do que não se deve fazer. Conhecendo o prescrito pelos estatutos das escrituras, deves executar as ações [que te cabem] aqui [neste mundo].

---

8. O termo *kārya* ("certo") significa literalmente "[o que] deve ser feito".

अर्जुन उवाच

ये शास्त्रविधिमुत्सृज्य यजन्ते श्रद्धयान्विताः ।
तेषां निष्ठा तु का कृष्ण सत्त्वमाहो रजस्तमः ॥ १७—१ ॥

श्रीभगवानुवाच

त्रिविधा भवति श्रद्धा देहिनां सा स्वभावजा ।
सात्त्विकी राजसी चैव तामसी चेति तां शृणु ॥ १७—२ ॥

सत्त्वानुरूपा सर्वस्य श्रद्धा भवति भारत ।
श्रद्धामयोऽयं पुरुषो यो यच्छ्रद्धः स एव सः ॥ १७—३ ॥

यजन्ते सात्त्विका देवान्यक्षरक्षांसि राजसाः ।
प्रेतान्भूतगणांश्चान्ये यजन्ते तामसा जनाः ॥ १७—४ ॥

arjuna uvāca

1. ye śāstravidhim utsṛjya yajante śraddhayānvitāḥ
   teṣāṃ niṣṭhā tu kā kṛṣṇa sattvam āho rajas tamaḥ

   śrībhagavān uvāca

2. trividhā bhavati śraddhā dehināṃ sā svabhāvajā
   sāttvikī rājasī caiva tāmasī ceti tāṃ śṛṇu

3. sattvānurūpā sarvasya śraddhā bhavati bhārata
   śraddhāmayo'yaṃ puruṣo yo yacchraddhaḥ sa eva saḥ

4. yajante sāttvikā devān yakṣarakṣāṃsi rājasāḥ
   pretān bhūtagaṇāṃś cānye yajante tāmasā janāḥ

Capítulo 17

O Yoga da Distinção entre os Três Tipos de Fé

Arjuna disse:

17.1 [Aqueles] que sacrificam descartando os estatutos das escrituras [e, no entanto, são] dotados de fé – qual é o seu modo-de-vida[1], ó Krishna? *Sattva*, *rajas* ou *tamas*?

Disse o Senhor Bendito:

17.2 É tríplice a fé das essências-incorporadas (*dehin*), nascida do [seu] ser-próprio: [tem ela] a natureza de *sattva*, *rajas* ou *tamas*. Ouve [mais sobre] isso.

17.3 A fé de todo [ente] corresponde à sua essência[2], ó descendente-de-Bharata. Essa pessoa (*purusha*) [mortal] tem a forma da [sua] fé. Como quer que seja a sua fé, assim, em verdade, é a pessoa.

17.4 Os que têm a natureza de *sattva* adoram os deuses. Os que têm a natureza de *rajas* [adoram] os Yakshas[3] e os Rākshasas[4]. E os outros, as pessoas que têm a natureza de *tamas*, adoram as almas penadas[5] e a multidão dos elementais.

---

1. A palavra *nishthā* também ocorre nas estrofes 3.3 e 18.50 (ver a nota 30 nesta última).

2. O texto sânscrito diz *sattva*, traduzido aqui como "essência". Segundo Abrinavagupta, esse termo é sinônimo de *svabhāva*.

3. Sobre os Yakshas, ver a nota 22 em 10.23.

4. Sobre os Rākshashas, ver a nota 23 em 10.23.

5. Os *pretas*, termo traduzido aqui por "almas penadas", são o que poderíamos chamar de "fantasmas". Hill (1928/1966) apresenta esta nota esclarecedora: "Supõe-se, em geral, que o *preta* seja o espírito de uma pessoa morta cujos ritos funerários não foram executados ou terminados da forma prescrita, e que, consequentemente, não pode se transformar num *pitri* [espírito de um antepassado]; diz-se que o *preta* entra nos corpos dos mortos e assombra os cemitérios e outros lugares de mau agouro."

अशास्त्रविहितं घोरं तप्यन्ते ये तपो जनाः ।
दम्भाहंकारसंयुक्ताः कामरागबलान्विताः ॥ १७—५ ॥

कर्शयन्तः शरीरस्थं भूतग्राममचेतसः ।
मां चैवान्तःशरीरस्थं तान्विद्ध्याचासुरनिश्चयान् ॥ १७—६ ॥

आहारस्त्वपि सर्वस्य त्रिविधो भवति प्रियः ।
यज्ञस्तपस्तथा दानं तेषां भेदमिमं शृणु ॥ १७—७ ॥

आयुःसत्त्वबलारोग्यसुखप्रीतिविवर्धनाः ।
रस्याः स्निग्धाः स्थिरा हृद्या आहाराः सात्त्विकप्रियाः ॥ १७—८ ॥

कट्वम्ललवणात्युष्णतीक्ष्णरूक्षविदाहिनः ।
आहारा राजसस्येष्टा दुःखशोकामयप्रदाः ॥ १७—९ ॥

यातयामं गतरसं पूति पर्युषितं च यत् ।
उच्छिष्टमपि चामेध्यं भोजनं तामसप्रियम् ॥ १७—१० ॥

अफलाकाङ्क्षिभिर्यज्ञो विधिदृष्टो य इज्यते ।
यष्टव्यमेवेति मनः समाधाय स सात्त्विकः ॥ १७—११ ॥

अभिसंधाय तु फलं दम्भार्थमपि चैव यत् ।
इज्यते भरतश्रेष्ठ तं यज्ञं विद्धि राजसम् ॥ १७—१२ ॥

5. aśāstravihitaṁ ghoraṁ tapyante ye tapo janāḥ
   dambhāhaṁkārasamyuktāḥ kāmarāgabalānvitāḥ

6. karśayantaḥ śarīrasthaṁ bhūtagrāmam acetasaḥ
   māṁ caivāntaḥśarīrasthaṁ tān viddhy āsuraniścayān

7. āhāras tv api sarvasya trividho bhavati priyaḥ
   yajñas tapas tathā dānaṁ teṣāṁ bhedam imaṁ śṛṇu

8. āyuḥsattvabalārogyasukhaprītivivardhanāḥ
   rasyāḥ snigdhāḥ sthirā hṛdyā āhārāḥ sāttvikapriyāḥ

9. kaṭvamlalavaṇātyuṣṇatīkṣṇarūkṣavidāhinaḥ
   āhārā rājasasyeṣṭā duḥkhaśokāmayapradāḥ

10. yātayāmaṁ gatarasaṁ pūti paryuṣitam ca yat
    ucchiṣṭam api cāmedhyaṁ bhojanaṁ tāmasapriyam

11. aphalākāṅkṣibhir yajño vidhidṛṣṭo ya ijyate
    yaṣṭavyam eveti manaḥ samādhāya sa sāttvikaḥ

12. abhisaṁdhāya tu phalaṁ dambhārtham api caiva yat
    ijyate bharataśreṣṭha taṁ yajñaṁ viddhi rājasam

17.5 As pessoas que suportam[6] horríveis asceses não ordenadas pelas escrituras, imbuídas de ostentação e do sentido-do-ego, impelidas pela força do desejo e [da] paixão,

17.6 oprimindo loucamente o agregado dos elementos que habitam no corpo e, [assim, oprimindo] também a Mim que habito dentro do corpo – estejas ciente de que estas [têm] intenção demoníaca.

17.7 Até o alimento, caro a todos, é tríplice. Assim também o são os sacrifícios, a ascese e a caridade. Ouve isto [agora] a respeito das suas distinções.

17.8 Os alimentos [que] promovem a vida, a lucidez, a força, a saúde, a alegria e o deleitamento, [que são] saborosos, ricos-em-gordura[7], firmes e [alegram o] coração – [estes são] caros aos que têm a natureza de *sattva*.

17.9 Os alimentos picantes, azedos, salgados, quentes, pungentes, adstringentes e causticantes – [estes são] desejados pelos que têm a natureza de *rajas*. Causam dor, sofrimento e doenças.

17.10 E [os alimentos] estragados, sem sabor, pútridos, velhos, residuais e impuros – são alimentos agradáveis para o [indivíduo] que tem a natureza de *tamas*[8].

17.11 O sacrifício oferecido de acordo com os estatutos [das escrituras] por [aqueles que] não desejam [seu] fruto [e que], concentrando a mente, [pensam somente] "o sacrifício deve ser oferecido" – tal [sacrifício] tem a natureza de *sattva*.

17.12 Mas o sacrifício oferecido com a expectativa do fruto [e] também com a finalidade de ostentação – estejas ciente, ó Bharatashreshtha[9], de que este tem a natureza de *rajas*.

---

6. A palavra *tapyante*, aqui traduzida por "suportam", vem da raiz *tap*, que significa "queimar".

7. O termo *snigdha*, traduzido aqui por "ricos-em-gordura", também já foi traduzido por "ricos" (Edgerton 1944), "macios" (Radhakrishnan 1948), "gordurosos" (Hill 1928/1966), "gordos" (Bhaktivedanta Swami 1983) e "lisos" (Sargeant 1984). Nataraja Guru adota "ricos" e faz a seguinte observação adicional: "Alguns cometeram o erro de traduzir [o plural] *snigdhāh* (ricos) por 'insípido' ou 'sem gosto'. Essa atribuição de sentido é sinal somente de uma certa moda dietética."

8. Sargeant (1984) faz o seguinte comentário, bastante parcial: "Não é difícil detectar nesse versículo e nos dois anteriores uma influência da casta brâmane, insistindo em sua superioridade de maneira quase cômica." Está muito claro que os versículos em questão não procuram provar a superioridade dos brâmanes, mas somente promover uma dieta equilibrada.

9. Bharatashreshtha é um epíteto de Arjuna e significa "Melhor dos Bharatas".

विधिहीनमसृष्टान्नं मन्त्रहीनमदक्षिणम् ।
श्रद्धाविरहितं यज्ञं तामसं परिचक्षते ॥ १७—१३ ॥

देवद्विजगुरुप्राज्ञपूजनं शौचमार्जवम् ।
ब्रह्मचर्यमहिंसा च शारीरं तप उच्यते ॥ १७—१४ ॥

अनुद्वेगकरं वाक्यं सत्यं प्रियहितं च यत् ।
स्वाध्यायाभ्यसनं चैव वाङ्मयं तप उच्यते ॥ १७—१५ ॥

मनःप्रसादः सौम्यत्वं मौनमात्मविनिग्रहः ।
भावसंशुद्धिरित्येतत्तपो मानसमुच्यते ॥ १७—१६ ॥

श्रद्धया परया तप्तं तपस्तत्त्रिविधं नरैः ।
अफलाकाङ्क्षिभिर्युक्तैः सात्त्विकं परिचक्षते ॥ १७—१७ ॥

सत्कारमानपूजार्थं तपो दम्भेन चैव यत् ।
क्रियते तदिह प्रोक्तं राजसं चलमध्रुवम् ॥ १७—१८ ॥

मूढग्राहेणात्मनो यत्पीडया क्रियते तपः ।
परस्योत्सादनार्थं वा तत्तामसमुदाहृतम् ॥ १७—१९ ॥

13. vidhihīnam asṛṣṭānnaṃ mantrahīnam adakṣiṇam
    śraddhāvirahitaṃ yajñaṃ tāmasaṃ paricakṣate

14. devadvijaguruprājñapūjanaṃ śaucam ārjavam
    brahmacaryam ahiṃsā ca śārīraṃ tapa ucyate

15. anudvegakaraṃ vākyaṃ satyaṃ priyahitaṃ ca yat
    svādhyāyābhyasanaṃ caiva vāṅmayaṃ tapa ucyate

16. manaḥprasādaḥ saumyatvaṃ maunam ātmavinigrahaḥ
    bhāvasaṃśuddhir ity etat tapo mānasam ucyate

17. śraddhayā parayā taptaṃ tapas tat trividhaṃ naraiḥ
    aphalākāṅkṣibhir yuktaiḥ sāttvikaṃ paricakṣate

18. satkāramānapūjārthaṃ tapo dambhena caiva yat
    kriyate tad iha proktaṃ rājasaṃ calam adhruvam

19. mūḍhagrāheṇātmano yat pīḍayā kriyate tapaḥ
    parasyotsādanārthaṃ vā tat tāmasam udāhṛtam

17.13 O sacrifício [oferecido] sem os estatutos [das escrituras], sem a oferenda de alimento, sem mantras, sem remuneração [ao sacerdote], sem fé – declara-se ter [este] a natureza de *tamas*.

17.14 A adoração aos deuses, aos nascidos duas vezes[10], aos mestres [e] aos sábios, [bem como] a pureza, a retidão, a castidade e a não violência – [a isso] se chama ascese do corpo.

17.15 As palavras que não causam inquietação, verazes, agradáveis e benéficas, bem como a prática do estudo de si (*svādhyāya*) – [a isso] se chama ascese da fala[11].

17.16 A serenidade da mente, a benignidade, o silêncio, o autocontrole e a purificação dos estados [interiores] – a isso se chama ascese da mente.

17.17 Essa tríplice ascese, suportada com suprema fé por homens jungidos e que não anseiam pelo fruto [de seus atos] – declara-se ter [ela] a natureza de *sattva*.

17.18 A ascese realizada com a finalidade de [se obter] o beneplácito, a honra e a reverência [das pessoas], por ostentação – declara-se ter ela, aqui [neste mundo], a natureza de *rajas*, [sendo] leviana [e] instável.

17.19 A ascese realizada com a enganosa noção (*graha*) de torturar a si mesmo ou com a finalidade de arruinar outra [pessoa] – tal é descrita [como] tendo a natureza de *tamas*.

---

10. Sobre o termo *dvija* ("nascido duas vezes"), ver a nota 2 em 1.7.

11. O texto sânscrito traz *vān-mayan tapah*, que significa literalmente "ascese feita de fala" e também poderia ser traduzido como "ascese vocal".

दातव्यमिति यद्दानं दीयतेऽनुपकारिणे ।
देशे काले च पात्रे च तद्दानं सात्त्विकं स्मृतम् ॥ १७—२० ॥

यत्तु प्रत्युपकारार्थं फलमुद्दिश्य वा पुनः ।
दीयते च परिक्लिष्टं तद्दानं राजसं स्मृतम् ॥ १७—२१ ॥

अदेशकाले यद्दानमपात्रेभ्यश्च दीयते ।
असत्कृतमवज्ञातं तत्तामसमुदाहृतम् ॥ १७—२२ ॥

ॐ तत्सदिति निर्देशो ब्रह्मणस्त्रिविधः स्मृतः ।
ब्राह्मणास्तेन वेदाश्च यज्ञाश्च विहिताः पुरा ॥ १७—२३ ॥

तस्मादोमित्युदाहृत्य यज्ञदानतपःक्रियाः ।
प्रवर्तन्ते विधानोक्ताः सततं ब्रह्मवादिनाम् ॥ १७—२४ ॥

तदित्यनभिसंधाय फलं यज्ञतपःक्रियाः ।
दानक्रियाश्च विविधाः क्रियन्ते मोक्षकाङ्क्षिभिः ॥ १७—२५ ॥

सद्भावे साधुभावे च सदित्येतत्प्रयुज्यते ।
प्रशस्ते कर्मणि तथा सच्छब्दः पार्थ युज्यते ॥ १७—२६ ॥

20. dātavyam iti yad dānaṃ dīyate'nupakāriṇe
    deśe kāle ca pātre ca tad dānaṃ sāttvikaṃ smṛtam

21. yat tu pratyupakārārthaṃ phalam uddiśya vā punaḥ
    dīyate ca parikliṣṭaṃ tad dānaṃ rājasaṃ smṛtam

22. adeśakāle yad dānam apātrebhyaś ca dīyate
    asatkṛtam avajñātaṃ tat tāmasam udāhṛtam

23. oṃ tat sad iti nirdeśo brahmaṇas trividhaḥ smṛtaḥ
    brāhmaṇās tena vedāś ca yajñāś ca vihitāḥ purā

24. tasmād oṃ ity udāhṛtya yajñadānatapaḥkriyāḥ
    pravartante vidhānoktāḥ satataṃ brahmavādinām

25. tad ity anabhisaṃdhāya phalaṃ yajñatapaḥkriyāḥ
    dānakriyāś ca vividhāḥ kriyante mokṣakāṅkṣibhiḥ

26. sadbhāve sādhubhāve ca sad ity etat prayujyate
    praśaste karmaṇi tathā sacchabdaḥ pārtha yujyate

17.20 O presente dado [pelo simples fato de que os presentes] devem ser dados, a [uma pessoa de quem não se pode esperar] nenhum favor, no lugar e no tempo [corretos] e a uma pessoa-digna – sustenta-se ter este a natureza de *sattva*.

17.21 Mas o presente [dado] com a finalidade de [se obter] um favor ou que, mais uma vez, visa ao fruto [na outra vida], e é dado com relutância – sustenta-se ter tal presente a natureza de *rajas*.

17.22 O presente que não é dado no lugar e no tempo [corretos] e [é dado] a pessoas-indignas, com desrespeito ou desprezo – proclama-se que tal [presente] tem a natureza de *tamas*.

17.23 OM TAT SAT[12] – sustenta-se ser esta a tríplice designação de Brahman. Por ela, em tempos antigos, foram estatuídos os *brāhmanas*, os Vedas e os sacrifícios.

17.24 Portanto, pronunciando o OM, os expositores de Brahman sempre executam os ritos de sacrifício, caridade e ascese declarados por prescrição [nas sagradas escrituras].

17.25 TAT – [os que] almejam a libertação executam vários ritos de sacrifício [e] ascese, bem como ritos de caridade, sem ter por objetivo o fruto [de seus atos].

17.26 SAT – esta [palavra] é empregada no [sentido de] "real" e no [sentido de] "bom". A palavra SAT também é empregada em [referência às] ações dignas de louvor, ó filho-de-Prithā[13].

---

12. O sentido literal das palavras sagradas OM TAT SAT é "OM, Isto [é] real". "Isto" (TAT) é o Si Mesmo transcendente, o Espírito. SAT está explicada em 17.26.

13. Sobre o epíteto filho-de-Prithā (Pārtha), ver a nota 18 em 1.25.

यज्ञे तपसि दाने च स्थितिः सदिति चोच्यते ।
कर्म चैव तदर्थीयं सदित्येवाभिधीयते ॥ १७—२७ ॥
अश्रद्धया हुतं दत्तं तपस्तप्तं कृतं च यत् ।
असदित्युच्यते पार्थ न च तत्प्रेत्य नो इह ॥ १७—२८ ॥

27. yajñe tapasi dāne ca sthitiḥ sad iti cocyate
    karma caiva tadarthīyaṃ sad ity evābhidhīyate

28. aśraddhayā hutaṃ dattaṃ tapas taptaṃ kṛtaṃ ca yat
    asad ity ucyate pārtha na ca tat pretya no iha

17.27 SAT é chamada a perseverança nos sacrifícios, na ascese e na caridade. Além disso, as ações [executadas] com essa finalidade são denominadas SAT.

17.28 Qualquer oblação oferecida, [qualquer] ascese suportada, [qualquer coisa que] se faça sem fé – a isso se chama *asat*, ó filho-de-Prithā, e de nada [vale] para nós, [nem] aqui [nem] na outra vida.

अर्जुन उवाच ।

संन्यासस्य महाबाहो तत्त्वमिच्छामि वेदितुम् ।
त्यागस्य च हृषीकेश पृथक्केशिनिषूदन ॥ १८—१ ॥

श्रीभगवानुवाच ।

काम्यानां कर्मणां न्यासं संन्यासं कवयो विदुः ।
सर्वकर्मफलत्यागं प्राहुस्त्यागं विचक्षणाः ॥ १८—२ ॥

त्याज्यं दोषवदित्येके कर्म प्राहुर्मनीषिणः ।
यज्ञदानतपःकर्म न त्याज्यमिति चापरे ॥ १८—३ ॥

निश्चयं शृणु मे तत्र त्यागे भरतसत्तम ।
त्यागो हि पुरुषव्याघ्र त्रिविधः संप्रकीर्तितः ॥ १८—४ ॥

यज्ञदानतपःकर्म न त्याज्यं कार्यमेव तत् ।
यज्ञो दानं तपश्चैव पावनानि मनीषिणाम् ॥ १८—५ ॥

एतान्यपि तु कर्माणि सङ्गं त्यक्त्वा फलानि च ।
कर्तव्यानीति मे पार्थ निश्चितं मतमुत्तमम् ॥ १८—६ ॥

arjuna uvāca

1. saṃnyāsasya mahābāho tattvam icchāmi veditum
    tyāgasya ca hṛṣīkeśa pṛthakkeśiniṣūdana

    śrībhagavān uvāca

2. kāmyānāṃ karmaṇāṃ nyāsaṃ saṃnyāsaṃ kavayo viduḥ
    sarvakarmaphalatyāgaṃ prāhus tyāgaṃ vicakṣaṇāḥ

3. tyājyaṃ doṣavadityeke karma prāhur manīṣiṇaḥ
    yajñadānatapaḥkarma na tyājyam iti cāpare

4. niścayaṃ śṛṇu me tatra tyāge bharatasattama
    tyāgo hi puruṣavyāghra trividhaḥ samprakīrtitaḥ

5. yajñadānatapaḥkarma na tyājyaṃ kāryam eva tat
    yajño dānaṃ tapaś caiva pāvanāni manīṣiṇām

6. etāny api tu karmāṇi saṅgaṃ tyaktvā phalāni ca
    kartavyānīti me pārtha niścitaṃ matam uttamam

CAPÍTULO 18

O YOGA DA RENÚNCIA E DA LIBERTAÇÃO

Arjuna disse:

18.1 Quero saber a verdade sobre a renúncia (*samnyāsa*), ó [Krishna] dos braços fortes, e além [disso], ó Hrishīkesha[1], sobre o abandono (*tyāga*), ó Keshinishūdana[2].

Disse o Senhor Bendito:

18.2 Lançar fora a ação nascida-do-desejo [é o que] os bardos [videntes] conhecem como renúncia. O abandono do fruto de todas as ações [é o que] os sábios declaram [ser] o abandono.

18.3 "A ação maculada[3] deve ser abandonada" – assim dizem alguns [homens] sensatos. "Os atos [de] sacrifício, caridade e ascese não devem ser abandonados" – assim [dizem] outros.

18.4 Ouve [agora] a Minha convicção sobre esse abandono, ó Bharatasattama[4]. Declara-se que o abandono é tríplice, ó Purushavyāghra[5].

18.5 Os atos [de] sacrifício, caridade e ascese não devem ser abandonados; em verdade, devem ser executados. O sacrifício, a caridade e a ascese são purificadores para os sensatos.

18.6 Mas, tendo-se abandonado [todo] o apego e os frutos [das ações], até essas ações devem ser executadas – é essa a Minha convicção (*mata*) conclusiva e suprema (*uttama*), ó filho-de-Prithā[6].

---

1. Sobre o epíteto Hrishīkesha, ver a nota 5 em 1.15.

2. O epíteto Keshinishūdana ("Matador de Keshin") refere-se ao fato de Krishna ter matado o demônio Keshin. Às vezes se usa a ortografia *Keshinisūdana*.

3. O adjetivo "maculada", em sânscrito, é *doshavat*. As máculas (*dosha*) são todas aquelas características da mente que tornam uma ação karmicamente nefasta. As seguintes cinco máculas, ou defeitos, são frequentemente mencionadas em conjunto: a luxúria ou desejo (*kāma*), a ira (*krodha*), a cobiça (*lobha*), o medo (*bhaya*) e a ilusão ou engano (*moha*).

4. Bharatasattama, epíteto que segue o modelo de Kurusattama (4.31), significa "Primeiro dos Bharatas".

5. Purushavyāghra significa literalmente "homem-tigre".

6. Sobre o epíteto filho-de-Prithā (Pārtha), ver a nota 18 em 1.25.

नियतस्य तु संन्यासः कर्मणो नोपपद्यते ।
मोहात्तस्य परित्यागस्तामसः परिकीर्तितः ॥ १८—७ ॥
दुःखमित्येव यत्कर्म कायक्लेशभयात्त्यजेत् ।
स कृत्वा राजसं त्यागं नैव त्यागफलं लभेत् ॥ १८—८ ॥
कार्यमित्येव यत्कर्म नियतं क्रियतेऽर्जुन ।
सङ्गं त्यक्त्वा फलं चैव स त्यागः सात्त्विको मतः ॥ १८—९ ॥
न द्वेष्ट्यकुशलं कर्म कुशले नानुषज्जते ।
त्यागी सत्त्वसमाविष्टो मेधावी छिन्नसंशयः ॥ १८—10 ॥
न हि देहभृता शक्यं त्यक्तुं कर्माण्यशेषतः ।
यस्तु कर्मफलत्यागी स त्यागीत्यभिधीयते ॥ १८—११ ॥
अनिष्टमिष्टं मिश्रं च त्रिविधं कर्मणः फलम् ।
भवत्यत्यागिनां प्रेत्य न तु संन्यासिनां क्वचित् ॥ १८—१२ ॥
पञ्चैतानि महाबाहो कारणानि निबोध मे ।
सांख्ये कृतान्ते प्रोक्तानि सिद्धये सर्वकर्मणाम् ॥ १८—१३ ॥

7. niyatasya tu saṃnyāsaḥ karmaṇo nopapadyate
   mohāt tasya parityāgas tāmasaḥ parikīrtitaḥ

8. duḥkham ity eva yat karma kāyakleśabhayāt tyajet
   sa kṛtvā rājasaṃ tyāgaṃ naiva tyāgaphalaṃ labhet

9. kāryam ity eva yat karma niyataṃ kriyate'rjuna
   saṅgaṃ tyaktvā phalaṃ caiva sa tyāgaḥ sāttviko mataḥ

10. na dveṣṭy akuśalaṃ karma kuśale nānuṣajjate
    tyāgī sattvasamāviṣṭo medhāvī chinnasaṃśayaḥ

11. na hi dehabhṛtā śakyaṃ tyaktuṃ karmāṇy aśeṣataḥ
    yas tu karmaphalatyāgī sa tyāgīty abhidhīyate

12. aniṣṭam iṣṭaṃ miśraṃ ca trividhaṃ karmaṇaḥ phalam
    bhavaty atyāgināṃ pretya na tu saṃnyāsināṃ kvacit

13. pañcaitāni mahābāho kāraṇāni nibodha me
    sāṃkhye kṛtānte proktāni siddhaye sarvakarmaṇām

18.7 Pois a renúncia às ações necessárias é inadequada. Proclama-se que seu abandono, motivado pela ilusão, tem a natureza de *tamas*.

18.8 Caso [um *yogin*] abandone a ação por medo da aflição corporal [ou da] dor (*duhkha*), executando um abandono que tem [somente] a natureza de *rajas*, ele não alcançará, em verdade, o fruto do [verdadeiro] abandono.

18.9 [Quando] ele cumpre as ações necessárias que verdadeiramente devem ser cumpridas, ó Arjuna, e abandona o apego e o fruto [de suas ações], considera-se que o abandono tem a natureza de *sattva*.

18.10 O abandonador imbuído de *sattva*, inteligente [e cujas] dúvidas foram decepadas, não odeia as ações inconformes-à-sua-natureza nem é apegado às [ações] conformes-à-sua-natureza[7].

18.11 Pois não é possível para aquele que traja o corpo abandonar inteiramente as ações. Antes, [é] aquele que abandona o fruto da ação [que] é denominado um [verdadeiro] "abandonador".

18.12 Não desejado, desejado e misto[8] – tríplice é o fruto da ação dos não abandonadores que partem. Mas para os renunciadores[9] [não há fruto] absolutamente nenhum.

18.13 Aprende de Mim, ó [Arjuna] dos braços fortes, essas cinco causas proclamadas no sistema do Sāmkhya[10] para o cumprimento de todas as ações.

---

7. Cf. o versículo 2.50, em que a palavra *kaushala* ("conformes-à-sua-natureza") tem o sentido de "habilidade". Hill (1928/1966) traduz esse termo como "condizente" (*fitting*), enquanto Bhaktivedanta Swami (1983) o entende como "auspicioso".

8. Essas três categorias correspondem provavelmente aos renascimentos como divindade, demônio e ser humano.

9. Segundo Shri Shankara, os não abandonadores compreendem também os *karma-yogins*, que ele contrapõe aos verdadeiros *jnāna-yogins*; mas o contexto dá a entender que, aqui, a palavra *samnyāsin* significa *tyāgin*.

10. O termo *kritānta* (*krita-anta*), traduzido aqui por "sistema", significa literalmente "fim cumprido" e refere-se à conclusão de algo. Shankara relaciona *kritānta* ao *vedānta*, afirmando que o Vedānta, que traz o conhecimento de Si, representa o fim de todos os trabalhos. Abhinavagupta entende *kritānta* como sinônimo de *siddhānta*, ou seja, de um sistema filosófico estabelecido. As cinco "causas" estão explicadas na próxima estrofe.

अधिष्ठनं तथा कर्ता करणं च पृथग्विधम् ।
विविधाश्च पृथक्चेष्टा दैवं चैवात्र पञ्चमम् ॥ १८—१४ ॥

शरीरवाङ्मनोभिर्यत्कर्म प्रारभते नरः ।
न्याय्यं वा विपरीतं वा पञ्चैते तस्य हेतवः ॥ १८—१५ ॥

तत्रैवं सति कर्तारमात्मानं केवलं तु यः ।
पश्यत्यकृतबुद्धित्वान्न स पश्यति दुर्मतिः ॥ १८—१६ ॥

यस्य नाहंकृतो भावो बुद्धिर्यस्य न लिप्यते ।
हत्वापि स इमाँल्लोकान्न हन्ति न निबध्यते ॥ १८—१७ ॥

ज्ञानं ज्ञेयं परिज्ञाता त्रिविधा कर्मचोदना ।
करणं कर्म कर्तेति त्रिविधः कर्मसंग्रहः ॥ १८—१८ ॥

ज्ञानं कर्म च कर्ता च त्रिधैव गुणभेदतः ।
प्रोच्यते गुणसंख्याने यथावच्छृणु तान्यपि ॥ १८—१९ ॥

14. adhiṣṭhānaṃ tathā kartā karaṇaṃ ca pṛthagvidham
    vividhāś ca pṛthakceṣṭā daivaṃ caivātra pañcamam

15. śarīravāṅmanobhiryatkarma prārabhate naraḥ
    nyāyyaṃ vā viparītaṃ vā paścaite tasya hetavaḥ

16. tatraivaṃ sati kartāram ātmānaṃ kevalaṃ tu yaḥ
    paśyaty akṛtabuddhitvān na sa paśyati durmatiḥ

17. yasya nāhaṃkṛto bhāvo buddhir yasya na lipyate
    hatvāpi sa imāṃl lokān na hanti na nibadhyate

18. jñānaṃ jñeyaṃ parijñātā trividhā karmacodanā
    karaṇaṃ karma karteti trividhaḥ karmasaṃgrahaḥ

19. jñānaṃ karma ca kartā ca tridhaiva guṇabhedataḥ
    procyate guṇasaṃkhyāne yathāvac chṛnu tāny api

18.14 A base [física][11] e também o agente[12], os diversos instrumentos[13] e os vários [e] distintos tipos de atividade; o destino[14] [é] a quinta.

18.15 Qualquer que seja a ação que o homem empreenda com o corpo, a fala [ou] a mente, adequada ou não – essas cinco são as suas causas.

18.16 Assim sendo, aquele que, em razão de uma sabedoria imperfeita, se vê unicamente como o agente – esse obtuso[15] não vê [a verdade].

18.17 Aquele cujo estado [mental] não é motivado-pelo-ego[16], cuja faculdade-da-sabedoria não está maculada, embora aniquile [todos] estes mundos – ele não aniquila nem é agrilhoado.

18.18 O conhecimento, [aquilo que] deve-ser-conhecido[17] e o conhecedor são o tríplice impulso à ação. O instrumento, a ação e o agente são o tríplice nexo da ação.

18.19 Na enumeração[18] das qualidades-primárias de [acordo com] a distinção entre as qualidades-primárias, declara-se que o conhecimento, a ação e o agente [são] tríplices. Ouve corretamente (*yathāvat*) também acerca destes.

---

11. O termo *adhishthāna*, traduzido aqui como "base", é geralmente entendido como o corpo físico. Abhinavagupta é o único a adotar uma opinião diferente; para ele, refere-se aos objetos dos sentidos.

12. O "agente" (*kartri*) é o sujeito, o eu empírico ou *jivātman*, que semeia e colhe o *karma* bom ou mau.

13. A palavra *karana* ("instrumento") denota aqui as dez faculdades – ou onze, se incluirmos nesse conjunto a mente inferior (*manas*).

14. O termo *daiva* (literalmente "divino") foi traduzido aqui segundo o sentido que costuma ter como substantivo: "destino". Poderíamos também explicá-lo como "providência divina". Shankara esclarece que esse termo refere-se de modo mais particular às divindades; assim, o sol (Āditya) favorece os olhos e outras divindades governam os outros órgãos dos sentidos.

15. A palavra *durmati*, traduzida aqui por "obtuso", significa literalmente "aquele cujo intelecto é fraco". Sargeant (1984) propõe a divertida tradução "tapado" (*blockhead*).

16. O texto sânscrito traz *ahamkrita*, que significa literalmente "feito pelo eu".

17. O termo *jneya*, "aquilo que deve-ser-conhecido", refere-se a qualquer objeto cognoscível.

18. O texto sânscrito traz *samkhyāna*, que os comentadores clássicos correlacionam diretamente com o sistema do Sāmkhya, mas que provavelmente tem, nesse caso, um sentido mais geral.

सर्वभूतेषु येनैकं भावमव्ययमीक्षते ।
अविभक्तं विभक्तेषु तज्ज्ञानं विद्धि सात्त्विकम् ॥ १८—२० ॥

पृथक्त्वेन तु यज्ज्ञानं नानाभावान्पृथग्विधान् ।
वेत्ति सर्वेषु भूतेषु तज्ज्ञानं विद्धि राजसम् ॥ १८—२१ ॥

यत्तु कृत्स्नवदेकस्मिन्कार्ये सक्तमहैतुकम् ।
अतत्त्वार्थवदल्पं च तत्तामसमुदाहृतम् ॥ १८—२२ ॥

नियतं सङ्गरहितमरागद्वेषतः कृतम् ।
अफलप्रेप्सुना कर्म यत्तत्सात्त्विकमुच्यते ॥ १८—२३ ॥

यत्तु कामेप्सुना कर्म साहंकारेण वा पुनः ।
क्रियते बहुलायासं तद्राजसमुदाहृतम् ॥ १८—२४ ॥

अनुबन्धं क्षयं हिंसामनपेक्ष्य च पौरुषम् ।
मोहादारभ्यते कर्म यत्तत्तामसमुच्यते ॥ १८—२५ ॥

मुक्तसङ्गोऽनहंवादी धृत्युत्साहसमन्वितः ।
सिद्ध्यसिद्ध्योर्निर्विकारः कर्ता सात्त्विक उच्यते ॥ १८—२६ ॥

20. sarvabhūteṣu yenaikaṃ bhāvam avyayam īkṣate
    avibhaktaṃ vibhakteṣu taj jñānam viddhi sāttvikam

21. pṛthaktvena tu yaj jñānam nānābhāvān pṛthagvidhān
    vetti sarveṣu bhūteṣu taj jñānam viddhi rājasam

22. yat tu kṛtsnavad ekasmin kārye saktam ahaitukam
    atattvārthavad alpaṃ ca tat tāmasam udāhṛtam

23. niyataṃ saṅgarahitam arāgadveṣataḥ kṛtam
    aphalaprepsunā karma yat tat sāttvikam ucyate

24. yat tu kāmepsunā karma sāhaṃkāreṇa vā punaḥ
    kriyate bahulāyāsaṃ tad rājasam udāhṛtam

25. anubandhaṃ kṣayaṃ hiṃsām anapekṣya ca pauruṣam
    mohād ārabhyate karma yat tat tāmasam ucyate

26. muktasaṅgo'nahaṃvādī dhṛtyutsāhasamanvitaḥ
    siddhyasiddhyor nirvikāraḥ kartā sāttvika ucyate

18.20 [O conhecimento] pelo qual o único [e] imutável estado-de-ser é visto em todos os seres, indiviso no divisível – estejas ciente de que esse conhecimento tem a natureza de *sattva*.

18.21 Mas [aquele] conhecimento que reconhece, pela separatividade, diversos [e] distintos estados-de-ser em todos os seres – estejas ciente de que esse conhecimento tem a natureza de *rajas*.

18.22 Além disso, [aquele conhecimento] que se aferra a um único efeito como se [fosse] o todo, sem [a devida] causa, sem interesse pela realidade, e [que é] leviano – é ele descrito como tendo a natureza de *tamas*.

18.23 A ação necessária que é executada sem apego e sem paixão nem aversão por [um agente que] não anseia pelo fruto [de seus atos] – diz--se ter ela a natureza de *sattva*.

18.24 Mas a ação executada com violento esforço, ou em razão do sentido--do-ego, por [um agente que] anseia [pela realização de] desejos [egoístas] – diz-se ter ela a natureza de *rajas*.

18.25 A ação empreendida em razão do engano, sem atentar para a consequência, [seja ela] perda ou dano, nem para a capacidade-humana [de quem a empreende] – diz-se ter ela a natureza de *tamas*.

18.26 O agente liberto do apego, [que] não [é] um daqueles-que-diz-"eu", [que é] dotado de perseverança e zelo, sempre o mesmo no sucesso e no fracasso – diz-se ter [ele] a natureza de *sattva*.

रागी कर्मफलप्रेप्सुर्लुब्धो हिंसात्मकोऽशुचिः ।
हर्षशोकान्वितः कर्ता राजसः परिकीर्तितः ॥ १८—२७ ॥

अयुक्तः प्राकृतः स्तब्धः शठो नैकृतिकोऽलसः ।
विषादी दीर्घसूत्री च कर्ता तामस उच्यते ॥ १८—२८ ॥

बुद्धेर्भेदं धृतेश्चैव गुणतस्त्रिविधं शृणु ।
प्रोच्यमानमशेषेण पृथक्त्वेन धनंजय ॥ १८—२९ ॥

प्रवृत्तिं च निवृत्तिं च कार्याकार्ये भयाभये ।
बन्धं मोक्षं च या वेत्ति बुद्धिः सा पार्थ सात्त्विकी ॥ १८—३० ॥

यया धर्ममधर्मं च कार्यं चाकार्यमेव च ।
अयथावत्प्रजानाति बुद्धिः सा पार्थ राजसी ॥ १८—३१ ॥

अधर्मं धर्ममिति या मन्यते तमसावृता ।
सर्वार्थान्विपरीतांश्च बुद्धिः सा पार्थ तामसी ॥ १८—३२ ॥

धृत्या यया धारयते मनःप्राणेन्द्रियक्रियाः ।
योगेनाव्यभिचारिण्या धृतिः सा पार्थ सात्त्विकी ॥ १८—३३ ॥

27. rāgī karmaphalaprepsur lubdho himsātmako'śucih
    harṣaśokānvitah kartā rājasah parikīrtitah

28. ayuktah prākṛtah stabdhah śaṭho naikṛtiko'lasah
    viṣādī dīrghasūtrī ca kartā tāmasa ucyate

29. buddher bhedam dhṛteś caiva guṇatas trividham śṛṇu
    procyamānam aśeṣeṇa pṛthaktvena dhanamjaya

30. pravṛttim ca nivṛttim ca kāryākārye bhayābhaye
    bandham mokṣam ca ya vetti buddhih sā pārtha sāttvikī

31. yayā dharmam adharmam ca kāryam cākāryam eva ca
    ayathāvat prajānāti buddhih sā pārtha rājasī

32. adharmam dharmam iti yā manyate tamasāvṛtā
    sarvārthān viparītāmś ca buddhih sā pārtha tāmasī

33. dhṛtyā yathā dhārayate manahprāṇendriyakriyāh
    yogenāvyabhicāriṇyā dhṛtih sā pārtha sāttvikī

18.27 O agente passional, que anseia pelo fruto da ação, cobiçoso, de natureza violenta, impuro [e] sujeito à[19] euforia [e] à depressão – declara-se ter [ele] a natureza de *rajas*.

18.28 O agente não jungido, inculto, obstinado, trapaceiro, vil, preguiçoso, desanimado e "de fio longo"[20] – diz-se ter [ele] a natureza de *tamas*.

18.29 Ouve [agora] sobre a tríplice distinção da faculdade-da-sabedoria (*buddhi*) e também sobre a perseverança [baseada nas] qualidades-primárias, que explicarei distintamente e sem reservas, ó Dhanamjaya[21].

18.30 A faculdade-da-sabedoria que conhece a atividade e a cessação, o certo e o errado, o medo e o destemor, a escravidão e a libertação – ela tem a natureza de *sattva*, ó filho-de-Prithā.

18.31 A faculdade-da-sabedoria pela qual se conhece incorretamente a lei (*dharma*) e a anomia (*adharma*), bem como o certo e o errado – ela tem a natureza de *rajas*, ó filho-de-Prithā.

18.32 A faculdade-da-sabedoria que, envolta na escuridão, pensa [que] a anomia é a lei (*dharma*) e [vê] todas as coisas [assim] invertidas – ela tem a natureza de *tamas*, ó filho-de-Prithā.

18.33 A perseverança pela qual se "seguram" as atividades da mente, da força vital e dos sentidos por meio de um Yoga inabalável – essa perseverança, ó filho-de-Prithā, tem a natureza de *sattva*.

---

19. A locução "sujeito a" corresponde ao sânscrito *anvita* ("dotado de").

20. A expressão *dīrga-sūtrin*, traduzida aqui como "de fio longo", refere-se à pessoa que deixa tudo para depois.

21. Sobre o epíteto Dhanamjaya, ver a nota 7 em 1.15.

यया तु धर्मकामार्थान्धृत्या धारयतेऽर्जुन ।
प्रसङ्गेन फलाकाङ्क्षी धृतिः सा पार्थ राजसी ॥ १८—३४ ॥
यया स्वप्नं भयं शोकं विषादं मदमेव च ।
न विमुञ्चति दुर्मेधा धृतिः सा पार्थ तामसी ॥ १८—३५ ॥
सुखं त्विदानीं त्रिविधं शृणु मे भरतर्षभ ।
अभ्यासाद्रमते यत्र दुःखान्तं च निगच्छति ॥ १८—३६ ॥
यत्तदग्रे विषमिव परिणामेऽमृतोपमम् ।
तत्सुखं सात्त्विकं प्रोक्तमात्मबुद्धिप्रसादजम् ॥ १८—३७ ॥
विषयेन्द्रियसंयोगाद्यत्तदग्रेऽमृतोपमम् ।
परिणामे विषमिव तत्सुखं राजसं स्मृतम् ॥ १८—३८ ॥

34. yayā tu dharmakāmārthān dhṛtyā dhārayate'rjuna
    prasaṅgena phalākāṅkṣī dhṛtiḥ sā pārtha rājasī

35. yayā svapnaṃ bhayaṃ śokaṃ viṣādaṃ madam eva ca
    na vimuñcati durmedhā dhṛtiḥ sā pārtha tāmasī.

36. sukhaṃ tv idānīṃ trividhaṃ śṛṇu me bharatarṣabha
    abhyāsād ramate yatra duḥkhāntaṃ ca nigacchati

37. yat tad agre viṣam iva pariṇāme'mṛtopamam
    tat sukhaṃ sāttvikaṃ proktam ātmabuddhiprasādajam

38. viṣayendriyasaṃyogād yat tad agre'mṛtopamam
    pariṇāme viṣam iva tat sukhaṃ rājasaṃ smṛtam

18.34 Mas a perseverança, ó Arjuna, pela qual se "seguram" [ou seja, se mantêm as buscas da] lei, [do] prazer [e da] riqueza (*artha*) com apego [e] anseio pelo fruto [das ações] – essa perseverança, ó filho-de-Prithā, tem a natureza de *rajas*.

18.35 [A perseverança] pela qual uma [pessoa] obtusa não foge ao sono, ao medo, à tristeza, ao desânimo e à embriaguez – essa perseverança, ó filho-de-Prithā, tem a natureza de *tamas*.

18.36 Mas ouve agora de Mim, ó Bharatarshabha[22], [sobre] a tríplice felicidade. [Aquela] em que a pessoa se regozija depois de [extensa] prática e [pela qual] se alcança o fim de [todo] sofrimento,

18.37 que no princípio é como veneno [mas que], quando se transforma [no decorrer do tempo, se torna] semelhante ao néctar – proclama-se ter essa felicidade a natureza de *sattva*, nascida da graça-serenidade (*prasāda*) da sabedoria (*buddhi*) do Si Mesmo.

18.38 Aquela que [surge] por meio da união dos sentidos [com seus respectivos] objetos, [que é] semelhante ao néctar no princípio [mas], quando se transforma [no decorrer do tempo, se torna] como veneno – sustenta-se ter essa felicidade a natureza de *rajas*.

22. Sobre o epíteto Bharatarshabha, ver a nota 48 em 3.41.

यदग्रे चानुबन्धे च सुखं मोहनमात्मनः ।
निद्रालस्यप्रमादोत्थं तत्तामसमुदाहृतम् ॥ १८—३९ ॥

न तदस्ति पृथिव्यां वा दिवि देवेषु वा पुनः ।
सत्त्वं प्रकृतिजैर्मुक्तं यदेभिः स्यात्त्रिभिर्गुणैः ॥ १८—४० ॥

ब्राह्मणक्षत्रियविशां शूद्राणां च परंतप ।
कर्माणि प्रविभक्तानि स्वभावप्रभवैर्गुणैः ॥ १८—४१ ॥

शमो दमस्तपः शौचं क्षान्तिरार्जवमेव च ।
ज्ञानं विज्ञानमास्तिक्यं ब्रह्मकर्म स्वभावजम् ॥ १८—४२ ॥

शौर्यं तेजो धृतिर्दाक्ष्यं युद्धे चाप्यपलायनम् ।
दानमीश्वरभावश्च क्षत्रकर्म स्वभावजम् ॥ १८—४३ ॥

कृषिगोरक्ष्यवाणिज्यं वैश्यकर्म स्वभावजम् ।
परिचर्यात्मकं कर्म शूद्रस्यापि स्वभावजम् ॥ १८—४४ ॥

स्वे स्वे कर्मण्यभिरतः संसिद्धिं लभते नरः ।
स्वकर्मनिरतः सिद्धिं यथा विन्दति तच्छृणु ॥ १८—४५ ॥

39. yad agre cānubandhe ca sukham mohanam ātmanaḥ
    nidrālasyapramādottham tat tāmasam udāhṛtam

40. na tad asti pṛthivyāṃ vā divi deveṣu vā punaḥ
    sattvaṃ prakṛtijair muktam yad ebhiḥ syāt tribhir guṇaiḥ

41. brāhmaṇakṣatriyaviśāṃ śūdrāṇāṃ ca paraṃtapa
    karmāṇi pravibhaktāni svabhāvaprabhavair guṇaiḥ

42. śamo damas tapaḥ śaucam kṣāntir ārjavam eva ca
    jñānam vijñānam āstikyam brahmakarma svabhāvajam

43. śauryam tejo dhṛtir dākṣyam yuddhe cāpy apalāyanam
    dānam īśvarabhāvaś ca kṣatrakarma svabhāvajam

44. kṛṣigorakṣyavāṇijyaṃ vaiśyakarma svabhāvajam
    paricaryātmakaṃ karma śūdrasyāpi svabhāvajam

45. sve sve karmaṇy abhirataḥ saṃsiddhiṃ labhate naraḥ
    svakarmanirataḥ siddhiṃ yathā vindati tac chṛṇu

18.39 [Aquela] felicidade que no princípio e no fim ilude o ser, decorrente do sono, da indolência e da desatenção – diz-se ter ela a natureza de *tamas*.

18.40 Não há entidade (*sattva*) na terra ou, ainda, entre os deuses do céu que esteja livre dessas três qualidades-primárias nascidas do Cosmo (*prakriti*).

18.41 As ações dos sacerdotes, dos guerreiros, dos comerciantes e dos servos são distribuídas, ó Paramtapa[23], [de acordo] com as qualidades--primárias que surgem [no] ser-próprio [de cada um deles].

18.42 A tranquilidade, o autocontrole, a ascese, a pureza, a paciência e a retidão, o conhecimento-unitivo e o conhecimento-distintivo*, a piedade[24] – [tal é] a conduta (*karman*) de um sacerdote, nascida do [seu] ser-próprio.

18.43 A coragem, o vigor, a perseverança, a versatilidade e também a aversão-a-fugir em batalha, a generosidade e uma disposição régia – [tal é] a conduta de um guerreiro, nascida do [seu] ser-próprio.

18.44 A agricultura, a pecuária [e] o comércio – [tal é] a conduta de um comerciante, nascida do [seu] ser-próprio. Além disso, a conduta que tem a natureza do serviço nasce do ser-próprio do servo.

18.45 Contentes cada qual em suas próprias ações, os homens atingem a consumação [espiritual]. Ouve [agora] como alcançam o sucesso [por estarem] contentes em suas ações [adequadas].

---

23. Sobre o epíteto Paramtapa, aplicado a Arjuna, ver a nota 5 em 2.3.

* Sobre "conhecimento-unitivo e conhecimento-distintivo", ver a N.T. ao versículo 3.41. (N.T.)

24. O termo sânscrito *āstika* é derivado da forma verbal *asti* ("é") e denota uma atitude de afirmação em relação à revelação védica ou à existência de Deus. Para simplificar, traduzi-o aqui como "piedade".

यतः प्रवृत्तिर्भूतानां येन सर्वमिदं ततम् ।
स्वकर्मणा तमभ्यर्च्य सिद्धिं विन्दति मानवः ॥ १८—४६ ॥
श्रेयान्स्वधर्मो विगुणः परधर्मात्स्वनुष्ठितात् ।
स्वभावनियतं कर्म कुर्वन्नाप्नोति किल्बिषम् ॥ १८—४७ ॥
सहजं कर्म कौन्तेय सदोषमपि न त्यजेत् ।
सर्वारम्भा हि दोषेण धूमेनाग्निरिवावृताः ॥ १८—४८ ॥
असक्तबुद्धिः सर्वत्र जितात्मा विगतस्पृहः ।
नैष्कर्म्यसिद्धिं परमां संन्यासेनाधिगच्छति ॥ १८—४९ ॥
सिद्धिं प्राप्तो यथा ब्रह्म तथाप्नोति निबोध मे ।
समासेनैव कौन्तेय निष्ठा ज्ञानस्य या परा ॥ १८—५० ॥

46. yataḥ pravṛttir bhūtānāṃ yena sarvam idaṃ tatam
    svakarmaṇā tam abhyarcya siddhiṃ vindati mānavaḥ

47. śreyān svadharmo viguṇaḥ paradharmāt svanuṣṭhitāt
    svabhāvaniyataṃ karma kurvann āpnoti kilbiṣam

48. sahajaṃ karma kaunteya sadoṣam api na tyajet
    sarvārambhā hi doṣeṇa dhūmenāgnir ivāvṛtāḥ

49. asaktabuddhiḥ sarvatra jitātmā vigataspṛhaḥ
    naiṣkarmyasiddhiṃ paramāṃ saṃnyāsenādhigacchati

50. siddhiṃ prapto yathā brahma tathāpnoti nibodha me
    samāsenaiva kaunteya niṣṭhā jñānasya yā parā

18.46 [Aquele] de quem [provém] a atividade de [todos os] seres, por quem tudo isso é distribuído – adorando-O por meio das ações próprias [que lhe cabem], o ser humano encontra o sucesso.

18.47 É melhor [cumprir] imperfeitamente a lei-própria que cumprir perfeitamente a lei alheia[25]. Executando a ação exigida por [seu] ser-próprio, [o *yogin*] não acumula culpa.

18.48 Não se deve abandonar a ação inata[26] mesmo [que ela seja] deficiente, ó filho-de-Kuntī[27], pois todos os empreendimentos são, por assim dizer, velados por máculas[28], [como] o fogo pela fumaça.

18.49 [Aquele cuja] faculdade-da-sabedoria é desapegada em toda parte, que dominou a si mesmo, [cujo] anseio partiu, alcança por meio da renúncia a suprema perfeição da transcendência-da-ação[29].

18.50 Aprende de Mim [agora], em breves palavras, como, tendo atingido a perfeição, [o *yogin*] alcança *brahman*, que é o modo-de-vida[30] mais elevado do conhecimento, ó filho-de-Kuntī.

---

25. Essa estrofe reitera a profunda recomendação da estrofe 3.35.

26. A palavra sânscrita *sahaja*, traduzida aqui como "inata", significa literalmente "conata". Designa aqui a ação espontânea que surge do ser-próprio (*svabhāva*) de uma pessoa.

27. Sobre o epíteto filho-de-Kuntī (Kaunteya), ver a nota 19 em 1.27.

28. Sobre o termo *dosha* ("mácula/defeito/falha"), ver a nota 3 em 18.3.

29. Sobre a "transcendência-da-ação" (*naishkarmya*), ver a nota 9 em 3.4.

30. O termo *nishthā*, traduzido aqui como "modo-de-vida", costuma ser traduzido por "cume", "culminação". Mas talvez seu uso nessa estrofe queira dizer que o repouso no fundamento-universal (*brahman*) não é um estado, mas um processo. Isso faz sentido quando nos lembramos de que, para Krishna, a fusão em *brahman* não é a consumação espiritual suprema. Ver também 3.3 e 17.1.

बुद्ध्या विशुद्धया युक्तो धृत्यात्मानं नियम्य च ।
शब्दादीन्विषयांस्त्यक्त्वा रागद्वेषौ व्युदस्य च ॥ १८—५१ ॥
विविक्तसेवी लघ्वाशी यतवाक्कायमानसः ।
ध्यानयोगपरो नित्यं वैराग्यं समुपाश्रितः ॥ १८—५२ ॥
अहंकारं बलं दर्पं कामं क्रोधं परिग्रहम् ।
विमुच्य निर्ममः शान्तो ब्रह्मभूयाय कल्पते ॥ १८—५३ ॥
ब्रह्मभूतः प्रसन्नात्मा न शोचति न काङ्क्षति ।
समः सर्वेषु भूतेषु मद्भक्तिं लभते पराम् ॥ १८—५४ ॥
भक्त्या मामभिजानाति यावान्यश्चास्मि तत्त्वतः ।
ततो मां तत्त्वतो ज्ञात्वा विशते तदनन्तरम् ॥ १८—५५ ॥
सर्वकर्माण्यपि सदा कुर्वाणो मद्व्यपाश्रयः ।
मत्प्रसादादवाप्नोति शाश्वतं पदमव्ययम् ॥ १८—५६ ॥

51. buddhyā viśuddhayā yukto dhṛtyātmānaṃ niyamya ca
    śabdādīn viṣayāṃs tyaktvā rāgadveṣau vyudasya ca

52. viviktasevī laghvāśī yatavākkāyamānasaḥ
    dhyānayogaparo nityaṃ vairāgyaṃ samupāśritaḥ

53. ahaṃkāraṃ balaṃ darpaṃ kāmaṃ krodhaṃ parigraham
    vimucya nirmamaḥ śānto brahmabhūyāya kalpate

54. brahmabhūtaḥ prasannātmā na śocati na kāṅkṣati
    samaḥ sarveṣu bhūteṣu madbhaktiṃ labhate parām

55. bhaktyā mām abhijānāti yāvān yaś cāsmi tattvataḥ
    tato māṃ tattvato jñātvā viśate tad anantaram

56. sarvakarmāṇy api sadā kurvāṇo madvyapāśrayaḥ
    matprasādād avāpnoti śāśvataṃ padam avyayam

18.51 Jungido pela faculdade-da-sabedoria purificada e controlando a si mesmo com perseverança, abandonando os objetos, [como] o som e assim por diante, e lançando fora o apego (*rāga*) e a aversão,

18.52 habitando na solidão, tomando uma alimentação leve, controlando a fala, o corpo [e] a mente, sempre atento ao Yoga da meditação, recorrendo à impassibilidade,

18.53 rejeitando o sentido-do-ego, a força, a arrogância, o desejo, a ira [e] a possessividade, pacífico, sem [a ideia de] "meu" – ele está apto a tornar-se o fundamento-universal.

18.54 Transformado em *brahman*, tranquilo em si mesmo, ele não se entristece nem anseia [por coisa alguma]. [Vendo] o mesmo em todos os seres, adquire a suprema devoção (*bhakti*) a Mim.

18.55 Por meio da devoção, ele realmente [chega a] conhecer a Mim, quem Eu sou [e] quão grande [sou]. Depois, tendo conhecido realmente a Mim, ele entra imediatamente nesse [Meu ser].

18.56 Além disso, sempre executando todas as ações [e] refugiando-se em Mim, ele alcança por Minha graça a morada eterna, imutável.

चेतसा सर्वकर्माणि मयि संन्यस्य मत्परः ।
बुद्धियोगमुपाश्रित्य मच्चित्तः सततं भव ॥ १८—५७ ॥

मच्चित्तः सर्वदुर्गाणि मत्प्रसादात्तरिष्यसि ।
अथ चेत्त्वमहंकारान्न श्रोष्यसि विनङ्क्ष्यसि ॥ १८—५८ ॥

यदहंकारमाश्रित्य न योत्स्य इति मन्यसे ।
मिथ्यैष व्यवसायस्ते प्रकृतिस्त्वां नियोक्ष्यति ॥ १८—५९ ॥

स्वभावजेन कौन्तेय निबद्धः स्वेन कर्मणा ।
कर्तुं नेच्छसि यन्मोहात्करिष्यस्यवशोऽपि तत् ॥ १८—६० ॥

ईश्वरः सर्वभूतानां हृद्देशेऽर्जुन तिष्ठति ।
भ्रामयन्सर्वभूतानि यन्त्रारूढानि मायया ॥ १८—६१ ॥

तमेव शरणं गच्छ सर्वभावेन भारत ।
तत्प्रसादात्परां शान्तिं स्थानं प्राप्स्यसि शाश्वतम् ॥ १८—६२ ॥

57. cetasā sarvakarmāṇi mayi saṃnasya matparaḥ
    buddhiyogam upāśritya maccittaḥ satataṃ bhava

58. maccittaḥ sarvadurgāṇi matprasādāt tariṣyasi
    atha cet tvam ahaṃkārān na śroṣyasi vinaṅkṣyasi

59. yad ahaṃkāram āśritya na yotsya iti manyase
    mithyaiṣa vyavasāyas te prakṛtis tvāṃ niyokṣyati

60. svabhāvajena kaunteya nibaddhaḥ svena karmaṇā
    kartuṃ necchasi yan mohāt kariṣyasy avaśo'pi tat

61. īśvaraḥ sarvabhūtānām hṛddeśe'rjuna tiṣṭhati
    bhrāmayan sarvabhūtāni yantrārūḍhāni māyayā

62. tam eva śaraṇaṃ gaccha sarvabhāvena bhārata
    tat prasādāt parāṃ śāntiṃ sthānaṃ prapsyasi śāśvatam

18.57 Renunciando no pensamento a todas as ações em Mim, atento a Mim, recorrendo ao *buddhi-yoga*, deves ter a Mim sempre em [tua] mente.

18.58 Tendo a Mim em [tua] mente, transcenderás todas as dificuldades por Minha graça. Mas se, em razão do sentido-do-ego, não [Me] ouvires, perecerás[31].

18.59 Recorrendo a esse sentido-do-ego, pensas: "Não lutarei!" [Mas] essa tua decisão [é] vã, [pois] o Cosmo (*prakriti*) te obrigará [a lutar].

18.60 Aquilo que por ilusão (*moha*) não queres fazer, isso mesmo farás sem o quereres, agrilhoado [que estás] pela [tua] ação-própria nascida do [teu] ser-próprio, ó filho-de-Kuntī.

18.61 O Senhor repousa na região do coração de todos os seres, ó Arjuna, fazendo girar todos [esses] seres por [sua] potência-criativa (*māyā*), [como se estivessem] montados num mecanismo.

18.62 N'Ele somente refugia-te com todo o [teu] ser (*bhāva*), ó descendente-de-Bharata! Por Sua graça[32] atingirás a suprema paz, a morada eterna.

---

31. A ideia aqui expressa é que a pessoa pode trabalhar não só *a favor* da ordem divina, mas também *contra* ela. A opção da pessoa dependerá do padrão inato que cristaliza seus muitos nascimentos anteriores. Ver 18.60.

32. Em nenhuma outra parte evidencia-se de modo tão patente o teísmo do *Gītā*: o devoto que se refugia na Suprema Pessoa está apto a receber a graça de Deus (*prasāda*).

इति ते ज्ञानमाख्यातं गुह्याद्गुह्यतरं मया ।
विमृश्यैतदशेषेण यथेच्छसि तथा कुरु ॥ १८—६३ ॥

सर्वगुह्यतमं भूयः शृणु मे परमं वचः ।
इष्टोऽसि मे दृढमिति ततो वक्ष्यामि ते हितम् ॥ १८—६४ ॥

मन्मना भव मद्भक्तो मद्याजी मां नमस्कुरु ।
मामेवैष्यसि सत्यं ते प्रतिजाने प्रियोऽसि मे ॥ १८—६५ ॥

सर्वधर्मान्परित्यज्य मामेकं शरणं व्रज ।
अहं त्वा सर्वपापेभ्यो मोक्षयिष्यामि मा शुचः ॥ १८—६६ ॥

इदं ते नातपस्काय नाभक्ताय कदाचन ।
न चाशुश्रूषवे वाच्यं न मां योऽभ्यसूयति ॥ १८—६७ ॥

य इदं परमं गुह्यं मद्भक्तेष्वभिधास्यति ।
भक्तिं मयि परां कृत्वा मामेवैष्यत्यसंशयः ॥ १८—६८ ॥

63. iti te jñānam ākhyātaṃ guhyād guhyataraṃ mayā
    vimṛśyaitad aśeṣeṇa yathecchasi tathā kuru

64. sarvaguhyatamaṃ bhūyaḥ śṛṇu me paramaṃ vacaḥ
    iṣṭo'si me dṛḍham iti tato vakṣyāmi te hitam

65. manmanā bhava madbhakto madyājī māṃ namaskuru
    mām evaiṣyasi satyaṃ te pratijāne priyo'si me

66. sarvadharmān parityajya mām ekaṃ śaraṇaṃ vraja
    ahaṃ tvā sarvapāpebhyo mokṣayiṣyāmi mā śucaḥ

67. idaṃ te nātapaskāya nābhaktāya kadācana
    na cāśuśrūṣave vācyaṃ na māṃ yo'bhyasūyati

68. ya idaṃ paramaṃ guhyaṃ madbhakteṣv abhidhāsyati
    bhaktiṃ mayi parāṃ kṛtvā mām evaiṣvyaty asaṃśayaḥ

18.63 Assim, um conhecimento mais secreto que [qualquer outro] segredo te foi declarado por Mim. Refletindo completamente nisso, faz o que desejares.

18.64 Ouve de novo a Minha palavra suprema, de todas a mais secreta. Asseguro-te assim que és amado por Mim. Portanto, dir-te-ei [onde está o teu bem.

18.65 Tem a Mim em [tua] mente, sê-Me devoto, sacrifica a Mim, presta-Me reverência – assim virás a Mim. [Isto] prometo em verdade a ti, [pois] Me és querido.

18.66 Abandonando todos os *dharmas*, busca abrigo unicamente em Mim. Libertar-te-ei de todos os pecados. Não te entristeças![33]

18.67 Nunca reveles isto a [quem] não [pratique a] ascese, [a quem] não [Me] adore, [a quem] não ouça [Meus ensinamentos], nem [tampouco] a [quem] Me insulte.

18.68 Aquele que instilar em Meus devotos esse supremo segredo, demonstrando a mais elevada devoção por Mim, virá a Mim indubitavelmente.

---

33. Pregando o abandono completo de todas as normas ou todos os deveres (*dharma*), abandono esse que se concretiza na renúncia à vida social, Krishna não está se contradizendo. *Parityaja*, como *tyaja*, significa sem sombra de dúvida a renúncia *na* ação, ou seja, não o abandono do agir, mas o abandono do interesse egoísta pelo fruto dos atos. O que se pede é que o devoto se entregue completamente a Deus e ofereça-Lhe toda a sua vontade própria (*samkalpa*). Aqui é preciso fazer uma interpretação psicológica, não literal.

न च तस्मान्मनुष्येषु कश्चिन्मे प्रियकृत्तमः ।
भविता न च मे तस्मादन्यः प्रियतरो भुवि ॥ १८—६९ ॥

अध्येष्यते च य इमं धर्म्यं संवादमावयोः ।
ज्ञानयज्ञेन तेनाहमिष्टः स्यामिति मे मतिः ॥ १८—७० ॥

श्रद्धावाननसूयश्च शृणुयादपि यो नरः ।
सोऽपि मुक्तः शुभाँल्लोकान्प्राप्नुयात्पुण्यकर्मणाम् ॥ १८—७१ ॥

कच्चिदेतच्छ्रुतं पार्थ त्वयैकाग्रेण चेतसा ।
कच्चिदज्ञानसंमोहः प्रनष्टस्ते धनंजय ॥ १८—७२ ॥

अर्जुन उवाच ।

नष्टो मोहः स्मृतिर्लब्धा त्वत्प्रसादान्मयाच्युत ।
स्थितोऽस्मि गतसंदेहः करिष्ये वचनं तव ॥ १८—७३ ॥

69. na ca tasmān manuṣyeṣu kaścin me priyakṛttamaḥ
    bhavitā na ca me tasmād anyaḥ priyataro bhuvi

70. adhyeṣyate ca ya imaṃ dharmyaṃ saṃvādamāvayoḥ
    jñānayajñena tenāham iṣṭaḥ syām iti me matiḥ

71. śraddhāvān anasūyaś ca śṛṇuyād api yo naraḥ
    so'pi muktaḥ śubhāṃl lokān prāpnuyāt puṇyakarmaṇām

72. kaccid etac chrutaṃ pārtha tvayaikāgreṇa cetasā
    kaccid ajñānasammohaḥ pranaṣṭas te dhanaṃjaya

    arjuna uvāca

73. naṣṭo mohaḥ smṛtirlabdhā tvatprasādān mayācyuta
    sthito'smi gatasaṃdehaḥ kariṣye vacanaṃ tava

18.69 E, entre os seres humanos, ninguém prestará um serviço mais caro a Mim do que ele; nem [jamais] haverá na terra outro que Me seja mais caro do que ele.

18.70 E, por meio do sacrifício do conhecimento, serei desejado por aquele que estudar este nosso diálogo lícito (*dharmya*); esta é a Minha convicção.

18.71 E o homem cheio-de-fé [que] não zomba [de Mim], mesmo que somente ouça [esse ensinamento], será libertado[35] [e] alcançará os mundos auspiciosos daqueles [cujas] ações são meritórias.

18.72 [Tudo] isso foi ouvido por ti com a mente unipontual, ó filho-de--Prithā? Foi destruída a tua confusão [causada pela] ignorância, ó Dhanamjaya?[36]

Arjuna disse:

18.73 [Minha] confusão foi destruída [e] pela tua graça, ó Acyuta[36], obtive a recordação[37]. Estou decidido; [toda] incerteza se foi. Farei o que me pedes!

---

34. Aqui, a "libertação" que se almeja é somente a liberdade em relação ao nível mais material da existência. Hill (1928/1966) comenta com razão: "[libertado], mas não, é claro, dos renascimentos", pois as ações meritórias pertencem na melhor das hipóteses àqueles que penetraram nos domínios celestiais, que também deverão, no fim, ser transcendidos.

35. O sânscrito usa muito a voz passiva, que, como se vê nessa estrofe, às vezes fica um pouco canhestra em português. Eu não quis, porém, traduzir esse versículo na voz ativa, para dar aos estudiosos do *Gītā* um gostinho desse texto sagrado.

36. Sobre o epíteto Acyuta, ver a nota 16 em 1.21.

37. Aqui, o termo *smriti* ("memória") significa a recordação, por parte de Arjuna, do significado do verdadeiro *dharma*. O uso da palavra "memória" é significativo, pois a gnose não é um conhecimento novo; é, antes, o reconhecimento (*pratyabhijñā*) da Verdade eterna e primordial. Em seu comentário, Abhinavagupta perdeu a oportunidade de expor esse ensinamento, do qual gostava tanto. Radhakrishnan (1948) profere os seguintes comentários, muito pertinentes: "A liberdade de bem escolher depende da formação moral. A simples bondade nos eleva a uma liberdade de espírito que nos afasta das baixezas a que a carne é sujeita."

संजय उवाव ।

इत्यहं वासुदेवस्य पार्थस्य च महात्मनः ।
संवादमिममश्रौषमद्भुतं रोमहर्षणम् ॥ १८—७४ ॥

व्यासप्रसादाच्छ्रुतवानेतद्गुह्यमहं परम् ।
योगं योगेश्वरात्कृष्णात्साक्षात्कथयतः स्वयम् ॥ १८—७५ ॥

राजन्संस्मृत्य संस्मृत्य संवादमिममद्भुतम् ।
केशवार्जुनयोः पुण्यं हृष्यामि च मुहुर्मुहुः ॥ १८—७६ ॥

तच्च संस्मृत्य संस्मृत्य रूपमत्यद्भुतं हरेः ।
विस्मयो मे महान्राजन्हृष्यामि च पुनः पुनः ॥ १८—७७ ॥

यत्र योगेश्वरः कृष्णो यत्र पार्थो धनुर्धरः ।
तत्र श्रीर्विजयो भूतिर्ध्रुवा नीतिर्मतिर्मम ॥ १८—७८ ॥

samjaya uvāca

74. ity ahaṃ vāsudevasya pārthasya ca mahātmanaḥ
    saṃvādam imam aśrauṣam adbhutaṃ romaharṣaṇam

75. vyāsaprasādāc chrutavān etad guhyam ahaṃ param
    yogaṃ yogeśvarāt kṛṣṇāt sākṣāt kathayataḥ svayam

76. rājan saṃsmṛtya saṃsmṛtya saṃvādam imam adbhutam
    keśavārjunayoḥ puṇyaṃ hṛṣyāmi ca muhur muhuḥ

77. tac ca saṃsmṛtya saṃsmṛtya rūpam atyadbhutaṃ hareḥ
    vismayo me mahān rājan hṛṣyāmi ca punaḥ punaḥ

78. yatra yogeśvaraḥ kṛṣṇo yatra pārtho dhanurdharaḥ
    tatra śrīr vijayo bhūtir dhruvā nītir matir mama

Samjaya disse:

18.74 Assim ouvi este diálogo prodigioso, de arrepiar os pelos, entre o filho-de-Vasudeva[38] e o filho-de-Prithā, a grande alma.

18.75 Pela graça de Vyāsa[39] ouvi este segredo excelso, o Yoga comunicado diretamente[40] pelo próprio Krishna, o Senhor do Yoga.

18.76 Ó rei [Dhritarāshtra]! Recordando e tornando a recordar[41] este diálogo prodigioso e meritório entre Keshava[42] e Arjuna, repetidamente estremeço-de-alegria.

18.77 E recordando e tornando a recordar aquela forma prodigiosíssima de Hari[43], é grande o meu espanto, ó rei, e repetidamente estremeço-de-alegria.

18.78 Onde quer que esteja Krishna, o Senhor do Yoga, [e] onde quer que esteja [Arjuna], o filho-de-Prithā, o portador do arco, ali estarão a fortuna, a vitória, o bem e a firme orientação[44]. É [esta] a minha convicção.

---

38. Sobre o epíteto filho-de-Vasudeva, ver a nota 58 em 10.37.

39. Nessa estrofe, Vyāsa menciona mais uma vez a si próprio em seu drama épico.

40. O texto sânscrito diz *sākshāt*, que significa literalmente "diante dos olhos" e foi traduzido por "diretamente".

41. O texto sânscrito diz *samsmritya samsmritya* (literalmente, "lembrando lembrando"), repetição que procuramos reproduzir em "recordando e tornando a recordar".

42. Sobre o epíteto Keshava, ver a nota 21 em 1.31.

43. Hari é um dos nomes de Krishna.

44. O termo *nīti* pode significar a orientação pessoal ou política, ou mesmo, como preferem alguns tradutores, a arte de governar.

Parte Três
Tradução Palavra por Palavra

yadeveha tadamudra
O que quer que esteja aqui está lá.
— *Katha-Upaniṣad* 2.1.10

Nota Gramatical

EM VEZ DO VISARGA *ḥ*, escrito no alfabeto devanagari (*devanāgarī*) na forma de dois-pontos (:), usei a letra *s*, que representa o radical gramaticalmente correto. Assim, *māmakāḥ* ("meus") no versículo 1.1 se torna *māmakās*, e o singular *yuyudhāno* (=Yuyudhānaḥ) do versículo 1.4 se torna *yuyudhānas*. Não modifiquei as desinências que indicam os casos e outros aspectos gramaticais; mantive, por exemplo, o genitivo plural de *pāṇḍuputrāṇām* no versículo 1.3 e o dual de *sughoṣamaṇipuṣpakau* no versículo 1.16. As mudanças consonantais motivadas pela eufonia, porém, foram ignoradas; usei os radicais originais, mudando *yady* (onde o uso do *y* é motivado pela vogal que vem a seguir) para *yadi*, por exemplo. As palavras indeclináveis *tu* ("mas"), *eva* ("com efeito, em verdade") e *hi* ("com efeito, pois") são usadas frequentemente por motivos métricos ou para dar ênfase. De modo geral, eu as omiti. Sempre que isso me parece útil, forneço dicas gramaticais (por exemplo: singular, dual, plural, genitivo, feminino etc.) para os iniciantes no estudo do sânscrito.

Os que quiserem se aprofundar no texto sânscrito do *Gītā* logo vão perceber que a sintaxe do sânscrito não é bem desenvolvida e que as primeiras considerações são sempre a eufonia e a métrica. No entanto os estudantes também perceberão que o uso das desinências que indicam os casos elimina praticamente todas as possibilidades de confusão.

Tradução Palavra por Palavra

Capítulo 1. O Yoga do Desalento de Arjuna

dhṛtarāṣṭra (dhṛtarāṣṭras) = Dhritarāshtra; uvāca = disse;

1.1: dharmakṣetre (dharma + kṣetre) = no campo (kṣetra) da lei; kurukṣetre (kuru + kṣetre) = no campo dos Kurus; samavetās (plural) = reunidos; yuyutsavas (plural) = ansiosos para lutar; māmakās (plural) = meus; pāṇḍavās = Pāndavas; caiva (ca + eva) = e também; kim = que; akurvata = fizeram; saṃjaya = ó Samjaya.

saṃjaya (saṃjayas) = Samjaya; uvāca = disse;

1.2: dṛṣṭvā = tendo visto, aqui: vendo; tu = mas; pāṇḍavānīkam (pāndava + anīkam) = tropa dos Pāndavas; vyūḍham = alinhada, em ordem de batalha; duryodhanas = Duryodhana; tadā = então; ācāryam = preceptor; upasaṃgamya = abordou; rājā = rei, príncipe; vacanam = palavra, dito; abravīt = falou.

1.3: paśyaitām (paśya + etām) = contempla (paśya) este; pāṇḍuputrāṇām (pāṇḍu + putrāṇām) = dos filhos de Pāndu; ācārya = ó preceptor; mahatīm = grande; camūm = exército; vyūḍhām = alinhado, posto em formação; drupadaputreṇa (drupada + putreṇa) = pelo filho de Drupada; tava = teu; śiṣyeṇa = pelo discípulo; dhīmatā = pelo sábio.

1.4: atra = aqui; śūrās = heróis; maheṣvāsās (mahā = iṣu + āsās) = grandes lançadores de flechas (iṣu), isto é, arqueiros; bhīmārjunasamās (bhīma + arjuna + samās) (plural) = iguais a Bhīma [e] Arjuna; yudhi = em batalha; yuyudhānas = Yuyudhāna; virāṭas = Virāta; ca = e; drupadas =

Drupada; ca = e; mahārathas (mahā + rathas) = grande carruagem.

1.5: dhṛṣṭaketus = Dhrishtaketu; cekitānas = Cekitāna; kāśirājas (kāśi + rājas) = rei dos Kāshis; ca = e; vīryavān = valente; purujit = Purujit; kuntibho- jas = Kuntibhoja; ca = e; śaibyas = Shaibya; ca = e; narapuṃgavas (nara + puṃgavas) = homem-touro, isto é, touro entre os homens.

1.6: yudhamanyus = Yudhamanyu; ca = e; vikrāntas = corajoso; uttamau- jas = Uttamaujas; ca = e; vīryavān = valente; saubhadras = filho-de- Subhadrā; draupadeyās = filhos-de-Draupadī; ca = e; sarva = todos; eva = em verdade; mahārathās = (mahā + rathās) = lit. grandes carruagens, aqui: grandes guerreiros-de-carruagens.

1.7: asmākaṃ = nossos, aqui: nós; tu = também; viśiṣṭās (plural) = exce- lentes; ye (plural) = que, quem; tān = eles; nibodha = sabe!, aqui: fica ciente!; dvijottama = (dvija + uttama) = ó melhor dos nascidos duas vezes; nāyakās = líderes; mama = de mim, meu; sainyasya = do exército; saṃjnārtham (samjnā + artham) = [por] nome próprio; tān = eles, -os; bravīmi = digo, nomeio; te = para ti.

1.8: bhavān = tu (honorífico), aqui: Tu mesmo; bhīṣmas = Bhīshma; ca = e; karṇas = Karna; ca = e; kṛpas = Kripa; ca = e; samitimjayas (samitim + jayas) = vitorioso (jaya) no combate; aśvatthāmā = Ashvatthāmān; vikarṇas = Vikarna; ca = e; saumadattis = filho-de-Somadatta; tathaiva (tathā + eva) = também, assim como; ca = e.

1.9: anye = outros; ca = e; bahavas = muitos; śūrās = heróis; madarthe (mad + arthe) = por mim; tyaktajīvitās (tyakta + jīvitās) = vidas abandonadas, aqui: [dispostos a] entregar a vida; nānāśastrapraharaṇās (nāna + śastra + praharaṇās) = várias (nānā) armas de ataque (praharaṇa); sarve = todos; yuddhaviśāradās (yuddha + viśāradās) (plural) = hábeis em batalha.

1.10: aparyāptam = ilimitada, aqui: ilimitadas; tad = esta, aqui: estas; asmākam = nossa, aqui: nossas; balam = força, aqui: forças; bhīṣmābhirakṣitam (bhīṣma + abhirakṣitam) = guardada por Bhīshma, aqui: comandadas por Bhīshma; paryāptam = limitada, aqui: limitadas; tu = mas; idam =

aquela, aqui: aquelas; eteṣām = dele, aqui: deles; balam = força, aqui: forças; bhīmābhirakṣitam (bhīma + abhirakṣitam) = guardada por Bhīma, aqui: comandadas por Bhīma.

1.11: ayaneṣu = em manobras; ca = e; sarveṣu = em todas; yathābhāgam (yathā + bhāgam) = como (yathā) assinalado; avasthitās (plural) = colocados, posicionados; bhīṣmam = Bhīshma; evābhirakṣantu (eva + abhirakṣantu) = em verdade...guarde!; bhavantas = vós [todos]; sarva = todos, aqui: cada um; eva = em verdade; hi = com efeito, aqui: omitido.

1.12: tasya = dele, aqui: a ele, lhe; saṃjanayan = gerar, aqui: dar; harṣam = frêmito, aqui: alegria; kuruvṛddhas (kuru + vṛddhas) = idoso Kuru; pitāmahas = avô, aqui: patriarca; siṃhanādam (simha + nādam) = rugido de leão (siṃha); vinadyocchais (vinadya + ucchais) (plural) = soando (vinadya) no alto; śaṅkham = búzio; dadhmau = soprou; pratāpavān = vigorosamente.

1.13: tatas = então; śaṅkhās = búzios; ca = e; bheryas = tímpanos; ca = e; paṇavānakagomukhās (paṇava + ānaka + gomukhās) = pratos (paṇava), tambores (ānaka) [e] "bocas de boi", isto é, trombetas; sahasaivābhyahanyanta (sahasā + eva + abhyahanyanta) = de repente (sahasā) com efeito (eva) soaram, aqui: *eva* é omitido; sas = ele, aqui: o; śabdas = som, aqui: alvoroço; tumulas = tumultuoso; 'bhavat (abhavat) = foi.

1.14: tatas = então, em seguida; śvetais (plural) = com brancos; hayais = com corcéis; yukte = na jungida, na atrelada; mahati = na grande; syandane = na carruagem; sthitau (dual) = em pé; mādhavas = Mādhava; pāṇḍavas = filho-de-Pāndu; caiva (ca + eva) = e com efeito, aqui: também; divyau (dual) = [dois] divinos; śaṅkhau (dual) = [dois] búzios; pradadhmatus (dual) = [os dois] sopraram.

1.15: pāncajanyam = "dos cinco povos" [o nome do búzio de Krishna]; hṛṣīkeśas (hṛṣī + keśas) = pelos arrepiados [um epíteto de Krishna]; devadattam = "dado por uma divindade" [o nome do búzio de Arjuna]; dhanaṃjayas = Conquistador de Riquezas (isto é, Arjuna); pauṇḍram =

"[pertencente aos] Pundras", o nome do búzio de Bhīma; dadhmau = soprou; mahāśaṅkham (mahā + śaṅkham) = grande búzio; bhīmakarmā (bhīma + karmā) (singular) = feito formidável (de bhīma), aqui: autor-de-feitos-formidáveis; vṛkodaras (vṛka + udaras) = de barriga de lobo [um epíteto de Bhīma].

1.16: anantavijayam (ananta + vijayam) = "vitória infinita" [o nome do búzio de Yudhishthira]; rājā = rei, príncipe; kuntīputras (kuntī + putras) = filho de Kuntī; yudhiṣṭhiras = Yudhishthira; nakulas = Nakula; sahadevas = Sahadeva; ca = e; sughoṣamaṇipuṣpakau (sughoṣa + maṇipuṣpakau) (dual) = "bem-sonante" [o nome do búzio de Nakula] e "florida-de-joias" [o nome do búzio de Sahadeva].

1.17: kāśyas = dos Kashīs, aqui: rei-dos-Kāshis; ca = e; parameṣvāsas (parama + iṣu + āsas) = supremo arqueiro; śikhaṇḍī = Shikhandin; ca = e; mahārathas = grande carruagem, aqui: grande guerreiro-de-carruagens; dhṛṣṭadyumnas = Dhrishtadyumna; virāṭas = Virāta; ca = e; sātyakis = Sātyaki; cāparājitas (ca + aparājitas) = e inconquistados.

1.18: drupadas = Drupada; draupadeyās = filhos-de-Draupadī; ca = e; sarvaśas = todos juntos; pṛthivīpate (pṛthivī + pate) = ó Senhor (pati) da Terra; saubhadras = o filho-de-Subhadrā [um epíteto de Abhimanyu]; ca = e; mahābāhus (mahā + bāhus) = de grandes braços, aqui: de poderosos braços; śaṅkhān = búzios, aqui: búzio; dadhmus = sopraram; pṛthakpṛthak = em sequência, aqui: cada qual o [seu].

1.19: sas = seu, aqui: esse; ghoṣas = alvoroço; dhārtarāṣṭrāṇām = dos filhos-de-Dhritarāshtra; hṛdayāni = corações; vyadārayat = penetrou; nabhas = céu; ca = e; pṛthivīm = terra; caiva (ca + eva) = e com efeito, aqui: *eva* é omitido; tumulas = tumulto, aqui: em balbúrdia; vyanunādayan = fazendo ressoar, aqui: ressoassem.

1.20: atha = agora, então; vyavasthitān (plural) = alinhados, aqui: formados-para-a-batalha; dṛṣṭvā = tendo visto, aqui: vendo; dhārtarāṣṭrān = os filhos-de-Dhritarāshtra; kapidhvajas (kapi + dhvajas) = [tendo o] macaco (kapi) como estandarte; pravṛtte = no surgir, aqui: omitido, implícito em

"no"; śastrasaṃpāte (śastra + saṃpāte) = no embate das armas (śastra);
dhanus = arco; udyamya = elevando, aqui: tomou; pāṇḍavas = filho-de-
-Pāndu (isto é, Arjuna).

1.21: hṛṣīkeśam (hṛṣī + keśam) = "pelos arrepiados" [um epíteto de Krishna];
tadā = então, em seguida; vākyam = palavra; aqui: palavras; idam =
esta, aqui: estas; āha = disse, aqui: dirigiu-se a; mahīpate (mahī + pate)
= ó Senhor (pati) da Terra; senayos (dual) = de [ambos os] exércitos;
ubhayos (dual)= de ambos; madhye = no meio [entre]; ratham = carruagem; sthāpaya = faz parar!; aqui: detém!; me = de mim, minha; 'cyuta
(acyuta) = ó Acyuta (isto é, Krishna).

1.22: yāvad = até, aqui: para que; etān = os que; nirīkṣe = eu [possa] ver, aqui:
I [possa] vistoriar; 'ham (aham) = eu; yoddhukāmān (plural) = ansiosos
para a batalha; avasthitān = reunidos; kais = com quem?; mayā = por
mim; saha = com; yoddhavyam = a ser lutados, aqui: devo lutar; asmin
= neste; raṇasamudyame (raṇa + samudyame) = em empreendimento de
combate (raṇa).

1.23: yotsyamānān (plural) = prontos para lutar; avekṣe = contemplo; 'ham
(aham) = eu; ya (em vez de ye), (plural) = que, quem; ete = estes, aqui:
os que; 'tra (atra) = aqui; samāgatās (plural) = reunidos; dhārtarāṣṭrasya
= do filho-de-Dhritarāshtra (isto é, Duryodhana); durbuddhes = de mente maligna; yuddhe = na batalha; priyacikīrṣavas (priya + cikīrṣavas) =
desejosos de agradar (priya).

1.24: evam = assim; uktas = dito, aqui: interpelado; hṛṣīkeśas (hṛṣī + keśas) =
Hrishīkesha (isto é, Krishna); guḍākeśena (guḍā + keśena) = pelo "ca-
belo-em-bola" [um epíteto de Arjuna]; bhārata = ó descendente-de-Bharata; senayos = de [ambos os] exércitos; ubhayos = de ambos; madhye
= no meio, entre; sthāpayitvā = tendo detido, aqui: deteve; rathottamam
(ratha + uttamam) = a excelente (uttama) carruagem.

1.25: bhīṣmadroṇapramukhatas (bhīṣma + droṇa + pramukhatas) = diante
(pramukhatas) de Bhīshma [e] Drona; sarveṣām = de todos [estes]; ca =
e; mahīkṣitām (mahī + kṣitām) = soberanos (kṣit) da terra; uvāca = disse;

pārtha = ó filho-de-Prithā (isto é, Arjuna); paśyaitān (paśya + etān) = contempla estes!; samavetān (plural) = juntos, reunidos; kurūn = Kurus; iti = assim (usado para indicar uma citação).

1.26: tatrāpaśyat (tatra + apaśyat) = ali (tatra) viu; sthitān (plural) = em pé; pārthas = filho-de-Prithā (isto é, Arjuna); pitṛn = pais; atha = então, aqui: omitido; pitāmahān = avôs; ācāryān = preceptores; mātulān = tios (maternos); bhrātṛn = irmãos; putrān = filhos; pautrān = netos; sakhīn = amigos, camaradas; tathā = bem como.

1.27: śvaśurān = sogros; suhṛdas = "[pessoas] de bom coração" [isto é, amigos]; caiva (ca + eva) = e com efeito, aqui: omitido; senayos (dual) = de [ambos os] exércitos; ubhayos (dual) = de ambos; api = também, aqui: e; tān = eles, -os; samīkṣya = vendo; sas kaunteyas = ele, o filho-de-Kuntī [isto é, Arjuna]; sarvān (plural) = todos; bandhūn = parentes; avasthitān (plural) = em pé [formados para a batalha].

1.28: kṛpayā = de pena; parayāviṣṭas (parayā + āviṣṭas) = repleto de (āviṣṭa) grande, aqui: encheu-se de profunda; viṣīdan = desalentado; idam = isto; abravīt = disse, falou; dṛṣṭvemān (dṛṣṭvā + imān) = tendo visto estes; aqui: vendo estes; svajanān (sva + janān) (plural) = próprio povo; kṛṣṇa = ó Krishna; yuyutsūn (plural) = ansiosos para lutar; samavasthitān (plural) = em pé [diante de mim].

1.29: sīdanti = sentam-se, aqui: desfaleçem; mama = de mim, meus; gātrāṇi = membros; mukham = boca; ca = e; pariśuṣyati = resseca; vepathus = temor; ca = e; śarīre = no corpo; me = de mim, meu; romaharṣas (roma + harṣas) = pelos eriçados, aqui: pelos se eriçam; ca = e; jāyate = nasce, aqui: omitido.

1.30: gāṇḍīvam = [o nome do arco de Arjuna]; sraṃsate = cai; hastāt = da mão; tvac = pele; caiva (ca + eva) = e também; paridahyate = queima, aqui: [está] completamente (pari) em chamas; na ca = e não, aqui: tampouco; śaknomi = sou capaz de; avasthātum = permanecer em pé; bhramatīva (bhramati + iva) = divaga, por assim dizer (iva), aqui: parece girar; ca = e; me = de mim, minha; manas = mente.

1.31: nimittāni = sinais, augúrios; ca = e, aqui: além disso; paśyāmi = vejo, vislumbro; viparītāni (plural) = funestos; keśava = ó Keshava (isto é, Krishna); na = não; ca = e, lidos juntos: nem tampouco; śreyas = bem; 'nupaśyāmi (anupaśyāmi) = diviso, antevejo; hatvā = tendo matado, aqui: em matar; svajanam (sva + janam) = próprio povo; āhave = em combate.

1.32: na = não; kāṅkṣe = almejo; vijayam = a vitória; kṛṣṇa = ó Krishna; na = não; ca = e, lidos juntos: nem ainda; rājyam = o reino; sukhāni = os prazeres; ca = e, aqui: nem; kim = o quê?, aqui: de quê?; nas = nos; rājyena = com o reino; govinda = ó Govinda; kim = o quê?, aqui: de quê?; bhogais = com as alegrias, aqui: as alegrias; jīvitena = com a vida, aqui: a vida; vā = ou.

1.33: yeṣām = de quem; arthe = com o objetivo de, aqui: em nome; kāṅkṣitam = buscado, aqui: buscamos; nas = por nós, aqui: nós (oculto); rājyam = reino; bhogās = prazeres; sukhāni = alegrias; ca = e; ta (te) = eles; ime = estes; 'vasthitās (avasthitās) (plural) = em pé, aqui: estão; yuddhe = no combate, aqui: para o combate; prāṇān = vidas; tyaktvā = tendo abandonado, aqui: abrindo mão de; dhanāni = riqueza; ca = e.

1.34: ācāryās = preceptores; pitaras = pais; putrās = filhos; tathaiva (tathā + eva) = assim como, com efeito, aqui: *eva* é omitido; ca = e; pitāmahās = avôs; mātulās = tios (maternos); śvaśurās = sogros; pautrās = netos; śyālās = cunhados; saṃbandhinas = parentes; tathā = bem como.

1.35: etān = eles, -los; na = não; hantum = matar; icchāmi = desejo; ghnatas = matadores, aqui: [venham a] dar cabo; 'pi (api) = também, mesmo que; madhusūdana (madhu + sūdana) = "matador de Madhu" [isto é, Krishna]; api = também, mesmo; trailokya (trai + lokya) = tríplice mundo; rājyasya = do domínio; hetos = da causa, aqui: para; kim = o quê?, aqui: que [dirá]; nu = com efeito, aqui: omitido; mahīkṛte (mahī + kṛte) = [para] a terra (mahī).

1.36: nihatya = matando, aqui: se matarmos; dhārtarāṣṭrān = os filhos-de-Dhritarāshtra; nas = nós, nosso; kā = o quê?; prītis = deleite; syāt = seria;

janārdana (jana + ardana) = "ó agitador do povo", ó Janārdana (isto é, Krishna); pāpam = pecado; evāśrayet (eva + āśrayet) = somente aderiria; asmān = a nós; hatvaitān (hatvā + etān) = tendo matado esses, aqui: caso matássemos esses; ātatāyinas (plural) = cujos-arcos-estão-retesados.

1.37: tasmān = portanto; nārhās = (na + arhās) (plural) = proibido, não permitido; vayam = nos; hantum = matar; dhārtarāṣṭrān = os filhos-de--Dhritarāshtra; svabāndhavān (sva + bāndhavān) (plural) = nossos parentes; svajanam (sva + janam) = próprio povo; hi = pois; katham = como?; hatvā = tendo chacinado, aqui: se chacinarmos; sukhinas = felizes; syāma = poderemos ser; mādhava = ó Mādhava.

1.38: yadi = se, aqui: que; api = mesmo; ete = estes; na = não, aqui: não sejam capazes de; paśyanti = veem; lobhopahatacetasas (lobha + upahata + cetasas) = [com a] mente corrompida pela cobiça; kulakṣayakṛtam (kula + kṣaya + kṛtam) = feita a destruição da família (kula), aqui: destruir a família; doṣam = [é uma] mácula; mitradrohe (mitra + drohe) = traição para com um amigo, aqui: trair um amigo; ca = e; pātakam = transgressão.

1.39: katham = como?; na = não, aqui: não teríamos; jneyam = a ser conhecido, aqui: a sabedoria; asmābhis = por nós, aqui: nós; pāpāt = ao pecado; asmān = a isto; nivartitum = dar as costas; kulakṣayakṛtam (kula + kṣaya + kṛtam) = feita a destruição da família, aqui: de destruir a família; doṣam = mácula; prapaśyadbhis = por ver, aqui: [nós que] vislumbramos; janārdana (jana + ardana) = ó Janārdana.

1.40: kulakṣaye (kula + kṣaye) = com a destruição da família; praṇaśyanti = perdem-se, aqui: caem por terra; kuladharmās (kula + dharmās) = as leis familiares; sanātanās (plural) = perenes; dharme = na lei, aqui: uma vez a lei; naṣṭe = extinta; kulam = a família; kṛtsnam = toda; adharmas = anomia; 'bhibhavati (abhibhavati) = é sobrepujada, aqui: se abate; uta = e, também, aqui: omitido.

1.41: adharmābhibhavāt (adharma + abhibhavāt) = Pela prevalência da anomia (adharma); kṛṣṇa = ó Krishna; praduṣyanti = se corrompem; kulastriyas (kula + striyas) = mulheres da família; strīṣu = nas mulheres;

duṣṭāsu (plural, locativo) = nas maculadas, aqui: uma vez maculadas [as mulheres]; vārṣṇeya = ó Vārshneya [isto é, Krishna]; jāyate = nasce, aqui: ocorre; varṇasaṃkaras (varṇa + saṃkaras) = mistura das classes.

1.42: saṃkaras = mistura; narakāyaiva (narakāya + eva) = ao inferno com efeito, aqui: *eva* é omitido; kulaghnānām (kula + ghnānām) = os que destroem a família; kulasya = da família, aqui: a família; ca = e, aqui: além disso; patanti = caem; pitaras = os antepassados; hy (hi) = com efeito; eṣām = desta, aqui: seus; luptapiṇḍodakakriyās (lupta + piṇḍa + udaka + kriyās) = oferendas-rituais (kriyā) de bolos de arroz [e] água (udaka) [são] descontinuadas, aqui: deixam de ser apresentadas.

1.43: doṣais = por falhas; etais = por essas; kulaghnānām (kula + ghnānām) = dos que arruínam a família; varṇasaṃkarakārakais (varṇa + saṃkara + kārakais) = por [obra daqueles que] causam a mistura das classes; utsādyante = são destruídas; jātidharmās (jāti + dharmās) = as leis da casta; kuladharmās (kula + dharmās) = as leis familiares; ca = e; śāśvatās (plural) = eternas.

1.44: utsannakuladharmāṇāṃ (utsanna + kula + dharmāṇām) = das leis fami-liares destruídas (utsanna); manuṣyāṇām = dos homens, aqui: para os homens; janārdana (jana +ardana) = ó Janārdana; narake = no inferno; niyatam = garantida [alguns manuscritos dizem aniyatam, "indefinida", adjetivo que qualifica "morada"]; vāsas = morada; bhavatīti (bhavati + iti) = há portanto (iti); anuśuśruma = ouvimos.

1.45: aho = ah!; bata = ai!; mahat = grande; pāpam = pecado; kartum = a fazer, aqui: [estamos de fato determinados] a cometer; vyavasitās (plural) = determinados; vayam = nós; yad = que, aqui: pois; rājyasukhalobhena (rājya + sukha + lobhena) = pela cobiça dos prazeres da realeza; hantum = matar; svajanam (sva + janam) = próprio povo; udyatās (plural) = de-cididos a, aqui: dispostos a.

1.46: yadi = se; mām = mim; apratīkāram = sem oferecer resistência; aśastram = desarmado; śastrapāṇayas (śastra + pāṇayas) = armas nas mãos; dhārtarāṣṭrā = os filhos-de-Dhritarāshtra; raṇe = no combate; hanyus =

viessem a matar; tad = isto; me = me; kṣemataram (kṣema + taram) = mais (tara) tranquilidade, aqui: mais agradável; bhavet = seria.

1.47: evam = assim; uktvārjunas (uktvā + arjunas) = Arjuna tendo falado, aqui: tendo [thus] falado, Arjuna; saṃkhye = no [meio do] conflito; rathopastha (ratha + upastha) [for rathaupasthe] = banco da carruagem; upāviśat = sentou-se, aqui: desabou; visṛjya = lançando fora; saśaram = com (sa-) flecha; cāpam = arco; śokasaṃvignamānasas (śoka + saṃvigna + mānasas) = a mente agitada pela tristeza (śoka).

CAPÍTULO 2. O YOGA DO CONHECIMENTO

---

samjaya (saṃjayas) = Samjaya; uvāca = disse;

2.1: tam = ele; tathā = assim; kṛpayāviṣṭam (kṛpayā + aviṣṭam) = tomado (aviṣṭa) de pena; aśrupūrṇākulekṣaṇam (aśru + pūrṇa + ākula + īkṣaṇam) = baixos (ākula) olhos cheios (pūrṇa) de lágrimas; viṣīdantam = desesperançado; idam = esta; vākyam = palavra; uvāca = disse; madhusūdanas = Madhusūdana.

śrībhagavān (śrī + bhagavān) = Senhor Bendito; uvāca = disse;

2.2: kutas = de onde?; tvā = te; kaśmalam = fraqueza; idam = esta; viṣame = em dificuldade; samupasthitam = aproximando-se, aqui: vem; anāryajuṣṭam (anārya + juṣṭam) = digna de um não-ārya; asvargyam = não celeste, aqui: não-conduz-ao-céu; akīrtikaram (akīrti + karam) = causa a desonra (akīrti), aqui: atrai a desonra; arjuna = ó Arjuna.

2.3: klaibyam = efeminação, aqui: efeminado; mā = não; sma = com efeito, aqui: omitido; gamas = [não] deves sofrer, aqui: [não] te faças; pārtha = ó filho-de-Prithā (ou seja, Arjuna); naitat (na + etad) = isso (etad) não; tvayi = em ti, aqui: te; upapadyate = é adequado, aqui: [não te] cai bem; kṣudram = vil; hṛdayadaurbalyam (hṛdaya + daurbalyam) = desânimo (de hṛdaya, "coração"); tyaktvottiṣṭha (tyaktvā + uttiṣṭha) = tendo[-o] abandonado, levanta!, aqui: lança fora [este vil desânimo e] levanta-te!; paraṃtapa = ó Paramtapa.

arjuna (arjunas) = Arjuna; uvāca = disse;

2.4: katham = como?; bhīṣmam = Bhīshma; aham = eu (oculto); saṃkhye = em combate; droṇam = Droṇa; ca = e; madhusūdana = ó Madhusūdana (ou seja, Krishna); iṣubhis = com flechas; pratiyotsyāmi = lutarei, aqui: [posso] atacar; pūjārhāvarisūdana (pūjā + arhau + arisūdana) (pūjā-arhau está no dual) = dignos de veneração ó Arisūdana.

2.5: gurūn = mestres; ahatvā = tendo matado, aqui: matar; hi = pois; mahānubhāvān (mahā + anubhāvān) (plural) = grandemente (mahā) dignos, aqui: tão dignos; śreyas = melhor; bhoktum = comer; bhaikṣyam = alimentos-recebidos-como-esmola; apīha (api + iha) = até aqui; loke = no mundo; hatvārthakāmān (hatvā + artha + kāmān) (plural) = tendo matado desejosos de riquezas, aqui: matasse [embora estejam] em busca de riquezas; tu = mas, no entanto; gurūn = mestres; ihaiva (iha + eva) = aqui [na terra] com efeito, aqui: eva é omitido; bhuñjīya = comeria, gozaria; bhogān = prazeres; rudhirapradigdhān (rudhira + pradigdhān) (plural) = manchados de sangue.

2.6: na = não, aqui: tampouco; caitad (ca + etad) = e isto; vidmas = sabemos; katarat (dual) = o quê?; nas = nós, aqui: para nós; garīyas = importante; yad = qual, aqui: que; vā = ou; jayema = sejamos vitoriosos; yadi = se; vā = ou; nas = nós, aqui: nos; jayeyus = vençam; yān = quem, aqui: omitido; eva = com efeito, aqui: omitido; hatvā = tendo chacinado; na = não; jijīviṣāmas = desejamos viver; te = eles; 'vasthitās (avasthitās) (plural) = formados em batalha; pramukhe = no rosto, aqui: à [nossa] frente; dhārtarāṣṭrās = os filhos-de-Dhritarāshtra.

2.7: kārpaṇyadoṣopahatasvabhāvas (kārpaṇya + doṣa + upahata + sva + bhāvas) = ser-próprio (svabhāva) corrompido [pela] mácula (doṣa) da pena; pṛcchāmi = pergunto; tvām = a ti; dharmasaṃmūḍhacetās (dharma + saṃmūḍha + cetās) (singular) = [minha] mente confusa (saṃmūḍha) [no que se refere à] lei; yad = qual; śreyas = melhor; syāt = deve ser; niścitam = com certeza; brūhi = diz; tad = isto, aqui: omitido; me = a mim; śiṣyas = discípulo; te = teu; 'ham (aham) = eu; śadhi = instrui!; mām = a mim; tvām = [de] ti; prapannam = suplicante, aqui: aproximo-me.

2.8: na = não, aqui: não consigo; hi = com efeito, pois; prapaśyāmi = vejo; mamāpanudyāt (mama + apanudyāt) = deve dissipar, aqui: [o que] poderia dissipar; yad = qual, aqui: o que; śokam = sofrimento; ucchoṣaṇam = ressecando, ressecamento, aqui: [que] resseca; indriyāṇām = dos sentidos; avāpya = alcançando, aqui: adquirir; bhūmau = na terra, aqui: sobre a terra; asapatnam = inigualado; ṛddham = próspero; rājyam = domínio; surāṇām = das divindades, aqui: sobre as divindades; api = até; cādhipatyam (ca + ādhipatyam) = e soberania.

saṃjaya (saṃjayas) = Samjaya; uvāca = disse;

2.9: evam = assim; uktvā = tendo dito, falado, aqui: [assim] falou; hṛṣīkeśam = Hrishīkesha [ou seja, Krishna]; guḍākeśas (guḍā + keśa) = Gudākesha [ou seja, Arjuna]; paraṃtapas = Paramtapa, Flagelo dos Inimigos [ou seja, Arjuna]; na = não; yotsya = lutarei; iti = usado para indicar uma citação; govindam = Govinda; uktvā = tendo dito, aqui: tendo declarado; tūṣṇīm = silenciosamente, aqui: silenciou; babhūva = se tornou, aqui: omitido; ha = com efeito, aqui: omitido.

2.10: tam = ele; uvāca = disse; hṛṣīkeśas = Hrishīkesha; prahasan = rindo; iva = como que; bhārata = ó descendente-de-Bharata; senayos = dos [dois] exércitos; ubhayos = de ambos, aqui: dos dois; madhye = no meio, aqui: entre; viṣīdantam = desalentado; idam = esta; vacas = palavra.

śrībhagavān (śrī + bhagavān) = Senhor Bendito; uvāca = disse;

2.11: aśocyān (plural) = não devem ser lamentados, aqui: [por quem] não se deve lamentar; anvaśocas = lamentaste, aqui: lamentas; tvam = tu; prajñāvādān (prajñā + vādān) = palavras de sabedoria (prajñā); ca = e [no entanto]; bhāṣase = falas, declaras; gatāsūn (gata + asūn) (plural) = sopros vitais que se foram, ou seja, mortos; agatāsān (agata + asūn) (plural) = sopros vitais que não se foram, ou seja, vivos; ca = e; nānuśocanti (na + anuśocanti) = não lamentam; paṇḍitās (plural) = os eruditos.

«tvam = tu, aqui: teu; mānuṣyeṇopahatāntarātmā (mānuṣyeṇa + upahata + antarātmā) = eu interior assediado (upahata) pela humanidade, aqui: eu interior assediado por aquilo-que-é-demasiado-humano;

viṣādamohābhībhavāt (viṣāda + moha + abhībhavāt) = sendo dominado pelo desalento (viṣāda) [e pela] ilusão (moha); visaṃjñas = sem entendimento, aqui: é falto de entendimento; kṛpāgṛhītas (kṛpā + gṛhītas) = tomado pela pena (kṛpā); samavekṣya = vendo, aqui: ao veres; bandhūn = parentes; abhiprapannān = caírem; mukham = face, aqui: mandíbulas; antakasya = da morte. »

2.12: na = não, aqui: nunca (em conjunção com *jātu*); tu = mas, aqui: omitido; evāham (eva + aham) = em verdade eu; jātu = sempre; nāsam (na + āsam) = não fui, não existi; na = não; tvam = tu; neme (na + ime) = não estes; janādhipās (jana + adhipās) = chefes; na = não; caiva (ca + eva) = e também, aqui: tampouco (em conjunção com *na*); na = não, aqui: nem; bhaviṣyāmas = seremos; sarve = todos; vayam = nós; atas param = doravante.

2.13: dehinas = do incorporado, aqui: da essência-incorporada; 'smin (asmin) = neste; yathā = assim como; dehe = no corpo; kaumāram = infância; yauvanam = juventude; jarā = velhice; tathā = assim, do mesmo modo, aqui: assim também; dehāntaraprāptis (deha + antara + prāptis) = obtenção de outro (antara) corpo, aqui: obtém outro corpo; dhīras = sensato; tatra = nisso, aqui: por isso; na = não; muhyati = está confuso.

2.14: mātrāsparśās (mātrā + sparśās) = contatos (sparśa) materiais; tu = de fato; kaunteya = ó filho-de-Kuntī; śītoṣṇasukhaduḥkhadās (śīta + uṣṇa + sukha + duḥkha + dās) (plural) = concedendo (da) frio, calor (uṣṇa), prazer [e] dor (duḥkha) (plural), aqui: dão origem ao...; āgamāpāyinas (āgama + apāyinas) (plural) = vindo [e] indo, aqui: vêm e vão; 'nityās (anityās) (plural) = impermanentes; tān = eles, -os; titikṣasva = suporta!; bhārata = ó descendente-de-Bharata.

2.15: yam = a quem; hi = pois; na = não; vyathayanti = fazem tremer, aqui: afligem; ete = estes; puruṣam = homem; puruṣarṣabha (puruṣa + ṛṣabha) = ó homem-touro; samaduḥkhasukham (sama + duḥkha + sukham) = o mesmo/igual [em relação à] dor (duḥkha) [e ao] prazer; dhīram = sábio; sas = ele; 'mṛtatvāya (amṛtatvāya) = para a imortalidade (amṛtatva); kalpate = é apto, é talhado.

2.16: nāsatas (na + asatas) = não (na) daquilo que não é (asat); vidyate = se encontra, aqui: há; bhāvas = ser, aqui: vir-a-ser; nābhāvas (na + abhāvas) = não (na) desaparecimento; vidyate = se encontra, aqui: há; satas = daquilo que é, daquilo que [sempre] existe (sat); ubhayos (dual) = de ambos; api = também, aqui: além disso; dṛṣtas = visto; 'ntas (antas) = fim; tu = com efeito, aqui: omitido; anayos (dual) = destes [dois]; tattvadarśibhis = pelos que veem a Realidade.

2.17: avināśi = indestrutível; tu = nas, no entanto; tad = aquilo; viddhi = conhece; yena = pelo qual; sarvam = todo; idam = este; tatam = distribuído; vināśam = destruição; avyayasyāsya = do imutável; na kaścit = ninguém; kartum = efetuar; arhati = é capaz.

2.18: antavantas (plural) = finitos; ime = estes; dehās = corpos; nityasya = do eterno; uktās (plural) = são ditos; śarīriṇas = do incorporado; anāśinas = do indestrutível; 'prameyasya (aprameyasya) = do incomensurável; tasmāt = portanto, pois; yudhyasva = luta!; bhārata = ó descendente-de-Bharata.

2.19: yas = quem; enam = este; vetti = conhece, aqui: concebe; hantāram = o que mata; yas = quem; caiman (ca + enam) = e (ca) este; manyate = pensa, aqui: concebe; hatam = o que é morto; ubhau (dual) = ambos, os dois; tau (dual) = eles [dois]; na = não; vijānītas (dual) = conhecem; nāyam (na + ayam) = este não; hanti = mata; na = não, aqui: nem; hanyate = é morto.

2.20: na = não; jāyate = nasce, aqui: nasceu; mriyate = morre, aqui: morrerá; vā = ou, aqui: nem; kadācit = qualquer tempo, aqui: jamais (em conjunção com *na*); nāyam = este não; bhūtvā = tendo se tornado, aqui: tendo-vindo-a-ser; bhavitā = será, tornar-se-á; vā = ou; na = não; bhūyas = novamente, aqui a oração como um todo deve ser entendida como: deixará-de-ser novamente; ajas = não nascido; nityas = eterno; śāśvatas = perene; 'yam (ayam) = este; purāṇas = primordial; na = não; hanyate = é morto, aqui: morre; hanyamāne = quando é morto, aqui: quando morre; śarīre = quando o corpo.

2.21: vedāvināśinam (veda + avināśinam) = conhecimento (veda) [do] indestrutível, aqui: conhece o indestrutível; nityam = eterno; yas = quem,

aqui: que; enam = este; ajam = não nascido; avyayam = imutável; ka-tham = como?; sas = ele, aqui: o; puruṣas = homem; pārtha = ó filho-de-
-Prithā; kam = quem?; ghātayati = faz matar; hanti = mata; kam = quem?

2.22: vāsāṃsi = vestes; jīrṇāni (plural) = usadas, gastas; yathā = assim como; vihāya = lançando fora; navāni = novas; gṛhṇāti = toma; naras = ho-mem; 'parāṇi (aparāṇi) = outras; tathā = assim também; śarīrāṇi = cor-pos; vihāya = lançando fora; jīrṇāni (plural) = usados, gastos; anyāni = outros; saṃyāti = entra; navāni = novos; dehī = [Si Mesmo] incorporado.

2.23: nainam = (na + enam) não este; chindanti = fendem; śastrāṇi = armas; nainam = (na + enam) não este; dahati = queima, aquece; pāvakas = fogo; na = não; cainam = (ca + enam) e este, aqui: ca é omitido; kleda-yanti = tornam úmido, aqui: umedece; āpas = águas, aqui: água; na = não; śoṣayati = torna seco, aqui: seca; mārutas = vento.

2.24: acchedyas = incortável; 'yam (ayam) = este; adāhyas = inqueimável, ina-quecível; 'yam (ayam) = este; akledyas = inumedecível; 'śoṣya (aśoṣya) = insecável; eva = com efeito, em verdade, aqui: omitido; ca = e; nityas = eterno; sarvagatas = onipresente; sthāṇus = estável; acalas = imóvel; 'yam (ayam) = este; sanātanas = perene.

2.25: avyaktas = não manifesto; 'yam (ayam) = este; acintyas = impensável; 'yam (ayam) = este; avikāryas = imutgável; 'yam (ayam) = este; ucyate = é dito, é chamado; tasmāt = portanto, logo; evam = assim, como tal; viditvainam (viditvā + enam) = tendo conhecido este (enam), aqui: co-nhecendo este; nānuśocitum (na + anuśocitum) = não lamentar; arhasi = [não] deves.

2.26: atha cainam (atha ca + enam) = agora e isto, aqui: além disso; nityajātam (nitya + ajātam) = eternamente nascido, aqui: eternamente nasce; nityam = eternamente; vā = ou, aqui: e; manyase = penses, consideres; mṛtam = morto, aqui: morre; tathāpi (tathā + api) = mesmo então, aqui: omitido; tvam = tu; mahābāho (mahā + bāho) = ó [Arjuna] dos braços fortes; nainam (na + enam) = não este, aqui: não por ele; śocitum = lamentar; arhasi = deves.

2.27: jātasya = do nascido, aqui: de tudo-quanto-nasce; hi = pois; dhruvas = certa; mṛtyus = morte; dhruvam = certo; janma = nascimento; mṛtasya = do morto, aqui: de tudo-quanto-morre; ca = e; tasmāt = portanto; aparihārye = em [este] inevitável; 'rthe (arthe) = em [este] assunto; na = não; tvam = tu; śocitum = lamentar; arhasi = deves.

2.28: avyaktādini (avyakta + ādini) (plural) = princípios não manifestos, aqui: não manifestos em [seu] princípio; bhūtāni = seres; vyaktamadhyāni (vyakta + madhyāni) (plural) = meio manifestos, aqui: manifestos em [seus] estados intermediários; bhārata = ó descendente-de-Bharata; avyaktanidhanāni (avyakta + nidhanāni) (plural) = fins não manifestos, aqui: não manifestos em seu final; eva = com efeito; tatra = nesse, aqui: esse; kā = que [razão existe para]?; paridevanā = lamentação, aqui: lamentar.

2.29: āścaryavat = maravilhoso; paśyati = vê; kaścid = alguém, aqui: uma pessoa; enam = este; āścaryavat = maravilhoso; vadati = fala; tathaiva (tathā eva) = do mesmo modo; cānyas (ca + anyas) = e outra; āścaryavat = maravilhoso; cainam (ca + enam) = e este; anyas = outra; śṛṇoti = ouve; śrutvāpi (śrutvā + api) = no entanto (api) tendo ouvido, aqui: depois de ouvir; enam = este; veda = conhece; na = não; caiva (ca + eva) = e em verdade; kaścid = qualquer um, aqui: ninguém (em conjunção com *na*).

2.30: dehī = [Si Mesmo] incorporado, aqui: essência-incorporada; nityam = eternamente; avadhyas = inviolável; 'yam (ayam) = esta; dehe = no corpo; sarvasya = de todos; bhārata = ó descendente-de-Bharata; tasmāt = portanto; sarvāṇi (plural) = todos, aqui: nenhum (em conjunção com *na*); bhūtāni = seres, aqui: ser; na = não; tvam = tu; śocitum = lamentar; arhasi = deves.

2.31: svadharmam (sva + dharmam) = lei própria; api = também, aqui: além disso; cāvekṣya (ca + avekṣya) = e olhando para, aqui: em vista da; na = não; vikampitum = hesitar; arhasi = podes, deves; dharmyāt = que [uma] conforme-à-lei; hi = pois; yuddhāt = que uma guerra; śreyas = melhor; 'nyat (anyat) = outra; kṣatriyasya = para um guerreiro; na = não, aqui: nada; vidyate = se encontra, aqui: há.

2.32: yadṛcchayā = por acaso; copapannam (ca + upapannam) = e ocorrendo, aqui: ocorre; svargadvāram (svarga + dvāram) = portão do céu (svarga), aqui: portas do céu; apāvṛtam = abre; sukhinas (plural) = felizes; kṣatriyās = guerreiros; pārtha = ó filho-de-Prithā; labhante = alcançam, aqui: se deparam; yuddham = batalha; īdṛśam = tal.

2.33: atha = agora, ora; ced = se; tvam = tu; imam = este; dharmyam = conforme-à-lei; saṃgrāmam = combate; na = não; kariṣyasi = farás, aqui: empreenderes; tatas = logo, aqui: omitido; svadharmam (sva + dharmam) = lei própria; kīrtim = honra; ca = e; hitvā = tendo evitado, aqui: fugindo; pāpam = pecado; avāpsyasi = incorrerás.

2.34: akīrtim = desonra; cāpi (ca + api) = e também, aqui: além disso; bhūtāni = seres; kathayiṣyanti = relatarão; te = de ti, tua; 'vyayām (avyayām) = para sempre; saṃbhāvitasya = para o [homem] honrado; cākīrtis (ca + akīrtis) = e a desonra; maraṇāt = que a morte; atiricyate = ultrapassa.

2.35: bhayāt = por medo; raṇāt = do combate; uparatam = retirado, aqui: retirou; maṃsyante = veem; tvām = tu; mahārathās = grandes guerreiros-de-carruagens; yeṣām = de quem; ca = e; tvam = tu; bahumatas (bahu + matas) = grande estima, aqui: mais alta estima; bhūtvā = tendo sido, aqui: têm [a ti na]; yāsyasi = irás, aqui: tornar-te-ás; lāghavam = leveza, aqui: desdém.

2.36: avācyavādān (avācya + vādān) = palavras (vāda) a não serem faladas, aqui: palavras injuriosas; ca = e; bahūn (plural) = muitas; vadiṣyanti = falarão, dirão; tavāhitās (tava + ahitās) = os que te desejam mal; nindantas (plural) = ridicularizando; tava = tua, aqui: tuas; sāmarthyam = proeza, aqui: proezas; tatas = portanto, então, aqui: que isso; duḥkhataram (duḥkha + taram) = mais doloroso (duḥkha); tu = com efeito, mas, aqui: omitido; kim = o quê?

2.37: hatas = morto; vā = ou, aqui: omitido; prāpsyasi = alcançarás; svargam = céu; jitvā = tendo vencido, aqui: [caso sejas] vitorioso; vā = ou, aqui: omitido; bhokṣyase = gozarás; mahīm = terra; tasmāt = portanto; uttiṣṭha = levanta[-te]!; kaunteya = ó filho-de-Kuntī; yuddhāya = para a batalha; kṛtaniścayas (kṛta + niścayas) = feito (kṛta) [com] convicção, aqui: resoluto.

2.38: sukhaduḥkhe (sukha + duḥkhe) (dual) = o prazer e a dor; same (dual) = iguais; kṛtvā = tendo feito, aqui: tendo; lābhālābhau (lābha + alābhau) (dual) = o lucro e a perda; jayājayau (jaya + ajayau) (dual) = a vitória e a derrota; tatas = portanto, então; yuddhāya = para a batalha; yujyasva = engaja[-te]!, aqui: cinge[-te]!; naivam (na + evam) = assim não; pāpam = pecado; avāpsyasi = incorrerás.

2.39: eṣā = esta; te = a ti; 'bhihitā (abhihitā) (feminino) = declarada, aqui: revelada; sāṃkhye = no Sāṃkhya, aqui: de acordo com; buddhis (feminino) = sabedoria; yoge = no Yoga; tu = com efeito; imām = isto; śṛṇu = ouve!; buddhyā = pela sabedoria, aqui: pela faculdade-da-sabedoria; yuktas = jungido; yayā = por meio da qual; pārtha = ó filho-de-Prithā; karmabandham (karma + bandham) = grilhões da ação, prisão da ação, aqui: a prisão [dos efeitos] da ação; prahāsyasi = abandonarás, aqui: transcenderás.

2.40: nehābhikramanāśas (na + iha + abhikrama + nāśas) = não aqui (iha) um esforço [chega à] destruição (nāśa), aqui: nenhum esforço é perdido; 'sti (asti) = é; pratyavāyas = inverso, aqui: retrocesso; na = não; vidyate = se encontra, aqui: há; svalpam = pouco, pouquinho; api = até, mesmo; asya = desta; dharmasya = da lei; trāyate = salva, resgata; mahatas = de grande; bhayāt = de temor.

2.41: vyavasāyātmikā (vyavasāya + ātmikā) = [que tem] a essência da determinação (vyavasāya), aqui: por essência a determinação; buddhis = sabedoria, aqui: faculdade-da-sabedoria; ekeha (ekā + iha) = única aqui (iha); kurunandana = ó deleite dos Kurus [um epíteto de Arjuna]; bahuśākhā (bahu + śākhās) = muitos ramos; hi = com efeito, aqui: entretanto; anantās (plural) = infinitas; ca = e; buddhayas = sabedorias, aqui: faculdades-da-sabedoria; 'vyavasāyinām (avyavasāyinām) (plural) = dos irresolutos, aqui: dos destituídos de determinação.

2.42: yām (feminino) = as quais, aqui: omitido; imām (feminino) = isto, aqui: omitido; puṣpitām (feminino) = floreada, aqui: floreadas; vācam (feminino) = fala, palavras; pravadanti = dizem, aqui: proferem; avipaścitas = sem discernimento; vedavādaratās (veda + vāda + ratas) = [pessoas]

deliciando-se com o conhecimento dos Vedas; pārtha = ó filho-de-Prithā; nānyat (na + anyat) = nenhum outro, aqui: nada mais; astīti (asti + iti) = há portanto, aqui: existe, sendo *iti* usado para indicar uma citação; vādinas (plural) = dizendo.

2.43: kāmātmānas (kāma + ātmānas) (plural) = [tendo] o desejo (kāma) por essência; svargaparā (svarga + parās) (plural) = intencionando o céu; janmakarmaphalapradām (janma + karma + phala + pradām) = o renascimento [é] o fruto (phala) da ação; kriyāviśeṣabahulām (kriyā +viśeṣa + bahulām) = muitos (bahula) ritos (kriyā) especiais; bhogaiśvaryagatim (bhoga + aiśvarya + gatim) = fruição [e] domínio (aiśvarya) [como] meta, aqui: a consecução da fruição e do domínio; prati = em relação a, aqui: para.

2.44: bhogaiśvaryaprasaktānām (bhoga + aiśvarya + prasaktānām) = dos apegados à fruição e ao domínio; tayāpahṛtacetasām (tayā + apahṛta + cetasām) (plural) = daqueles [cujas] mentes [são] levadas embora; vyavasāyātmikā (vyavasāya + ātmikā) = [que têm] a essência (ātmikā) da determinação, aqui: por essência a determinação; buddhis = sabedoria, aqui: faculdade-da-sabedoria; samādhau = no êxtase; na = não; vidhīyate = estabelecida.

2.45: traiguṇyaviṣayās (traiguṇya + viṣayās) = a tríade das qualidades-primárias [é] o tema; vedās = Vedas; nistraiguṇyas = livre da triplicidade das qualidades primárias; bhavārjuna (bhava + arjuna) = ó Arjuna, sê [livre]!; nirdvandvas = livre do par-de-opostos, aqui: livre dos pares-de--opostos; nityasattvasthas (nitya + sattva + sthas) = sempre [em] sattva repousando, aqui: repousa sempre em sattva!; niryogakṣemas (niryoga + kṣemas) = sem [esforçar-te para] adquirir ou manter [coisa alguma]; ātmavān = senhor de Si, aqui: senhor de Ti.

2.46: yāvān = tanto; arthas = utilidade, aqui: valem; udapāne = num reservatório [de água]; sarvatas = completamente; samplutodake (sampluta + udake) = inundado de água (udaka); tāvān = quanto; sarveṣu = em todos, aqui: em sua totalidade; vedeṣu = nos Vedas; brāhmaṇasya = para o brāhmaṇa; vijānatas = para o conhecedor.

2.47: karmaṇi = na ação; evādhikāras (eva + adhikāras) = com efeito, reivindica somente, aqui: [na ação] somente [reside o teu] legítimo-interesse (adhikāras); te = teu; mā = não, nunca; phaleṣu = nos frutos; kadācana = em qualquer tempo; mā = não, nem; karmaphalahetus (karma + phala + hetus) = fruto da ação [como] motivação; bhūs = deve ser; mā = não, nem; te = teu; saṅgas = apego; 'stu (astu) = seja; akarmaṇi = na inação, aqui a oração ficou: nem te apegues à inação.

2.48: yogasthas (yoga + sthas) = fixo no Yoga, aqui: constante no Yoga; kuru = faz!, aqui: executa!; karmāṇi = na ação; saṅgam = apego; tyaktvā = tendo abandonado, aqui: abandonando; dhanaṃjaya = ó Dhanamjaya; siddhyasiddhyos (siddhi + asiddhyos) (dual) = no sucesso e no fracasso; samas = igual, o mesmo; bhūtvā = tendo sido, aqui: permanecendo [o mesmo]; samatvam = equanimidade; yogas = Yoga; ucyate = é chamado.

2.49: dūreṇa = de longe, aqui: muitíssimo; hi = com efeito; avaram = inferior; karma = ação; buddhiyogāt (buddhi + yogāt) = ao Yoga [da] sabedoria, aqui: ao *buddhi-yoga*, conservado em sânscrito; dhanaṃjaya = ó Dhanamjaya; buddhau = na sabedoria, aqui: na faculdade-da-sabedoria; śaraṇam = refúgio; anviccha = busca!; kṛpaṇās (plural) = dignos de pena; phalahetavas (phala + hetavas) (plural) = [cuja] motivação [é] o fruto.

2.50: buddhiyuktas (buddhi + yuktas) = jungido em *buddhi*; jahātiha (jahāti + iha) = deixa para trás aqui; ubhe (dual) = ambos, aqui: tanto quanto; sukṛtaduṣkṛte (sukṛta + duṣkṛte) (dual) = benfeitas e malfeitas; tasmāt = portanto; yogāya = ao Yoga; yujyasva = junge!, aqui: junge-te!; yogas = Yoga; karmasu = nas ações; kauśalam = habilidade.

2.51: karmajam (karma + jam) = nascido da ação; buddhiyuktās (buddhi + yuktās) = jungidos em *buddhi*; hi = com efeito, aqui: omitido; phalam = fruto; tyaktvā = tendo abandonado, aqui: tendo renunciado; manīṣiṇas (plural) = os sábios; janmabandhavinirmuktās (janma + bandha + vinirmuktās) = libertos [da] escravidão do nascimento [e da morte]; padam = região; gacchanti = vão; anāmayam = livre do mal.

2.52: yadā = quando; te = tua; mohakalilam (moha + kalilam) = selva da ilusão (moha); buddhis = sabedoria, aqui: faculdade-da-sabedoria; vyatitariṣyati = irá além, aqui: tiver atravessado; tadā = então, aqui: omitido; gantāsi = irás, aqui: adquirirás; nirvedam = desinteresse; śrotavyasya = do [que] será ouvido; śrutasya = do [que] foi ouvido; ca = e.

2.53: śrutivipratipannā (śruti + vipratipannā) (feminino) = distraída pela tradição-revelada (śruti); te = tua; yadā = quando; sthāsyati = estará, aqui: se puser; niścalā (feminino) = invariável; samādhau = no êxtase; acalā (feminino) = imóvel, aqui: serena; buddhis (feminino) = sabedoria, aqui: faculdade-da-sabedoria; tadā = então, aqui: omitido; yogam = o Yoga; avāpsyasi = alcançarás.

arjuna (arjunas) = Arjuna; uvāca = disse;
2.54: sthitaprajñasya (sthita + prajñasya) = do firmado (sthita) na gnose; kā = qual?; bhāṣā = palavra, definição; samādhisthasya (samādhi + sthasya) = do que repousa (sthasya) no êxtase; keśava = ó Keshava; sthitadhīs (sthita + dhīs) = firmado na visão (dhī); kim = o quê? como?; prabhāṣeta = falaria; kim = o quê? como?; āsīta = sentar-se-ia; vrajeta = mover-se--ia; kim = o quê? como?

śrībhagavān (śrī + bhagavān) = Senhor Bendito; uvāca = disse;
2.55: prajahāti = abandona; yadā = quando; kāmān (plural) = desejos; sarvān = todos; pārtha = ó filho-de-Prithā; manogatān (manas + gatān) (plural) = que se foram para a mente, aqui: que entram na mente; ātmani = em Si Mesmo; evātmanā (eva + ātmanā) = em verdade, com o Si Mesmo; tuṣṭas = contente; sthitaprajñas (sthita + prajñas) = firmado na gnose; tadocyate (tadā + ucyate) = então ele é dito, aqui: ele é considerado.

2.56: duḥkheṣvanudvignamanās (duḥkheṣu + anudvigna + manās) (singular) = mente não agitada nos sofrimentos, aqui: [cuja] mente não se agita no sofrimento; sukheṣu = nos prazeres, aqui: prazer; vigataspṛhas (vigata + spṛhas) = desejo ido (vigata), aqui: não tem desejos; vītarāgabhayakrodhas (vīta + rāga + bhaya + krodhas) = livre da paixão (rāga), do medo [e] da ira; sthitadhīs (sthita + dhīs) = firmado na visão (dhī); munis = sábio; ucyate = é chamado, aqui: é considerado.

2.57: yas = quem, aqui: aquele que; sarvatrānabhisnehas (sarvatra + anabhisne-has) = desapegado em toda parte, aqui: desapegado em tudo; tattat (tad + tad) = isto [ou] aquilo; prāpya = encontrando, aqui: diante; śubhāśubham (śubha + aśubham) = auspiciosa [ou] funesta; nābhinandati (na abhinan-dati) = não se alegra, aqui: nem...; na = não, aqui: nem...; dveṣṭi = se repugna; tasya = sua; prajñā (feminino) = gnose; pratiṣṭhitā (feminino) = estabelecida, aqui: bem estabelecida.

2.58: yadā = quando; saṃharate = recolhe; cāyam (ca + ayam) = e isto; kūrmas = tartaruga; 'ṅgānīva (aṅgāni + iva) = os membros, por assim dizer (iva), aqui: iva é traduzido por "como"; sarvaśas = completamente; indriyāṇīndriyārthebhyas (indriyāṇi + indriya + arthebhyas) = os senti-dos (indriya) em relação aos objetos (artha) dos sentidos; tasya = sua; prajñā (feminino) = gnose; pratiṣṭhitā (feminino) = estabelecida, aqui: bem estabelecida.

2.59: viṣayās = objetos; vinivartante = desaparecem; nirāhārasya = da que se abstém de alimento; dehinas = da essência-incorporada; rasavarjam (rasa + varjam) = com exceção do sabor (rasa), aqui: mas não o sabor; rasas = sabor; 'pyasya (api + asya) = também para ela; param = o Supremo; dṛṣṭvā = tendo visto, aqui: com a visão; nivartate = desaparece.

2.60: yatatas = do [homem] de empenho; hi = no entanto; api = até, mesmo; kaunteya = ó filho-de-Kuntī; puruṣasya = do homem; vipaścitas = do [homem] de discernimento; indriyāṇi = os sentidos; pramāthīni (plural) = agitados; haranti = arrastam; prasabham = à força; manas = mente.

2.61: tāni = esses; sarvāṇi (plural) = todos; saṃyamya = controlando; yuk-tas = jungido; āsīta = deve sentar-se, aqui: que ele se sente; matparas (mad + paras) = atento (para) a mim; vaśe = sob controle; hi = pois; yasyendriyāṇi (yasya + indriyāṇi) = cujos sentidos; tasya = sua; prajñā (feminino) = gnose; pratiṣṭhitā (feminino) = estabelecida, aqui: bem estabelecida.

2.62: dhyāyatas = contemplando, aqui: quando [um homem] contempla; viṣayān = os objetos; puṃsas = de um homem, aqui: quando um homem;

saṅgas = contato, aqui: contato-direto; teṣūpajāyate (teṣu + upajāyate) = neles nasce, aqui: com eles nasce; saṅgāt = do contato-direto; saṃjāyate = brota; kāmas = o desejo; kāmāt = do desejo; krodhas = a ira; 'bhijāyate (abhijāyate) = nasce, aqui: produz-se.

2.63: krodhāt = da ira; bhavati = vem; saṃmohas = a confusão; saṃmohāt = da confusão; smṛtivibhramas (smṛti + vibhramas) = memória (smṛti) divagante, aqui: a perturbação da memória; smṛtibhramśāt (smṛti + bhramśāt) = da perturbação da memória (smṛti); buddhināśas (buddhi + nāśas) = a destruição (nāśas) da sabedoria, aqui: a destruição da faculdade-da-sabedoria; buddhināśāt (buddhi + nāśāt) = da destruição da faculdade-da-sabedoria; praṇaśyati = ele se perde.

2.64: rāgadveṣaviyuktais (rāga + dveṣa + viyuktais) = [estando] separado da paixão (rāga) [e] da aversão (dveṣa); tu = mas, aqui: omitido; viṣayān = objetos; indriyais = com os sentidos; caran = movendo-se, aqui: se mova; ātmavaśyais (ātma + vaśyais) = com autocontroles, aqui: mediante...; vidheyātmā (vidheya + ātmā) = si mesmo governado, aqui: eu bem governado (vidheya); prasādam = graça, serenidade, aqui: graça--serenidade; adhigacchati = alcança, aqui: aproxima-se.

2.65: prasāde = na graça-serenidade, aqui: [ao alcançar] a graça-serenidade; sarvaduḥkhānām (sarva + duḥkhānām) = de todos (sarva) os sofrimentos, aqui: de todo sofrimento; hānis = cessação; asya = para ele; 'pajāyate (apajāyate) = surge; prasannacetasas (prasanna + cetasas) = do de mente clara; hi = com efeito, aqui: omitido; āśu = de imediato; buddhis = sabedoria, aqui: faculdade-da-sabedoria; paryavatiṣṭhate = está firmemente estabelecida.

2.66: nāsti (na + asti) = não é, aqui: não há; buddhis = sabedoria, aqui: faculdade-da-sabedoria; ayuktasya = para o não jungido; na = não; cāyuktasya (ca + ayuktasya) = e para o não jungido; bhāvanā = meditação, contemplação, aqui: totalização [do radical bhū, "tornar-se"]; na = não; cābhāvayatas (ca + abhāvayatas) = e para o que não medita, aqui: para o que não se totaliza; śāntis = paz; aśāntasya = do não pacífico; aqui: para quem não tem paz; kutas = de onde; sukham = alegria, felicidade.

2.67: indriyāṇām = dos sentidos; hi = com efeito, aqui: omitido; caratām (plural) = divagantes; yad = qual, quando; manas = mente; 'nuvidhīyate (anuvidhīyate) = é regida; tad = que, então, aqui: omitido; asya = dele; harati = leva embora; prajñām = gnose; vāyus = vento; nāvam = navio; ivāmbhasi (iva + ambhasi) = como [o vento] no mar.

2.68: tasmāt = portanto; yasya = cujos; mahābāho (mahā + bāhu) = ó [Arjuna] dos braços fortes; nigṛhītāni (plural) = recolhidos; sarvaśas = em toda parte, aqui: completamente; indriyāṇīndriyārthebhyas (indriyāṇi + indriya + arthebhyas) = os sentidos em relação aos objetos dos sentidos; tasya = sua; prajñā (feminino) = gnose; pratiṣṭhitā (feminino) = estabelecida, aqui: bem estabelecida.

2.69: yā (feminino) = aquilo; niśā (feminino) = noite; sarvabhūtānām (sarva + bhūtānām) = de todos os seres; tasyām = nisto; jāgarti = está desperto; saṃyamī = o controlado; yasyām = naquilo; jāgrati = está desperto; bhūtāni = seres; sā = ela [ou seja, niśā], aqui: omitido; niśā (feminino) = noite; paśyatas = do vidente, do dotado de visão; munes = do sábio.

2.70: āpūryamāṇam = estando cheio, aqui: cheio; acalapratiṣṭham (acala + pratiṣṭham) = tendo um fundamento firme, aqui: que não se agita; samudram = oceano; āpas = águas; praviśanti = entram; yadvat = assim como; tadvat = assim também; kāmās = desejos; yam = quem, aqui: nele; praviśanti = entram; sarve = todos; sas = ele; śāntim = paz; āpnoti = alcança; na = não; kāmakāmī (kāma + kāmī) = o desejador (kāmin) dos desejos.

2.71: vihāya = abandonando, aqui: deixando para trás; kāmān = desejos; yas = que; sarvān = todos; pumān (singular) = o homem; carati = se movimenta; niḥspṛhas = destituído de anseios, aqui: sem nada ansiar; nirmamas = sem [a ideia de] "meu"; nirahaṃkāras = sem o criador-do-eu, aqui: sem o sentido-do-ego; sas = ele; śāntim = paz; adhigacchati = alcança, aqui: se aproxima.

2.72: eṣā = esse; brāhmī = de Brahma; sthitis = estado; pārtha = ó filho-de--Prithā; naināity (na + enām) = não isto, aqui: não é [mais]; prāpya =

alcançando; vimuhyati = é iludido; sthitvāsyām (sthitvā + asyām) = tendo-se estabelecido nele, aqui: nele repousando; antakāle = no fim do tempo, aqui: na última hora; 'pi (api) = também; brahmanirvāṇam (brahma + nirvāṇam) = extinção em Brahman, aqui: extinção no fundamento-universal (brahman); ṛcchati = alcança.

Capítulo 3. O Yoga da Ação

arjunas = Arjuna; uvāca = disse;

3.1: jyāyasī (feminino) = superior; ced = se; karmaṇas = que a ação, aqui: à ação; te = teu, aqui: tu; matā (feminino) = opinião; buddhir = sabedoria; janārdana = ó Janārdana; tad = que; kim = por quê?; karmaṇi = na ação, aqui: a ato; ghore = em terrível; mām = eu, me; niyojayasi = instigas; keśava = ó Keshava.

3.2: vyāmiśreṇaiva (vyāmiśreṇa + iva) = mistas, por assim dizer, aqui: ambíguas; vākyena = com palavras; buddhim = sabedoria, aqui: faculdade-da-sabedoria; mohayasīva (mohayas + iva) = confundes, por assim dizer, aqui: pareces estar confundindo; me = minha; tad = este; ekam = único; vada = declara!; niścitya = com certeza; yena = pelo qual; śreyas = o bem; 'ham (aham) = eu [devo atingir]; āpnuyām = devo [ser capaz de] atingir.

3.3: śrībhagavān (śrī + bhagavān) = Senhor Bendito; uvāca = disse; loke = no mundo; 'smin (asmin) = neste; dvividhā = duplo; niṣṭhā = modo-de-vida; purā = há muito tempo; proktā (feminino) = proclamei; mayānāgha (mayā + anāgha) = por mim (mayā), ó Anagha; jñānayogena = pelo Yoga do Conhecimento; sāṃkhyānām = para os Sāmkhyas; karmayogena = pelo Karma-Yoga; yoginām = para os yogins.

3.4: na = não; karmaṇām = das ações; anārambhān = pelo não início; naiṣkarmyam = transcendência-da-ação; puruṣas = homem; 'śnute (aśnute) = goza, aqui: desfruta; na = não, aqui: nem; ca = e, aqui: omitido; saṃnyasanāt = pela renúncia; eva = somente; siddhim = perfeição; samādhigacchati = aproxima-se.

3.5: na = não, aqui: nem; hi = por; kaścid = alguém, qualquer um; kṣaṇam = um instante; api = mesmo; jātu = jamais, aqui: omitido; tiṣṭhati = permanece, aqui: permanecer; akarmakṛt = sem executar (kṛt) ação; kāryate = é levado a executar; hi = com efeito; avaśas = inadvertidamente; karma = ação; sarvas = todos, aqui: todo [ser]; prakṛtijais = pelas [qualidades-primárias] nascidas da Matriz do Cosmo (prakṛti); guṇais = pelas qualidades-primárias.

3.6: karmendriyāṇi = as faculdades de ação; saṃyamya = controlando, re-tringindo, aqui: restrinja; yas = quem, que; āste = senta-se; manasā = com a mente; smaran = recordando, aqui: se recorda; indriyārthān = objetos dos sentidos; vimūḍhātmā (vimūḍha + ātmā) = ente (ātmā) con-fuso; mithyācāras (mithyā + ācāras) = [aquele que tem] falsa conduta, aqui: hipócrita; sas = ele; ucyate = é chamado.

3.7: yas = quem, que; tu = mas; indriyāṇi = as faculdades; manasā = com a mente; niyamyārabhate (niyamya + ārabhate) = controlando [os sen-tidos] dedica-se; 'rjuna (arjuna) = ó Arjuna; karmendriyais = com as faculdades de ação; karmayogam = Karma-Yoga; asaktas = desapegado; sas = ele; viśiṣyate = distinto, aqui: excelente.

3.8: niyatam = necessária; kuru = cumpre!; karma = ação; tvam = tu; karma = ação; jyāyas = superior; hi = pois; akarmaṇas = que a inação, aqui: à inação; śarīrayātrāpi (śarīra + yātrā + api) = mesmo o processo corporal, aqui: mesmo os [teus] processos corporais; ca = e, aqui: omitido; te = teus; na = não; prasidhyet = devem cumprir-se, aqui: podem cumprir-se; akarmaṇas = pela inação.

3.9: yajñārthāt (yajña + arthāt) = tendo o sacrifício (yajña) como objetivo; karmaṇas = pela ação; 'nyatra (anyatra) = caso contrário, aqui: exceto; lokas = mundo; 'yam (ayam) = esre; karmabandhanas (karma + bandha-nas) = agrilhoado [pela] ação; tadartham (tad + artham) = essa finalida-de; karma = ação; kaunteya = ó filho-de-Kuntī; muktasaṅgas (mukta + saṅgas) = livre (mukta) de apego; samācara = dedica-te!

3.10: sahayajñās (saha + yajñās) = juntamente com os sacrifícios, aqui: jun-tamente com o sacrifício; prajās = criaturas; sṛṣṭvā = tendo criado, aqui:

emanando; purovāca (purā + uvāca) = antigamente disse; prajāpatis = Prajāpati; anena = por meio disso; prasaviṣyadhvam = procrieis!; eṣa = este; vas (plural) = vossos; 'stu (astu) = seja; iṣṭakāmadhuk (iṣṭa + kāma + dhuk) = vaca que atende aos desejos desejados (iṣṭa), com a omissão de "desejados".

3.11: devān = divindades; bhāvayatānena (bhāvayata + anena) = com isto (anena) que sustenteis; te = elas; devās = divindades; bhāvayantu = sustentem; vas (plural) = vos; parasparam = uns aos outros; bhāvayantas (plural) = sustentando; śreyas = o bem; param = supremo, sumo; avāpsyatha (segunda pessoa) = obtereis.

3.12: iṣṭān (plural) = desejados; bhogān = alimentos, aqui: alimento; hi = pois; vas = vos; devās = divindades; dāsyante = darão; yajñabhāvitas (yajña + bhāvitas) = sustentadas pelo sacrifício; tais = por estas; dattān = dádivas; apradāyaibhyas (apradāya + ebhyas) = não dadas a elas; yas = quem, aquele que; bhuṅkte = frui; stenas = ladrão; eva = somente, aqui: não passa de; sas = ele.

3.13: yajñaśiṣṭāśinas (yajña + śiṣṭa + āśinas) = consumindo as sobras dos sacrifícios (yajña); santas = [homens] bons; mucyante = são libertados; sarvakilbiṣais (sarva + kilbiṣais) = de toda culpa (kilbiṣa); bhuñjate = comem; te = eles; tu = mas; agham = perversidade; pāpās = [são] maus; ye = quem, os que; pacanti = cozinham; ātmakāraṇāt (ātma + kāraṇāt) = por causa de si, aqui: [somente] para si.

3.14: annāt = do alimento; bhavanti = provêm; bhūtāni = os seres; parjanyāt = da chuva, aqui: pela chuva; annasaṃbhavas (anna + saṃbhavas) = o alimento [é] produzido; yajñāt = do sacrifício; bhavati = provém; parjanyas = a chuva; yajñas = o sacrifício; karmasamudbhavas (karma + samudbhavas) = nasce (samudbhavas) [da] ação [ritual].

3.15: karma = ação; brahmodbhavam (brahma + udbhavam) = originando-se (udbhavam) [do] fundamento-universal, aqui: origina-se...; viddhi = estejas ciente!; brahmākṣarasamudbhavam (brahma + akṣara + samudbhavam) = o fundamento-universal (brahman) nasce (samudbhavam) [do]

Imperecível; tasmāt = portanto; sarvagatam = onipresente; brahma = fundamento-universal; nityam = eternamente; yajñe = no sacrifício; pratiṣṭhitam = estabelecido.

3.16: evam = logo; pravartitam = rotativa, aqui: omitido; cakram = roda; nānuvartayatīha (na + anuvartayati + iha) = não faz girar; yas = quem, que; aghāyus (agha + āyus) = uma vida perversa; indriyārāmas (indriya + ārāmas) = deleite sensual, aqui: deleites sensuais; mogham = em vão, aqui: vã; pārtha = ó filho-de-Prithā; sas = ele; jīvati = vive.

3.17: yas = quem, que; tu = porém; ātmaratis (ātma + ratis) = gozo em si mesmo; eva = somente; syāt = esteja; ātmatṛptas (ātma + tṛptas) = satisfeito consigo mesmo; ca = e; mānavas = humano, aqui: ser-humano; ātmani = em si mesmo; eva = somente; ca = e; saṃtuṣṭas = contente; tasya = para ele; kāryam = a fazer; na = não, aqui: nada; vidyate = há, existe, aqui: resta.

3.18: naiva (na + eva) = não com efeito, aqui: com efeito, nenhuma; tasya = para ele; kṛtenārthas (kṛtena + arthas) = com o cumprido finalidade (artha), aqui: [ação] cumprida [tem] finalidade; nākṛteneha (na + akṛtena + iha) = com o não cumprido (akṛtena) aqui (iha); kaścana = qualquer coisa, aqui: qualquer; na = e; cāsya (ca + asya) = e dele (asya), aqui: e ele; sarvabhūteṣu (sarva + bhūteṣu) = em todos os seres, aqui: de ser nenhum; kaścid = qualquer, alguma; arthavyapāśrayas (artha + vyapāśrayas) = dependência de finalidade (artha), aqui: depende [para] finalidade.

3.19: tasmāt = portanto; asaktas = desapegado, aqui: sem apego; satatam = sempre; kāryam = a ser cumprido; karma = a ação, aqui: o ato; samācara = executa!; asaktas = desapegado, aqui: sem apego; hi = pois; ācaran = executando, aqui: que executa; karma = ação, aqui: ações; param = o Supremo; āpnoti = alcança; pūruṣas = o homem.

3.20: karmaṇaiva (karmaṇā + eva) = pela ação, com efeito (eva); hi = pois, aqui: omitido; saṃsiddhim = perfeição, aqui: consumação; āsthitā (plural) = alcançaram; janakādayas (janaka + ādayas) = Janaka e outros; lokasaṃgraham (loka + saṃgraham) = preservação [do] mundo (loka), aqui: bem do mundo; evāpi (eva + api) = somente também, aqui: mesmo [considerando] somente; saṃpaśyan = considerando; kartum = agir; arhasi = deves ser capaz de, aqui: deves.

3.21: yadyad (yad + yad) = o que quer que; ācarati = faça; śreṣṭhas = o melhor; tattat (tad + tad) = isto [e] aquilo, aqui: isso mesmo; evetaras (eva + itaras) = em verdade (eva) as outras; janas = pessoas; sas = he; yad = qual, aqui: qualquer [que seja]; pramāṇam = a medida, aqui: o padrão; kurute = ele faça, aqui: ele estabeleça; lokas = o mundo; tad = isto, aqui: o; anuvartate = segue, aqui: seguirá.

3.22: na = não; me = para mim; pārthāsti (pārtha + asti) = ó filho-de-Prithā, há (asti); kartavyam = a ser cumprida; triṣu = nos três; lokeṣu = nos mundos; kiṃcana = qualquer coisa, aqui: nada; nānavāptam (na +anavāptam) = não não obtido, aqui: nem [nada] não obtido; avāptavyam = a ser obtido; varta (em vez de varte) = dedico-me; eva ca = não obstante, aqui: e no entanto; karmaṇi = na ação, aqui: à ação.

3.23: yadi = se; hi = pois; aham = eu; na = não; varteyam = me dedicasse; jātu = jamais, aqui: em absoluto; karmaṇi = na ação, aqui: à ação; atandritas = incansavelmente; mama = meu, aqui: meus; vartmānuvartante (vartma + anuvartante) = eles seguem (anuvartante) [meu] rastro, aqui: seguiriam [meus] rastros; manuṣyās = seres humanos; pārtha = ó filho-de-Prithā; sarvaśas = completamente, aqui: em toda parte.

3.24: utsīdeyus = pereceriam; ime = estes; lokās = mundos; na = não; kuryām karma = agir ação, aqui: agisse; ced = se; aham = eu; saṃkarasya = do caos; ca = e; kartā = o criador, aqui: o autor; syām = devo ser, aqui: seria; upahanyām = devo destruir, aqui: destruiria; imās = estas; prajās = criaturas.

3.25: saktās (plural) = apegados; karmaṇi = na ação; avidvāṃsas (plural) = os insensatos; yathā = assim como; kurvanti = executam; bhārata = ó descendente-de-Bharata; kuryāt = deve agir; vidvān = o sábio; tathāsaktas (tathā + asaktas) = assim desapegado; cikīrṣus = desejando fazer, aqui: desejando efetuar; lokasaṃgraham = o bem do mundo.

3.26: na = não; buddhibhedam (buddhi + bhedam) = cisão (bheda) de buddhi; janayet = não gere; ajñānām (plural) = dos ignorantes; karmasaṅginam (karma + saṅginam) (plural) = dos apegados à ação; joṣayet = leve a regozijar-se; sarvakarmāṇi (sarva + karmāṇi) = em todas as ações; vidvān = o sábio; yuktas = jungido; samācaran = atuante.

3.27: prakṛtes = da matriz do cosmo; kriyamāṇāni = sendo executadas (plural); guṇais = pelas qualidades-primárias; karmāṇi = as ações; sarvaśas = completamente, aqui: em toda parte; ahaṃkāravimūḍhātmā (ahaṃkāra + vimūḍha + ātmā) = si mesmo iludido (vimūḍha) pelo sentido-do-ego; kartāham (kartā + aham) = eu [sou] o agente; iti = usado para indicar uma citação; manyate = pensa.

3.28: tattvavid (tattva + vid) = o conhecedor da realidade (tattva); tu = mas; mahābāho (mahā + bāho) = ó [Arjuna] dos braços fortes; guṇakarmavibhāgayos (guṇa + karma + vibhāgayos) (dual) = distribuição-proporcional das qualidades primárias e das ações; guṇās = as qualidades-primárias; guṇeṣu = nas qualidades-primárias, aqui: sobre as qualidades-primárias; vartanta (em vez de vartante) = funcionam, aqui: agem; iti = assim, aqui: usado para indicar uma citação; matvā = tendo pensado, aqui: percebendo; na = não; sajjate = apega-se.

3.29: prakṛtes = da matriz do cosmo; guṇasaṃmūḍhās (guṇa + saṃmūḍhās) = os enganados pelas qualidades-primárias (guṇa), aqui: os que se deixam enganar...; sajjante = apegam-se; guṇakarmasu (guṇa + karmasu) = nas ações (karma) das qualidades-primárias, aqui: às ações...; tān = eles, aqui: os; akṛtsnavidas (akṛtsna + vidas) = conhecedores (vid) do não Todo; mandān (plural) = obtusos; kṛtsnavid (kṛtsna + vid) = conhecedor do Todo (kṛtsna); na = não; vicālayet = deve abalar, aqui: deve perturbar.

3.30: mayi = em mim; sarvāṇi = todas; karmāṇi = as ações; saṃnyasyādhyātmacetasā (saṃnyasya + adhyātma + cetasā) = renunciando [com] a mente [voltada para] o eu íntimo, aqui: [para] a base-do--eu; nirāśīs = sem esperança, aqui: "sem" omitido; nirmama = sem [nenhuma ideia de] "meu"; bhūtvā = tendo se tornado, aqui: tendo perdido [toda esperança]; yudhyasva = luta!; vigatajvaras (vigata = jvaras) = acaba a febre, aqui: extinta a febre-da-ansiedade.

3.31: ye (plural) = quem, aqueles que; me = meu; matam = doutrina, aqui: ensinamento; idam = este; nityam = sempre, eternamente; anutiṣṭhanti = praticam, aqui: praticarem; mānavās = seres humanos; śraddhāvantas (plural) = possuindo a fé, aqui: firmes-na-fé; 'nasūyantas (anasūyantas) (plural) = sem lamuriar-se; mucyante = são libertados, aqui: será libertados; te = eles; 'pi (api) = também; karmabhis = das ações.

3.32: ye = que, aqueles que (plural); tvetad (tu + etad) = mas (tu) este; abhyasūyantas = lamuriando-se (plural); nānutiṣṭhanti (na + anutiṣṭhanti) = não praticam, aqui: não seguem; me = meu; matam = ensinamento; sarvajñānavimūḍhān (sarva + jñāna + vimūḍhān) (plural) = enganados (vimūḍha) por todo o conhecimento; tān = eles; viddhi = estejas ciente!; naṣṭān (plural) = perdidos; acetasas (plural) = imprudentes.

3.33: sadṛśam = de acordo com; ceṣṭate = se comporta; svasyās = sua própria; prakṛtes = da natureza; jñānavān = aquele que possui o conhecimento, aqui: o [homem] de conhecimento; api = até; prakṛtim = natureza; yanti = seguem; bhūtāni = seres; nigrahas = contenção, aqui: repressão; kim = o quê?; kariṣyati = cumprirá, fará, aqui: [que] utilidade terá.

3.34: indriyasyendriyasyārthe (indriyasya + indriyasya + arthe) = ao objeto (artha) de [seus] respectivos sentidos; rāgadveṣau (rāga + dveṣau) (dual) = a paixão e o ódio; vyavasthitau (dual) = são sediados, aqui: dirigidos; tayos (dual) = destes, aqui: deles; na = não, aqui: ninguém; vaśam = poder; āgacchet = venha, aqui: caia; tau = ambos; hyasya (hi + asya)= seu (asya) com efeito, aqui: omitido; paripanthinau (dual) = salteadores.

3.35: śreyān = melhor; svadharmas (sva + dharmas) = lei própria; viguṇas = deficiente, aqui: imperfeitamente; paradharmāt (para + dharmāt) = que a lei de outro (para), aqui: lei alheia; svanuṣṭhitāt (su + anuṣṭhitāt) = que a bem (su) cumprida, aqui: que cumprir perfeitamente; svadharme (sva + dharme) = na lei-própria; nidhanam = a morte; śreyas = melhor; paradharmas (para + dharmas) = lei (dharma) alheia; bhayāvahas (bhaya + āvahas) = infunde o medo.

arjunas = Arjuna; uvāca = disse;

3.36: atha = ora, agora, aqui: mas; kena = pelo quê?; prayuktas = impelido; 'yam (ayam) este; pāpam = pecado; carati = comete, aqui: cometer; pūruṣas = homem; anicchan = sem querer, aqui: inadvertidamente; api = mesmo; vārṣṇeya = ó descendente-de-Vrishni; balāt = pela força; iva = por assim dizer, aqui: como que; niyojitas = comandado, aqui: coagido.

śrībhagavān (śrī + bhagavān) = Senhor Bendito; uvāca = disse;

3.37: kāmas = desejo; eṣa = este; krodhas = ira; eṣa = esta; rajoguṇasamudbhavas (rajas + guṇa + samudbhavas) = nascido (samudbhava) da qualidade-primária da atividade (rajas), aqui: nascido de rajo-guna; mahāśanas (mahā + āśanas) = grande consumidor, aqui: todo-devorador; mahāpāpmā (mahā + pāpmā) = imensamente mau; viddhi = conhece!; enam = -o; iha = aqui; vairiṇam = o inimigo.

«arjunas = Arjuna; uvāca = disse;
bhavatyeṣa (bhavati + eṣa) = isto (eṣa) vem a ser, aqui: isso surge; katham = como?; kṛṣṇa = ó Krishna; katham = como?; caiva (ca + eva) = e com efeito, aqui: omitido; vivardhate = aumenta; kimātmakas (kim + ātmakas) = qual [é sua] essência?; kimācārastanmamācakṣya (kim + ācāras + tan + mama + ācakṣya) = qual [é seu] caráter? Isto (tad) diz a mim (mama); pṛcchatas = o indagador, aqui: que te pergunto.

śrībhagavān (śrī + bhagavān) = Senhor Bendito; uvāca = disse;
eṣa = este; sūkṣmas = sutil; paras = supremo; śatrurdehinām (śatrus + dehinām) = o inimigo do incorporado, aqui: ... das essências-incorporadas; indriyais = com os sentidos; saha = juntamente com; sukhatantras = (sukha + tantras) = dependente do prazer, aqui: numa teia de prazeres; ivāsinas (iva + āsinas) = como que (iva) sentado; mohayan = iludindo; pārtha = ó filho-de-Prithā; tiṣṭhati = permanece.

kāmakrodhamayas (kāma + krodha + mayas) = feito (maya) de desejo [e] ira; ghoras = terrível; stambhaharṣasamudbhavas (stambha + harṣa + samudbhavas) = nascido da euforia paralisante (stambha), aqui: causando...; ahaṃkāras = o sentido-do-ego; 'bhimānātmā (abhimāna + ātmā) = da essência (ātman) do orgulho, aqui: cuja essência é...; dustaras =

difícil-de-transcender; pāpakarmabhis (pāpa + karmabhis) = pelas ações pecaminosas (pāpa), aqui: em razão das....

harṣamasya (harṣam + asya) = euforia dele (asya); nivartyaiṣa (nivartya + eṣa) = isto (eṣa) está privando, aqui: isso priva; śokamasya (śokam + asya) = sofrimento dele; dadāti = dá; ca = e; bhayam = medo; cāsya (ca + asya) = e dele; karotyeṣa (karoti + eṣa) = isso faz, aqui: causa; mohayaṃstu (mohayan + tu) = entorpecendo, em verdade; muhurmuhus (muhus + muhus) = repetidamente.

sas = ele, aqui: omitido; eṣa = isto; kaluṣas = imundo; kṣudraśchidraprekṣī (kṣudraś + chidra + prekṣī) = espiando pelos buracos das fechaduras; dhanaṃjaya = ó Dhanaṃjaya; rajas = atividade, aqui: rajas; pravṛttas = impulsionado; mohātmā (moha + ātmā) = da essência (ātman) da ilusão, aqui: tem por essência...; manuṣyāṇām = dos seres humanos; upadravas = aflição. »

3.38: dhūmenāvriyate (dhūmena + āvriyate) = pela fumaça (dhūma) é envolvido; vahnis = fogo; yathādarśas (yathā + darśas) = assim como um espelho; malena = pela poeira; ca = e; yathā = assim como; albenāvṛtas (albena + āvṛtas) = é coberto por uma membrana; garbhas = embrião; tathā = assim também; tenedam (tena + idam) = este [mundo é recoberto] por esse (tad) [desejo]; āvṛtam = recoberto.

3.39: āvṛtam = recoberto, ocultado; jñānam = conhecimento; etena = por esse; jñāninas = do conhecedor; nityavairiṇā (nitya + vairiṇā) = pelo perpétuo (nitya) inimigo; kāmarūpeṇa = pelo [inimigo] formado de desejo, aqui: na forma do desejo; kaunteya = ó filho-de-Kuntī; duṣpūreṇānalena (duṣpūreṇa + analena) = pelo fogo difícil-de-preencher (duṣpūra), aqui: pelo fogo insaciável; ca = e, aqui: omitido.

3.40: indriyāṇi = os sentidos; manas = a mente [inferior]; buddhis = a faculdade-da-sabedoria; asyādhiṣṭhānam (asya + adhiṣṭhānam) = seu (asya) fundamento, aqui: seus esconderijos; ucyate = é chamado; etais = por meio destes; vimohayati = engana; eṣa = este, aqui: omitido; jñānam = conhecimento; āvṛtya = ocultando; dehinam = do incorporado, aqui: da essência-incorporada.

3.41: tasmāt = portanto; tvam = tu; indriyāṇi = os sentidos; ādau = primeiro; niyamya = controlando; bharatarṣabha = ó Bharatarshabha; pāpmānam = mal; prajahi = mata!, aqui: abate!; hi = com efeito, aqui: omitido; enam = este; jñānavijñānanāśanam (jñāna + vijñāna + nāśanam) = destruindo (nāśana) o conhecimento-unitivo [e] o conhecimento-distintivo (vijñāna), aqui: que destrói.

3.42: indriyāṇi = os sentidos; parāṇi (plural) = superiores; āhus = dizem; indriyebhyas = que os sentidos, aqui: aos sentidos; param = superior; manas = a mente; manasas = que a mente, aqui: à mente; tu = mas, aqui: omitido; parā = superior; buddhis = facldade-da-sabedoria; yas = quem, o que, aqui: omitido; buddhes = que a faculdade-da-sabedoria, aqui: à faculdade-da-sabedoria; paratas = superior; tu = em verdade; sas = ele.

3.43: evam = assim; buddhes = que a faculdade-da-sabedoria, aqui: à faculdade-da-sabedoria; param = superior; buddhvā = tendo despertado; saṃstabhyātmānam (saṃstabhya + ātmānam) = estabilizando a si mesmo (ātman); ātmanā = por si mesmo; jahi = mara!; śatrum = inimigo; mahābāho (mahā + baho) = ó [Arjuna] dos braços fortes; kāmarūpam (kāma + rūpam) = formado pelo desejo, aqui: na forma do desejo; durāsadam = difícil-(dur)-de-subjugar.

CAPÍTULO 4. O YOGA DA SABEDORIA

śrībhagavān (śrī + bhagavān) = Senhor Bendito; uvāca = disse;
4.1: imam = este; vivasvate = a Vivasvat; yogam = Yoga; proktavān = proclamando, aqui: proclaimei; aham = eu; avyayam = imutável; vivasvān = Vivasvat; manave = a Manu; prāha = anunciou; manus = Manu; ikṣvākave = a Ikshvāku; 'bravīt (abravīt) = declarou.

4.2: evam = thus; paraṃparāprāptam (paraṃparā + prāptam) = recebido (prāpta) de uns pelos outros (por sucessão ou transmissão ininterrupta); imam = este; rājarṣayas (rāja + ṛṣayas) = os videntes reais; vidus = conheceram; sas = ele; kāleneha (kālena + iha) = com o tempo aqui (iha); mahatā = com grande, aqui: no longo; yogas = Yoga; naṣṭas = perdido; paraṃtapa = O Paramtapa.

4.3: sas = ele, aqui: omitido; evāyam (eva + ayam) = em verdade este; mayā = por mim; te = a ti; 'dya (adya) = hoje; yogas = Yoga; proktas = proclamado, aqui: proclamo; purātanas = antigo; bhaktas = devoto; 'si = (asi) és; me = meu; sakhā = amigo; ceti (ca + iti) = e assim, aqui: *iti* é omitido; rahasyam = segredo; hi = pois, com efeito, aqui: decerto; etad = este; uttamam = máximo, inigualado.

arjunas = Arjuna; uvāca = disse;
4.4: aparam = posterior; bhavatas = teu (forma honorífica); janma = nascimento; param = anterior; janma = nascimento; vivasvatas = de Vivasvat; katham = como?; etad = isto; vijānīyām = devo entender; tvam = tu; ādau = no princípio; proktavān = proclamando, aqui: proclamaste; iti = assim, aqui: omitido.

śrībhagavān (śrī + bhagavān) = Senhor Bendito; uvāca = disse;
4.5: bahūni = muitos; me = meus; vyatītāni (plural) = idos, aqui: passados; janmāni = nascimentos; tava = teus; cārjuna (ca + arjuna) = e ó Arjuna; tāni = eles, -os; aham = eu; veda = conheço; sarvāṇi (plural) = todos; na = não; tvam = tu; vettha = conheces; paraṃtapa = ó Paramtapa.

4.6: ajas = não nascido; 'pi (api) = mesmo; san = sido (particípio); avyayātmā (avyaya + ātmā) = si mesmo imutável; bhūtānām = dos seres; īśvaras = senhor; 'pi (api) = mesmo; san = sido (particípio); prakṛtim = natureza; svām = [minha] própria; adhiṣṭhāya = governando; saṃbhavāmi = venho-a-ser; ātmamāyayā (ātma + māyayā) = pela potência-criativa (māyā) de mim mesmo (ātman).

4.7: yadā yadā = sempre que; hi = pois; dharmasya = da lei; glānis = diminuição, exaustão; bhavati = há; bhārata = ó descendente-de-Bharata; abhyutthānam = ascensão; adharmasya = da anomia; tadātmānam (tadā + ātmānam) = então (omitido) eu mesmo; sṛjāmi = crio; aham = eu.

4.8: paritrāṇāya = para a proteção, aqui: para proteger; sādhūnām = dos bons; vināśāya = para a destruição, aqui: para destruir; ca = e; duṣkṛtām = dos malfeitores; dharmasaṃsthāpanārthāya (dharma + saṃsthāpana + arthāya) = com a finalidade (artha) de estabelecer a lei; saṃbhavāmi = venho-a-ser; yuge yuge = de era em era.

4.9: janma = nascimento; karma = ação; ca = e; me = meu; divyam = divino; evam = assim, dessa maneira; yas = quem, aquele que; vetti = conhece; tattvatas = realmente; tyaktvā = tendo abandonado, aqui: ao abandonar; deham = o corpo; punarjanma = renascimento; naiti (na + eti) = não vai, aqui: nunca [mais] sofre; mām = a mim; eti = vai, aqui: vem; sas = ele; 'rjuna (arjuna) = ó Arjuna.

4.10: vītarāgabhayakrodhās (vīta + rāga + bhaya + krodhās) (plural) = livres (vīta) paixão, do medo (bhaya) [e] da ira; manmayā (mad + mayā) (plural) = impregnados (maya) de mim; upāśritās (plural) = recorrendo; mām = a mim; bahavas (plural) = muitos; jñānatapasā (jñāna + tapasā) = pela ascese do conhecimento; pūtā = purificados; madbhāvam (mad + bhāvam) = meu estado-de-existência; āgatās (plural) = vieram, aqui: vêm.

4.11: ye (plural) = quem, aqueles que; yathā = assim como; mām = a mim; prapadyante = recorrem; tāṃs (tān) = eles, -os; tathaiva (tathā + eva) = assim em verdade, aqui: assim também; bhajāmi = amo; aham = eu; mama = meu; vartmānuvartante (vartma + anuvartante) = seguem [meu] rastro; manuṣyās = seres humanos; pārtha = ó filho-de-Prithā; sarvaśas = em toda parte.

4.12: kāṅkṣantas (plural) = desejando, desejosos; karmaṇām = de ações, aqui: em ações [rituais]; siddhim = successo; yajanta (em vez de yajante) = sacrificam, aqui: oferecem sacrifícios; iha = aqui; devatās = divindades; kṣipram = célere; hi = pois; mānuṣe = no [mundo] humano; loke = no mundo; siddhis (feminino) = successo; bhavati = há, aqui: vem; karmajā (feminino) = nascido da ação [ritual].

4.13: cāturvarṇyam = quarteto de castas, aqui: quatro castas; mayā = por mim; sṛṣṭam = criado, aqui: criadas; guṇakarmavibhāgaśas (guṇa + karma + vibhāgaśas) = qualidades-primárias e ações proporcionalmente-distribuídas; tasya = desta; kartāram = o agente, aqui: o autor; api = embora; mām = a mim, -me; viddhi = conhece!; akartāram = o não agente; avyayam = imutável.

4.14: na = não; mām = me; karmāṇi = ações; limpanti = maculam; na = não; me = meu, aqui: para mim; karmaphale (karma + phale) = no fruto (phala) da ação, aqui: pelo fruto da ação; spṛhā = anseio; iti = assim; mām = me; yas = quem, aquele que; 'bhijānāti (abhijānāti) = reconhece; karmabhis = pelas ações; na sas = não é; badhyate = agrilhoado.

4.15: evam = assim, aqui: disto; jñātvā = tendo conhecido, aqui: cientes; kṛtam = executavam; karma = ação, aqui: ações; pūrvais = pelos antigos; api = também; mumukṣubhis = pelos desejosos da libertação; kuru = executa!, aqui: deves executar; karmaiva (karma + eva) = ação em verdade, aqui: ações...; tasmāt = portanto; tvam = tu; pūrvais = pelos antigos; pūrvataram (pūrva + taram) = há muito tempo; kṛtam = fizeram.

4.16: kim = o quê?; karma = ação; kim = o quê?; akarmeti (akarma + iti) = inação, iti é usado para indicar uma citação; kavayas = bardos; 'pi (api) até; atra = sobre isto; mohitās (plural) = perplexos, confusos, aqui: se confundem; tat = isto; te = a ti, -te; karma = ação; pravakṣyāmi = declararei; yad jñātvā = a qual, tendo[-a] conhecido, aqui: cujo conhecimento; mokṣyase = serás liberto, aqui: libertar-te-á; 'śubhāt (aśubhāt) = do mal.

4.17: karmaṇas = da ação; hi = com efeito; api = também, aqui: omitido; boddhavyam = a ser conhecido, aqui: deve-se compreender; boddhavyam = aqui: deve-se compreender; ca = e; vikarmaṇas = da ação má; akarmaṇas = da inação; ca = e; boddhavyam = aqui: deve-se compreender; gahanā (feminino) = impenetrável; karmaṇas = da ação; gatis (feminino) = curso.

4.18: karmaṇi = na ação; akarma = inação; yas = quem, aquele que; paśyet = veja, aqui: vê; akarmaṇi = na inação; ca = e; karma = a ação; yas = quem, aquele que; sas = ele; buddhimān = sábio, aqui: dotado-de--sabedoria; manuṣyeṣu = entre os humanos; sas = ele; yuktas = jungido; kṛtsnakarmakṛt (kṛtsna + karma + kṛt) = executando (kṛt) ação íntegra (kṛtsna), aqui: ... ações íntegras.

4.19: yasya = cujos; sarve = todos; samārambhās = empreendimentos; kāmasaṃkalpavarjitās (kāma = saṃkalpa + varjitās) (plural) = livres (varjita) de desejo e motivação; jñānāgnidagdhakarmāṇam (jñāna + agni + dagdha + karmāṇam) = [aquele cuja] ação é consumida (dagdha) no fogo (agni) do conhecimento; tam = ele; āhus = chamam; paṇḍitam = erudito; budhās (plural) = os sábios.

4.20: tyaktvā = tendo abandonado; karmaphalāsaṅgam (karma + phala + āsaṅgam) = apego (āsaṅga) ao fruto (phala) da ação; nityatṛptas (nitya-tṛptas) = sempre contente; nirāśrayas = independente; karmaṇi = na ação, aqui: à ação; abhipravṛttas = engajado, aqui: dedicado; 'pi (api) = embora; naiva (na + eva) = não em verdade, aqui: *eva* é omitido; kiṃcid [em conjunção com na] = nada, aqui: em absoluto; karoti = age; sas = ele.

4.21: nirāśīs = sem esperança, aqui: sem-nada-esperar; yatacittātmā (yata + citta + ātmā) = controlado (yata) [no] pensamento (citta) [e em] si mes-mo, aqui: controlando a si e a seus pensamentos; tyaktasarvaparigrahas (tyakta + sarva + parigrahas) = abandonados (tyakta) todos os bens, aqui: abandonando...; śārīram = o corpo; kevalam = unicamente, tão-somente; karma = ação, aqui: ações; kurvan = executando; nāpnoti (na + āpnoti) = não alcança, aqui: não incorre; kilbiṣam = [em] culpa.

4.22: yadṛcchālābhasaṃtuṣṭas (yadṛcchā + lābha + saṃtuṣṭas) = contente (saṃtuṣṭa) [com o que] se obtém por acaso (yadṛcchā); dvandvātītas (dvandva + atītas) = transcendendo os pares-de-opostos; vimatsaras = sem inveja; samas = igual, o mesmo; siddhāvasiddhau (siddhau + asi-ddhau) = no sucesso [e no] fracasso; ca = e; kṛtvāpi (kṛtvā + api) = tendo até feito, aqui: embora aja; na = não; nibadhyate = é agrilhoado.

4.23: gatasaṅgasya (gata + saṅgasya) = para [aquele cujo] apego se foi (gata); muktasya = para o liberto; jñānāvasthitacetasas (jñāna + avasthita + ce-tasas) = [cuja] mente está estabelecida (avasthita) [no] conhecimento; yajñāyācaratas (yajñāya + ācaratas) = executando para o sacrifício (ya-jña); karma = ação, aqui: ações; samagram = completamente; pravilīyate = dissolvido.

4.24: brahmārpaṇam (brahma + arpaṇam) = o fundamento-universal [é] a ofer-ta; brahma = o fundamento-universal; havis = a oblação; brahmāgnau (brahma + gnau) = o fundamento-universal no fogo (agni); brahmaṇā

= pelo fundamento-universal; hutam = oferecida; brahmaiva (brahma + eva) = o fundamento-universal em verdade (eva); tena = por ele; gantavyam = a ser alcançado; brahmakarmasamādhinā (brahma + karma + samādhinā) = pela concentração (samādhi) [na] ação [que é o próprio] fundamento-universal.

4.25: daivam = divino, aqui: às divindades; evāpare = (eva + apare) em verdade alguns (apare); yajñam = sacrifício; yoginas = yogins; paryupāsate (plural) = conduzem, aqui: executam; brahmāgnāvapare (brahma + agnau + apare) = no fogo (agni) do fundamento-universal alguns outros (apare), aqui: outros...; yajñam = sacrifício; yajñenaivopajuhvati (yajñena + eva + upajuhvati) (plural) = por meio do sacrifício em verdade oferecem, aqui: ... lançam suas oferendas (*eva* é omitido).

4.26: śrotrādīnīndriyāṇi (śrotra + ādīni + indriyāṇi) = a audição [e] as demais faculdades; anye = outros; saṃyamāgniṣu (saṃyama + agniṣu) = nos fogos da contenção (saṃyama), aqui: no fogo...; juhvati (plural) = oferecem; śabdādīn (śabda + ādīn) = o som (śabda) etc.; viṣayān = objetos; anya (em vez de anye) = outros; indriyāgniṣu (indriya + agniṣu) = nos fogos das faculdades (indriya), aqui: no fogo...; juhvati (plural) = oferecem.

4.27: sarvāṇīndriyakarmāṇi (sarvāṇi + indriya + karmāṇi) = todas as ações das faculdades; prāṇakarmāṇi (prāṇatkarmāṇi) = ações da força vital (prāṇa); cāpare (ca + apare) = e outros, aqui: outros ainda; ātmasaṃyamayogāgnau (ātma + saṃyama + yoga + agnau) = no fogo (agni) do Yoga da autocontenção (ātma-saṃyama); juhvati (plural) = oferecem; jñānadīpite (jñāna + dīpite) = sendo aceso (dīpita) pelo conhecimento, aqui: aceso pelo...

4.28: dravyayajñās (dravya + yajñās) = objetos-materiais (dravya) [como] sacrifícios, aqui: ... sacrifício; tapoyajñās (tapas + yajñās) = sacrifícios de ascese (tapas), aqui: ... sacrifício; yogayajñās (yogayajñās) = sacrifícios de Yoga, aqui: ... sacrifício; tathāpare (tathā + apare) = assim alguns, aqui: alguns; svādhyāyajñānayajñās (svādhyāya + jñāna + yajñās) (plural) = conhecimento (jñāna) [obtido por meio do] estudo [como] sacrifícios, aqui: ... sacrifício; ca = e; yatayas = ascetas; saṃśitavratās (saṃśita + vratās) = [de] severos votos.

4.29: apāne = na expiração; juhvati (plural) = oferecem, aqui: lamçam como oferendas; prāṇam = força vital; prāṇe = na inspiração; 'pānam (apānam) = a expiração; tathāpare (tathā + apare) = assim outros, aqui: ainda outros; prāṇāpānagatī (prāṇa + apāna + gatī) (dual) = os fluxos [da] inspiração [e da] expiração, aqui: o fluxo...; ruddhvā = tendo controlado, aqui: controlando; prāṇāyāmaparāyaṇās (prāṇāyāma + parāyaṇās) (plural) = aqui: dedicados ao controle da respiração.

4.30: apare = outros; niyatāhārās (niyata + āhārās) = restringindo a dieta; prāṇān = sopros vitais, aqui: sopro vital; prāṇeṣu = nos sopros vitais, aqui: no sopro vital; juhvati (plural) = oferecem, aqui: lançam como oferenda; sarve = todos; 'pi (api) = também, aqui: omitido; ete = esses; yajñavidas (yajña + vidas) = conhecedores (vid) do sacrifício; yajñakṣapitakalmaṣās (yajña + kṣapita + kalmaṣās) = [aqueles cujas] máculas (kalmaṣa) são removidas pelo sacrifício.

4.31: yajñaśiṣṭāmṛtabhujas (yajña + śiṣṭa + amṛta + bhujas) = desfrutando (bhujas) o néctar (amṛta) das sobras (śiṣṭa) dos sacrifícios; yānti = vão, aqui: entram; brahma = o fundamento-universal; sanātanam = perene, eterno; nāyam (na + ayam) = não este; lokas = mundo; 'sti (asti) = é; ayajñasya = para o que não sacrifica, aqui: os que não sacrificam; kutas = quanto [mais]?; 'nyas (anyas) = o outro; kurusattama (kuru + sattama) = ó Kurusattama.

4.32: evam = assim, aqui: portanto; bahuvidhās (bahu + vidhās) (plural) = múltiplos; yajñās (plural) = os sacrifícios; vitatās (plural) = distribuídos; brahmaṇas = do fundamento-universal; mukhe = na face, aqui: na presença; karmajān (karma + jān) (plural) = nascidos da ação (karma); viddhi = estejas ciente!; tān = eles; sarvān (plural) = todos; evam = assim, aqui: isto; jñātvā = tendo conhecido, aqui: conhecendo; vimokṣyase = serás libertado.

4.33: śreyān = melhor; dravya + mayāt = que o material (dravya); yajñāt = que o sacrifício; jñānayajñas (jñāna + yajñas) = sacrifício do conhecimento; paraṃtapa = ó Paramtapa; sarvam = toda; karmākhilam (karma + akhilam) = ação completamente; pārtha = ó filho-de-Prithā; jñāne = no conhecimento; parisamāpyate = está plenamente (parisam-) contida, aqui: se consuma.

4.34: tad = isto, aquilo; viddhi = toma ciência!; praṇipātena = prostrando-te, aqui: pela reverência; paripraśnena = pela investigação; sevayā = pelo serviço; upadekṣyanti = ensinarão; te = a ti, -te; jñānam = um conheci-mento; jñāninas = os conhecedores; tattvadarśinas (tattva + darśinas) = [que] contemplam a realidade.

4.35: yad = o qual, que; jñātvā = tendo conhecido, aqui: quando dele estiveres ciente; na = não; punas = mais, de novo; moham = confusão; evam = as-sim; yāsyasi = irás, aqui: [não] sucumbirás; pāṇḍava = ó filho-de-Pāndu; yena = pelo qual; bhūtāni = seres; aśeṣeṇa = sem resto, completamente, aqui: todos; drakṣyasi = contemplarás; ātmani = no Si Mesmo, no teu verdadeiro Eu; atha = e então, aqui: e depois; mayi = em mim.

4.36: api = mesmo; ced = se, que; asi = és, aqui: sejas; pāpebhyas = entre os maus, aqui: pecadores; sarvebhyas = entre todos; pāpakṛttamas (pāpa + kṛt + tamas) = o mais pecador; sarvam = todo; jñānaplavenaiva (jñāna + plavena + eva) = com a jangada (plava) do conhecimento em verdade (eva); vṛjinam = da maldade; saṃtariṣyasi = atravessarás.

4.37: yathaidhāṃsi (yathā + edhāṃsi) (plural) = assim como (yathā) o com-bustível (edhas); samiddhas = aceso; 'gnis (agnis) = fogo; bhasmasāt = a cinzas; kurute = faz, aqui: reduz; 'rjuna (arjuna) = ó Arjuna; jñānāgnis (jñāna + agnis) = o fogo do conhecimento; sarvakarmāṇi (sarva + karmāṇi) = todas as ações; bhasmasāt = a cinzas; kurute = reduz; tathā = assim também, do mesmo modo.

4.38: na = não [há nada]; hi = pois; jñānena = com o conhecimento, aqui: o conhecimento; sadṛśam = igual, semelhante, como; pavitram = purifica-dor, aqui: que purifique; iha = aqui; vidyate = se encontra, aqui: há; tad = isto, o; svayam = por si mesmo; yogasaṃsiddhas (yoga + saṃsiddhas) = perfeito [no] Yoga; kālenātmani (kālena + ātmani) = com o tempo (kāla) em si mesmo; vindati = encontrará, aqui: constatará.

4.39: śraddhāvāṃl (śraddhāvān) = o cheio de fé; labhate = alcança; jñānam = o conhecimento; tatparas (tad + paras) = atento àquilo; saṃyatendriyas (saṃyata + indriyas) = sentido contido, aqui: sentidos...; jñānam = conhecimento; labdhvā = tendo alcançado; parām = suprema; śāntim = paz; acireṇādhigacchati (acireṇa + adhigacchati) = rapidamente (acireṇa) alcança, aqui: logo alcançará.

4.40: ajñas = ignorante, sem conhecimento; cāśraddadhānas (ca + aśraddadhānas) = e sem fé; ca = e; saṃśayātmā (saṃśaya + ātmā) = [que tem] a dúvida em si mesmo, aqui: de alma cheia de dúvidas; vinaśyati = perecerá; nāyam (na + ayam) = não isto, aqui: *na* é traduzido por "não"; lokas = mundo; 'sti (asti) = é; na = não, aqui: nem; paras = além, aqui: no outro; na = não, aqui: nem; sukham = felicidade; saṃśayātmanas (saṃśaya + ātmanas) = para [quem tem] a dúvida em si mesmo.

4.41: yogasaṃnyastakarmāṇam (yoga + saṃnyasta + karmāṇam) = [aquele que] renunciou à ação por meio do Yoga; jñānasaṃchinnasaṃśayam (jñāna + saṃchinna + saṃśayam) = [cuja] dúvida é dissipada (saṃchinna) pelo conhecimento, aqui: cujas dúvidas...; ātmavantam (ātma + vantam) = senhor de si; na = não; karmāṇi = as ações; nibadhnanti = agrilhoam; dhanaṃjaya = ó Dhanamjaya.

4.42: tasmāt = portanto; ajñānasaṃbhūtam (ajñāna + saṃbhūtam) = nascida da ignorância; hṛtstham (hṛt + stham) = sediada [no] coração; jñānāsinātmanas (jñāna + āsinā + ātmanas) = com a espada do conhecimento (jñāna) em ti mesmo; chittvainam (chittvā + enam) = tendo decepado essa (enam); saṃśayam = dúvida; yogam = Yoga; ātiṣṭhottiṣṭha (ātiṣṭha + uttiṣṭha) = recorre! (ātiṣṭha), levanta-te!; bhārata = ó descendente-de-Bharata.

Capítulo 5. O Yoga da Renúncia à Ação

arjunas = Arjuna; uvāca = disse;

5.1: saṃnyāsam = renúncia; karmaṇām = às ações; kṛṣṇa = ó Krishna; punas = novamente, aqui: depois; yogam = o Yoga; ca = e; śaṃsasi = louvas; yad =

qual; śreyas = melhor; etayos = dos dois; ekam = [qual] um (omitido); tad = isto, -o; me = a mim, aqui: -mo; brūhi = dize!; suniścitam = com certeza.

śrībhagavān (śrī + bhagavān) = Senhor Bendito; uvāca = disse;

5.2: saṃnyāsas = renúncia; karmayogas (karma + yogas) = Yoga da Ação; ca = e; niḥśreyasakarau (niḥśreyasa + karau) (dual) = criam a suprema-boa-fortuna (niḥśreyasa), aqui: conduzem à...; ubhau (dual) = ambos; tayos (dual) = destes, dos dois; tu = mas; karmasaṃnyāsāt (karma + saṃnyāsāt) = que a renúncia à ação; karmayogas = Karma-Yoga; viśiṣyate = se distingue, aqui: é melhor.

5.3: jñeyas = [deve] ser conhecido; sas = ele; nityasaṃnyāsī (nitya + saṃnyāsī) = renunciador eterno, aqui: ... perpétuo; yas = quem; na = não; dveṣṭi = odeia; na = não, aqui: nem; kāṅkṣati = deseja; nirdvandvas = sem os pares-de-opostos; hi = pois; mahābāho (mahā + bāho) = [Arjuna] dos braços fortes; sukham = facilmente; bandhāt = da escravidão; pramucyate = é libertado, aqui: se liberta.

5.4: sāṃkhyayogau (dual) = o Sāṃkhya e o Yoga; pṛthak = distintos, diferentes; bālās = simples; pravadanti = declaram; na = não; paṇḍitās (plural) = os eruditos; ekam = um; apyāsthitas (api + āsthitas) = até (api) recorrendo, aqui: recorrendo apenas; samyañc = adequadamente; ubhayos (dual) = de ambos; vindate = encontra; phalam = o fruto.

5.5: yad = o qual, aqui: omitido; sāṃkhyais = pelos Sāṃkhyas; prāpyate = é atingido; sthānam = estado; tad = este, aquele; yogais = pelos Yogas (ou seja, os yogins); api = também; gamyate = alcançado; ekam = um, aqui: uma só coisa; sāṃkhyam = Sāṃkhya; ca = e; yogam = Yoga; ca = e; yas = quem, aquele que; paśyati = vê; sas = ele; paśyati = vê.

5.6: saṃnyāsas = renúncia; tu = mas; mahābāho (mahā + bāho) = [Arjuna] dos braços fortes; duḥkham = árduo, difícil; āptum = atingir; ayogatas = sem o Yoga; yogayuktas (yoga + yuktas) = jungido [no] Yoga; munis = sábio; brahma = fundamento-universal; nacireṇādhigacchati (na + cireṇa + adhigacchati) = alcança (adhigacchati) em não (na) muito tempo (cireṇa), aqui: se aproxima em pouco tempo.

5.7: yogayuktas (yoga + yuktas) = jungido [no] Yoga; viśuddhātmā (viśuddha + ātmā) = [que] purificou a si mesmo; vijitātmā (vijita + ātmā) = [que] sujeitou a si mesmo; jitendriyas (jita + indriyas) = [que] subjugou os sentidos; sarvabhūt-ātmabhūtātmā (sarva + bhūta + ātma + bhūta + ātmā) = [cujo] si mesmo se tornou (bhūta) o si mesmo de todos (sarva) os seres (bhūta); kurvan = fazendo, executando, aqui: aja; api = embora; na = não; lipyate = é maculado.

5.8: naiva (na + eva) = não com efeito, aqui: *na* acompanha a próxima palavra; kiṃcid = qualquer coisa, aqui: *na kiṃcid* "nada"; karomīti (karomi + iti) = faço assim, aqui: *iti* é usado para indicar uma citação; yuktas = jungido; manyate = pensa, reflete; tattvavid (tattva + vid) = conhecedor (vid) da realidade; paśyan = vendo, aqui: vê; śṛṇvan = ouvindo, aqui: ouve; spṛśan = tocando, aqui: toca; jighran = cheirando, aqui: cheira; aśnan = comendo, aqui: come; gacchan = andando, aqui: anda; svapan = dormindo, aqui: dorme; śvasan = respirando, aqui: respira.

5.9: pralapan = falando, aqui: fala; visṛjan = excretando, aqui: excreta; gṛhṇan = agarrando, aqui: agarra; unmiṣan = abrindo, aqui: abre; nimiṣan = fechando, aqui: fecha; api = também, aqui: e; indriyāṇīndriyārtheṣu (indriyāṇi + indriya + artheṣu) = sentidos nos objetos (artha) dos sentidos; vartanta (em vez de vartante) = existem, repousam; iti = aqui: usado para indicar uma citação; dhārayan = sustentando, aqui: sustenta.

5.10: brahmaṇi = no fundamento-universal, aqui: ao fundamento-universal; ādhāya = colocando, aqui: atribuindo; karmāṇi = as ações; saṅgam = o apego; tyaktvā = tendo abandonado; karoti = age; yas = quem, aquele que; lipyate = é maculado; na = não; sas = ele; pāpena = pelo pecado; padmapattram (padma + pattram) = folha de lótus; ivāmbhasā (iva + ambhasā) = como (iva) pela água.

5.11: kāyena = com o corpo; manasā = com a mente; buddhyā = com a faculdade-da-sabedoria; kevalais (plural) = com somente; indriyais (plural) = com os sentidos, com as faculdades; api = mesmo, aqui: e mesmo; yoginas = os yogins; karma = ação, aqui: ações; kurvanti = executam; saṅgam = apego; tyaktvātmaśuddhaye (tyaktvā + ātma + śuddhaye) = tendo abandonado [o apego] para a autopurificação.

5.12: yuktas = o jungido; karmaphalam (karma + phalam) = fruto (phala) da ação; tyaktvā = tendo abandonado; śāntim = paz; āpnoti = alcança; naiṣṭhikīm = final, derradeira; ayuktas = não jungido; kāmakāreṇa (kāma + kāreṇa) = pela ação [que resulta do] desejo, aqui: agindo pelo desejo; phale = ao fruto; saktas = apegado; nibadhyate = é agrilhoado.

5.13: sarvakarmāṇi (sarva + karmāṇi) = todas as ações; manasā = com a mente; saṃnyasyāste (saṃnyasya + āste) = renunciando senta-se, aqui:...sentada; sukham = feliz; vaśī = o soberano, aqui: soberana; navadvāre (nava + dvāre) = na dos nove portões; pure = na cidade; dehī = o incorporado, aqui: a essência-incorporada; naiva (na + eva) = não em verdade, aqui: em verdade nem; kurvan = agindo, aqui: age; na = não, aqui: nem; kārayan = fazendo agir, aqui: faz agir.

5.14: na = não, aqui: não... nem; kartṛtvam = atividade; na = não, aqui: nem; karmāṇi = as ações; lokasya = do mundo; sṛjati = cria; prabhus = o senhor; na = não, aqui: nem [tampouco]; karmaphalasaṃyogam (karma + phala + saṃyogam) = a união (saṃyoga) [entre] a ação [e seu] fruto; svabhāvas (sva + bhāvas) = ser-próprio; tu = mas, aqui: omitido; pravartate = procede, aqui: estimula-à-ação.

5.15: nādatte (na + ādatte) = assume, toma sobre si; kasyacid = de qualquer um, aqui (em conjunção com *na*): de ninguém; pāpam = pecado, pecaminoso; na = não, aqui: lido em conjunção com *kasyacid*; caiva (ca + eva) = e em verdade, aqui: ou; sukṛtam = bons; vibhus = onipenetrante; ajñānenāvṛtam (ajñānena + āvṛtam) = recoberto pela ignorância (ajñāna); jñānam = conhecimento; tena = por isso, aqui: assim; muhyanti = são iludidas; jantavas = criaturas, pessoas.

5.16: jñānena = pelo conhecimento; tu = mas; tad = isto, aquilo; ajñānam = ignorância; yeṣām (plural) = de quem, aqui: para aqueles; nāśitam = destruída; ātmanas = do si mesmo, de si; teṣām = deles, aqui: seu; ādityavat (āditya + vat) = como (vat) o sol; jñānam = conhecimento; prakāśayati = ilumina; tad = esse; param = supremo.

5.17: tadbuddhayas (tad + buddhayas) = [os que têm suas] faculdades-da--sabedoria [centradas] nisso; tadātmānas (tad + ātmānas) = [os que têm seu] si mesmo [imerso] nisso; tanniṣṭhās (tad + niṣṭhās) = [os que têm] isso [por] base; tatparāyaṇās (tad + parāyaṇās) = [os que têm] isso [por] supremo objetivo (para + ayaṇa); gacchanti = vão; apunarāvṛttim (apunas + āvṛttim) = nunca mais (apunas) voltam, aqui:... sofrem o renascimento; jñānanirdhūtakalmaṣās (jñāna + nirdhūta + kalmaṣās) = máculas (kalmaṣa) lançadas fora [pelo] conhecimento.

«smarantas = lembrando, recordando-se; 'pi (api) = embora; muhus = reiteradamente; tu = mas, aqui: omitido; etad = isto; spṛśantas = tocando, aqui: entrando-em-contato; 'pi (api) = embora; svakarmaṇi (sva + karmaṇi) = própria ação, aqui: próprias ações; saktās (plural) = apegados; api = embora; na = não; sajjanti = aderem; paṇke = na poça d'água; ravikarās (ravi + karās) = raios do sol; iva = como. »

5.18: vidyāvinayasaṃpanne (vidyā + vinaya + saṃpanne) = num dotado de compreensão (vidyā) [e] boas maneiras (vinaya); brāhmaṇe = num brâmane; gavi = numa vaca; hastini = num elefante; śuni = num cão; caiva (ca eva) = e com efeito, aqui: e até; śvapāke (śva + pāke) = num cozedor de cães; ca = e, aqui: ou; paṇḍitās (plural) = os eruditos; samadarśinas (sama + darśinas) (plural) = vendo o mesmo (sama).

5.19: ihaiva (iha + eva) = aqui em verdade, aqui: mesmo aqui; tais = por aqueles; jitas = venceram; sargas = criação; yeṣām (plural) = de quem, cuja; sāmye = na igualdade; sthitam = estabelecida; manas = mente; nirdoṣam = isento de defeitos; hi = com efeito, aqui: omitido; samam = igual, o mesmo; brahma = fundamento-universal; tasmāt = por isso; brahmaṇi = no fundamento-universal; te = eles; sthitās = estabelecidos.

5.20: na = não; prahṛṣyet = deve regozijar-se; priyam = querido; prāpya = alcançando, aqui: ao obter; nodvijet (na + udvijet) = não deve agitar-se, aqui: nem deve...; prāpya = ao obter; cāpriyam (ca + apriyam) = e não querido; sthirabuddhis (sthira + buddhis) = [com] a faculdade-da-sabedoria estabilizada; asaṃmūḍhas = livre de confusão; brahmavid (brahma + vid) = conhecedor (vid) de brahman; brahmaṇi = no fundamento-universal; sthitas = estabelecido.

5.21: bāhyasparśeṣu = nos contatos externos, aqui: aos contatos externos; asaktātmā (asakta + ātmā) = si mesmo desapegado, aqui: si mesmo não se apega; vindati = encontra; ātmani = em si mesmo; yad = quem, aquele que; sukham = alegria; sas = ele; brahmayogayuktātmā (brahma + yoga + yukta + ātmā) = si mesmo jungido (yukta) no Yoga [ao] fundamento--universal; sukham = alegria; akṣayam = imutável; aśnute = alcança.

5.22: ye (plural) = quem, o que; hi = pois; saṃsparśajās (saṃsparśa + jās) (plural) = nascidas (ja) do contato; bhogās = prazeres, fruições; duḥkhayonayas (duḥkha + yonayas) = úteros (yoni) de dor; eva = em verdade; te = elas; ādyantavantas (ādi + anta + vantas) (plural) = tendo um princípio [e] um fim; kaunteya = ó filho-de-Kuntī; na = não; teṣu = nelas; ramate = se deleita; budhas = sábio.

5.23: śaknotīhaiva (śaknoti + iha + eva) = é capaz (śaknoti) aqui em verdade; yas = quem, o que; soḍhum = suportar; prāk = antes; śarīravimokṣaṇāt (śarīra + vimokṣaṇāt) = pela libertação [em relação ao] corpo, aqui: de se libertar do corpo; kāmakrodhodbhavam (kāma + krodha + udbhavam) = nascidos do desejo [e] da ira; vegam = choque, embate; sas = ele; yuktas = jungido; sas = ele; sukhī = feliz; naras = homem.

5.24: yas = quem, aquele que; 'ntaḥsukhas (antas + sukhas) = alegria interior (anta); 'ntarārāmas (antara + ārāmas) = regozijo (ārāma) interior; tathāntarjyotis (tathā + antas + jyotis) = assim luz (jyoti) interior, aqui: *tathā* é traduzido por "e, logo"; eva = de fato; yas = quem, aquele que; sas = ele; yogī = yogin; brahmanirvāṇam (brahma + nirvāṇam) = extinção [no] fundamento-universal; brahmabhūtas (brahma + bhūtas) = tendo se tornado (bhūta) o fundamento-universal; 'dhigacchati (adhigacchati) = se aproxima.

5.25: labhante = obtêm, aqui: alcançam; brahmanirvāṇam (brahma + nirvāṇam) = extinção [no] fundamento-universal; ṛṣayas = videntes; kṣīṇakalmaṣās (kṣīṇa + kalmaṣās) (plural) = [cujas] máculas [estão] esgotadas (kṣīṇa); chinnadvaidhā (chinna + dvaidhā) (plural) = [cujas] dualidades [foram] destruídas; yatātmānas (yata + ātmānas) = controlados [em] si mesmos; sarvabhūtahite (sarva + bhūta + hite) = no bem de todos (sarva) os seres; ratās = deleite, delícia, aqui: se deliciam.

5.26: kāmakrodhaviyuktānām (kāma + krodha + viyuktānām) = para os libertos do desejo [e] da ira; yatīnām = para os ascetas; yatacetasām (yata
+ cetasām) (plural) = para aqueles cuja] mente é controlada; abhitas =
próxima; brahma-nirvāṇam (brahma + nirvāṇam) = extinção [no] fundamento-universal; vartate = existe; viditātmanām (vidita + ātmanām) =
para [aqueles por quem] o si mesmo é conhecido, aqui: para os [ascetas]
que conhecem a si mesmos.

5.27: sparśān = contatos; kṛtvā = tendo feito, aqui [junto com a próxima pala-
vra]: fechando-se a; bahis = fora; bāhyān (plural) = externos; cakṣus =
olho, aqui: olhar; caivāntare (ca + eva + antare) = e com efeito no meio,
aqui: *eva* é omitido; bhruvos = das sobrancelhas (dual); prāṇāpānau
(prāṇa + apānau) = inspiração e expiração (dual); samau (dual) =
igualmente, homogeneamente; kṛtvā = tendo feito, aqui: fazendo;
nāsābhyantaracāriṇau (nāsā + abhyantara + cāriṇau) (dual) = movendo-
-se no nariz, aqui: fluírem [homogeneamente] no nariz.

5.28: yatendriyamanobuddhis (yata + indriya + manas + buddhis) = [de] sentidos, mente [e] faculdade-da-sabedoria controlados; munis = o sábio;
mokṣaparāyaṇas (mokṣa + parāyaṇas) = que tem a libertação como objetivo supremo; vigatecchābhayakrodhas (vigata + icchā + bhaya + krodhas) = isento de anseio, medo [e] ira; yas = quem, que; sadā = sempre,
permanentemente; mukta = liberto; eva = verdadeiramente; sas = ele.

5.29: bhoktāram = fruidor, aqui: aquele que se alimenta; yajñatapasām (yajña +
tapasām) = das asceses sacrificiais; sarvalokamaheśvaram (sarva + loka
+ mahā + īśvaram) = o grande (mahā) senhor (īśvara) de todos os mundos; suhṛdam (su + hṛdam) = de bom coração, aqui: bondoso [amigo];
sarvabhūtānām (sarva + bhūtānām) = de todos os seres; jñātvā = tendo conhecido, aqui: conhecendo; mām = a mim; śāntim = paz; ṛcchati = alcança.

Capítulo 6. O Yoga da Meditação

śrībhagavān (śrī + bhagavān) = Senhor Bendito; uvāca = disse;
6.1: anāśritas = independente, aqui: sem atentar; karmaphalam (karma + phalam) = fruto (phala) [da] ação; kāryam = a ser cumprida; karma = ação;

karoti = executa; yas = quem, aquele que; sas = ele; saṃnyāsī = renunciador; ca = e; yogī = yogin; ca = e; na = não; niragnis = sem o fogo; na
= não, aqui: omitido; cākriyas (ca + akriyas) = e inativo.

6.2: yam = quem, o que; saṃnyāsam = renúncia; iti = assim, aqui: usado para
indicar uma citação; prāhus = dizem, aqui: chamam; yogam = Yoga; tam
= isto, aquilo; viddhi = estejas ciente!; pāṇḍava = ó filho-de-Pāndu; na =
= não; hi = com efeito; asaṃnyastasaṃkalpas (asaṃnyasta + saṃkalpas)
= sem renunciar à motivação [egoísta], aqui: sem a renúncia às motivações; yogī = yogin; bhavati = se torna; kaścana = alguém, qualquer
pessoa, [com o *na* precedente]: ninguém.

6.3: ārurukṣos = para [aquele que] deseja-ascender; munes = para o sábio;
yogam = Yoga; karma = ação; kāraṇam = causa, aqui: meio; ucyate
= diz-se [ser]; yogārūḍhasya (yoga + ārūḍhasya) = para [aquele] que
ascendeu ao [cume do] Yoga; tasyaiva (tasya + eva) = para ele, em
verdade, aqui: *eva* é omitido; śamas = quietude; kāraṅam = causa,
aqui: meio; ucyate = diz-se.

6.4: yadā = quando; hi = com efeito; nendriyārtheṣu (na + indriya + artheṣu)
= não aos objetos dos sentidos, aqui: nem...; na = não, aqui: nem; karmasu = às ações; anuṣajjate = [se] agarra; sarvasaṃkalpasaṃnyāsī (sarva + saṃkalpa + saṃnyāsī) = renunciando a toda motivação [egoísta];
yogārūḍhas (yoga + ārūḍhas) = [o sábio que] ascendeu ao Yoga; tadocyate (tadā + ucyate) = é então chamado, aqui: diz-se ter ele.

6.5: uddharet = deve elevar; ātmanātmānam (ātmanā + ātmānam) = a si
mesmo por si mesmo; nātmānam (na + ātmānam) = não a si mesmo;
avasādayet = deve [deixar] afundar; ātmaiva (ātmā + eva) = o si mesmo,
com efeito; hi = pois; ātmanas = de si mesmo; bandhus = amigo; ātmaiva
(ātmā + eva) = o si mesmo, com efeito; ripus = inimigo; ātmanas = de si
mesmo.

6.6: bandhus = amigo; ātmātmanas (ātmā + ātmanas) = o si mesmo de si mesmo, aqui: o eu de si próprio; tasya = daquele; yenātmaivātmanā (yena
+ ātmā + eva + ātmanā) = que verdadeiramente [subjugou] a si mesmo

por si mesmo; jitas = dominou; anātmanas = não a si mesmo; tu = mas; śatrutve = em inimizade; vartetātmaiva (varteta + ātmā + eva) = o si mesmo verdadeiramente existiria (varteta), aqui: seu eu é..., *eva* é omitido; śatruvat (śatru + vat) = como (vat) um inimigo.

6.7: jitātmanas (jita + ātmanas) = daquele cujo si mesmo é dominado, aqui: daquele que dominou a si mesmo; praśāntasya = do tranquilo; paramātmā (parama + ātmā) = supremo si mesmo; samāhitas = concentrado; śītoṣṇasukhaduḥkheṣu (śīta + uṣṇa + sukha + duḥkheṣu) = no calor (uṣṇa), no frio (śīta), no prazer [e] na dor (duḥkha); tathā = assim, aqui: bem como; mānāpamānayos (māna + apamānayos) (dual) = na honra e na desonra.

6.8: jñānavijñānatṛptātmā (jñāna + vijñāna + tṛpta + ātmā) = si mesmo satisfeito (tṛpta) com o conhecimento-unitivo [e] o conhecimento-distintivo (vijñāna); kūṭasthas (kūṭa + sthas) = [que] reside nos cimos (kūṭa); vijitendriyas (vijita + indriyas) = [que tem os] sentidos dominados; yuktas = jungido; iti = assim, aqui: omitido; ucyate = é chamado, aqui: diz-se; yogī = yogin; samaloṣṭāśmakāñcanas (sama + loṣṭa + aśma + kāñcanas) = [para quem] um torrão de terra (loṣṭa), uma pedra (aśma) [e uma peça de] ouro (kāñcana) [são] iguais.

6.9: suhṛnmitrāryudāsīnamadhyasthadveṣyabandhuṣu (suhṛd + mitra + ari + udāsīna + madhya + stha + dveṣya + bandhuṣu) = para com os companheiros (bandhu), os amigos (mitra) de bom coração (su-hṛd), os inimigos (ari), os indiferentes (udāsīna), os "que estão no meio" (madhya--stha) [ou seja, os imparciais] [e] os odiosos; sādhuṣu = para com os bons; api = também; ca = e; pāpeṣu = para com os pecadores; samabuddhis (sama + buddhis) = [aquele cuja] faculdade-da-sabedoria [é] a mesma [em relação a ou para com]; viśiṣyate = distingue-se.

6.10: yogī = yogin; yuñjīta = deve jungir[-se]; satatam = continuamente; ātmānam = a si mesmo; rahasi = na solidão, aqui: no isolamento; sthitas = estabelecido; ekākī = solitário, sozinho; yatacittātmā (yata + citta + ātmā) = [aquele cuja] mente [e] si mesmo são controlados; nirāśīs = sem esperança, aqui: livre da esperança; aparigrahas = sem cobiçar, aqui: livre da cobiça.

6.11: śucau = num puro; deśe = num lugar; pratiṣṭhāpya = estabelecendo; sthiram = estável; āsanam = assento; ātmanas = para si mesmo; nātyucchritam (na + atyucchritam) = nem muito alto; nātinīcam (na + atinīcam) = nem muito baixo; cailājinakuśottaram (caila + ajina + kuśa + uttaram) = [tendo por] cobertura (uttara, aqui: forrado de) um tecido (caila), uma pele de veado (ajina) [ou da gramínea chamada] kuśa.

6.12: tatraikāgram (tatra + eka + agram) = ali unipontual, sendo *tatra* omitido; manas = mente; kṛtvā = tendo feito, aqui: tornando; yatacittendriyakriyas (yata + citta + indriya + kriyas) = controlada (yata) a atividade [da] mente [e dos] sentidos; upaviśyāsane (upaviśya + āsane) = sentado no assento (āsana), aqui: sobre o assento; yuñjyād = deve jungir[-se]; yogam = Yoga; ātmaviśuddhaye (ātma + viśuddhaye) = para a autopurificação.

6.13: samam = iguais, aqui: alinhados; kāyaśirogrīvam (kāya + śiras + grīvam) = tronco (kāya), cabeça [e] pescoço; dhārayan = mantendo; acalam = imóveis; sthiras = estáveis; saṃprekṣya = olhando; nāsikāgram (nāsikā + agram) = ponta (agra) do nariz (nāsikā); svam = próprio, aqui: omitido; diśas = direções, aqui: ao redor; cānavalokayan (ca + anavalokayan) = e sem olhar, aqui: ... relancear os olhos.

6.14: praśāntātmā (praśānta + ātmā) = si mesmo tranquilo; vigatabhīs = despojado de medo; brahmacārivrate (brahmacāri + vrate) = no voto de castidade; sthitas = firme, perseverante; manas = mente; saṃyamya = controlando; maccittas (mad + cittas) = com a mente em mim; yuktas = jungido; āsīta = deve sentar-se; matparas (mad + paras) = atendo a mim.

6.15: yuñjan = jungindo; evam = assim; sadātmānam (sadā + ātmānam) = sempre [jungindo] a si mesmo; yogī = yogin; niyatamānasas (niyata + mānasas) = de mente controlada; śāntim = paz; nirvāṇaparamām (nirvāṇa + paramām) = suprema extinção; matsaṃsthām (mad + saṃsthām) = estabelecida (stha) em mim, aqui: [que tem a sua] subsistência em mim; adhigacchati = vai, aqui: aproxima-se.

6.16: nātyaśnatas (na + atyaśnatas) = não [é] para [aquele que] come demais, aqui: não é para o glutão; tu = mas; yogas = Yoga; 'sti (asti) = é; na

= não, aqui: nem; caikāntam (ca + ekāntam) = e [aquele que não] em absoluto, aqui: e [o que não come] em absoluto; anaśnatas = não comendo [ou seja, jejuando], aqui: [que] não come; na = não, aqui: nem; cātisvapnaśīlasya (ca + atisvapna + śīlasya) = e (ca) para [o que tem] o hábito (śīla) do sono excessivo (ati) sleep, aqui: ca é traduzido como "tampouco"; jāgratas = para o [que se encontra constantemente] desperto; naiva (na + eva) = não mesmo, aqui: nem ainda; cārjuna (ca + arjuna) = e ó Arjuna.

6.17: yuktāhāravihārasya (yukta + āhāra + vihārasya) = de [aquele que é] jungido no alimento (āhāra) [e na] recreação (vihāra); yuktaceṣṭasya (yukta + ceṣṭasya) = de [aquele cujas] atividades (ceṣṭa) são jungidas, aqui:... disciplinadas; karmasu = nas ações; yuktasvapnāvabodhasya (yukta + svapna + avabodhasya) = de [aquele que é] jungido [no] dormir [e no] acordar; yogas = Yoga; bhavati = se torna, é, aqui: omitido; duḥkhahā (duḥkha + hā) = dissipando o sofrimento, aqui: dissipa o sofrimento.

6.18: yadā = quando; viniyatam = controlada; cittam = mente; ātmani = no si mesmo; evāvatiṣṭhate (eva + avatiṣṭhate) = somente repousa; niḥspṛhas = despojada-de-anseio; sarvakāmebhyas (sarva + kāmebhyas) = por todos os desejos; yuktas = jungido; iti = assim, aqui: usado para indicar uma citação; ucyate = é chamado; tadā = então.

6.19: yathā = como; dīpas = lâmpada; nivātasthas (nivāta + sthas) = posta, colocada [num local] sem vento (nivāta); neṅgate (na + iṅgate) = não bruxuleia (iṅgate); sopamā (sas + upamā) = essa comparação; smṛtā = lembrada; yoginas = do yogin; yatacittasya (yata + cittasya) = de mente jungida; yuñjatas = do praticar, aqui: pratica; yogam = Yoga; ātmanas = do si mesmo.

6.20: yatroparamate (yatra + uparamate) = onde é refreada, aqui: quando é refreada; cittam = mente; niruddham = controlada; yogasevayā (yoga + sevayā) = pelo serviço do Yoga; yatra = onde, quando; caivātmanātmānam (ca + eva + ātmanā + ātmānam) = e o si mesmo por si mesmo, aqui: eva é omitido; paśyan = contemplando, aqui: é contemplado; ātmani = em si mesmo; tuṣyati = se contenta, se satisfaz.

6.21: sukham = alegria, felicidade; ātyantikam = máxima; yad = a qual; tad = esta, aquela; buddhigrāhyam (buddhi + grāhyam) = captada pela faculdade-da-sabedoria; atīndriyam (ati + indriyam) = extrassensorial; vetti = conhece; yatra = onde, quando; na = não; caivāyam (ca + eva + ayam) = e até (eva) isto; sthitas = estabelecido; calati = se move, aqui: se desvia; tattvatas = da realidade (tattva).

6.22: yam = a qual; labdhvā = tendo-a alcançado; cāparam (ca + aparam) = e outro; lābham = ganho; manyate = pensa; nādhikam (na + adhikam) = não maior; tatas = então, aqui: omitido; yasmin = na qual, aqui: nela; sthitas = repousando; na = não; duḥkhena = pelo sofrimento; guruṇāpi (guruṇā + api) = nem (api) por pesado, aqui: nem pelo mais atroz; vicālyate = é abalado.

6.23: tam = isto; vidyāt = seja conhecido, aqui: deve ele conhecer; duḥkhasaṃyogaviyogam (duḥkha + saṃyoga + viyogam) = desunião (viyoga) da união (saṃyoga) com o sofrimento; yogasaṃjñitam (yoga + saṃjñitam) = denominado (saṃjñitam) yoga; sas = ele; niścayena = com determinação; yoktavyas = a ser praticado; yogas = Yoga; 'nirviṇṇacetasā (anirviṇṇa + cetasā) = com a mente não desalentada, aqui: sem espírito de desalento.

6.24: saṃkalpaprabhavān (saṃkalpa + prabhavān) = nascidos da motivação (saṃkalpa); kāmān = desejos; tyaktvā = tendo abandonado, aqui: abandonando; sarvān (plural) = todos; aśeṣatas = por inteiro; manasaivendriyagrāmam (manasā + eva + indriya + grāmam) = em verdade (eva) o exército (grāma) dos sentidos por meio da mente; viniyamya = controlando; samantatas = completamente.

6.25: śanais śanais = gradativamente, pouco a pouco; uparamet = ele deve aquietar-se; buddhyā = pela faculdade-da-sabedoria; dhṛtigṛhītayā (dhṛti + gṛhītayā) = por conservar firme (dhṛti); ātmasaṃstham (ātma + saṃstham) = estabelecida no Si Mesmo; manas = mente; kṛtvā = tendo tornado, aqui: omitido; na = não; kiṃcid = qualquer coisa; api = até, aqui: omitido; cintayet = deve pensar.

6.26: yatas yatas [duplicação enfática] = quando quer que, aqui: onde quer que; niścarati = ela divaga; manas = mente; cañcalam = inconstante; asthiram = instável; tatas tatas = então, aqui: de lá; niyamyaitad (niyamya + etad) = refreando-a; ātmani = em si mesmo; eva = em verdade, com efeito, aqui: omitido; vaśam = controle; nayet = deve conduzir, aqui: deve trazê-la de volta [ao controle].

6.27: praśāntamanasam (praśānta + manasam) = mente tranquila; hi = pois; enam = ele, aqui: àquele; yoginam = yogin; sukham = alegria; uttamam = suprema, inigualada; upaiti = vai, aqui: sobrevém; śāntarajasam (śānta + rajasam) = paixão pacificada (śānta); brahmabhūtam (brahma + bhūtam) = tornado (bhūta) o fundamento-universal; akalmaṣam = imaculado, aqui: livre de mácula.

6.28: yuñjan = jungindo; evam = assim, dessa maneira; sadātmānam (sadā + ātmānam) = sempre (sadā) a si mesmo; yogī = yogin; vigatakalmaṣas (vigata + kalmaṣas) = máculas idas, aqui: [cujas] máculas se foram; sukhena = com alegria, com facilidade; brahmasaṃsparśam (brahma + saṃsparśam) = contato (saṃsparśa) com o fundamento-universal; atyantam = infinita; sukham = alegria; aśnute = alcança.

6.29: sarvabhūtastham (sarva + bhūta + stham) = habitando (stham – omitido) em todos os seres; ātmānam = a si mesmo; sarvabhūtāni (sarva + bhūtāni) = todos os seres; cātmani (ca + ātmani) = e em si mesmo; īkṣate = contempla; yogayuktātmā (yoga + yukta + ātmā) = [aquele cujo] si mesmo é jungido (yukta) [por meio do] Yoga; sarvatra = em toda parte; samadarśanas (sama + darśanas) = mesma visão, aqui: vê o mesmo.

6.30: yas = quem, que; mām = mim; paśyati = vê; sarvatra = em toda parte; sarvam = tudo, todas as coisas; ca = e; mayi = em mim; paśyati = vê; tasyāham (tasya + aham) = dele (tasya) eu; na = não; praṇaśyāmi = estou perdido; sas = ele; ca = e; me = para mim; na = não, aqui: com *ca*, "nem"; praṇaśyati = está perdido.

6.31: sarvabhūtasthitam (sarva + bhūta + sthitam) = estabelecido em todos os seres, aqui: repousando em todos os seres; yas = quem, aquele que; mām

= a mim; bhajati = adora; ekatvam = unidade; āsthitas = estabelecido; sarvathā = como quer que, qualquer que seja; vartamānas = existindo, aqui: sua condição-de-existência; 'pi (api) = com efeito, até; sas = ele; yogī = yogin; mayi = em mim; vartate = habita.

6.32: ātmaupamyena (ātmā + aupamyena) = autoidentidade, aqui: sua própria identidade; sarvatra = em toda parte; samam = igual, mesmo; paśyati = vê; yas = quem, aquele que; 'rjuna (arjuna) = ó Arjuna; sukham = alegria; vā = ou; yadi = se, quer; vā = ou; duḥkham = sofrimento; sas = ele, aqui: omitido; yogī = yogin; paramas = supremo; matas = é considerado.

arjunas = Arjuna; uvāca = disse;
6.33: yas = quem; 'yam (ayam) = este; yogas = Yoga; tvayā = por ti; proktas = proclamado; sāmyena = por meio da igualdade; madhusūdana (madhu + sūdana) = ó Madhusūdana; etasyāham (etasya + aham) = sobre isso eu (aham); na = não; paśyāmi = vejo, aqui: vislumbro; cañcalatvāt = em razão da inconstância (calatva); sthitim = estado; sthirām = firme.

6.34: cañcalam = inconstante; hi = com efeito; mente= mind; kṛṣṇa = ó Krishna; pramāthi = impetuousa; balavat = forte; dṛḍham = firme, aqui: obstinada; tasyāham (tasya + aham) = dela (tasya) eu; nigraham = controle; manye = penso; vāyos = do vento; iva = como, aqui: [tanto] quanto; suduṣkaram = dificílimo.

śrībhagavān (śrī + bhagavān) = Senhor Bendito; uvāca = disse;
6.35: asaṃśayam = sem dúvida; mahābāho (mahā + bāho) = ó [Arjuna] dos braços fortes; manas = mente; durnigraham = difícil de refrear; calam = inconstante; abhyāsena = pela prática; tu = mas; kaunteya = ó filho-de- -Kuntī; vairāgyeṇa = pela impassibilidade; ca = e; gṛhyate = é agarrada, aqui: pode ser agarrada.

6.36: asaṃyatātmanā (asaṃyata + ātmanā) = pelo si mesmo insubmisso, aqui: para o eu insubmisso; yogas = Yoga; duṣprāpas = difícil de obter; iti = assim, aqui: esta; me = minha; matis = convicção; vaśyātmanā (vaśya + ātmanā) = pelo si mesmo [sob] controle, aqui: para o eu sob controle; tu = mas; yatatā = por meio de empenho, aqui: com empenho; śakyas

= possível; 'vāptum (avāptum) = alcançar; upāyatas = pelos meios [adequados].

arjunas = Arjuna; uvāca = disse;

6.37: ayatis = o indisciplinado; śraddhayopetas (śraddhayā + upetas) = dotado de fé (śraddhā); yogāt = do Yoga; calitamānasas (calita + mānasas) = mente desviada, aqui: ... se desviou; aprāpya = não alcançando; yogasaṃsiddhim (yoga + saṃsiddhim) = consumação do Yoga; kām = qual?; gatim = caminho; kṛṣṇa = ó Krishna; gacchati = vai, aqui: trilha ele.

«lipsamānas = desejoso; satām = dos virtuosos; mārgam = via, estrada; pramūḍhas = confuso, aqui: confundindo-se; brahmaṇas = de Brahman; pathi = no caminho; anekacittas (aneka + cittas) = mente desunida; vibhrāntas = distraído, aqui: se distrai; mohasya = da ilusão, do engano; eva = em verdade, aqui: omitido; vaśam = controle, aqui: poder; gatas = foi, aqui: cai sob. »

6.38: kaccid = de *kad*, "o quê?", combinada com *na*, essa expressão muitas vezes significa "espero que não"; nobhayavibhraṣṭas (na + ubhaya + vibhraṣṭas) = não é sem sucesso em ambas (ubhaya); chinnābhram (chinna + abhram) = nuvem (abhra) fendida; iva = como; naśyati = perece; apratiṣṭhas = falta de alicerce, aqui: sem alicerce; mahābāho (mahā + bāho) = ó [Krishna] dos braços fortes; vimūḍhas = iludido, aqui: desvirtuado; brahmaṇas = do fundamento-universal; pathi = no caminho.

6.39: etad = esta; me = minha; saṃśayam = dúvida; kṛṣṇa = ó Krishna; chettum = cortar, aqui: sanar; arhasi = podes; aśeṣatas = completamente; tvad = tu; anyas = outro; saṃśayasyāsya (saṃśayasya + asya) = da dúvida (saṃśaya) disso, aqui: essa dúvida; chettā = cortador, aqui: sanar; na = não; hi = com efeito, aqui: omitido; upapadyate = vem, existe, aqui: se apresenta para.

śrībhagavān (śrī + bhagavān) = Senhor Bendito; uvāca = disse;

6.40: pārtha = ó filho-de-Prithā; naiveha (na + eva + iha) = nem em verdade aqui [na terra], *eva* é omitido; nāmutra (na + amutra) = nem ali, aqui: nem acima; vināśas = destruição; tasya = para ele; vidyate = existe, aqui:

sofre [ele a destruição]; na = não; hi = pois, uma vez que; kalyāṇakṛt (kalyāṇa + kṛt) = fazedor (kṛt) do bem; kaścid = qualquer um; durgatim = infortúnio, aqui: caminho (gati) ruim (dus-); tāta = ó filho; gacchati = vai, aqui: segue.

6.41: prāpya = alcançando, chegando; puṇyakṛtān (puṇya + kṛtān) = dos que praticam a virtude; lokān = os mundos; uṣitvā = tendo residido; śāśvatīs (plural) = infindáveis; samās = anos; śucīnām = de [pessoas] puras; śrīmatām = de [pessoas] auspiciosas; gehe = no lar, na família; yogabhraṣṭas = caído do Yoga, aqui: [o que] falhou no Yoga; 'bhijāyate (abhijāyate) = nasce.

6.42: athavā = ou senão; yoginām = de yogins; eva = com efeito, aqui: omitido; kule = numa família; bhavati = vem, aqui: nasce; dhīmatām = de sábios; etad = isto, aqui: omitido; hi = com efeito, aqui: muito embora; durlabhataram (durlabha + taram) = mais difícil de alcançar, aqui: muito difícil de obter; loke = no mundo; janma = nascimento; yad = o qual, aqui: omitido; īdṛśam = um tal.

6.43: tatra = ali; tam = ele; buddhisaṃyogam (buddhi + saṃyogam) = união com a faculdade-da-sabedoria; labhate = alcança; paurvadehikam (paurva + dehikam) = incorporação anterior, aqui: nascimento...; yatate = se empenha; ca = e; tatas = então, aqui: omitido; bhūyas = mais uma vez; saṃsiddhau = na consumação, aqui: pela consumação; kurunandana (kuru + nandana) = O Kurunandana.

6.44: pūrvābhyāsena (pūrva + abhyāsena) = pela prática anterior; tenaiva (tena + eva) = por ela, em verdade, aqui: omitido; hriyate = é levado; hi = com efeito, aqui: omitido; avaśas = contra a vontade; 'pi (api) = até, mesmo; sas = ele; jijñāsus = desejoso de conhecer, aqui: desejo de conhecer; api = até, aqui: mero; yogasya = do Yoga; śabdabrahmātivartate (śabda + brahma + ativartate) = transcende (ativartate) o fundamento-universal sonoro (śabda), aqui: transcenderá.

6.45: prayatnāt = com esforço; yatamānas = empenhando-se; tu = mas; yogī = o yogin; saṃśuddhakilbiṣas (saṃśuddha + kilbiṣas) = purificado da culpa (kilbiṣa); anekajanmasaṃsiddhas (aneka + janma + saṃsiddhas) = aperfeiçoado (saṃsiddha) [no decorrer de] muitos (aneka) nascimentos; tatas = então; yāti = vai, aqui: segue; parām = supremo; gatim = caminho.

6.46: tapasvibhyas = que os ascetas; 'dhikas (adhikas) = maior; yogī = yogin; jñānibhyas = que os gnósticos; 'pi (api) = até; matas = é considerado; 'dhikas (adhikas) = maior; karmibhyas = que os-que-executam-ações-
-rituais; cādhikas (ca + adhikas) = e maior; yogī = yogin; tasmāt = portanto; yogī = yogin; bhavārjuna (bhava + arjuna) = sê, ó Arjuna!

6.47: yoginām = dos yogins; api = até, além disso; sarveṣām = de todos; madgatenāntarātmanā (mad + gatena + antara + ātmanā) = com o si mesmo íntimo (antara) absorto (gata) em mim; śraddhāvān = fiel, cheio de fé; bhajate = adora; yas = quem, que; mām = me; sas = ele; me = a mim; yuktatamas (yukta + tamas) = mais jungido; matas = é tido como.

Capítulo 7. O Yoga da Sabedoria e do Conhecimento

śrībhagavān (śrī + bhagavān) = Senhor Bendito; uvāca = disse;
7.1: mayyāsaktamanās (mayi + āsakta + manās, singular) = mente ligada em mim (mayi), aqui: ... a mim; pārtha = ó filho-de-Prithā; yogam = Yoga; yuñjan = jungido; madāśrayas (mad + āśrayas) = [tendo]-me como refúgio; asaṃśayam = sem dúvida; samagram = totalmente, plenamente; mām = a mim, -me; yathā = de que modo?; jñāsyasi = conhecerás, aqui: virás a conhecer; tad = isso, aqui: como; śṛṇu = ouve!

7.2: jñānam = conhecimento, conhecimento-unitivo; te = a ti, -te; 'ham (aham) = eu; savijñānam (sa + vijñānam) = com o conhecimento-distintivo; idam = este; vakṣyāmi = declararei; aśeṣatas = completamente sem reservas; yad = o qual; jñātvā = tendo-se conhecido, aqui: conhecendo-se; neha (na + iha) = não aqui, aqui: nada (com *anyad*) aqui (iha); bhūyas = mais; 'nyad (anyad) = outro; jñātavyam = a ser conhecido; avaśiṣyate = resta.

7.3: manuṣyāṇām = de seres humanos; sahasreṣu = em, entre milhares; kaścid = ninguém, aqui: nenhum; yatati = se empenha; siddhaye = pela perfeição (siddhi); yatatām = dentre os que se empenham; api = até; siddhānām = dentre os adeptos; kaścid = ninguém, aqui: nenhum; mām = a mim, me; vetti = conhece; tattvatas = pela realidade, aqui: verdadeiramente.

7.4: bhūmis = terra; āpas = água; 'nalas (analas) = fogo; vāyus = ar; kham = éter, espaço; manas = mente; buddhis = faculdade-da-sabedoria; eva =somente, aqui: omitido; ca = e; ahaṃkāras = sentido-do-ego; itīyam (iti + iyam) = assim (iti) esta; me = minha; bhinnā = dividido, divisão; prakṛtis = natureza; aṣṭadhā = óctupla.

7.5: apareyam (aparā + iyam) = inferior esta (iyam); itas = que não esta, aqui: omitido; tu = mas, porém; anyām = outra (feminino); prakṛtim = natureza; viddhi = estejas ciente!; me = minha; parām = superior; jīvabhūtām (jīva + bhūtām) = que tem a substância da vida, aqui: elemento vital; mahābāho (mahā + bāho) = ó [Arjuna] dos braços fortes; yayedam (yayā + idam) = pelo qual este; dhāryate = é sustentado; jagat = mundo, universo.

7.6: etad = esta; yonīni = úteros, aqui: útero; bhūtāni = seres; sarvāṇīti (sarvāṇi + iti) = todos assim, aqui: *iti* é omitido; upadhāraya = compreende!; aham = eu; kṛtsnasya = de todo; jagatas = do universo; prabhavas = origem; pralayas = dissolução; tathā = bem como, aqui: e.

7.7: mattas = a mim; parataram = superior; nānyat (na + anyat) = não outro; kiṃcid = algo, aqui: com *na*, "nada"; asti = é; dhanaṃjaya (dhanaṃ + jaya) = ó Dhanamjaya; mayi = em mim; sarvam = tudo; idam = isto; protam = enfiado; sūtre = num fio; maṇigaṇās (maṇi + gaṇās) = pérolas; iva = como.

7.8: rasas = essência, sabor; 'ham (aham) = eu; apsu = nas águas, aqui: da água; kaunteya = ó filho-de-Kuntī; prabhāsmi (prabhā + asmi) = esplendor sou; śaśisūryayos (śaśi + sūryayos) (dual) = de sol e lua; praṇavas = zumbido, aqui: conservado no original; sarvavedeṣu (sarva + vedeṣu) = em todos os Vedas, aqui: de todos...; śabdas = com; khe = no éter, espaço, aqui: do espaço; pauruṣam = virilidade; nṛṣu = nos homens, aqui: dos homens.

7.9: puṇyas = virtuosa, aqui: pura; gandhas = fragrância; pṛthivyām = na terra, aqui: da terra; ca = e; tejas = brilho; cāsmi (ca + asmi) = e sou; vibhāvasau = na chama, aqui: do fogo; jīvanam = a vida; sarvabhūteṣu (sarva + bhūteṣu) = em todos (sarva) os seres, aqui: de todos os seres; tapas = ascese; cāsmi (ca + asmi) = e sou; tapasviṣu = nos ascetas, aqui: dos ascetas.

7.10: bījam = semente; mām = a mim, -me; sarvabhūtānām (sarva + bhūtānām) = de todos os seres; viddhi = conhece!; pārtha = ó filho-de-Prithā; sanātanam = eterna; buddhis = faculdade-da-sabedoria; buddhimatām (buddhi + matām) (plural) = dos dotados de sabedoria; asmi = sou; tejas = brilho, fulgor; tejasvinām = dos radiantes; aham = eu.

7.11: balam = poder; balavatām = dos poderosos; cāham (ca + aham) = e eu; kāmarāgavivarjitam (kāma + rāga + vivarjitam) = despido (vivarjita) de desejo [e] paixão; dharmāviruddhas (dharma + aviruddhas) = lei não oposta, aqui: que não se opõem à lei; bhūteṣu = nos seres; kāmas = desejo; 'smi (asmi) = sou; bharatarṣabha (bharata + ṛṣabha) = ó Bharatarshabha.

7.12: ye (plural) = os quais, aqui: não traduzido; caiva (ca + eva) = e em verdade, aqui: além disso; sāttvikās (plural) = puros-e-luminosos; bhāvās = estados; rājasās (plural) = dinâmicos; tāmasās (plural) = obscuros; ca = e; ye (plural) = os quais, aqui: omitido; mattas = de mim; eveti (eva + iti) = em verdade assim, aqui: *iti* é omitido; tān = eles, aqui: os; viddhi = estejas ciente!; na = não; tu = mas, no entanto; aham = eu; teṣu = neles; te = eles; mayi = em mim.

7.13: tribhis = por três; guṇamayais (guṇa + mayais) = formados pelas qualidades-primárias; bhāvais = por estados-de-existência; ebhis = por estes; sarvam = todo, aqui: inteiro; idam = este; jagat = universo; mohitam = iludido, enganado; nābhijānāti (na + abhijānāti) = não reconhece; mām = a mim, me; ebhyas = deles; param = superior, aqui: para além; avyayam = imutável.

7.14: daivī = divina; hi = pois; eṣā = este, isto; guṇamayī (guṇa + mayī) = composta pelas qualidades-primárias; mama = minha; māyā = potência--criativa; duratyayā = difícil de transcender; mām = [a] mim; eva = em verdade, aqui: unicamente; ye (plural) = os quais, os que; prapadyante = recorrem; māyām = potência-criativa; etām = essa; taranti = transcendem; te = eles.

7.15: na = não; mām = [a] mim; duṣkṛtinas = malfeitores; mūḍhās (plural) = extraviados; prapadyante = recorrem; narādhamās (nara + adhamās) = mais vis entre os homens; māyayāpahṛtajñānās (māyayā + apahṛta + jñānās) (plural) = destituídos (apahṛta) de conhecimento pela potência--criativa; āsuram = demoníaca, dos demônios; bhāvam = condição; āśritās = dependente, aqui: sujeitam-se.

7.16: caturvidhās = quádruplo, aqui: quatro tipos; bhajante = adoram; mām = me; janās = pessoas; sukṛtinas = que fazem o bem; 'rjuna (arjuna) = ó Arjuna; ārtas = aflitos; jijñāsus = os que desejam o conhecimento; arthārthī (artha + arthī) = [aquele que tem] o bem [do mundo] por objetivo; jñānī = conhecedor, gnóstico; ca = e; bharatarṣabha (bharata + ṛṣabha) = ó Bharatarshabha.

7.17: teṣām = desses; jñānī = gnóstico; nityayuktas (nitya + yuktas) = sempre jungido; ekabhaktis (eka + bhaktis) = devoção unificada; viśiṣyate = é excelente; priyas = caro; hi = pois; jñāninas = do gnóstico, aqui: ao gnóstico; 'tyartham (atyartham) = extremamente; aham = eu; sas = ele; ca = e; mama = de mim, aqui: a mim; priyas = caro.

7.18: udārās (plural) = exaltados; sarva = todos; evaite (eva + ete) = em verdade estes; jñānī = gnóstico; tu = ,as; ātmaiva (ātmā + eva) = si mesmo com efeito, aqui: *eva* é omitido; me = meu; matam = é considerado, aqui: considero; āsthitas = estabelecido; sas = ele; hi = pois; yuktātmā (yukta + ātmā) = eu jungido; mām = [em] mim; evānuttamām (eva + anuttamām) = somente (eva) supremo; gatim = caminho.

7.19: bahūnām = de muitos; janmanām = de nascimentos; ante = ao fim, ao cabo; jñānavān = dotado de conhecimento, aqui: homem de conhecimento; mām

= [a] mim; prapadyate = recorre; vāsudevas (vāsudevas) = filho-de-Vasu-deva [ou seja, Krishna]; sarvam = tudo; iti = assim; sas = ele; mahātmā (mahā + ātmā) = grande alma; sudurlabhas = dificílima de encontrar.

7.20: kāmais = pelos desejos; tais tais = por tais ouquais; hṛtajñānās (hṛta + jñānās) = [os] destituídos de conhecimento; prapadyante = recorrem; 'nyadevatās (anya + devatās) = outras divindades; taṃ tam = esta ou aquela; niyamam = regra, obrigação; āsthāya = seguindo; prakṛtyā = pela natureza; niyatās (plural) = obrigados; svayā = pela própria, aqui: por sua própria.

7.21: yas yas = quem quer que, aqui: um determinado; yām yām = qualquer que seja; tanum = corpo, forma; bhaktas = devoto; śraddhayārcitum (śraddhayā + ārcitum) = adorar (ārcitum) com fé; icchati = deseja; tasya tasyācalām (tasya + tasya + acalām) = dele, quem quer que seja, imóvel (acālam), aqui: sua [fé] firme; śraddhām = fé; tām = essa; eva = com efeito, aqui: mesma; vidadhāmi = concedo; aham = eu.

7.22: sas = ele; tayā = por essa; śraddhayā = pela fé; yuktas = jungido; tasyārādhanam (tasya + ārādhanam) = dessa veneração, aqui: venerar aquela; īhate = procura; labhate = obtem, aqui: realiza; ca = e; tatas = en-tão, logo; kāmān = desejos; mayaiva (mayā + eva) = por mim na realida-de; vihitān = ordenados, aqui: atendidos; hi = com efeito, aqui: somente; tān = eles, aqui: não traduzido.

7.23: antavat = finito; tu = mas, porém; phalam = fruto; teṣām = deles; tad = isto, aquilo; bhavati = se torna, aqui: é; alpamedhasām (alpa + medhasām) (plural) = parvos de inteligência; devān = divindades; deva-yajas (deva + yajas) (plural) = adoradores das divindades; yānti = vão; madbhaktās (mad + bhaktās) = meus devotos; yānti = vão, aqui: vêm; mām = [a] mim; api = contudo.

7.24: avyaktam = não manifesto; vyaktim = manifestação; āpannam = caídos; manyante = concebem; mām = me; abuddhayas (plural) = insensatos; param = superior; bhāvam = estado-de-existência; ajānantas (plural) = ignorantes, aqui: ignoram; mamāvyayam (mama + avyayam) = meu imutável; anuttamam = insuperável.

7.25: nāham (na + aham) = não eu; prakāśas = luz visível; sarvasya = de todos, aqui: para todos; yogamāyāsamāvṛtas (yoga + māyā + samāvṛtas) = velado (samāvṛtas) [pela] potência-criativa [do meu] Yoga; mūḍhas = iludido, enganado; 'yam (ayam) = este; nābhijānāti (na + abhijānāti) = não conhece; lokas = universo; mām = a mim; ajam = não nascido; avyayam = imutável.

7.26: vedāham (veda + aham) = eu conheço; samatītani (samatītāni) (plural) = passados, aqui: do passado; vartamānāni (plural) = existentes, aqui: do presente; cārjuna (ca + arjuna) = e ó Arjuna; bhaviṣyāṇi (plural) = os que [ainda] serão; ca = e; bhūtāni = seres; mām = a mim; tu = mas; veda = conhece; na kaścana = ninguém.

7.27: icchādveṣasamutthena (icchā + dveṣa + samutthena) = nascendo do anseio (icchā) e da aversão; dvandvamohena (dvandva + mohena) = pela ilusão dos pares-de-opostos (dvandva), aqui: enfeitiçados...; bhārata = ó descendente-de-Bharata; sarvabhūtāni (sarva + bhūtāni) = todos os seres; saṃmoham = ilusão; sarge = na criação, aqui: da criação; yānti = vão; aqui: sucumbem; paraṃtapa = ó Paramtapa.

7.28: yeṣām = de quem, aqui: para quem; tu = mas; antagatam (anta + gatam) = ido ao fim, aqui: acabou-se; pāpam = mal; janānām = dos homens; puṇyakarmaṇām (puṇya + karmaṇām) = de ações meritórias, aqui: [que realizam] ações meritórias; te = eles; dvandvamohanirmuktās (dvandva + moha + nirmuktās) (plural) = libertos da ilusão dos pares-de-opostos; bhajante = adoram; mām = a mim; dṛḍhavratās (dṛḍha + vratās) (plural) = votos firmes, aqui: firmes em seus votos.

7.29: jarāmaraṇamokṣāya (jarā + maraṇa + mokṣāya) = pela libertação da velhice e da morte, aqui: por libertar-se...; mām = mim; āśritya = recorrendo; yatanti = se empenham; ye (plural) = os que; te = eles; brahma = fundamento-universal; tad = isto, aquilo; vidus = conhecem; kṛtsnam = completamente, integralmente; adhyātmam = base-do-eu; karma = ação; cākhilam (ca + akhilam) = e todo.

7.30: sādhibhūtādhidaivam (sa + ādhibhūta + adhidaivam) = com a base-dos--entes [e] a base-divina; mām = a mim; sādhiyajñam (sa + adhiyajñam)

= com a base-do-sacrifício; ca = e; ye (plural) = os quais, os que; vidus = conhecem; prayāṇakāle (prayāṇa + kāle) = na hora da partida; 'pi (api) = também; ca = e; mām = me; te = eles; vidus = conhecem; yuktacetasas (yukta + cetasas) (plural) = [de] mente jungida.

Capítulo 8. O Yoga do Absoluto Imperecível

arjunas = Arjuna; uvāca = disse;

8.1: kim = o quê?; tad = este, aquele; brahma = fundamento-universal; kim = o quê?; adhyātmam = base-do-eu; kim = o quê?; karma = ação; puruṣottama = ó Purushottama; adhibhūtam = base-elemental; ca = e; kim = o quê?; proktam = proclamado; adhidaivam = base-divina; kim = o quê?; ucyate = se diz.

8.2: adhiyajñas = base-sacrificial; katham = como?, de que modo?; kas = quem; 'tra (atra) = aqui; dehe = no corpo; 'smin (asmin) = neste; madhusūdana = ó Madhusūdana; prayāṇakāle (prayāṇa + kāle) = na hora da partida; ca = e; katham = como?; jñeyas = ser conhecido; 'si (asi) = és; niyatātmabhiḥ (niyata + ātmabhis) (plural) = pelos [que têm] o si mesmo controlado, aqui: pelos que controlaram a si mesmos.

śrībhagavān (śrī + bhagavān) = Senhor Bendito; uvāca = disse;

8.3: akṣaram = imperecível; brahma = não traduzido; paramam = supremo; svabhāvas (sva + bhāvas) = ser-próprio; 'dhyātmam (adhyātmam) = base--do-eu; ucyate = é chamado; bhūtabhavodbhavakaras (bhūta + bhāva + udbhavakaras) = dando origem ao estado-de-existência dos seres; visargas = criatividade; karmasaṃjñitaḥ (karma + saṃjñitas) = designada como ação.

8.4: adhibhūtam = base-elemental; kṣaras = perecível; bhāvas = estado-de--existência; puruṣas = espírito; cādhidaivatām (ca + adhidaivatām) = e a base-divina; adhiyajñas = base-sacrificial; 'ham (aham) = eu [sou]; evātra (eva + atra) = em verdade aqui, aqui: *eva* é omitido; dehe = no corpo; dehabhṛtam (deha-bhṛtām) = que traja um corpo, aqui: que tra-jam...; vara = ó melhor [dos].

8.5: antakāle (anta + kāle) = na última hora; ca = e; mām = mim; eva = em verdade, com efeito, aqui: somente; smaran = recordando-se; muktvā = tendo liberado, aqui: tendo-se livrado; kalevaram = corpo; yas = quem; prayāti = parte; sas = ele; madbhāvam (mad + bhāvam) = meu estado--de-existência; yāti = vai, aqui: dirige-se a; nāsti = não é, aqui: não há; atra = aqui, aqui: quanto a isso; saṃśayas = dúvida.

8.6: yaṃ yam = qualquer que seja; vāpi (vā + api) = ou também, aqui: além disso; smaran = recordando, aqui, recordado; bhāvaṃ = estado-de-exis-tência; tyajati = abandona; ante = no final; kalevaram = corpo; taṃ tam = [a] esse; evaiti (eva + eti) = em verdade vai, aqui: ... se dirige; kaunte-ya = ó filho-de-Kuntī; sadā = sempre; tadbhāvabhāvitas (tad + bhāva + bhāvitas) = levado a se tornar (bhāvitas) esse estado-de-existência, aqui: obrigado a se tornar....

8.7: tasmāt = portanto; sarveṣu kāleṣu = a todo momento; mām = mim; anus-mara = recorda-te!; yudhya = luta!; ca = e; mayi = em mim; arpitamano-buddhis (arpita + manas + buddhis) = mente [e] faculdade-da-sabedoria fixadas; mām = a mim; evaiṣyasi (eva + eṣyasi) = em verdade virás; asaṃśayas = sem dúvida.

8.8: abhyāsayogayuktena (abhyāsa + yoga + yuktena) = por meio da [mente] jungida pelo Yoga da prática; cetasā = mente; nānyagāminā (na + anya + gāminā) = não indo a outro lugar (anya), aqui: sem transviar-se; para-mam = supremo; puruṣam = espírito; divyam = divino; yāti = vai, aqui: se dirige; pārthānucintayan (pārtha + anucintayan) = ó filho-de-Prithā [ou seja, Arjuna] contemplando.

8.9: kavim = bardo; purāṇam = antigo; anuśāsitāram = governador; aṇos = que o pequeno, aqui: que um átomo; aṇiyāmsam = menor; anusmaret = deve recordar-se, aqui: recorda-se; yas = quem; sarvasya = de tudo, de todas as coisas; dhātāram = esteio; acintyarūpam (acintya + rūpam) = inconcebível (acintya) forma; ādityavarṇam (āditya + varṇam) = da cor do sol; tamasas = da escuridão; parastāt = além.

8.10: prayaṇakāle (prayaṇa + kāle) = na hora da partida; manasācalena (manasā + acalena) = com a mente imóvel; bhaktyā = pela devoção;

yuktas = jungido; yogabalena (yoga + balena) = com o poder do Yoga; caiva (ca + eva) = e em verdade, aqui: *eva* é omitido; bhruvos = das sobrancelhas; mādhye = no meio, aqui: para o ponto entre; prāṇam = força vital; aveśya = fazendo entrar, aqui: dirigindo; saṃyak = adequadamente; sas = ele; tam = esse; param = supremo; puruṣam = espírito; upaiti = vai, aqui: dirige-se; divyam = divino.

8.11: yad = o qual, aquele que; akṣaram = imperecível; vedavidas = conhecedores do Veda; vadanti = falam, mencionam; viśanti = penetram; yad = no qual; yatayas = ascetas; vītarāgas = livres de paixão; yad = o qual, aqui: omitido; icchantas = desejando, aqui: por desejá-lo; brahmacaryam = castidade; caranti = buscam, aqui: praticam; tat = esse; te = a ti, -te; pādam = estado; saṃgraheṇa = resumidamente; pravakṣye = vou declarar.

8.12: sarvadvārāṇi (sarva + dvārāṇi) = todos os portões; samyamya = controlando; manas = mente; hṛdi = no coração; nirudhya = contendo; ca = e; mūrdhni = na cabeça; ādhāyātmanas (ādhāya + ātmanas) = situando [a força vital] do si mesmo, aqui: situando a própria; prāṇam = força vital; asthitas = estabelecido, aqui: estabelecendo-se; yogadhāraṇām (yoga + dhāraṇām) = [na] concentração do Yoga.

8.13: om = a sílaba sagrada; iti = assim, aqui: usado para indicar uma citação; ekākṣaram (eka + akṣaram) = monossílabo; brahma = Brahman; vyāharan = recitando; mām = mim; anusmaran = recordando-se; yas = quem; prayāti = parte [ou seja, morre]; tyajan = abandonando; deham = o corpo; sas = ele; yāti = vai, aqui: trilha; paramām = supremo; gatim = caminho.

8.14: ananyacetās (ananya + cetās) = [cuja] mente [não vai a] outro lugar, aqui: [cuja] mente não se desvia; satatam = sempre, aqui: jamais; yas = quem; mām = mim; smarati = recorda-se, aqui: recordando-se; nityaśas = constantemente; tasyāham (tasya + aham) = por ele eu [sou]; sulabhas = fácil de alcançar, aqui: facilmente alcançado; pārtha = ó filho--de-Prithā; nityayuktasya (nitya + tasya) = pelo continuamente jungido; yoginas = pelo yogin.

8.15: mām = mim; upetya = vindo; punarjanma = renascimento; duḥkhālayam = morada de sofrimento (duḥkha); aśāśvatam = impermanente; nāpnuvanti (na + apnuvanti) = não incorrem, aqui: não sofrem; mahātmānas (mahā + ātmānas) = grandes almas; saṃsiddhim = consumação; paramām = suprema; gatās (plural) = idas, aqui: tendo-se dirigido.

8.16: ābrahmabhuvanāllokās (ā + brahma + bhuvanāt + lokās) = mundos (loka) até (ā) a reino (bhuvana) de Brahma; punarāvartinas (punar + āvartinas) (plural) = reiteradas evoluções, aqui: desdobram-se repetidamente; 'rjuna (arjuna) = ó Arjuna; mām = [a] mim; upetya = vindo, aqui: vieram; tu = mas, porém; kaunteya = ó filho-de-Kuntī; punarjanma = renascimento; na = não; vidyate = existe, aqui: há.

8.17: sahasrayugaparyāntam (sahasra + yuga + paryantam) = se estende a mil eras, aqui: dura mil eras; ahar = dia; yad = os que; brahmaṇas = de Brahma; vidus = sabem; rātrim = noite; yugasahasrāntam (yuga + sahasra + antām) = termina [ao cabo de] mil eras; te = eles, aqui: esses; 'horātravidas (ahas + rātra + vidas) (plural) = conhecedores do dia [e] da noite; janās (plural) = pessoas, aqui: omitido.

8.18: avyaktād = do não manifesto; vyaktayas (plural) = manifestas; sarvās = todas; prabhavanti = originam-se; aharāgame (ahan + āgame) = com o nascer do dia; rātryāgame (rātri + āgame) = com o cair da noite; pralīyante = fundem-se, dissolvem-se; tatraivāvyaktasaṃjñake (tatra + eva + avyakta + saṃjñake) = com efeito (eva) naquele (tatra) [estado] designado (saṃjñaka) [como] não manifesto.

8.19: bhūtagrāmas (bhūta + grāmas) = agregação de seres; sas = ele, aqui: essa; evāyam (eva + ayam) = em verdade esta, aqui: esta mesma; bhūtvā bhūtvā = tendo vindo a ser [reiteradamente], aqui: reiteradamente vindo a ser; pralīyate = funde-se, dissolve-se; rātryāgame (rātri + āgame) = com o cair da noite; 'vaśas (avaśas) = involuntariamente; pārtha = ó filho-de-Prithā; prabhavati = surge, aqui: origina-se; aharāgame (ahan + āgame) = com o nascer do dia.

8.20: paras = acima, além; tasmāt = disso (comparativo); tu = mas; bhāvas = estado-de-existência; 'nyas (anyas) = outro; 'vyaktas (avyaktas) = não manifesto; 'vyaktāt (avyaktāt) = não manifesto (comparativo); sanātanas = eterna; yas = que, o qual; sas = ele; sarveṣu = em todos, aqui: de todos; bhūteṣu = nos seres, aqui: de [todos] os seres; naśyatsu = no perecimento, aqui: quando da destruição; na = não; vinaśyati = é destruído.

8.21: avyaktas = não manifesto; 'kṣara (akṣara) = imperecível; iti = assim, aqui: omitido; uktas = é; tam = aquilo, aqui: ele, o; āhus = chamam; paramām = supremo; gatim = caminho; yam = o qual; prāpya = tendo alcançado, aqui: uma vez alcançado; na = não; nivartante = voltam, retornam; tad = aquilo, isto; dhāma = morada; paramam = suprema; mama = minha.

8.22: puruṣas = espírito; sas = ele, aqui: esse; paras = supremo; pārtha = ó filho-de-Prithā; bhaktyā = pela devoção; labhyas = alcançável, aqui: alcançado; tu = mas, aqui: omitido; ananyayā = não [dirigida] a outro, aqui: a nenhum outro; yasyāntaḥsthāni (yasya + antas + sthāni) = repousando dentro (antas) de cujo [ser]; bhūtāni = seres; yena = por quem; sarvam = todo, aqui: inteiro; idam = este [universo]; tatam = estendido.

8.23: yatra = onde, quando; kāle = no tempo; tu = mas; anāvṛttim = não retorno; āvṛttim = retorno; caiva (ca + eva) = e em verdade, aqui: e; yoginas = yogins; prayātās (plural) = partiram; yānti = vão, aqui: dirigem-se; tam = esse; kālam = tempo; vakṣyāmi = vou declarar; bharatarṣabha = ó Bharatarshabha.

8.24: agnis = fogo; jyotis = luminosidade; ahas = dia; śuklas = clara; ṣaṇmāsās (ṣaṇ + māsās) = seis meses; uttarāyaṇam (uttara + ayanam) = trajeto setentrional; tatra = neste, aqui: nestes; prayātās (plural) = partindo; gacchanti = vão, aqui: dirigem-se; brahma = Brahman; brahmavidas (brahma + vidas) = conhecedores de Brahman; janās (plural) = pessoas, viventes.

8.25: dhūmas = fumaça; rātris = noite; tathā = do mesmo modo, aqui: e; kṛṣṇas = preta, aqui: [quinzena] escura; ṣaṇmāsās (ṣaṇ + māsās) = seis meses;

dakṣiṇāyanam (dakṣiṇā + ayanam) = trajeto meridional; tatra = neste, aqui: nestes; cāndramasam = lunar; jyotis = luminosidade; yogī = yogin; prāpya = tendo alcançado, aqui: alcança; nivartate = retorna.

8.26: śuklakṛṣṇe (śukla + kṛṣṇa) = claro e escuro; gatī (dual) = caminhos; hi = em verdade; ete (feminine dual) = esses dois; jagatas = do universo, aqui: no universo; śāśvate (dual) = eternos; mate (dual) = são considerados; ekāya = por meio de um; yāti = vai, aqui: se dirige; anāvṛttim = não retorno; anyayāvartate (anyayā + āvartate) = por meio do outro [há] retorno, aqui: por meio do outro, retorna; punas = novamente.

8.27: naite (na + ete) (dual) = não esses; sṛtī (dual) = caminhos; pārtha = ó filho-de-Prithā; jānan = conhecendo; yogī = yogin; muhyati = é iludido, aqui: será...; kaścana = algum; tasmāt = portanto, logo; sarveṣu = em todo; kāleṣu = momento; yogayuktas (yoga + yuktas) = jungido no Yoga; bhavārjuna (bhava + arjuna) = ó Arjuna, sê!

8.28: vedeṣu = nos Vedas, aqui: aos Vedas; yajñeṣu = nos sacrifícios, aqui: aos sacrifícios; tapaḥsu = nas asceses, aqui: às asceses; caiva (ca + eva) = e com efeito, aqui: ou; dāneṣu = nas dádivas, aqui: às dádivas; yat = o qual, aqui: seja qual for; puṇyaphalam (puṇya + phalam) = fruto meritório; pradiṣṭam = prescrito, aqui: atribuído; atyeti = transcende; tat = isso, aquilo; sarvam = tudo, todo; idam = esta; viditvā = tendo conhecido, aqui: ciente; yogī = yogin; param = supremo; sthānam = estado; upaiti = vai, aqui: atinge; cādyam (ca + ādyam) = e primordial.

Capítulo 9. O Yoga do Conhecimento Real e do Segredo Real

śrībhagavān (śrī + bhagavān) = Senhor Bendito; uvāca = disse;

9.1: idam = Este; tu = mas; te = a ti; guhyatamaṃ = secretíssimo; pravakṣyāmi = declararei; anasūyave = ao que não se queixa, aqui: que não murmuras; jñānam = conhecimento, conhecimento-unitivo; vijñānasahitam (vijñāna + sahitam) = juntamente (sahita) com o conhecimento discriminativo, aqui: conhecimento-distintivo; yad = o qual; jñātvā = tendo conhecido, aqui: uma vez conhecido; mokṣyase = serás liberto, aqui: libertar-te-á; 'śubhāt (aśubhāt) = do [karma] nefasto.

9.2: rājavidyā (rāja + vidyā) = ciência real; rājaguhyam (rāja + guhyam) = segredo real; pavitram = purificador; idam = esta; uttamam = inigualado, eminente; pratyakṣāvagamam (pratyakṣa + avagamanam) = [de] entendimento evidente; dharmyam = lícito; susukham (su + sukham) = facílimo; kartum = de fazer, aqui: de aplicar; avyayam = imutável.

9.3: aśraddadhānās = [os que] não têm fé; puruṣās = homens; dharmasyāsya (dharmasya + asya) = desta (asya) lei; paraṃtapa = ó Paramtapa; aprāpya = não tendo alcançado, aqui: sem chegar; mām = a mim; nivartante = retornam; mṛtyusaṃsāravartmani (mṛtyu + saṃsāra + vartmani) = no caminho do ciclo da morte (mṛtyu), aqui: ao caminho...

9.4: mayā = por mim; tatam = desdobrado; idam = este; sarvam = todo, inteiro; jagat = universo; avyaktamūrtinā (avyakta + mūrtinā) = pela forma não manifesta; matsthāni (mad + sthāni) = habitantes em mim, aqui: habitam em mim; sarvabhūtāni (sarva + bhūtāni) = todos os seres; na = não; cāham (ca + aham) = e eu; teṣvavasthitas (teṣu + avasthitas) = habitando neles, aqui: [não] subsisto neles.

9.5: na = não; ca = e; matsthāni (mad + sthāni) = habitantes em mim, aqui: [não] habitam em mim; bhūtāni = seres; paśya = contempla; me = meu; yogam = Yoga; aiśvaram = senhorial; bhūtabhṛt (bhūta + bhṛt) = sustentador dos seres, aqui: sustento os seres; na = não; ca = e; bhūtasthas (bhūta + sthas) = habitante nos seres, aqui: [não] habite nos seres; māmātmā (māma + ātmā) = eu mesmo; bhūtabhavanas (bhūta + bhāvanas) = faz com que os seres (bhūta) sejam.

«sarvagas (sarva + gas) = que vai para toda parte, aqui: onipresente; sarvas = todo, aqui: total; cādyas (ca + ādyas) = e primordial; sarvakṛtsarvadarśanas (sarva + kṛt + sarva + darśanas) = onifaciente [e] onividente; sarvajñas (sarva + jñas) = onisciente; sarvadarśī (sarva + darśī) = contemplador de tudo, aqui: aquele que vê todas as coisas; ca = e; sarvātmā (sarva + ātmā) = si mesmo de todas as coisas; sarvatomukhas (sarvatas + mukhas) = com a face voltada (mukhas) para toda parte.»

9.6: yathākāśasthitas (yathā + ākāśa + sthitas) = assim como habitante no espaço, aqui: habita no espaço; nityam = sempre, eternamente; vāyus = vento; sarvatragas (sarvatra + gas) = que vai para toda parte, aqui: em toda parte; mahān = grande, aqui: poderoso; tathā = assim também; sarvāṇi (plural) = todos; bhūtāni = os seres; matsthānīti (mad + sthāni + iti) = habitantes em mim, aqui: habitam em mim, *iti* é usado para indicar uma citação; upadhāraya = compreende, aqui: deves compreender.

«evam = assim; hi = em verdade; sarvabhūteṣu (sarva + bhūteṣu) = em todos os seres; carāmyanabhilakṣitas (carāmi + anabhilakṣitas) = movo-me incógnito; bhūtaprakṛtimāt (bhūta + prakṛtimāt) = pela natureza dos seres; sthāya = adotando; sahaiva (saha + eva) = com, *eva* é omitido; ca = e; vinaiva (vinā + eva) = sem, *eva* é omitido; ca = e.»

9.7: sarvabhūtāni (sarva + bhūtāni) = todos os seres; kaunteya = ó filho-de--Kuntī; prakṛtim = natureza; yānti = vão, aqui: vêm; māmikām = minha; kalpakṣaye (kalpa + kṣaye) = ao fim de um éon; punas = novamente; tāni = eles, -os; kalpādau (kalpa + ādau) = no início de um éon; visṛjāmi = emito; aham = eu.

9.8: prakṛtiṃ = natureza; svam = própria; avastabhya = sustentado; visṛjāmi = emito; punas punas = reiteradamente, aqui: e torno a emitir; bhūtagramam (bhūta + gramam) = agregação de seres; imam = esta; kṛtsnam = toda, inteira; avaśaṃ = impotente; prakṛtes = da natureza; vaśāt = pelo poder.

9.9: na = não; ca = e; māṃ = me; tāni = essas; karmāṇi = ações; nibadhnanti = agrilhoam; dhanaṃjaya = ó Dhanamjaya; udāsīnavad (udāsīna + vat) = como (vat) uma [pessoa] desinteressada; āsīnam = sentado, aqui: comporto-me; asaktaṃ = desapegado; teṣu = nessas; karmasu = nas ações.

9.10: mayādhyakṣena (mayā + adhyakṣena) = pela minha supervisão, aqui: sob a minha supervisão; prakṛtis = natureza; sūyate = produz; sacarācaram (sacara + acaram) = móveis [e] imóveis; hetunānena (hetunā + anena) = por essa (anena) razão; kaunteya = ó filho-de-Kuntī; jagat = universo; viparivartate = gira.

9.11: avajānanti = zombam; mām = de mim; mūḍhās = tolos; manuṣīm = humano; tanum = corpo; āśritam = assumi; param = superior; bhāvam = estado-de-existência; ajānantas = ignorando; mama = do meu; bhūtamaheśvaram (bhūta + mahā + īśvaram) = grande senhor (īśvara) do seres.

9.12: moghāśā (mogha + āśā) = vãs esperanças; moghakarmaṇas (mogha + karmaṇas) = vãos atos; moghajñānavicetasas (mogha + jñāna + vice-tasas) = vão conhecimento [dos] desprovidos de discernimento (vice-tasas); rākṣasīm = monstruosa; āsurīm = demoníaca; caiva (ca + eva) = e com efeito, aqui: *eva* é omitido; prakṛtim = natureza; mohinīm = enganadora; śritās = [os que] assumem.

9.13: mahātmanas (mahā + ātmanas) = grandes almas; tu = mas; mām = a mim, -me; pārtha = ó filho-de-Prithā; daivīm = divina; prakṛtim = natu-reza; āśritās (plural) = refugiando-se; bhajanti = adoram; ananyamana-sas (ananya + manasas) = [aqueles cujas] mentes não [estão] em outra parte (ananya), aqui: com a mente não desviada; jñātvā = tendo conhe-cido, aqui: conhecendo; bhūtādim (bhūta + ādim) = princípio (ādi) dos seres; avyayam = imutável.

9.14: satatam = sempre; kīrtayantas (plural) = glorificando; mām = a mim, -me; yatantas (plural) = empenhando-se; ca = e; dṛḍhavratas (dṛḍha + vratās) = firmes [em seus] votos; namasyantaśca (namasyantas + ca) (plural) = e (ca) prostrando-se; mām = a mim, -me; bhaktyā = com devo-ção; nityayuktās (nitya + yuktās) = sempre jungidas; upāsate = adoram.

9.15: jñānayajñena (jñāna + yajñena) = pelo sacrifício do conhecimento; cāpi (ca + api) = e também, aqui: *api* é omitido; anye = outras; yajantas = adorando, aqui: oferecendo; mām = a mim, -me; upāsate = adoram; ekatvena = pela unidade, aqui: unidade; pṛthaktvena = pela diversidade, aqui: na diversidade; bahudhā = múltiplo; viśvatomukham (viśvatas + mukham) = com a face voltada para todo lugar.

9.16: aham = eu; kratus = rito; aham = eu; yajñas = sacrifício; svadhāham (svadhā + aham) = oblação eu; aham = eu; auṣadham = erva; mantras

= mantra; 'ham (aham) = eu; aham = eu; evājyam (eva + ājyam) = com efeito a manteiga clarificada, aqui: *eva* não é traduzido; aham = eu; agnis = fogo; aham = eu; hutam = oferenda.

9.17: pitāham (pitā + aham) = pai eu; asya = deste; jagatas = do universo; mātā = mãe; dhātā = sustento, esteio; pitāmahas (pitā + mahas) = avô paterno; vedyam = a-ser-conhecido; pavitram = purificador; omkāras (om + kāra) = criador-do-om, aqui: a sílaba OM; ṛk = louvor [referindo-se ao *Rig-Veda*]; sāma (sāman) = canto [referindo-se ao *Sāma-Veda*]; yajus = sacrifício[referindo-se ao *Yajur-Veda*]; eva = com efeito, aqui: omitido; ca = e.

9.18: gatis = caminho; bhārtā = sustentador; prabhus = senhor; sākṣī = testemunha; nivāsas = lar; śaraṇam = refúgio; suhṛt (su + hṛt) = bom coração, amigo; prabhavas = origem; pralayas = dissolução; sthānam = estado, aqui: estado intermediário; nidhānam = receptáculo; bījam = semente; avyayam = imutável.

9.19: tapāmi = queimo; aham = eu; aham = eu; varṣam = chuva; nigṛhnāmi = retenho; utsṛjāmi = derramo; ca = e; amṛtam = imortal, imortalidade; caiva (ca + eva) = e em verdade, aqui: *eva* é omitido; mṛtyuśca (mṛtyus + ca) = e (ca) a morte; sat = existente; asaccāham (asat + ca + aham) = não existente e eu [sou]; arjuna = O Arjuna.

9.20: traividyā (trai + vidyā) = tripla ciência; mām = a mim, -me; somapās (soma + pās) = bebedores de soma; pūtapāpās (pūta + pāpās) (plural) = purgados dos pecados, aqui: purgados do pecado; yajñais = com sacrifícios; iṣṭvā = tendo adorado; svargatim (svar + gatim) = caminho [do] céu; prārthayante = desejam; te = eles; puṇyam = meritório; āsādya = atingindo; surendralokam (surendra + lokam) = mundo (loka) do senhor-dos-deuses; aśnanti = comem, gozam, aqui: provam; divyān (plural) = divinos; divi = no céu, no paraíso; devabhogān = (deva + bhogān) prazeres dos deuses.

9.21: te = eles; tam = este; bhuktvā = tendo fruído; svargalokam (svarga + lokam) = mundo celestial; viśalam = vasto; kṣiṇe = com esgotado;

puṇye = com mérito; martyalokam (martya + lokam) = mundo dos mortais (martya); viśanti = entram; evam = assim; trayīdharmam (trayī + dharmam) = tríplice lei; anuprapannās (plural) = seguindo, aqui: seguem; gatāgatam (gata + agatam) = indo [e] vindo; kāmakāmās (kāma + kāmās) (plural) = desejando [os objetos do] desejo; labhante = ganham.

9.22: ananyās (plural) = nenhum outro, aqui: sem desviar-se; cintayantas (plural) = pensando; mām = em mim; ye (plural) = que, quem; janās (plural) = pessoas; paryupāsate = adora; teṣām = deles, aqui: para eles; nityābhiyuktānām (nitya + abhiyuktānām) = dos perpetuamente jungidos; yogakṣemam (yoga + kṣemam) = segurança no Yoga; vahāmi = trago, aqui: proporciono; aham = eu.

9.23: ye (plural) = que, quem; 'py (api) = também, mesmo; anyadevatābhaktās (anya + devatā + bhaktās) (plural) = devotos de outras divindades; yajante = adoram; śraddhayānvitās (śraddhayā + anvitās) (plural) = dotados de fé (śraddhā); te = eles; 'pi (api) = também, aqui: omitido; mām = a mim; eva = em verdade; kaunteya = ó filho-de-Kuntī; yajanti = adoram; avidhipūrvakam (a + vidhi + pūrvakam) = não de acordo com os estatutos (vidhi).

9.24: aham = eu; hi = pois; sarvayajñānām (sarva + yajñānām) = de todos os sacrifícios; bhoktā = fruidor (bhoktṛ); ca = e; prabhus = senhor; eva = com efeito; ca = e; na = não; tu = mas; mām = me; abhijānanti = conhecem; tattvenātas (tattvena + atas) = verdadeiramente daí; cyavanti = caem; te = eles.

9.25: yānti = vão, dirigem-se; devavratās (deva + vratās) (plural) = devotados aos deuses; devān = [aos] deuses; pitṛn = [aos] antepassados; yānti = vão, dirigem-se; pitṛvratās (pitṛ + vratās) (plural) = devotados aos antepassados; bhūtāni = seres-inferiores; yānti = vão, dirigem-se; bhūtejyās (bhūta + ijyās) = [os que] adoram os seres-inferiores; yānti = vão, dirigem-se; madyājinas (mad + yājinas) (plural) = sacrificando a mim, aqui: [os que] sacrificam a mim; 'pi (api) = mas; mām = a mim.

9.26: pattram = folha; puṣpam = flor; phalam = fruto; toyam = água; yas = quem; me = me; bhaktyā = com devoção; prayacchati = ofereça; tad = esta; aham = eu; bhaktyu-pahṛtam (bhakti + upahṛtam) = oferecida com devoção, aqui: uma oferenda por devoção; aśnāmi = como; prayatātmanas (prayata + ātmanas) = por meio de um eu empenhado, aqui: empenhando seu ser.

9.27: yad = o qual, aqui: o que quer que; karoṣi = fazes; yad = o qual, aqui: o que quer que; aśnāsi = comes; yad = o qual, aqui: o que quer que; juhoṣi = ofereces [em sacrifício]; dadāsi = dás; yad = o qual, aqui: o que quer que; yad = o qual, aqui: quaisquer que sejam; tapasyasi = as tuas asceses; kaunteya = ó filho-de-Kuntī; tad = isto, isso; kuruṣva = faz!; madarpaṇam (mad + arpaṇam) = oferecendo a mim, aqui: como uma oferenda a mim.

9.28: śubhāśubhaphalais (śubha + aśubha + phalais) = com frutos auspiciosos [ou] nefastos, aqui: [cujos] frutos são...; evam = assim; mokṣyase = serás liberto; karmabandhanais = dos grilhões da ação; saṃnyāsayogayuktātmā (saṃnyāsa + yoga + yukta + ātmā) = si mesmo jungido no Yoga [e] na renúncia; vimuktas = liberto; mām = a mim; upaiṣyasi = virás.

9.29: samas = igual, mesmo; 'ham (aham) = eu; sarvabhūteṣu (sarva + bhūteṣu) = em todos os seres; na = não, aqui: ninguém; me = me; dveṣyas = desgostado, aqui: odioso; 'sti (asti) = é; na = não, aqui: ou; priyas = querido; ye (plural) = quem, aqueles que; bhajanti = adoram; tu = mas; mām = me; bhaktyā = com devoção; mayi = em mim; te = eles; teṣu = neles; cāpi (ca + api) = e também, aqui: *api* é omitido; aham = eu.

9.30: api = mesmo; ced = se; sudurācāras (su + dur + ācāras) = [uma pessoa de] péssima conduta; bhajate = adora; mām = me; ananyabhāk (ananya + bhak) = devotada a ninguém mais, aqui: sem desviar sua devoção; sādhus = boa; eva = em verdade; sas = ele; mantavyas = deve ser considerada; samyag = corretamente, aqui: correta; vyavasitas = resolvido, aqui: resolução; hi = pois; sas = ele.

9.31: kṣipram = rapidamente; bhavati = se torna; dharmātmā (dharma + ātmā) = si mesmo lícito, aqui: si mesmo [estabelecido na] lei; śaśvacchāntim (śaśvat + śāntim) = paz perene; nigacchati = alcança; kaunteya = ó filho-de-Kuntī; pratijānīhi = compreende!; na = não; me = de mim, meu; bhaktas = devoto; praṇaśyati = está perdido, aqui: se perderá.

9.32: mām = [em] mim; hi = pois; pārtha = ó filho-de-Prithā; vyapāśritya = refugiando-se, aqui: refugiam-se; ye (plural) = quem, que; 'pi (api) = mesmo; syus = que sejam; pāpayonayas (pāpa + yonayas) = [de] úteros pecaminosos; striyas = mulheres; vaiśyas = comerciantes; tathā = também, aqui: e até; śudras = servos; te = eles; 'pi (api) = também; yānti = vão, aqui: percorrem; parām = supremo; gatim = caminho.

9.33: kim = o quê?; punas = novamente, aqui: quanto mais?; brāhmaṇās = sacerdotes, aqui: conservado em sânscrito; puṇyās = meritórios; bhaktās = devotos; rājarṣayas (rāja + ṛṣayas) = videntes reais; tathā = assim, aqui: e; anityam = transitório; asukham = sem alegria; lokam = mundo; imam = este; prāpya = alcançando, aqui: alcançaste; bhajasva = adora!; mām = me.

9.34: manmanā (mad + manā) (singular) = mente em mim; bhava = sê!; madbhaktas (mad + bhaktas) = devoto a mim, aqui: devoto meu; madyājī (mad + yājī) = sacrificando a mim, aqui: sacrifica a mim; mām = me; namaskuru (namas + kuru) = presta reverência!; mām = a mim; evaiṣyasi (eva + eṣyasi) = em verdade irás, aqui: em verdade virás; yukt-vaivam (yuktvā + evam) = tendo assim jungido; ātmānam = [a ti] mesmo; matparāyaṇas (mad + parāyaṇas) = atento a mim.

CAPÍTULO 10. O YOGA DA MANIFESTAÇÃO [DIVINA]

śrībhagavān (śrī + bhagavān) = Senhor Bendito; uvāca = disse;
10.1: bhūyas = novamente, aqui: além disso; eva = em verdade, aqui: omitido; mahābaho (mahā + baho) = Ó [Arjuna] dos braços fortes; śṛṇu = ouve!; me = de mim, aqui: minha; paramaṃ = suprema; vācas = palavra; yad =

a qual, aqui: -la; te = a ti; 'ham (aham) = eu; prīyamāṇāya = ao amado, aqui: a ti [que és meu] bem-amado; vakṣyāmi = declararei; hitakāmyayā (hita + kāmyayā) = pelo desejo do [teu] bem, aqui: pois desejo....

10.2: na = não, aqui: nem; me = minha; vidus = conhecem; suragaṇās (sura + gaṇās) = exércitos dos deuses; prabhavam = origem; na = não, aqui: nem; maharṣayas (mahā + ṛṣayas) = grandes videntes; aham = eu; ādis = princípio; hi = pois; devānām = dos deuses; maharṣīnām (mahā + ṛṣīnām) = dos grandes videntes; ca = e; sarvaśas = em toda parte.

10.3: yas = quem; mām = a mim; ajam = não nascido; anādim = sem princípio; ca = e; vetti = conhece; lokamaheśvaram (loka + mahā + īśvaram) = grande senhor do mundo; asaṃmūḍhas = perplexo; sas = ele; martyeṣu = entre os mortais; sarvapāpais (sarva + pāpais) = de todos os pecados; pramucyate = é libertado.

10.4: buddhis = sabedoria; jñānam = conhecimento; asaṃmohas = ausência de perplexidade; kṣamā = paciência; satyam = veracidade; damas = comedimento; śamas = tranquilidade; sukham = prazer; duḥkham = dor; bhavas = vir-a-ser; 'bhavas (abhavas) = não vir a ser; bhayam = medo; cābhayam (ca + abhayam) = e destemor; eva = em verdade, aqui: também; ca = e.

10.5: ahiṃsā = não violência; samatā = equanimidade; tuṣṭis = contentamento; tapas = ascese; dānam = caridade; yaśas = dignidade, boa reputação; 'yaśas (ayaśas) = indignidade, má reputação; bhavanti = surgem; bhāvās = estados-de-existência; bhūtānām = dos seres; mattas = de mim; eva = com efeito; pṛthagvidhās (pṛthag + vidhās) (plural) = [em] diversas formas, aqui: [em toda a sua] diversidade.

10.6: maharṣayas (mahā + ṛṣayas) = grandes videntes; sapta = sete; pūrve = no passado, aqui: de outrora; catvāras = quatro; manavas = Manus; tathā = como também; madbhāvās (mad + bhāvās) (plural) = meus estados, aqui: meu estado-de-existência; manasās (plural) = da [minha] mente; jātās (plural) = nascidos, aqui: nasceram; yeṣām (plural) = de quem, aqui: deles [surgiu]; lokas = o mundo; imās = estas; prajās = criaturas.

10.7: etām = este; vibhūtim = poder-de-manifestação; yogam = Yoga; ca = e; mama = meu; yas = quem; vetti = conhece; tattvatas = verdadeiramente, realmente; sas = ele; 'vikampena (avikampena) = por um inabalável; yogena = por um Yoga; yujyate = é jungido; nātra (na + atra) = não aqui, aqui: quanto a isso não há; saṃśayas = dúvida.

10.8: aham = eu; sarvasya = de tudo; prabhavas = origem; mattas = de mim; sarvam = tudo; pravartate = acontece, aqui: surge; iti = assim; matvā = tendo considerado, aqui: diante disso; bhajante = adoram; mām = me; budhās (plural) = os sábios; bhāvasamanvitās (bhāva + samanvitās) (plural) = dotados do estado-de-existência [apropriado].

10.9: maccittās (mad + cittās) (plural) = com a mente voltada para mim; madgataprāṇās (mad + gata + prāṇās) (plural) = com a força vital encaminhada para mim, aqui: ... dissolvida em mim; bodhayantas (plural) = esclarecendo; parasparam = uns aos outros; kathayantas (plural) = falando; ca = e; mām = [de] mim; nityam = sempre, constantemente; tuṣyanti = estão contentes; ca = e; ramanti = regozijam-se; ca = e.

10.10: teṣām = deles, aqui: a esses; satatāyuktānām (satatā + yuktānām) = aos sempre jungidos; bhajatām = aos adoradores, aqui: [que me] adoram; prītipūrvakam (prīti + pūrvakam) = com afeição (prīti); dadāmi = dou, concedo; buddhiyogam (buddhi + yogam) = Yoga da sabedoria, aqui: conservado em sânscrito; tam = esse; yena = pelo qual; mām = a mim, aqui: de mim; upayānti = vão, aqui: aproximam-se; te = eles.

10.11: teṣām = por esses; evānukampārtham (eva + anukampā + artham) = em verdade com o objetivo de compaixão, aqui: por compaixão, com *eva* omitido; aham = eu; ajñānajam (ajñāna + jam) = nascida da ignorância; tamas = escuridão; nāśayāmi = destruo, dissipo; ātmabhāvasthas (ātma + bhāva + sthas) = permanecendo (stha) no estado-de-existência de mim mesmo (ātma); jñānadīpena (jñāna + dīpena) = pela lâmpada do conhecimento; bhāsvatā = pela brilhante.

arjunas = Arjuna; uvāca = disse;

10.12: param = supremo; brahma = brahman; param = suprema; dhāma = morada; pavitram = purificador; paramam = supremo; bhavān = tu (honorífico); puruṣam = espírito; śāsvatam = eterno; divyam = divino; ādidevam = deus primordial; ajam = não nascido; vibhum = onipresente.

10.13: āhus = falam; tvām = [de] ti; ṛṣayas = videntes; sarve = todos; devarṣis (deva + ṛṣis) = divino vidente; nāradas = Nārada; tathā = assim, aqui: e também; asitas devalas = Asita Devala; vyāsas = Vyāsa; svayam = tu mesmo; caiva (ca + eva) = e assim, aqui: e [tu mesmo me dizes] isso; bravīṣi = dizes; me = me.

10.14: sarvam = tudo; etad = isso; ṛtam = verdadeiro, conforme à ordem universal; manye = penso, considero; yad = que; mām = me; vadasi = falas, aqui: dizes; keśava = ó Keśava; na = não, aqui: nem; hi = com efeito; te = tua; bhagavan = ó bendito; vyaktim = manifestação, aqui: forma manifesta; vidus = conhecem; devās = deuses; na = não, aqui: nem; dānavās = demônios.

10.15: svayam = tu mesmo; evātmanātmānam (eva + ātmanā + ātmānam) = em verdade por ti mesmo [conheces a] ti mesmo; vettha = conheces; tvam = tu; puruṣottama = [o Espírito Supremo; bhūtabhāvana (bhūta + bhāvana) = gerando o bem, aqui: gerador dos seres; bhūteśa (bhūta + īśa) = ó senhor dos seres; devadeva (deva + deva) = ó deus dos deuses; jagatpate (jagat + pate) = ó ordenador (pati) do universo.

10.16: vaktum = dizer, aqui: informar; arhasi = podes, aqui: deves; aśeṣeṇa = sem deixar resto, inteiramente, aqui: sem nada esconder; divya = divino; hi = com efeito, aqui: omitido; ātmavibhūtayas (ātma + vibhūtayas) = poderes-de-manifestação do [teu] si mesmo; yābhis (plural) = por meio dos quais; vibhūtibhis = por meio dos poderes-de-manifestação; lokān = mundos; imān = estes; tvam = tu; vyāpya = tendo penetrado, aqui: penetrando; tiṣṭhasi = habitas.

10.17: katham = como, de que modo?; vidyām = conhecimento; aham = eu; yogin = ó yogin; tvām = tu, a ti; sadā = sempre; paricintayan = refletindo; keṣu keṣu = em quais; ca = e; bhāveṣu = em estados-de-existência; cintyas = ser pensado, aqui: devo pensar em ti; 'si (asi) = és; bhagavan = ó bendito; mayā = por mim, aqui: devo pensar?

10.18: vistareṇātmanas (vistareṇa + ātmanas) = extensamente de [ti] mesmo; yogam = Yoga; vibhūtim = poder-de-manifestação; ca = e; janārdana = ó Janārdana; bhūyas = de novo; kathaya = fala!; tṛptis = saciedade, aqui: saciei; hi = pois; śṛṇvatas = de ouvir; nāsti (na + asti) = não (na) é, aqui: não; me = me; 'mṛtam (amṛtam) = imortal, néctar.

śrībhagavān (śrī + bhagavān) = Senhor Bendito; uvāca = disse;
10.19: hanta = eis!; te = a ti, -te; kathayiṣyāmi = vou declarar; divyās (plural) = divinos; hi = com efeito; ātmavibhūtayas (ātma + vibhūtayas) = poderes-de-manifestação do si mesmo; prādhānyatas (plural) = principais; kuruśreṣṭha (kuru + śreṣṭha) = é melhor dos Kurus; nāsti (na + asti) = não é, aqui: não tem; antas = fim; vistarasya = da extensão; me = minha.

10.20: aham = eu; ātmā = si mesmo; guḍākeśa (guḍā + keśa) = ó Gudākesha; sarvabhūtāśayasthitas (sarva + bhūta + āśaya + sthitas) = subsistindo (sthita) [no] lugar-de-repouso (āśaya) de todos os seres; aham = eu; ādis = princípio; ca = e; madhyam = meio; ca = e; bhūtānām = dos seres; antas = fim; eva = em verdade, aqui: omitido; ca = e.

10.21: ādityānām = dos Ādityas, aqui: entre os... (e igualmente em todos os seguintes); aham = eu; viṣṇus = Vishnu; jyotiṣām = dos luminares; ravis = sol; aṃśumān = radiante; marīcis = Marīci; marutām = dos Maruts; asmi = sou; nakṣatrāṇām = das mansões lunares; aham = eu; śaśī = lua.

10.22: vedānām = dos Vedas; sāmavedas = Sāma-Veda; 'smi (asmi) = sou; devānām = dos deuses; asmi = sou; vāsavas = Vāsava; indriyāṇām = dos sentidos; manas = mente; cāsmi (ca + asmi) = e sou; bhūtānām = dos seres; asmi = sou; cetanā = senciência.

10.23: rudrāṇām = dos Rudras; śamkaras = Shamkara; cāsmi (ca + asmi) = e sou; vitteśas (vitta + īśas) = senhor das riquezas; yakṣarakṣasām (yakṣa + rakṣasām) = dos yakṣas e rakṣasās; vasūnāṃ = dos Vasus; pāvakaś = fogo; cāsmi (ca + asmi) = e sou; merus = Meru; śikhariṇām = das montanhas; aham = eu.

10.24: purodhasām = dos sacerdotes domésticos; ca = e; mukhyam = principal; mām = me; viddhi = conhece!; pārtha = ó filho-de-Prithā; bṛhaspatim

= Brihaspati; senānīnām = dos comandantes; aham = sou; skandas = Skanda; sarasām = dos corpos d'água; asmi = sou; sāgaras = o oceano.

10.25: maharṣīṇām (mahā + ṛṣīṇām) = dos grandes videntes; bhṛgus = Bhrigu; aham = eu; girām = das elocuções; asmi = sou; ekam = única, mono-; akṣaram = sílaba; yajñānām = dos sacrifícios; japayajñas (japa + yajñas) = sacrifício da recitação; 'smi (asmi) = sou; sthāvarāṇām = das imóveis; himālayas = o Himalaya.

10.26: aśvatthas = árvore ashvattha; sarvavṛkṣāṇām (sarva + vṛkṣāṇām) = de todas as árvores; devarṣīṇām (deva + ṛṣīṇām) = dos divinos videntes; ca = e; nāradas = Nārada; gandharvāṇām = dos Gandharvas; citrarathas = Citraratha; siddhānām = dos adeptos, dos perfeitos; kapilas = Kapila; munis = sábio.

10.27: uccaiḥśravasam = Uccaihshravas; aśvānām = dos cavalos; viddhi = conhece!, aqui: estejas ciente; mām = a mim, aqui: de que sou; amṛtodbhavam (amṛta + udbhavam) = nascido do néctar; airāvatam = Airāvata; gajendrāṇām = dos elefantes; narāṇām = dos homens; ca = e; narādhipam (nara + adhipam) = governante dos homens, aqui: soberano.

10.28: āyudhānām = das armas; aham = eu; vajram = raio; dhenūnām = das vacas; asmi = sou; kāmadhuk (kāma + dhuk) = a vaca que atende a todos os desejos; prajanas = procriando; cāsmi (ca + asmi) = e sou; kandarpas = Kandarpa; sarpāṇām = das serpentes; asmi = sou; vāsukis = Vāsuki.

10.29: anantas = Ananta; cāsmi (ca + asmi) = e sou; nāgānām = das serpentes, aqui: entre os Nāgas; varuṇas = Varuna; yādasām = dos habitantes das águas; aham = eu; pitṛṇām = dos antepassados; aryamā = Aryaman; cāsmi (ca + asmi) = e sou; yamas = Yama; saṃyamatām = dos subjugadores; aham = eu.

10.30: prahlādas = Prahlāda; cāsmi (ca + asmi) = e sou; daityānām = dos Daityas; kālas = time; kalayatām = dos que computam; aham = eu; mṛgāṇām = dos quadrúpedes; ca = e; mṛgendras (mṛga + indras) = senhor dos animais; 'ham (aham) = eu; vainateyas = Vainateya; ca = e; pakṣiṇām = das aves.

10.31: pavanas = vento; pavatām = dos purificadores; asmi = sou; rāmas = Rāma; śastrabhṛtām = dos que portam armas; aham = eu; jhaṣāṇām = dos monstros aquáticos; makaras = crocodilo; cāsmi (ca + asmi) = e sou; śrotasām = dos cursos d'água; asmi = sou; jāhnavī = Jānhavī.

10.32: sargāṇām = das criações; ādis = princípio; antas = fim; ca = e; madhyam = meio; caivāham = e em verdade eu; arjuna = ó Arjuna; adhyātmavidyā (adhyātma + vidyā) = ciência (vidyā) da base-do-eu; vidyānām = das ciências; vādas = fala; pravadatām = dos falantes; aham = eu.

10.33: akṣaraṇam = das letras; akāras (a + kāras) = letra A; 'smi (asmi) = sou; dvandvas = dvandva (composto dual); sāmāsikasya = do sistema de compostos; ca = e; aham = eu; evākṣayas (eva + akṣayas) = em verdade (eva) indestrutível; kālas = tempo; dhātāham (dhātā + aham) = eu sustentador; viśvatomukhas (viśvatas + mukhas) = com faces (mukha) voltadas para todos os lados.

10.34: mṛtyus = morte; sarvaharas (sarva + haras) = que tudo apreende, aqui: que tudo devora; cāham (ca + aham) = e eu; udbhavas = origem; ca = e; bhaviṣyatām = dos acontecimentos futuros; kīrtis = fama; śrīs = fortuna; vāk = palavra; ca = e; nārīṇām (plural) = das [palavras] femininas; smṛtis = memória; medhā = inteligência; dhṛtis = perseverança; kṣamā = paciência.

10.35: bṛhatsāma (bṛhat + sāma) = grande canto; tathā = também, aqui: além disso; sāmnām = dos cantos; gāyatrī = [cadência] gāyatrī; chandasām = das cadências; aham = eu; māsānām = dos meses; mārgaśīrṣas (mārgas + śīrṣas) = cabeça-de-veado (de mṛgas); 'ham (aham) = eu; ṛtūnām = das estações; kusumākaras (kusumas + ākaras) = mina de flores.

10.36: dyūtam = jogatina; chalayatām = dos trapaceiros; asmi = sou; tejas = esplendor; tejasvinām (plural) = dos esplendorosos; aham = eu; jayas = vitória; 'smi (asmi) = sou; vyavasāyas = determinação; 'smi (asmi) = sou; sattvam = sattva; sattvavatām (plural) = dos dotados de sattva; aham = eu.

10.37: vṛṣṇīnām = dos Vrishnis; vāsudevas = Vāsudeva; 'smi (asmi) = sou; pāṇḍavānām = dos filhos-de-Pāndu; dhanaṃjayas = Dhanamjaya; munīnām = dos sábios; api = até, com efeito, aqui: omitido; aham = eu; vyāsas = Vyāsa; kavīnām = dos bardos; uśanā = Ushanas; kavis = bardo.

10.38: daṇḍas = vara; damayatām = dos verdugos; asmi = sou; nītis = arte de governar; asmi = sou; jigīṣatām = dos sedentos-de-conquistas; maunam = silêncio; caivāsmi (ca + eva + asmi) = e em verdade sou; guhyānām = dos segredos; jñānam = conhecimento; jñānavatām (plural) = dos dotados de conhecimento; aham = eu.

«oṣadhīnām = dos cereais; yavas = cevada; cāsmi (ca + asmi) = e sou; dhātūnām = dos metais; asmi = sou; kāñcanam = ouro; saurabheyas = Saurabheya; gavām = das vacas; asmi = sou; snehānām = das gorduras; sarpis = manteiga; api = até, com efeito, aqui: omitido; aham = eu; sarvāsām = de todas; tṛṇajatīnām (tṛṇa + jatīnām) = as categorias de gramíneas; darbhas = darbha [gramínea]; 'ham (aham) = eu; pāṇḍunandana (pāṇḍu + nandana) = ó deleite de Pāndu. »

10.39: yad = que; cāpi (ca + api) = e também; sarvabhūtānām (sarva + bhūtānām) = de todos os seres, aqui: em todos...; bījam = semente; tad = aquela; aham = eu; arjuna = ó Arjuna; na = não; tad = isto; asti = é, aqui: há; vinā = sem, aqui: separado; yat = que; syāt = deve ser, aqui: possa existir; mayā = por mim, aqui: de mim; bhūtam = ser; carācaram (cara + acaram) = móvel [ou] imóvel.

10.40: nāntas (na + antas) = não [têm] fim; 'sti (asti) = é, aqui: têm; mama = meus; divyānām (plural) = divinos; vibhūtīnām = poderes-de-manifestação; paraṃtapa = ó Paramtapa; eṣas = isto, aqui: a [extensão]; tūddeśatas (tu + uddeśatas) = com efeito a título de exemplo, aqui: *tu* é omitido; proktas = proclamei; vibhūtes = dos poderes-de-manifestação; vistaras = extensão; mayā = por mim, aqui: na voz ativa.

10.41: yad yad = quaisquer; vibhūtimat = poderosas; sattvam = entidades; śrīmad = prósperas; ūrjitam = vigorosas; eva = com efeito, aqui: omitido; vā = ou; tad tad = tais, aqui: omitido; evāvagaccha (eva + avagaccha)

= em verdade, reconhece!, aqui: deves reconhecer; tvam = tu; mama = meu; tejoṃśasaṃbhavam (tejas + aṃśa + saṃbhavam) = nascimento fragmentário (aṃśa) do meu esplendor.

10.42: athavā = mas; bahunaitena (bahunā + etena) = com este (etena) muito, aqui: com tantos [detalhes]; kim = o quê?; jñātena = conhecendo, aqui: conhecer; tavārjuna (tava + arjuna) = de ti, ó Arjuna; viṣṭabhyāham (viṣṭabhya + aham) = estabelecendo eu, aqui: tendo estabelecido [permaneço]; idam = este; kṛtsnam = todo; ekāṃśena (eka + aṃśena) = com um único (eka) fragmento; sthitas = permanecendo, aqui: permaneço; jagat = universo.

CAPÍTULO 11. O YOGA DA VISÃO DA OMNIFORMA [DO SENHOR]

arjunas = Arjuna; uvāca = disse;
11.1: madanugrahāya (mad + anugrahāya) = como um favor (anugraha) a mim; paramam = supremo; guhyam = segredo, mistério; adhyātmasaṃjñitam (adhyātma + saṃjñitam) = chamado base-do-eu; yad = o qual; tvayoktam (tvayā + uktam) = pronunciado por ti, aqui: pronunciaste; vacas = palavra, discurso; tena = por este; mohas = confusão; 'yam (ayam) = esta; vigatas = ida, aqui: se dissipou; mama = minha.

11.2: bhavāpyayau (bhava + apyayau) (dual) = vir-a-ser e dissolução, aqui: surgimento e...; hi = pois; bhūtānām = dos seres; śrutau (dual) = tendo ouvido [sobre as duas coisas], aqui: ouvi; vistaraśas = detalhadamente; mayā = por mim; tvattas = de ti; kamalapattrākṣa (kamala + pattra + akṣa) = ó dos olhos de pétalas de lótus, aqui: ó dos olhos de lótus; māhātmyam = glória; api = também; cāvyayam (ca + avyayam) = e imutável, aqui: bem como...

11.3: evam = assim; etad = isto; yathāttha (yathā + āttha) = como dizes, aqui: como descreveste; tvam = tu; ātmānam = si mesmo, tu mesmo; parameśvara (parama + īśvara) = ó senhor supremo; draṣṭum = ver; icchāmi = desejo; te = tua; rūpam = forma; aiśvaram = senhorial; puruṣottama (puruṣa + uttama) = ó Supremo Espírito.

11.4: manyase = pensas, consideras; yadi = se; tad = isto, aquilo; śakyam = possível; mayā = por mim, para mim; draṣṭum = ver; iti = assim, aqui: esta; prabho = ó Senhor; yogeśvara (yoga + īśvara) = ó Senhor do Yoga; tatas = portanto, então; me = -me; tvam, aqui: omitido = tu; darśayātmānam (darśaya + ātmānam) = faz-me ver [a ti] mesmo, aqui: revela-me teu si mesmo; avyayam = imutável.

śrībhagavān (śrī + bhagavān) = Senhor Bendito; uvāca = disse;

11.5: paśya = contempla!; me = minhas; pārtha = ó filho-de-Prithā; rūpāni = formas; śataśas = cêntuplas; 'tha (atha) = também, aqui: omitido; sahasraśas = milíplices; nānāvidhāni (nānā + vidhāni) = [de] variados tipos; divyāni (plural) = divinas; nānāvarṇākṛtīni (nānā + varṇa + ākṛtīni) = diversas cores [e] formas, aqui: multicoloridas e multiformes; ca = e.

11.6: paśyādityān (paśya + ādityān) = contempla! os Ādityas; vasūn = os Vasus; rudrān = os Rudras; aśvinau (dual) = [os dois] Ashvins; marutas = os Maruts; tathā = como também; bahūni = muitas; adṛṣṭapurvāṇi (adṛṣṭa + purvāṇi) (plural) = nunca antes vistas; paśyāścaryāṇi (paśya + āścaryāṇi) = contempla! maravilhas; bhārata = ó descendente-de-Bharata.

11.7: ihaikastham (iha + eka + stham) = aqui (omitido) numa unidade repousando; jagat = universo; kṛtsnam = inteiro; paśyādya (paśya + ādya) = contempla agora!; sacarācaram (sacara + acaram) = móveis [e] imóveis; mama = meu; dehe = corpo; guḍākeśa (guḍā + keśa) = ó Gudākesha; yad = o que; cānyad (ca + anyad) = e outro, aqui: e tudo o mais; draṣṭum = ver; icchasi = desejas.

11.8: na = não; tu = contudo; mām = -me; śākyase = podes, aqui: poderás; draṣṭum = ver; anenaiva (anena + eva) = com este verdadeiramente, aqui: omitido; svacakṣuṣā (sva + cakṣuṣā) (singular) = com [teu] próprio (omitido) olho; divyam = divino; dadāmi = dou, aqui: darei; te = a ti, -te-; cakṣus = olho; paśya = contempla!; me = meu; yogam = Yoga; aiśvaram = senhorial.

saṃjaya (saṃjayas) = Samjaya; uvāca = disse;

11.9: evam = assim, aqui: isto; uktvā = tendo dito; tatas = então, aqui: omitido; rājan = ó rei; mahāyogeśvaras (mahā + yoga + īśvaras) = grande Senhor do Yoga; haris = Hari; darśayam āsa = revelou; pārthāya = ao filho-de-Prithā; paramam = suprema; rūpam = forma; aiśvaram = senhorial.

11.10: anekavaktranayanam (aneka + vaktra + nayanam) = muitas bocas [e] olhos [passei esta expressão e todas as seguintes para o plural]; anekādbhūtadarśanam (aneka + adbhūta + darśanam) = muitas maravilhosas aparências; anekadivyābharaṇam (aneka + divya + ābharaṇam) = muitos divinos adornos; divyānekodyatāyudham (divya + aneka + udyata + āyudham) = divinas muitas armas levantadas.

11.11: divyamalyāmbaradharam (divya + mālya + ambara + dharam) = trajando divinas roupas [e] guirlandas; divyagandhānulepanam (divya + gandha + anulepanam) = ungida de divinas fragrâncias; sarvāścaryamayam (sarva + āścarya + mayam) = feita de (maya) todas as maravilhas, aqui: todo-maravilhosa; devam = deus; anantam = infinito; viśvatomukham (viśvatas + mukham) = com a face voltada para todos os lados, aqui: onipresente.

11.12: divi = no céu; sūryasahasrasya (sūrya + sahasrasya) = de mil sóis (sūrya); bhavet = seria; yugapad = de uma só vez, simultaneamente; utthitā = surgido, aqui: surgisse; yadi = se; bhās (feminine) = esplendor; sadṛśī = igual, semelhante a; sā = ela [ou seja, bhās], aqui: omitido; syād = seria; bhāsas = do esplendor; tasya = deste, aqui: daquele; mahātmanas (mahā + ātmanas) = do Grande Ser.

11.13: tatraikastham (tatra + eka + stham) = repousando (stha) ali (omitido) na unidade; jagat = universo; kṛtsnam = todo, inteiro; pravibhaktam anekadhā = dividido multíplice, aqui: multíplice; apaśyad = viu; devadevasya (deva + devasya) = do Deus dos deuses; śarīre = no corpo; pāṇḍavas = filho-de-Pāndu; tadā = então.

11.14: tatas = então, aqui: foi quando; sas = ele; vismayāviṣṭas (vismaya + āviṣṭas) = cheio de espanto (vismaya); hṛṣṭaromā (hṛṣṭa + romā) = pelos arrepiados, aqui: de cabelos em pé; dhanaṃjayas (dhanam + jayas) = Dhanamjaya; praṇamya = curvando-se; śirasā = com a cabeça; devam = deus; kṛtāñjalis (kṛta + añjalis) = fez o gesto da saudação: saudando-o com o *anjali*; abhāṣata = disse.

arjunas = Arjuna; uvāca = disse;

11.15: paśyāmi = vejo, contemplo; devān = deuses; tava = teu; deva = ó deus; dehe = no corpo; sarvān (plural) = todos; tathā = assim, aqui: e; bhūtaviśeṣasaṃghān (bhūta + viśeṣa + saṃghān) (plural) = espécies (viśeṣa) de seres reunidas; brahmāṇam = Brahma; īśam = senhor; kamalāsanastham (kamala + āsana + stham) = posicionado num assento de lótus, aqui: sentado no trono...; ṛṣīn = videntes; ca = e; sarvān = todos; uragān (ura + gān) = as que vão pela terra [ou seja, serpentes]; ca = e; divyān (plural) = divinas.

11.16: anekabāhūdaravaktranetram (aneka + bāhu + udara + vaktra + netram) = muitos braços, ventres, bocas [e] olhos; paśyāmi = contemplo; tvā = a ti; sarvatas = em toda parte; 'nantarūpam (ananta + rūpam) = forma infinita; nāntam (na + antam) = nenhum fim; na = não; madhyam = meio; na punas = nem tampouco; tavādim (tava + ādim) = de ti início; paśyāmi = vejo; viśveśvara (viśva + īśvara) = ó Senhor de Tudo, aqui: Senhor Universal; viśvarūpa (viśva + rūpa) = ó Omniforma.

11.17: kirīṭinam = diadema; gadinam = maça; cakriṇam = disco; ca = e; tejorāśim (tejas + rāśim) = massa de luminosidade (tejas); sarvatas = em toda parte, aqui: rodeada; dīptimantam = chamejante, aqui: de chamas; paśyāmi = contemplo; tvām = a ti; durnirīkṣyam = difícil de ver; samantāt = completamente; dīptānalārkadyutim (dīpta + anala + arka + dyutim) = irradiação (dyuti) resplandecente de fogo (anala) solar (arka); aprameyam = imensurável.

11.18: tvam = tu; akṣaram = imperecível; paramam = supremo; veditavyam = ser conhecido, aqui: [deves] ser conhecido; tvam = tu; asya = disto; viśvasya = de tudo; param = supremo; nidhānam = receptáculo; tvam = tu; avyayas = imutável; śāśvatadharmagoptā (śāśvata + dharma + goptā) = guardião da lei eterna; sanātanas = perene; tvam = tu; puruṣas = espírito; matas = pensamento, opinião, convicção; me = minha.

11.19: anādimadhyāntam (anādi + madhya + antam) = sem (an-) princípio, meio [e] fim; anantavīryam (ananta + vīryam) = [de] vitalidade (vīrya) infinita; anantabāhum (ananta + bāhum) = [com] infinitos braços; śaśisūryanetram (śaśi + sūrya + netram) = [tendo] o sol [e] a lua (śaśi) por olhos; paśyāmi = contemplo; tvā = -te; dīptahutāśavaktram (dīpta + huta + aśa + vaktram) = [com] boca (vaktra) flamejante devorando oblações (huta-aśa); svatejasā (sva + tejasā) = com [teu] próprio fulgor; viśvam = tudo; idam = into; tapantam = queimando, consumindo.

11.20: dyāvāpṛthivyos (dyāvā + pṛthivyos) (dual) = do céu [e] da natureza, aqui: entre o céu e a terra; idam = este; antaram = entre; hi = com efeito, aqui: não traduzido; vyāptam = penetrado, preenchido; tvayaikena (tvayā + ekena) = por ti somente; diśas (plural) = quatro direções, pontos cardeais; ca = e; sarvās (plural) = todas; dṛṣṭvādbhutam (dṛṣṭvā + adbhutam) = tendo visto [esta] prodigiosa, aqui: vendo...; rūpam = forma; idam = esta; tavogram (tava + ugram) = tua terrível; lokatrayam (loka + trayam) = tríplice mundo; pravyathitam = estremecendo, aqui: estremece; mahātman (mahā + ātman) = ó grande ser.

11.21: amī (plural) = lá longe; hi = com efeito, aqui: não traduzido; tvām = em ti; surasaṃghās (sura + saṃghās) = exércitos de divindades; viśanti = entram; kecid = algumas; bhītās (plural) = aterrorizadas; prāñjalayas (plural) = com gestos de saudação; gṛṇanti = saúda; svastīti (svasti + iti) = salve, *iti* é usado para indicar uma citação; uktvā = tendo dito, aqui: bradando; maharṣisiddhasaṃghās (mahā + ṛṣi + siddha + saṃghās) = o exército dos grandes videntes [e] dos perfeitos, aqui: a multidão...; stuvanti = enaltece; tvā = a ti; stutibhis = com hinos de louvor; puṣkalābhis (plural) = com abundantes.

11.22: rudrādityas (rudra + ādityas) = os Rudras [e] os Ādityas; vasavas = os Vasus; ye (plural) = quem, os quais; ca = e; sādhyās = os Sādhyas; viśve (plural) = os Vishvedevas; 'śvinau (aśvinau) (dual) = [os dois] Ashvins; marutas = os Maruts; coṣmapās (ca + ūṣmapās) = e os bebedores de vapor; ca = e; gandharvayakṣāsurasiddhasaṃghās (gandharva + yakṣa + asura + siddha + saṃghās) = os exércitos dos Gandharvas, dos Yakshas, dos Asurase dos perfeitos; vīkṣante = contemplam; tvā = -te; vismitās (plural) = estarrecidos; caiva (ca + eva) = e em verdade, aqui: *eva* é omitido; sarve = todos.

11.23: rūpam = forma; mahat = grande; te = tua; bahuvaktranetram (bahu + vaktra + netram) = [com] muitas bocas [e] olhos; mahābaho (mahā + baho) = ó [Krishna] dos braços fortes; bahubahūrupādam (bahu + bāhu + ūru + pādam) = [com] muitos braços (bāhu), coxas [e] pés; bahūdaram (bahu + udaram) = [com] muitos ventres; bahudaṃṣṭrākarālam (bahu + daṃṣṭrā + karālam) = [com] muitas presas formidáveis; dṛṣṭvā = tendo visto, aqui: contemplando; lokās = mundos; pravyathitās (plural) = estremecendo, aqui: estremecem; tathāham (tathā + aham) = também eu.

11.24: nabhaḥspṛśam (nabhas + spṛśam) = tocando o céu; dīptam = chamejando; anekavarṇam (aneka + varṇam) = [em] muitas cores; vyattānanam (vyātta + ānanam) = boca aberta; dīptaviśālanetram (dīpta + viśāla + netram) = flamejantes imensos olhos; dṛṣṭvā = tendo visto, aqui: contemplando; hi = com efeito, aqui: não traduzido; tvām = -te; pravyathitāntarātmā (pravyathita + antas + ātmā) = eu íntimo trepidante; dhṛtim = fortaleza; na = não; vindāmi = encontro; śamam = tranquilidade; ca = e, aqui: nem; viṣṇo = ó Vishnu.

11.25: daṃṣṭrākarālāni (daṃṣṭrā + karālāni) = formidáveis presas; ca = e; te = tuas; mukhāni = bocas; dṛṣṭvaiva (dṛṣṭvā + eva) = tendo visto em verdade, aqui: e vendo; kālānalasaṃnibhāni (kāla + anala + saṃnibhāni) (plural) = semelhantes ao fogo [do fim] do tempo; diśas (plural) = quatro direções, pontos cardeais; na = não; jāne = conheço; na = não; labhe = obtenho, aqui: encontro; ca = e; śarma = abrigo (sharman); prasīda = concede graça!; deveśa (deva + īśa) = ó Senhor dos deuses; jagannivāsa (jagat + nivāsa) = ó Morada do universo.

11.26: amī = aqueles, aqui: estes; ca = e; tvām = tu; dhṛtarāṣṭrasya = de Dhritarāshtra; putrās = filhos; sarve = todos; sahaivāvanipālasaṃghais (saha + eva + avani + pāla + saṃghais) = em verdade (eva) juntamente com (saha) os exércitos dos protetores da terra (avani) [os seja, dos reis], aqui: *eva* é omitido; bhīṣmas = Bhīshma; droṇas = Drona; sūtaputras (sūta + putras) = filho do cocheiro [ou seja, Karna]; tathāsau (tathā + asau) = assim isto, aqui: não traduzido; sahāsmadīyais (saha + asmadīyais) = com nossos; api = também, aqui: bem como; yodhamukhyais (yodha + mukhyais) = com os principais guerreiros.

11.27: vaktrāṇi = bocas; te = tuas; tvaramāṇās = velozmente; viśanti = entram; daṃṣṭrākarālāni (daṃṣṭrā + karālāni) = [dotadas de] presas (daṃṣṭrā) formidáveis; bhayānakāni = que instilam o medo; kecid = alguns; vilagnās = pegados, aqui: aparecendo; daśanāntareṣu (daśana + antareṣu) = entre os dentes; saṃdṛśyante = são vistos; cūrṇitais = com pulverizadas; uttamāṅgais (uttama + aṅgais) = com os membros mais altos [ou seja, as cabeças].

«nānārūpais (nānā + rūpais) = por várias formas, aqui: por várias espécies [de homens]; puruṣairvadhyamānās (puruṣais + vadhyamānās) = mortos por homens; viśanti = entram; te = eles; vaktram = boca; acintyarūpam (acintya + rūpam) = [de] inconcebível forma; yaudhiṣṭhirās = seguidores de Yudhishthira; dhārtarāṣṭrās = seguidores de Dhritarāshtra; ca = e; yodhās (plural) = guerreiros; śāstrais = por armas; kṛttās (plural) = abatidos; vividhais = por diversas; sarvaiva (sarva + eva) = todos em verdade, aqui: todos inapelavelmente; tvad = teu; tejasā = pelo esplendor; nihatās (plural) = destruídos, aniquilados; nūnam = agora; ete = estes; tathā = assim; hīme (hi + ime) = em verdade estes, aqui: omitido; tvad = teu; śarīram = corpo; praviṣṭās (plural) = entraram, aqui: entram.»

11.28: yathā = assim como; nadīnām = rios; bahavas = muitos; 'mbuvegās (ambu + vegās) = torrentes de água; samudram = oceano; evābhimukhās (eva + abhimukhās) (plural) = em verdade se voltam, aqui: [despejam-se] diretamente no; dravanti = fluem, aqui, despejam-se; tathā = assim também; tavāmī (tava + amī) = tuas estes [heróis]; naralokavīrās (nara + loka + vīrās) = heróis do mundo dos homens; viśanti = entram; vaktrāṇi = bocas; abhivijvalanti (plural) = flamejantes.

11.29: yathā = assim como; pradīptam = chamejante; jvalanam = fogo; pataṅgās = mariposas; viśanti = entram; nāśāya = para a destruição, aqui: e são destruídas; saṃṛddhavegās (saṃṛddha + vegās) = profusas torrentes, aqui: encorpadas fileiras; tathaiva (tathā + eva) = assim também em verdade, *eva* é omitido; nāśāya = para a destruição, aqui: e são destruídos; viśanti = entram; lokās = mundos; tavāpi (tava + api) = tuas com efeito, aqui: *api* é omitido; vaktrāṇi = bicas; saṃṛddhavegās (saṃṛddha + vegās) = profusas torrentes, aqui: encorpadas fileiras.

11.30: lelihyase = lambes, aqui: consomes; grasamānas = devorando, aqui: devoras; samantāt = por inteiro; lokān = mundos; samagrān = todos; vadanais = com as bocas; jvaladbhis = flamejantes; tejobhis (plural) = com clarões, aqui: com [teu] clarão; apūrya = preenchendo; jagat = universo; samagram = inteiro, todo; bhāsas = raios; tavogrās (tava + ugrās) = teus terríveis; pratapanti = rebrilham, aqui: abrasam; viṣṇo = ó Vishnu.

11.31: ākhyāhi = diz!; me = -me; kas = quem?; bhavān = tu [honorífico]; ugrarūpas (ugra + rūpas) = [de] forma terrível; namas = saudação; 'stu (astu) = sejam; te = a ti; devavara (deva + vara) = ó melhor dos deuses; prasīda = tem piedade!; vijñātum = conhecer; icchāmi = desejo, quero; bhavantam = -te [honorífico]; ādyam = a princípio, no princípio; na = não; hi = com efeito, aqui: não traduzido; prajānāmi = compreendo; tava = tua; pravṛttim = criatividade.

śrībhagavān (śrī + bhagavān) = Senhor Bendito; uvāca = disse;
11.32: kālas = tempo; 'smi (asmi) = sou; lokakṣayakṛt (loka + kṣaya + kṛt) = autor (kṛt) da destruição do mundo; pravṛddhas = poderoso; lokān = mundos; samāhartum = aniquilar; iha = aqui; pravṛttas = dedicado; ṛte = com exceção de, aqui: somente; 'pi (api) = com efeito, aqui: não traduzido; tvā = [de] ti; na = não, aqui: mudado do negativo para o afirmativo; bhaviṣyanti = estarão; sarve = todos; ye (plural) = quem, aqui: estes; 'vasthitās (avasthitās) = enfileirados; pratyanīkeṣu (pratya + nīkeṣu) = nos exércitos antagônicos; yodhās = guerreiros.

11.33: tasmāt = portanto; tvam = -te; uttiṣṭha = levanta!; yaśas = glória; labhasva = conquista!; jitvā = tendo vencido, aqui: subjugando; śatrūn = inimigos; bhuṅkṣva = goza!; rājyam = reinado; samṛddham = próspero; mayaivaite (mayā + eva + ete) = por mim em verdades eles, aqui: *eva* é omitido; nihatās (plural) = mortos; pūrvam = anteriormente, aqui: já; eva = aqui: omitido; nimittamātram (nimitta + mātram) = mero (mātra) instrumento; bhava = sê!; savyasācin (savya + sācin) = hábil (sācin) com a mão esquerda [ou seja, ambidestro], ó Savyasācin.

11.34: droṇam = Drona; ca = e; bhīṣmam = Bhīshma; ca = e; jayadratham = Jayadratha; ca = e; karṇam = Karna; tathānyān (tathā + anyān) = bem como (tathā) outros (plural); api = também, aqui: demais; yodhavīrān (yodha + vīrān) = guerreiros heróis; mayā = por mim; hatān (plural) = mortos; tvam = tu; jahi = abate!; mā = não; vyathiṣṭhās = hesites; yudhyasva = luta!; jetāsi = vencerás; raṇe = na batalha; sapatnān = rivais.

samjaya (samjayas) = Samjaya; uvāca = disse;

11.35 etad = esta, aqui: essas; śrutvā = tendo ouvido, aqui: ouvindo; vacanam = palavra, aqui: palavras; keśavasya = de Keshava; kṛtāñjalis (kṛta + añjalis) = fez a saudação do añjali; vepamānas = trepidando; kirīṭī = Kirītī; namaskṛtvā (namas + kṛtvā) = feita a saudação, aqui: saudando; bhūya = de novo; evāha (eva + āha) = disse em verdade, aqui: *eva* é omitido; kṛṣṇam = Krishna; sagadgadam = gaguejante, aqui: vacilante; bhītabhītas (bhītas + bhītas) = assustado ao extremo; praṇamya = curvando-se.

arjunas = Arjuna; uvāca = disse;

11.36: sthāne = com razão, corretamente; hṛṣīkeśa (hṛṣī + keśa) = ó Hrishikesha; tava = teu; prakīrtyā = com o louvor; jagat = universo; prahṛṣyati = regozija; anurajyate = é arrebatado; ca = e; rakṣāṃsi = Rakshasas; bhītāni (plural) = aterrorizados; diśas = quatro direções; dravanti = fogem; sarve = todos; namasyanti = sapúdam; ca = e; siddhasaṃghās (siddha + saṃghās) = exércitos dos perfeitos.

11.37: kasmāt = por quê?; ca = e; te = te; na = não; nameran = devem saudar, aqui: saudariam; mahātman (mahā + ātman) = grande ser; garīyase = mais pesado, maior; brahmaṇas = que Brahma; 'pi (api) = também, ainda; ādikartre (ādi + kartre) = criador primordial; ananta = infinito; deveśa (deva + īśa) = ó Senhor dos deuses; jagan (jagat + nivāsa) = ó Morada do universo; tvam = tu; akṣaram = imperecível; sad = ser; asat = não ser; tatparam (tad + param) = além disso (tad); yad = o que.

11.38: tvam = tu; ādidevas (ādi + devas) = deus primordial; puruṣas = espírito; purāṇas = antigo; tvam = tu; asya = disto; viśvasya = de tudo; param = supremo; nidhānam = receptáculo; vettāsi (vettā + asi) = és o conhecedor; vedyam = o conhecido; ca = e; param = suprema; ca = e; dhāma = morada; tvayā = por ti; tatam = estendido, distribuído; viśvam = tudo; anantarūpa (ananta + rūpa) = ó forma infinita;

11.39: vāyus = Vāyu; yamas = Yama; 'gnis (agnis) = Agni; varuṇas = Varuna; śaśāṅkas = a que leva o sinal do coelho, ou seja, a lua; prajāpatis (prajā + patis) = Prajāpati; tvam = tu; prapitāmahas = bisavô paterno; ca = e; namo namas (namas + namas) = saudações, saudações (passado para o plural em toda esta sequência); te = a ti; 'stu (astu) = sejam; sahasrakṛtvas (sahasra + kṛtvas) = mil vezes; punas = mais uma vez; ca = e; bhūyas = mais uma vez; 'pi (api) = também, aqui: e; namo namas (namas + namas) = saudações, saudações; te = a ti.

11.40: namas = saudações; purastād = pela frente; atha = agora, aqui: e; pṛṣṭhatas = por trás; te = a ti; namas = saudações; 'stu (astu) = sejam; te = a ti; sarvatas = de todos os lados; eva = em verdade, aqui: omitido; sarva = ó tudo; anantavīryāmitavikramas (ananta + vīrya + amita + vikramas) = infinita vitalidade [e] imensurável poder; tvam = tu; sarvam = tudo; samāpnoṣi = completas; tatas = portanto, logo; 'si (asi) = és; sarvas = tudo.

11.41: sakheti (sakhā + iti) = amigo, aqui: *iti* é usado para indicar uma citação; matvā = tendo pensado, aqui: pensando; prasabham = inoportunamente, aqui: temerariamente; yad = o que, aqui: se; uktam = disse; he = olá; kṛṣṇa = Krishna!; he = olá; yādava = Yādava!; he = olá; sakheti (sakhā + iti) = amigo!, aqui: *iti* é usado para indicar uma citação; ajānatā = por [ser] ignorante; mahimānam = majestade; tavedam (tava + idam) = esta tua; mayā = por mim; pramādāt = por inadvertência; praṇayena = por afeto; vāpi (vā + api) = ou mesmo, aqui: ou talvez.

11.42: yad = o que, aqui: se; cāvahāsārtham (ca + avahāsa + artham) = e [com] a finalidade (artha) [de] zombar, aqui: zombando; asatkṛtas (asat + kṛtas) = tratei mal, aqui: desrespeito; 'si (asi) = és; vihāraśayyāsanabhojaneṣu (vihāra + śayya + āsana + bhojaneṣu) = brincando, repousando, sentados [ou] comendo; ekas = sozinho; 'tha (atha) = agora; vāpi (vā + api) = ou também, aqui: quer; acyuta = ó Acyuta; tatsamakṣam (tad + samakṣam) = diante dos olhos, aqui: na presença [de outrem]; tad = isto, aqui: não traduzido; kṣāmaye = peço perdão; tvām = [a] ti; aham = eu; aprameyam = imensurável, aqui: insondável.

11.43: pitāsi (pitā + asi) = pai és; lokasya = do mundo; carācarasya (cara + acarasya) = das móveis [e] imóveis; tvam = tu; asya = disto; pūjyas = digno de adoração; ca = e; gurus = mestre; garīyān = mais pesado, maior, venerabilíssimo; na = não, aqui: ninguém; tvatsamas (tvad + samas) = teu igual; 'sti (asti) = é; abhyadhikas = maior; kutas = como?; 'nyas (anyas) = outro, aqui: algo; lokatraye (loka + traye) = no tríplice mundo; 'pi (api) = até, também, aqui: não traduzido; apratimaprabhāva (apratima + prabhāva) = ó poder inigualável.

11.44: tasmāt = portanto; praṇamya = curvando; praṇidhāya = inclinando--humildemente; kāyam = corpo; prasādaye = peço [tua] indulgência; tvām = tu; aham = eu; īśam = senhor; īḍyam = digno de louvor; piteva (pitā + iva) = como o pai; putrasya = ao filho; sakheva (sakhā + iva) = como o amigo; sakhyus = ao amigo; priyas = querido, aqui: amante; priyāyārhasi (priyāya + arhasi) = ao amado podes, aqui: ... deves; deva = ó deus; soḍhum = suportar.

«divyāni = divinos; karmāṇi = atos; tavādbhūtāni (tava + adbhūtāni) (plural) = teus prodigiosos; pūrvāṇi (plural) = antigos; pūrve = de outrora; 'pi (api) = também, aqui: não traduzido; ṛṣayas = videntes; smaranti = recordam; nānyas (na + anyas) = não outro; 'sti (asti) = é, aqui: há; kartā = criador; jagatas = do universo; tvam = tu; ekas = único; dhātā = originador; vidhātā = providente; ca = e; vibhus = onipotente; bhavas = vindo-a-ser; ca = e.

tavādbhūtam (tava + adbhūtam) = teu prodígio; kim = quê?; nu = co efeito; bhavet = poderia ser; asahyam = irresistível, aqui: impossível; kim = quê?; vā = ou; śakyam = capaz; paratas = superior, aqui: outro; kīrtayiṣye = vou enaltecer, aqui: poderia enaltecer; kartāsi (kartṛ + asi) = és o criador; sarvasya = de tudo; yatas = donde, aqui: visto que; svayam = tu mesmo; vai = com efeito, aqui: não traduzido; vibho = ó onipotente; tatas = logo, portanto; sarvam = tudo; idam = isto; tvam = tu; eva = em verdade.

atyadbhutam = maravilhosíssimo; karma = ato; na = não, nenhum; duṣkaram = difícil; te = para ti; karmo-pamānam (karmas + upamānam)

= obras paralelo, aqui: feitos ... igual; na = não; hi = pois; vidyate = não há, não tem; te = tuas; na = não; te = tuas; guṇānām = de qualidades; parimāṇam = medida; asti = é; na = não; tejasas = de brilho, de fulgor; nāpi (na + api) = nem tampouco; balasya = da força; narddhes (na + ṛddhes) = nem da prosperidade.»

11.45: adṛṣṭapūrvam (adṛṣṭa + pūrvam) = visto antes; hṛṣitas = emocionado; 'smi (asmi) = sou; dṛṣṭvā = ter visto; bhayena = pelo medo; ca = e, aqui: mas; pravyathitam = afligida; manas = mente; me = minha; tad = isto, aquilo; eva = em verdade, aqui: não traduzido; me = -me; darśaya = mostra!; deva = ó deus; rūpam = forma; prasīda = concede tua graça!; deveśa (deva + īśa) = ó Senhor dos deuses; jagannivāsa (jagat + nivāsa) = ó Morada do universo.

11.46: kirīṭinam = coroa; gadinam = maça; cakrahastam (cakra + hastam) = disco na mão; icchāmi = desejo, quero; tvām = -te; draṣṭum = ver; aham = eu; tathaiva (tathā + eva) = assim em verdade, aqui: como; tenaiva (tena + eva) = com aquela em verdade, aqui: aquela, *eva* não foi traduzido; rūpeṇa = com [aquela] forma; caturbhujena (catur + bhujena) = de quatro braços; sahasrabāho (sahasra + bāho) = ó de mil braços; bhava = sê!, aqui: assume!; viśvamūrte (viśva + mūrte) = ó omniforma.

śrībhagavān (śrī + bhagavān) = Senhor Bendito; uvāca = disse

11.47: mayā = por minha; prasannena = por graça, aqui: por bondade; tavārjunedam (tava + arjuna + idam) = a ti, ó Arjuna, esta; rūpam = forma; param = suprema; darśitam = mostrei, revelei; ātmayogāt (ātma + yogāt) = pelo Yoga do si mesmo; tejomayam (tejas + mayam) = feita de fulgor, aqui: brilhante; viśvam = total; anantam = infinita; ādyam = primordial; yad = que; me = minha; tvadanyena (tvad + anyena) = por ti [e nenhum] outro, aqui: ... por ninguém [a não ser] tu; na = não; dṛṣṭapūrvam (dṛṣṭa + pūrvam) = vista antes.

11.48: na = não, aqui: nem; vedayajñādhyayanais (veda + yajña + ādhyayanais) = pelos Vedas, pelos sacrifícios, pelos estudos; na = não, aqui: nem; dānais = pelas dádivas, pela caridade; na = não, aqui: nem; ca = e, aqui: omitido; kriyābhis = pelos ritos; na = não, aqui: nem; tapobhis = por asceses; ugrais = terríveis, aqui: rigorosas; evaṃrūpas (evam + rūpas) = com esta forma, sob esta forma; śakya = capaz, aqui: posso; aham = eu; nṛloke (nṛ + loke) = no mundo dos homens; draṣṭum = ver, aqui: ser visto; tvadanyena (tvad + anyena) = por outro que não tu, aqui: por ninguém [a não ser] tu; kurupravīra (kuru + pravīra) = ó Kurupravīra.

11.49: mā = não; te = a ti; vyathās = deves tremer; mā = não; ca = e, aqui: omitido; vimūḍhabhāvas (vimūḍha + bhāvas) = estado de perplexidade, aqui: perplexidade; dṛṣṭvā = tendo visto, aqui: ao ver; rūpam = forma; ghoram = horripilante; īdṛś = tal, aqui: esta; mamedam (mama + idam) = minha esta [forma]; vyapetabhīs (vyapeta + bhīs) = liberto do medo; prītamanās (prīta + manās) (singular) = com a mente em júbilo; punas = de novo; tvam = tu; tad = esta; eva = em verdade, aqui: mesma; me = minha; rūpam = forma; idam = esta, aqui: a; prapaśya = contempla!

saṃjayas = Samjaya; uvāca = disse;
11.50: iti = assim, aqui: omitido; arjunam = Arjuna; vāsudevas (vāsu + devas) = Vāsudeva; tathoktvā (tathā + uktvā) = tendo assim falado; svakam = própria; rūpam = forma; darśayām āsa = revelou; bhūyas = novamente; āśvāsayām āsa = confortou; ca = e; bhītam = aterrorizado; enam = este, aqui: o [aterrorizado]; bhūtvā = tendo se tornado, aqui: assumindo; punas = de novo; saumyavapus (saumya + vapus) = agradável corpo; mahātmā (mahā + ātmā) = grande ser.

arjunas = Arjuna; uvāca = disse;
11.51: dṛṣṭvedam (dṛṣṭvā + idam) = tendo visto isto, aqui: contemplando; mānuṣam = humana; rūpam = forma; tava = tua; saumyam = agradável; janārdana (jana + ardana) = ó Janārdana; idānīm = agora; asmi = sou; saṃvṛttas = recomposto, aqui, recupero; sacetās (sa + cetās) = com pensamentos, aqui: com a consciência; prakṛtim = natureza [normal]; gatas = conduzida, aqui: volta.

śrībhagavān (śrī + bhagavān) = Senhor Bendito; uvāca = disse;
11.52: sudurdarśam (su + durdarśam) = muito (su) difícil de ver; idam = esta; rūpam = forma; dṛṣṭavān asi = viste; yad = que; mama = minha; devās = deuses; api = mesmo, até, aqui: as próprias; asya = desta; rūpasya = da

forma; nityam = sempre; darśanakāṅkṣiṇas (darśana + kāṅkṣiṇas) (plural) = [os que] anseiam por um vislumbre.

11.53: nāham (na + aham) = não eu; vedais = pelos Vedas; na = não, aqui: nem; tapasā = pela ascese; na = não, aqui: nem; dānena = por dádivas, pela caridade; na = não, aqui: nem; cejyayā (ca + ijyayā) = e pelo sacrifício (passei para o plural); śakye = sou capaz, posso; evaṃvidhas (evam + vidhas) = tal modo, aqui: no aspecto; draṣṭum = ver, aqui: [não posso] ser visto; dṛṣṭavān asi = viste; mām = me; yathā = como, aqui: omitido.

11.54: bhaktyā = pela devoção; tu = mas; ananyayā = a nenhum outro; śakye = sou capaz, aqui: posso; aham = eu; evaṃvidhas (evam + vidhas) = tal modo, aqui: nesse aspecto; 'rjuna (arjuna) = ó Arjuna; jñātum = conhecer, aqui: ser conhecido; draṣṭum = ver, aqui: ser visto; ca = e; tattvena = na realidade, aqui: em verdade; praveṣṭum = entrar, aqui: ser penetrado; ca = e; paraṃtapa (param + tapa) = ó Paramtapa.

11.55: matkarmakṛt (mad + karma + kṛt) = fazendo (kṛt) minha obra, aqui: [aquele que] cumpre minha obra; matparamas (mad + paramas) = [aquele que] me [tem como intenção] suprema; madbhaktas (mad + bhaktas) = [aquele que é] meu devoto; saṅgavarjitas (saṅga + varjitas) = apego abandonado, aqui: [que] abandonou [todo] apego; nirvairas = livre da inimizade; sarvabhūteṣu (sarva + bhūteṣu) = em [ou para com] todos os seres; yas = quem, que; sas = ele; mām = a mim; eti = vai, aqui: vem; pāṇḍava = ó filho-de-Pāndu.

CAPÍTULO 12. O YOGA DA DEVOÇÃO

arjunas = Arjuna; uvāca = disse;
12.1: evam = assim desse modo; satatayuktās (plural) = sempre jungidos; ye (plural) = quem, que; bhaktās (plural) = devotados, aqui: devotos; tvām = te; paryupāsate (plural) = adoram; ye (plural) = quem, que; cāpi (ca + api) = e também, aqui: ou; akṣaram = imperecível; avyaktam = não manifesto; teṣām = deles; ke (plural) = quais?; yogavittamās (yoga + vit + tamās) = os melhores conhecedores Yoga.

śrībhagavān (śrī + bhagavān) = Senhor Bendito; uvāca = disse;

12.2: mayi = em mim; āveśya = fixando; manas = a mente; ye (plural) = quem, que; mām = me; nityayuktās (nitya + yuktās) = permanentemente jungidos; upāsate = adoram; śraddhayā = com fé; parayopetās (parayā + upetās) = dotados (upeta) de suprema; te = eles, aqui: aqueles; me = por mim, aqui: eu [considero]; yuktatamās (yukta + tamās) = mais jungidos; matās = são considerados, aqui: considero.

12.3: ye (plural) = quem, que; tu = mas; akṣaram = imperecível; anirdeśyam = indefinível; avyaktam = não manifesto; paryupāsate (plural) = adoram; sarvatragam (sarvatra + gam) = que vai a toda parte, aqui: onipresente; acintyam = inconcebível; ca = e; kūṭastham (kūṭas + stham) = situado nos cimos; acalam = imóvel; dhruvam = firme.

12.4: saṃniyamyendriyagrāmam (saṃniyamya + indriya + grāmam) = contendo o exército (grāma) dos sentidos; sarvatra = em toda parte, aqui: em todas as coisas; samabuddhayas (sama + buddhayas) (plural) = igual faculdade-da-sabedoria; te = eles; prāpnuvanti = alcançam; mām = me; eva = em verdade; sarvabhūtahite (sarva + bhūta + hite) = para o bem de todos os seres; ratās (plural) = deliciam-se, aqui: regozijam-se.

12.5: kleśas = aflição, luta; 'dhikataras (adhikataras) = maior; teṣām = deles, aqui: daqueles; avyaktāsaktacetasām (avyakta + āsakta + cetasām) (plural) = [cuja] mente está ligada ao não manifesto; avyaktā (feminino) = não manifesto; hi = com efeito, pois; gatis = caminho, via; duḥkham = dolorosa, atribulada; dehavadbhis = pelos [seres] incorporados; avāpyate = é alcançado.

12.6: ye (plural) = quem, aqueles que; tu = mas; sarvāṇi = todas; karmāṇi = ações; mayi = em mim; saṃnyasya = renunciando; matparās (mat + parās) = atentos a mim; ananyenaiva (ananyena + eva) = por nenhum outro em verdade, aqui: *eva* é omitido; yogena = pelo Yoga; mām = me; dhyāyantas = contemplando; upāsate = adoram.

12.7: teṣām = deles, aqui: para aqueles; aham = eu; samuddhartā = aquele que levanta; mṛtyusaṃsārasāgarāt (mṛtyu + saṃsāra + sāgarāt) = do oceano

do ciclo da morte (mṛtyu); bhavāmi = me torno; na cirāt = em pouco tempo; pārtha = ó filho-de-Prithā; mayi = em mim; āveśitacetasām
(āveśita + cetasām) (plural) = mentes fixas.

12.8: mayi = em mim; eva = verdadeiramente, aqui: somente; manas = mente;
ādhatsva = situa!; mayi = em mim; buddhim = faculdade-da-sabedoria;
niveśaya = estabelece!; nivasiṣyasi = habitarás; mayi = em mim; eva =
verdadeiramente, aqui: somente; ata ūrdhvam = doravante; na = não;
saṃśayas = dúvida.

12.9: atha = agora, aqui: mas; cittam = mente; samādhātum = concentrar; na =
não; śaknoṣi = és capaz; mayi = em mim; sthiram = firmemente, com firmeza; abhyāsayogena (abhyāsa + yogena) = pelo Yoga da prática, aqui:
pela prática do Yoga; tatas = então, portanto; mām = -me; icchāptum
(iccha + āptum) = busca alcançar!; dhanaṃjaya (dhanam + jaya) = ó
Dhanamjaya.

12.10: abhyāse = na prática, aqui: prática; 'pi (api) = até, aqui: se; asamarthas
= incapaz; 'si (asi) = és; matkarmaparamas (mat + karma + paramas) =
minha obra suprema (parama); bhava = sê!; madartham (mad + artham)
= por mim, aqui: em meu nome; api = até; karmāṇi = ações; kurvan =
fazendo executando; siddhim = perfeição; avāpsyasi = alcançarás.

12.11: athaitad (atha + etad) = agora isso, aqui: mas...; api = até; aśaktas =
incapaz; 'si (asi) = és; kartum = fazer; madyogam (mad + yogam) =
meu Yoga; āśritas = recorrendo, aqui: recorre; sarvakarmaphalatyāgam
(sarva + karma + phala + tyāgam) = abandonando o fruto de todas as
ações, aqui: abandona...; tatas = então, logo, aqui: omitido; kuru = faz!
executa!; yatātmavān (yata + ātmavān) = si mesmo controlado, aqui:
controlando-te a ti mesmo.

12.12: śreyas = melhor; hi = com efeito, pois; jñānam = conhecimento;
abhyāsāt = que a prática; jñānāt = que o conhecimento; dhyānam =
meditação; viśiṣyate = é preferível, é superior; dhyānāt = da meditação;
karmaphalatyāgas (karma + phala + tyāgas) = abandono do fruto da ação;
tyāgāt = pelo abandono, aqui: do...; śantis = paz; anantaram = imediata.

12.13: adveṣṭā = não odiador, aqui: não [sente] ódio; sarvabhūtānām (sarva + bhūtānām) = de todos os seres, aqui: por nenhum ser; maitras = amistoso; karuṇas = compassivo; eva = em verdade, aqui: não traduzido; ca = e; nirmamas = despido (nir-) [da ideia] de "meu"; nirahaṃkāras = livre (nir-) do criador-do-eu, aqui: despojado do sentido-do-ego; samaduḥkhasukhas (sama + duḥkha + sukhas) = mesmo no prazer [e] na dor; kṣamī = paciente.

12.14: saṃtuṣṭas = contente; satatam = sempre; yogī = yogin; yatātmā (yata + ātmā) = si mesmo controlado, aqui: autocontrolado; dṛḍhaniścayas (dṛḍha + niścayas) = firme determinação; mayi = em mim; arpitamanobuddhis (arpita + manas + buddhis) = mente e faculdade-da-sabedoria oferecidas; yas = que, quem; madbhaktas (mad + bhaktas) = devotado a mim; sas = ele; me = me; priyas = querido.

12.15: yasmāt = de quem; nodvijate (na + udvijate) = não se afasta; lokas = mundo; lokāt = do mundo; nodvijate (na + udvijate) = não se afasta; ca = e; yas = quem, que; harṣāmarṣabhayodvegais (harṣa + āmarṣa + bhaya + udvegais) (plural) = da excitação, da ira, do medo [e] da agitação; muktas = liberto, aqui: livre; yas = quem, que; sas = ele; ca = e; me = me; priyas = querido.

12.16: anapekṣas = imparcial; śucis = puro; dakṣas = hábil; udāsīnas = indiferente; gatavyathas (gata + vyathas) = inquietação ida; sarvārambhaparityāgī (sarva + ārambha + parityāgī) = [que] abandonou todos os empreendimentos; yas = quem, que; madbhaktas (mad + bhaktas) = devotado a mim; sas = ele; me = me; priyas = querido.

12.17: yas = quem, que; na = não; hṛṣyati = se regozija; na = não, aqui: nem; dveṣṭi = odeia; na = não; śocati = se lamenta; na = não; kāṅkṣati = deseja-ardentemente; śubhāśubhaparityāgī (śubha + aśubha + parityāgī) = [aquele que] abandonou as agradáveis [e] as desagradáveis; bhaktimān = devoto, repleto de devoção; yas = quem, que; sas = ele; me = me; priyas = querido.

12.18: samas = igual, mesmo; śatrau = diante do inimigo; ca = e; mitre = diante do amigo; ca = e; tathā = assim, aqui: bem como; mānāvamānayos

(mānāva + mānayos) (dual) = honra [e] desonra; śītoṣṇasukhaduḥkheṣu
(śīta + uṣṇa + sukha + duḥkheṣu) = no frio [e] no calor, no prazer [e] no
sofrimento; samas = igual, mesmo; saṅgavivarjitas (saṅga + vivarjitas)
= destituído de apego (saṅga).

12.19: tulyanindāstutis (tulya + nindā + stutis) = mesmo no elogio [e] na censura; maunī = silencioso; saṃtuṣṭas = contente; yena = pelo qual, aqui:
omitido; kenacid = com o que quer que seja; aniketas = sem lar; sthira-
matis (sthira + matis) = mente estável; bhaktimān = devoto, repleto de
devoção; me = a mim, me; priyas = querido; naras = homem.

12.20: ye (plural) = quem, que; tu = mas; dharmyāmṛtam (dharmya + amṛtam)
= lícito néctar-da-imortalidade; idam = este; yathoktam (yathā + uktam)
= declarado; paryupāsate (plural) = adoram; śraddadhānās = [que] têm
fé; matparamās (mat + paramās) = [que fazem de] mim [seu] supremo;
bhaktās = devotos; te = eles, aqui: estes; 'tīva (atīva) = extraordinariamente; me = a mim, me; priyās (plural) = queridos.

CAPÍTULO 13. O YOGA DA DISTINÇÃO ENTRE O CAMPO
E O CONHECEDOR DO CAMPO

arjunas = Arjuna; uvāca = disse;
13.0: prakṛtim = Cosmo; puruṣam = Espírito; caiva (ca + eva) = e com efeito,
aqui: *eva* não foi traduzido; kṣetram = campo; kṣetrajñam (kṣetra + jñam)
= conhecedor do campo; eva = com efeito, aqui: omitido; ca = e; etad
= isto, aqui: disto; veditum = conhecer, ter ciência; icchāmi = desejo;
jñānam = conhecimento; jñeyam = aquilo-que-deve-ser-conhecido, ou
seja, o objeto de conhecimento; ca = e; keśava = ó Keshava [ou seja,
Krishna].

śrībhagavān (śrī + bhagavān) = Senhor Bendito; uvāca = disse;
13.1: idam = este; śarīram = corpo; kaunteya = ó filho-de-Kuntī [ou seja,
Arjuna]; kṣetram = campo; iti = aqui: usado para indicar uma citação;
abhidhīyate = é chamado; etad = este; yas = que, quem; vetti = conhece;

tam = aqueles; prāhus = dizem; kṣetrajñas (kṣetra + jñas) = conhecedor do campo; iti = aqui: usado para indicar uma citação; tadvidas (tad + vidas) (plural) = conhecedores daquilo (tad), aqui: ... o conhecem.

13.2: kṣetrajñam (kṣetra + jñam) = conhecedor do campo; cāpi (ca + api) = e também; mām = me; viddhi = conhece!; sarvakṣetreṣu (sarva + kṣetreṣu) = em todos os campos; bhārata = ó descendente-de-Bharata; kṣetrakṣetrajñayos (kṣetra + kṣetra + jñayos) (dual) = do campo e do conhecedor do campo; jñānam = conhecimento; yad = o qual; tad = este; jñānam = conhecimento; matam = é considerado, aqui: tenho na conta de; mama = por mim, aqui: eu.

13.3: tad = esse; kṣetram = campo; yad = o qual, aqui: o que; ca = e; yādṛś = como o que; ca = e; yadvikāri (yad + vikāri) = qual forma; yatas = de onde; ca = e; yad = o qual, quem; sas = ele; ca = e; yas = quem; yatprabhāvas (yad + prabhāvas) = qual poder; ca = e; tad = isso; samāsena = resumidamente, aqui: em breves palavras; me = de mim; śṛṇu = ouve!

13.4: ṛṣibhis = pelos videntes; bahudhā = múltiplas, aqui: de diversas maneiras; gītam = cantadas; chandobhis = por hinos; vividhais = por várias; pṛthak = distintamente; brahmasūtrapadais (brahma + sūtra + padais) = com expressões aforísticas (sūtra) sobre o fundamento-universal; caiva (ca + eva) = e com efeito, aqui: bem como; hetumadbhis (plural) = com raciocínios válidos; viniścitais (plural) = conclusivas.

13.5: mahābhūtāni (mahā + bhūtāni) = grandes elementos; ahaṃkāras = criador-do-eu [ou seja, sentido-do-ego]; buddhis = faculdade-da-sabedoria; avyaktam = não manifesto; eva = com efeito, aqui: omitido; ca = e; indriyāṇi = sentidos; daśaikam (daśa + ekam) = dez [mais] um [ou seja, onze]; ca = e; pañca = cinco; cendriyagocarās (ca + indriya + gocarās) = e pastagens de vacas (gocara) dos sentidos.

13.6: icchā = desejo; dveṣas = ódio, aversão; sukham = prazer; duḥkham = dor; saṃghātas = confusão; cetanā = consciência; dhṛtis = retenção; etad = isso; kṣetram = campo; samāsena = em suma; savikāram (sa + vikāram) = com (sa) modificação, aqui: com modificações; udāhṛtam = descrito.

13.7: amānitvam = ausência de orgulho; adambhitvam = ausência de pretensão; ahiṃsā = não violência; kṣāntis = paciência; ārjavam = retidão; ācāryopāsanam (ācārya + upāsanam) = reverência pelo preceptor; śaucam = pureza; sthairyam = estabilidade; ātmavinigrahas (ātma + vinigrahas) = autodomínio.

13.8: indriyārtheṣu (indriya + artheṣu) = em relação aos objetos dos sentidos; vairāgyam = desapego, indiferença; anahaṃkāras = ausência de sentido-do-ego; eva = com efeito; ca = e; janmamṛtyujarāvyādhiduḥk hadoṣānudarśanam (janma + mṛtyu + jarā + vyādhi + duḥkha + doṣa + anudarśanam) = intuição dos defeitos (doṣa) do nascimento, da morte, da velhice, da doença e do sofrimento.

13.9: asaktis = nonattachment; anabhiṣvaṅgas = ausência de emaranhamento; putradāragṛhādiṣu (putra + dāra + gṛha + ādiṣu) = com o filho, a esposa, o lar e outras coisas semelhantes (ādi); nityam = constante; ca = e; samacittatvam (sama + cittatvam) = equanimidade; iṣṭāniṣṭopapattiṣu (iṣṭa + aniṣṭa + upapattiṣu) = nos acontecimentos desejáveis [e] indesejáveis.

13.10: mayi = em mim, aqui: a mim; cānanyayogena (ca + ananya + yogena) = por nenhum outro Yoga; bhaktis = devoção; avyabhicāriṇī = inabalável; viviktadeśasevitvam (vivikta + deśa + sevitvam) = estabelecendo-se (sevitva) em local (deśa) solitário; aratis = desgosto; janasaṃsadi (jana + saṃsadi) = pela companhia das pessoas (jana).

13.11: adhyātmajñānanityatvam (adhyātma + jñāna + nityatvam) = constância (nityatva) do conhecimento da base-do-eu; tattvajñānārthadarśanam (tattva + jñāna + artha + darśanam) = intuição (darśana) do objetivo (artha) do conhecimento da realidade (tattva); etad = isto; jñānam = conhecimento; iti = assim, aqui: isto; proktam = proclamado; ajñānam = ignorância; yad = o qual, o que; atas = logo, aqui: omitido; 'nyathā (anyathā) = o contrário.

13.12: jñeyam = aquilo-que-deve-ser-conhecido, o objeto de conhecimento; yad = o qual; tad = isto, aquilo; pravakṣyāmi = declararei; yad = o qual; jñātvāmṛtam (jñātvā + amṛtam) = tendo conhecido [alcança] a imortalidade, aqui: conhecendo...; aśnute = alcança; anādimat = sem princípio; param = supremo; brahma = fundamento-universal; na = não; sat = ser; tad = isto, aquilo; nāsat (na + asat) = não não ser, aqui: nem...; ucyate = é chamado.

13.13: sarvatas = em toda parte; pāṇipādam (pāṇi + pādam) = mão [e] pé, aqui: mãos e pés; tad = isto, aquilo; sarvatas = em toda parte; 'kṣiśiromukham (akṣi + śiras + mukham) = olho, cabeça boca, aqui: olhos, cabeças e bocas; sarvatas = em toda parte; śrutimat = dotado de audição, aqui: ouvidos; loke = no mundo; sarvam = tudo, todas as coisas; avṛtya = envolvendo; tiṣṭhati = está presente.

13.14: sarvendriyaguṇābhāsam (sarva + indriya + guṇa + ābhāsam) = aparência de todas as qualidades sensoriais, aqui: pareça...; sarvendriyavivarjitam (sarva + indriya + vivarjitam) = despido de todos os sentidos; asaktam = desapegado, aqui: não se apega; sarvabhṛt (sarva + bhṛt) = a tudo sustenta; caiva (ca + eva) = e até, aqui: mas; nirguṇam = além (nir-) das qualidades-primárias; guṇabhoktṛ (guṇa + bhoktṛ) = aquele que frui das qualidades primárias; ca = e.

13.15: bahis = fora; antas = dentro; ca = e; bhūtānām = dos seres; acaram = imóvel; caram = móvel; eva = em verdade, aqui: mas; ca = e; sūkṣmatvāt = em razão da sutileza; tad = isto, aquilo; avijñeyam = não-ser-conhecido, aqui: não pode ser conhecido; dūrastham (dūra + stham) = habitando ao longe, aqui: situa-se ao longe; cāntike (ca + antike) = e nas vizinhanças, aqui: perto; ca = e; tad = isto, aquilo.

13.16: avibhaktam = indiviso; ca = e; bhūteṣu = nos seres; vibhaktam = dividido; iva = como que, aqui: aparentemente; ca = e; sthitam = habitando, aqui: habita; bhūtabhartṛ (bhūta + bhartṛ) = sustentador dos seres; ca = e; tad = isto, aquilo; jñeyam = ser conhecido; grasiṣṇu = devorador; prabhaviṣṇu = gerador; ca = e.

13.17: jyotiṣām = das luzes; api = também; tad = este; jyotis = luz; tamasas = da escuridão; param = além; ucyate = é chamado; jñānam = conhecimento; jñeyam = aquilo-que-deve-ser-conhecido [ou seja, o objeto de conhecimento]; jñānagamyam (jñāna + gamyam) = acessível (gamya) ao conhecimento; hṛdi = no coração; sarvasya = de todos; viṣṭhitam = sediado.

13.18: iti = assim; kṣetram = campo; tathā = do mesmo modo, também; jñānam = conhecimento; jñeyam = aquilo-que-deve-ser-conhecido; coktam (ca + uktam) = é chamado, explicado, aqui: se explicam; samāsatas = resumidamente, aqui: em breves palavras; madbhaktas (mad + bhaktas) = meu devoto; etad = isso; vijñāya = conhecendo, sabendo; madbhāvāyopapadyate (mad + bhāvāya + upapadyate) = do meu estado--de-ser se aproxima.

13.19: prakṛtim = Cosmo; puruṣam = Espírito; caiva (ca + eva) = e em verdade, aqui: *eva* não foi traduzido; viddhi = estejas ciente!; anādī = sem princípio; ubhau (dual) = ambos; api = também; vikārān = modificações; ca = e; guṇān = qualidades-primárias; caiva (ca + eva) = e em verdade, aqui: *eva* foi omitido; viddhi = estejas ciente!; prakṛtisaṃbhavān (prakṛti + saṃbhavān) (plural) = nascendo do Cosmo, aqui: nascem...

13.20: kāryakāraṇakartṛtve (kārya + kāraṇa + kartṛtve) = em relação à atividade [dos] instrumentos (kāraṇa) [e] efeitos (kārya); hetus = causa; prakṛtis = cosmo; ucyate = é chamada; puruṣas = espírito; sukhaduḥkhānām (sukha + duḥkhānām) = do prazer [e] da dor; bhoktṛtve = em relação à qualidade de fruir; hetus = causa; ucyate = é chamado.

13.21: puruṣas = espírito; prakṛtisthas (prakṛti + sthas) = repousando [no] Cosmo; hi = em verdade, aqui: não traduzido; bhuṅkte = goza, frui; prakṛtijān (prakṛti + jān) = nascidas do cosmo; guṇān = qualidades--primárias; kāraṇam = causa, instrumento; guṇasaṅgas (guṇa + saṅgas) = apego às qualidades-primárias; 'sya (asya) = disto, aqui: de seu; sadasadyonijanmasu (sat + asat + yoni + janmasu) (plural) = em nascimento [em] bens [e] maus úteros (yoni), aqui: nascimento em...

13.22: upadraṣṭānumantā (upadraṣṭā + anumantā) = supervisor [e] permitidor; ca = e; bhartā = sustentador; bhoktā = fruidor; maheśvaras (mahā + īśvaras) = grande senhor; paramātmeti (parama + ātma + iti) = supremo si mesmo assim (*iti*), aqui: *iti* é usado para indicar uma citação; cāpi (ca + api) = e também; uktas = é chamado; dehe = no corpo; 'smin (asmin) = neste; puruṣas = Espírito; paras = supremo.

13.23: yas = quem; evam = assim; vetti = conhece; puruṣam = o espírito; prakṛtim = o cosmo; ca = e; guṇais = com as qualidades-primárias; saha = juntamente com; sarvathā vartamānas = como quer que exista, aqui: seja qual for o seu modo de existência; 'pi (api) = também, até, aqui: omitido; na = não; sas = ele; bhūyas = de novo; 'bhijāyate (abhijāyate) = nasce, aqui: nascerá.

13.24: dhyānenātmani (dhyānena + ātmani) = pela meditação em si mesmos; paśyanti = percebem; kecid = alguns; ātmānam = si mesmo; ātmanā = por si mesmos; anye = outros; sāṃkhyena = pelo Sāmkhya; yogena = pelo Yoga; karmayogena (karma + yogena) = pelo Karma-Yoga; cāpare (ca + apare) = e outros.

13.25: anye = outros; tu = com efeito, mas; evam = assim, aqui: disto; ajānantas = ignorantes; śrutvānyebhyas (śrutvā + anyebhyas) = tendo ouvido de outros, aqui: ouvindo; upāsate = adoram; te = eles; 'pi (api) = também; cātitaranti (ca + atitaranti) = e transcendem; eva = em verdade, aqui: omitido; mṛtyum = morte; śrutiparāyaṇās (śruti + parāyaṇās) = sendo dedicados ao que ouvem (śruti) [ou seja, à revelação].

13.26: yāvat = na medida em que, aqui: omitido; saṃjāyate = nascida; kiṃcid = qualquer; sattvam = ser, ente, entidade; sthāvarajaṅgamam (sthāvara + jaṅgamam) = imóvel [ou] móvel; kṣetrakṣetrajñasaṃyogāt (kṣetra + kṣetra + jña + saṃyogāt) = da união (saṃyoga) do campo e do conhecedor do campo; tad = isto, aqui: ela; viddhi = estejas ciente!; bharatarṣabha (bharata + ṛṣabha) = ó Bharatarshabha.

13.27: samam = mesmo, igual, aqui: igualmente; sarveṣu = em todos; bhūteṣu = nos seres; tiṣṭhantam = situado, presente; parameśvaram (parama + īśvaram) = supremo senhor; vinaśyatsu = não perecimento, aqui: quando perecem; avinaśyantam = não perece; yas = quem, aquele que; paśyati = vê; sas = ele; paśyati = vê.

13.28: samam = mesmo, igual, aqui: igualmente; paśyan = vendo; hi = pois; sarvatra = em toda parte; samavasthitam = repousando; īśvaram = senhor; na = não, aqui: não pode; hinasti = fere; ātmanātmānam (ātma + na + ātmānam) = a si mesmo (ātmānam) pos si mesmo; tatas = logo, portanto; yāti = trilha; parām = supremo, mais excelso; gatim = caminho.

13.29: prakṛtyaiva (prakṛtyā + eva) = pelo cosmo verdadeiramente (eva), aqui: *eva* foi omitido; ca = e; karmāṇi = ações; kriyamāṇāni (plural) = executadas; sarvaśas = exclusivamente, unicamente; yas = quem, aquele que; paśyati = vê; tathātmānam (tathā + ātmānam) = assim o si mesmo; akartāram = não agente; sas = ele; paśyati = vê.

13.30: yadā = quando; bhūtapṛthagbhāvam (bhūta + pṛthag + bhāvam) = diversos estados-de-existência (bhāva) dos seres; ekastham (eka + stham) = repousam (stha) no um; anupaśyati = percebe; tatas = logo, aqui: procede disso; eva = com efeito, aqui: omitido; ca = e; vistāram = distribuição; brahma = fundamento-universal; sampadyate = alcança; tadā = então.

13.31: anāditvān = desde o sem-princípio, aqui: porque ... sem princípio; nirguṇatvāt = pelo fato [de ser] além das qualidades-primárias; paramātmāyam (parama + ātmā + ayam) = este supremo si mesmo; avyayas = imutável; śarīrasthas (śarīra + sthas) = habitando no corpo; 'pi (api) = até, aqui: embora; kaunteya = ó filho-de-Kuntī; na = não, aqui: nem; karoti = age; na = não, aqui: nem; lipyate = se macula.

13.32: yathā = assim como; sarvagatam (sarva + gatam) = onipresente; saukṣmyāt = em razão da sutileza; ākāśam = éter; nopalipyate (na + upalipyate) = não é poluído; sarvatrāvasthitas (sarvatra + avasthitas) = habitando em toda parte; dehe = no corpo; tathātmā (tathā + ātmā) = assim também o si mesmo; nopalipyate (na + upalipyate) = não é poluído.

13.33: yathā = assim como; prakāśayati = ilumina; ekas = um, sozinho; kṛtsnam = todo; lokam = mundo; imam = este; ravis = sol; kṣetram = campo; kṣetrī = possuidor do campo; tathā = assim também; kṛtsnam = todo; prakāśayati = ilumina; bhārata = ó descendente-de-Bharata.

13.34: kṣetrakṣetrajñayos (kṣetra + kṣetra + jñayos) (dual) = do campo e do conhecedor do campo; evam = assim, desse modo; antaram = distinção, diferença; jñānacakṣuṣā (jñāna + cakṣuṣā) = pelo olho do conhecimento; bhūtaprakṛtimokṣam (bhūta + prakṛti + mokṣam) = libertação do cosmo dos elementos (bhūta); ca = e; ye (plural) = quem, aqueles que; vidus = conhecem; yānti = vão, dirigem-se a; te = eles; param = supremo.

CAPÍTULO 14. O YOGA DA DISTINÇÃO ENTRE AS TRÊS QUALIDADES

śrībhagavān (śrī + bhagavān) = Senhor Bendito; uvāca = disse;

14.1: param = mais elevado; bhūyas = de novo, mais uma vez; pravakṣyāmi = proclamarei; jñānānām = dos conhecimentos; jñānam = conhecimento; uttamam = primeiro, sem par; yad = o qual; jñātvā = tendo conhecido, aqui: conhecendo; munayas = sábios; sarve = todos; parām = suprema, mais excelsa; siddhim = perfeição; itas = daqui; gatās (plural) = idos, aqui: se foram.

14.2: idam = esse; jñānam = conhecimento; upāśritya = recorrendo; mama = de mim, comigo; sadharmyam = identidade; āgatās (plural) = vindo, aqui: alcançado; sarge = na [nova] criação; 'pi (api) = até, mesmo; nopajāyante (na + upajāyante) = não nascem; pralaye = na dissolução; na = não, aqui: nem sequer; vyathanti = trepidam, aqui: temem; ca = e, aqui: omitido.

14.3: mama = meu; yonis = útero; mahat = grande; brahma = fundamento- -universal; tasmin = nele; garbham = feto; dadhāmi = planto; aham = eu; saṃbhavas = nascimento; sarvabhūtānām = de todos os seres; tatas = daí, aqui: deste; bhavati = vem a ser, aqui: vem; bhārata = ó descendente-de-Bharata.

14.4: sarvayoniṣu = em todos os úteros, aqui: em qualquer útero; kaunteya = ó filho-de-Kuntī; mūrtayas = formas; saṃbhavanti = nascem; yās (plural) = as quais; tāsām = delas; brahma = fundamento-universal; mahat = grande; yonis = útero; aham = eu; bījapradas = semente dada, aqui: [que] fornece a semente; pitā = pai.

14.5: sattvam = aqui: conservado em sânscrito; rajas = aqui: conservado em sânscrito; tamas = aqui: conservado em sânscrito; iti = assim, aqui: não traduzido; guṇās = qualidades-primárias; prakṛtisaṃbhavās = nascidas do cosmo; nibadhnanti = agrilhoam; mahābāho = ó [Arjuna] dos braços fortes; dehe = no corpo, aqui: ao corpo; dehinam = incorporado, aqui: essência-incorporada; avyayam = imutável.

14.6: tatra = nisso, aqui: dente elas; sattvam = aqui: conservado em sânscrito; nirmalatvāt = por ser imaculada; prakāśakam = luminosa, irradiante; anāmayam = sem mal; sukhasaṅgena (sukha + saṅgena) = pelo apego à alegria (sukha); badhnāti = agrilhoa; jñānasaṅgena (jñāna + saṅgena) = pelo apego ao conhecimento; cānagha (ca + anagha) = e ó Anagha.

14.7: rajas = aqui: conservado em sânscrito; rāgātmakam (rāga + ātmakam) = natureza da paixão (rāga); viddhi = estejas ciente!; tṛṣṇasaṅgasamudbhavam (tṛṣṇa + saṅga + samudbhavam) = produzida pela sede [e] pelo apego; tad = isto, aquilo; nibadhnāti = agrilhoa; kaunteya = ó filho-de-Kuntī; karmasaṅgena (karma + saṅgena) = pelo apego à ação; dehinam = o incorporado, aqui: a essência-incorporada.

14.8: tamas = aqui: conservado em sânscrito; tu = mas; ajñānajam (ajñāna + jam) = nascida da ignorância; viddhi = estejas ciente!; mohanam = enganando, iludindo; sarvadehinām (sarva + dehinām) = todos os incorporados, aqui: todas as essências-incorporadas; pramādālasyanidrābhis (pramāda + ālasya + nidrābhis) = pela desatenção, pela indolência [e] pelo sono; tad = isto, aquilo; nibadhnāti = agrilhoa; bhārata = ó descendente-de-Bharata.

14.9: sattvam = aqui: conservado em sânscrito; sukhe = na [à] alegria; sañjayati = prende; rajas = aqui: conservado em sânscrito; karmāṇi = na [à] ação; bhārata = ó descendente-de-Bharata; jñānam = conhecimento; āvṛtya = velando; tu = mas; tamas = aqui: conservado em sânscrito; pramāde = na [à] desatenção; sañjayati = prende; uta = com efeito, aqui: omitido.

14.10: rajas = aqui: conservado em sânscrito; tamas = aqui: conservado em sânscrito; cābhibhūya = e sobrepujando, aqui: são sobrepujadas; sattvam

= aqui: conservado em sânscrito; bhavati = se torna; bhārata = ó descendente-de-Bharata; rajas = aqui: conservado em sânscrito; sattvam = aqui:
conservado em sânscrito; tamas = aqui: conservado em sânscrito; caiva
(ca + eva) = e em verdade, aqui: assim também; tamas = aqui: conservado em sânscrito; sattvam = aqui: conservado em sânscrito; rajas = aqui:
conservado em sânscrito; tathā = bem como.

14.11: sarvadvāreṣu (sarva + dvāreṣu) = em todos os portões; dehe = no corpo; 'smin (asmin) = neste; prakāśas = luminosidade; upajāyate = nasce,
aqui: surge; jñānam = conhecimento; yadā = quando; tadā = então, aqui:
omitido; vidyāt = deve saber; vivṛddham = aumentada, aqui: aumentou;
sattvam = aqui: conservado em sânscrito; iti = assim, aqui: não traduzido; uta = com efeito, aqui: não traduzido.

14.12: lobhas = cobiça; pravṛttis = atividade; ārambhas = empreendimento;
karmāṇām = de ações; aśamas = inquietude; spṛhā = desejo; rajasi = em
rajas, aqui: de rajas; etāni = estes; jāyante = nascem, surgem; vivṛddhe
= com o aumento, aqui: quando ela aumenta; bharatarṣabha (bharata +
ṛṣabha) = ó Bharatarshabha.

14.13: aprakāśas = ausência de luminosidade; 'pravṛttis (apravṛttis) = inatividade; ca = e; pramādas = desatenção; mohas = ilusão, engano; eva = em
verdade, aqui: também; ca = e; tamasi = em tamas, aqui: de tamas; etāni
= estes; jāyante = nascem, surgem; vivṛddhe = com o aumento, aqui:
quando ela aumenta; kurunandana (kuru + nandana) = ó Kurunandana.

14.14: yadā = quando, aqui: se; sattve = em sattva, aqui: quando sattva;
pravṛddhe = ao aumentar, aqui: aumentou; tu = mas; pralayam = dissolução; yāti = vai; dehabhṛt (deha + bhṛt) = aquele que traja o corpo; tadottamavidām (tadā + uttama + vidām) (genitivo plural) = então
(omitido) dos conhecedores do supremo (ou dos conhecedores mais
elevados); lokān = mundos; amalān (plural) = imaculados; pratipadya-
te = entra.

14.15: rajasi = em rajas, aqui: quando rajas; pralayam = dissolução; gatvā =
tendo ido, aqui: encontra; karmasaṅgiṣu (karma + saṅgiṣu) (plural) = em

[ou entre] os apegados à ação; jāyate = nasce; tathā = assim, do mesmo modo; pralīnas = se dissolve; tamasi = em tamas, aqui: quando tamas; mūḍhayoniṣu (mūḍha + yoniṣu) = em úteros iludidos; jāyate = nasce.

14.16: karmaṇas = da ação; sukṛtasyāhus (su + kṛtasya + āhus) = benfeita (sukṛta) [segundo] dizem; sāttvikam = sáttvico, tem a natureza de sattva; nirmalam = imaculado; phalam = fruto; rajasas = de rajas; tu = mas; phalam = fruto; duḥkham = sofrimento; ajñānam = ignorância; tamasas = de tamas; phalam = fruto.

14.17: sattvāt = de sattva; saṃjāyate = nasce; jñānam = conhecimento; rajasas = de rajas; lobhas = cobiça; eva = em verdade, aqui: omitido; ca = e; pramādamohau (pramāda + mohau) = desatenção e engano; tamasas = de tamas; bhavatas (dual) = nascem; 'jñānam (ajñāna) = ignorância; eva = em verdade, aqui: omitido; ca = e, aqui: e também.

14.18: ūrdhvam = para cima; gacchanti = vão; sattvasthā (sattva + sthā) = repousando em sattva, aqui: repousam in sattva; madhye = no meio; tiṣṭhanti = permanecem; rājasās (plural) = rajásicos; jaghanyaguṇavṛttisthās (jaghanya + guṇa + vṛtti + sthās) = estabelecidos (stha) no modo mais baixo (jaghanya) das qualidades-primárias; adhas = para baixo; gacchanti = vão; tāmasās (plural) = tamásicos.

14.19: nānyam (na + anyam) = não outro, aqui: nenhum outro; guṇebhyas = senão as qualidades-primárias; kartāram = agente; yadā = quando; draṣṭānupaśyati (draṣṭā + anupaśyati) = o vidente vê; guṇebhyas = das qualidades-primárias; ca = e; param = mais alto, aqui: além; vetti = conhece, toma ciência de; madbhāvam (mad + bhāvam) = meu estado-de--ser; sas = ele; 'dhigacchati (adhigacchati) = alcança.

14.20: gunān = qualidades-primárias; etān = essas; atītya = transcendendo; trīn = três; dehī = incorporado, aqui: essência-incorporada; dehasamudbhavān (deha + samudbhavān) = fontes do corpo; janmamṛtyujarāduḥkhais (janma + mṛtyu + jarā + duḥkhais) = do nascimento, da morte, da velhice [e] do sofrimento; vimuktas = liberta, livre; 'mṛtam (amṛtam) = imortal, imortalidade; aśnute = alcança, adquire.

arjunas = Arjuna; uvāca = disse;

14.21: kais = mediante quais?; liṅgais = mediante sinais; trīn = três; guṇān = qualidades-primárias; etān = essas; atītas = transcendendo, aqui: aquele que transcende; bhavati = se torna, aqui: deve ser; prabho = ó senhor; kimācāras (kim + ācāras) = qual conduta?; katham = como?; caitān (ca + etān) = e essas; trīn = três; guṇān = qualidades-primárias; ativartate = vai além, aqui: passa além.

śrībhagavān (śrī + bhagavān) = Senhor Bendito; uvāca = disse;

14.22: prakāśam = iluminação; ca = e; pravṛttim = atividade; ca = e; moham = ilusão, engano; eva = em verdade, aqui: não traduzido; ca = e; pāṇḍava = ó filho-de-Pāndu; na = não; dveṣṭi = odeia; saṃpravṛttāni = ocorrências, aqui: quando surgem; na = não; nivṛttāni = cessações, aqui: quando cessam; kāṅkṣati = deseja.

14.23: udāsīnavad (udāsīna + vat) = como um indiferente; āsīnas = senta-se; guṇais = pelas qualidades-primárias; yas = quem, aquele que; na = não; vicālyate = é perturbado; guṇās = qualidades-primárias; vartanta (for vartante) = giram; iti = assim, aqui: usado para indicar uma citação; eva = em verdade, assim; yas = quem, aquele que; 'vatiṣṭhati (avatiṣṭhati) = se põe em pé, aqui: se mantém à parte; neṅgate (na + iṅgate) = não se move, não sai do [seu] lugar.

14.24: samaduḥkhasukhas (sama + duḥkha + sukhas) = mesmo [no] prazer (sukha) [e na] dor; svasthas (sva + sthas) = estabelecido em si; samaloṣṭāśmakāñcanas (sama + loṣṭa + aśma + kāñcanas) = o mesmo [em relação a] um torrão de terra, uma pedra [ou] ouro; tulyapriyāpriyas (tulya + priya + apriyas) = igual [diante das coisas] queridas [e] desagradáveis; dhīras = firme; tulyanindātmasaṃstutis (tulya + nindā + ātma + saṃstutis) = igual [diante do] seu louvor [ou] censura, aqui: ... do louvor e da censura a ele dirigidos.

14.25: mānāvamānayos (mānāva + mānayos) (dual) = na honra [e] na desonra; tulyas = igual; tulyas = igual; mitrāripakṣayos (mitra + ari + pakṣayos) (dual) = diante de amigo [e] inimigo; sarvārambhaparityāgī (sarva + ārambha + parityāgī) = renunciador de todos os empreendimentos, aqui:

renunciando...; guṇātītas (guṇa + atītas) = transcendendo as qualidades-
-primárias, aqui: que transcendeu...; sas = ele; ucyate = se diz.

14.26: mām = a mim; ca = e; yas = quem, aquele que; 'vyabhicāreṇa
(avyabhicāreṇa) = co o infalível; bhaktiyogena (bhakti + yogena) =
com o Yoga da devoção; sevate = serve; sas = ele; guṇān = qualidades-
-primárias; samitītyaitān (samitītya + etān) = tendo transcendido essas;
brahmabhūyāya (brahma + bhūyāya) (dative) = a se tornar o fundamento-universal; kalpate = está apto.

14.27: brahmaṇas = do fundamento-universal; hi = pois; pratiṣṭhāham (pratiṣṭhā
+ aham) = eu (aham) [sou] o fundamento; amṛtasyāvyayasya (amṛtasya
+ avyayasya) = do imortal [e] imutável; ca = e; śāśvatasya = eterna; ca =
e; dharmasya = da lei; sukhasyaikāntikasya (sukhasya + ekāntikasya) =
da alegria (sukha) singular (ekāntika); ca = e.

CAPÍTULO 15. O YOGA DA SUPREMA PESSOA

śrībhagavān (śrī + bhagavān) = Senhor Bendito; uvāca = disse;
15.1: ūrdhvamūlam (ūrdhva + mūlam) = acima a raiz (mūla), aqui: as raízes
em cima; adhaḥśakham (adhas + śakham) = embaixo o ramo, aqui: os
ramos embaixo; aśvattham = aqui: conservado em sânscrito; prāhus =
dizem; avyayam = imutável; chandāṃsi = hinos; yasya = cujas, aqui:
que suas; parṇāni = folhas; yas = quem, aquele que; tam = isso; veda =
sabe; sas = ele; vedavid (veda + vid) = conhecedor dos Vedas.

15.2: adhas = embaixo; cordhvam (ca + ūrdhvam) = e em cima; prasṛtās (plural) = espraiando-se; tasya = seus; śākhās = ramos; guṇapravṛddhās
(guṇapravṛddhās) = nutridos pelas qualidades-primárias; viṣayapravālās
(viṣaya + pravālās) = objetos [como] galhos menores; adhas = embaixo;
ca = e; mūlāni = raízes; anusaṃtatāni (plural) = estendidas, aqui: proliferam; karmānubandhīni (karma + anubandhīni) (plural) = ligadas à ação;
manuṣyaloke (manuṣya + loke) = no mundo humano.

15.3: na = não; rūpam = forma; asyeha (asya + iha) = sua aqui; tathopalabhyate (tathā + upalabhyate) = é percebida dessa maneira; nāntas (na + antas) = não fim, aqui: nem [seu] fim; na = não, aqui: nem; cādis (ca + ādis) = e princípio; na = não, aqui: nem; ca = e; sampratiṣṭhā = alicerce; aśvattham = aqui: conservado em sânscrito; enam = essa; suvirūḍhamūlam (su + virūḍha + mūlam) = raiz bem (su-) desenvolvida, aqui: ... raízes; asaṅgaśastreṇa (asaṅga + śastreṇa) = com a arma (śastra) do desapego; dṛḍhena = com a [arma] firme, sólida; chittvā = tendo cortado, aqui: tendo-se derrubado.

15.4: tatas = então, aqui: omitido; padam = estado; tad = aquele; parimārgitavyam = ser perseguido, aqui: deve-se ir no encalço; yasmin = no qual, aqui: do qual; gatās = [os que] foram, aqui: [os que o] alcançaram; na = não; nivartanti = retornam; bhūyas = novamente, aqui: omitido; tam = aquele; eva = em verdade; cādyam (ca + ādyam) = e princípio, aqui: primordial; puruṣam = espírito; prapadye = refugio-me; yatas = de onde; pravṛttis = criatividade; prasṛtā (feminino) = promanou; purāṇī = antiga.

15.5: nirmāṇamohās (nirmāṇa + mohās) = sem (nir-) orgulho [e] ilusão; jitasaṅgadoṣās (jita + saṅga + doṣās) = vencida a mácula do apego; adhyātmanityās (adhyātma + nityās) = sempre [fixados na] base-do-eu; vinivṛttakāmās (vinivṛtta + kāmās) = desejos (kāma) serenados; dvandvais = dos pares-de-opostos; vimuktās = libertos; sukhaduḥkhasaṃjñais (sukha + duḥkha + saṃjñais) = dos conhecidos [como] prazer [e] dor; gacchanti amūḍhās = iniludíveis vão (gacchanti); padam = estado; avyayam = imutável; tad = aquele.

15.6: na = não; tad = esse; bhāsayate = ilumina; sūryas = o sol; na = não, aqui: nem; śaśāṅkas = a lua [lit. "a que leva o sinal do coelho" que se vê nas manchas lunares]; na = nem; pāvakas = o fogo; yad = a qual; gatvā = tendo ido, aqui: uma vez tendo-a alcançado; na = não; nivartante = retornam; tad = isto, aqui: ela; dhāma = morada; paramam = suprema; mama = minha.

15.7: mamaivāṃśas (mama + eva + aṃśas) = somente (eva) um fragmento de mim mesmo (mama); jīvaloke (jīva + loke) = no mundo [dos] viventes; jīvabhūtas (jīva + bhūtas) = elemento [ou ser] vivente, aqui: elemento vital; sanātanas = perene; manaḥśaṣṭhānīndriyāṇi (manas + śaṣṭhāni + indriyāṇi) = a mente [como o] sexto sentido (indriya); prakṛtisthāni (prakṛti + sthāni) (plural) = habitando [no] cosmo; karṣati = atrai.

15.8: śarīram = corpo; yad = o qual, aqui: qualquer; avāpnoti = atinja, aqui: tome para si; yad = o qual, aqui: qualquer; cāpi (ca + api) = e também, aqui: api foi omitido; utkrāmatīśvaras (utkrāmati + īśvaras) = o senhor ascende (utkrāmati); gṛhitvaitāni (gṛhitvā + etāni) = tendo-se apoderado desses; saṃyāti = carrega, aqui: se move; vāyus = vento; gandhān = odores; ivāśayāt (iva + āśayāt) = do local-de-origem por assim dizer, aqui: da mesma maneira que [o vento leva odores do seu] local-de-origem [āśaya denota o local de onde emana um odor, como uma flor, por exemplo].

15.9: śrotram = audição; cakṣus = olho, aqui: visão; sparśanam = tato; ca = e; rasanam = paladar; ghrāṇam = olfato; eva = em verdade, aqui: omitido; ca = e, aqui: bem como; adhiṣṭhāya = empregando; manas = mente; cāyam (ca + ayam) = e este; viṣayān = objetos; upasevate = frui.

15.10: utkrāmantam = ascendendo, aqui: ascende; sthitam = permanecendo, aqui: permanece; vāpi (vā + api) = ou também, aqui: *api* foi omitido; bhuñjānam = fruindo, aqui: frui; vā = ou; guṇānvitam (guṇa + anvitam) = associado às qualidades-primárias; vimūḍhās (plural) = iludidos; nānupaśyanti (na + anupaśyanti) = não veem; paśyanti = veem; jñānacakṣuṣas (jñāna + cakṣuṣas) (plural) = os dotados do olho do conhecimento.

15.11: yatantas (plural) = empenhados; yoginas = yogins; cainam (ca + enam) = e isto, aqui: e [contemplam]-no; paśyanti = contemplam; ātmani = em si mesmos; avasthitam = estabelecido; yatantas (plural) = empenhando-se; 'pi (api) = mas; akṛtātmānas (akṛta + ātmānas) (plural) = de si mesmo imperfeito, aqui: imperfeitos em si próprios; nainam (na + enam) = não isto, aqui: não o [veen]; paśyanti = contemplam, veem; acetasas (plural) = néscios.

15.12: yad = o qual, que: aqui: e; ādityagatam (āditya + gatam) = foi ao sol, aqui: entrou no sol; tejas = brilho; jagat = universo; bhāsayate = ilumina;

'khilam (akhilam) = inteiro; yad = que; candramasi = na lua; yad = que; cāgnau (ca + agnau) = e no fogo; tad = esse; tejas = brilho; viddhi = conhece!, estejas ciente!; māmakam = meu.

15.13: gām = terra [lit. "aquela sobre a qual se anda"]; āviśya = entrando, aqui: penetrando; ca = e; bhūtāni = seres; dhārayāmi = sustento; aham = eu; ojasā = com vitalidade; puṣṇāmi = faço brotar, aqui: nutro; cauṣadhīs (ca + auṣadhīs) = e ervas; sarvās (plural) = todas; somas = aqui: conservado em sânscrito; bhūtvā = tendo-me tornado, aqui: tornando-me; rasātmakas (rasa + ātmakas) = cuja natureza (ātmaka) é ambrosia, aqui: ... chuva-de-ambrosia.

15.14: aham = eu; vaiśvānaras = lit. "que diz respeito a todos os homens", o fogo digestivo, aqui: conservado em sânscrito [de viśva "todos" + nara "homens"]; bhūtvā = tendo-me tornado, aqui: tornando-me; prāṇinām = dos que respiram, aqui: viventes; deham = no corpo; āśritas = situado; prāṇāpānasamāyuktas (prāṇa + apāna + samāyuktas) = conjugado com a inspiração [e] a expiração; pacāmi = cozinho; annam = alimento; caturvidham = quádruplo.

15.15: sarvasya = de todos; cāham (ca + aham) = e eu; hṛdi = no coração; saṃniviṣṭas = alojado; mattas = de mim; smṛtis = memória; jñānam = conhecimento; apohanam = razão, raciocínio; ca = e; vedais = pelos Vedas; ca = e; sarvais = por todos; aham = eu; eva = em verdade, aqui: não traduzido; vedyas = a ser conhecido; vedāntakṛt (vedānta + kṛt) = autor do fim dos Vedas; vedavid (veda + vid) = conhecedor dos Vedas; eva = em verdade, aqui: também; cāham (ca + aham) = e eu.

15.16: dvau (dual) = dois; imau (dual) = estes dois; puruṣau (dual) = dois espíritos; loke = no mundo; kṣaras = perecível; cākṣaras (ca + akṣaras) = e imperecível; eva = em verdade, aqui: omitido; ca = e; kṣaras = perecível; sarvāṇi (plural) = todos; bhūtāni = os seres; kūṭasthas (kūṭa + sthas) = o que reside nos cimos; 'kṣaras (akṣaras) = imperecível; ucyate = é chamado.

15.17: uttamas = máximo, inigualável; puruṣas = espírito; tu = mas; anyas = outro; paramātmeti (parama + ātmā + iti) = assim (iti) o supremo si mesmo, aqui: *iti* é usado para indicar uma citação; udāhṛtas = chamado; yas = o qual, quem, que; lokatrayam (loka + trayam) = tríplice mundo; āviśya = entrando, aqui: penetrando; bibharti = sustenta; avyayas = imutável; īśvaras = senhor.

15.18: yasmāt = uma vez que, visto que; kṣaram = perecível; atītas = transcendido; 'ham (aham) = eu; akṣarāt = que o imperecível; api = até, ainda; cottamas (ca + uttamas) = e inigualado, aqui: e mais excelso; atas = portanto; 'smi (asmi) = sou; loke = no mundo; vede = no Veda; ca = e; prathitas = exaltado; puruṣottamas (puruṣa + uttamas) = Espírito Supremo.

15.19: yas = quem; mām = me; evam = assim; asaṃmūḍhas = iniludível; jānāti = conhece; puruṣottamam (puruṣa + uttamam) = Espírito Supremo; sas = ele; sarvavid (sarva + vid) = onisciente; bhajati = adora; mām = me; sarvabhāvena (sarva + bhāvena) = com todo o ser; bhārata = ó descendente-de-Bharata.

15.20: iti = assim; guhyatamam (guhya + tamam) = secretíssimo; śāstram = ensinamento; idam = este; uktam = é falado, aqui: foi declarado; mayānagha (mayā + anagha) = por mim, ó Anagha; etad = -o; buddhvā = tendo conhecido, aqui: conhecendo; buddhimān = sábio; syāt = deve ser, aqui: se tornará; kṛtakṛtyas (kṛta + kṛtyas) = trabalho cumprido (kṛta), aqui: terá cumprido o seu trabalho; ca = e; bhārata = ó descendente-de-Bharata.

Capítulo 16. O Yoga da Distinção entre os Destinos Divino e Demoníaco

śrībhagavān (śrī + bhagavān) = Senhor Bendito; uvāca = disse;

16.1: abhayam = destemor; sattvasaṃśuddhis (sattva + saṃśuddhis) = pureza do sattva; jñānayogavyavasthitis (jñāna + yoga + vyavasthitis) = perseverança no Yoga do conhecimento; dānam = dádiva, caridade; damas = autodomínio; ca = e; yajñas = sacrifício; ca = e; svādhyāyas = estudo de si; tapas = ascese; ārjavam = retidão;

16.2: ahiṃsā = não violência; satyam = veracidade; akrodhas = ausência-de-
-ira; tyāgas = abandono; śantis = paz; apaiśunam = não caluniar; dayā =
bondade; bhūteṣu = nos [para com os] seres; aloluptvam = não cobiçar;
mārdavam = mansidão; hrīs = modéstia; acāpalam = ausência-de-pressa;

16.3: tejas = vigor; kṣamā = paciência; dhṛtis = fortaleza; śaucam = pureza;
adrohas = ausência-de-malícia; nātimānitā (na + atimānitā) = não orgulho em excesso; bhavanti = se tornam, são; saṃpadam = destino; daivīm
= divino; abhijātasya = do nascido; bhārata = ó descendente-de-Bharata.

16.4: dambhas = ostentação; darpas = arrogância; 'timānas (atimānas) = presunção-excessiva; ca = e; krodhas = ira; pāruṣyam = rispidez; eva =
em verdade, aqui: não traduzido; ca = e, aqui: bem como; ajñānam =
ignorância; cābhijātasya (ca + abhijātasya) = e do nascido; pārtha = ó
filho-de-Prithā; saṃpadam = destino; āsurīm = demoníaco.

16.5: daivī = divino; saṃpad = destino; vimokṣāya = à libertação;
nibandhāyāsurī (nibandhāya + asurī) = à escravidão o demoníaco; matā
(feminino) = considera-se; mā = não; śucas = lamentes, te aflijas!;
saṃpadam = destino; daivīm = divino; abhijātas = nascido; 'si (asi) = és;
pāndava = ó filho-de-Pāndu.

16.6: dvau (dual) = dois; bhūtasargau (bhūta + sargau) (dual) = [duas] criações
[de] seres, aqui: [dois tipos de] seres foram criados; loke = no mundo;
'smin (asmin) = neste; daivas = divino; āsuras = demoníaco; eva = em
verdade, aqui: omitido; ca = e; daivas = divino; vistaraśas = extensamente, longamente; proktas = proclamei, aqui: falei; āsuram = demoníaco;
pārtha = ó filho-de-Prithā; me = de mim, -me; śṛṇu = ouve!

16.7: pravṛttim = atividade; ca = e; nivṛttim = cessação; ca = e; janās = pessoas; na = não; vidus = conhecem; āsurās (plural) = demoníacas; na =
não; śaucam = pureza; nāpi (na + api) = não tampouco; cācāras (ca +
ācāras) = e a boa conduta, aqui: nem...; na = não, aqui: nem; satyam = a
veracidade; teṣu = nelas; vidyate = se encontra.

16.8: asatyam = inverídico, falso, aqui: não tem verdade; apratiṣṭham =
infundado, instável, aqui: não tem fundamento; te = elas; jagat =

universo; āhus = dizem; anīśvaram = sem deus, aqui: não tem um senhor; aparasparasaṃbhūtam (aparaspara + saṃbhūtam) = não produzido
um pelo outro, aqui: não é produzido em sequência; kim anyat = o que
mais?; kāmahaitukam (kāma + haitukam) = causado pelo desejo.

16.9: etām = essa; dṛṣṭim = visão, opinião; avaṣṭabhya = sustentando;
naṣṭātmanas (naṣṭa + ātmanas) = seres perdidos; 'lpabuddhayas (alpa
+ buddhayas) (plural) = [de] exígua sabedoria; prabhavanti = surgem,
apresentam-se; ugrakarmāṇas (ugra + karmāṇas) (plural) = atos cruéis;
kṣayāya = para a destruição, para destruir; jagatas = do universo; 'hitās
(ahitās) = inimigos.

16.10: kāmam = desejo; āśritya = recorrendo, aqui: mergulhados; duṣpūram = insaciável; dambhamānamadānvitas (dambha + māna + mada + anvitas) =
possuídos (anvita) pela ostentação, pelo orgulho [e] pela embriaguez; mohāt
= pela ilusão, pelo engano; gṛhitvāsadgrāhān (gṛhitvā + asat + grāhān) =
tendo sustentado concepções inverídicas, aqui: sustentando...; pravartante =
praticam, põem em prática; 'śucivratās (aśuci + vratās) = votos impuros.

16.11: cintām = preocupação, cuidado, aqui: preocupações; aparimeyām (feminino) = inumeráveis; ca = e; pralayāntām (pralaya + antām) (feminino)
= terminam com a dissolução (pralaya); upāśritās (plural) = dependen-
tes, aqui: obcecados por; kāmopabhogaparamās (kāma + upabhoga +
paramās) (plural) = [tendo] a satisfação dos desejos [como] suprema;
etāvat = tanto, aqui: isto [é tudo]; iti = assim, aqui: usado para indicar
uma citação; niścitās (plural) = convictos.

16.12: āśāpāśaśatais (āśā + pāśa + śatais) = por centenas de correntes de esperança;
baddhās (plural) = agrilhoados; kāmakrodhaparāyaṇās (kāma + krodha
+ parāyaṇās) = entregues ao desejo [e] à ira (krodha); īhante = buscam;
kāmabhogārtham (kāma + bhoga + artham) = objetivo (artha) [de] satisfazer
(bhoga) desejos; anyāyenārthasaṃcayān (anyāyena + artha + saṃcayān)
(plural) = por outros [ou seja, injustos] [meios] acumulando riquezas.

16.13: idam = isto; adya = hoje; mayā = por mim; labdham = adquirido; imam
= esta; prāpsye = realizarei; manoratham (manas + ratham) = fantasia

[lit. "carruagem da mente"]; idam = isto; astīdam (asti + idam) = é isto; api = também; me = meu; bhaviṣyati = será; punas = novamente, aqui: também; dhanam = riqueza.

16.14: asau = aquele; mayā = por mim; hatas = morto; śatrus = inimigo; haniṣye = matarei; cāparān (ca + aparān) (plural) = e outros; api = também, aqui: ainda; īśvaras = senhor; 'ham (aham) = eu; aham = eu; bhogī = fruidor; siddhas = perfeito; 'ham (aham) = eu; balavān = poderoso; sukhī = feliz.

16.15: āḍhyas = rico; 'bhijanavān (abhijanavān) = bem-nascido; asmi = sou; kas = quem?; 'nyas (anyas) = outro, aqui: mais; 'sti (asti) = é; sadṛśas = igual, como; mayā = a mim; yakṣye = oferecerei sacrifícios; dāsyāmi = darei, aqui: farei caridade; modiṣya (em vez de modiṣye) = regozijar-me-ei; iti = assim, aqui: usado para indicar uma citação; ajñānavimohitās (ajñāna + vimohitās) (plural) = os iludidos pela ignorância.

16.16: anekacittavibhrāntās (aneka + citta + vibhrāntās) (plural) = desencaminhados por muitos (aneka) pensamentos; mohajālasamāvṛtās (moha + jāla + samāvṛtās) (plural) = emaranhados numa rede (jāla) de ilusão; prasaktās (plural) = apegados, aqui: afeitos; kāmabhogeṣu (kāma + bhogeṣu) = ao gozo dos desejos, aqui: à satisfação...; patanti = caem; narake = num inferno; 'śucau (aśucau) = num impuro.

16.17: ātmasaṃbhāvitās (ātma + saṃbhāvitās) (plural) = presunçosos; stabdhās (plural) = obstinados; dhanamānamadānvitās (dhana + māna + mada + anvitās) (plural) = cheios de embriaguez (mada) [e] orgulho das riquezas; yajante = sacrificam, aqui: oferecem; nāmayajñais (nāma + yajñais) = sacrifícios nominais; te = eles; dambhenāvidhipūrvakam (dambhena + avidhi + pūrvakam) = com hipocrisia (dambha) [e] sem (a-) seguir (pūrvaka) as regras [prescritas].

16.18: ahaṃkāram = sentido-do-ego; balam = força; darpam = arrogância; kāmam = desejo; krodham = ira; ca = e; saṃśritās (plural) = aferrados; mām = a mim; ātmaparadeheṣu (ātma + para + deheṣu) = neles mesmos [e] em outros corpos, aqui: em seus próprios corpos e em outros; pradviṣantas (plural) = que têm ódio; 'bhyasūyakās (abhyasūyakās) (plural) = invejosos, aqui: detratores.

16.19: tān = eles, aqui: esses; aham = eu; dviṣatas (plural) = rancorosos; krūrān (plural) = cruéis; saṃsāreṣu = em ciclos, aqui: no ciclo; narādhamān (nara + adhamān) (plural) = os mais vis dos homens; kṣipāmi = lanço-os; ajasram = incessantemente; aśubhān (plural) = nefastos; āsurīṣu = em demoníacos; eva = em verdade, aqui: não traduzido; yoniṣu = em úteros.

16.20: āsurīm = demoníacos; yonim = úteros; āpannā = alcançando, aqui: caídos; mūḍhās (plural) = iludidos; janmani janmani = de nascimento em nascimento; mām = a mim; aprāpyaiva (aprāpya + eva) = sem alcançar verdadeiramente; kaunteya = ó filho-de-Kuntī; tatas = portanto; yānti = vão, trilham; adhamām (feminino) = mais baixo; gatim = caminho.

16.21: trividham = tríplice; narakasyedam (narakasya + idam) = do inferno este; dvāram = portão; nāśanam = destruição; ātmanas = de si mesmo; kāmas = desejo; krodhas = ira; tathā = assim, e também; lobhas = cobiça; tasmāt = portanto; etad = essa; trayam = tríade; tyajet = deve-se abandonar.

16.22: etais = desses; vimuktas = liberto; kaunteya = ó filho-de-Kuntī; tamodvārais (tamas + dvāramis) = dos portões da escuridão (tamas); tribhis = dos três; naras = homem; ācarati = busca; ātmanas = para si; śreyas = o melhor; tatas = assim; yāti = vai, trilha; parām (feminino) = supremo; gatim = caminho.

16.23: yas = quem, aquele que; śāstravidhim (śāstra + vidhim) = estatutos das escrituras (śāstra); utsṛjya = descartando; vartate = segue; kāmakāratas (kāma + kāratas) = criação dos desejos, aqui: estímulos dos desejos; na = não; sas = ele; siddhim = perfeição; avāpnoti = alcança; na = não, aqui: nem; sukham = alegria; na = não, aqui: nem; parām (feminino) = supremo; gatim = caminho.

16.24: tasmāt = portanto, assim sendo; śāstram = escrituras; pramāṇam = critério; te = te; kāryākāryavyavasthitau (kāryā + akārya + vyavasthitau) (dual) = o que se deve fazer e o que não se deve fazer; jñātvā = tendo conhecido, aqui: conhecendo; śāstravidhānoktam (śāstra + vidhāna + uktam) = dito [ou prescrito] (ukta) pelos estatutos das escrituras; karma

= ação, aqui: ações; kartum = fazer, executar; ihārhasi (iha + arhasi) =
aqui és capaz, aqui deves [executar].

Capítulo 17. O Yoga da Distinção entre os Três Tipos de Fé

arjunas = Arjuna; uvāca = disse

17.1: ye (plural) = quem, aqueles que; śāstravidhim = estatutos das escrituras (śāstra); utsrjya = descartando; yajante = adoram, aqui: executam;
śraddhayānvitās = de fé (śraddhā) dotados; teṣām = eles; niṣṭhā (feminino) = modo-de-vida; tu = mas, com efeito, aqui: não traduzido; kā
(feminino) = o quê?, qual?; kṛṣṇa = ó Krishna; sattvam = conservado em
sânscrito; āho = é mesmo, aqui: representado por um ponto de interroga-
ção; rajas = conservado em sânscrito; tamas = conservado em sânscrito.

śrībhagavān (śrī + bhagavān) = Senhor Bendito; uvāca = disse;

17.2: trividhā (feminino) = tríplice; bhavati = se torna, é; śraddhā = fé;
dehinām (plural) = dos incorporados, aqui: das essências-incorporadas;
sā = ela [ou seja, śraddhā], aqui: a; svabhāvajā (feminino) = nascida do
ser-próprio; sāttvikī = dotada da natureza de sattva; rājasī = dotada da
natureza de rajas; caiva (ca + eva) = e em verdade, aqui: não traduzido;
tāmasī = dotada da natureza de tamas; ceti (ca + iti) = e assim, aqui: ou,
sendo *iti* omitido; tām (feminino) = disto; śṛṇu = ouve!

17.3: sattvānurūpā (sattva + anurūpā) (feminino) = correspondente, aqui: corresponde a; sarvasya = de todos, aqui: de todo [ente]; śraddhā = fé; bhavati = se torna, é; bhārata = ó descendente-de-Bharata; śraddhāmayas
(śraddhā + mayas) = feita de fé; 'yam (ayam) = esta; puruṣas = espírito,
pessoa; yas = quem; yacchraddhas (yad + śraddhas) = a qual tendo fé,
aqui: como quer que seja a [sua] fé; sas = ele; eva = em verdade; sas =
ele, aqui: a pessoa.

17.4: yajante = adoram; sāttvikās (plural) = os que têm a natureza de sattva;
devān = deuses; yakṣarakṣāṃsi = Yakshas [e] Rakshasas; rājasās (plural)
= os que têm a natureza de rajas; pretān = almas penadas; bhūtagaṇān

(bhūta + gaṇān) = multidão dos elementais (bhūta); cānye (ca + anye) = e outros; yajante = adoram; tāmasās (plural) = as que têm a natureza de tamas; janās (plural) = pessoas.

17.5

–17.6: aśāstravihitam (aśāstra + vihitam) = não ordenadas pelas escrituras; ghoram = horríveis; tapyante = suportam; ye (plural) = que; tapas = ascese; janās (plural) = pessoas; dambhāhaṃkārasaṃyuktas (dambha + ahaṃkāra + saṃyuktās) = ligadas à ostentação [e] ao sentido-do-ego, aqui: imbuídas de...; kāmarāgabalānvitās (kāma + rāga + bala + anvitās (plural) = dotadas da força (bala) [do] desejo [e da] paixão, aqui: impelidas pela...; karśayantas (plural) = fazendo arar, aqui: oprimindo; śarīrastham (śarīra + stham) = habitando (stha) no corpo, aqui: que habita; bhūtagrāmam (bhūta + grāmam) = agregado dos elementos; acetasas = irrefletidamente, loucamente; mām = a mim; caivāntaḥśarīrastham (ca + eva + antas + śarīra + stham) = e (ca) em verdade (eva) habitando (stha) dentro (antas) do corpo, aqui: *eva* foi traduzido como "também"; tān = elas; viddhi = estejas ciente!; āsuraniścayān (āsura + niścayān) (plural) = [têm] intenção demoníaca.

17.7: āhāras = alimento; tu = com efeito, aqui: omitido; api = também, até; sarvasya = de todos, aqui: a todos; trividhas = tríplice; bhavati = se torna, pe; priyas = caro, querido; yajñas = sacrifícios, aqui: sacrifícios; tapas = ascese; tathā = assim também; dānam = dádiva, caridade; tesām = delas, de suas; bhedam = distinção, aqui: distinções; imam = isto; śṛṇu = ouve!

17.8: āyuḥsattvabalārogyasukhaprītivivardhanās (āyus + sattva + bala + ārogya + sukha + prīti + vivardhanās) (plural) = promovendo (vivardhana) a vida (āyu), a lucidez (sattva), a força (bala), a saúde (ārogya), a alegria (sukha) [e] o deleitamento (prīti); rasyās (plural) = saborosos; snigdhās (plural) = ricos-em-gordura; sthirās (plural) = firmes; hṛdyās (plural) = [alegram] o coração; āhārās = alimentos; sāttvikapriyās (sāttvika + priyās) (plural) = caros aos que têm a natureza de sattva.

17.9: kaṭvamlalavaṇātyuṣṇatīkṣṇarukṣavidāhinas (kaṭu + amla + lavaṇa + atyuṣṇa + tīkṣṇa + rūkṣa + vidāhinas) (plural) = picantes, azedos, salgados, quentes, pungentes, adstringentes [e] causticantes; āhārās (plural) = alimentos; rājasasyeṣṭās (rājasasya + iṣṭās) (plural) = desejados pelos que têm a natureza de rajas; duḥkhaśokāmayapradās (duḥkha + śoka + āmaya + pradās) (plural) = causando dor, sofrimento [e] doenças, aqui: causam...

17.10: yātayāmam = estragados; gatarasam (gata + rasam) = sem gosto [lit. "sabor que se foi"]; pūti = pútridos; paryuṣitam = velhos; ca = e; yad = os quais; ucchiṣṭam = residuais; api = também, aqui: omitido; cāmedhyam (ca + amedhyam) = e impuros; bhojanam = alimentos; tāmasapriyam (tāmasa + priyam) = caros (priya) a um [indivíduo] que tem a natureza de tamas.

17.11: aphalākāṅkṣibhis (aphala + ākāṅkṣibhis) = [os que] não (a-) desejam o fruto; yajñas = sacrifício; vidhidṛṣṭas (vidhi + dṛṣṭas) (singular) = observando os estatutos [das escrituras]; yas = que, o qual; ijyate = é oferecido; yaṣṭavyam = a ser sacrificado, aqui: o sacrifício [deve ser oferecido]; eveti (eva + iti) = em verdade, assim, aqui: *eva* foi omitido e *iti* é usado para indicar uma citação; manas = mente; samādhāya = concentrando; sas = ele, aqui: tal; sāttvikas = tem a natureza de sattva.

17.12: abhisaṃdhāya = tendo em vista, aqui: com a expectativa; tu = mas; phalam = fruto; dambhārtham (dambha + artham) = [com] a finalidade (artha) de ostentação; api = também; caiva (ca + eva) = e em verdade, aqui: *eva* foi omitido; yad = que, o qual; ijyate = é oferecido; bharataśreṣṭha (bharata + śreṣṭha) = ó Bharatashreshtha; tam = tal; yajñam = sacrifício; viddhi = estejas ciente!; rājasam = tem a natureza de rajas.

17.13: vidhihīnam (vidhi + hīnam) = sem (hīna) estatutos; asṛṣṭānnam (asṛṣṭa + annam) = sem (a-) oferenda de alimento; mantrahīnam (mantra + hīnam) = sem (hīna) mantras; adakṣiṇam = sem (a-) remuneração; śraddhāvirahitam (śraddhā + virahitam) = sem fé; yajñam = sacrifício; tāmasam = tem a natureza de tamas; paricakṣate = declara-se.

17.14: devadvijaguruprājñapūjanam (deva + dvija + guru + prājña + pūjanam) = adoração (pūjana) aos deuses, aos nascidos duas vezes, aos mestres, aos sábios; śaucam = pureza; ārjavam = retidão; brahmacaryam (brahma

+ caryam) = castidade [lit. "conduta brâmica"]; ahiṃsā = não violência; ca = e; śarīram = do corpo; tapas = ascese; ucyate = se chama.

17.15: anudvegakaram (anudvega + karam) = não (an-) causam (kara) inquietação, aqui: [que] não causam...; vākyam = fala, palavras; satyam = veracidade, verazes; priyahitam (priya + hitam) = caras [ou agradáveis] [e] benéficas (hita); ca = e; yad = que, as quais; svādhyāyābhyasanam (svādhyāya + abhyasanam) = prática (abhyasana) do estudo de si; caiva (ca + eva) = e com efeito, aqui: bem como; vāṅmayam (vāc + mayam) = feita (mayam) de fala, aqui: da fala; tapas = ascese; ucyate = se chama.

17.16: manaḥprasādas (manas + prasādas) = serenidade (prasāda) da mente; saumyatvam = benignidade, ternura; maunam = silêncio; ātmavinigrahas (ātma + vinigrahas) = autocontrole; bhāvasaṃśuddhis (bhāva + saṃśuddhis) = purificação (saṃśuddhi) dos estados; iti = assim, aqui: omitido; etad = a isto; tapas = ascese; mānasam = da mente; ucyate = se chama.

17.17: śraddhayā = com fé; parayā = com suprema; taptam = suportada; tapas = ascese; tad = essa; trividham = tríplice; narais = por homens; aphalākāṅkṣibhis (aphala + ākāṅkṣibhis) = não (a-) anseiam pelo fruto; yuktais (plural) = por jungidos; sāttvikam = tem a natureza de sattva; paricakṣate = declara-se.

17.18: satkāramānapūjārtham (satkāra + māna + pūjā + artham) = com a finalidade (artha) do beneplácito (sat + kāra), da honra, da reverência (pūjā); tapas = ascese; dambhena = com ostentação, aqui: por ostentação; caiva (ca + eva) = e em verdade, aqui: *eva* foi omitido; yad = que, a qual; kriyate = feita, realizada; tad = esta, aqui: ela; iha = aqui; proktam = proclama-se, aqui: declara-se; rājasam = tem a natureza de rajas; calam = leviana; adhruvam = instável.

17.19: mūḍhagrāheṇātmanas (mūḍha + grāheṇa + ātmanas) = com a enganosa noção (grāha) de si mesmo; yad = a qual; pīḍayā = com tortura, aqui: de torturar; kriyate = feita, realizada; tapas = ascese; parasyotsādanārtham (parasya + utsādana + artham) = com a finalidade (artha) de arruinar (utsādana) outro; vā = ou; tad = esta, aqui: tal; tāmasam = tem a natureza de tamas; udāhṛtam = descrita.

17.20: dātavyam = [devem] ser dados; iti = assim, aqui: usado para indicar uma citação; yad = o qual; dānam = caridade, presente; dīyate = dado; 'nupakāriṇe (anupakāriṇe) (singular) = a [alguém de quem] não (an-) [se pode esperar nenhum] favor; deśe = no lugar; kāle = no tempo; ca = e; pātre (singular) = a uma pessoa-digna; ca = e; tad = este, tal; dānam = caridade, presente; sāttvikam = tem a natureza de sattva; smṛtam = lembra-se, aqui: sustenta-se.

17.21: yad = o qual, aqui: o presente; tu = mas; pratyupakārārtham (pratyupakāra + artham) = com a finalidade (artha) de favor; phalam = fruto; uddiśya = almejando, aqui: que visa; vā = ou; punas = mais uma vez; dīyate = dado; ca = e; parikliṣṭam = com relutância; tad = este; dānam = caridade, presente; rājasam = tem a natureza de rajas; smṛtam = lembra-se, aqui: sustenta-se.

17.22: adeśakāle (adeśa + kāle) = não (a-) no lugar [e] no tempo; yad = que; dānam = caridade, presente; apātrebhyas (plural) = a pessoas-indignas; ca = e; dīyate = é dado; asatkṛtam (asat + kṛtam) = maltratado, aqui: desrespeito; avajñātam = com desprezo; tad = este, aqui: tal; tāmasam = tem a natureza de tamas; udāhṛtam = descreve-se, aqui: proclama-se.

17.23: oṃ = conservado em sânscrito; tad = isto, aqui: conservado em sânscrito; sat = ser, realidade, aqui: conservado em sânscrito; iti = assim, aqui: usado para indicar uma citação; nirdeśas = designação; brahmaṇas = de Brahman; trividhas = tríplice; smṛtas = lembra-se, aqui: sustenta-se; brāhmaṇās = sacerdotes, aqui: conservado em sânscrito; tena = por isso, aqui: por ela; vedās = Vedas; ca = e; yajñās = sacrifícios; ca = e; vihitās = estatuídos; purā = antigamente, em tempos antigos.

17.24: tasmāt = portanto; om = conservado em sânscrito; iti = assim, aqui: isado para indicar uma citação; udāhṛtya = pronunciando; yajñadānatapaḥkriyās (yajña + dāna + tapas + kriyās) = ritos (kriyā) de sacrifício, caridade [e] ascese; pravartante = executam; vidhānoktās (vidhāna + uktās) = declarados por prescrição; satatam = sempre; brahmavādinām (brahma + vādinām) = expositores de Brahman.

17.25: tad=isto; iti=assim, aqui: usado para indicar uma citação; anabhisaṃdhāya = sem (an-) ter por objetivo; phalam = fruto; yajñatapaḥkriyās (yajña + tapas + kriyās) = ritos de sacrifício [e] ascese; dānakriyās (dāna + kriyās) = ritos de caridade; ca = e, aqui: bem como; vividhās (plural) = vários; kriyante = fazem, executam; mokṣakāṅkṣibhis (mokṣa + kāṅkṣibhis) = os que almejam à libertação.

17.26: sadbhāve (sat + bhāve) = no [sentido de] real; sādhubhāve (sādhu + bhāve) = no [sentido de] bom; ca = e; sat = ser, realidade; iti = usado para indicar uma citação; etad = esta; prayujyate = é empregada; praśaste = em [referência a ações] dignas de louvor; karmaṇi = em [referência a] ações; tathā = assim, aqui: também; sacchabdas (sat + śabdas) = palavra sat; pārtha = ó filho-de-Prithā; yujyate = é empregada.

17.27: yajñe = no sacrifício, aqui: nos sacrifícios; tapasi = na ascese; dāne = na caridade; ca = e; sthitis = perseverança; sat = conservado em sânscrito; iti = usado para indicar uma citação; cocyate (ca + ucyate) = e é chamada; karma = ação, aqui: ações; caiva (ca + eva) = e em verdade, aqui: além disso; tad = esta; arthīyam = com finalidade; sat = conservado em sânscrito; iti = usado para indicar uma citação; evābhidhīyate (eva + abhidhīyate) = em verdade é designada, aqui: *eva* foi omitido.

17.28: aśraddhayā = sem (a-) fé; hutam = oblação; dattam = oferecida; tapas = ascese; taptam = suportada; kṛtam = feita, aqui: que se faça; ca = e; yad = a qual, aqui: qualquer; asat = conservado em sânscrito; iti = assim, aqui: usado para indicar uma citação; ucyate = se chama; pārtha = ó filho-de--Prithā; na = não, aqui: de nada; ca = e; tad = isto; pretya = na outra vida; nas = de nós, para nós; iha = aqui.

Capítulo 18. O Yoga da Renúncia e da Libertação

arjunas = Arjuna; uvāca = disse
18.1: saṃnyāsasya = da renúncia, aqui: sobre...; mahābaho (mahā + baho) = ó [Krishna] dos braços fortes; tattvam = verdade; icchāmi = quero;

veditum = saber; tyāgasya = do abandono, aqui: sobre...; ca = e; hṛṣīkeśa
(hṛṣī + keśa) = ó Hrishīkesha; pṛthak = além [disso]; keśiniṣūdana (keśi
+ niṣūdana) = ó Keshinishūdana.

śrībhagavān (śrī + bhagavān) = Senhor Bendito; uvāca = disse;
18.2: kāmyānām = da desiderativa, aqui: da nascida-do-desejo; karmaṇām =
da ação; nyāsam = lançar-fora; saṃnyāsam = renúncia; kavayas = bardos; vidus = conhecem; sarvakarmaphalatyāgam (sarva + karma + phala
+ tyāgam) = abandono (tyāga) de todo o fruto da ação; prāhus = declaram;
tyāgam = abandono; vicakṣaṇās (plural) = clarividentes, aqui: sábios.

18.3: tyājyam = a ser abandonada; doṣavat = maculada; iti = assim, aqui: usado para indicar uma citação; eke (plural) = alguns; karma = ação; prāhus
= declaram; manīṣiṇas (plural) = sensatos; yajñadānatapaḥkarma (yajña
+ dāna + tapas + karma) = atos [de] sacrifício, caridade [e] ascese; na =
não; tyājyam = a ser abandonados; iti = assim, aqui: usado para indicar
uma citação; cāpare (ca + apare) = e outros.

18.4: niścayam = convicção; śṛṇu = ouve!; me = minha; tatra = nisso; tyāge
= no abandono, aqui: sobre o abandono; bharatasattama (bharata + sattama) = ó Bharatasattama; tyāgas = abandono; hi = com efeito, aqui:
omitido; puruṣavyāghra (puruṣa + vyāghra) = ó homem-tigre; trividhas
= tríplice; saṃprakīrtitas = declara-se.

18.5: yajñadānatapaḥkarma (yajña + dāna + tapas + karma) = atos [de] sacrífí-
cio, caridade [e] ascese; na = não; tyājyam = a ser abandonados; kāryam
= a ser executados; eva = em verdade; tad = este; yajñas = sacrifício;
dānam = caridade; tapas = ascese; caiva (ca + eva) = e em verdade, aqui:
eva foi omitido; pāvanāni = purificadores; manīṣiṇām (plural) = dos sensatos, aqui: para...

18.6: etāni = essas; api = até; tu = mas; karmaṇi = ações; saṅgam = apego;
tyāktvā = tendo abandonado; phalāni = frutos; ca = e; kartavyānīti
(kartavyāni + iti) (plural) = a ser executadas; me = minha; pārtha = ó
filho-de-Prithā; niścitam = conclusiva, decisiva; matam = opinião, convicção; uttamam = sem igual, aqui: suprema.

18.7: niyatasya = da obrigatória, aqui: das necessárias; tu = mas; saṃnyāsas = renúncia; karmaṇas = da ação, aqui: das ações; nopapadyate (na + upapadyate) = é inadequado; mohāt = pela ilusão; tasya = delas, seu; parityāgas = abandono; tāmasas = que tem a natureza de tamas; parikīrtitas = proclama-se.

18.8: duḥkham = sofrimento, dor; iti = assim, aqui: omitido; eva = em verdade, aqui: omitido; yad = a qual, aqui: omitido; karma = ação; kāyakleśabhayāt (kāya + kleśa + bhayāt) = por medo (bhaya) [da] aflição (kleśa) corporal (kāya); tyajet = caso abandone; sas = ele; kṛtvā = tendo feito, aqui: executando; rājasam = que tem a natureza de rajas; tyāgam = abandono; naiva (na + eva) = não em verdade; tyāgaphalam (tyāga + phalam) = fruto [do] abandono; labhet = deve alcançar, aqui: alcançará.

18.9: kāryam = a ser cumprida, aqui: que devem ser cumpridas; iti = assim, aqui: omitido; eva = verdadeiramente; yad = a qual, aqui: que; karma = ação, aqui: ações; niyatam = necessária, aqui: necessárias; kriyate = faz, executa; 'rjuna (arjuna) = ó Arjuna; saṅgam = apego; tyāktvā = tendo abandonado, aqui: e abandona; phalam = fruto; caiva (ca + eva) = e também; sas (masculino) = ele; tyāgas = abandono; sāttvikas = que tem a natureza de sattva; matas = considera-se.

18.10: na = não; dveṣṭi = odeia; akuśalam = inconforme-à-natureza, aqui: no plural; karma = ação, aqui: ações; kuśale = conforme-à-natureza, aqui: no plural; nānuṣajjate (na + anuṣajjate) = não é apegado, aqui: nem é apegado; tyāgī = abandonador; sattvasamāviṣṭas (sattva + samāviṣṭas) = imbuído de sattva; medhāvī = inteligente; chinnasaṃśayas (chinna + saṃśayas) = dúvida decepada, aqui: no plural.

18.11: na = não; hi = pois; dehabhṛtā (deha + bhṛtā) = aquele que traja o corpo; śakyam = possível; tyaktum = abandonar; karmāṇi = ações; aśeṣatas = inteiramente; yas = quem, aquele; tu = antes; karmaphalatyāgī (karma + phala + tyāgī) = aquele que abandona o fruto da ação; sas = ele; tyāgīti (tyāgī + iti) = abandonador assim, aqui: *iti* é usado para indicar uma citação; abhidhīyate = é denominado.

18.12: aniṣṭam = não desejado; iṣṭam = desejado; miśram = misto; ca = e; trivi-dham = tríplice; karmaṇas = da ação; phalam = fruto; bhavati = se torna, é; atyāginām (a + tyāginām) = dos não abandonadores; pretya = que partem [ou seja, morrem]; na = não, aqui: nenhum; tu = mas; saṃnyāsinām = dos renunciadores; kvacit = absolutamente.

18.13: pañcaitāni (pañca + etāni) = estas (etāni) cinco; mahābaho (mahā + baho) = ó [Arjuna] dos braços fortes; karaṇāni = causas; nibodha = aprende!; me = de mim; sāṃkhye = no Sāṃkhya; kṛtānte (kṛta + ante) = em conclusão, aqui: no sistema; proktāni (plural) = proclamadas; sid-dhaye = para o cumprimento, para a consumação; sarvakarmaṇām (sar-va + karmaṇām) = de todas as ações.

18.14: adhiṣṭhānam = base [física]; tathā = também; kartā = agente; karaṇam = instrumento; ca = e; pṛthagvidham (pṛthag + vidham) = vário tipo, aqui: vários tipos; vividhās (plural) = diversos; ca = e; pṛthakceṣṭā (pṛthak + ceṣṭā) = distinta atividade; daivam = destino; caivātra (ca + eva + atra) = e com efeito aqui, aqui: evātra foi omitido; pañcamam = quinta.

18.15: śarīravāṅmanobhis (śarīra + vāc +manobhis) = com o corpo, a fala [ou] a mente; yad = a qual, aqui: qualquer que seja; karma = ação; prārabhate = empreenda; naras = homem; nyāyyam = adequada; vā = ou; viparītam = contrário, aqui: não; vā = ou; pañcaite (pañca + ete) = essas cinco; tasya = suas; hetavas = causas.

18.16: tatraivam (tatra + evam) = nisto assim, aqui: assim; sati = sendo; kartāram = agente; ātmānam = se, a si mesmo; kevalam = unicamente; tu = com efeito, aqui: não traduzido; yas = quem, aquele que; paśyati = vê; akṛtabuddhitvāt (akṛta + buddhitvāt) = em razão de uma sabedoria imperfeita (akṛta); na = não; sas = ele, aqui: esse; paśyati = vê; durmatis = obtuso.

18.17: yasya = cujo; nāhaṃkṛtas (na + aham + kṛtas) = não feito pelo eu, aqui: não é motivado pelo ego; bhāvas = estado; buddhis = faculdade-da-sabe-doria; yasya = cuja; na = não; lipyate = maculada; hatvāpi (hatvā + api) = embora (api) tendo aniquilado, aqui: embora aniquile; sas = ele; imān =

estes; lokān = mundos; na = não; hanti = anuquila; na = não, aqui: nem; nibadhyate = é agrilhoado.

18.18: jñānam = conhecimento; jñeyam = a ser conhecido; parijñātā = conhecedor; trividhā (feminino) = tríplice; karmacodanā (karma + codanā) = impulso [à] ação; karaṇam = instrumento; karma = ação; karteti (kartā + iti) = agente assim; trividhas = tríplice; karmasaṃgrahas (karma + saṃgrahas) = nexo [da] ação.

18.19: jñānam = conhecimento; karma = ação; ca = e; kartā = agente; ca = e; tridhaivas = tríplices; guṇabhedatas (guṇa + bhedatas) = da distinção entre as qualidades-primárias; procyate = declara-se; guṇasaṃkhyāne (guṇa + saṃkhyāne) = na enumeração das qualidades-primárias; yathāvat = devidamente, corretamente; śṛṇu = ouve!; tāni = estes; api = também.

18.20: sarvabhūteṣu (sarva + bhūteṣu) = em todos os seres; yenaikam (yena + ekam) = pelo qual o um; bhāvam = estado-de-ser; avyayam = imutável; īkṣate = vê; avibhaktam = indiviso; vibhakteṣu = no dividido; tad = esse; jñānam = conhecimento; viddhi = estejas ciente!; sāttvikam = que tem a natureza de sattva.

18.21: pṛthaktvena = pela separatividade; tu = mas; yad = que; jñānam = conhecimento; nānābhāvān (nānā + bhāvān) = diversos estados-de-ser; pṛthagvidhān (pṛthag + vidhān) = vários tipos; vetti = [que] conhece, aqui: [que] reconhece; sarveṣu = em todos; bhūteṣu = nos seres; tad = esse; jñānam = conhecimento; viddhi = estejas ciente!; rājasam = que tem a natureza de rajas.

18.22: yad = que; tu = mas, aqui: além disso; kṛtsnavat = como o todo, aqui: como se [fosse] o todo; ekasmin = em um; kārye = no que deve ser feito, aqui: efeito; saktam = apegado, aqui: que se aferra; ahaitukam = sem (a-) [a devida] causa; atattvārthavat (atattva + arthavat) = cem (a-) interesse pela realidade (tattva); alpam = pequeno, leviano; ca = e; tad = esse, aqui: ele; tāmasam = tendo a natureza de tamas; udāhṛtam = descrito.

18.23: niyatam = necessária; saṅgarahitam (saṅga + rahitam) = sem (rahita) apego; arāgadveṣatas (arāga + dveṣatas) = sem (a-) paixão (rāga) [nem] aversão; kṛtam = feita, executada; aphalaprepsunā (aphala + prepsunā) = por [um agente que] não (a-) anseia pelo fruto; karma = ação; yad = que; tad = essa, aqui: ela; sāttvikam = que tem a natureza de sattva; ucyate = diz-se.

18.24: yad = que; tu = mas; kāmepsunā (kāma + īpsunā) = por [um agente que] anseia por desejos; karma = ação; sāhaṃkāreṇa (sa + ahaṃkāreṇa) = com (sa) o sentido-do-ego; vā = ou; punas = novamente, aqui: ou; kriyate = executa; bahulāyāsam (bahula + āyāsam) = [com] violento esforço; tad = essa, aqui: ela; rājasam = que tem a natureza de rajas; udāhṛtam = diz-se.

18.25: anubandham = consequência; kṣayam = perda; hiṃsām = dano; anapekṣya = sem atentar para; ca = e; pauruṣam = capacidade-humana; mohāt = em razão do engano; ārabhyate = empreendida; karma = ação; yad = que; tad = essa, aqui: ela; tāmasam = que tem a natureza de tamas; ucyate = diz-se.

18.26: muktasaṅgas (mukta + saṅgas) = liberto do apego; 'nahaṃvādī (anaham + vādī) = não (an-) é um daqueles-que-diz-"eu"; dhṛtyutsāhasamanvitas (dhṛti + utsāha + samanvitas) = dotado de perseverança (dhṛti) [e] zelo; siddhyasiddhyos (siddhi + asiddhyos) (dual) = no sucesso e no fracasso; nirvikāras = imutável, aqui: sempre o mesmo; kartā = agente; sāttvika = que tem a natureza de sattva; ucyate = diz-se.

18.27: rāgī = passional; karmaphalaprepsus (karma + phala + prepsus) = ansiando pelo fruto da ação; lubdhas = cobiçoso; hiṃsātmakas (hiṃsā + ātmakas) = [de] natureza violenta; 'śucis (aśucis) = impuro; harṣaśokānvitas (harṣa + śoka + anvitas) = dotado de euforia [e] sofrimento, aqui: sujeito à euforia e à depressão (śoka); kartā = agente; rājasas = que tem a natureza de rajas; parikīrtitas = declara-se.

18.28: ayuktas = não jungido; prakṛtas = inculto; stabdhas = obstinado; śathas = trapaceiro; naikṛtikas = vil; 'lasas (alasas) = preguiçoso; viṣādī = desanimado; dīrghasūtrī (dīrgha + sūtrī) = de fio longo; ca = e; kartā = agente; tāmasa = que tem a natureza de tamas; ucyate = diz-se.

18.29: buddhes = da faculdade-da-sabedoria; bhedam = distinção; dhṛtes = sobre a perseverança; caiva (ca + eva) = e também; guṇatas = [baseada nas] qualidades-primárias; trividham = tríplice; śṛṇu = ouve!; procyamānam = explicando, aqui: explicarei; aśeṣeṇa = sem reservas; pṛthaktvena = distintamente; dhanaṃjaya (dhanam + jaya) = ó Dhanamjaya.

18.30: pravṛttim = atividade; ca = e; nivṛttim = cessação; ca = e; kāryākārye (kārya + akārye) (dual) = o certo e o errado; bhayābhaye (bhaya + abhaye) (dual) = o medo e o destemor; bandham = escravidão; mokṣam = libertação; ca = e; yā (feminino) = que; vetti = conhece; buddhis = faculdade-da-sabedoria; sā = ela [ou seja, buddhi]; pārtha = ó filho-de-Prithā; sāttvikī (feminino) = que tem a natureza de sattva.

18.31: yayā (feminino) = pela qual; dharmam = lei; adharmam = anomia, ausência de lei; ca = e; kāryam = o certo; cākāryam (ca + akāryam) = e o errado; eva = em verdade, aqui: não traduzido; ca = e, aqui: bem como; ayathāvat = incorretamente; prajānāti = conhece; buddhis = faculdade-da-sabedoria; sā = ela [ou seja, buddhi]; pārtha = ó filho-de-Prithā; rājasī (feminino) = que tem a natureza de rajas.

18.32: adharmam = anomia; dharmam = lei; iti = assim, aqui: usado para indicar uma citação; yā (feminino) = que; manyate = pensa; tamasāvṛtā (tamasā + āvṛtā) (feminino) = envolta na escuridão (tamas); sarvārthān (sarva + arthān) = todas as coisas; viparītān (plural) = invertidas; ca = e; buddhis = faculdade-da-sabedoria; sā = ela [ou seja, buddhi]; pārtha = ó filho-de-Prithā; tāmasī (feminino) = que tem a natureza de tamas.

18.33: dhṛtyā = pela perseverança; yayā (feminino) = pela qual; dhārayate = ela [ou seja, dhṛti] segura; manaḥprāṇendriyakriyās (manas + prāṇa + indriya + kriyās) = atividades (kriyā) da mente, da força vital [e] dos sentidos; yogenāvyabhicāriṇyā (yogena + avyabhicāriṇyā) = por meio de um Yoga inabalável; dhṛtis = perseverança; sā = ela [ou seja, dhṛti]; pārtha = ó filho-de-Prithā; sāttvikī = que tem a natureza de sattva.

18.34: yayā (feminino) = pela qual; tu = mas; dharmakāmārthān (dharma + kāma + arthān) (plural) = lei, prazer, riqueza; dhṛtyā = co perseverança;

dhārayate = segura; 'rjuna (arjuna) = ó Arjuna; prasaṅgena = com apego; phalākāṅkṣī (phala + ākāṅkṣī) = anseio pelo fruto; dhṛtis = perseverança; sā = ela [ou seja dhṛti]; pārtha = ó filho-de-Prithā; rājasī (feminino) = que tem a natureza de rajas.

18.35: yayā (feminino) = pela qual; svapnam = sono; bhayam = medo; śokam = tristeza; viṣādam = desânimo; madam = embriaguez; eva = em verdade, aqui: omitido; ca = e; na = não; vimuñcati = abandone, aqui: foge a; durmedhā = obtuso; dhṛtis = perseverança; sā = ela [ou seja, dhṛti]; pārtha = ó filho-de-Prithā; tāmasī (feminino) = que tem a natureza de tamas.

18.36: sukham = alegria, aqui: felicidade; tu = mas; idānīm = agora; trividham = tríplice; śṛṇu = ouve!; me = de mim; bharatarṣabha (bharata + ṛṣabha) = ó Bharatarshabha; abhyāsāt ramate = se regozija pela prática, aqui: ... depois da prática; yatra = onde, aqui: em que; duḥkhāntam (duḥkha + antam) = fim do sofrimento; ca = e; nigacchati = vai, alcança.

18.37: yad = que; tad = isto, aqui: não traduzido; agre = no princípio; viṣam = veneno; iva = como; pariṇāme = com a transformação, aqui: quando se transforma; 'mṛtopamam (amṛta + upamam) = semelhante ao néctar (amṛta); tad = essa; sukham = alegria, aqui: felicidade; sāttvikam = que tem a natureza de sattva; proktam = proclama-se; ātmabuddhiprasādajam (ātma + buddhi + prasāda + jam) = nascida (ja) da graça-serenidade (prasāda) da sabedoria (buddhi) do si mesmo.

18.38: viṣayendriyasaṃyogāt (viṣaya + indriya + saṃyogāt) = união dos objetos e dos sentidos; yad = que; tad = isto; agre = no princípio; 'mṛtopamam (amṛta + upamam) = semelhante ao néctar; pariṇāme = com a transformação, aqui: quando se transforma; viṣam = veneno; iva = como; tad = essa; sukham = alegria, aqui: felicidade; rājasam = que tem a natureza de rajas; smṛtam = lembra-se, aqui: sustenta-se.

18.39: yad = que; agre = no princípio; cānubandhe (ca + anubandhe) = e na consequência, aqui: e no fim; ca = e; sukham = alegria, aqui: felicidade; mohanam = ilusória, aqui: ilude; ātmanas = de si mesmo, aqui: o ser;

nidrālasyapramādottham (nidrā + ālasya + pramāda + uttham) = decorrente do sono, da indolência [e] da desatenção; tad = essa, aqui: ela; tāmasam = que tem a natureza de tamas; udāhṛtam = diz-se.

18.40: na = não; tad = isto; asti = é, há; pṛthivyām = na terra; vā = ou; divi = no céu; deveṣu = entre os deuses; vā = ou; punas = ainda; sattvam = entidade; prakṛtijais (prakṛti + jais) = das [guṇas] nascidas do Cosmo; muktam = liberta, livre; yad = que; ebhis = dessas; syāt = esteja; tribhis = das três; guṇais = das qualidades-primárias.

18.41: brāhmaṇakṣatriyaviśām (brāhmaṇa + kṣatriya + viśām) = dos brāhmanas (sacerdotes), guerreiros [e] comerciantes; śūdrānām = dos servos; ca = e; paraṃtapa (param + tapa) = ó Paramtapa; karmāṇi = ações; pravibhaktāni (plural) = distribuídas; svabhāvaprabhāvais (svabhāva + prabhāvais) = pelo surgimento [em seu] ser-próprio; guṇais = pelas qualidades-primárias.

18.42: śamas = tranquilidade; damas = autocontrole; tapas = ascese; śaucam = pureza; kṣāntis = paciência; ārjavam = retidão; eva = em verdade, aqui: omitido; ca = e; jñānam = conhecimento-unitivo; vijñānam = conhecimento-distintivo; āstikyam = piedade; brahmakarma (brahma + karma) = atividade (karman) de um brāhmaṇa, aqui: conduta (karman)...; svabhāvajam (sva + bhāva + jam) = nascida [do seu] ser-próprio.

18.43: śauryam = coragem; tejas = brilho, aqui: vigor; dhṛtis = perseverança; dākṣyam = versatilidade; yuddhe = em batalha; cāpi (ca + api) = e também; apalāyanam = não fugir, aqui: aversão-a-fugir; dānam = generosidade; īśvarabhāvas (īśvara + bhāvas) = estado-de-ser senhorial, aqui: disposição régia; ca = e; kṣātram = militar, aqui: guerreiro; karma = ação, aqui: conduta; svabhāvajam (sva + bhāva + jam) = nascida (ja) [do seu] ser-próprio.

18.44: kṛṣigaurakṣyavāṇijyam (kṛṣi + gaurakṣya + vāṇijyam) = agricultura (kṛṣi, em vez de kṛṣikā), pecuária [e] comércio; vaiśyakarma (vaiśya + karma) = atividade do comerciante, aqui: conduta...; svabhāvajam (sva + bhāva + jam) = nascida [do seu] ser-próprio; paricaryātmakam (paricaryā +

ātmakam) = [que tem] a natureza (ātmaka) do serviço; karma = ação, aqui: conduta; śūdrasyāpi (śūdrasya + api) = de um servo além disso; svabhāvajam (sva + bhāva + jam) = nascida [do seu] ser-próprio.

18.45: sve sve = cada qual em suas; karmaṇi = ações; abhiratas = contentes; saṃsiddhim = consumação; labhate = atinge, aqui: atingem; naras = homem, aqui: homens; svakarmaniratas (sva + karma + niratas) = contente em suas ações, aqui: contentes...; siddhim = sucesso; yathā = assim como, aqui: como; vindati = alcança, aqui: alcançam; tad = isto; śṛṇu = ouve!

18.46: yatas = de quem; pravṛttis = atividade; bhūtānām = dos seres; yena = por quem; sarvam = tudo; idam = isto; tatam = distribuído; svakarmaṇā (sva + karmaṇā) = pela ação própria, aqui: no plural; tam = isso, aqui: O; abhyarcya = adorando; siddhim = sucesso; vindati = encontra; mānavas = ser humano.

18.47: śreyān = melhor; svadharmas (sva + dharmas) = lei-própria; viguṇas = imperfeitamente; paradharmāt (para + dharmāt) = que a lei alheia; svanuṣṭhitat (su + anuṣṭhitat) = bem cumprida; svabhāvaniyatam (sva + bhāva + niyatam) = exigida pelo ser-próprio; karma = ação; kurvan = executando; nāpnoti (na + āpnoti) = não (na) acumula; kilbiṣam = culpa.

18.48: sahajam = inata; karma = ação; kaunteya = ó filho-de-Kuntī; sadoṣam = deficiente; api = mesmo; na = não; tyajet = deve abandonar; sarvārambhās (sarva + ārambhās) = todos os empreendimentos; hi = pois; doṣeṇa = com mácula, aqui: por máculas; dhūmenāgnis (dhūmena + agnis) = fogo com fumaça, aqui: fogo pela fumaça; ivāvṛtās (iva + āvṛtās) (plural) = velados por assim dizer.

18.49: asaktabuddhis (asakta + buddhis) = faculdade-da-sabedoria desapegada; sarvatra = em toda parte; jitātmā (jita + ātmā) = si mesmo dominado, aqui: que dominou a si mesmo; vigataspṛhas (vigata + spṛhas) = anseio partido, aqui: ... partiu; naiṣkarmyasiddhim (naiṣkarmya + siddhim) = perfeição da transcendência-da-ação (naiṣkarmya); paramām = suprema;

saṃnyāsenādhigacchati (saṃnyāsena + adhigacchati) = pela renúncia alcança.

18.50: siddhim = perfeição; prāptas = tendo atingido; yathā = assim como, aqui: como; brahma = Brahman; tathāpnoti (tathā + āpnoti) = assim alcança; nibodha = aprende!; me = de mim; samāsenaiva (samāsena + eva) = brevemente em verdade, aqui: em breves palavras, *eva* foi omitido; kaunteya = ó filho-de-Kuntī; niṣṭhā = modo-de-vida; jñānasya = do conhecimento; yā (feminino) = que; parā (feminino) = mais elevado [qualifica niṣṭhā].

18.51: buddhyā = pela faculdade-da-sabedoria; viśuddhayā (feminino) = pela purificada; yuktas = jungido; dhṛtyātmānam (dhṛtyā + ātmānam) = a si mesmo com perseverança (dhṛti); niyamya = controlando; ca = e; śabdādīn (śabda + ādīn) (plural) = o som e assim por diante; viṣayān = objetos; tyaktvā = tendo abandonado, aqui: abandonando; rāgadveṣau (rāga + dveṣau) (dual) = apego e aversão; vyudasya = lançando fora; ca = e.

18.52: viviktasevī (vivikta + sevī) = habitando na solidão; laghvāśī (laghu + āśī) = fazendo uma alimentação leve; yatavākkāyamānasas (yata + vāk + kāya + mānasas) = fala, corpo e mente controlados, aqui: controlando...; dhyānayogaparas (dhyāna + yoga + paras) = atento ao Yoga [da] meditação; nityam = sempre; vairāgyam = impassibilidade; samupāśritas = recorrendo.

18.53: ahaṃkāram (aham + kāram) = sentido-do-ego; balam = força; darpam = arrogância; kāmam = desejo; krodham = ira; parigraham = possessividade; vimucya = rejeitando; nirmamas = sem (nir-) "meu"; śāntas = pacífico; brahmabhūyāya (brahma + bhūyāya) = a tornar-se o fundamento-universal; kalpate = está apto.

18.54: brahmabhūtas (brahma + bhūtas) = transformado em brahman; prasannātmā (prasanna + ātmā) = tranquilo em si mesmo; na = não; śocati = se entristece; na = não, aqui: nem; kāṅkṣati = anseia; samas = o mesmo; sarveṣu = em todos; bhūteṣu = nos seres; madbhaktim (mad + bhaktim) = devoção a mim; labhate = adquire; parām = suprema.

18.55: bhaktyā = por meio da devoção; mām = a mim; abhijānāti = ele conhece; yāvān = quão grande (yāvat); yas = quem; cāsmi (ca + asmi) = e eu sou; tattvatas = realmente; tatas = então, depois; mām = a mim; tattvatas = realmente; jñātvā = tendo conhecido; viśate = entra; tadanantaram (tad + anantaram) = imediatamente.

18.56: sarvakarmāṇi (sarva + karmāṇi) = todas as ações; api = além disso; sadā = sempre; kurvāṇas = executando; madvyapāśrayas (mad + vyapāśrayas) = refugiando-se em mim; matprasādāt (mat + prasādāt) = por minha graça; avāpnoti = alcança; śāśvatam = eterna; padam = lugar, morada; avyayam = imutável.

18.57: cetasā = com a mente, aqui: em pensamento; sarvakarmāṇi (sarva + karmāṇi) = todas as ações; mayi = em mim; saṃnyasya = renunciando; matparas (mat + paras) = atento a mim; buddhiyogam (buddhi + yogam) = Yoga da faculdade-da-sabedoria, aqui: conservado em sânscrito; upāśritya = recorrendo; maccittas (mat + cittas) = com a mente em mim, aqui: a mim em tua mente; satatam = constantemente; bhava = sejas!, aqui: deves ter.

18.58: maccittas (mat + cittas) = tendo a mim em mente; sarvadurgāni (sarva + durgāni) = todas as dificuldades; matprasādāt (mat + prasādāt) = por minha graça; tariṣyasi = superarás, aqui: transcenderás; atha = agora, aqui: mas; ced = se; tvam = tu; ahaṃkārān (aham + kārāt) = pelo sentido-do--ego, aqui: em razão do...; na = não; śroṣyasi = ouvirás, aqui: ouvires; vinaṅkṣyasi = perecerás.

18.59: yad = o qual, aqui: esse; ahaṃkāram (aham + kāram) = sentido-do-ego; āśritya = recorrendo; na = não; yotsya = lutarei; iti = assim, aqui: usado para indicar uma citação; manyase = pensas; mithyaiṣas (mithyā + eṣas) = vã essa; vyavasāyas = decisão; te = tua; prakṛtis = Cosmo; tvām = te; niyokṣyati = obrigará.

18.60: svabhāvajena (sva + bhāva + jena) = pela [ação] nascida do ser-próprio; kaunteya = ó filho-de-Kuntī; nibaddhas = agrilhoado; svena = pela própria; karmaṇā = pela ação; kartum = fazer; necchasi (na + icchasi) = não queres; yad = que; mohāt = por ilusão; kariṣyasi = farás; avaśas = sem querer; 'pi (api) = mesmo; tad = isso.

18.61: īśvaras = senhor; sarvabhūtānām (sarva + bhūtānām) = de todos os seres; hṛddeśe (hṛd + deśe) = no espaço do coração, aqui: na região do coração; 'rjuna (arjuna) = ó Arjuna; tiṣṭhati = repousa; bhrāmayan = girando, fazendo girar; sarvabhūtāni (sarva + bhūtāni) = todos os seres; yantrārūḍhāni (yantra + ārūḍhāni) (plural) = montados num mecanismo; māyayā = potência-criativa.

18.62: tam = a ele, aqui: nele; eva = somente; śaraṇam = refúgio; gaccha = vai!, aqui, com śaraṇam: refugia-te; sarvabhāvena (sarva + bhāvena) = com todo o ser; bhārata = ó descendente-de-Bharata; tatprasādāt (tat + prasādāt) = por sua graça; param = suprema; śāntim = paz; sthānam = estado, morada; prāpsyasi = atingirás; śāśvatam = eterna.

18.63: iti = assim; te = te, a ti; jñānam = conhecimento; ākhyātam = declaredo; guhyāt = que o segredo; guhyataram (guhya + taram) = mais secreto; mayā = por mim; vimṛśyaitad (vimṛśya + etad) = refletindo nisto; aśeṣena = completamente; yathecchasi (yathā + icchasi) = o que desejares, o que quiseres; tathā = assim, aqui: omitido; kuru = faz!

18.64: sarvaguhyatamam (sarva + guhya + tamam) = [de] todas a mais secreta; bhūyas = de novo; śṛṇu = ouve!; me = minha; paramam = suprema; vacas = palavra; iṣṭas = querido, aqui: amado; 'si (asi) = és; me = por mim; dṛḍham = seguramente, aqui: asseguro-te; iti = assim; tatas = então, aqui: portanto; vakṣyāmi = direi; te = teu; hitam = bem.

18.65: manmanā (man + manā) = a mim em [tua] mente; bhava = sejas!, aqui: tem; madbhaktas (mad + bhaktas) = devoto a mim; madyājī (mad + yājī) = sacrificando a mim; mām = a mim; namaskuru (namas + kuru) = presta reverência!; mām = a mim; evaiṣyasi (eva + eṣyasi) = assim irás, aqui: assim virás; satyam = verdadeiramente, em verdade; te = a ti; pratijāne = prometo; priyas = querido; 'si (asi) = és; me = a mim, me.

18.66: sarvadharmān (sarva + dharmān) = todas as leis, aqui: todos os dharmas; parityajya = abandonando; mām = a mem, aqui: em mim; ekam =

unicamente; śaraṇam = refúgio; vraja = vai!, aqui, com śaraṇam: busca abrigo; aham = eu; tvā = te; sarvapāpebhyas (sarva + pāpebhyas) = de todos os pecados; mokṣayiṣyāmi = libertarei; mā = não; śucas = entristeças.

18.67: idam = isto; te = a ti; nātapaskāya (na + atapaskāya) = não [aqui: nunca] a [quem] não [pratica a] ascese; nābhaktāya (na + abhaktāya) = não [a quem] não adora; kadācana = juntamente com *na*: nunca; na = não; cāśuśrūṣave (ca + aśuśrūṣave) = e [a quem] não (a-) ouve [o ensinamento]; vācyam = a ser dito, aqui: reveles; na = não, aqui: nem; ca = e; mām = me; yas = quem; 'bhyasūyati (abhyasūyati) = insulte.

18.68: yas = aquele que; idam = este; paramam = supremo; guhyam = segredo; madbhakteṣu (mad + bhakteṣu) = a meus devotos; abhidhāsyati = instilará; bhaktim = devoção; mayi = a mim; parām = suprema, mais elevada; kṛtvā = tendo feito, aqui: demonstrando; mām = a mim; evaiṣyati (eva + eṣyati) = em verdade irá, aqui: em verdade virá; asaṃśayas = indubitavelmente.

18.69: na = não; ca = e; tasmāt = portanto, aqui: do que ele; manuṣyeṣu = entre os seres humanos; kaścid = alguém; me = a mim; priyakṛttamas (priya + kṛt + tamas) = prestando [um serviço] mais caro; bhavitā = será; na = não; ca = e; me = a mim; tasmāt = portanto, aqui: do que ele; anyas = outro; priyataras (priya + taras) = mais caro; bhuvi = na terra.

18.70: adhyeṣyate = estudará; ca = e; yas = quem, aquele que; imam = este; dharmyam = lícito; saṃvādam = diálogo; āvayos (dual) = entre nós dois, aqui: nosso; jñānayajñena (jñāna + yajñena) = pelo sacrifício do conhecimento; tenāham (tena + aham) = por ele eu; iṣṭas = desejado; syām = serei; iti = assim, aqui: esta; me = minha; matis = convicção.

18.71: śraddhāvān = cheio-de-fé; anasūyas = zombando, aqui: zomba; ca = e; śṛṇuyāt = ouça; api = mesmo, aqui: mesmo que; yas = quem, aquele que; naras = homem; sas = ele; 'pi (api) = mesmo, aqui: somente; muktas = libertado; śubhān (plural) = auspicioso; lokān = mundos; prāpnuyāt = alcance, aqui: alcançará; puṇyakarmaṇām (puṇya + karmaṇām) = de [aqueles cujas] ações [são] meritórias.

18.72: kaccid = [de kad + cid no sentido de "foi?"], aqui: foi?; etad = isto; śrutam = ouvido; pārtha = ó filho-de-Prithā; tvayaikāgreṇa (tvayā + ekāgreṇa) = por ti com a unipontual; cetasā = com a mente; kaccid = foi?; ajñānasaṃmohas (ajñāna + saṃmohas) = confusão da ignorância; praṇaṣṭas = destruída; te = tua; dhanaṃjaya (dhanam + jaya) = ó Dhanamjaya.

arjunas = Arjuna; uvāca = disse;

18.73: naṣṭas = destruída; mohas = confusão; smṛtis = recordação; labdhā = obtida; tvatprasādān (tvat + prasādān) = por tua graça; mayācyuta (mayā + acyuta) = por mim, ó Acyuta; sthitas = estabelecido, aqui: decidido; 'smi (asmi) = estou; gatasaṃdehas (gata + saṃdehas) = incerteza ida, aqui: incerteza se foi; kariṣye = farei; vacanam = palavra, aqui: o que me pedes; tava = tua, aqui: omitido.

saṃjaya = Samjaya; uvāca = disse;

18.74: iti = assim; aham = eu; vāsudevasya (vāsu + devasya) = filho-de--Vasudeva [Krishna]; pārthasya = do filho-de-Prithā [Arjuna]; ca = e; mahātmanas (mahā + ātmanas) = grande alma; saṃvādam = diálogo; imam = este; aśrauṣam = ouvi; adbhutam = prodigioso; romaharṣaṇam (roma + harṣaṇam) = de arrepiar os pelos.

18.75: vyāsaprasādāt (vyāsa + prasādāt) = pela graça de Vyāsa; śrutavān = ouvindo, aqui: ouvi; etad = este; guhyam = segredo; aham = eu; param = supremo; yogam = Yoga; yogeśvarāt (yoga + īśvarāt) = pelo senhor [do] Yoga; kṛṣṇāt = por Krishna; sākṣāt = diretamente; kathayatas = narrando, aqui: comunicado; svayam = próprio.

18.76: rājan = ó rei; saṃsmṛtya saṃsmṛtya = recordando e tornando a recordar; saṃvādam = diálogo; imam = este; adbhutam = prodigioso; keśavārjunayos (keśava + arjunayos) (dual) = entre Keshava [Krishna] e Arjuna; puṇyam = meritório; hṛṣyāmi = estremeço-de-alegria; ca = e; muhus muhus = repetidamente.

18.77: tad = aquela; ca = e; saṃsmṛtya saṃsmṛtya = recordando e tornando a recordar; rūpam = forma; atyadbhutam = prodigiosíssima; hares = de

Hari [ou seja, Krishna]; vismayas = espanto; me = meu; mahān = grande; rājan = ó rei; hṛṣyāmi = estremeço-de-alegria; ca = e; punas punas = repetidamente.

18.78: yatra = onde, aqui: onde quer que; yogeśvaras (yoga + īśvaras) = Senhor [do] Yoga; kṛṣṇas = Krishna; yatra = onde quer que; pārthas = filho-de--Prithā; dhanurdharas (dhanur + dharas) = portador do arco; tatra = ali; śrīs = fortuna; vijayas = vitória; bhūtis = bem; dhruvā = firme; nītis = orientação; matis = convicção; mama = minha.

Bibliografia Selecionada

EDIÇÕES, TRADUÇÕES E ESTUDOS

Ādidevānanda, Svāmī, org. e trad. s.d. Śrī Rāmānuja Gītā Bhāṣya. Mylapore: Sri Ramakrishna Math.

Arnold, Edwin, trad. 1899. *Bhagavadgita*. Nova York: Dover Publications, reimpr. 1993.

Belvalkar, Shripad Krishna, org. 1968 (2ª ed.). *The Bhagavadgītā*. Poona: Bhandarkar Oriental Research Institute. Edição crítica usada para esta tradução.

———— , org. 1947 (1ª ed.). *The Bhagavadgītā*. Poona: Bhandarkar Oriental Research Institute.

Bhaktivedanta, Swami A. C., trad. 1983. *The Bhagavad Gītā As It Is*. Los Angeles: Bhaktivedanta Book Trust.

Bolle, Kees W., trad. 1979. *The Bhagavadgītā: A New Translation*. Berkeley: University of California Press.

Buitenen, J. A. B. van, trad. 1981. *The Bhagavadgītā in the Mahābhārata: A Bilingual Edition*. Chicago: University of Chicago Press.

Callewaert, W. M., and Shilanand Hemraj. 1983. *Bhagavadgītānuvāda: A Study in Transcultural Translation*. Ranchi: Satya Bharati Publications.

Chidbhavananda, Swami, trad. 1991. *Bhagavad Gita*. Tirupparaithurai: Sri Ramakrishna Tapovanam.

Chinmayananda, Swami, trad. 2000. *The Bhagavad Geeta*. Langhorn, Pa.: Chinmaya Publications. Complete DVD set.

Deshpande, Rangnath Ramakrishna, trad. 1947. *Shrimad Bhagavad-Gita*. 4 vols. Aundh: Swadhyaya Mandal.

Deutsch, Eliot, trad. *The Bhagavad-Gītā. With introduction and critical essays.*

Nova York: Holt, Rinehart & Winston, 1968.

Edgerton, Franklin, trad. 1925, 1944. *The Bhagavad Gita.* Nova York: Harper Torchbooks, 1964.

Gandhi, M. K. 1948. *Discourses on the Gita.* Ahmedabad: Navajivan Publishing House.

Gauchhwal, B. S. 1967. *The Concept of Perfection in the Teachings of Kant and the Gītā.* Délhi: Motilal Banarsidass.

Gotshalk, Richard, trad. 1985. *Bhagavad Gītā: Translation and Commentary.* Délhi: Motilal Banarsidass.

Hill, W. Douglas P., trad. 1928. *The Bhagavadgītā: An English Translation and Commentary.* 2ª ed. Oxford: Oxford University Press, 1953, 1966.

Katz, Ruth Cecily. 1989. *Arjuna in the Mahabharata: Where Krishna Is, There Is Victory.* Prefácio de Daniel H. H. Ingalls. Columbia, S.C.: University of South Carolina Press.

Kaveeshwar, G. W. 1971. *The Ethics of the Gītā.* Prefácio de S. Radhakrishnan. Délhi: Motilal Banarsidass.

Marjanovic, Boris, trad. 2006. *Abhinavagupta's Commentary on the Bhagavad-Gita: Gītārtha-Samgraha.* Portland, Ore.: Rudra Press.

Mascaró, Juan, trad. 1962. *The Bhagavad Gita.* Londres: Penguin Books.

Nataraja Guru, trad. 1973. *The Bhagavad Gītā: A Sublime Hymn of Dialectics Composed by the Antique Sage-Bard Vyāsa*, 2ª ed. Nova Délhi: R & K Publishing House.

Parrinder, Geoffrey. 1974. *Upanishads, Gita and Bible.* Nova York: Harper Torchbooks.

Prabhavananda, Swami e Christopher Isherwood, trad. 1947. *Bhagavad-Gita: The Song of God.* Introdução de Aldous Huxley. Londres: Phoenix House.

Prem, Krishna, trad. 1938. *The Yoga of the Bhagavat Gita.* Londres: Stuart & Watkins, 1969.

Radhakrishnan, Sarvepalli, trad. 1948. *The Bhagavadgītā.* Londres: George Allen & Unwin.

Rama, Swami, trad. 1985. *Perennial Psychology of the Bhagavad Gita.* Honesdale, Pa.: Himalayan International Institute of Yoga Science and Philosophy of the USA.

Robinson, Catherine A. 2006. *Interpretations of the Bhagavad-Gītā and Images of the Hindu Tradition: The Song of the Lord.* Londres: Routledge.

Rosen, J. 2000. *Gita on the Green: The Mystical Tradition behind Bagger Vance.*

Nova York: Continuum.

Sadale, G. S., org. 1935. *The Bhagavad-Gītā: With Eleven Commentaries.* Bombaim: Gujarati Printing Press.

Sargeant, Winthrop, trad. *The Bhagavad Gita.* Prefácio de Christopher Chapple. Albany, N.Y.: SUNY Press, 1994. Ed. rev. por C. Chapple.

Satwalekar, Shripad Damodar. 1961. *Shrimad Bhagawad-Gita: With a Commentary Explaining the Object of Human Life.* Pardi: Swadhyaya Mandal.

Sharma, Arvind. 1986. *The Hindu Gītā: Ancient and Classical Interpretations of the Bhagavadgītā.* La Salle, Ill.: Open Court Publishing.

Sharpe, Eric J. 1985. *The Universal Gītā: Western Images of the Bhagavad Gītā — A Bicentenary Survey.* La Salle, Ill.: Open Court Publishing.

Telang, K. T., trad. 1908. *The Bhagavadgītā with the Sanatsujātīya and the Anugītā.* Délhi: Motilal Banarsidass, 1965.

Tilak, B. G., trad. 1965. *Gita Rahasya.* Poona: J. S. Tilak & S. S. Tilak.

Tripurari, Swami B. V., trad. 2001. *The Bhagavad Gita: Its Feeling and Philosophy.* San Rafael, Califórnia: Mandala Publishing Group.

Venkatesananda, Swami, trad. 1972. *The Song of God.* Chiltern Farm, P.O. Elgin, África do Sul.

Warrier, A. G. Krishna, trad. s.d. *Srīmad Bhagavad Gītā Bhāṣya of Śrī Śaṃkarācārya.* Madras: Sri Ramakrishna Math.

Wilkins, Sir Charles, trad. 1785. *Bhagvat Geeta: Dialogues of Kreeshna and Arjoon.* Londres: Nourse.

Yogananda, Paramahansa, trad. 1995. *God Talks with Arjuna: The Bhagavad Gita.* 2 vols. Los Angeles: Self-Realization Fellowship.

Zaehner, R. C., trad. 1966. *The Bhagavad-Gītā.* Oxford: Clarendon Press, 1969.

Outras Publicações

Aśvaghoṣa. 1907. *The Awakening of Faith in the Mahayana Doctrine — The New Buddhism*, trad. Timothy Richard. Londres: Charles Skilton Ltd., 1961.

———. 1967. *The Awakening of Faith, Attributed to Aśvaghosha*, trad. e comentários de Yoshito S. Hakeda. Nova York: Columbia University Press.

Aurobindo, Sri. 1959. *The Foundations of Indian Culture.* Pondicherry: Sri Aurobindo Ashram.

Chapple, Christopher Key. 1986. *Karma and Creativity.* Albany, N.Y.: SUNY Press.

Dandekar, R. N. "Indian Mythology", no vol. 2 of Haridas Bhattacharyya (org.),

The Cultural Heritage of India, 6 vols. Hollywood: Vedanta Press, 2002.

Daniélou, Alain. 1991. *The Myths and Gods of India* (3ª ed.). Rochester, Vt.: Inner Traditions International.

Dasgupta, Surendranath. 1952. *A History of Indian Philosophy*, vol. 2. Cambridge: Cambridge University Press.

Feuerstein, Georg. 2010. *Encyclopedia of Yoga and Tantra*. Boston: Shambhala Publications.

———— . 2008. *The Yoga Tradition: Its History, Literature, Philosophy, and Practice*, 3ª ed. Prescott, Ariz.: Hohm Press.

———— . 2007. *Yoga Morality: Ancient Teachings at a Time of Global Crisis.* Prescott, Ariz.: Hohm Press.

———— . 2003. *The Deeper Dimension of Yoga: Theory and Practice.* Boston: Shambhala Publications.

————, e Brenda Feuerstein. 2007. *Green Yoga.* Eastend, Saskatchewan: Traditional Yoga Studies.

————, et al. 1995. *In Search of the Cradle of Civilization: New Light on Ancient India.* Wheaton, Ill.: Quest Books.

Frawley, David. 1991. *Gods, Sages and Kings.* Salt Lake City, Utah: Passage Press.

Gonda, Jan. 1993 (reimpressão). *Aspects of Early Viṣṇuism.* Délhi: Motilal Banarsidass.

———— . 1970. *Viṣṇuism and Śivaism: A Comparison.* Londres: Athlone Press.

Jaiswal, Suvira. 1981. 2ª ed. rev. *The Origin and Development of Vaiṣṇavism: Vaiṣṇavism fom 200 b.c. to a.d. 500.* Nova Délhi: Munshiram Manoharlal.

Kern, Hendrik. 1963. *Saddharma-Puṇḍarīka or The Lotus of the True Law.* Nova York: Dover Publications. Publicado originalmente em 1884 como vol. 21 da série Sacred Books of the East, organizada por F. Max Müller.

Kak, Subhash. 2003. "The Date of the Mahabharata War". www.scribd.com/doc/6403178/The-Date-of-the-Mahabharata-War.

———— . 1994. *The Astronomical Code of the Ṛgveda.* Nova Délhi: Aditya Prakashan.

Kane, P. V. 1994. *History of Dharmasastra.* Vol. 5, Parte 2. Poona: Bhandarlear Oriental Research Institute.

Matsubara, Mitsunori. 1994. *Pāñcarātra Saṃhitās and Early Vaiṣṇava Theology.* Délhi: Motilal Banarsidass.

Nicolas, Antonio de, trad. 1990. *The Bhagavad Gītā.* York Beach, Maine: Nicolas

Hays.

————— . 1976. *Avatāra: The Humanization of Philosophy Trough the Bhagavad Gītā.* Nova York: Nicolas Hays.

Possahl, G., org. 1982. *Harappan Civilization: A Contemporary Perspective.* Warminster: Aris & Phillips.

Rao, S. S. 1999. *The Lost City of Dvāraka.* Nova Délhi: Aditya Prakashan.

Renfrew, Colin. 1987. *Archaeology & Language.* Cambridge, N.Y.: University of Cambridge.

Schrader, F. Otto. 1916. *Introduction to the Pāncarātra and the Ahirbudhnya-Samhitā.* Adyar: Adyar Library and Research Centre.

Sharma, Aravind. 1979.

Siddhantashastree, Rabindra Kumar. 1975. Śaivism through the Ages. Nova Délhi: Motilal Manoharlal.

————— . 1985. *Vaiṣṇavism through the Ages.* Nova Délhi: Munshiram Manoharlal.

Upadhyaya, K. N. 1971. *Early Buddhism and the Bhagavadgita.* Délhi: Motilal Banarsidass.

Yukteswar, Sri. 1984. *The Holy Science.* Los Angeles: Self-Realization Fellowship.

Glossário de Termos Selecionados do *Bhagavad-Gītā*

Os sentidos apresentados aqui são aqueles usados na tradução do *Bhagavad-Gītā* na Parte Dois (a menos que a palavra tenha sido conservada em sânscrito). Os termos do glossário estão em ordem alfabética de acordo com o alfabeto latino, não o sânscrito. As abreviações usadas são as seguintes:

adj. = adjetivo
cf. = do latim, "compare com"
fem. = substantivo feminino
part. fut. = particípio futuro, forma verbal (inexistente em português) que designa uma ação a ponto de ocorrer
masc. = substantivo masculino
neutr. = substantivo neutro

part. pass. = particípio passado passivo

abhāva (masc.): não vir a ser. Cf. *bhava*.

abhaya (neutr.): destemor. Cf. *bhaya*.

abhyāsa (masc.): prática. Ver também *vairāgya*.

abhyāsa-yoga (masc.): Yoga da prática.

acāpala (neutr.): ausência-de-pressa.

ācārya (masc.): preceptor. Cf. *guru*.

ācāryopāsana (neutr.): reverência pelo preceptor.

adambhitva (neutr.): ausência-de-pretensão.

adbhūta (adj.): prodigioso, maravilhoso.

adharma (masc.): anomia. Cf. *dharma*.

adhibhūta (masc.): base-elemental, base-dos-entes.

adhidaiva (masc.): base-divina.

adhikāra (masc.): legítimo-interesse.

ādhipatya (neutr.): soberania.

adhiṣṭhāna/adhishthāna (neutr.): base.

adhiyajna (masc.): base-sacrificial.

adhyakṣa/adhyaksha (neutr.): supervisão.

adhyātman (masc.): base-do-eu.

adroha (masc.): ausência-de-malícia.

agha (neutr./adj.): perversidade; perverso

agra (neutr.): início; ponta [do nariz].

ahaṃkāra (masc.): "criador-do--eu", o sentido-do-ego. Cf. *anahaṃkāra*.

ahaṃkṛta (adj.): motivado-pelo-ego.

ahaṃvādin (masc.): "diz-eu".

āhāra (masc.): alimento; dieta. Cf. *nirāhāra*. Ver também *anna; bhojana*.

ahiṃsā (fem.): não violência.

aiśvara/aishvara (adj.): senhorial.

aiśvarya/aishvarya (masc.): senhorio.

aja (adj.): não nascido.

ajnāna (masc./adj.): ignorante.

ākāṅkṣa/ākānksha (masc.): anseio, desejo.

akarman (neutr.): inação. Cf. *karman*.

akārya (part. fut.): o que não se deve fazer; erro. Cf. *kārya*.

ākāśa/ākāsha (masc.): éter; espaço.

akīrti (fem.): má reputação; desonra. Cf. *kīrti*.

akrodha (masc.): ausência-de-ira. Cf. *krodha*.

akṛtsna-vid/akritsna-vid (masc.): conhecedor do não Todo. Cf. *kṛtsna-vid*.

akṣara/akshara (neutr./adj.): impere-cível. Cf. *kṣara*.

alasa (adj.): preguiçoso, indolente.

ālasya (neutr.): indolência.

aloluptva (neutr.): não cobiçar.

alpa (adj.): leviano.

amānitva (neutr.): ausência-de-orgulho.

amedhya (adj.): impuro.

amla (adj.): azedo.

amṛta (adj.): imortal, semelhante ao néctar. Ver também *amṛtatva*.

amṛtatva (neutr.): imortalidade. Ver também *amṛta*.

aṃśa/amsha (masc.): fragmento.

anabhiṣvaṅga/ana-bhishvanga (masc.): ausência-de-emaranhamento.

anahaṃkāra (masc.): ausência-de--sentido-do-ego. Cf. *ahaṃkāra*.

anapekṣa/anapeksha (masc.): [aqui-lo que] não tem expectativa.

anasūya (adj.): não murmurar.

anāvṛtti (fem.): [caminho] do qual não há retorno. Cf. *āvṛtti*.

anirdeśya/anirdeshya (adj.): indefinível.

aniṣṭa/anishta (adj.): não desejado. Cf. *iṣṭa*.

anīśvara/anīshvara (masc./adj.): [aquilo que] não tem senhor, sem senhor. Cf. *īśvara*.

anitya (adj.): transitório.

anjali/anjali (masc.): o gesto de unir as palmas das mãos em saudação.

anna (neutr.): alimento. Ver também *āhāra; bhojana*.

anta (masc.): fim.

antakāla (masc.): fim do tempo, ou seja, última hora.

anubandha (masc.): consequência.

anugraha (masc.): graça, favor.

anukampā (fem.): compaixão.

anumantṛ (masc.): permitidor.

apaiśuna/apaishuna (neutr.): não caluniar.

apamāna (masc.): desonra.

apāna (neutr.): expiração. Cf. *prāṇa*.

aparigraha (masc./adj.): ausência--de-cobiça, sem possessividade.

aprakāśa/aprakāsha (masc.): ausência-de-luminosidade. Cf. *prakāśa*.

aprameya (neutr.): incomensurável, imensurável.

apravṛtti (fem.): inatividade. Cf. *pravṛtti*.

apuṇya (neutr./adj.): demérito, de-meritório. Cf. *puṇya*.

ārāma (masc.): deleite.

ārjava (masc.): retidão.

ārogya (neutr.): saúde.

artha (masc.): coisa, assunto, tópico, objeto, objetivo, uso.

ārūḍha (part. pass.): ascendido.

ārurukṣu/ārurukshu (adj.): [aquele que] deseja-ascender.

asakta (part. pass.): desapegado. Cf. *sakta*.

asakti (fem.): desapego.

aśama/ashama (masc.): inquietude. Cf. *śama*.

āsana (neutr.): sede, assento.

asat (masc./adj.): não existência, não ser; mau.Cf. *sat*.

āśaya/āshaya (masc.): lugar-de-repouso.

āścarya/āshcarya (neutr./adj.): mara-vilha, prodígio.

āśraya/āshraya (masc.): refúgio.

asukha (adj.): sem alegria. Cf. *sukha*; *duḥkha*

asura (masc.): titã, demônio. Cf. *sura*.

aśvattha/ashvatta (masc.): pipal (árvore).

atimāna (masc.): orgulho.

atīndriya (adj.): extrassensorial.

ātman (masc.): si mesmo. Cf. *brah-man*. Ver também *paramātman*.

ātmavinigraha (masc.): autodomínio.

atyuṣṇa/atyushna (adj.): quente.

auṣadha/aushadha (neutr.): erva.

āvṛtti (fem.): [caminho do qual há] retorno. Cf. *anāvṛtti*.

avyakta (neutr./part. pass.) não mani-festo. Cf. *vyakta*.

avyaya (neutr./adj.): imutável.

āyāsa (masc.): esforço.

ayaśa/ayasha (masc.): indignidade. Cf. *yaśa*.

ayukta (part. pass.): não jungido, ou seja, indisciplinado. Cf. *yukta*.

āyus (masc.): vida.

bala (neutr.): poder, força.

bandha (masc.): escravidão, servi-dão, agrilhoamento.

bandhu (masc.): amigo.

bhaikṣya/bhaikshya (neutr.): alimento-recebido-como-esmola.

bhakta (masc.): devoto.

bhakti (fem.): devoção.

bhakti-yoga (masc.): Yoga da devoção.

bhartṛ/bhartri (masc.): sustentador.

bhava (masc.): vir-a-ser. Cf. *abhāva*.

bhāva (masc.): modo-de-existência, modo-de-ser, disposição.

bhaya (neutr.): medo. Cf. *abhaya*.

bheda (masc.): cisão. Ver *buddhibheda*.

bhoga (masc.): gozo, fruição, prazer.

bhojana (neutr.): alimento. Ver também *āhāra; anna*.

bhoktṛ/bhoktri (masc.): fruidor.

bhrū (fem.): sobrancelha.

bhūmi (fem.): terra.

bhūta (masc./neutr.): ser, ente, elemento, elemental.

bhūteśa/bhūtesha (masc.): senhor dos seres.

bhūti (fem.): bem, bem-estar.

bīja (neutr.): semente. Ver também *garbha*.

Brahma (masc.): o deus criador.

brahma-bhūta (part. pass.) [tendo se] tornado o fundamento-universal.

brahmacarya (neutr.): castidade (lit. "conduta digna de um brâmane").

brahman (neutr.): Fundamento-universal. Cf. *ātman*. Quando conservado na forma *Brahman*, a palavra se refere ao Absoluto.

brahma-nirvāṇa (neutr.): extinção no fundamento-universal.

brāhmaṇa (masc.): sacerdote; a casta sacerdotal.

buddhi (fem.): sabedoria, faculdade--da-sabedoria. Cf. *jnanā; prajnā*.

buddhi-bheda (masc.): cisão de *buddhi*.

buddhi-yoga (masc.): Yoga da sabedoria.

budha (masc.): sábio.

cakra (neutr.): roda.

cancalatva (neutr.): inconstância.

cātur-vārṇya (neutr.): quatro castas.

cetanā (fem.): consciência.

cetas (neutr.): mente.

cintā (fem.): cuidado, preocupação.

citta (neutr.): mente, atenção, pensamento.

codanā (fem.): impulso.

daiva (adj.): divino, relacionado aos deuses.

dakṣa/daksha (adj.): hábil.

dākṣya/dākshya (neutr.): versatilidade.

dama (masc.): autodomínio.

dambha (masc.): ostentação.

dāna (neutr.): caridade, generosidade.

daṇḍa (masc.): vara (dos verdugos).

darpa (masc.): arrogância.

darśana/darshana (neutr.): visão, intuição.

datta (masc./adj.): dom, dádiva.

dayā (fem.): compaixão. Ver também *karuṇā*.

deha (masc./neutr.): corpo. Ver também *śarīra*.

dehabhṛt/dehabhrit (masc.): aquele que traja o corpo. Ver também *dehin*.

dehin (masc.): [si mesmo] incorporado, essência-incorporada. Ver também *dehabhṛt; śarīrin*.

deśa/desha (masc.): lugar.

deva (masc.): deus. Ver também *sura*.

devavrata (masc.): devotado a deus.

dhāman (neutr.): morada.

dhanurdhara (masc.): portador do arco, arqueiro.

dhāraṇā (fem.): concentração.

dharma (masc.): lei, licitude. Ver também *dharmakṣetra; jātidharma; kuladharma.* Cf. *adharma.*

dharmakṣetra/dharmakshetra (neutr.): campo da lei. Ver também *dharma; kṣetra.*

dharmya (adj.): lícito.

dhātṛ/dhātri (masc.): suportador.

dhṛti/dhriti (fem.): perseverança, fortaleza.

dhyāna (neutr.): meditação.

dīrghasūtrin (masc.): [pessoa] de fio longo, ou seja, que deixa tudo para depois.

doṣa/dosha (masc./neutr.): falha, defeito, mácula.

duḥkha (masc.): dor, sofrimento. Cf. *sukha.*

durmati (masc.): obtuso.

durmedha (adj.): obtuso.

dvandva (masc.): par-de-opostos. Cf. *nirdvandva.*

dvāra (neutr.): portão, portal.

dveṣa/dvesha (masc.): aversão, ódio. Cf. *rāga.*

dvija (masc.): nascido duas vezes.

ekāgra (adj.): unipontual.

ekatva (neutr.): unidade, unicidade. Cf. *pṛthaktva.*

gahana (adj.): impenetrável.

garbha (masc.): feto. Ver também *bīja.*

gatarasa (adj.): sem sabor.

gati (fem.): caminho.

ghora (adj.): feroz, violento.

glāni (fem.): diminuição.

gocara (masc.): pastagem das vacas, ou seja, o mundo sensorial.

goptṛ (masc.): guardião.

gorakṣya/gorakshya (neutr.): pecuária.

grāma (masc.): agregação.

guhya (neutr.): segredo. Ver também *rahasya.*

guṇa (masc.): qualidade, qualidade-primária. Ver também *rajas; sattva; tamas.*

guru (masc.): mestre.

hāni (fem.): cessação.

harṣa/harsha (masc.): arrepio, alegria, excitação, euforia.

hetu (masc.): motivo, causa, razão.

hita (neutr.): bem, bem-estar.

hṛd (neutr.): coração.

hṛdayadaurbalya (neutr.): desânimo.

hṛdaya/hridaya (adj.): [que alegra o] coração.

hrī (fem.): modéstia.

huta (neutr.): oferenda.

icchā (fem.): vontade, desejo.

indriya (neutr.): instrumento; designa os órgãos e as faculdades de sensação e ação. Ver também *karmendriya.*

iṣṭa/ishta (part. pass.): querido, desejado. Cf. *aniṣṭa.*

īśvara/īshvara (masc.): senhor. Cf. *anīśvara.*

īśvarabhāva/ īshvarabhāva (masc.): disposição régia.

jagat (neutr.): universo.

janādhipa (masc.): chefe.

janman (neutr.): nascimento. Ver também *punarjanman*.

jarā (fem.): velhice.

jāta (part. pass.): nascido, tudo quanto nasce. Cf. *mṛta*.

jātidharma (masc.): lei das castas. Ver também *dharma*.

jaya (masc.): vitória.

jīvabhūta (masc.): elemento-vital.

jnāna/jnāna (neutr.): conhecimento. Cf. *prajnā; vijnāna*.

jnānavat (adj.): dotado de conhecimento.

jnāna-yoga (masc.): Yoga do conhecimento.

jnānin (masc.): conhecedor.

jneya (part. fut.): o que deve ser conhecido, ou seja, o objeto de conhecimento.

kāla (masc.): tempo.

kalevara (neutr.): corpo.

kalmaṣa/kalmasha (masc.): mácula.

kalpa (masc.): éon.

kāma (masc.): desejo, prazer.

karaṇa (neutr.): instrumento.

kāraṇa (neutr.): causa, instrumento, meio.

karman (neutr.): *karma*, ação, conduta. Cf. *akarman; vikarman*.

karmasagraha (masc.): nexo da ação.

karma-yoga (masc.): Yoga da ação [autotranscendente].

karmendriya (neutr.): faculdade de ação (contraposta a *jnānendriya*, faculdade de conhecimento ou sensação, que não se encontra no *Gītā*). Ver também *indriya*.

karmin (masc.): aquele que cumpre a ação [ritual].

karpaṇya (neutr.): pena. Ver também *kṛpā*.

kartṛ/kartri (masc.): agente.

karuṇā (fem.): compassivo. Ver também *dayā*.

kārya (part. fut.): [o que] se deve fazer, certo, efeito. Cf. *akārya*.

kaṭu (adj.): picante.

kauśala/kaushala (neutr.): habilidade.

kavi (masc.): bardo.

kāya (masc.): corpo.

kilbiṣa/kilbisha (neutr.): culpa.

kīrti (fem.): honra. Cf. *akīrti*.

klaibya (neutr.): efeminação.

kleśa/klesha (masc.): luta, esforço.

kratu (masc.): rito.

kriyā (fem.): ritual, atividade.

krodha (masc.): ira. Cf. *akrodha*.

kṛpā/kripā (fem.): pena. Ver também *kārpaṇya*.

kṛṣi/krishi (fem.): agricultura.

kṛtsna/kritsna (adj.): todo.

kṛtsna-vid (masc.): conhecedor do Todo. Cf. *akṛtsna-vid*

kṣamā/kshamā (fem.): paciência.

kṣaṇa/kshana (neutr.): momento.

kṣara/kshara (adj.): perecível. Cf. *akṣara*

kṣatriya/kshatriya (masc.): guerreiro.

kṣema/kshīma (masc.): tranquilidade, segurança.

kṣetra/kshetra (neutr.): campo. Ver também *dharmakṣetra; kurukṣetra*.

kṣetrajna/kshetrajna (masc.): conhecedor do campo.

kṣīṇa/kshīna (part. pass.): exausto.

kula (masc.): família.

kuladharma (masc.): lei familiar. Ver também *dharma*.

kurukṣetra/kurukshetra (neutr.): campo dos Kurus. Ver também *kṣetra*.

kuṭastha (masc.): [aquele que] habita nos cimos.

lābha (neutr.): ganho.

lāghava (neutr.): desdém.

laghvāśin/laghvāshin (adj.): aquele que come pouco.

lavaṇa (adj.): salgado.

liṅga (neutr.): sinal.

lobha (masc.): cobiça.

loka (masc.): mundo, esfera. Ver também *trailokya*.

lokasaṃgraha (masc.): preservação/bem do mundo.

mahābhūta (masc.): grande elemento.

mahāratha (masc.): grande carruagem, um guerreiro de elite.

mahātman (masc.): grande alma; Grande Ser (em referência a Krishna).

māhātmya (neutr.): glória.

maheshvara (masc.): Grande Senhor.

māna (masc./neutr.): honra. Cf. *apamāna*.

manas (neutr.): mente.

manoratha (masc.): carruagem da mente, ou seja, fantasia.

mantra (neutr.): palavra [sagrada].

manuṣya/manushya (masc./adj.): [ser] humano.

maraṇa (neutr.): morte. Cf. *mṛtyu; prāṇa*.

mārdava (neutr.): mansidão.

mata (neutr./part. pass.): opinião, convicção.

mati (fem.): opinião.

mātrāsparśa/mātrāsparsha (masc.): contato material. Ver também *sparśa*.

mauna (neutr.): silêncio.

māyā (fem.): potência-criativa.

medhā (fem.): inteligência.

miśra/mishra (adj.): misto.

mithyācāra (masc.): [aquele que tem] conduta falsa, hipócrita.

mogha (adj.): vão.

moha (masc.): ilusão, engano, confusão. Cf. *saṃmoha*.

mokṣa/moksha (masc.): libertação.

mṛta (part. pass.): morto, tudo quanto morre. Cf. *jāta*.

mṛtyu/mrityu (masc.): morte. Cf. *maraṇa*.

mūḍha (part part.): confuso, iludido, enganado.

mukta (part. pass.): liberto, livre.

muni (masc.): sábio.

mūrti (fem.): forma.

nabhas (neutr.): firmamento-do-mundo.

naikṛtika/naikritika (adj.): vil.

naiṣkarmya/naishkarmya (neutr.): transcendência-da-ação.

namas (neutr.): saudação.

nara (masc.): homem.

naraka (masc.): inferno. Cf. *svarga*.

nāśa/nāsha (masc.): destruição.

nāsikāgra (neutr.): ponta do nariz.

nidhāna (neutr.): receptáculo.

nidrā (fem.): sono. Ver também *svapna.*

nigraha (masc.): repressão.

niḥspṛha (adj./masc.): livre-de-desejos.

nimitta (neutr.): sinal, augúrio, instrumento.

nirahaṃkāra (adj./masc.): livre do sentido-do-ego.

nirāhāra (masc.): não comer. Cf. *āhāra.*

nirāśis/nirāshis (adj./fem.): sem esperança.

nirāśraya/nirāshraya (adj.): independente.

nirdvandva (masc.): sem os pares--de-opostos. Cf. *dvandva.*

nirguṇa (adj.): além das qualidades primárias.

nirmalatva (neutr.): imaculabilidade.

nirmama (masc./adj.): sem [a ideia de] "meu".

nirvāṇa (masc.): extinção. Ver também *brahmanirvāṇa.*

niścaya/nishcaya (masc.): convicção.

niṣṭhā/nishthā (fem.): modo de vida.

nīti (fem.): orientação, arte de governar.

nitya (adj.): eterno. Cf. *anitya.*

nityatva (neutr.): constância.

nivāsa (masc.): lar, morada.

nivṛtti/nivritti (fem.): cessação. Cf. *pravṛtti.*

niyata (adj.): cabível, necessário, contido.

ojas (neutr.): vitalidade.

oṃkāra (masc.): criador do *oṃ,* a sílaba oṃ/auṃ.

paṇḍita (masc.): erudito.

pada (neutr.): estado.

pāpa (neutr.): pecado, mal.

para (masc.): supremo, excelso.

paramātman (masc.): si mesmo supremo. Ver também *ātman.*

parigraha (masc.): possessividade.

pariṇāma (masc.): mudança, transformação.

paripraśna/pariprashna (masc.): investigação.

paritrāṇa (neutr.): proteção.

pāruṣya/pārushya (neutr.): rispidez.

paryuṣita/paryushita (adj.): velho (alimento).

pātaka (neutr.): transgressão.

pauruṣa/paurusha (neutr.): capacidade humana.

phala (neutr.): fruto.

pitṛ/pitri (masc.): ancestral, antepassado.

prabhava (masc.): origem. Cf. *pralaya.*

prabhaviṣṇu/prabhavishnu (masc.): gerador.

prabhu (masc.): senhor.

prajnā/prajnā (fem.): gnose, sabedoria. Cf. *jnāna.*

prakāśa/prakāsha (masc.): luz-visível, luminosidade. Cf. *aprakāśa.*

prākṛta/prākrita (adj.): inculto.

prakṛti/prakriti (fem.): natureza, Cosmo, matriz do Cosmo.

pralaya (masc.): dissolução. Cf. *prabhava.*

pramāda (masc.): desatenção.

pramāṇa (neutr.): medida, padrão.

prāṇa (masc.): vida, respiração, inspiração, força vital. Cf. *apāna, maraṇa*.

praṇava (masc.): zumbido, ou seja, a sílaba oṃ.

prāṇāyāma (masc.): controle da respiração.

praṇipāta (masc.): prostração, reverência.

prasāda (masc.): serenidade, graça.

pravṛtti/pravritti (fem.): criatividade, atividade. Cf. *apravṛtti; nivṛtti*.

prayāṇa (neutr.): partida, ou seja, a morte.

preta (masc.): partido, ou seja, defunto.

prīti (fem.): deleite, delícia.

priyahita (adj.): benéfico.

pṛthaktva/prithaktva (neutr.): diversidade. Cf. *ekatva*.

pūjā (fem.): reverência, veneração.

pūjya (adj.): venerável.

punarjanman (neutr.): renascimento. Ver também *janman*.

puṇya (neutr./adj.): mérito, meritório. Cf. *apuṇya*.

purāṇa (adj.): antigo, primordial.

puruṣa/purusha (masc.): homem, Espírito.

pūruṣa/pūrusha (masc.): homem.

puruṣottama/purushottama (masc.): Espírito Supremo.

pūti (adj.): pútrido.

rāga (masc.): paixão. Cf. *dveṣa*.

rahasya (neutr.): segredo. Ver também *guhya*.

rājavidyā (fem.): ciência real.

rājaguhya (neutr.): segredo real.

rajas (neutr.): qualidade primária de dinamismo, atividade. Cf. *sattva, tamas*. Ver também *guṇa*.

rājasa (adj.): dotado da natureza de *rajas*, dinâmico. Cf. *sāttvika; tāmasa*.

rājarṣi/rājarishi (masc.): vidente real.

rasa (neutr.): sabor, essência.

rasya (adj.): saboroso.

ṛta/rita (adj./neutr.): verdadeiro, verdade.

rūkṣa/rūksha (adj.): áspero.

rūpa (neutr.): forma.

śabda/shabda (masc.): som.

sādharmya (neutr.): identidade.

sādhu (masc.): bem. Cf. *sat*.

sāgara (masc.): oceano.

sahaja (adj.): inato.

sākṣin/sākshin (masc.): testemunha.

sakta (part. pass.): apegado. Cf. *asakta*.

sama (adj.): igual, o mesmo.

śama/shama (masc.): quietude, tranquilidade. Cf. *aśama*.

samacittatva (neutr.): equanimidade.

samādhi (masc.): êxtase, concentração.

samatā (fem.): igualdade.

samatva (neutr.): equanimidade.

sambhava (masc.): nascimento, origem.

saṃdeha (masc.): incerteza.

saṃghāta (masc.): confusão.

saṃkalpa (masc.): motivo, motivação.

saṃkara (masc.): confusão, caos.

sāṃkhya (masc.): Sāmkhya, uma doutrina filosófica.

saṃkhya (neutr.): combate. Cf. *yuddha*.

saṃmoha (masc.): confusão, ilusão. Cf. *moha*.

saṃnyāsa (masc.): renúncia.

saṃnyāsin (masc.): renunciador.

saṃpad (fem.): dote.

saṃsāra (masc.): ciclo.

saṃśaya/samshaya (masc.): dúvida.

saṃsiddhi (fem.): perfeição, realização, consumação. Ver também *siddhi*.

saṃvāda (masc.): diálogo.

saṃyamin (masc.): [aquele que é] controlado, autocontrolado.

saṃyoga (masc.): união. Cf. *viyoga*.

sanātana (adj.): perene.

saṅga (masc.): apego.

śānti/shānti (fem.): paz.

śaraṇa/sharana (neutr.): refúgio.

śarīra/sharīra (masc.): corpo. Ver também *deha*.

śarīrin/sharīrin (adj.): incorporado. Ver também *dehin*.

sarvagata (adj.): onipresente.

sarvavid (adj./masc.): onisciente.

śāstra/shāstra (neutr.): doutrina, escritura [sagrada].

śāstravidhi/shāstravidhi (fem.): prescrição escriturística, estatuto escriturístico.

śāśvata/shāshvata (adj.): perene.

sat (masc./adj.): ser, existência; bem, bom. Cf. *asat*.

śaṭha/shātha (adj.): enganador.

śatru/shatru (masc.): inimigo.

śatrutva/shatrutva (neutr.): inimizade.

sattva (neutr.): qualidade primária de pureza e lucidez; entidade, ser. Cf. *rajas, tamas*. Ver também *guṇa*.

sāttvika (adj.): dotado da natureza de *sattva*, luminoso. Cf. *rājasa, tāmasa*.

satya (neutr.): veracidade.

śauca/shauca (neutr.): pureza.

saumyatva (neutr.): benignidade.

śaurya/shaurya (neutr.): coragem.

siddha (masc.): adepto.

siddhi (fem.): sucesso, consumação, perfeição. Ver também *saṃsiddhi*.

śiṣya/shishya (masc.): discípulo.

smṛti/smriti (fem.): memória.

smṛtivibhrama/smritivibhrama (masc.): memória divagante, ou seja, distúrbio de memória.

snigdha (adj.): gorduroso.

śokha/shokha (masc.): sofrimento, depressão.

śrī/shrī (fem.): fortuna.

śruti/shruti (fem.): revelação.

stabdha (adj.): obstinado.

sthairya (neutr.): firmeza.

sthitadhī (adj.): de visão firme.

sthitaprajna (adj.): firme na gnose.

strī (fem.): mulher.

stuti (fem.): hino de louvor.

śubha/shubha (adj.): nefasto.

śūdra/shūdra (masc.): servo.

sudurācāra (masc.): [pessoa de] péssima conduta.

suhṛd/suhrid (adj.): [amigo] de bom coração.

sukha (neutr.): prazer, alegria, gozo, felicidade. Cf. *asukha; duḥkha.*

sūkṣmatva/sūkshmatva (neutr.): sutileza.

sura (masc.): deus. Ver também *deva.* Cf. *asura.*

svabhāva (masc.): ser-próprio, natureza.

svadhā (fem.): oblação.

svadharma (masc.): lei-própria.

svādhyāya (masc.): estudo.

svapna (masc.): sono. Ver também *nidrā.*

svarga (masc.): céu. Ver também *svargadvāra.* Cf. *naraka.*

svargadvāra (neutr.): portão do céu.

tamas (neutr.): qualidade primária de inércia e escuridão. Cf. *rajas; sattva.* Ver também *guṇa.*

tāmasa (adj.): dotado da natureza de *tamas,* obscurecedor. Cf. *rājasa, sāttvika.*

tanu (fem.): forma, corpo.

tapas (neutr.): ascese.

tapasvin (masc.): asceta.

tejas (neutr.): esplendor, brilho, vigor.

tīkṣṇa/tikshna (adj.): pungente.

trailokya (neutr.): tríplice mundo. Ver também *loka.*

tṛṣṇā/trishnā (fem.): sede.

tuṣṭi/tushti (fem.): contentamento.

tyāga (neutr.): abandono.

ucchiṣṭa/ucchishta (adj.): residual [alimento].

udāsīna (masc.): pessoa indiferente.

udvega (masc.): agitação.

ugra (adj.): cruel.

upadraṣṭṛ/upadrashtri (masc.): supervisor.

upāya (masc.): meios.

utsāha (masc.): zelo.

vairāgya (neutr.): impassibilidade. Cf. *abhyāsa.*

vaiśvānara/vaishvānara (masc./ adj.): lit., "pertencente a todos os homens", ou seja, o fogo digestivo.

vaiśya/vaishya (masc.): comerciante.

vajra (masc.): raio (arma).

vāk (fem.): fala, palavra.

vāṇijya (neutr.): comércio.

varṇa (masc.): situação social, classe, casta.

varṇasaṃkara (masc.): mistura das castas.

vartman (neutr.): via, vestígio.

veda (masc.): conhecimento; Veda, uma escritura sagrada.

vedavid (masc.): conhecedor do Veda.

vibhāga (masc.): distribuição.

vibhūti (fem.): poder de manifestação.

vicakṣaṇa/vicakshana (adj.): dotado de discernimento.

vidāhina (adj.): causticante.

vidhāna (neutr.): regra, estatuto.

vidhi (fem.): estatuto, prescrição.

vidvat (masc.): ciente, conhecedor, sábio.

vijaya (masc.): vitória.

vijnāna (masc.): conhecimento distintivo. Cf. *jnāna.*

vikāra (masc.): modificação.

vikarman (neutr.): ação má. Ver também *karman*.

vimokṣa/vimoksha (masc.): libertação.

vimūḍha (part. pass.): iludido, confuso.

vināśa/vināsha (masc.): destruição.

vinaya (masc.): boas maneiras.

viparīta (adj.): invertido.

vipaścit/vipashcit (masc.): dotado de discernimento.

viṣa/visha (neutr.): veneno.

visarga (masc.): criatividade, emissão.

viṣādin/vishādin (adj.): desanimado.

viṣāda/vishāda (masc.): desânimo.

viṣaya/vishaya (masc.): objeto, tema.

vismaya (masc.): espanto.

viśvarūpa/vishvarūpa (neutr.): omniforma.

viviktasevin (adj.): [aquele que] habita na solidão.

viyoga (masc.): separação, desunião. Cf. *saṃyoga*.

vyādhi (masc.): doença.

vyakta (part. pass.): manifesto. Cf. *avyakta*.

vyakti (fem.): manifestação.

vyapāśraya/vyapāshraya (masc.): ato de refugiar-se.

vyavasāya (masc.): determinação, resolução.

yadṛcchā/yadriccha (fem.): acaso.

yajna (masc.): sacrifício.

yantra (neutr.): mecanismo.

yaśa/yasha (masc.): dignidade, glória. Cf. *ayaśa*.

yātayāma (adj.): estragado.

yuddha (masc.): batalha. Cf. *saṃkhya*.

yoga (masc.): Yoga, um ensinamento espiritual acompanhado de sua prática. Cf. samyoga. Ver também *bhakti-yoga; buddhi-yoga; jnānayoga; karma-yoga*.

yogabhraṣṭa/yogabhrashta (masc.): [aquele que] falhou no Yoga.

yogeśa/yogesha (masc.): senhor do Yoga.

yogeśvara/yogeshvara (masc.): Senhor do Yoga (epíteto).

yogin (masc.): praticante de Yoga do sexo masculino.

yoni (fem.): útero.

yuga (neutr.): idade, era.

yukta (part. pass.): jungido. Cf. *ayukta*.

Índice Remissivo

cavalo sacrificial, 11

Cekitāna, 79

Censura

   e louvor, 251, 271

certo e errado, 287, 307

cessação (da ação), 159n7, 307

céu, 41, 60, 64, 73, 103, 103n34,
   105, 197, 309

Chāndogya-Upanishad, 11, 22, 64,
   143n27, 273n1

Choudhury, Makhan Lal Roy, 68

Citrāngadā, 30

Citraratha, 213

classes (castas)

   ações próprias das, 309

   do hinduísmo, 79n2, 89n29, 139

cobiça, 159

cobiça, 91, 267, 285 307

comedimento, 203, 209, 281

comer demais, 161

comércio, 309

compaixão, 95n9, 205

concentração, 141, 249, 291

concentrações

   do Yoga, 185

conduta, 309

   do ser iluminado, 269

confusão, 113, 145, 255

conhecedor do campo

   definição, 253

conhecimento distintivo

   vs. conhecimento unitivo,
   133n49, 159

conhecimento, 249n15, 259, 267,
   305, 319

   apego ao, 265

   as ações são consumidas pelo

fogo do, 141

ascese do, 137

como purificador, 145

e dúvida, 147

e estudo, 143n29,

nasce de sattva, 269

o desejo como inimigo do, 133

origina-se em Deus, 277

portador da verdade, 99n24,

real, 253

sacrifício do, 195

unitivo vs. distintivo, 133n49,
   159, 171

consciência, 129n43

consciência, 255

contemplação, 61, 149n2

controle

   de si mesmo, 165

coração, 185, 277, 317

coragem, 309

corpo, 97, 99, 121, 267, 277,
   291, 315

   abandonado em videha-mukti,
   137

   como campo, 253

   conservado em jīvan-mukti, 117n66

   cósmico, 223

   de Deus, 117n66, 175n18,

Cosmo, 253, 259, 317. Ver também
   universo, mundo

cozedor de cães, 153

criação, 153

criatividade

   de Deus, 181

cristã, teologia, 129n42

crocodilo, 215

cronologia, 18-21

culpa, 123, 141, 169
  dádiva, 189, 295
  dados, 10, 14

Daityas, raça dos, 39, 215
daiva, 303n14
Dandekar, R. N., 38
Daniélou, Alain, 40
darbha, 217
darshana, 223, 255n12
Dasgupta, Surendranath, 66
dehabhrit, 97n16
dehin, 97n16, 103, 113, 131, 133,
  150, 265, 269, 289
deleitamento, 291
demônios, 207
dependência, 125
depressão, 307
desalento, 97
desapego, 117n64
desapego, 255, 273
desatenção, 267, 269, 309
desejo, 113, 173, 177, 255, 267, 283,
  285, 291
  abandono do, 111
  causa de embates, 155
  como causa do pecado, 131
  como essência, 107
  de Deus, 203
  e a "superlimação", 117n64,
  e autorrealização, 161
  oculta o conhecimento, 133
desejo, 117, 177
desejos, 117, 121n21, 163, 213n38,
  275, 285

desonra, 103
  e honra, 271, 157, 251
destemor, 281, 307
destino divino, 281
destino, 303
destino
  demoníaco, 281
  divino, 281
destruição, 167
determinação, 105, 107
Deus, 41-2, 159n11, 169n24, 171n1.
  Ver também Divindade
  como a morte, 195
  como amigo, 195
  como guardião da lei, 225
  como o tempo, 233
  como ser e não ser, 195
  desejo de, 203
  dos deuses, 223
  fulgor de, 233, 241
  glória de, 221
  glorificação de, 195
  identidade com, 265
  infinito, 227
  natureza superior vs. natureza
  inferior, 171
  oferenda a, 199
  prodígios de, 221
  recordação de, 181, 183, 185
  sua forma de quatro braços, 241
Deutsch, Eliot, 43
deva, 41, 123n22
Devadatta (búzio), 83
deva-deva, 123n22
Devakī, 22, 25, 64
dever, 89n30, 121n16, 125n29
devoção, 64-6, 175, 199, 251, 271,

Dyutimān (rei), 35

Eckhart, 57
Edgerton, Franklin, 45, 72
efeminação, 93
ekāntins, 62
elementais, 289
elemento vital, 181n5, 275
elementos, 171, 255
embriaguez, 283, 309
embrião, 133
encarnações
    divinas. Ver avātaras, Vishnu
engano. Ver ilusão
equanimidade, 107n46, 109
equanimidade, 255
errado
    e certo, 287, 307
erudito, 105n36, 107n46, 113n57,
    117n66, 119n10, 141
escravidão, 281, 307
esforço, 105, 169, 199
espaço, 193, 211n24
espanto, 225, 323
esperança, 129, 129n42, 141, 159,
    195, 283
Espírito (purusha), 105n38, 121n12,
    181n5, 183, 187, 253, 259
espontaneidade, 125n29
essência incorporada, 97, 103, 131,
    150, 265, 269, 289
estabilidade, 255, 315
estado de Brahma, 117
estudo de si, 293. Ver também
    estudo

estudo, 143n29, 243, 281, 321. Ver
    também estudo de si
excitação, 251
exílio, 10, 14, 36, 49
existência
    condicionada, 41
existente, 99
êxtase, 107, 115n62, 117n63
extinção, 155, 159
    no fundamento universal,
    69, 117, 155. Ver também
    brahma-nirvāna
extrassensorial, 161

faculdade da sabedoria, 105, 107,
    109, 113, 115
    a alegria e a, 161
    a mente e a, 183
    perseverança da, 153, 163
    um esconderijo, 133
    uma das oito divisões da natureza
    inferior de Deus, 171
    união com, 167
fala, 107, 215, 293, 315
família, 89, 91, 167
    lei familiar, 91
fé, 45, 129, 145, 147, 165, 169,
    289, 297
    ascese e, 293
felicidade, 147, 309
Feuerstein, Georg, 11n2, 17, 117n64
firmeza, 255, 315
força, 285, 291, 315
força vital, 143, 185, 205, 307
fortaleza, 229, 281
fortuna, 323

honra, 103, 293
    e desonra, 157, 251, 271
Hrishikesha (Krishna), 83n5

identidade com Deus, 265
ignorância, 127, 147, 150, 153, 267,
    269, 281
igual, 97, 141, 153, 159, 199, 247,
    251, 261, 271, 315
igualdade, 153, 165, 165n14
Ikshvāku, 135
iluminação, 271
ilusão, 97, 109, 131, 177, 271, 285,
    301, 305n, 317
imortalidade, 97, 105, 257, 269
impassibilidade, 255, 315
    e prática, 165
imperecível, 123, 187, 225, 237
imutável, 99
inação, 107, 121, 139
inatividade, 267
inatividade
    vs. ação, 157
inconsciente, 117n63
indiferença, 157n1, 271
indolência, 267, 309
Indra, 11, 29, 23, 64, 209n19,
    213n35, 213n36
indriya, 105n38
indriyas, 121n13, 121n15, 209n20
inferno, 40
    portão do, 285
interligação, 46
intuição, 255
inveja, 141

investigação, 145
ira, 111, 113, 131, 137, 155, 251,
    281, 285
Isherwood, Christopher, 72
Īshvara Krishna, 149n2
īshvara, 275n7
itihāsa, xi

Jaimini (sábio), 50
Jaiswal, Suvira, 59n3
Jāmbavatī, 26
Janaka (rei), 125
Janārdana (Krishna), 89n35
Jānhavī (rio), 215
Jara, 27
Jarāsandha (rei), 26
Jayadratha (rei), 26, 235
Jayākhya-Samhitā, 63
jejum, 161
jīva, 97, 171n4
jīva-bhūta, 171, 181n5, 275n5
jīvanmukti, 43-4, 117n66
jīvātman, 303n12
jnāna, 133n49
jnāna-indriya, 121n15
Jnāna-Yoga, 119, 119n5
jnāna-yoga, 56, 93
jneya, 259n21, 303n17
jogatina, 217
justiça, 103n33

Kaikeyī, 26
Kailāsha (monte), 50
Kak, Subhash, 16-7
Kālanemi, 25
Kalāvatī (rainha), 205n7

Pāndunandana, 217n64

panenteísmo, 42

Pānini, 23

panteísmo, 42

Paramtapa (Arjuna), 93n5

Parāshara (sábio), 47

Parashu-Rāma, 38, 40

pares-de-opostos, 97, 107, 141, 149, 177, 275

Parikshit (rei), 6-8

Parlamento das Religiões, 69n7

Parraud, M., 71

Parrinder, Geoffrey, 72

Pārtha (Arjuna), 99, 105, 107

Pārvatī, 24

Patanjali, 99n24

Paundra (búzio), 83

Paushkara-Samhitā, 63

paz, 115n62, 117, 145, 150, 155, 159, 249, 281, 317

pecado, 51, 64, 91, 103, 119n4, 150, 197, 203

pecuária, 309

Peiper, C. R. S., 68

pele de veado, 159

pena, 91, 95, 97

pensamentos, 285

tríplice nexo dos, 303

peregrinação, 31, 49

perfeição, 119, 171, 249, 265, 285, 313

perseverança, 281, 305, 307, 309

perversidade, 123

pesar, 111, 115, 153, 251

phala, 107n49. Ver também fruto da ação

piedade, 309

pitri, 89n30, 227n20, 289n5

poder, 173

poliandria, 11

portão do inferno, 285

portões, 185, 267

Prabhavananda, Swami, 72

Prabhupāda. Ver Bhaktivedanta, A. C., Swami

Pradyumna, 62

Prahlāda, 39, 215

Prajāpati, 121, 185n16, 215n47, 237

prajnā, 111n53, 115n62

Prajnā-Pāramitā, literatura do, 69

prakriti (Cosmo), 62, 75, 105n38, 107n44, 121n12, 129, 137, 317

como natureza inferior, 171

e *purusha*, 253

prakriti-pradhāna, 117n66

pralaya, 52

prāna, 23, 97n14, 143n27

pranava, 173

prānāyāma, 143n30

prapatti, 62, 113n59, 309, 317n32

Prasena, 25

prática, 183, 249, 309

e impassibilidade, 165

praticante

vs. adepto, 157n5

pratītya-samutpada, 155n7

pravritti, 281n3

prayāna-kāla, 179n24

prazer, 111, 131,203, 251, 255, 265n6, 309

e dor, 97, 105, 157, 249, 259, 271, 275

prazeres, 87, 93

no céu, 197

Prem, Krishna, 72, 123n24, 145n37
preocupações, 283
pretas, 289n5
pretensão, 281
Prithā (rainha), 87n19
privacidade, 159
psicanálise, 117n63
pūjā, 62
pumān, 117
punya, 177
Purānas, 16, 41s, 54
pureza, 255, 293, 309
    de sattva, 281
purificação, 145, 293
pūrna, 127n39
Puru (rei), 105n40
Purujit (Kuntibhoja), 79
purusha, 61, 75, 99, 105n38
    e o Cosmos, 253
    no sentido de pessoa, 289, 125
Purusharshabha (Arjuna), 97
Purushas
    dois, 277
purushottama, 171n1
Pūtayogin, 66

raciocínio, 277
Radhakrishnan, Sarvepalli, 23, 69, 72
rāga, 111, 315
rahasya, 135n6
rāja, 191n2
rajas, 105n36, 107n44, 291, 295, 301, 305, 307, 309
    explicação, 267, 269
    o corpo e, 265

rājasa, 173
rajo-guna, 131
Rākshasas, 211, 235, 289
Rāma (rei) 34, 62, 215, 215n49
Rāmacandra, 38, 40
Rāmanuja, 44, 67, 125n31, 133n50, 159n7, 181n4, 229n25, 249n11
Rāmāyana, 3-4, 40, 63, 215n49
rāna, 103
Rao, S. S., 27
rasa, 277n10
Rāvana, 40
Realidade, 99n24, 101, 145, 161, 229n25
realização do Si Mesmo, 7, 107n46
recitação, 215
recitação
    sacrifício da, 211
recordação, 153
    de Deus, 181, 183, 185
Redford, Robert, xii
refúgio, 195, 199, 315
renascimento, 137, 153, 169, 185, 189n11, 301n8
Renfrew, Colin, 17
renúncia, 119, 129, 147, 157, 199, 247, 299
    à ação, 149-55, 301, 317
    dois tipos de, 157n3
    simbólica, 157n3
repressão, 117n64, 129
reputação, má, 93
respiração, 85n15, 155, 277
respiração, controle da, 143
retidão, 255, 281, 293, 309
revelação, 107n48, 309n24
    védica, 51, 54

reverência pelo preceptor, 255
reverência, 145, 177, 293
Rig-Veda, 16, 23, 38, 52, 60-1, 70, 215n53
riqueza, 125, 27, 141n19, 175, 203, 247, 283, 285
rishi, 58, 103n33, 111n54, 139, 141n19, 207
rispidez, 281
ritambhara, 99n24
rituais, 243, 295
ritualismo, 67, 277n10
    védico, 44
rocaka, 227n20
roda, 123n27
Roy, R. M., 59n2
Rudras, 211, 221, 227
Rukminī, 26

sabedoria, xi, 105n37, 191, 303, 309, 313
    espontaneidade que nasce da, 125n29
    melhor que o esforço, 249
    superior à ação, 119
    superior à mente, 133
sábio, 111, 111n55, 153
sabor, 113
sacrifício, 11, 54, 62, 73, 141, 143, 197. Ver também autossacrifício
    as divindades e o, 123
    com a qualidade de *rajas*, 291
    com a qualidade de *sattva*, 291
    com a qualidade de *tamas*, 293
    como purificador, 299
    da recitação, 211

sacrifício do conhecimento, 321
sacrifícios, 243, 295
Saddharma-Pundarīka, 69
sādharmya, 265n1
Sādhyas, 227
Sahadeva, 11, 29, 31, 83
    biografia de, 35
sahaja, 125n29, 313n26
sākshin, 195
sama, 97n20
sama-darshana, 97n20, 163
samādhi, 107n42, 115n62, 141n26
Sāma-Veda 209, 215n52
samghāta, 255n10
samgrāma, 103
Samhitās, 63
    védicas, 58
Samjaya, 9, 35, 50, 81
samkalpa, 141n19, 319n33
samkara, 127n36
Sāmkhya, 44, 62, 69-70, 105, 119, 259
    as cinco causas e o, 301
    vs. Yoga, 105n38, 149
samkhya, 91
samkhyāna, 303n18
sammūdha, 95
samnyāsa, 149-56, 299
samsparsha, 163n13
Sankarshana, 62
sânscrito, 46, 68, 71-5, 321n35
    pronúncia, xvi
    transliteração, xiv-xvi
Sarasvatī (rio), 17
Saroyogin, 66
SAT, 295, 297
sat, 99, 297

Shiva, 22, 24, 40, 50, 60, 65-6, 83n14, 211n28

Shiva-Gītā, 68

shloka, 93

shoka, 91n31

shreya, 87

Shrīmad-Bhāgavata, 65

Shrī-Vaishnava, tradição, 67

Shrutasena, 35

shrūti, 51, 56, 57-8

shuci, 159n10

shūdra, 79n2

Shuka (Shukadeva; sábio), 50

Shūrasena (rei), 25, 87n19

shvā-paka, 153n4

Shvetāshvatara-Upanishad, 16, 257n18

si mesmo, 157, 161

Si Mesmo, 193, 207, 209, 259

    a ação e o, 125

    a essência incorporada como o próprio, 97n16

    controle de si, 165

    não nascido, 99

    natureza do, 101,157

    Senhor de todos os seres, 137

Si Mesmos, 171n4

siddhānta, 301n10

Siddhantashashtree, 59n3

siddhi, 119n10

silêncio, 111n55, 217, 293

simbolismo, 10, 18, 108, 11n2

sincretismo, 42-4

Singularidade

    suprema, 61

Sītā (rainha), 40

Skanda, 211

smriti, 113n57, 321n37

smriti-vibhrama, 113n57

snigdha, 291n7

sobrancelhas

    ponto médio entre as, 155, 183

sobrevivência após a morte, 97n21.

    Ver também morte

sofrimento, 161, 185, 227n18, 255, 269, 309

solidão, 315

som, 173

soma (bebida védica), 64

Soma (divindade), 59, 277n10

soma, 277

sono, 267, 309

    excessivo, 161

sthita-dhī, 111n54

sthita-prajnā, 111n54

Subhadrā, 30, 79, 83

sublimação, 117n64

substâncias preciosas, 39

sucesso, 141

    ou fracasso, 305

Sughosha (búzio), 83

Suhotra, 35

sukha, 111

superlimação, 117n64

superpopulação, 23

Surabhī, 217

Sūrya, 7, 25, 28

svabhāva, 95n8, 103n32, 175n17, 181

svadharma, 103n32

svādhyāya, 281, 293

svādhyāya-yajna, 143n29

voto
  de castidade, 159
votos, 177, 195, 283
Vrishni, tribo dos, 13, 23-5, 27, 217
vyakta, 101
Vyāsa (sábio), 9-10, 12-3, 35, 37, 17,
  205, 323
  biografia de, 47-8
Vyāsas
  vinte e oito, 50-1
vyavasāya, 105n39, 217n56
vyūhas, 62

Wilkins, Charles, 68, 71

Yādava, 237n43
yadricchā, 103n34
Yadu, dinastia, 24, 26, 237n43
yajna, 62, 121n18
Yājnikī-Upanishad, 61
Yakshas, 211, 227
Yakshas, 289
Yama, 213, 237
yātrā, 121n17
Yayāti (rei), 105n40
Yoga Integral, 59n2
Yoga, 69-70, 105, 109, 135, 143,
  147, 259
  como meio exclusivo, 247, 257
  definição, 161
  e Sāmkhya, 105n38, 149
  natureza do, 97n20
  segurança no, 197
  serviço do, 161
yoga-brashta, 167n20

yoga-kshema, 197n27
Yogananda, Swami, 54
Yoga-Sūtra, xii, 99n24
Yoga-Vāsishtha, 68
yogin
  conduta do, 159
  definição, 155, 157
  natureza do, 169
yogins, 119, 143
yuddha, 85, 103
Yudhāmanyu, 79
Yudhishthira, 5, 7, 11, 14, 29, 31, 34,
  37, 51, 83
  biografia de, 32-3
yuga, 16, 52-5, 137n10, 185
yukta, 161
Yukteswar, Sri, 54
Yuyudhāna, 79

Zaehner, R. C., 72
zelo, 305